Automobile Structure and Principle
汽车构造与原理

刘建勋 主 编
田茂盛 束海波 副主编
杜子学 主 审

人民交通出版社股份有限公司
China Communications Press Co.,Ltd.

内 容 提 要

本书将"汽车构造"与"汽车发动机原理""汽车理论"课程中相关知识融为一体,系统地介绍了汽车的总体构造以及各系统总成、部件的结构与工作原理。同时,以汽车构造为基础,穿插介绍了汽车发动机换气过程、燃料及发动机燃烧过程、发动机特性、汽车动力性、燃料经济性、通过性、平顺性、操纵稳定性和制动性等知识。全书包括总论共计7篇32章。第一篇汽车发动机;第二篇汽车传动系统;第三篇汽车行驶系统;第四篇汽车底盘控制系统;第五篇汽车车身及其附属装置;第六篇汽车电气;第七篇现代汽车新技术。

本书可作为高等院校交通运输工程类专业教材,也可作为汽车服务工程专业、汽车运用工程专业,以及高职高专、成人院校等相关专业教材,并可供汽车工业部门、道路运输部门、汽车检测维修部门工程技术人员参考,也可供具有中等以上文化和科技理论基础的汽车修理工及驾驶人员参考。

图书在版编目(CIP)数据

汽车构造与原理 / 刘建勋主编. — 北京:人民交通出版社股份有限公司,2017.5
ISBN 978-7-114-12658-1

Ⅰ.①汽… Ⅱ.①刘… Ⅲ.①汽车—构造 Ⅳ.①U463

中国版本图书馆 CIP 数据核字(2017)第 036106 号

书 名:	汽车构造与原理
著 作 者:	刘建勋
责任编辑:	刘永芬　朱明周
出版发行:	人民交通出版社股份有限公司
地　　址:	(100011)北京市朝阳区安定门外外馆斜街3号
网　　址:	http://www.ccpress.com.cn
销售电话:	(010)59757973
总 经 销:	人民交通出版社股份有限公司发行部
经　　销:	各地新华书店
印　　刷:	北京盈盛恒通印刷有限公司
开　　本:	787×1092　1/16
印　　张:	38
字　　数:	910 千
版　　次:	2017 年 8 月　第 1 版
印　　次:	2017 年 8 月　第 1 次印刷
书　　号:	ISBN 978-7-114-12658-1
定　　价:	76.00 元

(有印刷、装订质量问题的图书由本公司负责调换)

前　　言

本书是重庆交通大学国家级特色专业——交通运输专业"卓越工程师教育培养计划"规划教材。

汽车作为道路运输方式的载运工具,具有方便、机动、灵活、速度快、适应性强等特点。它既能承担铁路、水路及航空等运输方式客货的集散联系,又能直达工矿企业和城市乡村,以适应政治、经济、民生及军事等各方面的需求。

改革开放以来,我国的公路建设、客货运输周转量、汽车保有量突飞猛进发展。截至2014年年底,公路通车里程已达446.39万km(其中高速公路11.2万km,已超过美国,位居世界第一),客运周转量12084.10亿人·km,货运周转量61016.62亿t·km,汽车保有量1.54亿辆。与10年前的2004年底相比,公路通车里程增加138.62%(高速公路增加227.49%),客运周转量增加37.87%,货运周转量增加703.27%,汽车保有量增加470.37%。

道路运输业的发展不可避免带来汽车对资源消耗的增加以及对自然环境的影响。降低汽车对资源的消耗不仅是运输企业减少营运成本、提高利润的要求,也是国家发展战略层面的要求。统计资料表明,在我国道路运输业的平均运输成本中,汽车运行材料消耗(燃、润油及轮胎费)所占比例最大,达40%以上;若将汽车维护、修理费考虑其中,则营运成本可达50%以上。因此,就道路运输企业而言,在汽车的"管""用""养(维护)""修"四个方面开展减少对资源的消耗工作意义重大。此外,从我国"十二五"规划纲要看,汽车的节能减排也是建设资源节约型、环境友好型社会的重要工作之一。

为满足新形势下对交通运输高素质工程技术人员培养的需求,并结合贯彻落实教育部"卓越工程师教育培养计划"指示精神,2014年,重庆交通大学交通运输专业重新确定了人才培养目标,对课程体系进行了重组。为适应新的人才培养方案要求,就强化人才工程背景教育及创新能力培养,我们编写了这本教材。本教材具有以下特点:

1. 本教材立足于道路运输业,以"汽车构造"为主干,融合对"汽车发动机原理""汽车理论"相关知识的介绍。这种结构安排,不仅能拓展本专业大学生的工程教育背景,更重要的是,通过对汽车相关理论知识的学习,还能帮助学生站在理论的高度,更深刻地理解、全面地把握汽车构造,并为"交通运输安全学""交通运输生产经营管理"等后续专业课程的学习打下坚实的理论基础。

2. 本教材内容行业特征明显,针对性强。即打破目前《汽车构造》内容面面俱到的编写传统,在内容上加强了对道路运输业常用客货运输车辆中的发动机、底盘、车身及挂车结构的介绍。

3. 汽车结构复杂,相关理论深厚。因此,本教材在内容的取舍上,本着够用、控制广度和深度的原则,在结构上,着重介绍常见的有代表性的汽车结构;在原理上,以介绍汽车性能为切入点,着重分析影响汽车性能的结构因素、使用等因素,并从中找到提升汽车性能的一般途径。

4.教材内容采用模块化编排,便于灵活组织教学。教材前6篇着重介绍常见道路运输业有代表性的汽车结构及原理,第七篇介绍现代汽车新技术。对第七篇内容,各校可根据自身教学资源有选择性地组织教学,同时也可供同学们自学之用。

本教材由刘建勋教授任主编,田茂盛博士、束海波博士任副主编,杜子学教授任主审。刘建勋负责总论、第一章至第十章、第十七章、第二十二章至第二十七章的编写,并负责统稿;田茂盛负责编写第十一章至第十六章、第十八章至第二十一章;束海波负责编写第二十八章至第三十二章。

本教材得到重庆交通大学教材建设基金的资助。

在本教材的编写过程中,笔者参考了大量相关图书和其他文献资料,在此,向有关文献资料的作者表示衷心的感谢。

本教材涉及内容较为广泛,由于水平有限,书中难免有不妥之处,敬请批评指正。

编 者
2016年11月 于重庆

目　　录

总论 ··· 1
　　复习思考题 ··· 13

第一篇　汽车发动机

第一章　发动机工作原理和总体构造 ··· 17
　　第一节　基本术语 ··· 17
　　第二节　发动机的简单工作原理 ·· 18
　　第三节　发动机总体构造 ·· 21
　　第四节　发动机主要性能指标与工况 ·· 25
　　第五节　内燃机分类及产品名称和型号编制规则 ···································· 29
　　复习思考题 ··· 33

第二章　曲柄连杆机构 ··· 34
　　第一节　概述 ··· 34
　　第二节　机体组 ·· 36
　　第三节　活塞连杆组 ·· 44
　　第四节　曲轴飞轮组 ·· 56
　　复习思考题 ··· 65

第三章　汽油机燃料供给与燃烧 ·· 66
　　第一节　概述 ··· 66
　　第二节　汽油机可燃混合气的燃烧 ··· 68
　　第三节　汽油供给装置 ··· 75
　　第四节　化油器 ·· 79
　　复习思考题 ··· 85

第四章　柴油机燃料供给与燃烧 ·· 86
　　第一节　概述 ··· 86
　　第二节　柴油机混合气形成和燃烧过程 ··· 88
　　第三节　柴油机的燃烧室 ·· 90
　　第四节　影响柴油机燃烧过程的运转因素 ·· 92
　　第五节　柴油供给装置 ··· 96

复习思考题 … 115

第五章　发动机换气系统与换气过程 … 117
　　第一节　概述 … 117
　　第二节　发动机进、排气系统 … 117
　　第三节　配气机构 … 124
　　第四节　配气机构的零件和组件 … 128
　　第五节　四冲程发动机换气过程及影响因素 … 138
　　复习思考题 … 141

第六章　发动机冷却系统 … 142
　　第一节　概述 … 142
　　第二节　水冷却系统组成与主要机件 … 143
　　第三节　风冷却系统 … 151
　　复习思考题 … 151

第七章　发动机润滑系统 … 152
　　第一节　概述 … 152
　　第二节　润滑系统的油路及工作过程 … 154
　　第三节　润滑系统的主要机件 … 157
　　复习思考题 … 162

第八章　汽油机点火系统 … 163
　　第一节　概述 … 163
　　第二节　传统分电器式点火系统 … 163
　　第三节　传统分电器式点火系统主要部件 … 167
　　第四节　汽车电源 … 175
　　复习思考题 … 181

第九章　发动机起动系统 … 182
　　第一节　概述 … 182
　　第二节　起动机 … 183
　　第三节　其他形式的起动机 … 190
　　第四节　起动辅助装置 … 191
　　复习思考题 … 194

第十章　发动机特性 … 195
　　第一节　概述 … 195
　　第二节　发动机调节特性 … 197
　　第三节　发动机性能特性 … 198
　　第四节　发动机性能指标的校正 … 201
　　复习思考题 … 203

第二篇　汽车传动系统

第十一章　汽车传动系统概述 ... 207
第一节　传动系统的功用与组成 ... 207
第二节　传动系统的布置形式 ... 210
复习思考题 ... 211

第十二章　离合器 ... 212
第一节　离合器的功能、基本结构与工作原理 ... 212
第二节　摩擦式离合器结构 ... 214
第三节　离合器操纵结构 ... 221
复习思考题 ... 225

第十三章　手动变速器 ... 226
第一节　变速器的功用及类型 ... 226
第二节　变速器传动机构 ... 228
第三节　同步器 ... 233
第四节　变速器操纵机构 ... 236
第五节　分动器 ... 240
复习思考题 ... 242

第十四章　万向传动装置 ... 243
第一节　概述 ... 243
第二节　万向节 ... 244
第三节　传动轴和中间支承 ... 250
复习思考题 ... 252

第十五章　驱动桥 ... 253
第一节　概述 ... 253
第二节　主减速器 ... 254
第三节　差速器 ... 259
第四节　半轴与桥壳 ... 266
复习思考题 ... 269

第十六章　车轮与轮胎 ... 270
第一节　车轮 ... 270
第二节　轮胎 ... 272
复习思考题 ... 278

第十七章　汽车动力性 ... 279
第一节　汽车的行驶阻力 ... 279

第二节	汽车的驱动力	285
第三节	汽车行驶条件	288
第四节	汽车动力性分析	290
第五节	汽车动力性的主要影响因素	296
复习思考题		298

第十八章　汽车经济性 299
- 第一节　汽车燃油经济性 299
- 第二节　影响汽车燃油经济性的因素 302
- 复习思考题 305

第三篇　汽车行驶系统

第十九章　汽车行驶系统概述 309
- 复习思考题 310

第二十章　车架 311
- 第一节　车架的功用及种类 311
- 第二节　车架的构造 311
- 复习思考题 317

第二十一章　车桥 318
- 第一节　转向桥 318
- 第二节　转向驱动桥 320
- 第三节　转向轮定位 322
- 复习思考题 326

第二十二章　悬架 327
- 第一节　概述 327
- 第二节　弹性元件 328
- 第三节　减振器 332
- 第四节　非独立悬架 335
- 第五节　独立悬架 338
- 第六节　多轴汽车及挂车的平衡悬架 345
- 复习思考题 348

第二十三章　汽车的通过性与平顺性 349
- 第一节　汽车的通过性 349
- 第二节　汽车行驶的平顺性 356
- 复习思考题 366

第四篇　汽车底盘控制系统

第二十四章　汽车转向系统 ... 369
第一节　概述 ... 369
第二节　转向器 ... 372
第三节　转向传动机构 ... 375
第四节　转向加力装置 ... 378
复习思考题 ... 385

第二十五章　汽车操纵稳定性 ... 386
第一节　轮胎的侧偏特性 ... 386
第二节　汽车稳态转向特性 ... 389
第三节　汽车瞬态转向特性 ... 392
第四节　汽车纵向稳定性 ... 394
第五节　汽车侧向稳定性 ... 395
第六节　影响汽车操纵稳定性的因素 ... 397
复习思考题 ... 403

第二十六章　汽车制动系统 ... 404
第一节　概述 ... 404
第二节　行车制动器 ... 405
第三节　驻车制动传动装置 ... 413
第四节　液压式制动传动装置 ... 418
第五节　气压式制动传动装置 ... 423
第六节　伺服制动传动装置 ... 436
第七节　辅助制动装置 ... 440
复习思考题 ... 443

第二十七章　汽车制动性 ... 444
第一节　汽车制动性能评价指标 ... 444
第二节　制动时车轮的受力 ... 444
第三节　汽车的制动效能及其恒定性 ... 447
第四节　制动时汽车的方向稳定性 ... 450
第五节　制动力分配 ... 452
第六节　影响制动性的主要因素 ... 461
复习思考题 ... 463

第五篇　汽车车身及其附属装置

第二十八章　汽车车身 ··· 467
第一节　概述 ··· 467
第二节　货车车身 ·· 469
第三节　轿车车身 ·· 473
第四节　客车车身 ·· 474
第五节　车门、车窗及其密封 ··· 477
复习思考题 ··· 479

第二十九章　车身的附属装置 ·· 480
第一节　通风及取暖装置 ··· 480
第二节　风窗刮水及除霜装置 ··· 482
第三节　空气调节装置 ··· 484
复习思考题 ··· 485

第六篇　汽　车　电　气

第三十章　汽车电气 ··· 489
第一节　汽车整车电路 ··· 489
第二节　汽车照明及信号系统 ··· 498
第三节　汽车仪表及报警指示灯系统 ·· 504
复习思考题 ··· 510

第七篇　现代汽车新技术

第三十一章　现代汽车发动机新技术 ··· 513
第一节　汽油机电子点火及微机点火系统 ································· 513
第二节　汽油机电控燃油喷射系统 ·· 519
第三节　电控柴油喷射系统 ··· 530
第四节　发动机废气涡轮增压 ··· 535
第五节　发动机可变进气控制技术 ·· 542
第六节　电动汽车 ·· 548
第七节　燃气汽车 ·· 557
复习思考题 ··· 563

第三十二章 现代汽车底盘新技术 …… 564
第一节 自动变速器 …… 564
第二节 汽车防抱死制动系统 …… 582
第三节 汽车驱动防滑系统 …… 586
第四节 汽车电子制动力分配系统 …… 589
第五节 汽车电子循迹系统 …… 591
复习思考题 …… 595
参考文献 …… 596

总 论

一、汽车的定义

"汽车"英文原意为"自动车"（Automobile）。在日本，称为"自動車"，日文汉字中的"汽车"则是中文的"火车"。我国对汽车的叫法是源于早期汽车由蒸汽机驱动而得名。

1. 广义的汽车定义

汽车的概念与科学技术发展有着密切的联系，在不同的时期和国家其含义不同。

世界上最早的汽车是蒸汽汽车、电动汽车。以内燃机作动力源，装备齐全、性能较高的现代汽车的出现至今才一百多年，但其所表现出来的优良性能淘汰了蒸汽汽车以及蓄电池汽车。因此通常人们所说的汽车一般都是指内燃机汽车。但从广义上讲，汽车应包括蒸汽汽车、电动汽车、内燃机汽车和其他燃料汽车。

美国汽车工程师学会标准 SAEJ687C 中对汽车的定义是：由本身动力驱动，装有驾驶装置，能在固定轨道以外的道路或地域上运送客货或牵引车辆的车辆。日本工业标准 JISK0101 中对汽车的定义是：自身装有发动机和操纵装置，不依靠固定轨道和架线能在陆上行驶的车辆。以上两种定义的汽车范围都较我国的广，它们可以包括二轮摩托车和三轮摩托车，接近于我国道路机动车所指范围。

2. 我国的汽车定义

我国国家标准《机动车运行安全技术条件》（GB 7258—2012）中对汽车的定义是：由动力驱动，具有四个和四个以上车轮的非轨道承载的车辆。它也包括与电力线相连的车辆和整备质量大于 400kg 的不带驾驶室的三轮车以及整备质量大于 600kg 的带驾驶室的三轮车。主要用于：载送人员或货物；牵引载送人员或货物的车辆；特殊用途。

根据上述的汽车定义，我国汽车产品应具有以下特征：

（1）车辆由动力驱动或经架线由电力驱动运行。

（2）无固定轨道运行。

（3）应具有四个或以上车轮，但整车整备质量超过 400kg 的不带驾驶室以及整备质量超过 600kg 的带驾驶室的三轮车除外。

（4）汽车的主要用途是载送人员或货物，或者牵引载送人员和货物的车辆，或其他特殊用途。但一般不包括自行式作业机械。

按照汽车的上述定义，不带动力装置的全挂车和半挂车不能算汽车，但当它们与牵引车组合成汽车列车后应属于汽车。至于一些从事特别作业的自走式轮式机械（如轮式推土机等）和主要从事农田作业的轮式拖拉机等，虽然也具有汽车的某些特征，但由于主要用途不是运输，因此我国将它们分别列入工程机械和农业机械范畴。

二、汽车的类型

现代汽车种类繁多,分类方法各有不同,通常按其用途、动力装置类型、乘客座位数及汽车总质量、行驶机构的特征等进行分类。

(一)按用途分类

按汽车的用途分类,可分为轿车、客车、货车、牵引车和汽车列车、特种车、工矿自卸车、农用车及越野车等类型。

1. 轿车

轿车用于载运人员和货物,最多有9个座位(包括驾驶人座位)。轿车可按发动机排量分级(表0-1)。

轿车的分类　　表0-1

类型	微型	普通型	中级	中高级	高级
发动机排量(L)	≤1.0	>1.0~≤1.6	>1.6~2.5	>2.5~≤4.0	>4.0

2. 客车

客车用于载运乘客及其行李,有9个以上的座位(包括驾驶人座位)。有单层和双层型式。客车按用途分类可分为旅行客车、城市客车、长途客车和游览客车等;也可按总长度分为不同的级别类型(表0-2)。

客车的分类　　表0-2

类型	微型	轻型	中型	大型	超大型	
					铰接式	双层
车辆长度(m)	≤3.5	>3.5~≤7	>7~≤10	>10~≤12	>12	>10~≤12

3. 货车

货车是主要用于运输货物,也可牵引挂车的汽车。货车多按最大总质量划分类型(表0-3)。

货车的分类　　表0-3

类型	微型	轻型	中型	重型
总质量(t)	≤1.8	>1.8~≤6	>6~≤14	>14

4. 牵引车和汽车列车

1)牵引车

牵引车是专门或主要用于牵引挂车的汽车。可分为全挂牵引车和半挂牵引车。全挂牵引车采用牵引杆来牵引挂车,它本身可在附属载运平台上运载货物,可作普通货车使用。半挂牵引车专门用于牵引半挂车,通常装有牵引座。

2）挂车

挂车是本身没有自带动力及驱动的装置，它由牵引车组成汽车列车（图0-1），用以载运人员或货物的车辆。挂车分为全挂车、半挂车和特种挂车（图0-2）等。

图0-1　汽车列车
a）全挂汽车列车；b）半挂汽车列车

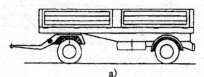 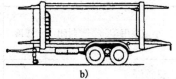

图0-2　挂车
a）全挂车；b）半挂车

5. 特种车

特种车是一种在许多特征上不同于上述任何类型或经过特殊改装之后才能用于运输货物和人员的车辆；同时，也是一种只用于完成特定任务的车辆。特种车可分为特种轿车（检阅车、指挥车）；特种客车（救护车、监察车）；特种货车（容罐车、自卸车、冷藏车）和特种用途车（专用车）。

6. 工矿自卸车

工矿自卸车主要用于矿区、工地运输矿石、砂土等散装货物，货箱能自动倾翻。由于其总质量和最大轴载质量超过公路规定，因此只能在专用路上行驶。

7. 农用汽车

农用汽车是农村地区运输或农耕作业用汽车。可分为农村运输车、农用作业车和多功能农用汽车。

8. 越野车

越野车主要用于非公路上（也可能在公路上）载运人员和货物或牵引各种装备的车辆。越野汽车的全部车轮都可以作为驱动轮。

此外，按《汽车和挂车类型和定义》（GB/T 3730.1—2001）中的规定，汽车车型按用途归并为两大类：一类为乘用车，它是指在设计和技术特性上主要用于载运乘客及其随身行李和临时物品的汽车，包括驾驶人座位在内最多不超过9个座位。它也可以牵引一辆挂车。乘用车可分为普通、小型、旅行、短头、救护、敞篷、高级、多用途、越野、活顶等车型。另一类为商用车，它是指在设计和技术特性上用于运送人员和货物的汽车，并且可以牵引挂车。这种分类法通常与国际上采用的方法是一致的，见表0-4。

汽车按用途分类（GB/T 3730.1—2001）　　　　表 0-4

分类			说明					图例
			车身	车顶	座位	车门	车窗	
乘用车	轿车	普通乘用车	封闭	硬顶	≥4	2 4		
		活顶乘用车	可开启	硬顶 软顶	≥4	2 4	≥4	
		高级乘用车	封闭	硬顶	≥4	4 6	≥6	
		小型乘用车	封闭	硬顶	≥2	2	≥2	
		敞篷车	可开启	软顶 硬顶	≥2	2 4	≥2	
		仓背乘用车	封闭	硬顶	≥4	2 4	≥2	车身后部有一仓门
		旅行车	封闭	硬顶	≥4	2 4	≥4	
	多用途乘用车		座位数超过7个，多用途					
	短头乘用车[①]		短头					
	越野乘用车[②]		可在非道路上行驶					
	专用乘用车		专门用途（救护车、旅居车、防弹车、殡仪车）					
商用车	客车	小型客车	载客，≤16座（除驾驶员座）					
		城市客车	城市用公共汽车					
		长途客车	长途客车					

续上表

分类		说明					图例
		车身	车顶	座位	车门	车窗	
客车	旅游客车	旅游用车					
	铰接客车	由两节刚性车厢铰接组成，且乘客可通过铰接部分在两节车厢之间自由走动的客车					
	无轨电车	经架线由电力驱动的客车					
	越野客车	可在非道路上行驶的客车					
	专用客车	专门用途的客车					
商用车	半挂牵引车	牵引半挂车的商用车					
	普通货车	敞开或封闭的载货车					
	多用途货车	驾驶座后可载3人以上的货车					
	全挂牵引车	牵引杆式挂车的货车					
	越野货车	可在非道路上行驶					
	专用作业车	特殊工作的货车（消防车、救险车、垃圾车、应急车、街道清扫车、扫雪车、清洁车等）					
	专用货车	运输特殊物品的货车（罐式车、乘用车运输车、集装箱运输车等）					

注：①短头乘用车：指50％以上的发动机长度位于车辆前风窗玻璃最前点以后，并且转向盘的中心位于车辆总长的前1/4部分内。

②越野乘用车：在其设计上所有车轮同时驱动（包括一个驱动轴可以脱开的车辆），或其几何特性（接近角、离去角、纵向通过角、最小离地间隙）、技术特性（驱动轴数、差速锁止机构或其他形式机构）和其他性能（爬坡度）等允许其在非道路上行驶的一种乘用车。

(二) 按乘客座位数及汽车总质量分类

国家标准《机动车辆及挂车分类》(GB/T 15089—2001)按乘客座位数及汽车总质量对汽车进行了分类,见表0-5。

机动车辆及挂车分类(GB/T 15089—2001)[①]　　　　　　表0-5

汽车类型			乘客座位数[②]	厂定汽车最大总质量(t)	说　明
M类	至少有四个车轮并且用于载客的机动车辆	M_1类	≤9	—	包括驾驶员座位在内,座位数不超过9座的载客车辆
		M_2类	≤9	≤5.0	包括驾驶员座位在内,座位数不超过9个,且最大设计总质量不超过5.0t的载客车辆
		M_3类	>9	>5.0	包括驾驶员座位在内,座位数超过9个,且最大设计总质量超过5.0t的载客车辆
N类	至少有四个车轮并且用于载货的机动车辆	N_1类	—	≤3.5	最大设计总质量不超过3.5t的载货车辆
		N_2类	—	>3.5～12	最大设计总质量超过3.5t,但不超过12t的载货车辆
		N_3类	—	>12	最大设计总质量超过12t的载货车辆
O类	挂车(包括半挂车)	O_1类	—	≤0.75	最大设计总质量不超过0.75t的挂车
		O_2类	—	>0.75～3.5	最大设计总质量超过0.75t,但不超过3.5t的挂车
		O_3类	—	>3.5～10	最大设计总质量超过3.5t,但不超过10t的挂车
		O_4类	—	>10	最大设计总质量超过10t的挂车

注:①该标准还包括两轮或三轮机动车辆(L类)和满足特定要求的M类、N类的越野车(G类)的分类。
②包括驾驶员在内的座位。

(三) 按动力装置类型分类

1. 内燃机汽车

当代汽车几乎都是采用往复活塞式内燃机为其动力装置,它又分为汽油机汽车、柴油机汽车和代用燃料(液化石油气、甲醇、乙醇、煤油、煤气、天然气)汽车。极少数的汽车采用转子发动机或燃气轮机为动力装置而称为转子发动机汽车、燃气轮机汽车。

2. 电动汽车

为消除内燃机汽车产生的排气污染,当前许多国家都在研制电动汽车,它多以化学蓄电池和电动机为动力装置,还有采用化学蓄电池与电动机并加装内燃机的复合动力电动汽车。后者既考虑了在城市市区行驶时的环保要求,又照顾了汽车在城外公路上行驶时有足够的续驶里程。

美、日和欧洲一些国家正在开展一项研制机械式蓄电池(在真空密封条件下的飞轮储能)的电动汽车的高科技计划。在现代技术条件下,新型高强度复合材料和无摩擦磁浮轴承的出现,电机技术、控制技术和真空密封技术的发展,使实现以飞轮储能为动力的电动汽车成为可能。

3. 喷气式汽车

这是依靠航空发动机或火箭发动机以及特殊燃料,并以喷气反作用力驱动的轮式汽车。普通汽车和竞赛汽车都不允许采用这种结构形式,这种汽车只能用于创造速度纪录。1997年10月,英国的安迪·格林在美国内华达州黑岩沙漠驾驶"推力 SSC"喷气式汽车,以1227.73km/h(超过声速)创造了陆上车辆行驶速度的最高世界纪录。

4. 其他动力装置的汽车

这类汽车包括早期的蒸汽机汽车和新研制的太阳能汽车等。

(四)按行驶机构的特征分类

1. 轮式汽车

通常按驱动情况分为非全轮驱动和全轮驱动两种类型。汽车的驱动情况常用符号"$n \times m$"表示,其中 n 是车轮总数(装在同一个轮毂上的双轮胎仍算一个车轮),m 是驱动轮数。例如,普通轿车和大多数汽车通常属于 4×2(非全轮驱动)类型,而越野汽车属于全轮驱动类型,有 4×4(BJ2020型轻型越野汽车)、6×6(EQ2080型中型越野汽车)、8×8(JN2182型重型越野汽车)等。

2. 其他类型行驶机构的车辆

这种类型包括履带式、雪橇式车辆,从广义上讲还可包括气垫式、步行式等无车轮的车辆。

三、汽车识别代号

现在,世界各国汽车公司生产的汽车大部分都使用了 VIN(车辆识别代号编码 Vehicle Identification Number),它由一组字母和阿拉伯数字组成,共17位,又称17位识别代号编码。它是识别一辆汽车不可缺少的工具。一辆汽车只有一个代号,就像人的身份证号码,故又称为"汽车身份证"。从 VIN 中可以识别出该车的生产国家、制造厂家、汽车类型、品牌名称、车型系列、车身形式、发动机型号、车型年款、安全防护装置型号、检测数字、装配工厂名称和出厂顺序号码等。它是汽车修理时的数据检索、配件采购和经营管理所必须掌握的,以免产生误购、错装等严重后果。

1. 汽车识别代号的组成及识读

各国政府及汽车公司对本国或本公司生产的汽车17位识别代号编码都有具体规定。根据 GB 16735—2004 以及 GB 16737—2004 规定,我国汽车代号与国际车辆识别代号(VIN)接轨,由3部分17位字码组成。对年产量≥500辆的制造厂,车辆识别代号的第一部分为世界制造厂识别代号(WMI);第二部分为车辆说明部分(VDS);第三部分为车辆指示部分(VIS)。车辆识别代号各部分的具体内容如下:

(1)第一部分——世界制造厂识别代号,必须经过申请、批准和备案后方能使用。

①世界制造厂识别代号的第一位字码,是标明一个特定地理区域的字母或数字,如:1~5代表北美洲,J~R 代表亚洲,S~Z 代表欧洲等。第二位是标明一个特定地区内的一个国家字

母或数字。第一、二位字码的组合将能保证国家识别标志的唯一性,如:10~19 和 1A~1Z 代表美国,W0~W9 和 WA~WZ 代表德国,L0~L9 和 LA~LZ 代表中国等。

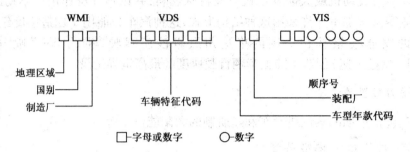

②世界制造厂识别代号的第三位字码,是标明某个特定的制造厂的字母或数字。第一、二、三位字码的组合,能保证制造厂识别标志的唯一性。

③对于年产量≥500辆的制造厂,世界制造厂识别代号由三位字码组成。对于年产量<500辆的制造厂,世界制造厂识别代号的第三位字码为数字9。此时车辆指示部分的第三、四、五位字码,将与第一部分的三位字码作为世界制造厂识别代号。

(2)第二部分——车辆说明部分,由六位字码组成。如果制造厂不用其中的一位或几位字码,应在该位置填入制造厂选定的字母或数字占位。此部分第一至五位应能识别车辆的一般特征,其代号及顺序由制造厂决定。此部分的最后一位(即 VIN 的第九位字码)为检验位。检验位可为 0~9 中任意数字或字母"X",用以核对车辆识别代号记录的准确性。

(3)第三部分——车辆指示部位,由八位字码组成,其最后四位字码应是数字。

①第一位字码应指示年份,年份代码按表0-6规定使用。

标示年份的代码表　　　　　　　　　　　　　　　　　　表 0-6

年份	代码	年份	代码	年份	代码	年份	代码
2001	1	2011	B	2021	M	2031	1
2002	2	2012	C	2022	N	2032	2
2003	3	2013	D	2023	P	2033	3
2004	4	2014	E	2024	R	2034	4
2005	5	2015	F	2025	S	2035	5
2006	6	2016	G	2026	T	2036	6
2007	7	2017	H	2027	V	2037	7
2008	8	2018	J	2028	W	2038	8
2009	9	2019	K	2029	X	2039	9
2010	A	2020	L	2030	Y	2040	A

②第二字码可用来指示装配厂。若无装配厂,制造厂可规定其他的内容。

③如果制造厂生产的某种类型的车辆年产量≥500辆,此部分的第三至第八位字码表示生产顺序号;如果年产量<500辆,则此部分的第三、四、五位字码应与第一部分的三位字码一起来表示一个车辆制造厂。

2. 车辆识别代号编码的识读举例

(1) 中国南京跃进汽车集团公司 VIN

L N V G G 6 9 R 0 V V A 0 0 8 6 5
① ② ③ ④ ⑤ ⑥ ⑦ ⑧ ⑨ ⑩ ⑪ ⑫ ⑬ ⑭ ⑮ ⑯ ⑰

第①位——汽车生产国家代码。由 ISO 统一分配。亚洲地区代码从 J～R,中国定为"L"。

第②位——汽车生产地区工厂代码。由 ISO 统一分配。中国的代码从"0～9"和"A～Z"。南京跃进汽车集团公司使用为"N"。

第③位——生产厂被批准备案的车型类别代码。V——客车。

第④位——厂定轴距分级代码。G——南京依维柯"S"系列 4×2 液压制动标准轴距。

第⑤位——汽车额定总质量代码。G——总质量 4.0t。

第⑥、⑦位——驾驶室车身类型代码。69——短头式高顶客车车身汽车。

第⑧位——发动机类型代码。R——排量为 2.5L 的柴油机。

第⑨位——工厂检验代码。0——检验数字码。

第⑩位——车辆生产年款代码。V——1997 年。

第⑪位——总装生产工厂代码。V——南京依维柯汽车有限公司。

第⑫位——生产月份代码。A——1 月。

第⑬~⑰位——汽车生产顺序号代码。从 00001～99999 顺序编排。

(2) 美国通用汽车公司(GMC)轿车(1983～1994 年)VIN

1 G 1 L T 5 3 T 6 P E 1 0 0 0 0 1
① ② ③ ④ ⑤ ⑥ ⑦ ⑧ ⑨ ⑩ ⑪ ⑫ ⑬ ⑭ ⑮ ⑯ ⑰

第①位——表示生产国代码。1——美国。

第②位——生产厂家代码。G——通用汽车公司。

第③位——具体生产部门代码。1——雪佛兰车部。

第④~⑤位——车型及系列代码。LT——科西佳(Corsica)"LT"。

第⑥位——车身类型代码。5——四门轿车。

第⑦位——乘客安全保护装置代码。3——手动安全带及驾驶员侧安全气囊。

第⑧位——发动机类型代码。T——3.1L V6 MFI。

第⑨位——VIN 检验数代码。6——检验数字码。

第⑩位——汽车生产年款代码。P——1993 年。

第⑪位——总装工厂代码。E——LINDEN,NJ。

第⑫~⑰位——出厂顺序号代码。

四、国产汽车产品型号编制规则

国产汽车型号应能表明其厂牌、类型和主要特征参数等。该型号由拼音字母和阿拉伯数字组成,包括首部、中部和尾部三部分。

首部——由 2 个或 3 个拼音字母组成,是识别企业的代号。例如:CA 代表"一汽"、EQ 代表"二汽"、BJ 代表北京、NJ 代表南京等。

中部——由 4 位阿拉伯数字组成,分为首位、中间两位和末尾数字三部分,其含义见表 0-7。

汽车型号中部 4 位阿拉伯数字的含义　　　　　　　　　　表 0-7

首位数字(1~9)表示车辆类别		中间两位数字表示各类汽车的主要特征参数	末 位 数 字
1	载货汽车	数字表示汽车的总质量(t)①	表示企业自定序号
2	越野汽车		
3	自卸汽车		
4	牵引汽车		
5	专用汽车		
6	客车	数字×0.1m 表示车辆的总长度②	
7	轿车	数字×0.1L 表示汽车发动机工作容积	
8	(暂缺)		
9	半挂车或专用半挂车	数字表示汽车的总质量(t)	

注:①汽车总质量大于 100t 时,允许用 3 位数字。
　　②汽车总长度大于 10m 时,数字×1m。

尾部——由拼音字母或加上阿拉伯数字组成,可以表示专用汽车的分类或变型车与基本型的区别。

例如:型号 CA1092 表示一汽集团生产的货车,总质量为 9t,末位数字 2 表示在原车型 CA1091 的基础上改进的新车型;型号 CA7226L 表示一汽集团生产的轿车,发动机工作容积为 2.2L,序号 6 表示安装 5 缸发动机的车型,尾部字母 L 表示加长型(即小红旗加长到中级轿车)。

五、汽车总体构造

汽车由许多不同的装置和部件组成,其结构形式和安装位置多样。汽车所用的动力装置不同时,其总体构造差异很大。本书所述的是以往复活塞式内燃机为动力装置的汽车。

汽车由发动机、底盘、车身和电气设备四部分组成。图 0-3 所示为货车总体构造。

发动机——使供入其中的燃料燃烧产生动力,是汽车行驶的动力源泉。

底盘——接受发动机的动力,使汽车正常行驶。由传动系统、行驶系统、转向系统和制动系统组成。

传动系统——将发动机发出的动力传给驱动车轮。由离合器、变速器、主减速器和差速器等组成。

行驶系统——安装部件、支承全车并保证行驶。由车架、车桥、车轮和悬架等组成。

转向系统——保证汽车按驾驶人选定的方向行驶。由转向操纵机构、转向器和转向传动机构组成。

制动系统——使汽车能减速以至于停车,并保证驾驶人离去后汽车能可靠停驻。

车身——用以安置驾驶人、乘客或货物。客车和轿车是整体车身；普通货车车身由驾驶室和货箱组成。

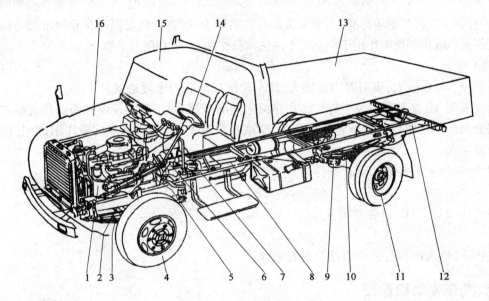

图 0-3 典型货车的总体构造

1-发动机；2-前轴；3-前悬架；4-转向车轮；5-离合器；6-变速器；7-驻车制动器；8-传动轴；9-驱动桥；10-后悬架；11-驱动车轮；12-车架；13-车箱；14-转向盘；15-驾驶室；16-车前钣制件

电气设备——由电源和用电设备组成，包括发电机、蓄电池、起动系统、点火系统以及汽车的照明、信号装置和仪表等。此外，在现代汽车上越来越多地装用各种电子设备，如微处理机、中央计算机系统及各种人工智能装置（自诊、防盗、巡航、防抱死、车身高度自调等），显著地提高了汽车的性能。

六、汽车行驶的基本原理

汽车行驶必须具备两个基本条件，即驱动条件和附着条件。

1. 驱动条件

汽车发动机施加给驱动轮上的驱动力 F_t 应克服各种行驶阻力，才能正常行驶。这些行驶阻力包括车轮滚动时因轮胎变形而导致的滚动阻力 F_f、汽车在空气中行驶需克服的空气阻力 F_w、上坡行驶需克服汽车重力在坡道斜面上分力而形成的坡道阻力 F_i、汽车加速行驶而导致的惯性阻力 F_j。因此，汽车行驶的方程式为

$$F_t = F_f + F_w + F_i + F_j \tag{0-1}$$

当 $F_t = F_f + F_w + F_i$ 时，汽车匀速行驶。

当 $F_t > F_f + F_w + F_i$ 时，汽车加速行驶。

当 $F_t < F_f + F_w + F_i$ 时，汽车不能起步或减速行驶直至停车。

故，汽车的驱动条件为

$$F_t \geqslant F_f + F_w + F_i \tag{0-2}$$

2. 附着条件

汽车能否充分发挥其驱动力，还受到车轮与路面之间附着力 F_φ 大小的限制。当驱动力大于附着力，驱动轮将在原地打滑，汽车无法前行。实际上，附着力就是阻碍车轮打滑的力的最大值。它的大小取决于地面作用于驱动轮上的法向反作用力 F_z 和附着系数 φ，如式(0-3)所示。

$$F_\varphi = F_z \varphi \tag{0-3}$$

显然，F_z 和 φ 越大，则附着力就越大，即车轮抗打滑能力也就越强。

研究表明，附着系数的大小与轮胎和路面之间的摩擦系数、轮胎花纹和路面凸起部之间的相互嵌合所起的抗滑作用大小有关。显然，摩擦系数越大、路面凸起部抗滑作用越强，则附着系数也就越大。

因此，驱动轮不打滑的附着条件为

$$F_t \leq F_\varphi = F_z \varphi \tag{0-4}$$

将式(0-2)、式(0-4)合并写为

$$F_f + F_w + F_i \leq F_t \leq F_\varphi = F_z \varphi \tag{0-5}$$

式(0-5)称为汽车行驶的驱动与附着条件。

七、汽车发动机原理

汽车发动机原理是以发动机主要性能指标，如"动力性""经济性""排放性"等为研究对象，深入到发动机各个工作过程，分析影响其性能指标的诸因素，从中找到提高汽车发动机性能指标一般规律的一门科学。

汽车发动机的工作过程分为进气过程、压缩过程、燃烧过程、膨胀过程和排气过程。其中，进气过程和排气过程又统称为换气过程。

发动机的换气过程的任务是排除汽缸内废气并充入尽可能多的新鲜工质。每循环进入汽缸的新鲜工质越多，燃烧后才能放出更多的热，从而增大发动机功率和转矩，这是保证发动机动力性的前提和关键。除此之外，换气过程还对解决高低速性能的矛盾、汽油机混合气组成和均匀分配、柴油机缸内气体流动等问题，起着重要作用，因此也影响到汽车的经济性、排放、噪声及乘坐的舒适性。

发动机从没有压缩过程变为有压缩过程后，热效率大为提高，这是发动机技术上的一次巨大进步。发动机压缩过程的任务是将进入缸内的新鲜工质进行压缩，以扩大工作过程中的温差，以保证发动机在实际工作时获得尽可能大的膨胀比，从而提高发动机热功循环效率，同时也为燃料燃烧创造良好的条件，如在压缩过程中产生的挤气涡流，有利于混合气形成和燃烧，使整个燃烧过程迅速地在活塞上止点附近完成，热效率进一步提高。此外，在柴油机中，压缩后的气体的高温是保证燃料着火的必要条件。为保证新鲜工质被充分压缩，应加强密封，减少新鲜工质的泄漏。

发动机燃烧过程的任务是将燃料的化学能转变为热能，使工质的压力、温度升高。进入汽缸的燃料燃烧完全的程度，直接影响到热量产生的多少和排出的成分，而燃烧的起点和持续时间又关系到热量的利用和汽缸压力的变化，所以燃烧过程是影响发动机动力性、经济性和排气污染的主要过程，同时与噪声、振动、起动性能和使用寿命也有重大关系。

膨胀过程的任务是将燃烧生成物中所积聚的内能转变为机械能。在膨胀过程中，为使热能充分转变成机械能，应设法减少工质泄漏量、补燃量以及向缸壁的传热量。

八、汽车理论

汽车理论是以汽车主要使用性能为研究对象，在分析汽车运动基本规律的基础上，研究汽车主要使用性能与其结构之间的内在联系，分析汽车主要性能的各种影响因素，从而指出提高汽车使用性能基本途径的一门科学。

汽车的使用性能是多方面的，其中主要有动力性、燃油经济性、通过性、平顺性、操纵稳定性和制动性等。

汽车的动力性是指汽车在良好路面上直线行驶时由汽车受到的纵向外力决定的、所能达到的平均行驶速度。在同一时间内，汽车所通过的路程取决于汽车的平均行驶速度。因而，当载质量或乘客数相同时，汽车运输生产率决定于汽车的平均行驶速度。

汽车的燃油经济性是指汽车以最少的燃油消耗完成单位运输工作量的能力。汽车消耗燃油越少，则运输成本越低，汽车使用也就越经济。

汽车的通过性是指汽车能以足够高的平均车速通过各种坏路及无路地带和克服各种障碍的能力。汽车的通过性越好，则其使用的可能性越广，行驶的平均速度也可能越高。

汽车的行驶平顺性是指汽车行驶过程中，保证乘员不会因车身振动而引起不舒服和疲劳的感觉以及保持所运货物完整无损的能力。汽车行驶时，由于路面不平等因素激起汽车的振动，振动影响人的舒适、工作效率和身体健康，并影响所运货物的完好；振动还在汽车上产生动载荷，加速零件磨损，导致疲劳失效。此外，平顺性不好的汽车平均车速不高，运输生产率低。

汽车的操纵稳定性包括相互联系的两个部分，一是操纵性，二是稳定性。操纵性是指汽车能够确切地响应驾驶人转向指令的能力；稳定性是指汽车在行驶过程中，具有抵抗改变其行驶方向的各种干扰，并保持稳定行驶而不致失去控制甚至翻车或侧滑的能力。实际上两者很难截然分开，稳定性的好坏直接影响操纵性，常统称其为汽车操纵稳定性。操纵稳定性不良的汽车会加大驾驶人的劳动强度，易使驾驶人疲劳，严重时不仅影响运输生产率，还易导致安全事故发生。

汽车的制动性是指在给定的坡道上能够停住以及在较短的距离内能制动至停车且维持行驶方向稳定的能力，它直接影响汽车行驶的安全。并且，在保证行车安全的前提下，汽车制动性能的好坏，又使汽车行驶速度的发挥受到了相应的制约。如制动性能好，汽车在较大坡度的道路上以及在平路上就可较安全地高速行驶。

复习思考题

1. 我国汽车按用途和乘客座位数以及汽车总质量是如何进行分类的？
2. 某汽车型号为 CA6350，试解释这个型号的全部含义。
3. 汽车识别代号 VIN 有何作用？我国是如何规定的？
4. 汽车通常由哪几个部分组成？每一组成部分分别起什么作用？
5. 试述汽车行驶系统的驱动条件和附着条件，并分析影响汽车附着力的因素。
6. 汽车的主要性能指标有哪些？你是如何理解这些性能指标的？

第一篇　汽车发动机

麻疹发生后 第一章

第一章 发动机工作原理和总体构造

第一节 基本术语

在图1-1中,活塞2置于汽缸1中,活塞可在汽缸内作往复直线运动,活塞通过连杆3和曲轴4相连,曲轴可绕其轴线旋转。

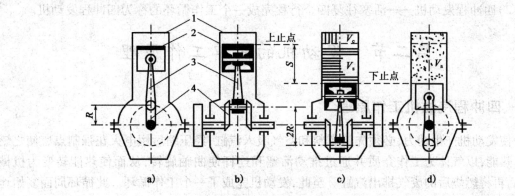

图1-1 发动机基本术语示意图

a)、b)活塞处于上止点时的纵向、侧向视图;c)、d)活塞处于下止点时的纵向、侧向视图
1-汽缸;2-活塞;3-连杆;4-曲轴

(1)上止点——活塞顶离曲轴回转中心最远处的位置[图1-1a)、b)]。

(2)下止点——活塞顶离曲轴回转中心最近处的位置[图1-1c)、d)]。

(3)活塞行程(S)——上、下两止点间的距离(mm)。

(4)曲柄半径(R)——与连杆下端(即连杆大头)相连的曲柄销中心到曲轴回转中心的距离(mm)。

显然,$S=2R$。曲轴每转一转,活塞移动两个行程。

(5)汽缸工作容积(V_s)——活塞从上止点到下止点所扫过的空间容积(L)。

$$V_s = \frac{\pi D^2}{4\times 10^6}S \tag{1-1}$$

式中:D——汽缸直径(mm)。

(6)发动机排量(V_L)——发动机所有汽缸工作容积之和(L)。设发动机的汽缸数为i,则

$$V_L = V_s i \tag{1-2}$$

(7)燃烧室容积(V_c)——活塞在上止点时,活塞上方的空间称为燃烧室,它的容积称为燃烧室容积(L)。

(8)汽缸总容积(V_a)——活塞在下止点时,活塞上方的容积称为汽缸总容积(L)。它等于汽缸工作容积与燃烧室容积之和,即

$$V_a = V_s + V_c \tag{1-3}$$

（9）压缩比（ε）——汽缸总容积与燃烧室容积的比值，即

$$\varepsilon = \frac{V_a}{V_c} = \frac{V_s + V_c}{V_c} = 1 + \frac{V_s}{V_c} \tag{1-4}$$

压缩比表示活塞由下止点运动到上止点时，汽缸内气体被压缩的程度。压缩比越大，压缩终了时汽缸内的气体压力和温度就越高。一般车用汽油机的压缩比为 6～10，柴油机的压缩比为 15～22。

（10）发动机的工作循环——在汽缸内进行的每一次将燃料燃烧的热能转化为机械能的一系列连续过程（进气、压缩、做功和排气）称为发动机的工作循环。

（11）二冲程发动机——活塞往复两个行程完成一个工作循环的称为二冲程发动机。

（12）四冲程发动机——活塞往复四个行程完成一个工作循环的称为四冲程发动机。

第二节　发动机的简单工作原理

一、四冲程汽油机工作原理

为使发动机产生动力，必须先将燃料和空气吸入汽缸，经压缩后用电火花强制点燃使之燃烧产生热能，以气体为工作介质并通过推动活塞和连杆使曲轴旋转，从而使热能转变为机械能，最后再将燃烧后的废气排出汽缸。至此，发动机完成了一个工作循环。此循环周而复始地进行，发动机便产生连续的动力。

四冲程发动机每个工作循环中的四个活塞行程分别为进气行程、压缩行程、做功行程和排气行程。单缸汽油机其工作原理如图 1-2 所示。

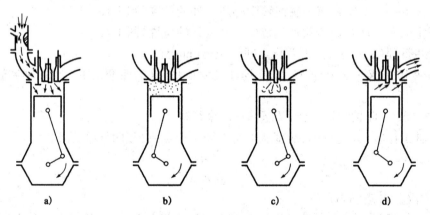

图 1-2　单缸汽油机工作循环图
a）进气行程；b）压缩行程；c）做功行程；d）排气行程

1. 进气行程

进气行程如图 1-2a）所示，汽油机将空气与燃料先在汽缸外部的化油器中进行混合，开始形成可燃混合气，然后吸入汽缸。

进气行程中，曲轴带动活塞从上止点向下上点运动，此时，进气门开启，排气门关闭。活塞上方的汽缸容积增大，从而汽缸内压力降到大气压以下，即在汽缸内造成真空吸力。这样可燃混合气便经进气管道和进气门被吸入汽缸。在这个过程中，曲轴顺时针转动180°。由于进气系统有阻力，进气终了时汽缸内气体压力为0.08~0.09MPa。流进汽缸内的可燃混合气因为与汽缸壁、活塞顶等高温机件表面接触，并与前一循环留下的高温残余废气混合，所以温度升高到90~120℃。

2. 压缩行程

为使吸入缸内的混合气迅速燃烧，放出更多的热量，从而使发动机发出更大的功率，必须在混合气燃烧前对其进行压缩，使其容积变小，温度升高。为此，在进气终了时便立即进入压缩行程，进、排气门均关闭，曲轴推动活塞由下止点向上止点移动一个行程，如图1-2b)所示。

压缩终了时，活塞到达上止点，混合气被压入活塞上方很小的燃烧室中。此时，混合气压力高达0.6~1.5MPa，温度可达330~430℃。压缩终了混合气压力、温度取决于压缩比。

发动机的压缩比大，则混合气燃烧迅速，发动机发出的功率大，经济性就好。但压缩比过大时，由于受汽油抗爆性等因素的影响，会导致爆燃和表面点火等不正常燃烧现象的出现，从而造成发动机过热、功率下降、油耗增加等一系列不良后果。因此，在提高汽油机压缩比时，必须防止爆燃和表面点火现象的发生。

3. 做功行程

做功行程如图1-2c)所示。在压缩行程接近终了时，火花塞产生电火花点燃混合气，此时进、排气门仍关闭。由于混合气的迅速燃烧，使缸内气体的温度和压力迅速升高，最高压力可达3~6.5MPa，最高温度可达2000~2500℃。在高温高压气体的作用力推动下，活塞下行运动，通过连杆使曲轴旋转，产生转矩而做功，能量除了用于维持发动机本身继续运转消耗外，其余用于对外做功，至此完成了一次将热能转变为机械能的过程。做功终了时，压力降至0.3~0.5MPa，温度降为900~1200℃。此时曲轴又转过180°。

4. 排气行程

排气行程如图1-2d)所示。混合气燃烧后成为废气，应从汽缸内排出，以便下一个工作循环得以进行。因此，当做功行程接近终了时，排气门打开，进气门仍关闭，因废气压力高于大气压而自动排出，此外，当活塞越过下止点上移时，还靠活塞的推挤作用强制排气。活塞到上止点附近时，排气行程结束。排气终了时，缸内压力为0.105~0.115MPa，温度为500~800℃。

综上所述，四冲程汽油发动机经过进气、压缩、燃烧做功、排气四个行程，完成一个工作循环。这期间，活塞在上、下止点间往复移动了四个行程，相应地曲轴旋转两圈（720°），进、排气门各打开一次，发动机做功一次。至此，发动机又将开始下一个工作循环。

二、四冲程柴油机工作原理

四冲程的柴油机（压燃式发动机）和汽油机一样，每个工作循环也经历进气行程、压缩行程、做功行程、排气行程四个行程（图1-3）。但由于柴油机用的燃料是柴油，其黏度比汽油大，不易蒸发，其自燃温度却比汽油低，故可燃混合气的形成及点火方式与汽油机不同。

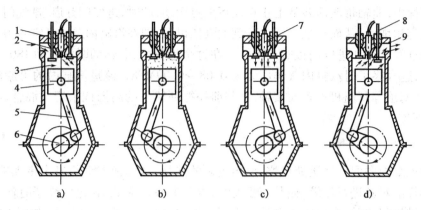

图1-3 单缸四冲程柴油机工作原理示意图
a)进气行程;b)压缩行程;c)做功行程;d)排气行程
1-进气门;2-进气管;3-汽缸;4-活塞;5-连杆;6-曲轴;7-喷油器;8-排气门;9-排气管

1. 进气行程

进气行程如图1-3a)所示。它不同于汽油机的是:进入汽缸的不是可燃混合气,而是空气。

2. 压缩行程

压缩行程如图1-3b)所示。不同于汽油机的是:柴油机压缩的是空气,且由于柴油机压缩比高,压缩终了的温度和压力都比汽油机高,温度可达500~700℃,压力可达3~5MPa。

3. 做功行程

做功行程如图1-3c)所示。此行程与汽油机有很大不同,在柴油机压缩行程末,喷油泵将高压柴油经喷油器呈雾状喷入汽缸内的高温空气中,燃油迅速汽化并与空气形成混合气,由于此时汽缸内的温度远高于柴油的自燃温度(约250℃),柴油便立即自行着火燃烧,且此后一段时间内边喷油边燃烧,汽缸内压力、温度急剧升高,瞬时压力可达5~10MPa,瞬时温度可1500~2000℃,推动活塞下行做功。

4. 排气行程

排气行程如图1-3d)所示。此过程与汽油机基本相同。排气终了汽缸内压力为0.105~0.125MPa,温度为300~500℃。

由上述可知,四冲程发动机的工作特点:

(1)每一个发动机工作循环,曲轴转两周(720°),每一个行程曲轴转半周(180°)。进气行程是进气门开启,排气门关闭;排气行程是排气门开启,进气门关闭;其余两个行程进、排气门均关闭。

(2)四个行程中,只有做功行程产生动力,其他三个行程是为做功行程做准备工作的辅助行程,虽然做功行程是主要行程,但其他三个行程也必不可少。因此,进气行程、压缩行程和排气行程被称为"辅助行程"。

(3)在发动机运转的第一循环时,必须有外力使曲轴旋转完成进气、压缩行程,着火后,完成做功行程，并依靠曲轴和飞轮储存的能量便可自行完成以后的行程，以后的工作循环发动机无需外力就可自行完成。

柴油机与汽油机的不同之处：一是汽油机进气行程进入汽缸的是可燃混合气，而柴油机进气行程进入汽缸的是纯空气，柴油是在压缩行程末期喷入汽缸，在汽缸内与空气混合，即混合气形成方式不同；二是汽油机在压缩终了时，靠火花塞强制点火，而柴油机则靠自燃，即着火方式不同。

第三节 发动机总体构造

发动机是一部由许多机构和系统组成的复杂机器。现代汽车发动机的结构形式很多，即使是同一类型的发动机，其具体构造也是不同的。下面通过一些典型汽车发动机的结构实例来分析发动机的总体构造。

下面以解放 CA1040 系列轻型货车用 CA488Q 型汽油机为例，介绍四冲程汽油机的一般构造（图 1-4）。

(1) 机体组。CA488Q 型发动机的机体组包括汽缸盖 14、汽缸体 7 及油底壳 37。有的发动机将汽缸体分铸成上下两部分，上部称为汽缸体，下部称为曲轴箱。机体组的作用是作为发动机各机构、各系统的装配基体，而且其本身的许多部分又分属曲柄连杆机构、配气机构、供给系统、冷却系统和润滑系统的组成部分。汽缸盖和汽缸体的内壁共同组成燃烧室的一部分，是承受高温、高压的部件。在进行结构分析时，常把机体组列入曲柄连杆机构。

(2) 曲柄连杆机构。曲柄连杆机构包括活塞 13、连杆 10、带有飞轮 28 的曲轴 5 等。它是将活塞的直线往复运动变为曲轴的旋转运动并输出动力的机构。

(3) 换气系统。换气系统包括空气滤清器、进气管 39、排气管 53、排气消声器、进气门 19、排气门 15、摇臂 45、气门间隙调节器 46、凸轮轴 25 以及凸轮轴正时带轮 20（由曲轴定时带轮 6 驱动）等。其作用是根据发动机各缸的工作循环和着火次序适时地开启和关闭各缸的进、排气门，使足量的空气与燃油的混合气及时地进入汽缸，并及时地将废气排除。

(4) 燃料供给系统。燃料供给系统包括汽油箱、汽油泵、汽油滤清器、化油器 38 等。其作用是清洁、储存、输送燃料，并根据发动机各种不同工况的要求，供给一定浓度和数量的可燃混合气。

(5) 点火系统。点火系统的功用是保证按规定时刻点燃汽缸中被压缩的混合气。其中包括供给低压电流的蓄电池和发电机以及分电器、点火线圈与火花塞等。

(6) 冷却系统。冷却系统主要包括水泵、散热器、风扇 22、分水管以及汽缸体和汽缸盖里铸出的空腔——水套等。其功用是把受热部件的热量散到大气中去，以保证发动机正常工作。

(7) 润滑系统。润滑系统包括机油泵 50、机油集滤器 51、限压阀、润滑油道、机油滤清器等。其功用是将润滑油供给做相对运动的零件，以减少它们之间的摩擦阻力，减轻部件的磨损，并部分地冷却摩擦零件，清洗摩擦表面。

(8) 起动系统。起动系统包括起动机及其附属装置，用以使静止的发动机起动并转入自行运转。

车用汽油机一般都由上述两个机构和五个系统组成。

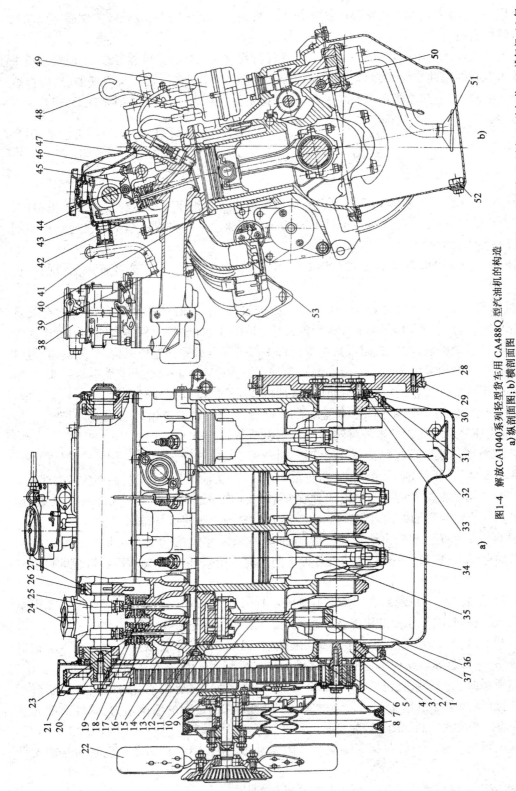

图1-4 解放CA1040系列轻型货车用CA488Q型汽油机的构造
a) 纵剖面图；b) 横剖面图

1、31、33-密封垫；2-连杆盖；3-曲轴；4-轴瓦；5-曲轴；6-曲轴正时带轮；7-汽缸体；8-曲轴带轮；9-油塞；10-连杆；11-活塞环；12-定位销；13-活塞；14-汽缸盖；15-排气门；16-气门导管；17-正时齿形带；18-气门弹簧；19-进气门；20-凸轮轴瓦；21-齿形带；22-风扇；23-气门弹簧座；24-机油加油口罩；25-凸轮轴；26-凸轮轴轴承盖；27-螺栓；28-飞轮；29-飞轮齿圈；30-后轴承盖；32-压紧螺栓；34-止推轴瓦；35-油环；36-连杆轴瓦；37-油底壳；38-化油器；39-进气管；40-挡气管；41-通风罩板；42-挡油罩板；43-汽缸盖罩垫；44-轴承；45-摇臂；46-气门间隙调节器；47-火花塞；48-油标尺；49-分电器；50-机油泵；51-机油集滤器；52-放油螺塞；53-排气管

图1-5所示为日本三菱自动车工业株式会社的3G81型多点汽油喷射增压中冷型5气门汽油机的构造。5个气门包括3个进气门和2个排气门。进气门由进气凸轮轴2驱动,排气门由排气凸轮轴4驱动。采用电控汽油喷射机构,汽油喷射器18喷射出三股喷柱,分别射向三个进气门处。发动机设有废气涡轮增压器7,增压后的空气经中冷器19降温后再进入汽缸。发动机还设有平衡器9,以提高发动机的平衡性。

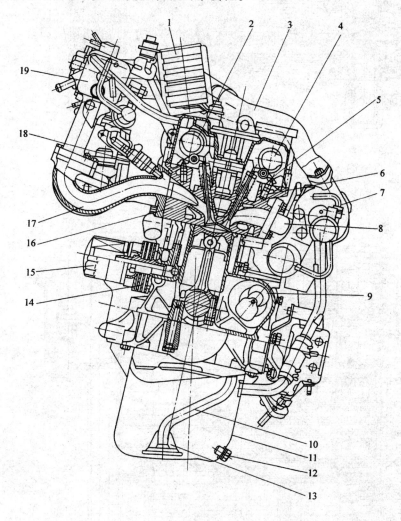

图1-5 三菱自动车工业株式会社的3G81型汽油机的构造
1-空气滤清器;2-进气凸轮轴;3-增压器出气管;4-排气凸轮轴;5-摇臂;6-液压挺柱;7-废气涡轮增压器;8-排气歧管;9-平衡器;10-机油管;11-油底壳;12-放油螺塞;13-机油集滤器;14-机油冷却器;15-机油滤清器;16-汽缸盖;17-进气歧管;18-汽油喷射器;19-中冷器

图1-6所示为黄河JN1181C13型汽车用6135Q型六缸四冲程柴油机的构造。6135Q型柴油机与一般柴油机相比,其结构特点是曲轴为组合式;曲轴的主轴承采用滚动轴承,其摩擦损失小;汽缸体采用隧道式结构,刚度很大;与油底壳接合面的密封简单。柴油机不设点火系统。

汽车构造与原理

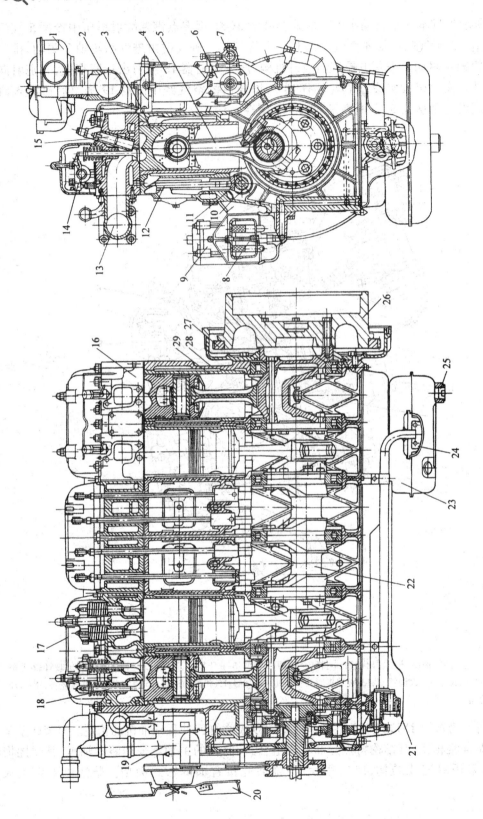

图1-6 黄河JN1181C13型汽车用6135Q型六缸四冲程柴油机的构造

1-空气滤清器；2-进气管；3-活塞；4-柴油滤清器；5-连杆；6-喷油泵；7-输油泵；8-机油粗滤器；9-机油细滤器；10-凸轮轴；11-挺轴；12-推杆；13-排气管；14-摇臂；15-喷油器；16-汽缸盖；17-汽缸盖罩；18-气门；19-水泵；20-风扇；21-机油尺；22-曲轴；23-油底壳；24-机油集滤器；25-放油螺塞；26-飞轮；27-齿轮；28-机体；29-汽缸套

24

图1-7所示为我国重型汽车集团公司从奥地利斯太尔(STEYR)公司引进的WD615系列四冲程直列六缸增压中冷、直接喷射式柴油机的横剖面图。它采用ω型燃烧室，并对喷油系统与燃烧室作了较好的匹配与调整，能使燃料在较短的时间内喷入燃烧室，使发动机具有良好的燃料经济性与低速转矩特性。

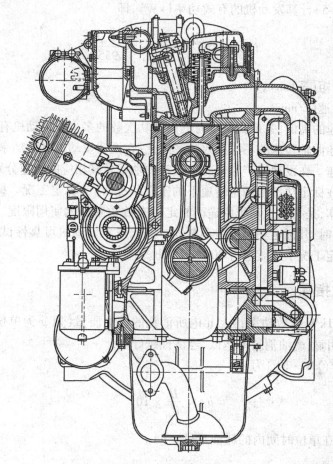

图1-7 斯太尔公司的WD615柴油机剖面图

第四节 发动机主要性能指标与工况

发动机的主要性能指标有动力性能指标、经济性能指标、运转性能指标、可靠性及耐久性能指标。

一、动力性能指标

1. 有效转矩

发动机通过飞轮对外输出的平均转矩称为有效转矩，以T_{tq}表示。有效转矩与外界施加于发动机曲轴上的阻力矩相平衡。

2. 有效功率

发动机通过飞轮对外输出的功率称为有效功率,以 P_e 表示。它等于有效转矩与曲轴角速度的乘积。发动机的有效功率可以用台架试验的方法测定,也可用测功器测定有效转矩和曲轴转速,然后用式(1-5)计算发动机的有效功率(kW),即

$$P_e = T_{tq}\frac{2\pi n}{60} \times 10^{-3} = \frac{T_{tq}n}{9550} \qquad (1-5)$$

式中:T_{tq}——有效转矩(N·m);

n——曲轴转速(r/min)。

发动机曲轴转速的高低,关系到单位时间内做功次数的多少或发动机有效功率的大小,即发动机的有效功率随曲轴转速的不同而改变。因此,在说明发动机有效功率的大小时,必须同时指明其相应的转速。在发动机产品标牌上规定的功率及其相应的转速分别称作标定功率和标定转速。发动机在标定功率和标定转速下的工作状况,称为标定工况。标定功率是发动机所能发出的最大功率,是根据发动机用途而制定的有效功率最大使用限度。同一种型号的发动机,当其用途不同时,其标定功率值并不相同。按照汽车发动机可靠性试验方法的规定,汽车发动机应能在标定工况下连续运行 300~1000h。

二、经济性能指标

发动机每发出1kW有效功率,在1h内所消耗的燃油质量(以g为单位),称为燃油消耗率,用 b_e 表示。很明显,燃油消耗率越低,经济性越好。

燃油消耗率[g/(kW·h)]为

$$b_e = \frac{B}{P_e} \times 10^3 \qquad (1-6)$$

式中:B——发动机在单位时间内的耗油量(kg/h)。

三、运转性能指标

发动机的运转性能指标主要指噪声、排气品质、起动性能等。由于这些性能不仅与使用者利益相关,更关系到人类的健康,因此必须制定共同遵守的统一标准,并给予严格控制。

1. 噪声

噪声会刺激人的神经,使人心情烦躁、反应迟钝,甚至造成耳聋,诱发高血压和神经系统的疾病,因此也必须用法规形式进行限制。汽车是城市中主要的噪声源之一,发动机又是汽车的主要噪声源(表1-1),故必须给予控制。在国家标准《汽车加速行驶车外噪声限值及测量方法》(GB/T 1495—2002)中,对不同分类的汽车以及同一分类中不同总质量及发动机不同额定功率的汽车,详细规定了噪声限值。例如,对2005年1月1日以后生产的 M_1 类汽车,在加速行驶时,车外最大的允许噪声为74dB(A)。

轿车各部分噪声的比例　　　　　　　　　　　　　　　　　　　　　表1-1

发动机	排气管系统	冷却系统	轮胎	其他
46%	8%	14%	18%	14%

2. 排气品质

发动机排出的有害排放物,主要有氮氧化物(NO_x)、碳氢化合物(HC)和一氧化碳(CO)等以及排气颗粒。这些有害物对大气的污染已形成公害。为此,各国采取了许多对策,并制定相应的控制法规。

《点燃式发动机汽车排气污染物排放限值及测量方法》(GB 18285—2005)规定,在用汽车排气污染物限值见表1-2。

在用汽车排气污染物排放限值(体积分数)　　　　　　　　　　　表1-2

车型	类别			
	怠速		高怠速	
	CO(%)	HC(10^{-6})	CO(%)	HC(10^{-6})
1995年7月1日前生产的轻型汽车	4.5	1200	3.0	900
1995年7月1日起生产的轻型汽车	4.5	900	3.0	900
2000年7月1日起生产的第一类轻型汽车	0.8	150	0.3	100
2001年10月1日起生产的第二类轻型汽车	1.0	200	0.5	150
1995年7月1日前生产的重型汽车	5.0	2000	3.5	1200
1995年7月1日起生产的重型汽车	4.5	1200	3.0	900
2004年9月1日起生产的重型汽车	1.5	250	0.7	200

《车用压燃式发动机和压燃式发动机汽车排气烟度排放限值及测量方法》(GB 3847—2005)规定,在用压燃式发动机的汽车,其自由加速烟度法测得的排气烟度排放限值见表1-3。

在用汽车排气烟度排放限值　　　　　　　　　　　　　　　　　表1-3

车型	光吸收系数(m^{-1})	烟度(R_b)
2005年7月1日起按本标准规定经型式核准批准车型生产的在用汽车	不应大于车型核准批准的自由加速排气烟度排放限值,再加0.5m^{-1}	—
2001年10月1日至2005年7月1日生产的自然吸气式汽车	2.5	—
2001年10月1日至2005年7月1日生产的涡轮增压式汽车	3.0	—
1995年7月1日至2001年9月30日生产的在用汽车	—	4.5
1995年6月30日以前生产的在用汽车	—	5.0

3. 起动性能

起动性能好的发动机在一定温度下能可靠而迅速地起动,起动消耗的功率小,起动期磨损少。发动机起动性能的好坏,除与发动机结构有关外,还与发动机工作过程相联系,它直接影响汽车机动性、操作者的安全和劳动强度。我国标准规定,不采用特殊的低温起动措施,汽油机在 -10℃、柴油机在 -5℃以下的气温条件下起动发动机时,15s 以内发动机要能自行运转。

四、可靠性与耐久性能指标

可靠性与耐久性也是汽车发动机使用中的两个重要指标。

1. 可靠性

可靠性是指发动机在规定的运转条件下,具有持续工作,不致因为故障而影响正常运转的能力。一般以保证期内的不停车故障数、停车故障数、更换主要零件和重要零件数等具体指标来衡量。

2. 耐久性

耐久性是指发动机在规定的运转条件下,长期工作而不大修的性能。一般以发动机从开始使用到第一次大修前累计运转的时间表示。

五、发动机工况

汽车是在负荷、速度及道路情况变化的条件下使用的。因此,发动机必须适应汽车的需要,在负荷和转速不断变化下工作。发动机的运行情况(简称工况)是以发出的功率 P_e 和转速 n 来表示,有时也可用转矩 T_{tq} 与转速 n 来表示。发动机功率、转速应该与发动机所带动的工作机械要求的功率、转速相适应。发动机在一定转速下按一定功率稳定工作的条件是发动机发出的转矩与工作机械消耗的转矩相等。如图1-8所示,T_R 曲线为工作机械所消耗转矩随转速的变化,T_{tq} 曲线是发动机油量控制机构一定时,转矩随转速的变化,此时发动机只能在 T_{tq}、T_R 曲线相交的 A 点,即转矩 $T_{tqA} = T_{RA}$,转速为 n_A 的工况下稳定工作。当然,工作机械阻力矩和转速是会变化的,其变化规律取决于不同用途。例如,当工作机械阻力矩增加(图1-8中 T'_R 曲线),若发动机油量控制机构不变,则其转速将降低,直至 T_{tq} 与 T'_R 曲线相交的 B 点,即转矩 $T_{tqB} = T_{RB}$,转速为 n_B 时才达到新的平衡。发动机再次稳定工作。可见,由于稳定工作必须满足转矩相等的条件,当工作机械阻力矩或转速变化时,就引起发动机与之配合的运行工况发生变化,因而发动机工况变化规律与所带动的工作机械的工作情况有关。

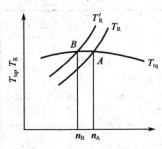

图1-8 发动机和从动机配合工作

发动机工况可分为全负荷工况以及部分负荷工况。全负荷工况是指当时发动机发出的功率与同一转速下可能发出的最大功率一样的工况;部分负荷工况是指当时发动机发出的功率小于同一转速下可能发出的最大功率的工况。负荷大小可用负荷率,也即两者的比值的百分数来表示。

图1-9所示为某汽油发动机的功率P_e和转速n的关系曲线。Ⅰ表示相应于燃料供给调节机构位置最大时的工况曲线,Ⅱ、Ⅲ分别表示燃料供给调节机构位置依次减小的位置Ⅰ和位置Ⅱ所得到的部分负荷工况曲线。

由图1-9可知,在$n=3500$r/min时,若燃料供给调节机构位置最大,可得到该转速下可能发出的最大功率为45kW;但如果燃料供给调节机构位置为Ⅱ和Ⅲ,则同样转速下只能发出32kW和20kW的功率。根据上述定义,可求出a、b、c和d四个工况下的负荷值:

工况a——负荷为零(称为发动机空载工况)

工况b——负荷$=\dfrac{20}{45}\times 100\% = 44.4\%$

工况c——负荷$=\dfrac{32}{45}\times 100\% = 71.1\%$

工况d——负荷$=\dfrac{45}{45}\times 100\% = 100\%$(即发动机全负荷或满负荷)

应当注意的是,不要把负荷和功率的概念相混淆。如某一转速时全负荷(如d点),并不意味着是发动机发出的最大功率。发动机的最大功率,应当是工况e的功率。又如,在工况f下,虽然功率比工况c小,但却是全负荷。就是说,功率的大小并不代表负荷的大小。

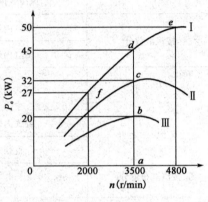

图1-9 发动机的工况

第五节 内燃机分类及产品名称和型号编制规则

一、内燃机的分类

内燃机种类繁多,根据不同特点有不同分类,见表1-4。

内燃机的分类 表1-4

分类方法	类别	含义
按做功循环次数分	二冲程内燃机	活塞经过两个行程完成一个工作循环的内燃机
	四冲程内燃机	活塞经过四个行程完成一个工作循环的内燃机
按着火方式分	点燃式内燃机	压缩汽缸内的可燃混合气,并用外源点火燃烧的内燃机
	压燃式内燃机	压缩汽缸内的空气或可燃混合气,产生高温,引起燃料着火的内燃机
按使用燃料种类分	液体燃料内燃机	燃烧液体燃料(汽油、柴油、醇类等)的内燃机
	气体燃料内燃机	燃烧气体燃料(液化石油气、天然气等)的内燃机
	多种燃料内燃机	能够使用着火性能差异较大的两种或两种以上燃料的内燃机

续上表

分类方法	类别	含义
按进气状态分	非增压内燃机	进入汽缸前的空气或可燃混合气未经压缩的内燃机。对于四冲程内燃机亦称自吸式内燃机
	增压内燃机	进入汽缸前的空气或可燃混合气先经过压气机压缩,以增大充量密度的内燃机
按冷却方式分	水冷式内燃机	用水冷却汽缸和汽缸盖等零件的内燃机
	风冷式内燃机	用空气冷却汽缸和汽缸盖零件的内燃机
按汽缸数分	单缸内燃机	只有一个汽缸的内燃机
	多缸内燃机	具有两个或两个以上汽缸的内燃机
按汽缸布置分	立式内燃机	汽缸布置于曲轴上方且汽缸中心线垂直于水平面的内燃机
	卧式内燃机	汽缸中心线平行于水平面的内燃机
	直列式	具有两个或两个以上直立汽缸,并呈一列布置的内燃机
	V形	具有两个或两列汽缸,其中心线夹角呈V形,并共用一根曲轴输出功率的内燃机
	对置汽缸式内燃机	两个或两列汽缸分别排列在同一曲轴的两边呈180°夹角的内燃机
	斜置式内燃机	汽缸中心线与水平面呈一定角度(不是直角)的内燃机
按用途分	有汽车用、机车用、拖拉机用、船用、坦克用、摩托车用、发电用、农用、工程机械用内燃机	

二、内燃机产品名称及型号编制规则

为了便于内燃机的生产管理和使用,我国对《内燃机产品名称和型号编制规则》(GB/T 725—2008)重新进行了审定和颁布。该标准的主要内容如下:

(1)内燃机产品名称应符合《往复式内燃机词汇 第1部分:发动机设计和运行术语》(GB/T 1883.1—2005)的规定,均按所采用的燃料命名,例如柴油机、汽油机、天然气机。

(2)内燃机型号由阿拉伯数字、汉语拼音字母或国际通用的英文缩略字母组成。

(3)内燃机型号由下列四部分组成:

①第一部分:由制造商代号或系列符号组成。本部分代号由制造商根据需要选择1-3位字母表示。

②第二部分:由汽缸数、汽缸布置形式符号(表1-5)、冲程形式符号和缸径符号(宜可用发动机排量或功率数表示,其单位由制造商自定)组成。

③第三部分:结构特征和用途特征符号,分别按表1-6和表1-7中的规定。燃料符号参见表1-8。

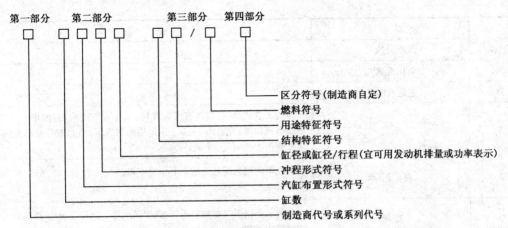

汽缸布置形式符号　　　　　　　　　　　　　　　　　表1-5

符　号	含　义	符　号	含　义
无符号	多缸直列及单缸	H	H形
V	V形	X	X形
P	卧式		

注：其他布置形式符号见 GB/T 1883.1。

结构特征符号　　　　　　　　　　　　　　　　　　表1-6

符　号	结构特征	符　号	结构特征
无符号	冷却液冷却	DZ	可倒转
F	风冷	Z	增压
N	凝气冷却	ZL	增压中冷
S	十字头式		

用途特征符号　　　　　　　　　　　　　　　　　　表1-7

符　号	用　途	符　号	用　途
无符号	通用型及固定动力（或制造商自定）	D	发电机组
T	拖拉机	C	船用主机,右机基本型
M	摩托车	CZ	船用主机,左机基本型
G	工程机械	Y	农用三轮车（或其他农用车）
Q	汽车	L	林业机械
J	铁路机车		

注：内燃机左机和右机的定义按 GB/T 726 的规定。

内燃机常用燃料符号　　　　　　　　　　　　　　　表1-8

符　号	燃料名称	备　注
无符号	柴油	
P	汽油	
T	天然气(煤层气)	管道天然气

31

续上表

符　号	燃料名称	备　注
CNG	压缩天然气	
LNG	液化天然气	
LPG	液化石油气	
Z	沼气	各类工业化沼气（农业有机废弃物、工业有机废水处理、城市污水处理、城市有机垃圾）允许用1~2个字母的形式表示。如"ZN"表示农业有机废弃物产生的沼气
W	煤矿瓦斯	浓度不同的瓦斯允许用1个小写字母的形式表示，如"Wd"表示低浓度瓦斯
M	煤气	各类工业化煤气如焦炉煤气、高炉煤气等。允许在M后加1个字母区分煤气的类型
S SCZ	柴油/天然气双燃料 柴油/沼气双燃料	其他双燃料用两种燃料的字母表示
M	甲醇	
E	乙醇	
DME	二甲醇	
FME	生物柴油	

注：1. 一般用1~3个拼音字母表示燃料，也可用成熟的英文缩写字母表示。
　　2. 其他燃料允许制造商用1~3个字母表示。

④第四部分：区分符号。同系列产品需要区分时，允许制造商选用适当符号表示。

（4）型号编制示例。

①柴油机型号。

a. G12V190ZLD——12缸、V形、四冲程、缸径190mm、冷却液冷却、增压中冷、发电用（G为系列代号）。

b. R175A——单缸、四冲程、缸径75mm、冷却液冷却（R为系列代号，A为区分符号）。

c. YZ6102Q——六缸直列、四冲程、缸径102mm、冷却液冷却、车用（YZ为扬州柴油机厂代号）。

d. 8E150C-1——8缸、直列、二冲程、缸径150mm、冷却液冷却、船用主机、右机基本型（1为区分符号）。

e. JC12V26/32ZLC——12缸、V形、四冲程、缸径260mm、行程320mm、冷却液冷却、增压中冷、船用主机、右机基本型（JC为济南柴油机股份有限公司代号）。

f. 12VE230/300ZCZ——12缸、V形、二冲程、缸径230mm、行程300mm、冷却液冷却、增压、船用主机、左机基本型。

g. G8300/380ZDZC——8缸、直列、四冲程、缸径300mm、行程380mm、冷却液冷却、增压可倒转、船用主机、右机基本型（G为系列代号）。

②汽油机型号。

a. 1E65F/P——单缸、二冲程、缸径65mm、风冷、通用型。

b. 492Q/P – A——四缸、直列、四冲程、缸径92mm、冷却液冷却、汽车用（A 为区分符号）。

③燃气机型号。

a. 12V190ZL/T——12 缸、V 形、四冲程、缸径 190mm、冷却液冷却、增压中冷、燃气为天然气。

b. 16V190ZLD/MJ——16 缸、V 形、四冲程、缸径 190mm、冷却液冷却、增压中冷、发电用、燃气为焦炉煤气。

④双燃料发动机。

a. G12V190ZLS——12 缸、V 形、缸径 190mm、冷却液冷却、增压中冷、燃料为柴油/天然气双燃料（G 为系列代号）。

b. 12V26/32ZL/SCZ——12 缸、V 形、缸径 260mm、行程 320mm、冷却液冷却、增压中冷、燃料为柴油/沼气双燃料。

复习思考题

1. 汽油机、柴油机的总体构造如何？分别起什么作用？
2. 汽油机、柴油机在混合气形成方式与着火方式有何不同？在结构上有何异同？
3. 某型船用柴油机有八个汽缸，汽缸直径为 300mm，活塞行程为 380mm，压缩比为 16∶1，试计算汽缸工作容积、燃烧室容积及发动机排量（容积以 L 为单位）。
4. 某柴油发动机型号为 12V135ZG，试解释这个型号的全部含义。
5. 已知某四缸四冲程汽油发动机，汽缸直径为 81mm，活塞行程为 86.4mm，以标定转速 $n = 5200 \text{r/min}$ 运转，功率为 72kW，现测得运转 34s 共消耗燃油 200g，求此时发动机的有效转矩和燃油消耗率。

第二章　曲柄连杆机构

第一节　概　　述

一、功用与组成

曲柄连杆机构的功用是：将燃料燃烧时产生的热能转变为活塞往复运动的机械能，再通过连杆将活塞的往复运动变为曲轴的旋转运动而对外输出动力。

曲柄连杆机构由以下三部分组成：

(1) 机体组——主要包括汽缸体、曲轴箱、油底壳、汽缸套、汽缸盖和汽缸垫等不动件。

(2) 活塞连杆组——主要包括活塞、活塞环、活塞销和连杆等运动件。

(3) 曲轴飞轮组——主要包括曲轴、飞轮和扭转减振器、平衡轴等机构。

二、工作条件

曲柄连杆机构是在高温、高压、高速以及有化学腐蚀的条件下工作的。在发动机做功时，汽缸内的燃气最高温度可达 2500℃ 以上，最高压力可达 5～9MPa，现代汽车发动机最高转速可达 3000～6000r/min，则活塞每秒要行经 100～200 个行程，可见其线速度是很大的。此外，与可燃混合气和燃烧废气接触的机件（如汽缸、汽缸盖、活塞等）还将受到化学腐蚀。

由于曲柄连杆机构是在高压下作变速运动，因此它在工作时的受力情况是很复杂的。

曲柄连杆机构受的力主要有气体压力、往复惯性力、旋转运动件的离心力以及相对运动件接触表面的摩擦力。

三、曲柄连杆机构受力分析

1. 气体作用力

发动机工作时，气体压力始终存在。由于进气、排气两行程中气体压力较小，对机件影响不大，故这里主要分析做功和压缩行程中的气体作用力。

在做功行程中，燃烧气体产生的高压直接作用在活塞的顶部如图 2-1a) 所示。设活塞所受总力 F_p 传到活塞销上，可分解为 F_{p1} 和 F_{p2}。分力 F_{p1} 通过活塞销传给连杆，并沿连杆方向作用在曲柄销上；F_{p1} 又可分解为两个分力 F_r 和 F_s，分力 F_r 沿曲柄方向使曲轴主轴颈与主轴承间产生压紧力；与曲柄垂直的分力 F_s 对曲轴形成转矩 T，推动曲轴旋转。力 F_{p2} 把活塞压向汽缸壁，形成活塞与缸壁间的侧压力，使汽缸与活塞产生磨损，并有使机体翻转的趋势，故机体下部的两侧应固定在车架上，若有松动，将造成发动机振动。

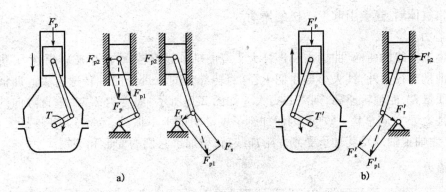

图 2-1 气体压力作用情况
a)做功行程；b)压缩行程

在压缩行程中，气体压力是阻碍活塞向上运动的阻力。这时，作用在活塞顶的气体总压力 F'_p 也可以分解为两个分力 F'_{p1} 和 F'_{p2} [图 2-1b)]，而 F'_{p1} 又分解为 F'_r 和 F'_s。F'_s 使曲轴主轴颈与主轴轴承间产生压紧力，F'_r 对曲轴造成一个旋转阻力矩 T'，企图阻止曲轴旋转，而 F'_{p2} 则将活塞压向汽缸的另一侧壁。

在工作循环的任何行程中，气体作用力的大小都是随活塞的位移而变化的，再加上连杆左右摇摆，因而作用在缸套、活塞、活塞销和曲轴轴颈表面上的压力和作用点不断变化，造成各处磨损不均匀。

2．往复惯性力与离心力

往复运动的物体，当运动速度变化时，就要产生往复惯性力。物体绕某一中心做旋转运动时，就会产生离心力。

1）往复惯性力

由曲柄连杆机构的运动分析可知，当活塞向下运动时，约前半个行程是加速运动，惯性力向上，用 F_j 表示 [图 2-2a)]；约后半个行程是减速运动，惯性力向下，以 F'_j 表示 [图 2-2b)]。同理，当活塞向上时，前半个行程惯性力向下，后半个行程惯性力向上。

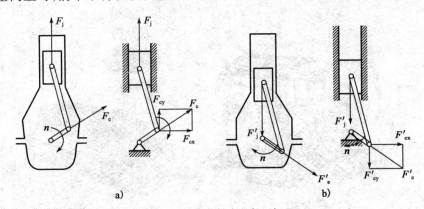

图 2-2 往复惯性力和离心力
a)活塞在上半行程时的惯性力；b)活塞在下半行程时的惯性力

活塞、活塞销和连杆小头的质量越大，曲轴转速越高，则往复惯性力也越大。它使曲柄连杆机构的各零件和所有轴颈受周期性的附加载荷，加快轴承的磨损。未被平衡的变化着的惯性力传到汽缸体后,还会引起发动机的振动。

2) 离心力

偏离曲轴轴线的曲柄、曲柄销和连杆大头绕曲轴轴线旋转,会产生旋转惯性力,即离心力。其方向沿曲柄半径向外,其大小与曲柄半径、旋转部分的质量及曲轴转速有关。曲柄半径长,旋转部分质量大,曲轴转速高,则离心力大。如图 2-2 所示,离心力 F_c 在垂直方向的分力 F_{cy} 与往复惯性力 F_j 方向总是一致的,因而加剧了发动机的上下振动。离心力使连杆大头的轴瓦和曲柄销、曲轴主轴颈及其轴承受到一附加载荷,增加了它们的变形和磨损。

3. 摩擦力

在任何一对相互接触并作相对运动的零件表面间之间,必定存在摩擦力,其最大值决定于上述力对摩擦面形成的正压力和摩擦因数。

上述各种力作用在曲柄连杆机构和机体的各有关零件上,使它们受到压缩、拉伸、弯曲和扭转等不同形式的载荷。为了保证工作可靠,减少磨损,除采用润滑油进行润滑外,在结构上必须采取相应的措施。

第二节 机 体 组

机体组主要由汽缸体、曲轴箱、油底壳、汽缸套、汽缸盖和汽缸垫等组成。

一、汽缸体与曲轴箱

1. 结构形式与功用

汽缸体是汽缸的壳体,曲轴箱是支承曲轴做旋转运动的壳体,两者组成了发动机的机体。其结构形式有整体式和分体式两种。

整体式结构是将汽缸体与曲轴箱铸成一体,笼统地称为汽缸体(图 2-3),通常用于水冷式发动机。

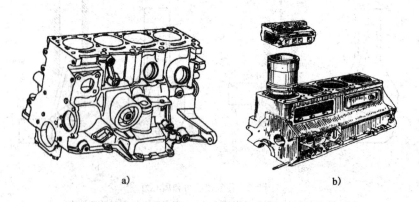

图 2-3 直列水冷整体式汽缸体
a)一汽奥迪 100 型汽车发动机汽缸体;b)北京 BJ492QA 型汽车发动机汽缸体

分体式结构是将汽缸体与曲轴箱分开铸造再用螺栓连接起来(图2-4),多用于风冷式发动机。

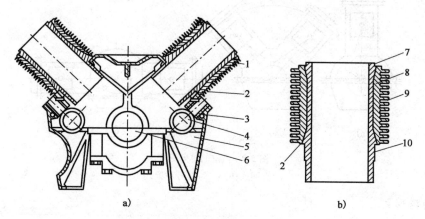

图2-4　V形风冷分体式汽缸体曲轴箱
a)汽缸体曲轴箱；b)双金属汽缸体
1-汽缸体；2-支承平面；3-上曲轴箱；4-凸轮轴轴承座孔；5-隔板；6-主轴承座孔；7-上止口；8-散热片；9-汽缸套；10-下止口

整体式的汽缸体或分体式的曲轴箱是组装发动机的基础件,并由它来保持发动机各运动件相互之间的位置关系。

2. 工作条件与要求

汽缸体曲轴箱承受有较大的机械负荷,不仅包括前述的各种力,还有汽车行驶时发动机本身质量引起的各种冲击力。汽缸体还要承受较复杂的热负荷,即燃烧气体给予汽缸壁的热量,主要通过汽缸体来散失。

由其功用和工作条件知,要求汽缸体曲轴箱具有足够的强度、刚度和良好的耐热性、耐蚀性等。

3. 构造

汽缸体内引导活塞做往复运动的圆筒就是汽缸。为了使汽缸散热,在汽缸的外面制有水套(水冷式)或散热片(风冷式)。曲轴箱有前后壁和中间隔板,其上制有主轴承座孔,大多数发动机在缸体上还制有凸轮轴轴承座孔。为了这些轴承的润滑,在侧壁上钻有主油道,前后壁和中间隔板上钻有分油道。此外,整体式汽缸体有上下两平面,用以安装汽缸盖和油底壳；分体式汽缸体下部有一凸缘和止口,曲轴箱有支承汽缸体的平面和止口,用它们来保证两者之间的正确定位。

4. 汽缸排列形式

汽车用多缸发动机汽缸排列形式如图2-5所示。其中常见的有两种,一是直列式[图2-5a)、图2-3],多用于六缸以下的发动机；二是V形式[图2-4a)、图2-5b)],多用于八缸以上的发动机,这种结构形式刚度大,缩短了发动机的长度和高度,质量也有所减轻。

对置式发动机[图2-5c)]高度比其他形式的小,使得汽车(特别是轿车和大型客车)的总布置更为方便。汽缸对置对于风冷发动机也是有利的。

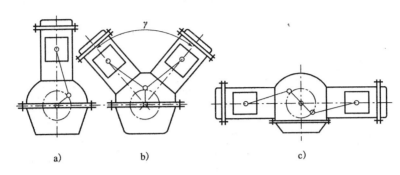

图 2-5　汽缸的排列形式
a）直列式；b）V 形式；c）对置式

5. 曲轴箱形式

如图 2-6 所示，曲轴箱有三种结构形式。

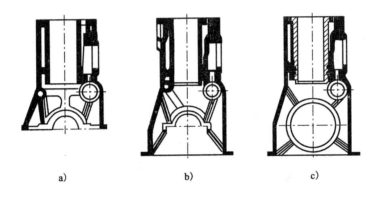

图 2-6　曲轴箱基本结构形式
a）平分式；b）龙门式；c）隧道式

（1）平分式——主轴承座孔中心线位于曲轴箱分界面上，如图 2-6a）所示。其特点是制造方便，但刚度小，且前后端呈半圆形，与油底壳接合面的密封较困难。多用于中小型发动机。

（2）龙门式——主轴承座孔中心线高于曲轴箱下分界面，如图 2-6b）所示。其特点是结构刚度较大，且油底壳前后端为一平面，其密封简单可靠，被大中型发动机广泛采用。

（3）隧道式——主轴承座孔不分开，如图 2-6c）所示。其特点是结构刚度最大，主轴承同轴度易保证，多用在机械负荷较大的、主轴承采用滚动轴承的发动机中。

6. 材料

根据工作条件和结构特点，缸体多采用优质灰铸铁制造。为了提高汽缸的耐磨性，有时在铸铁中加少量合金元素如镍、钼、铬、磷等，有的强化柴油机也采用球墨铸铁。某些发动机为了减轻质量，加强散热，采用铝合金制造。

风冷发动机汽缸体为了加强散热，近年来多制成双金属的［图 2-4b）］，即在铸铁（或钢）汽缸套外面渗铝后，再铸上铝合金散热片。

二、油底壳

油底壳(图2-7)的主要功用是储存和冷却机油并封闭曲轴箱。在最低处设有放油螺塞,以便放出润滑油,有的放油螺塞还带有磁性,可以吸附润滑油中的铁屑,以减小发动机的磨损。为了防止汽车振动时油底壳油面产生较大的波动,在油底壳的内部设有稳油挡板。

由于油底壳受力很小,一般用薄钢板冲压而成,有些铝合金油底壳还带有散热片。

曲轴箱与油底壳之间为了防止漏油,其之间装有软木衬垫,也有涂密封胶的。

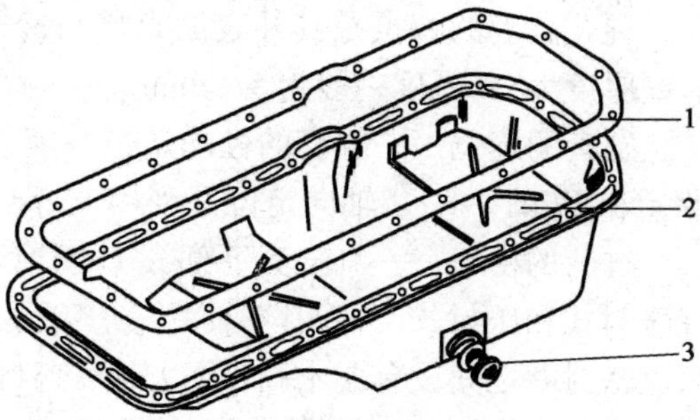

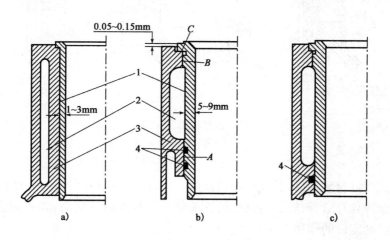

图2-7 油底壳
1-衬垫;2-稳油挡板;3-放油螺塞

三、汽缸与汽缸套

1. 汽缸套的形式与构造

有些发动机的缸体在制造时直接在其上加工缸筒,但经过几次大修镗缸后,为了能继续使用,镶一个标准缸径的汽缸套。这样,既提高缸体的使用寿命,又避免了材料浪费。目前,更多的是在汽缸内镶入汽缸套的方法,这样缸套用耐磨的材料制成,以延长使用寿命,而汽缸体则用价廉的普通铸铁或质量轻的铝合金制造。

根据缸套是否直接与冷却液接触,将缸套分为干式和湿式两种,如图2-8所示。

图2-8 汽缸套
a)干式;b)、c)湿式
1-汽缸套;2-水套;3-汽缸体;4-橡胶密封圈;A-下支承密封带;B-上支承定位带;C-缸套凸缘平面

1)干式

干式缸套的特点是外表面不直接与冷却液接触[图2-8a)],其壁厚一般为1~3mm。为了获得与缸体间足够的实际接触面积,保证缸套的散热和定位,缸套的外表面和与其配合的汽缸体承孔的内表面一般采用过盈配合。

干式缸套的优点是不易漏水漏气,缸体结构刚度大、缸心距小、机器质量轻。

2)湿式

湿式缸套的特点是其外表面直接与冷却液接触,如图 2-8b)、c)所示。另外,它较干式缸套壁厚度大,其厚度一般为 5~9mm。

缸套的定位——缸套的径向定位一般靠上下两个凸出的、与汽缸体间为间隙配合的圆环带 A 和 B(图 2-8)。轴向定位是利用上部凸缘的下平面 C。

缸套的密封——汽缸套下部靠 1~3 个耐热耐油橡胶密封圈密封(图 2-9)。其密封形式有涨封式和压封式两种,其中使用较广泛的为图 2-9a)所示的涨封式。少数发动机汽缸上在两道密封圈之间设有漏水孔,用以观察密封圈工作情况是否良好[图 2-9a)]。因为柴油机随其强化程度的提高,湿式缸套的穴蚀已成为一个突出问题,所以某些柴油机缸套有三道密封圈,最上一道上半部分与冷却液接触,既能防止配合面生锈、便于拆装,又能借其吸振,减轻穴蚀[图 2-9c)],有的上、中二道用乙丙合成橡胶,以密封冷却液,下面一道用硅酮材料制成,以密封机油,二者不可错装。还有的把密封圈装在缸体上,以提高缸套的刚度,如图 2-9d)所示。缸套上部是靠凸缘 C[图 2-9b)]的下平面处垫有金属垫片(对铸铁缸体垫钢垫或铝垫,对铝合金的缸体应垫铝垫,以防止电化学腐蚀)密封。

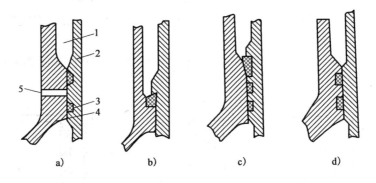

图 2-9 缸套下端的密封形式
a)、c)、d)涨封式;b)压封式
1-水套;2-汽缸套;3-密封圈;4-汽缸体;5-漏水孔

大多数湿式汽缸套装入后,其顶面高出缸体一定高度,一般为 0.05~0.15mm,如图 2-8b)所示。当汽缸盖螺栓拧紧后,缸套与缸垫的该部分承受较大的压紧力,具有防止汽缸漏气、水套漏水和保证缸套定位的作用。

湿式缸套的优点是缸体铸造较容易,又便于维修,且散热效果好。缺点是缸体刚度较差,易产生穴蚀,且易漏水、漏气。它主要用于高负荷的柴油机和铝合金缸体发动机。

2. 汽缸套的材料

缸套的材料常用的有珠光体灰铸铁、合金铸铁、高磷铸铁、含硼铸铁及其他高级铸铁。

四、汽缸盖与汽缸垫

1. 汽缸盖

1) 功用与工作条件

汽缸盖用来密封汽缸的上部,与活塞、汽缸等共同构成燃烧室。

汽缸盖的燃烧室壁面同汽缸一样承受燃气所造成的热负荷及机械负荷,由于它接触温差很大的燃气时间较缸体时间长,因而汽缸盖承受的热负荷更甚于汽缸体。

2) 结构

顶置气门式汽缸盖设有冷却水套(水冷式发动机)或散热片(风冷式发动机)、燃烧室、进、排气道及气门导管孔和进排气门座等,汽油机汽缸盖还设有火花塞孔,而柴油机的汽缸盖设有安装喷油器的座孔,如图2-10~图2-12所示。

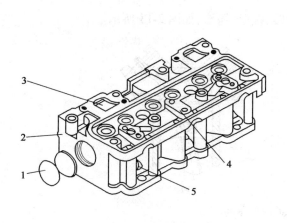

图2-10 EQ6100-1型汽油机汽缸盖
1-水堵;2-汽缸盖;3-出水口;4-气门摇管架安装平面;
5-火花塞座孔

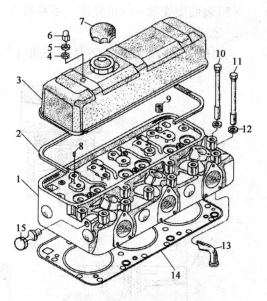

图2-11 6120Q-1型柴油机汽缸盖
1-汽缸盖;2-汽缸盖罩垫片;3-汽缸盖罩;4-垫圈;
5-垫圈盘;6-盖形螺母;7-加油孔盖;8-圆形销;9-方
孔锥形螺塞;10、11-汽缸盖螺栓;12-垫圈;13-喷水
管;14-汽缸垫;15-起重螺栓

采用分隔式燃烧室的柴油机汽缸盖,结构更为复杂,具体介绍详见第四章第三节。

为了制造和维修方便,减小变形对密封的影响,缸径较大的发动机多采用分开式汽缸盖,即一缸一盖、二缸一盖或三缸一盖。缸径较小的发动机多采用整体式缸盖。

3) 材料与汽缸盖的紧固

汽缸盖和汽缸体的工作条件及结构复杂性有许多共同之

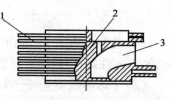

图2-12 风冷发动机汽缸盖
1-散热片;2-汽缸盖;3-气道

处,其材料也同汽缸体一样,一般用灰铸铁和合金铸铁。某些汽油机为了提高散热性能和减少质量,采用铝合金,但铝合金缸盖刚度低,使用中易变形。

2. 汽油机的燃烧室

汽油机的燃烧室是由活塞的顶面和汽缸盖上相应的凹坑所组成。

1) 对燃烧室的要求

(1) 面容比(燃烧室表面积与其容积之比)要小——面容比小,排气净化好。因为燃烧时燃烧室表面附有一层混合气,这层混合气流动速度慢,并受到相对冷金属的冷激,燃烧不完全。另外,面容比小,热损失也小。

(2) 结构要紧凑——结构紧凑,火焰传播距离短,不易发生爆燃。

(3) 能产生涡流——涡流使混合气混合更均匀,燃烧速度快,燃烧完全,经济性好。

(4) 充气效率要高——可增大转矩,提高功率。

(5) 表面要光滑——可使废气不易留存,不易积炭,排气净化好。

2) 燃烧室的类型

汽油机常有的燃烧室有浴盆形、楔形、半球形、碗形、篷形,如图 2-13 所示。

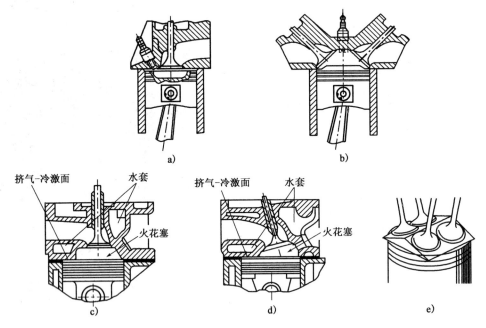

图 2-13 汽油机的燃烧室形状
a) 碗形;b) 半球形;c) 浴盆形;d) 楔形;e) 4 气门、篷形

(1) 碗形燃烧室——碗形燃烧室[图 2-13a)]是布置在活塞中的一个回转体,采用平底汽缸盖,工艺性好;但燃烧室在活塞顶内使活塞高度与质量增加,同时活塞散热性也差。

(2) 半球形燃烧室——半球形燃烧室[图 2-13b)]的气门成横向 V 形排列。因此气门头部直径可以做得较大,换气好,火花塞多位于燃烧室的中部,使火焰行程短,燃烧剧烈而完全,抗爆性好,经济性、动力性好,CO 和 HC 排放少,但 NO_x 排放较高。半球形燃烧室是高速发动机常用的燃烧室。

(3) 浴盆形燃烧室——浴盆形燃烧室[图 2-13c)]的气门轴线平行于汽缸轴线,有挤气-冷激面,可形成挤气涡流并有降低末端混合气温度的作用,但盆的形状狭窄,气门尺寸受到限制,换气质量较差,燃气传播距离较长,燃烧速度较低,燃烧质量稍差,CO 和 HC 排放较高,但 NO_x 的排放较低。

(4) 楔形燃烧室——楔形燃烧室[图 2-13d)]其气门斜置,气道导流较好,充气效率高,燃烧室较紧凑。有挤气-冷激面,能形成挤气涡流并降低爆燃倾向作用较强,压缩比可达 9.5~10.5,因而燃烧速度快,经济性和动力性较好,有利于减少 CO 和 HC 的排放,但 NO_x 排放稍高。

(5) 篷形燃烧室——篷形燃烧室[图 2-13e)]其性能与半球形相似,组织缸内气流进行挤气运动要比半球形容易,同时多气门机构容易布置,特别适合多气门轿车发动机使用。

3. 汽缸垫

1) 作用与要求

汽缸垫是用来保证汽缸体与汽缸盖间的密封,防止漏气、漏水。它是汽车上最重要的一种垫片。

汽缸垫应满足如下的主要要求:

(1) 在高温、高压燃气作用下有足够的强度,不易损坏。

(2) 耐热和耐腐蚀,即在高温高压燃气或有压力的机油和冷却液的作用下不烧损或变质。

(3) 具有一定的弹性,能补偿接合面的平面度,以保证密封。

(4) 拆装方便,能重复使用,寿命长。

2) 构造

汽缸垫如图 2-14 所示。目前汽缸垫的结构大致有以下几种:

(1) 金属-石棉垫,如图 2-14a)、b)所示。这种衬垫外包铜皮和钢皮,且在缸口、水孔、油道口周围卷边加强,内填石棉(常掺入铜屑或铜丝,以加强导热,平衡缸体与缸盖的温度)。这种衬垫压紧厚度为 1.2~2.0mm,有很好的弹性和耐热性,能重复使用,但厚度和质量的均一性较差。

另一种是金属骨架-石棉垫,用编织的钢丝网[图 2-14c)]或有孔钢板(冲有带毛刺小孔的钢板)[图 2-14d)]为骨架,外覆石棉及橡胶黏结剂压成垫片,表面涂以石墨粉等润滑剂,只在缸口、油道口及水孔处用金属片包边。这种缸垫弹性更好,但易黏结,一般只能使用一次。还有的汽缸垫既有金属骨架,石棉外又包金属包皮。

为了提高汽缸口处的防烧蚀能力,有的镶以抗高温氧化能力较强的镍边;有的则缸口部分没有石棉,只有几层薄钢片组成。

(2) 纯金属垫,如图 2-14e)所示。在某些强化发动机上,采用纯金属汽缸垫。它由单层或多层金属片(铜、铝或低碳钢)制成的。为了加强密封,在缸口、水孔、油道口处,冲有弹性凸筋。

国外一些发动机已使用耐热密封胶,彻底取代了汽缸垫。使用耐热密封胶和纯金属垫的发动机,对缸体和缸盖接合面均要求有较高的加工精度。

4. 汽缸盖罩

在汽缸盖上部有一起封闭和密封作用的汽缸盖罩,如图 2-11 所示,汽缸盖罩结构比较简单,一般用薄钢板冲压而成,上设有加注机油用的注油孔。汽缸盖罩与汽缸盖之间设有一密封垫。

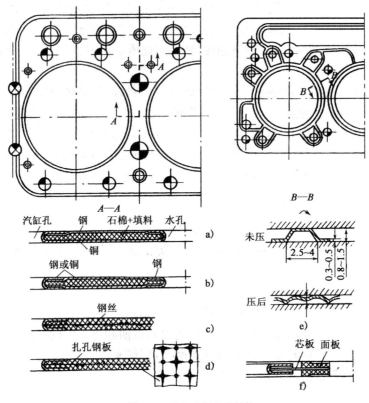

图 2-14 汽缸盖衬垫的结构
a)、b)、c)、d)金属-石棉板；e)冲压钢板；f)无石棉汽缸垫

第三节 活塞连杆组

由活塞组和连杆组组成活塞连杆组。如图 2-15 所示，活塞组主要由活塞、活塞环和活塞销组成；连杆组由连杆体、连杆盖、连杆轴瓦和连杆螺栓等组成。

一、活塞

1. 活塞功用和工作条件

活塞的功用一是活塞顶部与汽缸盖、汽缸壁共同组成燃烧室；二是承受气体压力，并将此力通过活塞销传给连杆，以推动曲轴旋转。

活塞是在高温、高压、高速、润滑不良和散热困难的条件下工作的。其工作条件如下：

（1）由于活塞顶部直接与高温燃气接触，燃气的最高温度可达 2500℃以上。因此，活塞顶部的温度通常高达 300～500℃。高温一方面使活塞材料的机械强度显著下降，另一方面会使活塞的热膨胀量增大，容易破坏活塞与其相关零件的配合。

（2）活塞顶部在做功行程时，承受着燃气的带有冲击性的高压力，发动机增压时则更高。高压将导致活塞的侧压力更大，增加活塞变形量。

(3)一般汽车用汽油机转速为4000~6000r/min,活塞在汽缸中的平均速度可达8~12m/s,其瞬间速度会更高。由于活塞运动速度的大小和方向在不断地变化,会引起很大的惯性力。

(4)活塞承受的气体压力和惯性力是呈周期性变化的,因此活塞的不同部分会受到交变的拉伸、压缩或弯曲载荷,并已由于活塞各部分的温度极不均匀,活塞内部将产生一定的热应力,从而引起活塞的变形、磨损等各种损坏。

(5)由于活塞直接与高温燃气接触,同时还受周期性变化的气体压力和惯性力的作用,要求活塞具有足够的刚度和强度,良好的导热性和耐磨性,质量要小,以保持最小的惯性力,热膨胀系数小和导热性好,活塞与缸壁间较小的摩擦系数等。

2. 活塞材料

汽车发动机目前广泛采用的活塞材料是铝合金,如用过共晶铝合金铸造等。铝合金活塞,具有质量小(为同样结构铸铁活塞的50%~70%)、导热性好(约为铸铁的3倍)的优点。铝合金活塞的缺点是热膨胀系数较大,在温度升高时,强度和硬度下降较快。为克服这些缺点,在结构设计、机械加工或热处理上要求采取措施加以弥补。

近年来,新设计的柴油机活塞又采用灰铸铁材料,以发挥其成本低、耐热性好、膨胀系数小的优势,其活塞质量比铝合金活塞还轻,活塞结构采取薄顶、楔形单销座,只在侧压力的方向保留裙部、喷油冷却等措施。

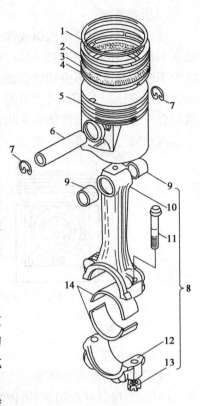

图2-15 活塞连杆组
1、2-气环;3-油环衬簧;4-油环刮片;5-活塞;6-活塞销;7-活塞销卡环;8-连杆组;9-连杆衬套;10-连杆;11-连杆螺栓;12-连杆盖;13-连杆螺母;14-连杆轴瓦

3. 活塞构造

活塞的基本构造可分顶部、头部和裙部三部分,如图2-16所示。

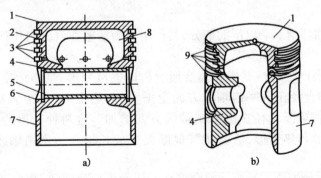

图2-16 活塞的基本结构
a)全剖;b)局部剖
1-活塞顶;2-活塞头;3-活塞环;4-活塞销座;5-活塞销;6-活塞销锁环;7-活塞裙部;8-加强筋;9-环槽

1) 活塞顶部

活塞顶部是燃烧室的组成部分,其形状与选用的燃烧室形式有关,如图2-17所示。汽油机活塞顶部较多采用平顶活塞[图2-17a)],其优点是吸热面积小,制造工艺简单。有些汽油机为了改善混合气形成和燃烧而采用凹顶活塞[图2-17b)]。凹坑的大小还可以用来调节发动机的压缩比。二冲程汽油机通常采用凸顶活塞[图2-17c)]。柴油机的活塞顶部为与柴油机混合气的形成或与燃烧要求相适应,常设有各种形状的凹坑。有关柴油机活塞顶的结构将在第四章第三节中进行介绍。

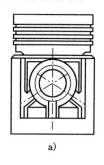 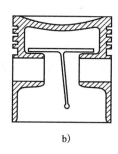 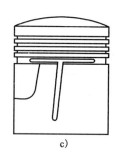

图2-17 活塞顶部形状
a)平顶;b)凹顶;c)凸顶

2) 活塞头部

活塞头部是指活塞最下一道环槽以上部分。顶环槽以上的部分称为火力岸。其作用是承受气体压力,通过活塞销座、销传给连杆;实现汽缸的密封;将热量通过活塞环传给汽缸壁。活塞头部制有若干道用以安装活塞环的环槽,上面2~3道环槽用以安装气环,下面1~2道用以安放油环,如图2-17所示。在油环槽底面上钻有若干小孔,油环从汽缸壁上刮下来的多余机油经过此小孔流回油底壳(图2-16)。轿车用汽油机活塞由于转速较高,大都采用二道气环和一道油环的结构。轿车用柴油机活塞由于转速不断提高,配置方案也从三道气环一道油环发展到二道气环一道油环。

在强化的柴油机中,由于活塞的第一道环槽温度较高,使铝合金材料活塞硬度下降,再加上活塞环与环槽的相对运动,顶环槽会产生严重磨损和热裂纹。为了保护和加强活塞环槽,在铝合金活塞环槽部位铸入由耐热材料制造的环槽护圈,以增强环槽的耐磨性,如图2-18所示。

3) 活塞裙部

活塞裙部是指油环槽下端以下的部分,其作用是为活塞在汽缸内作往复运动导向和承受侧压力。

活塞在工作时会产生机械变形和热变形。所谓机械变形,是指活塞在气体压力和侧压力的作用下,其裙部直径在活塞销轴线方向上增大;而热变形,是指活塞销座处金属堆积,并在受热后膨胀致使裙部直径在活塞销轴线方向增加。这两种变形的最后结果就是活塞工作时产生机械变形和热变形,活塞裙部横断面变成长轴在活塞销轴线方向上的椭圆,如图2-19所示。

为了使活塞在正常温度下与汽缸壁间保持有比较均匀的间隙,预先把活塞加工成裙部断面为长轴垂直于活塞销方向的椭圆形。为了减少销座附近处的热变形量,有的活塞将销座附近的裙部外表面制成下陷0.5~1.0mm。

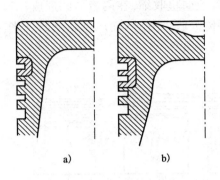
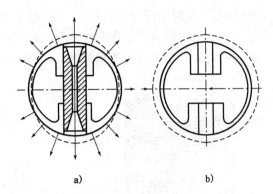

图2-18 活塞环槽护圈
a) 一道护圈；b) 两道护圈

图2-19 活塞裙部的变形
a) 热变形；b) 侧压力变形

由于活塞沿轴线方向温度分布和质量分布都不均匀，因此各个断面的热膨胀量是上大下小。铝合金活塞的这种差异尤其显著。为了使铝合金活塞在工作状态（热态）下接近一个圆柱形，有的活塞将其头部的直径制成上小下大的截锥形或阶梯形（图2-20），或将活塞裙部制成上小下大的截锥形。有的活塞为了更好地适应其热变形，把活塞裙部制成变椭圆，即在裙部的不同部位其椭圆度不同，椭圆度由下而上逐渐增大，即裙部横截面越往上越扁，如解放CA6102型发动机的活塞裙部就是这种结构。在高速发动机上还采用腰鼓形裙部，这种形状不仅适应活塞的温度分布，而且在活塞上下运动时易形成油楔，能保证裙部有良好的润滑条件及较高的承载能力。

活塞裙部要有一定的长度和足够的面积，以保证可靠导向和减轻磨损。裙部的基本形状为一薄壁圆筒，若该圆筒为完整的称为全裙式。许多高速发动机为了减小活塞质量，在活塞不受作用力的两侧，即沿销座孔轴线方向的裙部切去一部分，形成拖鞋式裙部，这种结构的活塞裙部弹性较好，可以减小活塞与汽缸的装配间隙，如图2-21所示。

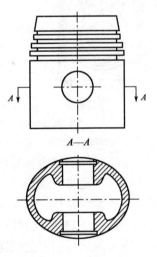

图2-20 椭圆活塞示意图

有的汽油机活塞，还开有∏形槽[图2-22a)]或T形槽[图2-22b)、c)]。其中横槽的作用是切断从活塞头部向裙部传输热流的部分通道，以减少从头部到裙部的传热，从而使裙部的热膨胀量减少；还可兼作油孔。纵槽使裙部具有弹性，从而使冷态下的装配间隙得以尽可能小，而在热态下又因切槽的补偿作用，活塞不致在汽缸中卡死。因裙部开纵槽的一面刚度较小，将活塞纵槽开在做功行程中不承受侧压力的裙部面上，即从发动机前面向后看的右面。纵槽与活塞底面不垂直，可以防止活塞在运动中划伤汽缸壁。纵槽一般不开到裙底，以免过分削弱裙部的刚度。

双金属活塞限制活塞裙部的膨胀量。双金属活塞可分为恒范钢片式、筒形钢片式等。铸铝活塞的裙部有的镶铸圆筒式钢片，如图2-23所示。浇注时，将钢筒夹在铝合金中，由于铝合金的膨胀系数大于钢，冷凝后位于钢筒外的铝合金就紧压在钢筒上，使外层铝合金的收缩量受到钢筒的阻碍而减小，同时产生预应力（铝合金为拉应力，钢筒为压应力）。而钢筒内侧的铝合金层,在冷凝时由于与钢筒没有金属结合,就无阻碍地向里收缩,在两者之间形成一道收缩缝隙。当活塞在高温下工作时,内层合金的膨胀先要清除收缩缝隙,而后推动钢筒外胀,外层合金与钢筒的膨胀则首先要消除预应力,从而减小了活塞的膨胀量。

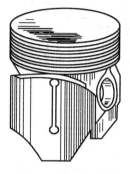

图 2-21 拖鞋式活塞

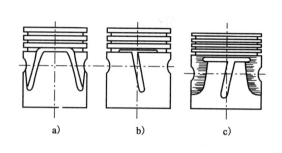

图 2-22 切槽式弹性裙部活塞
a)Π形槽;b)、c)T形槽

在活塞销座中镶铸恒范钢片的活塞(恒范钢是镍的质量分数为33%~36%的合金钢,其线膨胀系数仅为铝合金的1/10左右),以"恒范钢片"来牵制活塞裙部的热膨胀。图2-24所示为镶铸恒范钢片的活塞结构。

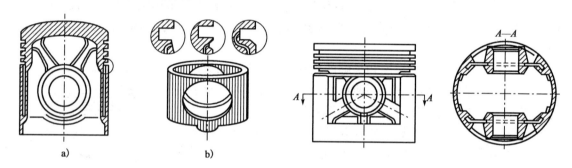

图 2-23 镶筒形钢片的活塞示意图
a)活塞裙部镶筒形钢片;b)筒形钢片形状

图 2-24 恒范钢片活塞

活塞裙部的销座孔是用于安装活塞销的,位于活塞裙部的上部,为厚壁圆筒结构。故活塞销座的作用是将活塞顶部气体作用力经活塞销传给连杆。销座孔内接近外端面处制有环槽,用以安放弹性锁环(图2-36),防止活塞销发生轴向窜动。销座孔的中心线一般位于活塞中心线的平面内,但有些高速汽油机的销孔中心线偏离活塞中心线平面,如图2-25所示。销座孔轴线向在做功行程中受侧向力的一面偏移了一段距离e(一般为1~2mm),这是为了减轻活塞在越过上止点时因侧向力瞬时换向而产生的"敲缸"现象,从而降低噪声。这种活塞偏置的结构,要求活塞与缸壁的间隙尽可能地减小。

二、活塞环

1. 概述

1)活塞环的功用与分类

活塞环按照其功用不同,可分为气环和油环两种,如图2-26所示。

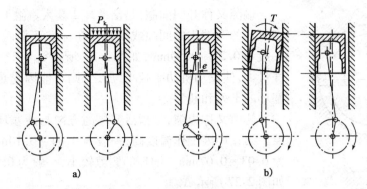

图 2-25 活塞销偏置时的工作情况
a)活塞销对中布置;b)活塞销偏移布置

(1)气环。气环又称压缩环,其作用是保证活塞与汽缸壁间的密封,防止汽缸中的高温、高压燃气大量漏入曲轴箱,同时还将活塞顶部的热量传导到汽缸壁,再由冷却液或空气带走。气环主要的作用是密封,如果气环密封性能不好,高温燃气将直接从气环外圆表面漏入曲轴箱,此时由于气环和汽缸粘合不严而不能很好地散热。相反的,气环外圆表面还接受附加的热量,将导致活塞和气环烧坏。

(2)油环。油环用来刮除汽缸壁上多余的机油,并在汽缸壁上布上一层均匀的油膜,这样既可以防止机油窜入汽缸燃烧,又可以减小活塞、活塞环与汽缸的磨损和摩擦阻力。此外,油环也起到密封的辅助作用。通常发动机有 1~2 道油环。

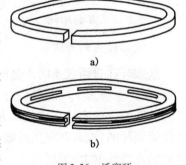

图 2-26 活塞环
a)气环;b)油环

2)工作条件

活塞环是在高温、高压、高速以及润滑困难的条件下工作的。它的运动情况很复杂,一方面与缸壁间有相对高速的滑动摩擦,以及由于环的胀缩而产生的环与环槽侧面相对的摩擦;另一方面,活塞环对活塞环槽侧面产生上下撞击,高温使环的弹力下降,润滑变坏,尤其第一环工作条件最为恶劣。故活塞环是发动机所有零件中工作寿命最短的零件。

3)材料与表面处理

活塞环的材料多采用合金铸铁或球墨铸铁。随着发动机的强化,活塞环特别是第一环,承受着很大的冲击负荷,因此要求材料除了有好的耐磨性、耐热性、磨合性、导热性以外,还应有高的强度、冲击韧性和足够的弹性。一些发动机的第一道气环外圆柱表面一般都镀上多孔性铬或喷钼,以减缓活塞环和汽缸的磨损。多孔性铬层硬度高,并能储存少量机油,以改善润滑条件,使环的使用寿命提高 2~3 倍。其余气环还可镀锡或磷化处理,以改善磨合性能。

4)间隙

发动机工作时,活塞、活塞环等机件都会发生热膨胀。而活塞环在汽缸、活塞环槽内的运动相对较为复杂,既要与活塞一起在汽缸内作上下运动,径向胀缩,还要在环槽内作微量的圆周运动。为保证汽缸的密封性,又防止环卡死在缸内或胀死于环槽中,安装时,活塞环应留有端隙、侧隙和背隙,如图 2-27 所示。

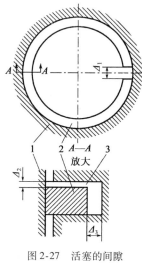

图 2-27 活塞的间隙
1-汽缸;2-活塞环;3-环槽

端隙又称开门间隙,是活塞环 2 装入汽缸 1 后,该环在上止点时环的两端头的间隙或活塞环在标准环规内两端头的间隙,一般为 0.25~0.50mm,如图 2-27 所示 Δ_1。该间隙过大,则漏气量大,使发动机功率减小;反之,则可能因受热膨胀而造成活塞环的卡死和断裂。

侧隙又称边隙,是指活塞环高方向与活塞环槽 3 之间的间隙。第一环因工作温度高,一般为 0.04~0.10mm;其他环一般为 0.03~0.07mm。油环的侧隙较小,一般为 0.025~0.07mm,如图 2-27 所示 Δ_2。

背隙是活塞及活塞环装入汽缸后,活塞环内圆柱面与活塞环槽底部间的间隙,一般为 0.5~1.0mm。油环的背隙较气环大,目的是增大存油间隙,以利于减压泄油,如图 2-27 所示 Δ_3。

2. 气环的密封原理

活塞环在自由状态时不是圆环形,其外径尺寸比汽缸内径大些,因此它随活塞一起装入汽缸后,便产生弹力 F_0 而紧贴在汽缸壁上,形成第一密封面,使燃气不能通过环与汽缸的接触面之间的间隙。活塞环在燃气压力作用下,压紧在环槽的下端面上,形成第二密封面,于是燃气便绕流到环的背面,并发生膨胀,其压力有所下降。同时,燃气压力对环背的作用力 F_2 使环更紧地贴在汽缸壁上,形成对第一密封面的第二次密封,如图 2-28 所示。

燃气从第一道气环的切口漏到第二道气环的上平面时,压力已有所降低,又把这道气环压贴在第二环槽的下端面上,燃气又绕流到这个环的背面,再发生膨胀降压。如此继续进行下去,从最后一道气环漏出来的燃气,其压力和流速已经大大减小,因而泄漏的燃气量也就很少了,各环气体压力递减情况如图 2-29 所示。为数很少的几道切口相互错开的气环所构成的迷宫式封气装置,就足以对汽缸中的高压燃气进行密封。在保证密封的前提下,应尽可能减少气环数量。

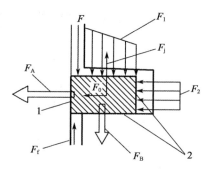

图 2-28 气环的密封原理(做功的前半行程)
1-第一密封面;2-第二密封面;F_A-第一密封面的压紧力;F_B-第一密封面的紧力;F-汽缸内气体力;F_1-环侧气体压力;F_2-背压力;F_0-环的弹力;F_j-环的惯性力;F_f-环与缸壁的摩擦力

3. 气环的种类

气环的断面形状种类较多,如图 2-30 所示。通常按断面形状来命名气环,常见的有以下几种:

(1)矩形环[图 2-30a]。断面结构简单、制造方便、散热性好。

(2)锥面环[图 2-30b]。与汽缸壁线接触,锥角 30′~60′。这种环在汽缸内向下滑动时刮油,向上滑动时由于斜面的油楔作用,环可在油膜上浮起,减少磨损。安装时只能按图 2-30b)所示的方向安装。

(3) 扭曲环[图 2-30c)、d)]。目前在发动机上得到广泛的应用,它在安装时,必须注意环的断面形状和方向,应将其内圆切槽向上,外圆切槽向下,不能装反。

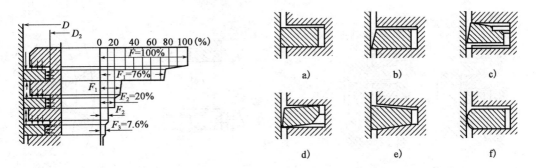

图 2-29 环槽中气体压力的下降情况

图 2-30 气环的断面形状
a)矩形环;b)锥面环;c)正扭曲内切环;d)反扭曲锥面环;e)梯形环;f)桶面环

(4) 梯形环[图 2-30e)]。主要作用是使当活塞受侧压力的作用而改变位置时,环的侧隙相应发生变化,使沉积在环槽中的结焦被挤出,避免了环被粘在环槽中而引起折断。在做功行程中,作用在梯形环上的燃气作用力的径向分力,加强了环的密封作用。因此,梯形即使在弹力丧失一些的情况下,仍能与汽缸贴合良好,延长了环的使用寿命。但其上、下两面的精磨工艺比较复杂。

(5) 桶面环[图 2-30f)]。目前已普遍地在强化柴油机中用作第一环。其特点是活塞环的外圆面为凸圆弧形。当桶面环上下运动时,均能与汽缸壁形成楔形空间,使机油容易进入摩擦面,从而使磨损大为减少。桶面环与汽缸是圆弧接触,故对汽缸表面的适应性和对活塞偏摆的适应性均较好,有利于密封。但其凸圆弧表面加工较困难。

4. 气环的泵油现象

矩形环断面的气环随活塞作往复运动时,会把汽缸壁上的机油不断送入活塞顶,这种现象称为气环的泵油作用。如图 2-31 所示,活塞下行时,由于环与缸壁之间的摩擦阻力以及环本身的惯性,环将压靠着环槽的上端面。缸壁上的机油就被刮入下边隙与背隙内。当活塞上行时,环又压靠着环槽的下端面上,结果第一道环背隙里的油就进入活塞顶,如此反复,结果就像油泵一样,将缸壁的机油不断地泵入活塞顶。

活塞环的泵油作用不仅增加了润滑油的消耗,而且可能使火花塞因沾油而不能产生电火花,并使燃烧室内积炭增多,甚至环槽内形成积炭,挤压活塞环而使其失去密封性。另外,还加剧了汽缸等零件的磨损。

为了消除或减少有害的泵油作用,除在气环的下面装有油环外,广泛采用非矩形断面的扭曲环,如图 2-30c)、d) 所示。扭曲环是在矩形的内圆上边缘或外圆下边缘切去一部分。将这种环随同活塞装入汽缸时,由于环的弹性内力不对称作用产生明显的断面倾斜,其作用原理如图 2-32 所示。活塞环装入汽缸后,其外侧拉伸应力的合力 F_1 与内侧压缩应力的合力 F_2 间有一力臂 e,于是产生了扭曲力矩 T。T 使环外圆周扭曲成上小下大的锥形,从而使环的边缘与环槽的上、下端面接触,提高了表面接触应力,防止活塞环在环槽内上下窜动而造成的泵油现象,同时增加了密封性。

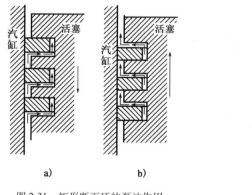

图 2-31 矩形断面环的泵油作用
a)活塞下行;b)活塞上行

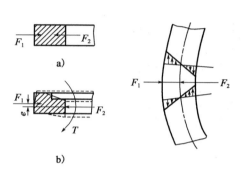

图 2-32 曲环的作用原理
a)矩形断面环;b)扭曲环

5. 油环

油环分为普通油环和组合油环两种,如图 2-33 所示。普通油环[图 2-33a)]外圆面的中间切有一道凹槽,在凹槽底部加工出很多穿通的排油小孔或狭缝。组合环[图 2-33b)]由上、下刮片和产生径向、轴向弹力作用的衬簧组成。这种油环刮片很薄,对汽缸壁的比压大,刮油作用强;上、下刮片各自独立,对汽缸的适应性好;质量小;回油通路大。组合油环在高速发动机上得到较广泛应用。

普通油环的刮油作用如图 2-34 所示。无论活塞下行还是上行,油环都能将汽缸壁上多余的机油刮下来,经活塞上的回油孔流回油底壳。

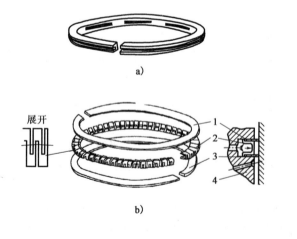

图 2-33 油环
a)普通油环;b)组合环
1-上刮片;2-衬簧;3-下刮片;4-活塞

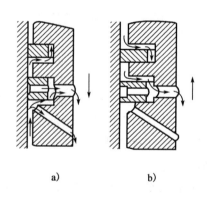

图 2-34 普通油环的刮油作用
a)活塞下行;b)活塞上行

三、活塞销

1. 活塞销的功用与工作条件

活塞销的功用是连接活塞和连杆小头,将活塞承受的气体作用力传给连杆。

活塞销在高温下承受很大的周期性冲击载荷,润滑条件差,因而要求活塞销有足够的刚度和强度,表面耐磨,质量尽可能小。为此,活塞销通常制成空心圆柱体。

2. 活塞销的材料与表面处理

活塞销的材料一般用低合金渗碳钢(15Cr 或 16MnCr5),对高负荷发动机则采用渗氮钢。先经表面渗碳或渗氮处理以提高表面硬度,并保证心部具有一定的冲击韧性,然后进行精磨和抛光。

3. 活塞销的种类

活塞销根据形状有如下几种:直通圆柱形孔和圆锥形孔的活塞销[图2-35a)、b)],质量较小;中间或单侧封闭的活塞销[图2-35c)、d)]适用于二冲程发动机,此种结构可以避免扫气损失;内部有塑料芯的钢套销[图2-35e)]用于要求不高的汽油机;成形销[图2-35f)]用于增压发动机。

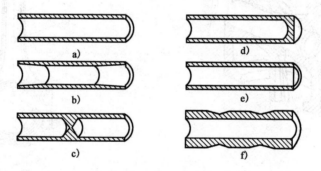

图 2-35 活塞销的形状

a)圆柱形;b)端部呈锥形扩展;c)中间封闭式;d)单侧封闭式;e)内有塑料芯的钢套销;f)成形销

4. 活塞销连接方式

活塞销与活塞销座孔和连杆小头衬套一般多采用全浮式连接配合,即在发动机运转过程中,活塞销不仅可以在连杆小头衬套孔内,还可以在销座孔内缓慢地转动,活塞销磨损比较均匀,如图2-36所示。为了防止活塞销2工作时轴向地而刮伤汽缸壁,在活塞销座两端用卡环4嵌在销座凹槽中加以轴向限位。

四、连杆

1. 连杆的功用与工作条件

连杆的功用是将活塞承受的力传给曲轴,推动曲轴转动,变活塞的往复运动为曲轴的旋转运动。

连杆在工作时承受活塞销传来的气体作用力、活塞连杆组往复运动时的惯性力和连杆大头绕曲轴旋转产生的旋转惯性力的作用。这些力的大小和方向都是周期性变化的,使连杆承受压缩、拉伸和弯曲等交变载荷。因此,要求连杆质量尽可能小、有足够的刚度和强度。

2. 连杆的材料与表面处理

连杆一般用中碳钢或合金钢经模锻或辊锻而成。为了提高强度,通常再进行表面喷丸处理。

3. 连杆的组成及结构

连杆由小头1、杆身2和大头3(包括连杆盖6)三部分组成,如图2-37所示。连杆小头用来安装活塞销,以连接活塞。连杆小头孔内装有青铜衬套或铁基粉末冶金衬套,为了保证其润滑,在小头和衬套上钻出集油孔12或铣出集油槽用来收集发动机运转时被飞溅上来的机油。有的发动机连杆小头采用压力润滑,在连杆杆身内钻有纵向的压力油通道。

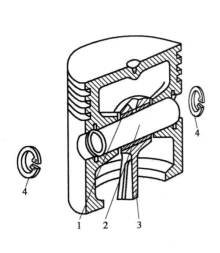

图2-36 活塞销连接方式
1-连杆小头衬套;2-活塞销;3-连杆;4-卡环

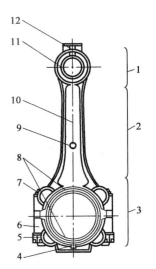

图2-37 连杆组
1-小头;2-杆身;3-大头;4、9-装配记号(朝前);5-螺母;6-连杆盖;7-连杆螺栓;8-轴瓦;10-连杆体;11-衬套;12-集油孔

连杆杆身通常制成"工"字形断面,以求在强度和刚度足够的前提下减轻质量。

连杆大头与曲轴的连杆轴颈相连,为便于安装,连杆大头一般制成剖分式,被分开的部分称为连杆盖,用连杆螺栓紧固在连杆大头上。连杆盖与连杆大头是组合加工的,为了防止装配时配对错误,在同一侧刻有配对记号。连杆大头上铣有连杆轴瓦的定位凹坑。有的连杆大头连同轴瓦还钻有直径1~1.5mm小油孔,从中喷出机油以加强配气凸轮以及汽缸壁的飞溅润滑。

连杆大头按剖分面的方向可分为平切口和斜切口两种,如图2-37、图2-38所示。

平切口连杆的剖分面垂直于连杆轴线。由于汽油机连杆大头尺寸都小于汽缸直径,故多采用平切口。

斜切口连杆的剖分面与连杆轴线成30°~60°(常用45°)夹角。由于某些发动机连杆大头直径较大,为了拆装时能从汽缸内通过,采用了这种形式。另外,斜切口再配以较好的切口定位,还减轻了连杆螺栓的受力,它多用于柴油机。

切口定位方法有:

(1)连杆螺栓定位。如图2-15所示,它依靠连杆螺栓上的精加工圆柱凸台式光圆柱部分,与经过精加工的螺栓孔来保证的。这种定位方式精度较差,一般用于不受横向力的平切口连杆。

(2)锯齿形定位。如图2-38a)所示,它依靠接合面的齿形定位。这种定位方式的优点是贴合紧密,定位可靠,结构紧凑。缺点是加工精度要求高。

(3)套或销定位。如图2-38b)、c)所示,它依靠套或销与连杆体(或盖)的孔紧配合定位。这种形式能多向定位,定位可靠。但套(定位销)与连杆定位孔的配合精度要求高。

(4)止口定位。如图2-38d)所示。这种形式工艺简单。缺点是定位不大可靠,即对连杆盖止口向外变形或连杆大头止口向内变形均无法防止。

上述后三种形式,一般都用于斜切口大头连杆。因为斜切口连杆在往复惯性力作用下受拉时,在切口方向作用着相当大的横向力P_1[图2-38d)],有了定位装置,P_1便被定位装置所承受,从而使螺栓免受附加的剪切应力。

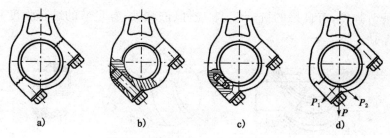

图2-38 斜切口连杆大头及其定位方式
a)锯齿形;b)定位套;c)定位销;d)止口

V形发动机由于左、右两缸的连杆装在同一个曲柄销上,故其结构随安装布置而有所不同。V形发动机的连杆布置有如下三种形式:

(1)并列式连杆布置。如图2-39a)所示,两个连杆前、后并列安装在同一个曲柄销上,连杆可以通用。左、右汽缸轴向错开一段距离,曲轴的长度增加,刚度降低。两列汽缸中的活塞连杆组的运动规律相同。

(2)主副连杆布置形式。如图2-39b)所示,左、右两缸中,一缸采用主连杆,另一缸采用副连杆;副连杆大头与主连杆大头上的两个凸耳用销作铰链连接。汽缸中心线位于同一平面内,发动机长度不增加。缺点是连杆不能互换,两列汽缸中的活塞连杆组的运动规律不相同。

(3)叉形连杆布置形式。如图2-39c)所示,左、右两列汽缸的对应两个连杆中,一个连杆的大头制成叉形,跨于另一个连杆的厚度较小的片形大头两端。叉形连杆式布置的优点是:两列汽缸中的活塞连杆组的运动规律相同;左、右对应的两汽缸轴心线不需要在曲轴轴向上错位。两列汽缸中的活塞连杆组的运动规律相同。其缺点是叉形连杆大头结构和制造工艺比较复杂,而且大头的刚度也较低。

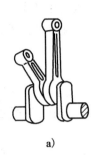 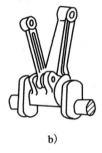 

图2-39 V形发动机连杆示意图
a)并列式;b)主副式;c)叉形式

连杆螺栓承受交变载荷,一般采用韧性较高的优质合金钢或优质碳素钢锻制或冷激成形。连杆螺栓紧固连杆大头的两部分,连杆大头装配时,必须紧固可靠,以规定的拧紧力矩分2~3次均匀地拧紧。为保证工作可靠,常采用锁止装置,如开口销、双螺母、螺纹表面镀铜、自锁螺母等。

连杆轴承是由钢背和减磨层组成的分开式薄壁轴承。钢背由厚1~3mm的低碳钢制成,是轴承的基体;减磨层是由浇铸在钢背内圆上厚度为0.3~0.7mm的薄层减磨合金制成,减磨合金具有保持油膜、减少摩擦阻力和易于磨合的作用。为适应连杆轴承的工作条件,要求减磨合金有足够的疲劳强度,有良好的抗咬性、顺应性、嵌藏性,有足够的结合强度和良好的耐磨性,如图2-40所示。

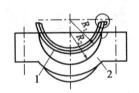 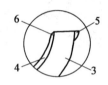

图2-40 连杆轴承
1-轴承;2-连杆盖;3-钢背;4-减磨合金层;5-定位凸唇;6-倒角;7-垃圾槽

目前,汽车发动机的轴承减磨合金主要有白合金(巴氏合金)、铜铝合金和铝基合金。锡的质量分数为20%以上的高锡铝合金轴承,在汽油机和柴油机上得到广泛应用。

连杆轴承由两半组成。半个轴承在自由状态下并不是半圆形,即 $R_1 > R_2$,如图2-40所示。

当连杆轴承装入连杆大头孔内时,又有过盈,故能均匀地紧贴在大头孔壁上及连杆盖上,具有很好的承受载荷和导热的能力。这样可以提高其工作可靠性,延长使用寿命。为了防止连杆轴承在工作中发生转动或轴向移动,在两个连杆轴承的剖分面上,分别冲压出高于钢背面的两个定位凸唇。装配时,这两个凸唇分别嵌入在连杆大头和连杆盖上的相应凹槽中。在连杆轴承内表面上还加工有油槽,用以储油,保证可靠润滑。

第四节 曲轴飞轮组

曲轴飞轮组主要由曲轴、飞轮、扭转减振器、皮带轮、正时齿轮(或链轮)等组成。图2-41为EQ6100-1型汽油机曲轴飞轮组。

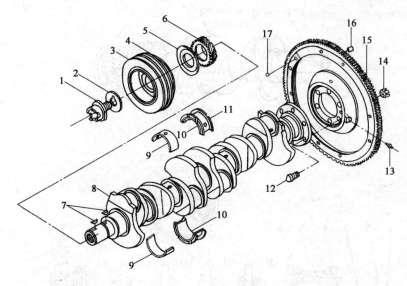

图 2-41 曲轴飞轮组

1-起动爪；2-锁紧垫圈；3-扭转减振器总成；4-皮带轮；5-挡油片；6-正时齿轮；7-半圆键；8-曲轴；9、10-主轴瓦；11-止推片；12-飞轮螺栓；13-滑脂嘴；14-螺母；15-飞轮与齿圈；16-离合器盖定位销；17-一、六缸上止点记号用钢球

一、曲轴

1. 功用

曲轴是发动机中最重要的机件之一。其功用主要是把活塞连杆组传来的气体压力转变为转矩对外输出；另外，还用来驱动发动机的配气机构及其他各种辅助装置，如发电机、风扇、水泵、转向油泵、平衡轴机构等。

2. 工作条件和要求

曲轴工作时，要承受周期性变化的气体压力、往复惯性力和离心力，以及它们产生的转矩和弯矩的共同作用；在上述周期性载荷作用下，会引起扭转振动和弯曲振动而产生附加应力；转速和负荷经常变化，导致轴颈处有时不易形成良好的油膜，而它与轴承相对摩擦速度又很高；在紧急制动等情况下，特别是踏离合器踏板时，曲轴会产生轴向窜动。

曲轴是一个形状复杂、高速运转的细长件，在上述工作条件下会产生弯曲变形、疲劳破坏和轴颈磨损等。因此要求曲轴要有足够刚度、强度和一定耐磨性，并需要很好的动平衡。

3. 材料

根据负荷不同，目前曲轴大多采用优质中碳钢（如45号钢）或中碳合金钢（如45Mn2、40Cr等）锻制，轴颈再经表面淬火处理。另外，球墨铸铁曲轴也广泛应用。球墨铸铁曲轴刚度大，耐磨性能好，还有良好的吸振性，但较脆。

4. 构造

曲轴有整体式（图2-42）和组合式（图2-43）两种。

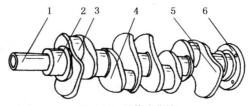

图 2-42　整体式曲轴

1-前端轴；2-主轴颈；3-连杆轴颈；4-曲柄；5-平衡重；6-后凸缘盘

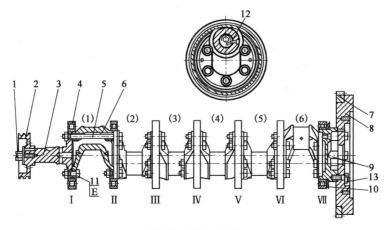

图 2-43　组合式曲轴

1-起动爪；2-皮带轮；3-前端轴；4-滚动轴承；5-连接螺杆；6-曲柄；7-飞轮齿圈；8-飞轮；9-后端凸缘；10-挡油盘；11-定位螺钉；12-油管；13-锁片

组合式曲轴采用在连杆大头为整体式的某些小型汽油机或采用滚动轴承作为主轴承的发动机上。对于多缸发动机而言，一般都采用整体式曲轴。

下面主要讨论常用的整体式曲轴。

整体式曲轴的基本组成包括前端轴、主轴颈、连杆轴颈、曲柄、平衡重、后端轴等。一个连杆轴颈和它两端的曲柄及主轴颈构成一个曲拐。

1) 主轴颈和连杆轴颈

主轴颈和连杆轴颈是高速滑动摩擦部分，为了提高耐磨性，一般经表面淬火处理 (球墨铸铁曲轴有的不淬火)，并有较高的加工精度。轴颈两端与曲柄连接处都有半径要求严格的圆角，以防应力集中。为提高疲劳强度，有些曲轴的圆角还进行喷丸、滚压等表面强化处理。

主轴颈是曲轴的支承部分。每个连杆轴颈两边都有一个主轴颈者，称为全支承曲轴，如图 2-44a) 所示，显然它的主轴颈数比连杆轴颈数多一个。主轴颈数等于或少于连杆轴颈数者称为非全支承曲轴，如图 2-44b) 所示。全支承曲轴因其刚性好且主轴颈的负荷较小，用于柴油机和负荷大的汽油机；非全支承曲轴结构简单且长度较短，常用于中小负荷的汽油机。

连杆轴颈又称曲柄销，在直列发动机上，连杆轴颈与汽缸数相同，在 V 形发动机上，因为绝大多数是一个连杆轴颈上装左右两列各一个汽缸的连杆，所以连杆轴颈为汽缸数的一半。

曲轴上钻有贯穿主轴颈、曲柄和连杆轴颈的斜向油道，以使润滑油能够润滑主轴颈和连杆轴颈。有些连杆轴颈制成中空式 (图 2-45)，空腔的开口用螺塞 8 封闭，在连杆轴颈的油道内插有油管 6，管口伸入空腔，并弯成图示形状。这种中空式连杆轴颈，一方面减小了质量和离心力,另一方面又构成了积污腔,使从主轴承来的润滑油中的机械杂质,由于离心力而甩向腔壁,使流入连杆轴承的润滑油得到离心滤清而净化。这种结构的缺点是,在起动初期,有时连杆轴颈不能立即得到润滑,需待润滑油充满大部分空腔之后,才能获得良好润滑。有积污腔的曲轴,维修时应清除积污,以保证连杆轴承的润滑。此外,常把连杆轴颈空心部分的中心线稍向外偏移(图2-44),这是为了进一步减小曲拐的不平衡质量的离心力。

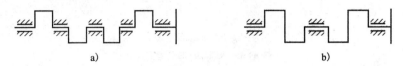

图 2-44 曲轴的支承形式示意图
a)全支承式;b)非全支承式

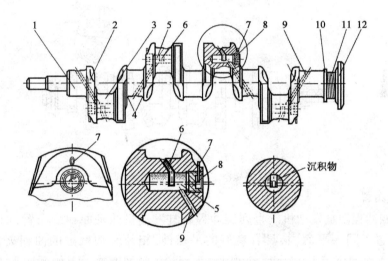

图 2-45 曲轴油道

1-主轴颈;2-曲柄;3-连杆轴颈;4-圆角;5-积污腔;6-油管;7-开口销;8-螺塞;9-斜向油道;10-挡油盘;11-回油螺纹;12-凸缘盘

2)曲柄和平衡重

曲柄是用来连接主轴颈和连杆轴颈的。平衡重的作用是平衡连杆大头,连杆轴颈和曲柄等产生的离心惯性力及其力矩,有时也平衡活塞连杆组的往复惯性力及其力矩,以使发动机运转平稳;并且还可减小曲轴轴承的负荷。四缸以上的直列发动机,虽从整体来说,其惯性力及其力矩是平衡的,但曲轴局部却受弯矩作用,如图2-46a)所示。图中惯性力 F_1、F_4 与 F_2、F_3 互相平衡,力矩 T_{1-2} 与 T_{3-4} 互相平衡,但两个力矩给曲轴造成了弯曲负荷,会造成曲轴弯曲并加重轴承的负荷。为了减轻主轴承负荷,改善其工作条件,一般都在曲柄的相反方向上设置平衡重,使其产生的力矩与上述惯性力矩相平衡,如图2-46b)所示。

平衡重有的与曲轴制成一体,有的则单独制成零件,再用螺钉固定于曲柄上,形成装配式平衡重,如图2-47所示。

无论有无平衡重,曲轴必须经过动平衡校验,对不平衡的曲轴常在其偏重的一侧钻孔去除一部分质量。

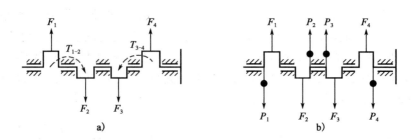

图 2-46 曲轴的平衡
a) 无平衡重；b) 加平衡重
F_1、F_2、F_3、F_4-曲拐和活塞连杆组的惯性力；P_1、P_2、P_3、P_4-平衡重的离心力

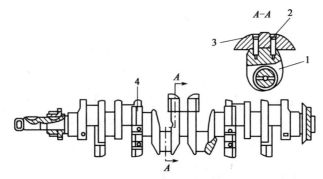

图 2-47 装配式平衡重曲柄
1-曲轴；2-螺栓；3-平衡重；4-紧固螺栓焊缝

3）曲拐的布置

（1）直列四冲程四缸发动机。直列四冲程四缸发动机曲轴曲拐的布置，如图 2-48 所示。其曲拐对称布置于同一平面内，具有良好的平衡性，相邻做功汽缸的曲拐夹角为 720°/4 = 180°。发动机工作顺序有 1→3→4→2 和 1→2→4→3 两种方式。工作顺序为 1→3→4→2 的发动机工作循环见表 2-1。

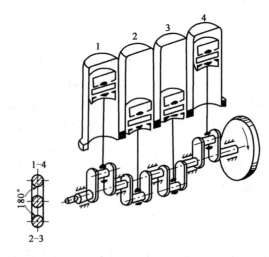

图 2-48 直列四冲程发动机的曲拐布置简图

直列四冲程四缸发动机工作循环表(工作顺序 1→3→4→2) 表 2-1

曲轴转角(°)	第一缸	第二缸	第三缸	第四缸
0～180	做功	排气	压缩	进气
180～360	排气	进气	做功	压缩
350～540	进气	压缩	排气	做功
540～720	压缩	做功	进气	排气

(2) 直列四冲程六缸发动机。图 2-49 所示为国产直列四冲程六缸发动机中应用较广的一种曲轴曲拐布置形式。其工作顺序为 1→5→3→6→2→4,曲拐均匀的布置在互成 120°的三个平面内,相邻工作两缸的曲拐夹角为 720°/6 = 120°,其工作循环见表 2-2。

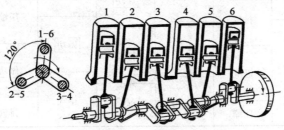

图 2-49 直列四冲程六缸发动机曲拐布置简图

直列四冲程六缸发动机工作循环表(工作顺序 1→5→3→6→2→4) 表 2-2

曲轴转角(°)		第一缸	第二缸	第三缸	第四缸	第五缸	第六缸
0↓180	60— 120—	做功	排气	进气	做功	压缩	进气
180↓360	240— 300—	排气	进气	压缩	排气	排气	压缩
360↓540	420— 480—	进气	压缩	做功	进气	排气	做功
540↓720	600— 660—	压缩	做功 排气	排气 进气	压缩 做功	进气 压缩	排气

此外,直列四冲程六缸发动机工作顺序还有一种为 1→4→2→6→3→5。这种结构的曲轴,其性能与上一种没有差别,在日本汽车上应用较多。

(3) V 形八缸四冲程发动机。V 形八缸四冲程发动机曲轴有四个曲拐,结构形式有正交两平面内布置的空间曲拐(图 2-49)和平面曲拐(与图 2-48 直列四缸发动机曲拐布置同)两种。因空间曲拐平衡性较好,故应用较多。

图 2-50 所示空间曲拐,其发动机工作顺序有 1→5→

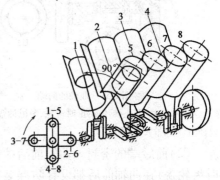

图 2-50 V 形八缸发动机的空间曲拐

4→8→6→3→7→2 和 1→5→4→2→6→3→7→8 等数种。空间曲拐发动机汽缸中线夹角均为 90°,各缸做功间隔角为 720°/8 = 90°。表 2-3 示出了一种工作循环。循环表中,为了显示多缸做功过程的重叠,缸号是按工作顺序排列的。

四冲程 V 形八缸发动机工作循环表(工作顺序 1→5→4→8→6→3→7→2) 表 2-3

曲轴转角(°)	第一缸	第五缸	第四缸	第八缸	第六缸	第三缸	第七缸	第二缸
0↓180 90—	做功	压缩	压缩	进气	进气	排气	排气	做功
		做功		压缩	进气			排气
180↓360 270—	排气		做功	做功	压缩	进气	进气	
		排气						进气
360↓540 450—	进气		排气	排气	做功	压缩	压缩	压缩
		进气			做功			
540↓720 630—	压缩		进气	进气	排气	做功	做功	做功
		压缩			排气			

4)前端轴与后端轴

(1)作用与结构。前端轴是第一道主轴颈之前的部分,通常有键槽和螺纹,用来安装正时齿轮,皮带轮以及起动爪,扭转减振器等。图 2-51 所示为曲轴前端的一种结构形式。

后端轴是最后一道主轴颈之后部分,一般在其后端有凸缘盘,用以安装飞轮。另外,轴颈上通常还有一些防漏装置。不少曲轴没有凸缘盘、飞轮用螺栓紧固于曲轴后端面,整体式自紧油封装于后端,密封功能好,油封更换方便,此类结构日渐广泛使用。图 2-52 所示为 EQ6100-1 型汽油机的曲轴后端结构。

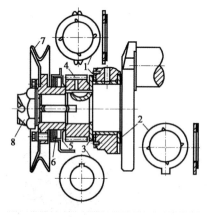

图 2-51 曲轴的前端
1、2-止推垫片;3-止推环;4-正时齿轮;5-甩油盘;6-自紧油封;7-皮带轮;8-起动爪

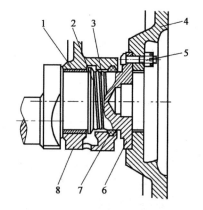

图 2-52 EQ6100-1 型汽油机曲轴的后端
1-轴承座(曲轴箱体);2-挡油盘;3-回油螺纹;4-飞轮;5-飞轮螺栓、螺母;6-曲轴凸缘盘;7-盘根;8-轴承盖

(2)前后端的密封。曲轴前端都伸出曲轴箱,为了防止润滑油沿轴颈流出油底壳(或正时齿轮盖)在曲轴前后都设有防漏装置。常用的防漏装置有挡油盘、填料油封、自紧油封、回

油螺纹等。一般发动机都采用两种或两种以上防漏装置组成复合式防漏结构。但一般都有起主要防漏作用的挡油盘。

图 2-51 所示是曲轴前端的一种复合式防漏结构。为了防止机油沿曲轴轴颈外漏,在曲轴前端上有一个甩油盘 5,随着曲轴旋转,当被齿轮挤出和甩出来的机油落到盘上时,由于离心力的作用,被甩到齿轮室盖的壁面上,再沿壁面流下来,回到油底壳中。

即使还有少量机油落到甩油盘前面的曲轴轴段上,也被压配在齿轮室盖上的自紧油封 6 挡住,甩油盘的外斜面应向后。如果装错,效果将适得其反。

图 2-52 所示为 EQ6100-1 型汽油机曲轴后端的复合防漏结构,即与曲轴制成一体的挡油盘 2、回油螺纹 3、扣合式填料油封(油质石棉盘根)7。其防漏过程是:从主轴承缝隙中流向后端的润滑油主要被挡油盘 2 甩入轴承座孔后面的凹槽内,并经轴承盖 8 上的回油孔流回油底壳,少量润滑油流至回油螺纹区 3,被回油螺纹 3 返回到挡油盘 2 而甩回油底壳,再有少量润滑油流至回油螺纹以外,便由填料油封 7 所密封,从而起到了防漏作用。

曲轴上的回油螺纹是车制的矩形或梯形右旋螺纹,其回油原理如图 2-53 所示。当曲轴旋转时,流到回油螺纹槽中的机油也被带动旋转。因为机油本身带有黏性,所以受到机体后盖孔壁的摩擦阻力 F_r 的作用。F_r 可分解为平行于螺纹的分力 F_{r1} 和垂直于螺纹的分力 F_{r2},机油在 F_{r1} 的作用下顺着螺纹槽被推送向前,流回油底壳。

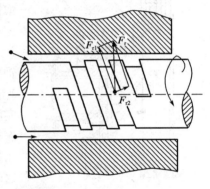

图 2-53 回油螺纹的封油作用

5) 曲轴的轴向定位

曲轴作为长杆形转动件,必须与其固定件之间有一定的轴向间隙,间隙过小,曲轴转动阻力大;间隙过大,曲轴发生轴向窜动而影响活塞连杆组的正常运动和其他机件的正常工作,因此曲轴必须有轴向定位装置。

曲轴的轴向定位装置是装在某一道主轴承两侧的止推垫片。止推垫片与轴瓦相似,也是在低碳钢背上浇注一层减摩合金,且制有若干凹穴,以便机油进入摩擦表面。

止推垫片装在前端第一道主轴承时,一般是整体式的,图 2-51 示出了一种结构形式,1、2 止推垫片是两片整体式圆环,分别装在主轴承两侧,后片外圆上有一舌榫,舌榫伸入轴承盖相应的凹槽内,前片则用两个止动销以作周向定位,防止转动。止推垫片有减摩合金的一面朝向转动件——曲轴及正时齿轮。当曲轴向前窜动时,后止推垫片承受轴向推力;向后窜动时,前止推垫片承受轴向推力。有的止推垫片与主轴承制成一体而成为翻边轴瓦,如图 2-41 所示,其翻边轴瓦装在中间第四道的主轴承上。

二、扭转减振器

1. 曲轴的扭转振动

在发动机工作过程中,连杆作用在曲轴上的力呈周期性变化,这样就会使质量较小的曲拐相对于质量较大的飞轮有扭转摆动(曲拐转速较飞轮转速忽快忽慢),这就是曲轴的扭转振动。当这种扭转振动的自振频率与连杆传来的是周期性变化的激振频率成整数倍关系时,曲轴便会产生共振,从而引起功率损失,也会破坏曲轴和装在上面的驱动齿轮、链轮、链条等附件,严重时甚至将曲轴扭断。

2. 扭转减振器的功用

减振器的功用就是吸收曲轴扭转振动能量,消减扭转振动。

3. 扭转减振器构造及工作原理

扭转减振器装在曲轴前端。最常用的曲轴扭转减振器是摩擦式扭转减振器,可分为橡胶式扭转减振器及硅油式扭转减振器两类。

橡胶摩擦式扭转减振器如图2-54所示,转动惯量较大的惯性盘5用一层橡胶垫和由薄钢片冲压制成的减振器盘3相连。减振器盘3和惯性盘5都同橡胶垫4硫化粘结。减振器盘3的毂部用螺钉固定在装于曲轴前端的风扇带轮上。当曲轴发生扭转振动时,曲轴前端的角振幅最大,而且通过带轮毂2带动减振器盘3一起振动。惯性盘5则因转动惯量较大而实际上相当于一个小型的飞轮,其转动瞬时角速度也就比减振器盘3均匀得多。这样,惯性盘5就同减振器盘3有了相对角振动,而使橡胶垫4产生正、反方向交替变化的扭转变形。这时由于橡胶垫变形而产生的橡胶内部的分子摩擦,消耗扭转振动能量,整个曲轴的扭转振幅将减小,把曲轴共振转速移向更高的转速区域内,从而避免在常用转速内出现共振。

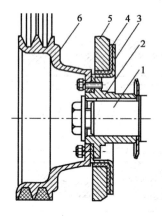

图 2-54 橡胶摩擦式曲轴扭转减振器
1-曲轴前端;2-带轮毂;3-减振器盘;
4-橡胶垫;5-惯性盘;6-带盘

三、飞轮

1. 功用

飞轮是一个转动惯量很大的圆盘,其主要功用是将在做功行程中输入于曲轴的一部分动能储存起来,用以在其他行程中克服阻力,带动曲柄连杆机构越过上、下止点,保证曲轴的旋转角速度和输出转矩尽可能均匀,并使发动机有可能克服短时间的超载荷。同时,将发动机的动力传给离合器。

2. 材料及构造

飞轮多采用灰铸铁制造,当轮缘的圆周速度超过50m/s时,要采用强度较高的球墨铸铁或铸钢制造。

为了在保证有足够的转动惯量的前提下,尽可能减小飞轮的质量,应使飞轮的大部分质量都集中在轮缘上,因而轮缘通常做得宽而厚。

飞轮外缘上压有一个齿圈,可与起动机的驱动齿轮啮合,供起动发动机用。飞轮上通常刻有第一缸点火正时记号,以便校准发火时间。CA6102型发动机的正时记号是"$\frac{\text{上止点}}{1-6}$",当这个记号与飞轮壳上的刻线对正时,即表示1-6缸的活塞处在上止点位置,如图2-55a)所示。EQ6100-1型发动机的飞轮上的这一记号为一个镶嵌的钢球,当钢球与飞轮壳上的刻线对准时,为1-6缸的活塞处于上止点位置,如图2-55b)所示。BJ492Q发动机带轮边缘的缺口与正时齿轮罩上记号对准时,为1-4缸的活塞处于上止点位置,如图2-55c)所示。

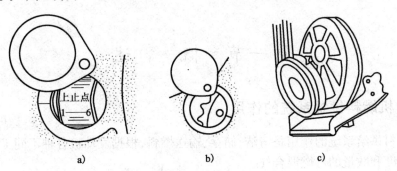

图2-55 汽车发动机点火正时标志
a) CA6102型发动机的正时记号;b) EQ6100-1型发动机的正时记号;c) BJ492Q型发动机的正时记号

飞轮与曲轴装配后应进行动平衡试验,所以在某些发动机飞轮上和曲轴上能看到有钻过的孔。否则,在旋转时因质量不平衡而产生离心力,将引起发动机振动并加速主轴承的磨损。为了在拆装时不破坏它们的平衡状态,飞轮与曲轴之间有严格的位置关系,用定位销或不对称布置螺栓予以保证。

复习思考题

1. 对汽油发动机燃烧室在结构上有哪些要求?为什么?
2. 活塞在结构上有何特点?为什么?
3. 有的发动机在汽缸体中镶入汽缸套,其作用是什么?种类有几种?各自有何特点?
4. 装好扭曲环的活塞装入汽缸中为什么扭曲环会扭曲?防止泵油作用的机理是什么?
5. 连杆大头切口的定位方式有几种?各自有何特点?
6. 直列四冲程四缸发动机、六缸发动机曲拐布置有何特点?
7. 飞轮的主要功用是什么?
8. 曲轴上的平衡重起什么作用?

第三章 汽油机燃料供给与燃烧

第一节 概　述

一、汽油机燃料供给系统的作用

汽油机燃料供给系统的作用是清洁、储存、输送燃料,根据发动机各种不同工况的要求,供给汽缸一定浓度和数量的可燃混合气。

二、汽油机可燃混合气形成及燃烧特点

汽油机使用的燃料是汽油。与柴油相比,汽油具有蒸发性好、点燃温度低、压燃温度高、黏度小、流动性好等特点。因此,汽油可在汽缸外或汽缸内喷射、雾化、吸热蒸发,并以一定比例与空气混合形成可燃混合气,在活塞处于压缩行程末期时,利用火花塞将其点燃,并迅速燃烧。

由于可燃混合气中的空气含量相对比柴油机少,所以CO、HC的生成量比柴油机多,但生成的NO_x却较少。大负荷时,爆燃倾向会增大。

三、汽油机混合气形成方式

汽油机混合气形成方式主要有两类:一类是化油器式,另一类是电控汽油喷射式。它们在结构与供油方法上有所不同(表3-1)。化油器式属于在汽缸外部形成混合气,而电控汽油喷射式可在汽缸外部也可在汽缸内部形成混合气,但它们都是依靠控制节气门的开闭来调节混合气数量的。

化油器式与电控汽油喷射式的不同点　　表3-1

项目	化油器	电控汽油喷射
构成	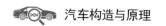 1-汽油;2-喉管;3-空气;4-化油器;5-节气门;6-浮子室;7-发动机;8-电磁线圈;9-加压汽油;10-喷油嘴	
燃料供给方法	利用空气流动时在喉管处产生的负压,把汽油吸向节气门上部的进气通道中	喷油嘴利用电磁线圈提供的开阀信号,向进气通道或直接向汽缸喷射适量的汽油

由于电控汽油喷射技术有诸多优点,近年来已在轿车上得到迅速推广和使用。有关电控汽油喷射技术的介绍,将在第三十一章第二节中进行介绍,本章只针对化油器式燃料供给系统进行介绍。

四、化油器式燃料供给系统的组成

如图3-1所示,化油器式燃料供给系统主要由汽油箱、汽油滤清器、汽油泵、化油器和供油管道等组成。

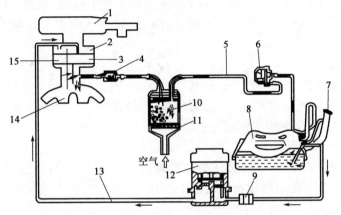

图3-1 汽油机化油器式燃料供给系组成

1-空气滤清器;2-化油器;3-主腔浮子室;4-止回阀(急速断油阀);5-油气管;6-双向阀;7-汽油箱盖;8-汽油箱;9-汽油滤清器;10-汽油蒸气;11-汽油蒸气储藏罐;12-汽油泵;13-汽油管;14-进气管;15-副腔浮子室

在汽油泵12的作用下,汽油从油箱8被吸出,经汽油滤清器9过滤,进入化油器2与空气混合,形成可燃混合气,经进气管14进入汽缸燃烧。由汽油箱8产生的汽油蒸气,经双向阀6、汽油蒸气储藏罐11、止回阀4和进气管14进入汽缸燃烧。

五、混合气的浓度

可燃混合气的浓度通常用空燃比来表示,空燃比是每个工作循环充入汽缸的空气量与燃油量的质量比($\alpha = A/F$)。根据化学反应,在理想的情况下,理论上可燃混合气完全燃烧,其空燃比为14.7。可燃混合气的浓度也可用过量空气系数来表示。过量空气系数是指燃烧1kg燃料实际提供的空气质量与理论上所需空气质量之比,常用符号ϕ_a来表示。$\phi_a = 1$为理论混合气(或称"标准混合气"),$\phi_a < 1$为浓混合气,$\phi_a > 1$为稀混合气。不同工况,发动机对可燃混合气浓度的要求不同。

六、汽油机各工况对可燃混合气浓度的要求

1. 稳定工况对混合气浓度的要求

稳定工况是指发动机已经预热,转入正常运转,并且在一定时间内工况没有突然变化。它可分为急速、小负荷、中等负荷、大负荷和全负荷等。它在发动机全部工作时间内占的比重最大,对发动机的动力性、经济性要求也较高。

1）怠速工况

怠速是指发动机不对外输出动力,做功行程产生的动力只用来克服发动机的内部阻力、维持发动机以最低稳定转速运转。汽油机怠速转速一般为 700～900r/mim。

在怠速工况下,节气门开度为零,进入汽缸内的混合气很少,汽缸内残余废气对混合气稀释严重,而且转速低,空气流速小,汽油雾化和蒸发不良,混合气不均匀。因此,要求供给 $\phi_a = 0.6～0.8$ 的浓混合气。

2）小负荷工况

发动机节气门开度在25%以下时称为小负荷。由于小负荷时,混合气的数量比怠速时有所提高,废气对混合气的稀释作用也有所减弱,因而,混合气浓度可以略微减小,一般 $\phi_a = 0.75～0.9$。

3）中等负荷工况

发动机节气门开度在25%～85%之间称为中等负荷。由于进入汽缸的混合气数量增多,燃烧条件较好。此外,汽车发动机由于大部分的时间处在中等负荷下工作,为提高其经济性,要求节气门逐渐开大,供应逐渐变稀的经济混合气,一般 $\phi_a = 0.9～1.1$。

4）大负荷和全负荷工况

发动机节气门开度在85%以上时称为大负荷,节气门全开时称为全负荷。此时,为了克服较大的外部阻力,要求发动机发出尽可能大的功率。因此,应供给较浓且量多的功率混合气,一般 $\phi_a = 0.8～0.9$。

2. 过渡工况对混合气浓度的要求

汽车在运行中常遇到的过渡工况有:冷起动、暖机和加速三种工况。

1）冷起动工况

冷起动是指发动机由静止到正常运转的过程;或当熄火时间较长,发动机温度已下降至环境温度时的起动过程。冷起动时,发动机温度低,汽油蒸发困难,只有供给极浓的混合气($\phi_a = 0.2～0.6$),才能保证进入汽缸内的混合气中有足够的汽油蒸气,以利于发动机起动。

2）暖机工况

暖机一般是指冷起动后,发动机的温度逐渐升高到正常工作温度的过程。在暖机过程中,混合气的浓度应随温度升高而减小,从起动时的极浓减小到稳定怠速运转所要求的浓度为止。

3）加速工况

加速是指发动机负荷增加的过程。急加速时(如超车),节气门迅速开大,要求发动机的动力迅速提高,然而在急剧开大节气门的瞬间,由于汽油的惯性比空气惯性大,汽油流量的增加比空气流量的增加要慢得多,使混合气暂时过稀,反而使发动机的动力下降甚至熄火。因此,在急加速时,必须采用专门的装置额外供油,加浓混合气,以满足发动机急加速的要求。

第二节　汽油机可燃混合气的燃烧

一、汽油机的燃烧过程

汽油机工作好坏,不仅与混合气的浓度有关,而且与汽油机可燃混合气的燃烧状况有关。

1. 汽油机的正常燃烧

如图 3-2 所示,根据正常燃烧过程中汽缸压力的变化,可将燃烧过程分为三个阶段。

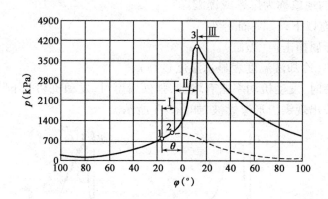

图 3-2 汽油机燃烧过程
Ⅰ-着火延迟期;Ⅱ-速燃期;Ⅲ-补燃期;1-开始点火;2-形成火焰核心;3-最高压力点

2. 着火延迟期

从点火开始(1 点)到火焰核心形成(2 点)的这段时期,称为着火延迟期。这一时期主要进行物理、化学准备,它约占全部燃烧时间的 15%。由于可燃混合气存在着火延迟,必须使点火提早到上止点前进行,使缸内压力在上止点附近达到最大值。火花塞在跳火瞬时到活塞行至上止点时所转过的曲轴转角,称为点火提前角 θ,它对发动机的动力性能、经济性能和排放性能影响极大。

3. 速燃期

从火焰核心形成(2 点)开始,到汽缸内出现最高压力点(3 点)为止,这段时间称为速燃期。在此时期内,火焰由中心迅速向外传播,直到烧遍整个燃烧室。燃料热能的绝大部分在此时期放出,汽缸中的压力、温度迅速上升,这一时期是燃烧过程的主要阶段。最高压力点 3 的到达时刻,对发动机的动力性能、经济性能及压力升高率等都有重大影响。如果过早到达 3 点,则会使压缩过程负功增大;若过迟到达 3 点,则膨胀功将减小,同时,燃烧高温时期的传热表面增加。3 点的位置可以用点火提前角 θ 来调整。

4. 补燃期

从速燃期终了到燃料基本燃烧完的这一段时期。部分未来得及燃烧的燃料和燃烧不完全的产物继续燃烧,而燃烧产物中的部分 CO_2 和 H_2O 又会因高温分解成 CO、H_2、O_2 等,并在膨胀过程温度下降时氧化放出热量。这个时期称为补燃期。因为,补燃期已逐渐远离上止点,故应尽量减少参与此阶段燃烧的燃料。

二、汽油机的非正常燃烧

汽油机的非正常燃烧现象主要有爆燃、表面点火。

1. 爆燃

当火花塞点火后,正常火焰传来之前,末端混合气自燃并急速燃烧,产生爆炸性冲击波和尖锐的金属敲击声的现象称为爆燃或爆震。

汽油机爆燃时有以下外部特征:

(1)汽缸内有金属撞击声(敲缸)。

(2)发动机过热(冷却液温度表显示温度过高)。

(3)在轻微爆燃时,发动机功率略有增加,强烈爆燃时,发动机功率下降,油耗上升。

(4)缸内压力线出现锯齿形爆燃波,如图3-3所示。

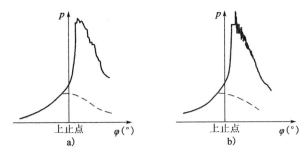

图 3-3　爆燃时的 $p-\varphi$ 图
a)弱爆燃；b)强爆燃

汽油机发生爆燃的原因主要是末端混合气受到热辐射或压缩等原因,使本身的温度不断升高,加速了先期反应而自燃(出现一个或数个火焰中心)的结果。这部分自燃混合气燃烧速度极快,火焰速度可达300m/s(轻微爆燃),甚至高达1000m/s以上(强烈爆燃)。燃气温度和压力陡增的结果,在缸内会形成往复传播的高频冲击波。高频冲击波多次往复撞击燃烧室壁,使壁面产生振动,从而发出尖锐的金属敲击声。如出现强烈爆燃,会造成缸内局部压力、温度增加,严重时还会破坏缸壁表面的隔热膜和油膜,使传热增加,摩擦加剧,功率下降,油耗增加,甚至造成活塞、气门、火花塞等烧坏。

根据爆燃产生的原因,在结构上往往采用紧凑型燃烧室,以利加快燃烧速度,缩短燃烧距离;二是,在燃烧室内设置冷激面(图2-13),或采用铝质缸盖以冷却末端混合气;三是,减小压缩比,以降低在压缩末期混合气的压力和温度;四是,在燃料选用方面,选用抗爆燃能力强的高牌号汽油。

2. 表面点火

由燃烧室内炽热部分(排气门盘端面、火花塞电极、金属突出点或积炭等)点燃混合气的现象称为表面点火。

表面点火一般发生在火花塞点火之前,所以又叫"早燃"。由于它提前点火而且热点表面比火花大,使燃烧速率加快,汽缸压力、温度增高,发动机工作粗暴,并且压缩负功增大,向缸壁传热增加,致使功率下降,火花塞、活塞等零件过热。

与爆燃不同,表面点火没有压力冲击波,敲缸声比较沉闷,主要是由活塞、连杆、曲轴等运动件受到冲击负荷产生的振动造成。

表面点火和爆燃之间也会相互影响,强烈的爆燃,必然增加向汽缸壁的传热,从而促成燃烧室炽热点的形成,导致表面点火。早燃又使汽缸压力升高率和最高燃烧压力增大,使未燃混合气受到较大的压缩和热辐射,从而促使爆燃发生。

根据表明点火产生的原因,凡是降低燃烧室过高的温度和压力,以及积炭发生的可能,都能消除表明点火。

三、影响燃烧过程的使用因素

1. 燃料的性质

1)车用汽油牌号规格

按我国即将在2018年1月1日正式执行的车用汽油(Ⅴ)技术标准(GB 17930—2013)规定,汽油分89、92、95、98(研究法)四种牌号,其主要质量指标见表3-2。

车用汽油(Ⅴ)技术要求(GB 17930—2013)　　　表3-2

项 目		质 量 指 标			
		89号	92号	95号	98号
抗爆性					
研究法辛烷值(RON)	不小于	89	92	95	98
抗爆指数(RON+MON)/2	不小于	84	87	90	93
铅含量(g/L)	不大于	0.005			
馏程					
10%蒸发温度(℃)	不高于	70			
50%蒸发温度(℃)	不高于	120			
90%蒸发温度(℃)	不高于	190			
终馏点(℃)	不高于	205			
残留量(体积分数)(%)	不大于	2			
蒸气压(kPa)					
11月1日至4月30日	不大于	45~85			
5月1日至10月31日	不大于	40~65			
胶质含量(mg/100mL)					
未洗胶质含量(加入清洗剂前)	不大于	30			
溶剂洗胶质含量	不大于	5			
诱导期(min)	不小于	480			
硫含量(mg/kg)	不大于	10			
硫醇(需满足下列要求之一,即判断为合格)					
博士实验		通过			
硫醇硫含量(质量分数)(%)	不大于	0.001			
铜片腐蚀(50℃,3h)(级)	不大于	1			
水溶性酸或碱		无			
机械杂质及水分		无			

续上表

项　　目		质量指标			
		89号	92号	95号	98号
苯含量(体积分数)(%)	不大于	1.0			
芳烃含量(体积分数)(%)	不大于	40			
烯烃含量(体积分数)(%)	不大于	24			
氧含量(质量分数)(%)	不大于	2.7			
甲醇含量(质量分类)(%)	不大于	0.3			
锰含量(g/L)	不大于	0.002			
铁含量(g/L)	不大于	0.01			

2)汽油的主要性能

(1)汽油的抗爆性。它是指汽油在发动机汽缸内燃烧时抵抗爆燃的能力,用辛烷值来评定。汽油的辛烷值越高,其抗爆性就越好。汽油的牌号是以辛烷值划分的。通常有两种辛烷值,一种是研究法辛烷值(RON),一种是马达法辛烷(MON),它们的实验条件和方法略有区别,同一汽油的研究法辛烷值大于马达法辛烷值,两者的数值差称为敏感度,它们和的一半称为抗爆指数。

(2)汽油的蒸发性。液态汽油汽化的难易程度称为汽油的蒸发性。以馏程作为评价汽油蒸发性的指标。常用汽油的10%、50%、90%等馏分的馏出温度来评定。

10%的馏出温度标志着起动性能。汽油机使用10%馏出温度低的汽油,容易起动。但此温度过低,会使汽油在输送管路中形成"气阻",使发动机断火。

50%的馏出温度标志着汽油的平均蒸发性。它影响着发动机的暖车时间、加速性和工作稳定性。若此温度低,可以使暖车时间短,并且当发动机由低负荷向高负荷过渡时,能够及时供给所需浓度的混合气,使发动机加速性能良好。

90%的馏出温度标志着燃料中含有难于挥发的重质成分的数量。此温度低,表明燃料中重质成分少,挥发性好,有利于完全燃烧。此温度过高,则因汽油中重质成分较多而汽化不良,使燃烧不完全,造成排气冒烟和积炭。

3)汽油的选用

选择汽油主要依据发动机的压缩比。因为压缩比越大,汽油在发动机汽缸内燃烧产生爆燃的可能性越大。为避免爆燃的发生,压缩比高的汽油机应选用牌号高的汽油。通常正确做法是,按使用说明书要求选用规定牌号的汽油,否则若选用低于说明书上规定的牌号汽油,易产生爆燃而无法正常工作。

2. 点火提前角

点火提前角是从火花塞跳火到上止点之间的曲轴转角。点火提前角应该随燃料性质、转速、负荷、过量空气系数等因素的变化而变化。

当汽油机保持节气门开度、转速以及混合气浓度一定时,汽油机有效功率和有效燃油消耗率随点火提前角改变而变化的关系称为点火提前角调整特性,如图3-4所示。显然,从图中看出,对应于每一工况都存在一个最佳点火提前角,这时汽油机功率最大,耗油最低;随着转速的增加或进气门开度的减小,最佳点火提前角也随之加大。最佳点火提前角使最高燃烧压力出现在上止点后 12°~15° 曲轴转角,这时实际示功图与理论示功图最为接近(时间损失最小)。

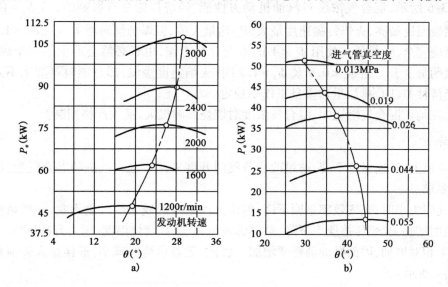

图 3-4　点火提前角调整特性
a)进气门全开时;b)转速 $n=1600\text{r/min}$

不同点火提前角时的示功图如图 3-5 所示。点火过迟,则燃烧延长到膨胀过程,燃烧最高压力和温度下降,传热损失增多,排气温度升高,热效率降低,爆燃倾向减小,有效功率下降,NO_x 的排放量降低。

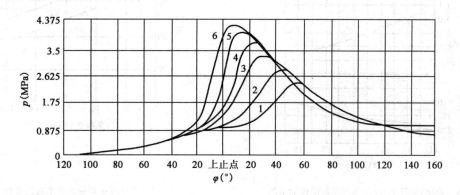

图 3-5　点火提前角不同时的示功图
1、2、3、4、5、6-分别表示 10°、20°、30°、40°、50°、60° 点火提前角

点火提前角对汽油机的经济性影响较大。据统计,如果点火提前角偏离最佳值 5° 曲轴转角,热效率下降 1%;偏离 10° 曲轴转角,热效率下降 5%;偏离 20° 曲轴转角,热效率下降 16%。

影响最佳点火提前角的因素较多(如大气压力、温度、湿度、缸体温度、汽油牌号、空燃比、残余废气系数、废气再循环率等),传统的真空式和离心式点火调节角调整装置只能随转速、负荷的变化对点火提前角做近似调整。为实现点火提前角的精确控制,目前在汽油轿车上越来越多地采用电子控制点火时刻装置。

3. 混合气浓度

如图 3-6 所示，混合气浓度对汽油机动力性能、经济性能是有影响的，当 $\phi_a = 0.8 \sim 0.9$ 时，由于燃烧温度最高，火焰传播速度最大，P_e 达最大值，但爆燃倾向增大。当 $\phi_a = 1.03 \sim 1.1$ 时，由于燃烧完全，b_e 最低。使用 $\phi_a < 1$ 的浓混合气工作，由于必然会产生不完全燃烧，所以 CO 排放量明显上升。当 $\phi_a < 0.8$ 及 $\phi_a > 1.2$ 时，火焰速度缓慢，部分燃料可能来不及完全燃烧，因而经济性差，HC 排放量增多且工作不稳定。

可见，在均质混合气燃烧中，混合气浓度对燃烧影响极大，必须严格控制。

4. 负荷

在汽油机上，转速保持不变，通过改变节气门开度来调节进入汽缸的混合气量，以达到不同的负荷要求。

当节气门关小时，充气效率急剧下降，但留在汽缸内的残余废气量不变，使残余废气系数增加，滞燃期增加，火焰传播速率下降，最高爆发压力、最高燃烧温度、压力升高率均下降，冷却液散热损失相对增加，因而燃油消耗率增加。因此，随着负荷的减小，最佳点火提前角需要增大，如图 3-7 所示。

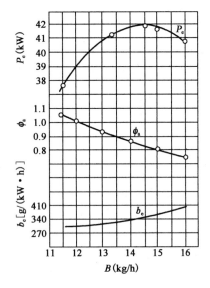

图 3-6 功率、油耗率、过量空气系数随供油量的变化关系（节气门、转速保持一定）

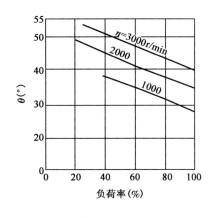

图 3-7 最佳点火提前角随负荷的变化

5. 转速

当转速增加时，汽缸中湍流增加，火焰传播速率大体与转速成正比例增加，因而最高爆发力、压力升高率随转速的变化不大。此外，在转速升高时，由于散热损失减少，进气被加热，使汽缸内混合得更均匀，有利于缩短着火延迟期。但另一方面，由于残余废气系数增加，气流吹走电火花的倾向增大，又促使着火延迟期增加。以上两种因素使以秒计的着火延迟期与转速的关系不大，但是按曲轴转角计的着火延迟期却随转速的增加而增大。因此，转速增加时，应增大点火提前角，如图 3-4a) 所示。

6. 大气状况

大气压力低,汽缸充气量减少,混合气变浓。另外压缩压力低,着火延迟期长和火花塞点火及火焰传播速度慢,经济性和动力性下降,但爆燃倾向减少。

大气温度高,同样汽缸充量下降,经济性、动力性变差,而且容易发生爆燃和气阻。气阻是由于燃油蒸发而在供油系统中形成气泡,减少甚至中断供油的现象。因此,在炎热地区行车,应加强冷却系统散热能力,用泵油量大的汽油泵。反之在寒冷地区行车,要加强进气系统预热,增强火花能量等,以保证燃油雾化、点火及起动。

第三节 汽油供给装置

一、汽油箱

汽油箱用以储存汽油。普通汽车只有一个汽油箱,越野车则常有两个汽油箱,以适应特殊要求。一般汽油箱的续航里程(一次性加满汽油可连续行驶的里程)为200～600km。

如图3-8所示,汽油箱常用薄钢板或工程塑料制成。为防止液面由于行车振荡而外溢,在油箱内部装有隔板10。油箱上表面装有液面传感器4,底部有辅助油箱7,内有粗滤器9。为便于排除箱内杂质,在底部装有放油螺塞8。油箱加油口用带阀门的加油口盖1封闭。

图3-9所示为某汽车的加油口盖。加油口盖内有垫圈用以封闭加油管口。当箱内汽油减少,压力降低到0.098MPa以下时,空气阀1被大气压开,空气便进入汽油箱内,如图3-9a)所示,使汽油泵能正常供油。当汽油箱内的汽油蒸气过多,其压力大于0.11MPa时,蒸气阀2被顶开,汽油蒸气泄到大气中,如图3-9b)所示,以保持油箱内的正常压力。

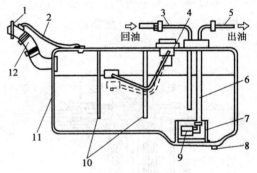

图3-8 汽油箱

1-加油口盖;2-通气软管;3-回油管;4-液面传感器;5-出油管;6-燃油连接管;7-辅助油箱;8-放油螺塞;9-粗滤器;10-隔板;11-油箱体;12-燃油进口软管

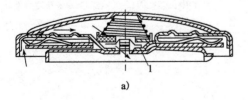 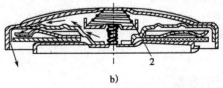

a) b)

图3-9 带有空气阀和蒸气阀的加油口盖

a)进入空气;b)泄出空气

1-空气阀;2-蒸气阀

二、汽油滤清器

1. 功用

汽油滤清器安装在汽油箱与汽油泵之间,用以滤除汽油中的水分和杂质,保证汽油泵和化油器正常工作。

2. 汽油滤清器的构造与原理

目前汽车发动机上采用的汽油滤清器主要有两种:一种是货车和客车上常用的可拆式汽油滤清器;另一种是轿车上常用的不可拆式汽油滤清器。

图3-10所示为可拆式汽油滤清器。它主要由滤清器盖1、沉淀杯9、纸滤芯5等组成。发动机工作时,汽油泵将油箱内的汽油吸出后,经进油管接头12进入沉淀杯9中,水分和较重的杂质沉入杯底,较轻的杂质随汽油流向滤芯外腔,经滤芯滤清后的清洁汽油从出油管接头2流至汽油泵。沉淀杯中的水分和杂质,可通过滤清器底部的放油螺塞10放出,使用一定时间应清洗或更换滤芯。安装时,为防止进出油管接反,影响滤清效果,一般有方向或文字标记。

图3-11所示为不可拆式汽油滤清器。它主要由中央多孔筒1、纸质滤芯2、多孔滤纸外筒3及滤清器壳体组成。此类滤清器,在使用中不需清洗,且滤清效果好,使用一定时间后应整体更换。

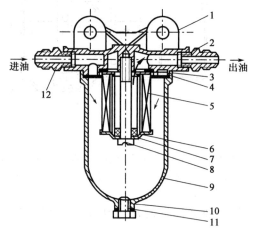

图3-10 可拆式汽油滤清器
1-滤清器盖;2-出油管接头;3-密封圈;4-沉淀杯密封垫;5-纸滤芯;6-滤芯密封垫;7-平垫圈;8-滤芯螺栓;9-沉淀杯;10-放油螺塞;11-放油螺塞密封垫;12-进油管接头

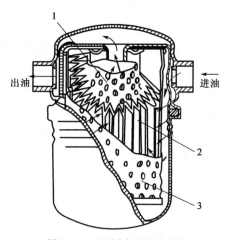

图3-11 不可拆式汽油滤清器
1-中央多孔筒;2-纸质滤芯;3-多孔滤纸外筒

三、汽油泵

1. 汽油泵的功用

汽油泵的作用是将汽油从油箱中吸出,经汽油滤清器后送入化油器浮子室内,并能根据发动机需要,自动调节输油量。

2.汽油泵的结构与工作原理

汽油泵有机械膜片式汽油泵和电动式汽油泵两种。

1)机械膜片式汽油泵

图3-12所示为机械膜片式汽油泵,它主要由上体、下体和泵盖组成。泵盖上有进、出油管接头和进、出油阀12和8。沉淀杯经一固定夹压紧在泵盖上,两者之间有橡胶垫圈密封。在进油道一侧的进油阀上罩有滤网10,泵盖中有一隔板将盖内空腔分为进油室11和出油室9。上体与下体之间夹有耐油人造革制成的膜片7,泵膜顶杆5通过上、下护盘和螺母固定在膜片上,膜片下面有弹簧6,在自由状态将膜片顶向上拱位置。弹簧坐落在本体的凸缘上,其间压有密封构件,以防膜片破裂时汽油流入曲轴箱稀释润滑油。

本体下部装有摇臂2,其一端与偏心轮1接触,另一端开有一槽口松套在顶杆5的下端,当摇臂被偏心轮驱动顺时针摆动时,槽口将牵动顶杆5下移,并克服弹簧6的张力将膜片拉至下拱的最低位置,使泵盖与膜片之间的空间(泵油室)形成一定的真空度,将汽油由油箱中吸出,经进油道、进油室11、滤网10,推开进油阀12进入泵油室,如图3-12a)所示。偏心轮转过来后,外摇臂在复位弹簧3的作用下向下摆动,膜片在膜片弹簧的张力作用下向上拱起,泵油室内油压上升,压紧进油阀12,推开出油阀8,将汽油经出油室和出油道送向化油器,如图3-12b)所示。

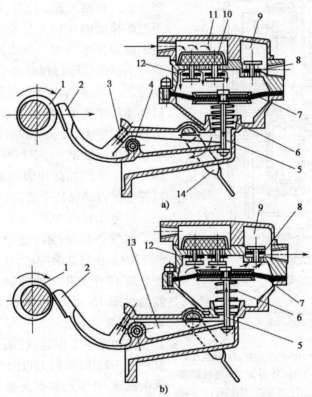

图3-12 机械膜片式汽油泵构造及工作过程

1-偏心轮;2-摇臂;3-复位弹簧;4-摇臂轴;5-顶杆;6-泵膜弹簧;7-膜片;8-出油阀;9-出油室;10-滤网;11-进油室;12-进油阀;13-推杆;14-手拉杆

大量汽油涌入出油室,使室内空气得到压缩,当膜片下拱,出油阀关闭时,出油室内的汽油因空气的膨胀而继续向化油器流动,减缓汽油流动的间歇性和脉动性,使油流趋于平稳。

当化油器浮子室中无油而要起动发动机时,可上下拉动手拉杆14,使手拉杆轴上的半圆切口反复压动推杆,带动膜片上下运动而向浮子室供油,使之在发动机运转前充满燃料,以利于起动。

如发动机停车时,偏心轮正处于顶起外臂使之达到最大吸油位置,则手拉杆将无法工作。这时应转动曲轴,使外摇臂摆止最低位置,泵膜上移止最高位置,然后拉动手摇臂即可泵油。

为了使汽油泵的工作有足够的储备能力,即使是发生部分气阻情况下也能保证必要的燃料供给,汽油泵的供油量必须远大于发动机的最大耗油量(一般在5倍以上),因而汽油泵每次吸入的汽油不可能全部供向化油器,何况发动机的耗油量随其工况而大幅度变化,汽油泵也必须具备自动适应的能力。

汽油泵供油量的调节,实际上就是改变泵膜的移动行程。当供油量超过耗油量时,大量燃油积聚于出油道、出油室和泵油室内,使反压力上升并与膜片弹簧的某一压缩位置的张力相平衡。因此,膜片每次上拱不可能被膜片弹簧推向最高位置。这样,摇臂的槽口与推杆下端的接触面在每次泵油过程(膜片上拱)的后期都要发生分离。分离间隙的大小决定于膜片上拱的实际行程的大小,从而也就决定了摇臂下一吸油动作空行程的大小。例如发动机耗油量增大时,则泵油室反压力下降,膜片上拱行程增大,吸油行程时外摇臂与推杆的接触面分离间隙减小,空行程也就减小,反之亦然。汽油泵即如此使吸油量和出油量与发动机耗油量自动保持平衡。

2)电动式汽油泵

如图3-13所示,电动式汽油泵中的泵筒17固定在汽油泵中心,底部装有进油阀24,在泵筒17中有带出油阀26的柱塞15,带继电器的线圈16可产生磁场,使柱塞15往复运动,实现泵油。

汽油泵不工作时,柱塞15被复位弹簧25推到图3-13所示的上极限位置,柱塞15吸引永久磁铁10带动触点支架11逆时针转动,使活动触点31与固定触点30接通,电流流过电磁线圈16便产生磁场,吸引柱塞15克服复位弹簧25弹力向下运动,从而使泵筒17内的油

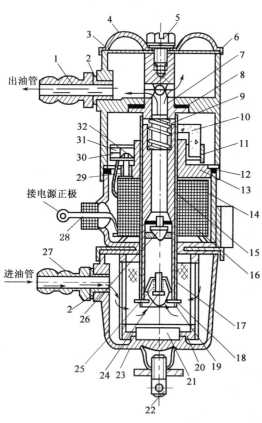

图3-13 电动式汽油泵

1-出油管接头;2、3-垫片;4-泵盖;5-螺栓;6-上体;7-出油接头;8、18-密封圈;9-缓冲弹簧;10-永久磁铁;11-触点支架;12-密封垫片;13-下极板;14-中体;15-柱塞;16-电磁线圈;17-泵筒;19-进油阀座;20-滤芯;21-磁钢块;22-螺杆;23-沉淀杯;24-进油阀;25-复位弹簧;26-出油阀;27-进油管接头;28-接线柱;29-绝缘套;30-固定触点;31-活动触点;32-圆头螺钉

区增高。在油压作用下,进油阀24关闭,出油阀26开启,汽油经出油阀26进入柱塞中心通道。柱塞15下移后,永久磁铁10上端不再受柱塞15吸引,而下端却受到下极板13的吸引,使触点分开而切断电源,电磁线圈16磁场消失,柱塞15在复位弹簧25的作用下向上运动,将储存在其腔内的汽油经出油室从出油管接头1泵出。此时,出油阀26关闭,进油阀24开启,汽油从油箱内流经进油阀24流入柱塞下方的泵筒空腔内,如此循环重复上述运动,使汽油泵不断供油。

电动式汽油泵的优点是,它可以安装在远离发动机、通风散热良好的地方,有利于降低油管中汽油的温度,减少产生"气阻"。它可以在发动机起动前工作,利于发动机起动,现已大量使用。

第四节 化 油 器

一、化油器的作用

化油器是传统汽油机供给系统的核心。其作用是根据汽油发动机不同的工况要求,供给发动机不同数量和不同浓度的可燃混合气。其性能的好坏直接影响到发动机的动力性能、经济性能和排放性能。

二、化油器的基本结构与工作原理

化油器由简单化油器、主供油系统、怠速系统、加浓系统、加速系统、起动系统等部分组成。

1. 简单化油器的基本结构与工作原理

1)简单化油器的基本构造

如图3-14所示,简单化油器由浮子室6、主喷管2、主量孔7、喉管9、节气门8等组成。

浮子室的功用是储存来自汽油泵的汽油。浮子室中装有浮子4和针阀5,针阀连接在浮子上,两者可同时随油面起落。当浮子室油面达到规定高度时,针阀关闭浮子室进油口,汽油不能流入。当油面降低时,浮子下落,针阀重新开启,汽油又流入浮子室,保持油面的规定高度。浮子室上部有与大气相通(有的是与进气管相通)的通气孔,使油面的压力与大气压力(或进气管压力)相等。

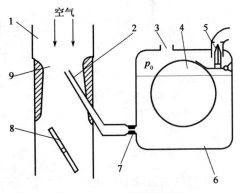

图3-14 简单化油器
1-进气管;2-主喷管;3-浮子室通气孔;4-浮子;5-针阀;6-浮子室;7-主量孔;8-节气门;9-喉管

主喷管2的出油口在喉管9处,其管口高出浮子室液面2~5mm,燃油不会自动流出。喷管另一端与浮子室相通。浮子室内装有尺寸精确的主量孔7,用来准确限制汽油的流量。通过量孔的汽油流量取决于量孔的直径和量孔前后的压力差。

化油器进气通道中截面积最小处称喉管。喉管的作用是增加空气的流速,形成真空吸力,将汽油从喷管内吸出,并借助空气流速将吸出的汽油吹散雾化。

化油器内喉管以上的部分称为空气室;喉管以下至节气门部分称为混合室,是汽油初步雾化并与空气混合的场所。

节气门是一个片状阀门,可绕节气门轴转动一定角度。节气门通过杆件或拉索与驾驶室内的加速踏板(俗称油门踏板)相连,驾驶人通过加速踏板控制节气门的开度,从而控制发动机的进气量,以改变发动机输出的动力。

2)简单化油器的工作原理

发动机处于进气行程时,活塞由上止点向下止点运动,汽缸容积增大,产生一定的真空度,空气经空气滤清器吸入汽缸。当空气流经化油器喉管处时,流速升高,压力下降,产生一定真空度。在浮子室内与喷管口处压力差作用下,浮子室中的汽油经量孔从喷管喷出,并随即被高速空气流冲散,成为大小不等的雾状颗粒(雾化)。雾化的汽油在混合室中与空气混合,形成可燃混合气进入汽缸。从汽油与空气接触直到燃烧前,汽油不停地进行着吸热、蒸发、扩散并与空气混合。

3)简单化油器的供油特性

如图3-15曲线2所示,在发动机转速不变时,简单化油器所供给的混合气浓度是随节气门开度变化的。在节气门开度很小时,喉管处的真空度很低,不足以将汽油吸出,随着节气门开度增大,当喉管处的真空度增加到一定值后,才开始有汽油从喷管流出。喉管处的真空度增加,供油量增多。节气门开度增大,吸入的空气量也增加,但吸入空气量的增长率低于汽油供给量的增长率,所以简单化油器供给的混合气随节气门开度的增大而变浓。

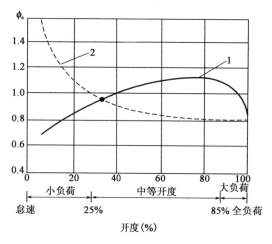

图3-15 化油器特性曲线比较
1-理想化油器特性曲线;2-简单化油器特性曲线

简单化油器的供油特性不能适应发动机实际工作时对混合气浓度的要求,需要进行修正,使之符合理想化油器特性(图3-15曲线1)。为此,增加了主供油系统、怠速系统、加浓系统、加速系统和起动系统等,以满足发动机工作的需要。

2. 主供油系统

1)主供油系统的作用

主供油系统的作用是保证发动机在中小负荷范围内工作时,供给随节气门开度增大而逐渐变稀的混合气。在汽车发动机的全部工作范围内,除了怠速工况和极小负荷外,主供油系统都起供油作用。

2)主供油系统的结构

图3-16是常见的通过降低主量孔处真空度的主供油系统。其结构特点是在喷管上加开一个通气管3,管3上设有控制渗入空气流量的空气量孔2。

3) 主供油系统的工作原理

在发动机不工作时,主喷管 4 和通气管 3 中的油面与浮子室中的油面等高。当发动机工作时,随着节气门开度增大,汽油从主喷管 4 中喷出时,由于主喷管内径大于主量孔,通气管 2 中的液面迅速下降,同时空气通过空气量孔 2 进入通气管。当喉管真空度大到能使通气管 3 中的液面降到主喷管 4 入口处时,空气渗入油流中形成泡沫,随油流经主喷管 4 流入喉管。由于空气量孔具有节流作用,使得主量孔处的压力 p_k 小于大气压力 p_0,大于喉管处压力 p_h,即 $p_h < p_k < p_0$。这时,决定通过主量孔的汽油流量的压力差已不再是 $p_0 - p_h = \Delta p_h$,而是通气管中的真空度 $\Delta p_k = p_0 - p_k$。因 $\Delta p_k < \Delta p_h$,导致空气流量增大比汽油流量增大快,使得混合气随节气门开度的增大而逐渐变稀。只要选择尺寸合适的主量孔和空气量孔,就能使主供油系统在中小负荷范围内,供给所要求的 $\phi_a = 0.75 \sim 1.15$ 的混合气。

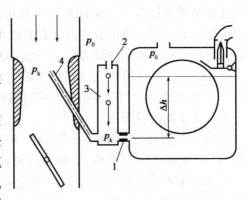

图 3-16 化油器主供油系统
1-主量孔;2-空气量孔;3-通气管;4-主喷管

3. 怠速系统

1) 怠速系统的作用

怠速系统是保证发动机在怠速和很小负荷工况时供给少而浓的混合气。

2) 怠速系统的结构

如图 3-17 所示,怠速系统由怠速喷口 5、怠速调整螺钉 4、过渡喷口 5、怠速空气量孔 6、怠速油道 7、怠速油量孔 8 及节气门最小开度限位螺钉 2 等组成。

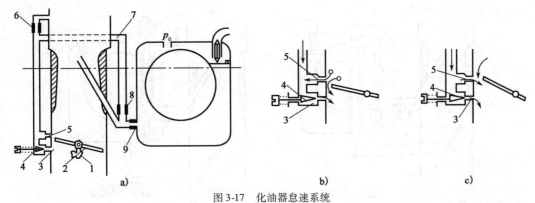

图 3-17 化油器怠速系统
a) 怠速系统;b) 低怠速;c) 高怠速

1-限位块;2-节气门最小开度限位螺钉;3-怠速喷口;4-怠速调整螺钉;5-过渡喷口;6-怠速空气量孔;7-怠速油道;8-怠速油量孔;9-主量孔

3) 怠速系统的工作原理

怠速系统的工作过程可分为如下四个阶段:

(1) 在低怠速时,节气门开度最小,节气门位于怠速喷口和过渡喷口之间 [图 3-17b)],此时化油器喉管处的真空度很小,而节气门下面真空度却很大。浮子室中的汽油经主量孔 9 和怠速油量孔 8 被吸入怠速油道 7，并与从怠速空气量孔 6 进入的空气混合成泡沫状的油液从怠速喷口 3 喷出。位于节气门上方的过渡喷口 5 实际上成了第二个怠速空气量孔，这不仅能限制怠速喷口 3 的出油量，而且由此渗入的空气也可使汽油进一步泡沫化。

(2) 当节气门稍开大，供给的空气量增多时，过渡喷口 5 已位于节气门的边缘 [图 3-17c)]，怠速喷口 3 和过渡喷口 5 同时喷油，使怠速出油量增加，混合气不至于瞬间变稀，以保证发动机工况过渡平稳。

(3) 当节气门开度进一步开大时，化油器喉管处真空度增大，主供油系统开始工作，形成"三口喷油"的局面。此时，主喷管出油量较少，而且气流速度较低，汽油雾化较差，仅由其单独工作满足不了负荷加大的要求，两个供油系统短时间内的同时工作，可防止因空气量增加而引起工况过渡时混合气变稀。

(4) 当节气门开度加大到发动机进入中小负荷工况时，怠速喷口和过渡喷口处的真空度已降低到不能将汽油吸出的程度，怠速系统停止工作，由主供油系统单独工作。

怠速系统中装有怠速调整螺钉 4 和节气门最小开度限位螺钉 2，两个螺钉配合调整，可以改变发动机怠速工作时供给的混合气的数量和浓度，从而调整发动机的怠速转速。

4. 加浓系统

1) 加浓系统的作用

加浓系统的作用是当发动机由中等负荷转入大负荷或全负荷工作时，通过加浓系统额外地供给部分汽油，使混合气由经济混合气加浓到功率混合气，以保证发动机大负荷或全负荷时功率所需较浓的混合气要求。

2) 加浓系统的结构与工作原理

加浓系统有机械式和真空式两种，如图 3-18 所示。

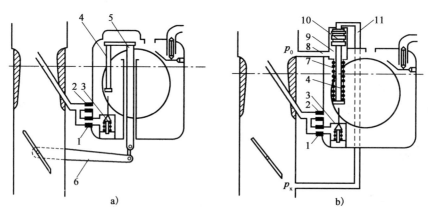

图 3-18 化油器加浓系统
a) 机械式；b) 真空式

1-加浓量孔；2-主量孔；3-加浓阀；4-推杆；5-拉杆；6-摇臂；7-弹簧；8-空气通道；9-空气缸；10-活塞；11-真空通道

(1) 机械加浓装置。如图 3-18a) 所示，在浮子室内装有加浓量孔 1 和加浓阀 3，加浓量孔 1 与主量孔 2 并联，加浓阀 3 上方的推杆 4 与拉杆 5 固定连接为一体，拉杆又通过摇臂 6 与节气门轴相连。

发动机负荷增加时,节气门开启,带动摇臂转动,使拉杆和推杆同时向下移动,当节气门开度达到80%～85%时,推杆压开加浓阀,于是汽油便从浮子室经加浓阀和加浓量孔流入主喷管,与从主量孔来的汽油汇合,一起从主喷管中喷出。这样便增加了汽油的供给量,使混合气变浓。当节气门开度减小时,拉杆和推杆上移,加浓阀在复位弹簧的作用下关闭。

由上述结构原理可知,机械加浓装置起作用的时刻只与节气门开度有关,即与发动机负荷有关,而与发动机转速无关。如果化油器上只设机械加浓装置,在汽车行驶中外部阻力增加时,若加速踏板位置不足以使机械加浓装置起作用,混合气就不能及时得到加浓,显然会影响发动机稳定运转。为此,一般在化油器中同时还设有真空加浓装置。

(2) 真空加浓装置。如图3-18b)所示,真空加浓装置通常采用活塞式结构,推杆4与位于空气缸9中的活塞10相连,在推杆上装有预先压缩的弹簧7。在空气缸内,活塞下方有空气通道8与化油器喉管上方相通,活塞上方有真空通道11通到节气门下方。

当发动机在小负荷工作时,节气门下面的真空度较大。真空活塞10被吸到最上方位置,同时进一步压缩安装在推杆4上的弹簧7。此时,加浓阀3关闭,真空加浓装置不供油;当发动机负荷(节气门开度)增加时,节气门下面的真空度减小,当真空度减小到不能克服弹簧7的弹力和真空加浓活塞的自重时,弹簧伸张,使推杆、活塞落下并推开加浓阀,额外的汽油经加浓量孔流入主喷管中,以加浓混合气。

由上述结构原理可知,真空加浓装置起作用的时刻完全取决于节气门下面的真空度,而节气门下面的真空度不仅与发动机的负荷有关,也与转速有关。

5. 加速系统

1) 加速系统的作用

加速系统的作用是当汽车需要加速行驶或超车时,在节气门突然开大的瞬间将一定量的燃油一次性喷入喉管,使混合气临时加浓,以满足加速的需要。

2) 加速系统的结构

加速系统有活塞式和膜片式两种。图3-19所示是通常采用的安装在浮子室内的活塞式机械加速泵。活塞杆3通过连接板8与拉杆9相连,拉杆由固装在节气门轴上的摇臂1操纵。进油阀11装在加速泵腔与浮子室之间,出油阀5则装在泵腔与加速量孔6之间的油道中。在不加速时,进油阀在自身重力作用下,不能保持密封,而出油阀则靠重力保持关闭。

3) 加速系统的工作原理

当节气门开度减小时,摇臂逆时针回转,并通过拉杆和连接板带动活塞杆和活塞向上移动,将进油阀打开,使加速泵腔内充满汽油。当缓慢地加大节气门开度时,活塞也缓慢下降,加速泵腔内形成的油压不高,不能使进油阀关闭严密,于是汽油通过进油

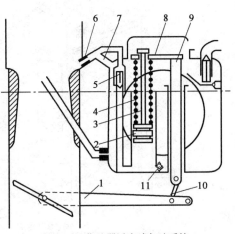

图3-19 化油器活塞式加速系统
1-摇臂;2-活塞;3-活塞杆;4-弹簧;5-出油阀;6-加速量孔;7-通气道;8-连接板;9-拉杆;10-连杆;11-进油阀(止回阀)

阀流回浮子室,加速装置不起作用。当节气门迅速开大时,由于活塞下移很快,加速泵腔内油压迅速增加,使进油阀完全关闭;同时顶开出油阀,将泵腔内的汽油从加速量孔喷入化油器喉管处,以加浓混合气。这种加浓作用只是一时的,当节气门停止运动后,即使保持开度很大,加速泵也不再供油。

为了改善发动机的加速性能,希望在节气门停止运动后喷油能持续一段时间,在连接板8和活塞2之间装有弹簧4。当拉杆9和连接板8急速下降时,通过弹簧将力传给活塞,由于有加速量孔的阻力,活塞下降速度比连接板慢,因而弹簧受压缩。当节气门停止运动时,拉杆与连接板不再移动,这时弹簧伸张,将活塞继续往下压,从而使化油器加速系统喷油时间有所延长。

6. 起动系统

起动系统的作用是在发动机起动过程中,供给极浓的混合气。

图3-20所示是化油器上常用的阻风门式起动系统。阻风门5安装在化油器喉管的上方。阻风门轴是偏置的,可借助气流的作用比较容易地使阻风门在非起动工况下保持常开状态。

发动机冷起动前,驾驶人通过拉钮将阻风门5关闭。起动机带动曲轴旋转时,在阻风门后面产生很高的真空度,使主供油系统和急速系统同时供油,因通过阻风门边缘的空隙流入的空气量很少,故混合气极浓。发动机一旦着火起动后,转速瞬时变高,化油器喉管处的真空度也增大;当真空度达到一定值时,自动阀6依靠弹簧力被吸开,增大空气供给量,以防止发动机因混合气过浓而熄灭。有的化油器不装自动阀,而只在阻风门5上开出一个或几个进气孔,也可防止起动后期混合气过浓。发动机起动后应及时将阻风门打开。

7. 化油器的操纵机构

化油器的操纵机构的功用是控制节气门及阻风门的开度。

常用的操纵机构如图3-21所示。其特点是双套驱动,单向传动。

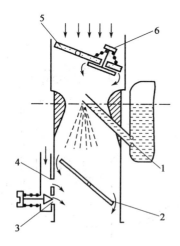

图3-20 阻风门式起动系统
1-主量孔;2-节气门;3-急速喷口;4-过渡喷口;5-阻风门;
6-自动阀

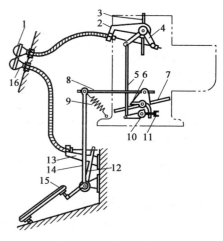

图3-21 化油器操纵机构
1-阻风门拉钮;2-固定板;3-阻风门;4-连动板;5-连动杆;
6-节气门操纵臂;7-节气门;8-拉杆;9-复位弹簧;10-凸轮;11-调整螺钉;12-手动节气门杆;13-支座;14-摆杆;
15-加速踏板;16-手动节气门拉钮

1)脚操纵加速踏板

踩下加速踏板 15 时,摆杆 14 绕固定点逆时针摆动,并带动拉杆 8 左移,从而使节气门开度增大。反之,松开加速踏板时,节气门开度减小。怠速工况时踏板在复位弹簧的作用下回到最高位置,此时节气门的最小开度由调整螺钉 11 来决定。

2)手操纵拉钮

有阻风门拉钮和手动节气门拉钮两个。

(1)阻风门拉钮。用以控制阻风门开或关,拉出时阻风门关闭,推回时阻风门打开,软钢丝与护套间的摩擦力可使阻风门保持在某一开度位置。

(2)手动节气门拉钮。用以控制节气门开或关,拉出时节气门开度增大,推回时节气门开度减小,其定位也是利用软钢丝与护套间的摩擦力来实现。手动节气门杆 12 和摆杆 14 是单向传动关系,当踩下加速踏板 15 时,手动节气门杆 12 不动。拉出手动节气门拉钮 16 时,手动节气门杆 12 迫使摆杆 14 摆动并使加速踏板落下。

为避免使用中加速踏板与节气门间产生传动偏差,传动机构中设有长度可调的拉杆 8,以调节加速踏板位置的高低,保证能使节气门全开。

复习思考题

1. 简述过量空气系数定义。过量空气系数与空燃比存在什么样的关系?
2. 试说明化油器主供油装置的作用及工作原理。
3. 汽油机各种工况对可燃混合气浓度有何要求?
4. 简述汽油机正常燃烧过程。
5. 汽油机不正常燃烧形式有几种?其产生的原因是什么?有什么危害?
6. 汽油的牌号由什么值来划分的?汽油牌号越高说明什么性能越好?
7. 化油器中,真空加浓装置在什么情况下加浓?试分析其作用机理。
8. 简述汽油发动机转速、负荷大小变化与点火提前角之间的关系。

第四章　柴油机燃料供给与燃烧

第一节　概　　述

重型载货汽车均以柴油机为动力,但目前在轻型载货汽车甚至轿车上应用柴油机的也越来越多。

一、柴油机的特点

1. 热效率高、经济性好、故障少

由于柴油机的油耗率比汽油机少 30% 左右(压缩比高于汽油机之故),加之柴油的价格也比汽油便宜,因此,柴油机经济性比汽油机好。

柴油机没有电气点火系统故障,仅有油路系统故障,而油路系统的机件较精密、可靠、耐用,故柴油机故障少。

2. 混合气的形成、点火和燃烧方式不同于汽油机

由于柴油的黏度大、蒸发性差、自燃温度低(约 227℃),需要借助喷油泵和喷油器将柴油在接近压缩终了时,以高压、高速的方法喷入燃烧室。所以柴油机吸入汽缸的是纯空气,可燃混合气直接在燃烧室中形成,并依靠压缩后的高温空气自行发火燃烧。混合和燃烧是重叠进行的,它有一个边喷边燃的在等压下推动活塞做功的持续过程,这是柴油机燃烧不同于汽油机的最大区别点。

3. 柴油机的排放

由于直喷式柴油机的平均过量空气系数高于汽油机,燃料燃烧产物中的 CO、HC 的生成量比汽油机少得多。但是,NO_x 却较多。

由于柴油机混合气形成时间极短,只占 15°~35°曲轴转角(如按发动机转速 3000r/min 计,只占 $8.3 \times 10^{-4} \sim 1.9 \times 10^{-3}$s),可燃混合气形成条件极为恶劣;而且边燃烧边喷油,缸内各处混合气浓度很不均匀,特别在大负荷时,局部缺氧更严重,极易造成燃烧不完全,排气冒黑烟,使动力性、经济性受到影响。

与汽油机相比,柴油机平均压力升高率较大,排气噪声比汽油机大。

另外,柴油机的曲柄连杆机构、配气机构、起动系统、喷油系统的结构复杂、质量大、材料好、加工精度高,所以制造成本较高。还有,废气中含 SO_2 较多。

现代柴油机一般采用如下途径解决上述问题。

(1)组织空气在汽缸中的流动,促进可燃混合气形成。

(2)设计出各种燃烧室,使混合气形成和燃烧快速进行。

(3)采用高压喷射燃油,使燃油雾化均匀,与空气快速混合燃烧。

(4)采用增压技术,不仅可提高燃油经济性,降低排放,而且还能大大提升单位汽缸工作容积利用率,使柴油机更加轻量化。

(5)采用高压(120~200MPa)共轨电控柴油喷射技术,不仅喷油压力比传统柴油机高出10倍以上,而且还可通过计算机控制得到较理想的喷油量、喷油时间及喷油规律。

(6)采用高品质柴油,以减少SO_2排放量。

高压共轨电控柴油喷射技术以及增压技术将在第三十一章第三节和第四节中进行介绍。

二、柴油机燃料供给系统的功用及组成

柴油机燃料供给系统的功用是储存、滤清和输送柴油,并按柴油机各种不同工况的要求,定时、定量、定压并以一定的喷油质量喷入燃烧室。

如图4-1所示,传统柴油机燃料供给系统由低压油路(柴油箱8、输油泵5、燃油滤清器3及低压油管)、高压油路(喷油泵6、高压油管13、喷油器12)和调节系统(离心式调速器9、自动供油提前器7)组成。其核心部分是高压油路所组成的喷油系统,人们也把这种传统的燃料供给系统称之为"泵-管-嘴"系统。柴油箱8中储有柴油,输油泵5将柴油箱内的柴油吸入并泵出,经燃油滤清器3滤去杂质后,进入喷油泵6。自喷油泵输出的高压柴油经高压油管13进入喷油器12,并被喷油器呈雾状喷入燃烧室,与空气混合形成可燃混合气。由于输油泵的供油量比喷油泵供油量大得多,过量的柴油便经回油管10流回到柴油箱。

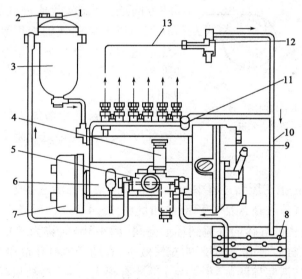

图4-1 传统柴油机燃油供给与调节系统简图

1-放气螺塞;2-加油螺塞;3-燃油滤清器;4-手动油泵;5-输油泵;6-喷油泵;7-自动供油提前器;8-柴油箱;9-离心式调速器;10-回油管;11-回油阀;12-喷油器;13-高压油管

从柴油箱到喷油泵入口的这段油路中的油压是由输油泵建立的,而输油泵的出油压力一般为0.15~0.3MPa,故这段油路称为低压油路,只用以向喷油泵供给滤清的燃油。从喷油泵到喷油器这段油路中的油压是由喷油泵建立的,一般在10MPa以上,故称此段油路为高压油路。

第二节 柴油机混合气形成和燃烧过程

一、柴油机混合气形成方式

根据柴油机混合气形成特点,可以分为空间雾化混合和油膜蒸发混合两种基本方式。

空间雾化混合——是将柴油高压喷向燃烧室空间,形成雾状,与空气进行混合。为了使混合均匀,要求喷出的燃油与燃烧室形状相配合,并充分利用燃烧室中空气的运动。

油膜蒸发混合——是将大部分柴油喷射到燃烧室壁面上,形成一层油膜,油受热蒸发,在燃烧室中强烈的旋转气流作用下,燃料蒸气与空气形成均匀的可燃混合气。

为了促进柴油与空气更好混合,一般都要组织适当的空气涡流,常见的有三种。

1. 进气涡流

进气涡流是指在进气行程中,使进入汽缸的空气形成绕汽缸中心高速旋转的气流。它一直持续到燃烧膨胀过程。

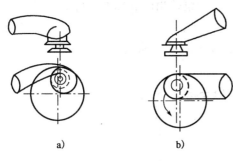

图 4-2 螺旋形进气道和切向进气道
a)螺旋形进气道;b)切向进气道

产生进气涡流的方法一般是将进气道设计成螺旋形进气道[图 4-2a)]或切向进气道[图 4-2b)]。切向气道是在气门座前强烈收缩,引导气流以单边切线方向进入汽缸,造成进气涡流。螺旋形进气道是在气门座上方的气门腔里制成螺旋形,使气流在螺旋形进气道内就形成一定强度的旋转,造成较强的进气涡流,涡流速度可以达到曲轴转速的 6~10 倍。

由于进气涡流会增加进气阻力,故在保证一定涡流强度下,往往是以进气阻力的提高为代价的。

2. 挤压涡流

挤压涡流(挤流)是指在压缩过程中形成的空气运动。当活塞接近压缩上止点时,活塞顶上部的环形空间中的气体被挤入活塞顶部的凹坑内[图 4-3a)],形成了气体的运动。当活塞下行时,活塞顶部凹坑内的气体向外流到环形空间[图 4-3b)],称为逆挤流。

挤压涡流,由于在缸内形成,故不影响充气效率,有助于燃料分布和混合气形成。

挤压涡流的产生与活塞顶凹坑(燃烧室)设计有很大关系,柴油机活塞顶凹坑形形色色,目的就是促进燃油与空气的混合与燃烧。

3. 燃烧涡紊流

燃烧涡紊流是指利用柴油燃烧的能量,冲击未燃的混合气,造成的混合气涡流或紊流。其目的是进一步促进燃油与空气的混合与燃烧。燃烧涡紊流的强度与燃烧室结构形状密切相关,其实例将在下节介绍。

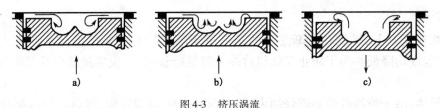

图 4-3 挤压涡流
a) 无进气涡流或涡流不强时的挤流；b) 进气涡流强时的挤流；c) 逆挤流

二、可燃混合气的燃烧

柴油机混合气形成的时间很短，图 4-4 表示柴油机在压缩过程中，汽缸内压力随曲轴转角变化的曲线关系，当曲轴的转角转到相当于上止点 O 的位置时候，开始泵油，当曲轴转到点 A 的位置时开始喷油。点 O 与上正点之间的曲轴转角成为供油提前角，而点 A 与上止点之间的曲轴转角称为喷油提前角，喷入的柴油在点 B 才能点火。根据汽缸压力和温度变化的特点，可将混合气的形成和燃烧按曲轴的转角划分成四个阶段。

1. 着火延迟期

着火延迟期是指曲轴从喷油开始点 A 转至燃烧始点 B。在此期间，喷入汽缸的雾状柴油从汽缸内的高温空气吸收热量，逐渐蒸发、扩散，与空气混合，并进行燃烧前的化学准备。

2. 速燃期

速燃期是指曲轴从点 B 转至点 C。从点 B 起，火焰自火源迅速向各处传播，使燃烧速度迅速

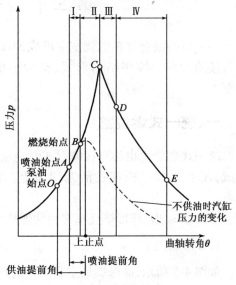

图 4-4 汽缸压力与曲轴转角的关系
Ⅰ-着火延迟期；Ⅱ-速燃期；Ⅲ-缓燃期；Ⅳ-补燃期

增加，急剧放热，导致燃烧室中温度和压力迅速上升，直至压力达到最大值即 C 点为止。在此期间，在着火延迟期内准备好的混合气几乎同时开始燃烧，使燃烧室内的压力、温度急剧上升。

速燃期的燃烧情况与着火延迟期的长短有关。一般情况下，着火延迟期越长，则在汽缸内积聚并完成燃烧准备的柴油就越多，以致在燃烧开始后汽缸压力急剧升高，甚至造成发动机工作粗暴。由此可见，控制着火延迟期的长短，是控制速燃期柴油机是否工作粗暴的关键。

3. 缓燃期

缓燃期是指曲轴从最高压力点 C 转至最高温度点 D。在此阶段，一般喷射过程在缓燃期都已结束，随着燃烧的进行，由于氧气减少，废气增加，燃烧条件越来越坏，某些缺氧区出现燃烧不完全产生炭烟的现象，但燃气温度仍能继续升高到 1700～2000℃。

4. 补燃期

补燃期从点 D 起,燃烧在逐渐恶化的条件下于膨胀行程中缓慢进行直到停止。在此期间,压力和温度均降低。为了防止柴油机过热并降低能量损失,应尽量减少补燃期的参与燃烧的燃料。

综上所述,由于喷油开始到燃烧结束,仅占 50°~60° 曲轴转角,可燃混合气形成的时间极短,空间又极小,极易导致柴油机工作粗暴,排气冒黑烟。因此,提高燃料的雾化质量,加强气流运动强度,改善燃烧后期的燃烧条件,是提高柴油机动力性、经济性和排放性的必由之路。

第三节 柴油机的燃烧室

柴油机的混合气在燃烧室中形成,可以说燃烧室的形状对可燃混合气的形成和燃烧好坏有直接的影响。按照结构形式,柴油机的燃烧室分成两大类:统一式燃烧室和分隔式燃烧室。

一、统一式燃烧室

统一式燃烧室也称直接喷射式燃烧室,是由凹形活塞顶与汽缸盖底面所包围的单一内腔形成,几乎全部容积都在活塞顶面上。常见的结构形式有 ω 形、四角形、球形及 U 形燃烧室。

下面以 ω 形、球形燃烧室来说明燃烧室的结构和特点。

1. ω 形燃烧室

如图 4-5 所示,ω 形燃烧室是由平的汽缸盖底面和活塞顶内的 ω 形凹坑以及汽缸壁组成。混合气的形成属于空间雾化混合方式。

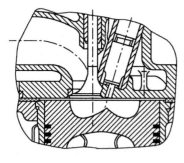

图 4-5 ω 形燃烧室结构示意图

ω 形燃烧室混合气形成优点:ω 形燃烧室主要是依靠多孔喷雾(多为 4 孔),利用油束和燃烧室的形状吻合,以及利用进气涡流为主,挤压涡流为辅的空气运动,在空间形成混合气;喷孔直径较小,多在 0.25~0.40mm 范围内,喷孔轴线夹角为 140°~160°,喷油压力较高,一般在 20MPa 左右;结构紧凑,热损失小,故热效率高,经济性好,容易起动;由于是直接式的空间雾化混合,燃烧的初期同时着火的油量较多,在空间先形成混合气而着火,因此柴油机的起动性较好。

ω 形燃烧室的缺点:ω 形燃烧室所要求的喷油压力高,与之配套的喷油泵和喷油器中的配合偶件加工精度要求高;多孔喷油器的喷孔直径小,易堵塞;着火延迟期内形成的混合气较多,导致发动机工作比较粗暴。

2. 球形燃烧室

如图 4-6 所示,球形燃烧室的活塞凹顶表面轮廓呈球形,利用螺旋进气道组织强烈的空气涡流,并采用单孔或双孔喷油器将燃油在高压下顺气流以接近于燃烧室的切线方向喷入燃烧室内。燃油的绝大部分分布于燃烧室壁上,形成比较均匀的油膜,只有极少量燃油喷散在空间。均布的油膜从燃烧室壁上吸热,逐层蒸发。强烈的空气涡流加速了油膜的蒸发以使混合气更为均匀,而原已喷散在室内空间的雾状燃油,首先完成与空气的混合而着火成为火源,起引燃的作用。随着燃烧的进展,室内的温度和空气流速越来越高,可以保证燃油以越来越高的速度蒸发并与空气均匀混合,使燃烧过程得以及时进行。

由以上分析可知,在球形燃烧室中,混合气的形成主要靠油膜逐层蒸发来完成。混合气形成速度开始较慢,着火延迟期内形成并积聚的混合气量较少,燃烧初期压力升高缓和,发动机工作比较柔和。此后,由于混合气形成速度越来越快,不会使燃烧拖延,从而保证了柴油机较高的动力性和燃油经济性。球形燃烧室要求燃油喷注具有一定的量,喷射时尽量不分散,因此也必须具有 17～19MPa 的喷油压力。球形燃烧室的缺点是柴油机起动较困难。

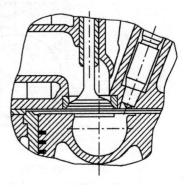

图 4-6　球形燃烧室结构示意图

二、分隔式燃烧室

分隔式燃烧室的结构特点是除位于活塞顶部的主燃烧室外,还有位于缸盖内的副燃烧室,两者之间有通道相连。燃油不直接喷入主燃烧室内,而是喷入副燃烧室。常见的形式有涡流室式燃烧室和预燃室式燃烧室两种。

1. 涡流室式燃烧室

如图 4-7 所示,涡流室式燃烧室的副燃烧室 II 是球形或圆柱形的涡流室,其容积约占燃烧室总容积 50%～80%,借与其内壁相切的孔道与主燃烧室 I 连通,因而在压缩行程中,空气从汽缸被挤入涡流室时形成强烈的、有规则的压缩涡流。孔道直径较大,其截面积为活塞截面积的 1%～3.5%,可以减少流动损失。

喷入涡流室的大部分燃油靠这种强烈的涡流与空气迅速地完成混合。大部分燃油即在涡流室内燃烧,未燃部分在做功行程初期与高压燃气一起通过切向孔道喷入主燃烧室,在活塞 1 顶部花瓣式凹腔的导引下,形成第二次涡流、进一步使空气与燃料混合并燃烧。

涡流室中产生的气流运动比上述直接喷射燃烧室中的进气涡流更强,因此可降低对喷雾质量的要求,即可以采用喷油压力较低(12～14MPa)的轴针式喷油器 3。同时,平均过量空气系数也可降低,柴油机体积可缩小,质量可降低。

2. 预燃室式燃烧室

如图 4-8 所示,预燃室式燃烧室连通主、副两燃烧室的孔道直径较小,截面积为活塞截面积的 0.3%～0.6%,预燃室 II 容积占整个燃烧室压缩容积的 35%～45%,喷油器 3 安装在预燃室中心线附近。相对涡流室来说,预燃室的容积和连接通道的截面积都较小,通道内的最大流速约提高 50%,这样有利于紊流的产生。

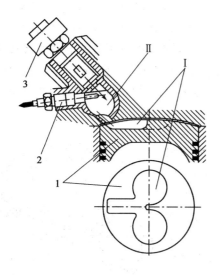 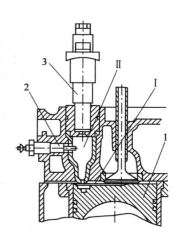

图 4-7 涡流室式燃烧室 　　　　　　　　图 4-8 预燃室式燃烧室
1-活塞;2-预热塞;3-喷油器;Ⅰ-主燃烧室;Ⅱ-副燃烧室　　1-活塞;2-预热塞;3-喷油器;Ⅰ-主燃烧室;Ⅱ-副燃烧室

混合气形成与燃烧特点:在压缩过程中部分空气经连接孔道被压入预燃室,由于连接孔道截面积很小,且不与预燃室相切,因此在预燃室中形成强烈的无规则的紊流运动。燃料喷到预燃室通孔附近后,依靠空气紊流的扰动与空气初步混合。气流只将一部分小油粒带向预燃室的上部空间,并在那里着火。着火后使预燃室内压力和温度迅速升高,高温、高压的燃气携带未燃的燃料高速经孔道喷入主燃室Ⅰ,由于窄小孔道的节流作用,在主燃室中会产生燃烧涡紊流,促使燃料进一步雾化与空气混合,并达到完全燃烧。

因为有强烈的空气湍流作用,对喷油的雾化质量要求不高,可采用喷油压力较低的轴针式喷油器。通道的强烈的节流作用,使气体的能量损失较多,但是能使主燃烧室的压力升高得到缓和,使发动机工作柔和。同样,平均过量空气系数也可降低,有助于柴油机轻量化。

上述两种分隔式燃烧室,由于有主副两个燃烧室,散热面积较大,热损失较多,柴油机冷起动困难。故,一般用较高压缩比(大多压缩比 ε 为 20 以上)来改善冷起动性;在要求较高时(如轿车柴油机),一般都要安装电预热塞,来保证顺利起动。有关预热塞结构及工作原理,将在第九章第四节中进行介绍。

第四节　影响柴油机燃烧过程的运转因素

一、燃油

车用柴油机使用的燃油为轻柴油,按其凝点的高低分为 5、0、-10、-20、-35 和 -50 六种牌号,其规格见表 4-1。

车用柴油（Ⅴ）技术要求（GB 19147—2013）　　　表4-1

项 目		质量指标					
		5号	0号	-10号	-20号	-35号	-50号
氧化安定性（以总不溶物计）（mg/100mL）	不大于	2.5					
硫含量（mg/kg）	不大于	10					
酸度（以KOH计）（mg/100mL）	不大于	7					
10%蒸余物残炭（质量分数）（%）	不大于	0.3					
灰分（质量分数）（%）	不大于	0.01					
铜片腐蚀（50℃,3h）（级）	不大于	1					
水分（体积分数）（%）	不大于	痕迹					
机械杂质		无					
润滑性、校正磨痕直径（60℃）（μm）	不大于	460					
多环芳烃含量（质量分数）（%）	不大于	11					
运动黏度（20℃）（mm²/s）		3.0～8.0		2.5～8.0		1.8～7.0	
凝点（℃）	不高于	5	0	-10	-20	-35	-50
冷滤点（℃）	不高于	8	4	-5	-14	-29	-44
闪点（闭口）（℃）	不低于	55		50		45	
十六烷值	不小于	51			49	47	
十六烷指数	不小于	46			46	43	
馏程：							
50%回收温度（℃）	不高于	300					
90%回收温度（℃）	不高于	355					
95%回收温度（℃）	不高于	365					
密度（20℃）（kg/m³）		810～850			790～840		
脂肪酸甲酯（体积分数）（%）	不大于	1.0					

1. 凝点

凝点是指柴油失去流动性开始凝固时的温度。汽车轻柴油的牌号就是按凝点分为各种牌号。选用柴油时，应按最低环境温度高出凝点5℃以上，即-20号柴油适用于最低环境温度为-15℃的场合。

2. 馏程

馏程是表征柴油蒸发性能的一个指标。以某一馏出容积百分数下的温度表示。50%馏程表征了柴油的平均蒸发性能，该温度越低，说明柴油蒸发性越好。

3. 运动黏度

表征柴油稀稠的一项指标。运动黏度过大，柴油喷雾困难，雾化质量变差，影响燃烧过程；而运动黏度过小，喷油泵及喷油器中的精密偶件润滑不良，容易磨损。

4. 机械杂质和水分

机械杂质会引起喷油嘴的喷孔堵塞,加剧喷油泵、喷油嘴精密偶件磨损;而水分会使燃烧恶化,都应严格控制。尤其是柴油的运输和添加等环节,注意防止外界灰尘、杂质及水分混入,应进行沉淀和严格过滤。

5. 十六烷值($C_{16}H_{34}$)

柴油的十六烷值是衡量燃油自燃性的指标,对燃烧过程也有一定影响。图 4-9 表示喷油时刻相同,使用不同十六烷值的燃料对燃烧过程的影响。在其他条件相同的情况下,十六烷值高的燃料,燃油自燃性相对较好,着火延迟期短,着火后压力上升平缓,最大爆发压力低,从而使燃烧噪声和 NO_x 的排放量也都降低。当十六烷值继续增大,会带来燃料分子量加大,使油的蒸发性变差及黏度增加,导致排气冒烟加剧及燃油经济性下降。为使柴油机工作柔和,燃料的十六烷值应在 40～50 之间,不必要过分增大。

除此之外,对柴油的化学安定性、防腐性等也都有要求。

一般直喷式燃烧室比分隔式燃烧室对燃油的性质更为敏感。

二、转速

发动机转速变化时,充气效率和涡流运动、发动机热状态、喷油压力、燃料的喷雾品质以及在供油齿杆位置不变时的每循环供油量等都会改变,这些都影响燃烧过程。在不同发动机中,它们的影响也是不同的。转速升高时,由于散热损失和活塞环的漏气损失减小,使压缩终点的温度和压力增高;转速升高也会使喷油压力提高,改善燃油的雾化,这些都使得以秒为单位的着火延迟期缩短,而以曲轴转角为单位的着火延迟期则有可能缩短,也可能延长,图 4-10 给出了转速对着火延迟期影响的实例。当转速增加时,为了保证燃烧在上止点附近迅速完成,应适当加大供油提前角,现代车用柴油机的供油提前角调节装置,就是实现这一功能的。

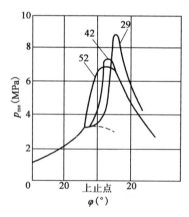

图 4-9 十六烷值对燃烧过程的影响

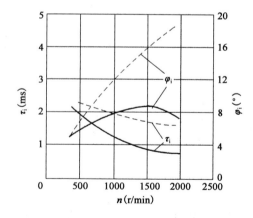

图 4-10 转速对着火延迟期的影响
虚线-直喷式燃烧室;实线-涡流式燃烧室

一般来说,转速过低或过高时,都会使燃烧效率降低。转速过低时,空气运动减弱,喷油压力下降,使混合气质量变差;转速过高时,燃烧过程所占的曲轴转角加大,充气效率下降也会给燃烧效率带来不利的影响。

三、负荷

柴油机的负荷调节方法是"质调节",即空气量基本上不随负荷变化,而只调节循环供油量。柴油机若转速保持不变而负荷增加,循环供油量也增大,过量空气系数减小,单位容积内混合气燃烧放出的热量增加,引起缸内温度上升,有利于混合气的形成,使着火延迟期缩短,柴油机的工作柔和。负荷对着火延迟期的影响如图4-11所示。当负荷增加时,由于循环供油量增大以及燃烧过程变长,也需要适当加大供油提前角。对于最佳供油提前角随负荷的变化调节,则较难实现。只有在柴油机电控喷射系统中,才能真正实现最佳供油提前角随各种工况变化的准确调节。

在中、小负荷工况下,燃烧效率的变化一般不大,但随着循环供油量的加大,过量空气系数变小,导致补燃增加,燃烧过程延长,热效率降低,经济性下降。特别是负荷过大时,因空气不足,引起燃烧恶化,排气冒黑烟,经济性更差。

四、供油提前角

供油提前角(或喷油提前角)对柴油机性能有很大影响。供油提前角过大,柴油在汽缸压力和温度较低的状态下进入汽缸,使着火延迟期延长(图4-12),同时在着火燃烧后,活塞仍在上行,使速燃期的压力升高率和最大爆发压力都较高,增加了压缩负功,工作较粗暴,NO_x的排放量也会由于燃烧温度的升高而增加,柴油机的经济性和动力性降低,起动困难,起动时冒黑烟,怠速不稳定。供油提前角过小,则会使燃油不能在上止点附近及时燃烧,补燃量增加,也对柴油机的经济性和动力性不利,微粒的排放量增加,燃气温度升高,散热损失增加。

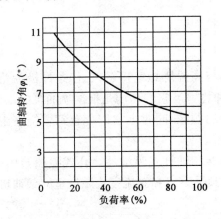

图4-11 负荷对着火延迟期的影响

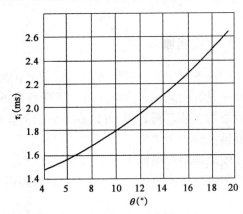

图4-12 供油提前角对着火延迟期的影响

对于每一种工况,柴油机均有一个最佳的供油提前角,此时在负荷不变的前提下,有效燃油消耗率最低。图4-13所示为不同喷油提前角的示功图。

五、废气再循环(EGR)

废气再循环(EGR)是指将一部分已燃的废气再次引入燃烧室内参加燃烧,从而降低燃烧过程中的工质温度,有效地控制NO_x的生成量,降低NO_x排放。废气再循环可以由简单的机

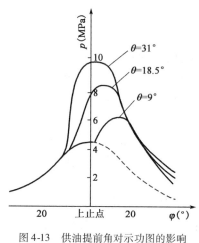

图 4-13 供油提前角对示功图的影响
（$n=1700r/min$）

构来进行控制,也可以与电控系统相结合,实现更精确、更理想的控制。但由于它实际上降低了过量空气系数,会对完善、及时的燃烧产生不利的影响,从而也会使炭烟的排放量增多,柴油机经济性变差,特别是在高速、高负荷的工况下更是如此。因此,仅在低速、低负荷的一定范围内,才在进气中掺入一定量的废气。

六、压缩比和增压度

柴油机为了保证燃料可靠地着火燃烧,要求具有足够高的压缩比。压缩比提高,使压缩终点工质的温度和压力增大,因而改善了燃料液滴与空气间的传热,促使喷入的燃料加速雾化与蒸发,缩短了着火延迟期,使速燃期压力升高率降低,柴油机工作柔和,还能改善冷起动性能。但压缩比也不能过高,否则使曲柄连杆机构负荷过高,影响发动机寿命。

柴油机采用增压后,进入汽缸的空气密度增大,进气压力和进气温度升高,压缩终点工质的温度和压力均随之提高,使着火延迟期缩短,有利于降低燃烧噪声和机械负荷,柴油机工作柔和。

提高压缩比和增压压力后,降低了发动机对燃料的敏感性,适合用多种燃料工作。

第五节　柴油供给装置

一、柴油喷油器

喷油器直接安装在柴油机汽缸盖上,喷油嘴头部与高温燃烧室接触,工作条件极为苛刻,因此它是影响柴油机设计指标和使用性能的关键部件之一。它的功用是根据喷油泵的出口压力对喷射燃油进行计量,并以高压将柴油雾化成较细的颗粒,同时把它们分布到燃烧室中,剩余燃油流回到柴油箱中。

喷油器根据喷油嘴机构的不同可分为:孔式喷油器和轴针式喷油器。孔式喷油器用在直喷式燃烧室柴油机中,而轴针式喷油器则用在分隔的预燃室式和涡流室式燃烧室的柴油机中。

（一）孔式喷油器

孔式喷油器的结构如图 4-14 所示,它主要由针阀、针阀体、顶杆、调压弹簧、调压螺钉、喷油器体组成。

孔式喷油器的针阀和针阀体是用优质轴承钢制成的一对不能互换的高精密偶件,如图 4-15 所示。

在图 4-15 中,针阀上部圆柱面与针阀体相应的内圆柱面为高精度的滑动配合,配合间隙为 0.001~0.0025mm。此间隙过大,则会泄漏较多的柴油而使油压下降,喷油滞后,影响喷雾质量,减少供油量;间隙过小,则针阀不能自由滑动。针阀中部的环形承压锥面 4 位于针阀体的环形油腔中,其作用是承受由油压产生的轴向推力,使针阀上升。针阀底部的圆锥面5磨成与阀座锥角略有不同的一个夹角,这样就形成了线接触阀座,这种锥面的配合不仅用于打开或切断高压油与燃烧室的通路,而且防止了漏油。针阀上部有凸肩,当针阀关闭时凸肩与喷油器下端面的距离 h 为针阀最大升程,其大小决定了喷油量的多少,针阀顶部通过顶杆8承受调压弹簧7的预压力(图4-14),针阀处于关闭状态。针阀体与喷油器体的接合处一般有1~2个定位销10防止转动,以免影响正常供油。

喷油器在工作中,由喷油泵输来的高压柴油,经过油管接头进入喷油器,再经喷油器体上的进油道8进入针阀体中部的环形高压油腔3(图4-15)。油压作用在针阀的承压锥面4上对针阀形成一个向上的轴向推力,当此推力一旦大于调压弹簧的预紧压力及针阀偶件之间的摩擦力(此力很小),针阀立即上移,针阀下端密封锥面5离开针阀体锥形环带,打开喷孔,于是柴油即以高压喷入燃烧室中。喷油泵停止供油时,高压油道内压力迅速下降,针阀在调压弹簧作用下及时回位,将喷孔关闭。

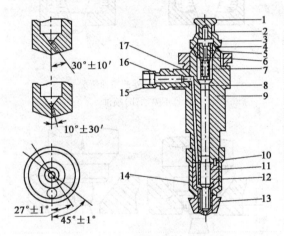

图4-14 双孔式喷油器结构示意图

1-回油管螺栓;2-回油管衬垫;3-调压螺钉护帽;4、6-调压螺钉垫圈;5-调压螺钉;7-调压弹簧;8-顶杆;9-喷油器体;10-定位销;11-针阀;12-针阀体;13-喷油器锥体;14-紧固螺套;15-进油管接头;16-滤芯;17-进油管接头衬垫

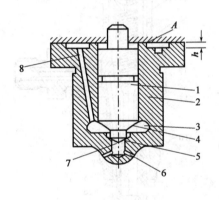

图4-15 喷油器喷嘴结构

1-针阀;2-针阀体;3-高压油腔;4-承压锥面;5-密封锥面;6-喷孔;7-压力室;8-进油道;A-限位面;h-针阀升程

可见,针阀的开启压力即喷油压力的大小取决于调压弹簧的预紧力。预紧力大,喷油压力大。调压弹簧预紧力大小可通过调压螺钉5(图4-14),在调整后用调压锁紧螺母将它锁紧固定。有的喷油器调压弹簧的预紧力由调压垫片调整。

在喷油器工作期间,会有少量的柴油从针阀与针阀体之间的间隙缓慢漏出。这部分柴油对针阀起润滑作用,并沿顶杆周围空隙上升,通过调压螺钉或调压垫片中间的油孔进入回油管,然后流向柴油箱。

柴油机喷油器通常用压板及螺栓固装在汽缸盖上的座孔中,并用铜的喷油器锥体13(图4-14)防止漏气。

(二)轴针式喷油器

轴针式喷油器的结构如图4-16所示,工作原理与孔式的相同,只是在结构上有所不同。

轴针伸出喷孔外,使喷孔成为圆环状的狭缝(轴针与孔的径向间隙为 0.05mm)。这样,喷油时油束将呈空心的锥状或柱状通过,断面与喷注锥角的大小取决于轴针的升程和形状(图 4-17),因此要求轴针的形状加工得很精确。

为了使柴油机工作柔和,改善后期燃烧条件,喷油器最好在每一循环的供油过程中,开始喷油少,中间时刻喷油多,后期喷油少。轴针式喷油器有两个可变的节流断面通过密封锥面及轴针处的节流断面作用,可较好地满足该种喷油特性要求。如图 4-18 所示,喷孔的截面积随针阀的升程增大,其通过断面是先小后大又变小,因而喷油量前、后期少,而中期多,因此喷油特性好。

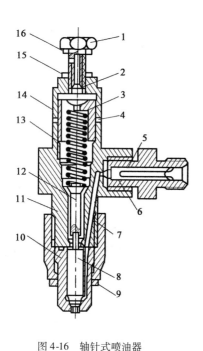

图 4-16 轴针式喷油器

1-回油管接头螺栓;2-调压螺钉护帽;3-调压螺钉;4、9、13、15、16-垫圈;5-滤芯;6-进油管接头;7-紧固螺套;8-针阀;10-针阀体;11-喷油器体;12-顶杆;14-调压弹簧

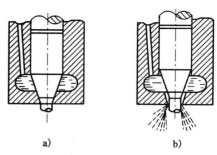

图 4-17 喷油器的喷油情况
a)不喷油;b)喷油

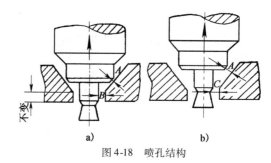

图 4-18 喷孔结构
a)升程较小时;b)升程较大时
A-密封锥面处节流断面;B-喷油初期的节流断面;C-喷油中期的节流断面

轴针式喷油器喷孔直径较大,一般为 1～3mm,易于加工。喷油压力为 10～15MPa,适用于对喷雾质量要求不高的涡流室式燃烧室和预燃室式燃烧室。而且轴针式喷油器在工作时,轴针在喷孔内上下往复运动,喷孔不易结炭,可自行清除积炭,因此有自洁功能。

二、喷油泵

(一)喷油泵功用及分类

喷油泵的功能是定时、定量地向喷油器输送高压燃油。多缸柴油机的喷油泵还应保证各缸的供油次序符合所要求的发动机点火顺序;各缸供油量均匀,不均匀度在标定的工况下不大于 4%;各缸的供油提前角一致,相差不大于 0.5°曲轴转角。为避免喷油器的滴油现象,减少补燃气燃油量,提高动力性、经济性,喷油泵必须保证供油停止迅速。

喷油泵的结构形式很多,车用柴油机喷油泵按其作用原理不同可分为以下三类:

(1)直列式(柱塞式)喷油泵——其使用性能良好,使用可靠,结构简单紧凑,便于维修和供油调节,目前为大多数汽车柴油机所采用。

(2)喷油泵-喷油器——其特点是将喷油器与喷油泵合成一体,直接安装在缸盖上,以消除高压油管带来的不利影响,但要求在发动机上另加驱动机构。

(3)转子分配式喷油泵——依靠转子的转动实现燃油的增压及分配。它具有体积小、质量轻、成本低和使用方便等优点,尤其是体积小,对发动机和汽车的整体布置是十分有利的,但其最大的供油量和供油压力均比柱塞式喷油泵小,比较适合用在中小型功率的多缸柴油机上。

本章仅对直列式(柱塞式)喷油泵进行介绍。

(二)柱塞式喷油泵的结构及原理

1. 柱塞式喷油泵的结构

如图 4-19 所示,柱塞式喷油泵由分泵、油量调解机构、驱动机构、泵体四部分组成。下面对各部分的结构进行分析。

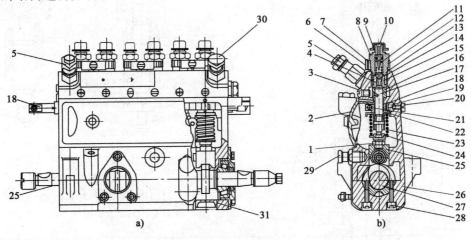

图 4-19 柱塞式喷油泵

1-调整螺钉;2-检查窗盖;3-挡油螺钉;4-出油阀;5-限压阀部件;6-槽形螺钉;7-前夹板;8-出油阀压紧座;9-减容器;10-护帽;11-出油阀弹簧;12-后夹板;13-O 形密封圈;14-垫圈;15-出油阀座;16-柱塞套;17-柱塞;18-可调齿圈;19-调节齿杆;20-齿杆限位螺钉;21-控制套筒;22-弹簧上支座;23-柱塞弹簧;24-弹簧下支座;25-滚轮架部件;26-泵体;27-凸轮轴;28-紧固螺钉;29-润滑油进油空心螺栓;30-柴油进油空心螺栓;31-堵盖

2. 分泵

如图 4-20 所示,分泵包括柱塞 14、柱塞套筒 13、复位弹簧 15、弹簧座 16、出油阀 4、出油阀座 1、出油阀弹簧 5、减容器 7、出油阀压紧螺母 6 等零件。

分泵是带有一副柱塞偶件(图 4-21)的泵油机构,整个喷油泵中具有数目与发动机缸数相等、结构和尺寸完全相同的若干个分泵。柱塞 4 上部的圆柱表面铣有与轴线成 45°夹角的直线斜槽,斜槽底部与柱塞顶面有孔道相连,柱塞套筒 5 装入喷油泵体 9(图 4-20)的座孔中,柱塞套上的进油孔与泵体内的低压油腔相连,为防止柱塞套转动,用销钉固定。

3. 出油阀

出油阀常制成如图4-22所示的结构。出油阀2的圆锥面是密封表面，阀的尾部同阀座内孔滑动配合，为出油阀的运动导向。为了留出油流通路，阀尾具有切槽4，而形成十字形断面。出油阀中部的圆柱面3称为减压环带，其作用是在喷油泵供油停止后迅速降低高压油管中的燃油压力，使喷油器立即停止喷油。当柱塞上升到封闭进油孔时，泵腔油压升高，克服出油阀弹簧的预紧力后，出油阀开始上升，阀的密封面离开阀座。这时还不能立即供油，一直要等到减压环带3完全离开阀座的导向孔时，即出油阀要上升一段距离 h 后，才有燃油进入高压油管，使管路油压升高。同样，在出油阀落下时，减压环带一经进入导向孔，泵腔出口便被切断，于是燃油停止进入高压油管。再继续下降直到密封锥面贴合时，由于出油阀本身所让出的容积，使高压管路的压力迅速降低，喷油就可以立即停止。如果没有减压环带，则在出油阀与阀座的锥面贴合后，高压油管中瞬时间仍存在着很高的剩余压力，使喷油器发生滴漏现象。

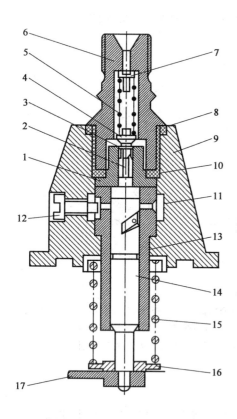

图4-20 分泵的组成示意图

1-出油阀座；2-切槽；3-减压环带；4-出油阀；5-出油阀弹簧；6-出油阀压紧螺母；7-减容器；8-低压密封垫圈；9-上壳体（泵体）；10-高压密封垫圈；11-低压进油室；12-柱塞套筒定位螺钉；13-柱塞套筒；14-柱塞；15-柱塞复位弹簧；16-弹簧座；17-调节臂

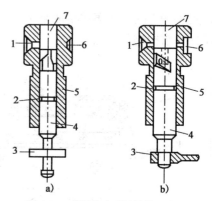

图4-21 常用柱塞副的结构示意图
a）螺旋槽式；b）斜槽式
1-进油孔；2-存油槽；3-十字凸块或调节臂；
4-柱塞；5-柱塞套筒；6-定位孔；7-泵油室

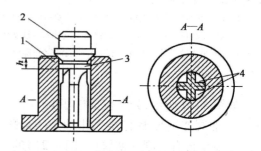

图4-22 出油阀
1-出油阀座；2-出油阀；3-减压环带；4-切槽；h-针阀升程

4. 油量调解机构

油量调解机构的作用是执行驾驶人或调速器的指令,转动柱塞改变分泵的供油量,以适应柴油机负荷和转速的需要。同时还可以通过它来调整各缸供油的均匀性。油量调解机构有拨叉式和齿杆式两种。

如图4-23所示,拨叉式油量调节机构由调节臂3、调节叉(拨叉)2、供油拉杆1组成。调节臂3的端头插在拨叉的凹槽内,使用螺钉将拨叉固定在供油拉杆上,供油拉杆两端支承在壳体的衬套4中,并定位导向防上转动。供油拉杆的轴向位置由驾驶人或调速器来控制,它轴向移动时拨叉带动调节臂相对于柱塞套筒转动,从而调节供油量。要求各分泵柱塞的旋转角度相同,以保证各缸供油时均匀性。当各缸供油量不等时,可松开固定螺钉改变拨叉在供油拉杆上的位置予以调整。

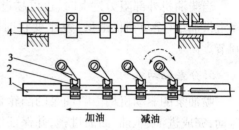

图4-23 拨叉式油量调节机构
1-供油拉杆;2-调节叉;3-调节臂;4-衬套

如图4-24所示,齿杆式油量调节机构由齿杆4、可调齿扇3和控制套筒2等组成。由于多了控制套筒,各分泵的中心距较大,因而泵体尺寸较大。柱塞下端的十字凸块套装在控制套筒的切槽中,控制套筒松套在柱塞套上。控制套筒的上部套有齿扇,并用螺栓紧固,齿扇与齿杆相啮合。齿杆的轴向位置由驾驶人或调速器控制,并用导向定位槽防止齿杆的转动。当齿杆移动时,齿扇通过控制套筒带动柱塞相对于柱塞套转动,便可调节供油量。

各缸供油均匀性的调整是通过改变齿扇与控制套筒圆周方向的相对位置来实现的。由于齿杆式油量调节机构零件较多,为了保证各分泵柱塞和齿杆位置一致,各分泵柱塞的控制套筒、齿扇、齿杆、柱塞都有装配位置记号,如图4-25所示。

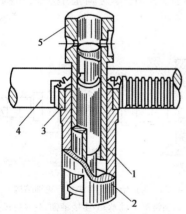

图4-24 齿杆式油量调节机构
1-柱塞;2-控制套筒;3-可调齿扇;4-齿杆;5-柱塞套筒

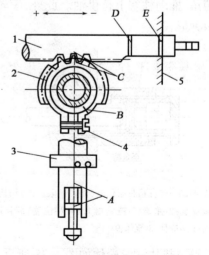

图4-25 油量调节机构的装配标记
1-齿杆;2-齿扇;3-控制套筒;4-固定螺钉;5-壳体;D-停喷线;E-最大油量线;A、B、C-装配记号

弹性齿杆限位器如图 4-26 所示。其安装位置多在喷油泵齿杆前端的泵体上，或在调速器的盖上。它是由限位塞 4 和弹簧 2 等零件组成。其作用是限制供油拉杆在一定范围内移动，仅限于在急速和全负荷工况范围内移动，而熄火和起动加浓装置必须有专门的限位措施，当齿杆移动到全负荷位置时，弹簧通过限位塞给齿杆两个阻力，以防齿杆越过全负荷油量位置，使供油量增加过多而冒黑烟。当柴油机起动时，驾驶人必须将加速踏板踩到底再踩下一定距离，使齿杆将弹簧 2 压缩，到达起动加浓位置。

当柴油机外部阻力过大时，也可越过全负荷位置使供油量加大，瞬时使转矩有所提高。当额定供油量（全负荷供油量）发生变化时，可通过调整套 1 的转动，改变对齿杆的限制位置来调节。

5. 分泵驱动机构

喷油泵的驱动机构由喷油泵的凸轮轴和滚轮体等传动件组成。它的作用是推动柱塞往复运动，完成进油、压油、回油过程，并保证供油正时。它与体外的驱动机构配合工作。

1）凸轮轴

凸轮轴的作用是传送推力使柱塞运动，产生高油压，同时还保证各分泵按柴油机的工作顺序和一定的规律供油。如图 4-27 所示，凸轮轴上的凸轮数目与缸数相同，排列顺序与柴油机的工作顺序相同。相邻工作两缸凸轮间的夹角称为供油间隔角，角度的大小同配气机构凸轮轴同名凸轮的排列，四缸柴油机为 90°，六缸柴油机为 60°。

四冲程柴油机喷油泵的凸轮轴转速和配气机构的凸轮轴转速一样，都等于曲轴转速的一半，也就是曲轴转两周凸轮轴转一周，各分泵都供油一次。由于曲轴与凸轮轴轴间距离较大，多加入中间传动齿轮，喷油泵凸轮轴的旋转方向即与曲轴相同。

2）滚轮体

滚轮体的功用是将凸轮的旋转运动变为滚轮体自身的直线往复运动，调整各分泵的供油起始角，推动柱塞上行供油。此外，滚轮体的高度多为可调式。它分为调整垫块式和调整螺钉式两种形式。

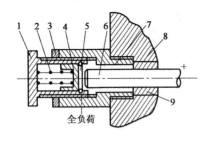

图 4-26 弹性齿杆限位器（防冒烟限位器）结构
1-调整套；2-弹簧；3-锁紧螺母；4-限位塞；5-卡环；
6-齿杆；7-壳体；8-泵体；9-衬套

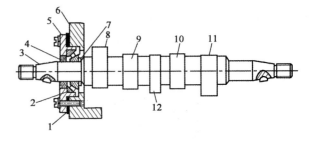

图 4-27 四缸柴油机喷油泵凸轮轴结构
1-密封调整垫；2-圆锥滚子轴承；3-连接锥面；4-油封；5-前端盖；
6-壳体；7-调整垫；8、9、10、11-凸轮；12-输油泵偏心轮

调整垫块式滚轮体如图 4-28 所示。带有滑动配合衬套 3 的滚轮 2 松套在滚轮轴 4 上，滚轮轴 4 也松套在滚轮架 5 的座孔中。因此，相对运动发生在三处，相对滑动的速度相应降低，减轻了磨损，且磨损均匀。

滚轮体在壳体导孔中只能往复运动,不能转动,调整垫块安装在滚轮架的座孔中,它的上端面到滚轮下沿的距离 h 称为滚轮体的工作高度。调整垫块用耐磨材料制成,磨损后可翻转使用。在使用过程中由于滚轮、凸轮、柱塞下端和垫块间的磨损,供油提前角即发生变化。为此,制有不同厚度的垫块,厚度差为 0.1mm,相应凸轮轴转角为 0.5°,此时曲轴转角为 1°。

调整螺钉式滚轮体如图 4-29 所示。它的特点是在滚轮架 3 上端装有工作高度可调节的调整螺钉 5。拧出螺钉,h 增大,供油提前角即增大;拧入螺钉,h 减小,供油提前角即减小。

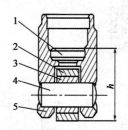

图 4-28 调整垫块式滚轮体结构
1-垫块;2-滚轮;3-衬套;4-滚轮轴;5-滚轮架

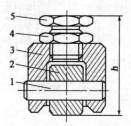

图 4-29 调整螺钉式滚轮体结构
1-滚轮轴;2-滚轮;3-滚轮架;4-锁紧螺母;5-调整螺钉

6. 泵体

泵体是喷油泵的基础件,所有的零件通过它组合在一起构成喷油泵整体。泵体分组合式和整体式两种,多用铝合金铸成。组合式泵体分上体和下体两部分,用螺栓连接在一起。上体安装分泵,下体安装驱动件和油量调节件。整体式泵体可使刚度加大,在较高的喷油压力下工作而不致变形。但分泵和驱动件等零件的拆装较麻烦。

7. 喷油泵的工作原理

喷油泵的工作原理如图 4-30 所示。柱塞 1 的圆柱表面上铣有直线形的斜槽 3,槽内腔和柱塞上面的泵腔用孔道连通。柱塞套 2 上有油孔 4 与喷油泵体上的低压油腔相通。柱塞与柱塞套精密配合,称为柱塞偶件。柱塞偶件的上方装有出油阀偶件(由出油阀 6 及出油阀座 5 组成)和出油阀弹簧 7。柱塞由凸轮驱动,在柱塞套内作直线往复运动,此外它还可以绕本身轴线在一定角度范围内转动。

当柱塞下移到图 4-30a)所示的位置时,燃油自低压油腔经油孔 4 被吸入并充满泵腔。在柱塞自下止点上移的过程中,起初有一部分燃油被从泵腔流回低压油腔,直到柱塞上部的圆柱面将油孔 4 完全封闭时为止。此后,柱塞继续上升[图 4-30b)],柱塞上部的燃油压力迅速增加到足以克服出油阀弹簧 7 的作用力,出油阀 6 即开始上升。当出油阀上的圆柱形减压环带离开出油阀座 5 时,高压燃油便自泵腔通过高压油管流向喷油器。当柱塞再上移到图 4-30c)所示的位置时,斜槽 3 同油孔 4 开始接通,于是泵腔内的燃油便经柱塞中央的孔道、斜槽和油孔 4 流向低压油腔,这时泵腔中油压迅速下降,出油阀在弹簧压力作用下立即回位,喷油泵供油即停止。此后柱塞仍继续上行,直到上止点为止,但不再泵油。

由泵油过程可知,由驱动凸轮轮廓曲线的最大直径决定的柱塞行程 h(即柱塞的上、下止点间的距离)[图 4-30e)]是一定的,但并非在整个柱塞上移行程 h 内都供油。喷油泵只是在柱塞完全封闭油孔 4 之后到柱塞斜槽 3 和油孔 4 开始接通之前的这一部分柱塞行程 h_1 内才泵油，h_1 为柱塞有效行程。显然，喷油泵每次泵出的油量取决于有效行程的长短。因此，欲通过油孔4而改变供油量，只需改变有效行程，一般借改变柱塞斜槽与柱塞套油孔4的相对角位置来实现。将柱塞槽[图4-30e)]按箭头所示的方向转动一个角度，有效行程和供油量即增加，反之则减少。当柱塞转到图4-30d)的所示位置时，柱塞根本不可能完全封闭油孔4，因而有效行程为零，即喷油泵不喷油。

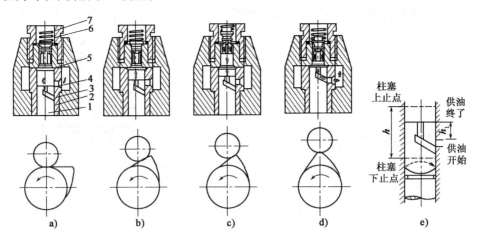

图4-30 柱塞式喷油泵泵油原理
1-柱塞；2-柱塞套；3-斜槽；4-油孔；5-出油阀座；6-出油阀；7-出油阀弹簧

三、调速器

（一）调速器的功用

柴油机被用作可移动车辆的动力，当柴油机的输出转矩与外界的阻力矩相当时，则柴油机就处于稳定工作状态。当外界阻力矩发生变化时，为了维持柴油机的稳定运转，操作人员应该及时调节油门以增加或减少供油量来适应外界阻力的变化。对于外界阻力的变化，操作人员有时容易判断，有时不易判断。例如，汽车在良好的道路上行驶时，驾驶人可以比较容易地根据路面状况的变化来控制油门，以保持稳定行驶；而在某些矿区、林区、大型建筑工地、野战阵地等特殊条件下工作的中型、重型汽车，其道路行驶条件差，驾驶人就很难把握道路的阻力变化来适时调节油门而维持柴油机稳定运转。

对于采用柱塞式喷油泵的柴油机，其外特性曲线中的转矩特性曲线比较平坦，当遇到外界阻力矩有较小的变化时，就会引起转速的较大变化，非常不利于柴油机的稳定工作。这是由于柱塞式喷油泵速度特性导致的结果。例如，当供油拉杆位置不动时，负荷降低转速增加，循环供油量却会随之增加，从而使转速进一步增加，极易导致柴油机的"超速"与"飞车"，使柴油机工作恶化；而当负荷增加导致转速降低时，柱塞泵的循环供油量却会随之减少，而使转速进一步降低，最后导致发动机熄火。

显然，要随着负荷的变化，由驾驶人随时地调节供油量是非常困难的。因此，在柴油机上一般都装有调速器，以便在负荷变化时，自动地改变供油拉杆的位置调节供油量，使柴油机转速基本保持稳定。

（二）调速器的种类及工作原理

1. 调速器的种类

根据调速器的工作原理，调速器的类型可分为机械式、液压式、气动式、机械气动复合式、机械液压复合式和电子式等多种形式。但目前应用最广的当属机械式调速器，其结构比较简单、工作可靠、性能良好。

机械式调速器根据其转速作用的范围可分为两种：

(1) 两速式调速器——它只能自动稳定和限制柴油机最低和最高转速，而在所有中间转速范围内调速器不起作用，此时的柴油机工作转速则是由驾驶人通过控制加速踏板直接操纵喷油泵油量调节机构来实现给定转速下的稳定运转。

(2) 全程式调速器——它不仅能保持低速稳定运转和限制最高转速，而且还能使柴油机在整个工作转速范围内的任何转速下稳定运转。

2. 机械式调速器的工作原理

调速器要实现其功能，必须有两个基本组成部分，一个是速度感应元件，另一个是调节供油拉杆的执行机构。机械式调速器采用的是具有一定质量的与调速弹簧相平衡的钢球（或飞块等）作为感应元件。当转速发生变化时，利用感应元件旋转时产生的离心力的变化来驱动执行机构以改变供油拉杆的位置，进而改变喷油泵供油量，使柴油机稳定地工作在所给定的转速。

（三）两速式调速器

1. 构造

两速式 RQ 调速器结构如图 4-31 所示。凸轮轴后端与套筒 1 固接，套筒上装有两个支承杆 11，两个飞块套在杆上，飞块通过双臂杠杆 24、滑动销 22、调速杠杆 15 与喷油泵齿杆相连接。

在飞块内装有 3 个调速弹簧，外弹簧为较软的怠速弹簧 13，它的一端支承在弹簧座上，另一端压在飞块内孔端面上，将飞块压向套筒。两个内弹簧较硬为高速弹簧 4，其内端支承在内弹簧座 3 上。3 个弹簧安装时都有预紧力，用螺母 10 进行调整，拧进螺母预紧力增大，额定转速升高，反之则低。由于外弹簧刚度较小，调整时须用调整垫片 2 来配合。内弹簧座 3 是自由地套在支承杆上，并利用杆的凸台来支承，因而它与飞块内端面有一定的间隙。在支承杆上旋有限位螺母 12，飞块的最大位移量受它的限制。

工作时飞块相对于套筒作径向移动，并通过双臂杠杆 24 推动滑动销 22 做轴向移动。滑动销的导孔在盖套 23 上，盖套与套筒固接。

调速杠杆的上下端与齿杆连接板 7 和滑动块 20 铰接，摆臂 17 的滑销 16 可在杠杆销孔中上下滑动，调速杠杆便可得到不同的杠杆比。调速杠杆又可绕 b 销摆动，使供油拉杆移动，改变供油量的多少。当滑动销 22 在离心力的作用下轴向移动时，又可使调速杠杆以 a 销为支点摆动，自动调节供油量。这样，a、b 两点互为支点，分别或同时操纵供油齿杆的位移量，其值为代数和。

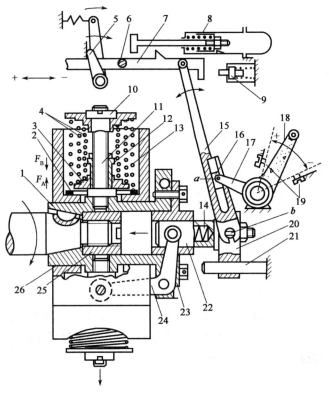

图 4-31 RQ 型两速式调速器结构

1-套筒;2-怠速弹簧调整垫片;3-内弹簧座;4-高速弹簧;5-熄火臂;6-熄火销;7-齿杆连接板;8-防冒烟限位器;9-怠速稳定器;10-调整螺母;11-支承杆;12-限位螺母;13-怠速弹簧;14-转矩平稳器;15-调速杠杆;16-滑销;17-摆臂;18-操纵臂;19-高低速限位螺钉;20-滑动块;21-导向销;22-滑动销;23-盖套;24-双臂杠杆;25-固定螺母;26-飞块

2. 工作情况

柴油机的工况有断油熄火、起动加浓、怠速、中等负荷、全负荷、超负荷等工况。

1)断油熄火位置

如图 4-31 所示,操纵臂 18 停靠在怠速限位螺钉上,滑销的 a 点即处于最高位置,供油齿杆处于怠速位置。此时,将熄火臂 5 向右扳动,即可将供油齿杆从怠速拉到停止供油的位置。飞块在调速弹簧的张力作用下全部收拢,停靠在套筒上,并通过双臂杠杆 24 将滑动块 20 推移到最右面的位置。

2)起动加浓工况位置

柴油机冷车起动时,由于转速低,汽缸内压缩终了温度低,喷雾质量也较差,起动比较困难。为了便于起动,要求起动供油量比全负荷额定供油量再增加 50% 左右。起动供油量的多少,决定于燃烧室的型式。分隔式燃烧室因散热面积大,起动供油量比直接喷射式燃烧室要多一些。

如图 4-32 所示,冷车起动时,应将加速踏板踩到底,操纵臂 18 压靠在高速限位螺钉 19 上,操纵臂上的滑销 a 即推动调速杠杆和供油齿杆向加油方向移动。当到达全负荷位置时,连接板 7 上的凸块即推动防冒烟限位杆 8 压缩限位器弹簧,直到弹簧座与限位器壳体相抵为止,供油齿杆即到达起动加浓位置。

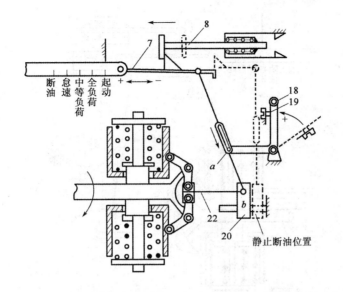

图 4-32 RQ 型调速器在起动位置
7-齿杆连接板;8-防冒烟限位器;18-操纵臂;19-高速限位螺钉;20-滑动块;22-滑动销

这时调速杠杆上端即暂时固定不动,以它为支点使下端通过滑动块 20 和滑动销 22 将双臂杠杆和飞块向外压开,并将急速弹簧压缩。飞块向外略有张开,并未达到与内弹簧座 3 相靠的程度。这一动作的目的是:起动时调速器稍有转动即产生离心力,向外的离心力将使供油齿杆减油,对起动不利。当飞块预先张开时,就能使供油齿杆在一定的转速范围内保持在起动供油位置,有利于起动。

柴油机着火后,由于供油量大大超过空转所需的油量,转速将迅速上升,欲达最高转速。这时,飞块在离心力的作用下,压缩急速弹簧靠在内弹簧座上,并通过双臂杠杆、滑动块、调速杠杆将供油齿杆拉回到全负荷位置,使供油量降为全负荷供油量。此时,柴油机即处于高速空转状态,应立即放松加速踏板,使操纵臂 18 移到急速位置,使柴油机急速运转。

3) 急速工况位置

如图 4-33 所示,操纵臂移到急速位置,与低速限位螺钉接触,滑销 a 处于最高位置。此时的杠杆比最小(接近 1),供油齿杆也随着向右移动到急速供油量位置,供油量最少,转速较低,飞块的离心力较小,张开的程度也较小,它与急速弹簧相平衡,使飞块在套筒和高速弹簧座之间的空隙中游动。

急速工况时,内部阻力和某些因素的影响,转速有升高和降低的可能。如转速降低,飞块收拢,供油齿杆向加油方向移动,直至飞块离心力与急速弹簧张力达到新的平衡。如转速升高,飞快张开,供油齿杆向减油方向移动,直至飞块的离心力与急速弹簧张力达到新的平衡。

RQ 型调速器的后盖上装有急速稳定器 9,它对供油齿杆起限位和缓冲作用。如操纵臂突然急速地回到急速位置时,供油齿杆向减油方向移动,有可能超过急速位置,急速稳定器便阻止供油齿杆继续后移,以防止断油熄火,使柴油机急速更稳定地工作,消除了游车和熄火弊端。

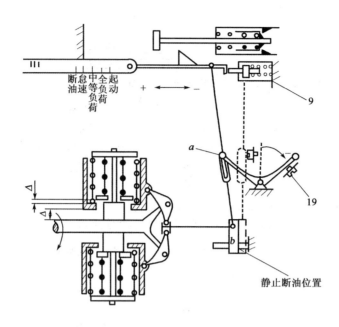

图 4-33 RQ 型调速器在怠速位置
9-怠速稳定器;19-低速限位螺钉;Δ-飞块与套筒和弹簧座之间的间隙

4)中等负荷工况位置

如图 4-34 所示,在该转速和负荷范围内,飞块离心力压缩怠速弹簧与高速弹簧座相接触,其离心力不能克服怠速和高速两组弹簧的张力,调速器不再起调速作用。这时,驾驶人就成为调速器,根据需要来进行人工调节。

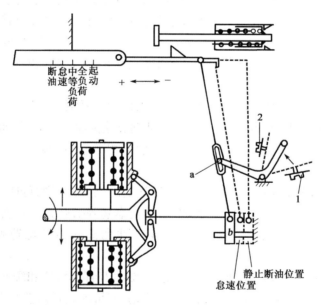

图 4-34 RQ 型调速器在中等负荷位置
1-低速限位螺钉;2-高速限位螺钉

人工调节是以滑动块的销 b 为支点,以操纵臂上的滑销 a 为力点,以不同的杠杆比改变调速杠杆和供油齿杆的位置,使供油量和转速发生变化。

5) 全负荷工况位置

如图 4-35 所示,将加速踏板踩到底,操纵臂就停止在高速限位螺钉上,滑销 a 处在调速杠杆的最低位置,杠杆比最大($i=3.23$),灵敏度也最高。此时的供油量为额定供油量,其对应的转速为额定转速。

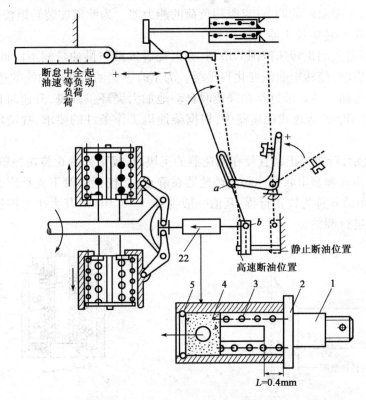

图 4-35　RQ 调速器在全负荷位置和高速断油位置及转矩平稳装置
1-滑动块连接销;2-凸缘;3-弹簧;4-推杆;5-卡环;22-滑动销

当柴油机负荷减小时,转速即超过额定转速,飞块的离心力克服了调速弹簧的张力向外张开,使供油齿杆减少供油量,以较小的位移量、获得较大的供油齿杆行程,防止了超速。若此时外部阻力减小为零,则供油齿杆就被拉到怠速位置,维持最小供油量下的最高空转转速。当空转转速超过额定转速 8% 时,供油齿杆就移到断油位置,从而防止了柴油机的飞车事故。

当柴油机的负荷在此时增大时,即所谓"超负荷"。转速即低于额定转速,调速器失去调节作用,可由转矩校正器来增大供油量。

RQ 型调速器在滑动销 22 内装有转矩平稳装置。它用来防止柴油机全负荷运转时供油齿杆的振荡,从而可消除在全负荷时转矩的波动。当操纵臂向全负荷位置移动时,供油齿杆首先与防冒烟限位器接触,转矩平稳器的弹簧 3 便被压缩 L 距离,最后与高速限位螺钉相接触。如果此时柴油机的转速升高,飞块离心力大于调速弹簧的张力而向外张开时,供油齿杆并不立即向减油方向移动,而是在弹簧 3 伸长 L 距离后,供油齿杆才开始移动减油。这样,便可保证供油齿杆频繁地振荡,从而消除全负荷时柴油机转矩的波动。

综上所述,两速式调速器的自动调节工作范围只是发生在转速的两极,在宽广的中间转速范围内只能依靠人工进行调节。自动调节是依靠飞块的位移,现以飞块的位移量与转速的关系来概括一下两极发生的情况(图4-36)。在怠速时,飞块在 $n_1 \sim n_2$ 之间游动,供油量有加、有减;n_3 为额定转速,n_4 为最大转速(断油转速)。超负荷时,转速即低于额定转速,但高于怠速转速,飞块无力收拢加油,此时调速器就失去了调节作用。所以说,两速式调速器对最大转速只能单向的限制,不能双向的调节,克服超负荷的能力差。为此需加装转矩校正器。

6)超负荷工况和转矩校正器

如前所述,随着柴油机转速范围的增高,会出现进气量与供油量间不协调的情况,就是喷油泵速度特性的影响,使转矩曲线变化很平缓。为了改善柴油机转矩曲线的适应能力,使其转矩大一些和变得弯曲一些。最好是在降速时自动地加大循环供油量,升速时自动地减少循环供油量。为此,在RQ型两速式调速器中,根据柴油机工作条件的要求,视情增设了转矩校正装置。

如图4-37所示,转矩校正装置装在调速器的飞块内,校正弹簧6装在钟罩形弹簧座3内,它相当于和两个高速弹簧串联在一起。调速器在静止时,校正弹簧下支承座5与钟形弹簧座3下端面之间的距离 a 称为校正行程,其值一般为 0.3~1.0mm,其大小可根据柴油机的要求用调整垫片4来进行调整。

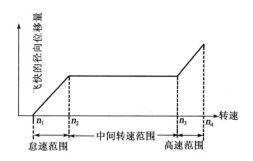

图4-36 飞块位移量与转速的关系

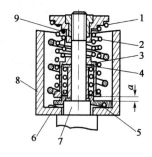

图4-37 转矩校正装置

1-怠速弹簧;2-高速弹簧;3-钟罩形弹簧座;4-调整垫片;5-校正弹簧下座;6-校正弹簧;7-飞块支承杆;8-飞块;9-高速弹簧;a-校正行程

转矩校正的作用原理如下:柴油机在全负荷额定转速下运转时,飞块的离心力很大,它已克服了怠速弹簧1和校正弹簧6的张力,向外移动到钟罩形弹簧座3与校正弹簧座5相接触的位置,而消除了校正行程 a,供油齿杆处在额定转速全负荷供油位置。此时,如果负荷减小转速再上升,高速弹簧将被压缩,调速器起单向的限制作用。如果负荷再增加(超负荷),则转速将下降,飞块的离心力变小。当降到最大转矩转速时,已被压缩的校正弹簧6就可以克服飞块的离心力而开始伸张。它通过下弹簧座5推动飞块向内收拢,从而使供油齿杆向增大供油的方向移动,柴油机的转矩便得到相应的增加。上述转矩增加的情况,可以随柴油机转速下降直到恢复最大校正行程 a 为止。与之相对应的供油齿杆将向起动加浓位置增加一段行程,使柴油机发出更大转矩。因此,提高了柴油机的适应能力,使调速器在全负荷工况下具备了双向调节的能力。

(四)全速式调速器

1. 构造

图 4-38 为全速式调速器的轴测图。其离心飞块内臂联动,保证了两飞块能同步运动,改善了灵敏度和低速稳定性。调速拉簧在工作中可以改变倾角使弹力变化,倒挂支承的调速杠杆通过支承杆和浮动杠杆连接调速拉簧、供油拉杆和离心元件。

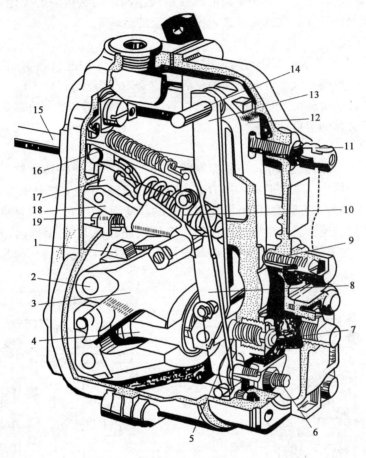

图 4-38 全速式调速器(RSV 型)

1-飞块支架;2-飞块销;3-飞块;4-调速套筒;5-校正弹簧;6-调速杠杆全负荷限位螺钉;7-转矩校正器顶杆;8-浮动杠杆;9-急速稳定弹簧;10-调速拉簧;11-熄火螺钉或怠速调整螺钉;12-调速杠杆;13-支持杆;14-轴销;15-供油拉杆;16-起动弹簧;17-拉簧挂耳;18-弹簧摇臂;19-调整螺钉

为了使其性能更加完善,又增设了下述结构:

(1)增设有一定预紧力的起动弹簧 16,它能自动把浮动杠杆 8 和供油拉杆向起动加浓位置拉动。

(2)由于调速弹簧的弹力可变,没有专门的怠速弹簧。但在调速杠杆的中部后方增设有怠速稳定弹簧 9,使怠速运转平稳。

(3)在调速杠杆的下端后方设有转矩校正加浓装置 5 和 7,以便在超负荷时使用。

(4)调速拉簧的摇臂 18 上有调整螺钉 19,它可以调整调速拉簧安装时预紧度的大小,以便保证调速拉簧长期使用过程中高速作用点的准确性。

（5）在调速杠杆的下端，增设有可调的全负荷供油量限位螺钉6，以限制调速杠杆的全负荷位置。在调速杠杆的上方后面壳体上拧有可调的长螺钉11，它的作用是限制弹簧摇臂18向低速摆动的位置，并可用来调整怠速的高低。

2. 工作情况

它的调速过程是：转速的选定和负荷的改变是利用调速拉簧拉力的变化来获得和离心件的不断平衡，从而保证柴油机在选定转速范围内稳定的运转。

1）起动加浓工况

如图4-39所示，将操纵臂扳到与高速限位螺钉相碰位置，调速拉簧10的拉力最大，调速杠杆12的下端与全负荷限位螺钉6相接触。起动拉簧16把浮动杠杆8的上端拉向前方，推动供油拉杆15越过全负荷位置达到起动供油位置。此时飞块被压收拢在最里位置，着火后飞块张开，供油拉杆又移到全负荷位置。

2）怠速工况

如图4-40所示，柴油机起动后，应将操纵臂扳到怠速位置，此时调速拉簧10近于垂直位置，拉力的水平分力最小。飞块的离心推力F_A通过调速套筒4使支持杆13向后方摆动，并带动浮动杠杆8以下端为支点顺时针摆动，克服较软的起动弹簧16的拉力，使供油拉杆15拉出到怠速位置。同时，调速套筒4也通过校正弹簧5使调速杠杆12向后摆动，其背部与怠速稳定弹簧9相接触。怠速的稳定平衡作用，由调速拉簧10、怠速稳定弹簧9和起动弹簧16三者共同保持。

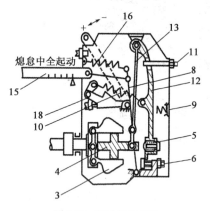

图4-39 起动加浓工况

3-飞块；4-调速套管；5-校正弹簧；6-调速杠杆全负荷限位螺钉；8-浮动杠杆；9-怠速稳定弹簧；10-调速拉簧；11-熄火螺钉或怠速调整螺钉；12-调速杠杆；13-支持杆；15-供油拉杆；16-起动弹簧；18-弹簧摇臂

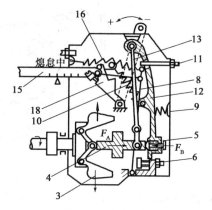

图4-40 怠速工况

3-飞块；4-调速套管；5-校正弹簧；6-调速杠杆全负荷限位螺钉；8-浮动杠杆；9-怠速稳定弹簧；10-调速拉簧；11-熄火螺钉或怠速调整螺钉；12-调速杠杆；13-支持杆；15-供油拉杆；16-起动弹簧；18-弹簧摇臂

如果转速升高，怠速稳定弹簧9受到更大的压缩，使浮动杠杆8向减小供油量方向摆动，以限制转速的上升。反之，如转速降低，怠速稳定弹簧9推动调速杠杆12向前摆动，使供油量增加。

3）中等负荷和全负荷工况

如图4-41所示，当操纵臂由怠速位置向高速位置转动时，对应每一个位置，就有一个调速器控制的转速范围。随着操纵臂的转动,弹簧摇臂18作逆时针摆动,调速拉簧10的拉力加大,控制的转速也增高。

当操纵臂碰到高速限位螺钉时,柴油机到达全负荷位置,对应的转速是额定转速。此时飞块的离心推力F_A也很大,并和拉簧10的作用力F_B相平衡。由于调速杠杆12下端被拉紧向前移动,平衡在与全负荷限位螺钉6刚刚接触的位置上,浮动杠杆8使供油拉杆15移到全负荷供油位置。此时的校正弹簧5处于被压紧状态。

当负荷减小时,转速升高,离心推力F_A增大,推动调速杠杆12向后摆动,同时通过浮动杠杆8的顺时针摆动,将供油量减小,直至减小到最小供油量。

4) 超负荷工况和转矩校正

如图4-41所示,柴油机在额定工况下工作时,如果负荷再增大(超负荷),转速便开始下降,飞块的离心推力F_A也将减小。当转速下降到一定值时(较额定转速最多低30r/min),校正弹簧5开始伸长,并通过调速套筒4的前移,使浮动杠杆8和供油拉杆15向增大供油量的方向移动,使柴油机克服暂时的超负荷。转速下降越多,校正顶杆伸出越长,供油量增加越多。当校正顶杆尾部与壳体接触

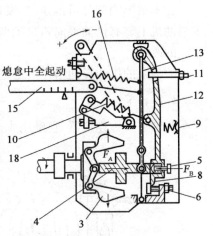

图4-41 中等负荷和全负荷工况
3-飞块;4-调速套管;5-校正弹簧;6-调速杠杆全负荷限位螺钉;8-浮动杠杆;9-怠速稳定弹簧;10-调速拉簧;11-熄火螺钉或怠速调整螺钉;12-调速杠杆;13-支持杆;15-供油拉杆;16-起动弹簧;18-弹簧摇臂

时,校正弹簧就不再伸长,校正顶杆前移的距离就是校正行程,它的大小可根据需要进行调整。校正弹簧开始起作用时的转速取决于校正弹簧的预紧力,它的大小可用垫片来调整。

5) 熄火位置

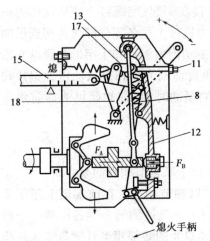

图4-42 熄火位置
8-浮动杠杆;11-熄火螺钉或怠速调速螺钉;12-调速杠杆;13-支持杆;15-供油拉杆;17-拉簧挂耳;18-弹簧摇臂

调速器熄火方法有两种形式。一种是直接用操纵臂熄火,在调速器上不设专门的熄火装置,如图4-42所示。当操纵臂向后转到熄火位置时,拉簧摇臂18上的挂耳17即推压支持杆13向后摆动,浮动杠杆8随之作顺时针转动,将供油拉杆15拉到熄火位置,并利用螺钉11限位。另一种熄火方法是在调速器上装有专门的熄火手柄,使浮动杠杆顺时针转动,将供油拉杆拉到熄火位置。这时,操纵臂应处于怠速位置,调速螺钉11即可用来调整怠速的高低。

四、供油提前角调节装置

同汽油机点火提前角一样,供油提前角的大小对柴油机工作过程也有很大影响。若供油提前角过大,喷油时汽缸内空气温度较低,混合气形成条件差,着火延迟期长,导致发动机工作粗暴;若供油提前角过小,大部分柴油是在上止点以后,活塞处于下行状态时燃烧的,使最高工作压

力降低,热效率也显著下降,导致发动机功率降低,排气冒烟。因此为保证发动机具有良好的使用性能,必须选择最佳的喷油提前角。

在本章第四节分析得知,当发动机转速升高时,最佳供油提前角应随之加大。为此,在许多柴油机上装有供油提前角自动调节器,以保证喷油提前角自动地随发动机转速变化而发生相应的改变。

喷油泵的供油提前角可以通过改变发动机曲轴和喷油泵凸轮轴之间的相位角来实现。

1. 联轴节

联轴节又称连接器,它是用来连接喷油泵凸轮轴与其驱动轴的,如图 4-43 所示。

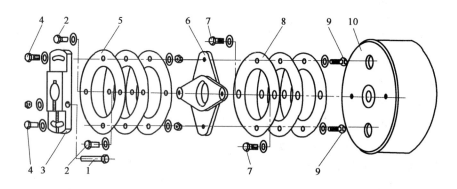

图 4-43　喷油泵的联轴节

1-锁紧螺栓;2、4、7、9-螺钉;3-主动凸缘盘;5-主动传力钢片;6-十字形中间凸缘盘;8-从动传力钢片;10-供油提前角自动调节器

图 4-43 中,主动凸缘盘 3 借锁紧螺栓 1 固定在驱动轴上;螺钉 2、4 和 9 把主动凸缘盘 3、主动传力钢片 5、十字形中间凸缘盘 6 及从动传力钢片 8 连接在一起;用螺钉 7 使从动传力钢片与供油提前角自动调节器 10 相连接。如此,驱动轴的动力通过上述各零件即可传递到供油提前角自动调节器上。旋松螺钉 4 可使主动凸缘盘 3 相对主动传力钢片和十字形凸缘盘 6 沿弧线形孔转过一个角度。同样,旋松螺钉 7 可使供油提前角自动调节器相对从动传力钢片和十字形凸缘盘沿弧线形孔转过一个角度,从而改变了各缸的喷油时刻(即初始供油提前角)。两处的手动调节可使零件结构紧凑、调整灵活方便。

2. 供油提前角自动调节器

图 4-44 所示为机械离心式供油提前角自动调节器。它位于联轴节和喷油泵之间。

图 4-44 中,驱动盘 9 的前端面上有两个螺孔 C,用以与联轴节相连。在前端面上还压装着两个销钉 3,两个飞块 4 的一端各有一圆孔,即套在此销钉上。飞块的另一端各压装一个销钉 7,每个销钉上各松套着一个滚轮 5 和内座圈 6。筒状从动盘 8 的毂部用半月键与喷油泵凸轮轴相连接。从动盘两臂的弧形侧面 E 与滚轮 5 接触,其平侧面 F 则压在两个弹簧 1 上。弹簧 1 的另一端支于松套在销钉 3 上面的弹簧座 2 上。从动盘 8 是由筒状盘和从动盘毂焊接在一起而组成的。其外圆面与驱动盘 9 的内圆面配合,以保证两者的同心度。整个调节器为一密闭体,内腔充有机油以供润滑。

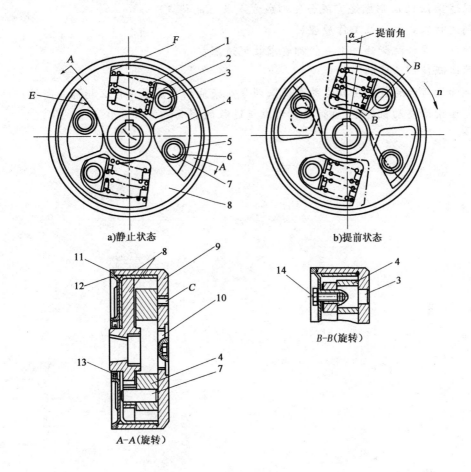

图 4-44 供油提前角自动调节器工作原理

1-弹簧;2-弹簧座;3-主动盘销钉;4-飞块;5-滚轮;6-滚轮内座圈;7-飞块销钉;8-筒状从动盘;9-驱动盘;10-螺塞;11-壳体密封圈;12-调节器盖;13-油封弹簧;14-螺钉;C-螺孔

发动机工作时,驱动盘9连同飞块4受发动机曲轴的驱动而沿图中箭头方向旋转,两个飞块的活动端向外甩开,滚轮5则迫使从动盘8沿箭头所示方向相对驱动盘9超前转过一个角度α,直到弹簧1的压缩弹力与飞块离心力相平衡时为止,于是驱动盘9与从动盘8同步旋转,如图4-44b)所示。当转速升高时,飞块活动端便进一步向外甩出,飞块上的滚轮5推动从动盘8相对驱动盘9沿箭头所示方向再超前转动一个角度,直到弹簧1的压缩弹力足以平衡新的飞块离心力为止。这样,供油提前角便相应地增大。反之,当发动机转速降低时,供油提前角相应减小。

复习思考题

1. 柴油机在结构、性能上与汽油机相比有哪些特点?
2. 现代车用柴油机通过哪些技术措施来改善混合气形成及燃烧的?
3. 简述柴油机可燃混合气燃烧过程。

4. 简述柴油机 ω 形燃烧室混合气形成方式及性能特点。
5. 简述柱塞式喷油泵工作原理。
6. 为什么在传统柴油机上一般都要求装调速器？
7. 简述两速调速器的工作原理。
8. 柴油的牌号为什么用凝点的高低来划分？柴油的自然性用什么指标来衡量？
9. 简述柴油发动机转速、负荷变化对燃烧过程的影响。

第五章 发动机换气系统与换气过程

第一节 概　述

一、发动机换气系统的作用与组成

发动机的换气过程是指发动机进排气过程的总称。换气系统的作用是根据发动机各缸的工作循环和着火次序适时地开启和关闭各缸的进、排气门,使足量的纯净空气或空气与燃油的混合气及时地进入汽缸,并及时地将废气排出。

换气系统主要由进气系统、排气系统和配气机构组成,如图5-1所示。

二、发动机换气过程的特点

燃料在汽缸内燃烧是需要有一定比例的空气配合。根据计算,1kg 汽油完全燃烧约需 14.7kg 空气,或者 1L 汽油完全燃烧约需 10000L 空气。汽油与空气的体积比约为 1∶10000。对于柴油机,为保证燃料燃烧完全,空气的比例会更大。由此

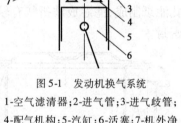

图5-1　发动机换气系统
1-空气滤清器;2-进气管;3-进气歧管;4-配气机构;5-汽缸;6-活塞;7-机外净化装置;8-排气管;9-排气消声器;10-排气歧管;11-喷油器

可见,在可燃混合气中燃料所占容积很小,而且燃料是强制进入,由化油器或喷油器多供一些燃料容易做到,而更多地充入空气却较困难。此外,随着发动机转速的不断提高,换气过程进行的时间已大大缩短,气流速度明显增大,产生气流速度的压力差与流动阻力损失都随之增大,从而进一步加大了空气充入的困难度以及换气损失。为此,必须充分认识换气过程的重要性。

第二节　发动机进、排气系统

进、排气系统是在发动机工作循环时,不断地将新鲜空气或可燃混合气送入燃烧室,又将燃烧后的废气排到大气中,保证发动机连续运转的装置。进、排气系统的基本装置是由空气滤清器、进气管、排气管和排气消声器等组成。由于排放法规的要求,现代车用发动机除了采取完善的燃烧等机内净化措施外,在传统的进、排气系统中又增加了不少机外净化的附件与装置,并且广泛地采用了增压技术,这些均成为发动机的重要组成部分。

一、空气滤清器

1. 空气滤清器的作用

空气滤清器的作用主要是滤去进入化油器内空气中尘土和砂粒,以减小汽缸、活塞和活塞环的磨损,并且还有消除发动机在进气行程中所产生的一定强度的噪声,以及因高速空气流通过节气门和混合室缝隙时发出的尖锐啸声的作用。

2. 空气滤清器的滤清方法

空气滤清器按照杂质被清除的手段不同,可分为三类。

(1) 惯性式——利用气流在急速改变流动方向时,因尘土具有较大的惯性而被清除分离。

(2) 过滤式——利用气流通过金属网、金属丝、纤维、微孔滤纸芯等狭窄、曲折的滤芯通道时,产生多次碰撞,使尘土被阻挡或黏附在滤芯上。

(3) 综合式——利用惯性和过滤两种手段清除尘土,可使除尘率达95%~97%。

3. 纸质干式空气滤清器的构造

图5-2所示为纸质干式空气滤清器,它是综合式空气滤清器。滤芯3是用树脂处理的微孔滤纸制成,滤芯成波折状有较大过滤面积。滤芯的上下两端有密封圈5,以保证滤芯两端的密封。

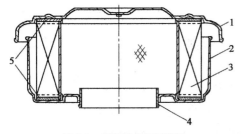

图5-2 纸质干式空气滤清
1-滤清器盖;2-外壳;3-纸质滤芯;4-接口管;5-密封圈

发动机在工作时,空气由盖1与外壳2之间的空隙进入,紧接着变向沿着外壳进入与滤芯间的环形空间,随后经滤芯3被滤清,进入接口管4流往化油器。

纸质滤芯具有质量轻、成本低、使用方便、滤清效率高的优点。但对油类污染十分敏感,长期使用也会产生堵塞,使发动机的动力性和经济性降低,一般在行驶里程达15000km时进行一次维护或换新。

二、进、排气管

1. 进、排气管的作用

进气管的作用是较均匀地分配可燃混合气(汽油机)或空气(柴油机)到各汽缸,对汽油机来说,进气管的另一作用是继续使可燃混合气和油膜得到汽化。

排气管的作用是汇集各汽缸的废气,从排气消声器排出。

2. 进、排气管的材料和安装

进、排气管多用铸铁制成,不少进气管用铝合金铸制。

汽油机的进、排气管有的装在汽缸盖的同一侧,且为加热进气管,常将排气管置于进气管之下;有的分置在汽缸盖的两侧,它决定于燃烧室的形式和气门的排列情况。

柴油机的进、排气管多分置在汽缸盖的两侧,以免排气管高温对进气管加热而降低充气效率。

进气管是用螺栓固定在汽缸盖上,在接合处有外包钢皮的石棉衬垫或石棉橡胶垫,以保证其密封性能,如图5-3所示。

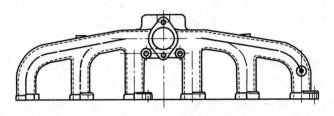

图5-3　EQ6100-1型发动机进气管

为使混合气分配均匀和减小排气管热负荷及各缸排气时相互干扰,进、排气管多为一缸一歧管。为了防止排气管热裂,有的排气管采用分段套接,用弹性铸铁环保证密封。一般分三段套接,中段与进气管铸在一起,且置于进气管之下,以便利用废气加热,如图5-4所示。

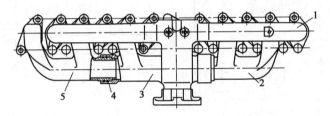

图5-4　排气管三段套接(CA6102发动机)
1-进气管;2-排气管后端;3-排气管中端;4-连接套;5-排气管前端

3. 进、排气管的排列形式

多缸发动机化油器到各汽缸的距离不等,其进气顺序是前后、左右交替进行,混合气流在进气管中不断地"掉头换向",更由于"进气重叠"产生"抢气"问题,影响了各汽缸进气的均匀性。为此,多采用分隔等长的香蕉形进气管,如图5-5所示。

排气管多采用分隔式双出气口式,防止了各缸排气的相互干扰,减小了压力波的重叠和排气背压,排气较为彻底。

1) 直列式多缸发动机进排气管

(1) 楔形、盆形燃烧室的进排气门多为一列式排列。进、排气管为相邻同侧,其歧管以进排或排进的顺序,单独相间排列。

(2) 半球形燃烧室的进排气门为两列式排列。进、排气管左右分置的分隔排列。

2) V形发动机的进排气管

V形六缸或八缸机(图5-6)的进排气管为分置式。排气管在两排缸盖的各一侧,进气管为一体式分两组,

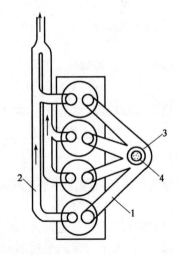

图5-5　香蕉形进气管和分隔式排气管
1-进气管;2-排气管;3-化油器接口;4-进气恒温电加热器

各控制前后、左右不同位置的汽缸。

4. 进气管的加热

汽油机为了促进混合气中油粒的蒸发,特别是使进气管壁上的油膜汽化,常利用废气的热量对进气管进行加热(同侧相邻式)。如果是分置式,多用冷却系统中的冷却液对进气管进行加热,但需有专门的软管道相通。

如图5-7所示。进气管电加热方式,加热元件是正温度系数电镀陶瓷加热柱(P_{TC}),位于油膜最厚处,油粒落入柱林中,受热蒸发而汽化。当环境温度为20℃时,其电阻值只有0.2～0.6Ω,通过的电流达60A,加热温度瞬时可达180℃,电阻值即急剧上升,保持恒温加热。它能保证在-30℃低温条件下顺利起动,当冷却液温度达65℃时,电路被位于水套中的热敏开关5断开,停止加热。为此,起动加浓油量大为减少,防止了污染、磨损和拉缸等弊端。

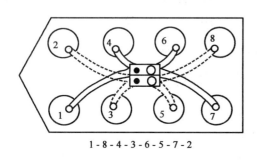

图5-6 V8缸发动机进气管

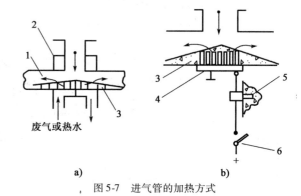

图5-7 进气管的加热方式
a) 用废气或水加热; b) 用电加热
1-进气管;2-加热套;3-油膜;4-恒温加热器;5-热敏开关;6-点火开关

三、排气消声器

1. 排气消声器的作用

排气噪声一是排气门刚打开时,废气的温度近1000℃,压力近0.4MPa,此能量高速流出时发出的脉动噪声;二是废气流喷入大气时的喷射噪声。排气消声器的作用就是减小排气噪声并消除废气中的火焰及火星,使废气经消声器排入大气。

2. 消声原理

排气消声的机理主要是消耗废气流的能量,平衡气流的压力波动。为此,常采用以下几种方法:

(1) 多次地改变气流的方向(变向)。
(2) 一再缩小气流的通过断面,接着又将断面扩大(节流、胀大)。
(3) 将气流分割为很多小支流,并沿着不平滑的平面流动(分散、阻抗、反射、过滤)。
(4) 将气流冷却。

由此可见,加装了排气消声器,不可避免地增加了气流的阻力,使发动机功率下降1.2%～

1.5%。为此，使排气消声器畅通是十分重要的。

3. 典型排气消声器构造

如图5-8所示，排气消声器外壳用薄钢板焊制，为延长寿命多采用渗铝处理。圆筒形或椭圆形外壳两端封闭，中间有两道隔板，分割为三个消声室，在两端又插入带孔的进入管2和排出管4，三个消声室分别通过带孔的排气管相互沟通。

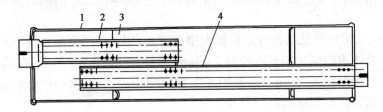

图 5-8　EQ6100-1 发动机排气消声器
1-外壳；2-进入管；3-隔板；4-排出管

废气经进入管2的小孔进入各消声室，得到膨胀和冷却，再经排气管4上的小孔又集中在一起流入大气。经过小孔的分散、节流、阻抗、变向等作用，能量消耗使噪声大减。

四、发动机废气机外净化装置

在大气污染中，汽车排放所造成的污染占有相当比重。据有关资料介绍，大气中所含 CO 的 75%（体积分数）、HC 和 NO_x 的 50%（体积分数）来源于汽车发动机的排放。特别是在汽车密度较大的国家，汽车发动机的排气污染早已成为严重的社会公害。

汽车发动机燃料主要是汽油或柴油，它们是多种碳氢化合物的混合物。在发动机汽缸内，与空气混合并燃烧，大部分生成 CO_2 和 H_2O。依据燃烧条件，也有一部分由于不完全燃烧而生成 CO 和 HC 化合物。此外当燃烧温度很高时，空气中的氮与未燃的氧起反应，生成 NO_x，其中 CO、HC、NO_x、SO_2 及炭烟等对人类和环境都会造成很大危害。为此，需要采取措施，减轻其有害物的排放。

发动机排气污染的控制方法大致可分为机内净化和机外净化。机内净化常采用的办法是改善发动机燃烧状态、可燃混合气的品质等。而机外净化措施常见有以下四种。

1. 二次空气喷射

二次空气喷射方法是将新鲜空气喷射到排气门附近，使高温废气和空气接触混合，以便使未燃的 HC、CO 进一步燃烧。

图5-9所示，二次空气供给装置由发动机驱动叶片式空气泵2，通过两根软管输送，一路从化油器6下侧经回火防止阀10进入进气管；另一路通过止回阀4，经空气分配管5，送到各缸的排气门座附近。

2. 催化转化器

催化转化器是利用催化剂的作用，使排气中的有害成分 CO、HC 和 NO_x 尽量进行化学反应转化为对人体无害的 CO_2、H_2O 和 N_2 的一种排气净化装置，也称作催化转化净化器。

催化转化器有氧化还原型催化转化器和三元催化转化器。

氧化还原型催化转化器由两部分组成,分别将排气中的 CO 和 HC 氧化为 CO_2 和 H_2O,把 NO_x 还原为 N_2 和 O_2。

三元催化转化器可同时减少 CO、HC 和 NO_x 的排放,它以排气中的 CO 和 HC 作为还原剂,把 NO_x 还原为 N_2 和 O_2,而 CO 和 HC 在还原反应中被氧化为 CO_2 和 H_2。使用三元催化转化器时,必须把可燃混合气空燃比控制在理论值(约 14.7)附近,才能同时高效净化 CO、HC 和 NO_x。

如图 5-10 所示,催化转化器的外形犹如大型消声器,用耐高温耐腐蚀的不锈钢制成,安装在消声器之前。壳体内的催化剂是直径为 2~4mm 的氧化铝(Al_2O_3)颗粒,在其多孔性的表面上涂有铂。催化剂表面积很大,每克表面积可达 150~300m^2。催化转化器的构造应保证在废气通过时和催化剂颗粒均匀接触。

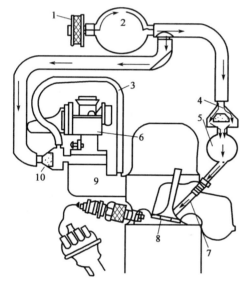
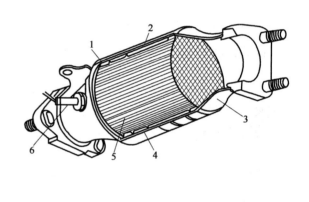

图 5-9　二次空气供给装置
1-空气滤清器;2-空气泵;3-防止回火管;4-止回阀;5-空气分配管;6-化油器;7-空气喷管;8-排气门;9-进气管;10-回火防止阀

图 5-10　催化转化器
1-支承环;2-波纹网眼环;3-支承环;4-密封垫;5-整体式催化反应器载体;6-温度传感器

催化转化器的使用条件相当严格。第一,装用催化转化器的发动机只能使用无铅汽油。如果使用加铅汽油,铅覆盖在催化剂表面将使催化剂失效。第二,仅当温度超过 250~350℃ 时,催化转化器才起催化反应。温度较低时,催化转化器的转化效率急剧下降。因此,催化转化器都安装在温度较高的排气管后面。第三,催化剂与载体的容积必须与发动机的排量相匹配,具有足够的强度和抗热冲击性,才能保证对 CO、HC 和 NO_x 的净化率高。第四,催化转化器必须配有温度控制装置或旁通管道,避免载体过热烧毁堵塞排气管道。

3. 曲轴箱强制通风装置

发动机工作时,有部分可燃混合气和燃烧产物会经汽缸、活塞环窜入曲轴箱内,它们含有 HC 等有害气体。不能排向大气,应进行净化。目前多用闭式曲轴箱强制通风装置(图 5-11)

也称PCV装置,它由PCV阀及进排气管路组成。发动机工作时,新鲜空气自空气滤清器1经进气管4和闭式通风口6进入曲轴箱和曲轴箱内窜气混合,再从汽缸盖罩通入管8,经PCV阀3,被吸入进气管。因此有适量的窜气在汽缸内再次燃烧。

PCV阀可随发动机运转状况自动调节吸入汽缸的窜气量,其结构和原理如图5-12所示。在怠速或小负荷时,窜气量较少。此时,由于进气管真空度较高,阀门被吸向右方[图5-12a)],气流通路关小,吸入汽缸的窜气量较少。在加速或大负荷时,窜气量增多,进气管真空度变低,PCV阀的气流通路开大[图5-12b)],因而有较多的窜气量进入汽缸再燃烧。

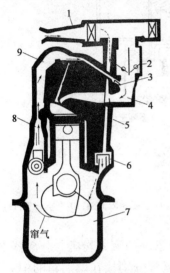

图5-11 闭式曲轴箱强制通风装置
1-空气滤清器;2-节气门;3-PCV阀;4-进气管;5-通风管;
6-闭式通风口;7-曲轴箱;8-机体通气道;9-缸盖通气道

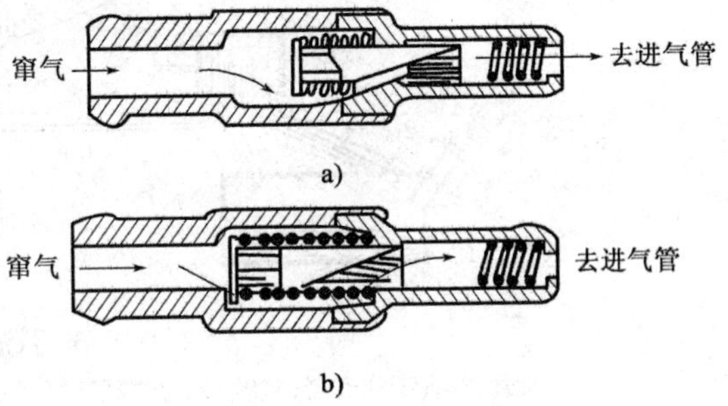

图5-12 PCV阀
a)怠速时;b)加速时

在图5-11所示的闭式曲轴箱通风系统中,当发动机高速大负荷运转时,一旦窜气量过多而不能完全被吸尽时,窜气会从曲轴箱经闭式通气口倒流入空气滤清器,通过化油器2被吸入进气管。

4.汽油蒸发控制系统

汽油蒸发控制系统的功能是将燃油箱和浮子室内蒸发的汽油蒸气收集和储存在炭罐内,在发动机工作时再将其送入汽缸燃烧。

图5-13是汽油蒸发控制系统的结构原理图。炭罐5内填满活性炭6。当发动机停机后,燃油箱1中的汽油蒸气经油气分离器3和汽油蒸气管4进入炭罐5。浮子室12中的汽油蒸气则经汽油蒸气管15进入炭罐。汽油蒸气进入炭罐后,被其中的活性炭吸附。当发动机起动之后,进气管真空度经真空软管10传送到限流阀8,在进气管真空度的作用下,限流阀膜片上移并将限流孔开启。与此同时,新鲜空气自炭罐底部经滤网7向上流过炭罐,并携带吸附在活性炭表面的汽油蒸气,经限流孔和汽油蒸气管9进入进气管。

炭罐外壳一般由塑料制造,内填活性炭颗粒。炭罐顶部有限流阀,用来控制进入进气管的汽油蒸气及空气的数量。发动机怠速时,传送到限流阀膜片室的真空度很小,致使孔径为1.40mm的限流孔关闭,只有少量的汽油蒸气及空气从孔径为0.76mm的限流孔流入进气管,

123

以免破坏怠速时混合气的空燃比。发动机在大负荷或高转速工作时,作用在限流阀膜片上的真空度增大,限流阀全开,大量的汽油蒸气及空气同时经两个限流孔流入进气管。

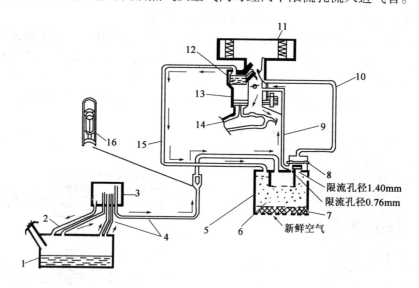

图5-13 汽油蒸发控制系统

1-燃油箱;2-回油管;3-油气分离器;4、9、15-汽油蒸气管;5-炭罐;6-活性炭;7-滤网;8-限流阀;10-真空软管;11-空气滤清器;12-浮子室;13-化油器;14-进气歧管;16-节流阀

油气分离器用来分离液态汽油和汽油蒸气,以防止液态汽油流入炭罐。分离器安装在燃油箱顶部,主要由一组出口朝上的管子组成,其中三根通气管分别接在燃油箱的中央和两侧。这样,不论汽车如何倾斜,至少会有一根通气管高于汽油液面,使汽油蒸气得以经汽油蒸气管4进入炭罐。分离出来的液态汽油从回油管2返回燃油箱。

第三节 配气机构

一、配气机构的功用与分类

配气机构的功用是按照发动机各缸工作过程的需要,定时地开启和关闭进、排气门,使新鲜可燃混合气(汽油机)或空气(柴油机)得以及时进入汽缸,废气得以及时排出汽缸。

配气机构多采用顶置式气门。根据凸轮轴的位置分为下置式、中置式和上置式。

二、配气机构的组成和工作情况

1. 凸轮轴下置式配气机构

凸轮轴下置式配气机构应用最广泛,其进、排气门都倒装在汽缸盖上。凸轮轴装在曲轴箱内,如图5-14所示。其组成主要包括凸轮轴1、气门挺柱2、推杆3、摇臂轴座4、摇臂轴5、气门间隙调整螺钉6、摇臂7、气门弹簧座8、气门锁夹9、气门弹簧10、气门导管11、气门12、气门座圈13、正时齿轮等。

工作过程:当汽缸的工作循环需要将气门打开进行换气时,由曲轴通过正时齿轮驱动凸轮轴旋转,使凸轮轴上的凸轮凸起部分通过挺柱、推杆、调整螺钉,推动摇臂摆转,摇臂的另一端便向下推开气门,同时使弹簧进一步压缩;当凸轮的凸起部分的顶点转过挺柱以后,便逐渐减小了对挺柱的推力,气门在其弹簧张力的作用下,开度逐渐减小,直至最后关闭,进气或排气过程即告结束。压缩和做功行程中,气门在弹簧张力作用下严密关闭,使汽缸密闭。

由于四冲程发动机每完成一个工作循环,曲轴转两圈,而各缸只进、排气一次,也即凸轮轴只需转一圈,所以曲轴与凸轮轴的传动比为2:1。

凸轮轴下置式配气机构的主要优点是凸轮轴离曲轴近,可以只用一对齿轮传动,因而结构简单。其缺点是零件多,传动链长,整个机构的刚度差;在发动机高速运转时,可能破坏气门的运动规律,使气门无法定时启闭。

2. 凸轮轴中置式配气机构

当发动机转速较高时,为了减小气门传动机构的往复运动质量,可将凸轮轴位置移到汽缸体的上部,由凸轮轴经过挺柱直接驱动摇臂而省去推杆。这种结构称为凸轮轴中置式配气机构,如图5-15所示。当凸轮轴的中心线距离曲轴中心线较远时,若仍用一对齿轮来传动,齿轮的直径必然过大。在这种情况下,一般要在中间加入一个中间齿轮。

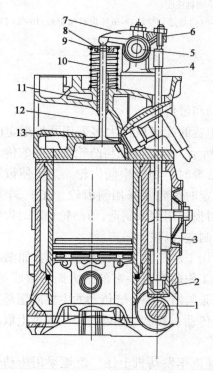 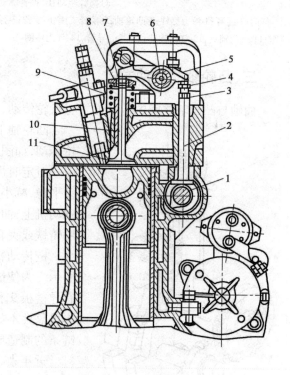

图5-14 凸轮轴下置式配气机构
1-凸轮轴;2-挺柱;3-推杆;4-摇臂轴座;5-摇臂轴;6-气门间隙调整螺钉;7-摇臂;8-气门弹簧座;9-气门锁夹;10-气门弹簧;11-气门导管;12-气门;13-气门座圈

图5-15 凸轮中置式配气机构
1-凸轮轴;2-挺柱;3-锁紧螺母;4-气门间隙调整螺钉;5-摇臂;6-摇臂轴;7-气门锁夹;8-气门弹簧座;9-气门弹簧;10-气门;11-气门座圈

3. 凸轮轴上置式配气机构

凸轮轴上置式配气机构中的凸轮轴布置在汽缸盖上,如图 5-16 所示。在这种结构中,凸轮轴通过摇臂、摆臂驱动气门,或直接驱动气门。这种传动机构的往复运动质量小于凸轮轴中置式配气机构,因此适用于高速发动机。但由于凸轮轴离曲轴中心线更远,因此定时传动机构更为复杂,而且拆装汽缸盖也比较困难。缸径较小的柴油机的凸轮轴上置时,还会给安装喷油器带来困难。

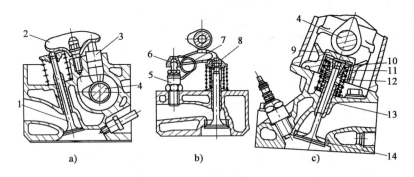

图 5-16 凸轮轴上置式配气机构
a)摇臂驱动;b)摆臂驱动;c)凸轮轴直接驱动
1-气门;2-摇臂;3-液力挺柱;4-凸轮轴;5-摆臂支座;6-摆臂;7-弹簧扣;8-气门间隙调整块;9-吊杯形机械挺柱;10-气门弹簧座;11-气门锁夹;12-气门弹簧;13-气门导管;14-气门座圈

三、凸轮轴的传动方式

曲轴与凸轮轴之间的传动方式有齿轮传动、链传动和带传动。

凸轮轴下置、中置的配气机构大多采用圆柱形定时齿轮传动,如图 5-17 所示。一般曲轴与凸轮轴之间的传动只需一对定时齿轮,必要时可加装中间齿轮。为了使齿轮传动平稳,减小噪声,定时齿轮多采用斜齿轮。在中、小功率发动机上,曲轴定时齿轮用钢来制造,而凸轮轴定时齿轮则用铸铁或夹布胶木制造,以减小噪声。

链传动特别适用于凸轮轴上置的配气机构,如图 5-18 所示。为使链条在工作时具有一定的张力而不致脱链,装有导链板 9 和链条张紧器 3 等。链传动的主要问题是其工作可靠性不如齿轮传动。其传动性能在很大程度上取决于链条的制造质量。

近年来,在高速汽车发动机上还广泛地采用传动带来代替传动链,如图 5-19 所示。这种同步齿形带用氯丁橡胶制成,中间夹有玻璃纤维和尼龙织物,以增加强度。采用同步齿形带传动,对于降低噪声、减少结构质量及降低成本都有很大好处。

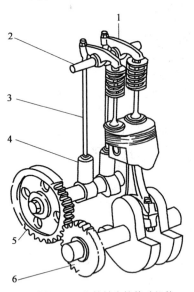

图 5-17 凸轮轴齿轮传动机构
1-摇臂;2-摇臂轴;3-推杆;4-挺柱;5-凸轮轴定时齿轮;6-曲轴定时齿轮

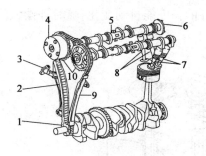

图5-18 凸轮轴的链传动机构
1-曲轴定时链轮;2-张紧器导板;3-链条张紧器;4-智能型可变配气定时控制器;5-进气凸轮轴;6-定时转子;7-排气门;8-进气门;9-导链板;10-凸轮轴定时链轮

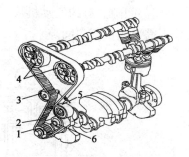

图5-19 凸轮轴同步齿形带传动机构
1-曲轴定时同步齿形带轮;2-同步齿形带;3-张紧轮;4-凸轮轴定时同步齿形带轮;5-中间轮;6-水泵传动同步齿形带轮

四、每缸气门数及其排列方式

一般发动机都采用每缸两个气门,即一个进气门和一个排气门的结构。为了进一步改善汽缸的换气,在可能的情况下,应尽量加大气门的直径,特别是进气门的直径。但是,由于燃烧室尺寸的限制,气门直径最大一般不能超过汽缸直径的一半。当汽缸直径较大,活塞平均速度较高时,每缸一进一排的气门结构就不能保证良好的换气质量。因此,在很多新型汽车发动机上多采用每缸四气门,甚至五气门的结构,即2~3个进气门和两个排气门。采用这种结构形式后,进气门总的通过面积较大,充气性能较好,排气门的直径可适当减小,使其工作温度相应降低,提高了工作可靠性。此外,采用四气门后,还可适当减小气门升程,改善配气机构的动力性,多气门的汽油机还有利于改善HC与CO的排放。

当每个汽缸用两个气门时,为使结构简化,大多数采用气门沿机体纵向轴线排成一列的方式。这样,相邻两缸的同名各气门就有可能合用一个气道,以使气道简化并得到较大的气道通过截面;另一种是将进、排气门交替布置,每缸单独用一个气道,这样有助于汽缸盖冷却均匀。柴油机的进、排气道一般分置于机体的两侧,以免排气对进气加热。传统汽油机的进、排气道通常置于机体的同一侧,以便进气受到排气的预热。

当每缸采用四个气门时,气门排列的方案有两种:一是同名气门排成两列[图5-20a)],由一个凸轮通过T形驱动杆同时驱动,并且所有气门都可以由一根凸轮轴驱动。两同名气门在气道中的位置不同,可能会使两者的工作条件和工作效果不一致。二是同名气门在同一列[图5-20b)],则没有上述缺点,但一般要用两根凸轮轴。

五、气门间隙

发动机工作时,气门将因温度的升高而膨胀。如果气门及其传动件之间在冷态时无间隙或间隙过小,则在热态下,气门及其传动件的受热膨胀势必引起气门关闭不严,造成发动机在压缩和做功行程中漏气,从而使功率下降,严重时甚至不易起动。为了消除这种现象,通常在发动机冷态装配时,在气门及其传动机构中留有一定的间隙,以补偿气门受热后的膨胀量。这一间隙称为气门间隙。有的发动机采用液力挺柱,挺柱的长度能自动变化,随时补偿气门的热膨胀量,故不需要预留气门间隙。

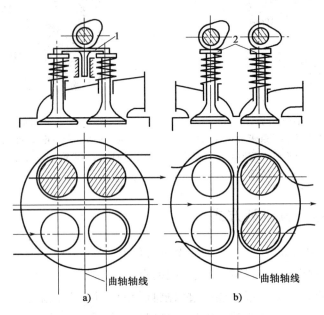

图 5-20　四气门机构的布置
a)同名气门排成两列；b)同名气门排成一列
1—T形驱动杆；2—气门尾端的从动盘

气门间隙的大小一般由发动机制造厂根据试验确定。在冷态时,进气门的间隙一般为 0.25~0.3mm,排气门的间隙为 0.3~0.35mm。如果间隙过小,发动机在热态下可能发生漏气,导致功率下降甚至气门烧坏。如果气门间隙过大,则使传动零件之间以及气门和气门座之间产生撞击声,而且加速磨损,同时也会使气门开启的持续时间减少,汽缸的充气及排气情况变坏。

第四节　配气机构的零件和组件

一、气门组

气门组包括气门、气门导管、气门座及气门弹簧等零件,如图 5-21 所示。气门组应保证气门能够实现汽缸的密封,因此要求：气门头部与气门座贴合严密；气门导管与气门杆的上下运动有良好的导向；气门弹簧的两端面与气门杆的中心线相垂直,以保证气门头在气门座上不偏斜；气门弹簧的弹力足以克服气门及其传动件的运动惯性力,使气门能及时关闭,并保证气门紧压在气门座上。

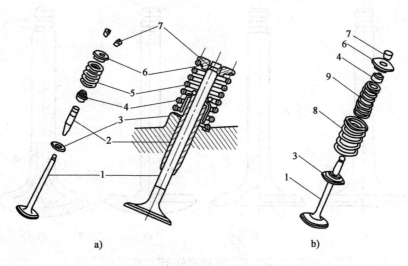

图 5-21 气门组
a) 单弹簧；b) 双弹簧
1-气门；2-气门导管；3-下气门弹簧座；4-气门油封；5-气门弹簧；6-上气门弹簧座；7-气门锁夹；8-外气门弹簧；9-内气门弹簧

1. 气门

气门由头部和杆部两部分组成。头部的工作温度很高（进气门可高达 300~400℃，排气门更高，可达 700~900℃），而且还要承受气体压力、气门弹簧力以及传动组零件惯性力的作用，其冷却和润滑条件又较差，因此，要求气门必须具有足够的强度、刚度、耐热和耐磨能力。进气门的材料采用合金钢，排气门则采用耐热合金钢。

气门头顶部的形状有平顶、球面顶和喇叭形顶等，如图 5-22 所示。目前使用最多的是平顶气门头，如图 5-22a) 所示。平顶气门头结构简单，制造方便，吸热面积小，质量也小，进、排气门都可以采用。球面顶气门头 [图 5-22c)] 适用于排气门，因为其强度高，排气阻力小，废气的清除效果好；但球形的受热面积大，质量和惯性力大，加工较复杂。喇叭形顶头部 [图 5-22b)] 与杆部的过渡部分具有一定的流线形，可以减少进气阻力；但其顶部受热面积大，故适用于进气门，而不宜用于排气门。气门头部的热负荷是相当高的，而且散热条件很差，仅靠与气门座圈的接触来间歇传热，因此一些热负荷非常严重的柴油机，气门采用充钠气门，即气门制成空心，空腔的一半充以熔点为 97.8℃ 的金属钠 [图 5-22d)]，在气门工作温度下钠处于液态，当气门往复运动时钠剧烈晃动，将气门头部的热量迅速传给杆部，再经气门导管传给冷却介质。试验表明，充钠冷却可使排气门头部温度下降 150~200℃；但是气门杆温度下降不多。

气门密封锥面的锥角，称为气门锥角，一般制成 45°。气门头的边缘应保持一定的厚度，一般为 1~3mm，以防止工作中由于气门与气门座之间的冲击而损坏或被高温气体烧蚀。为了减少进气阻力，提高汽缸的充气效率，多数发动机进气门的头部直径比排气门的大。

为保证气门头与气门座之间的良好配合，装配前应将气门头与气门座两者的密封锥面互相研磨，研磨好的零件不能互换。

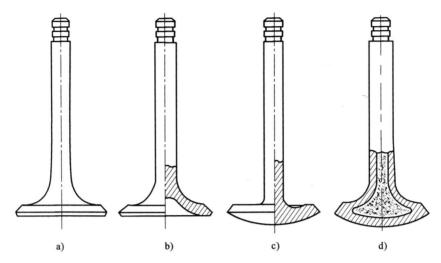

图 5-22 气门头部的结构形式
a)平顶气门;b)喇叭形顶气门;c)球面顶气门;d)充钠气门

气门头部的热量是直接通过气门座以及通过气门杆,经气门导管而传到汽缸盖的。为了提高气门头部的散热性能,气门座孔区域应加强冷却,气门头向气门杆过渡部分的几何形状应尽量做到圆滑,以增加强度并减少热流阻力。此外,还应使气门杆与气门导管之间的间隙尽可能小。

气门杆呈圆柱形,在气门导管中不断进行往复运动。其表面须经过热处理和磨光,以保证与气门导管的配合精度和耐磨性。气门杆端的形状决定于气门弹簧座的固定方式,如图 5-23 所示。常用的结构是用剖分成两半的锥形锁夹 4 来固定弹簧座 3[图 5-23a)],这时,气门杆 1 的端部可车出环槽来安装锁夹。解放 CA1091 型汽车 6102 型发动机的气门弹簧应用锁销 5 来固定[图 5-23b)],故其气门杆端部有一个用来安装锁销的径向孔。

2. 气门导管

气门导管的功用是起导向作用,保证气门作直线往复运动,使气门与气门座能正确贴合。此外,气门导管还在气门杆与汽缸盖之间起导热作用,其结构如图 5-24 所示。

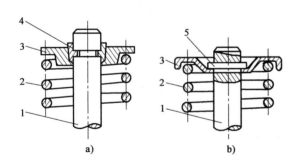

图 5-23 弹簧座的固定方式图
a)北京 BJ2023 汽车用;b)解放 CA1091 汽车用
1-气门杆;2-气门弹簧;3-弹簧座;4-锁夹;5-锁销

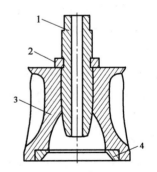

图 5-24 气门导管和气门座
1-气门导管;2-卡环;3-汽缸盖;4-气门座

气门导管工作温度较高,约200℃。气门杆在导管中运动时,仅靠配气机构飞溅出来的机油进行润滑,因此容易磨损。气门导管大多数用灰铸铁、球墨铸铁或铁基粉末冶金制造。

导管内、外圆柱面经加工后压入汽缸盖的气门导管孔中,然后再精铰气门导管内孔。为了防止气门导管在使用过程中松落,有的发动机对气门导管用卡环定位,如图5-24所示。气门杆与气门导管之间一般留有0.05~0.12mm间隙,使气门杆能在导管中自由运动。

3. 气门座

气门座可在汽缸盖上直接镗出。它与气门头部共同对汽缸起密封作用,并接受气门传来的热量。气门座在高温下工作,磨损严重,故有不少发动机的气门应用较好的材料(合金铸铁、奥氏体钢等)单独制作,然后镶嵌到汽缸盖上,如图5-24所示。

汽油机的进气门座工作温度较低,不易磨损,可以靠从气门导管漏下的机油润滑,故可以在缸盖上直接镗出。但排气门温度高,机油在导管内可能被烧掉,因而排气门座实际上得不到润滑,极易磨损,故多用镶嵌式结构。采用铝合金缸盖的发动机,由于铝合金材质较软,进、排气门座均用镶嵌式。柴油机有的是进、排气门座均用镶嵌式,有的只镶进气门座,这是因为柴油机的排气门与气门座常能得到由于燃烧不完全而夹杂在废气中的柴油、机油以及烟粒等润滑而不致被强烈地磨损;但是柴油机的进气门面临的情况则完全不同,从导管漏入的机油很少,而且柴油机有较高的气体压力,加上进气门的直径大,容易变形,这些因素都将导致进气门座的磨损加剧。

镶嵌式气门座的缺点是导热性差,加工精度要求高。如果座圈的公差配合不当,则工作时镶座易脱落,导致重大事故。因此,当在汽缸盖上直接加工出来的气门座能满足工作性能要求时,最好不用镶嵌式气门座。

4. 气门弹簧

气门弹簧的功用是克服在气门关闭过程中气门及传动件的惯性力,防止各传动件之间因惯性力的作用而产生间隙,保证气门及时落座并紧紧贴合,防止气门发生跳动,破坏其密封性。为此,气门弹簧应有足够的刚度和安装预紧力。

气门弹簧多为圆柱形螺旋弹簧(图5-25),其材料为高碳锰钢、铬钒钢等冷拔钢丝,加工后要进行热处理。钢丝表面要光滑,经抛光或用喷丸处理,借以提高疲劳强度,增强弹簧的工作可靠性。此外,为了避免弹簧的锈蚀,弹簧表面要进行镀锌、镀铜、磷化或发蓝处理。

气门弹簧的一端支承在汽缸盖上,而另一端则压靠在气门杆端的弹簧座上,弹簧座用锁夹固定在气门杆的末端。为了防止弹簧发生共振,可采用变螺距的圆柱弹簧,如图5-25b)所示。高速发动机多数是一个气门有同心安装的内外两根气门弹簧[图5-25c)],这样能提高气门弹簧工作的可靠性,即不但可以防止共振,而且当一根弹簧折断时,另一根还可维持工作。此外,还能使气门弹簧的高度减小。当采用两根气门弹簧时,弹簧圈的螺旋方向应相反,这样可防止折断的弹簧圈卡入另一弹簧圈内。

为了改善气门和气门座密封面的工作条件,可设法使气门在工作中能相对气门座缓慢旋转。这样可使气门头沿圆周温度均匀,减小气门头部的热变形。气门缓慢旋转时,在密封锥面上产生轻微的摩擦力,有阻止沉积物形成的自洁作用。

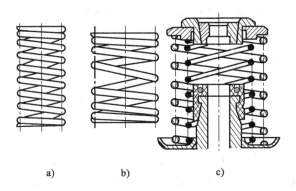

图 5-25 气门弹簧
a) 等螺距螺旋弹簧;b) 变螺距螺旋弹簧;c) 双螺旋弹簧

气门旋转机构的实例如图 5-26 所示。在图 5-26a) 所示的自由旋转机构中,气门锁夹并不直接与弹簧座接触,而是装在一个锥形套筒中,后者的下端支承在弹簧座平面上,套筒端部与弹簧座接触面上的摩擦力不大,而且在发动机运转振动力作用下,在某一短时间内可能为零,这就使气门有可能自由地作不规则运动。

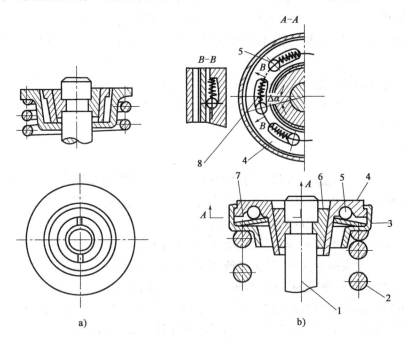

图 5-26 气门旋转机构
a) 低摩擦型自由旋转机构;b) 强制旋转机构
1-气门;2-气门弹簧;3-气门弹簧座;4-旋转机构壳体;5-钢球;6-气门锁夹;7-碟形弹簧;8-复位弹簧

有的发动机采用图 5-26b) 所示的强制旋转机构,使气门 1 每开一次便转过一定角度。在旋转机构壳体 4 中,有六个变深度的槽,槽中装有带复位弹簧 8 的钢球 5。当气门关闭时,碟形弹簧 7 并没有压紧在钢球上。这时钢球在复位弹簧的作用下位于凹槽的最浅处。当气门开启时,不断增大的气门弹簧力将碟形弹簧压平而迫使钢球沿着凹槽的斜面滚动,带着碟形弹簧、气门弹簧和气门一起转过 $\Delta\alpha$ 角。在气门关闭过程中,碟形弹簧的载荷减小而恢复原状,钢球即在复位弹簧的作用下回到原来的位置。

二、气门传动组

气门传动组主要包括凸轮轴、正时齿轮、挺柱,此外还有推杆、摇臂和摇臂轴等。气门传动组的作用是使进、排气门能按配气定时规定的时刻开闭,且保证有足够的开度。

1. 凸轮轴

凸轮轴(图5-27)上主要配置有各缸进、排气凸轮1,使气门按一定的工作次序和配气定时及时开闭,并保证气门有足够的升程。凸轮受到气门间歇性开启的周期性冲击载荷,因此对凸轮表面要求耐磨,对凸轮轴要求有足够的韧性和刚度。

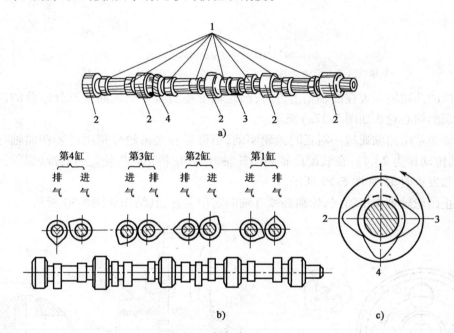

图 5-27　四缸四冲程汽油机凸轮轴
a)发动机凸轮轴;b)各凸轮的相对角位置;c)进(或排)气凸轮投影
1-凸轮;2-轴颈;3-驱动汽油泵的偏心轮;4-驱动分电器等的螺旋齿轮

发动机工作时,凸轮轴的变形会影响配气定时,因此有的发动机凸轮轴采用全支承以减小其变形,如图5-27a)所示的发动机凸轮轴有五个轴颈2。但是,支承数多,加工工艺较复杂,所以一般发动机的凸轮轴是每隔两个汽缸设置一个轴颈1,如图5-28所示。为了安装方便,凸轮轴的各轴颈是做成从前向后依次减小的。

凸轮轴的材料一般用优质钢模锻而成,也可采用合金铸铁或球墨铸铁铸造。凸轮轴各轴颈的工作表面一般经热处理后精磨,以改善其耐磨性。

由图5-27b)可以看出,同一汽缸的进、排气凸轮的相对转角位置是与既定的配气定时相适应的。发动机各个汽缸的进(或排)气凸轮的相对角位置应符合发动机各汽缸的发火次序和发火间隔时间的要求。因此,根据凸轮轴的旋转方向以及各进(或排)气凸轮的工作次序,就可以判定发动机的发火次序。

就四缸四冲程发动机而言,每完成一个工作循环,曲轴须旋转两周而凸轮轴只旋转一周,在此期间,每个汽缸都要进行一次进(或排)气,以各缸进(或排)气的时间间隔相等,即各缸进(或排)气凸轮彼此间的夹角均为 $360°/4 = 90°$。由图5-27c)可见,该四缸四冲程发动机的点火次序为 1→3→4→2(凸轮轴旋转方向,从前端向后看,如箭头所示)。图5-28所示是点火次序为 1→5→3→6→2→4 的六缸四冲程发动机凸轮轴,任何两个相继发火的汽缸进(或排)气凸轮间夹角均为 $360°/6 = 60°$。

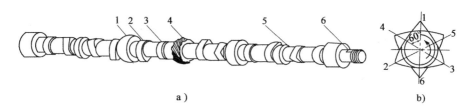

图5-28 六缸四冲程发动机的凸轮轴
1-轴颈;2-进气凸轮;3-排气凸轮;4-分电器驱动齿轮;5-偏心轮;6-键槽

汽油机的凸轮轴布置在曲轴箱上方时,凸轮轴上还具有驱动机油泵及分电器的齿轮4和驱动汽油泵的偏心轮3如图5-27a)所示。

凸轮轴通常由曲轴通过一对正时齿轮驱动,小齿轮和大齿轮分别用键装在曲轴与凸轮轴的前端,其传动比为 2∶1。在装配曲轴和凸轮轴时,必须将正时齿轮记号对准,以保证正确的配气定时和发火时刻,如图5-29所示。

为防止凸轮轴轴向窜动,凸轮轴必须有轴向定位装置,其结构如图5-30所示。

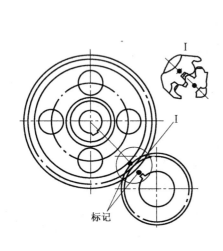

图5-29 正时齿轮的记号

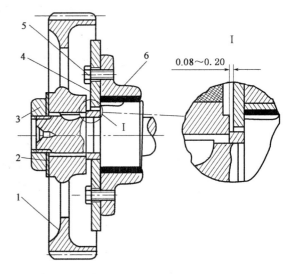

图5-30 凸轮轴的轴向定位
1-正时齿轮;2-锁紧垫圈;3-螺母;4-止推凸缘;5-止推凸缘固定螺栓;6-隔圈

2. 挺柱

挺柱的功用是将凸轮的推力传给推杆(或气门杆),并承受凸轮轴旋转时所施加的侧向力。挺柱在其顶部装有调节螺钉,用来调节气门间隙。气门顶置式配气机构的挺柱一般制成筒式[图5-31b)],以减轻质量。图5-31c)所示为滚轮式挺柱,其优点是可以减小摩擦造成的对挺柱的侧向力。这种挺柱结构复杂,质量较大,一般多用于大缸径柴油机上。挺柱常用镍铬合金铸铁或冷激合金铸铁制造,其摩擦表面应经热处理后研磨。

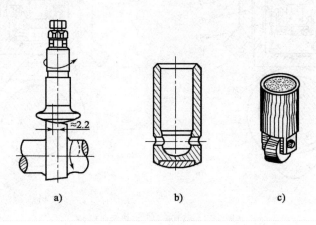

图 5-31 挺柱
a)菌式;b)筒式;c)滚轮式

前面阐述过,热膨胀造成的气门关闭不严问题用预留气门间隙的方法来解决。但由于气门间隙的存在,配气机构在工作时将产生冲击而发出响声。为了解决这一矛盾,有的发动机上采用了液压挺柱。

图 5-32 所示为一种液压挺柱结构。在挺柱体 6 中装有柱塞 7。在柱塞上端压入支承座 11。柱塞被柱塞弹簧 5 推向上方,其最上位置由卡环 12 限制。柱塞下端止回阀架 4 内装有止回阀碟形弹簧 14 和止回阀 3。发动机润滑系统中的机油从油道经挺柱体侧面油孔流入,并充满柱塞内腔 8 及其下面的压力室 2。

当气门关闭时,柱塞弹簧使柱塞连同压合在柱塞中的支承座紧靠推杆 13,此时整个配气机构中不存在间隙。

当挺柱体被凸轮 1 推举向上时[图5-32b)],推杆作用于支承座和柱塞上的反力迫使柱塞克服柱塞弹簧力而相对于挺柱体向下移动,于是柱塞下部压力室内的油压迅速增高,使止回阀关闭。由于液体的不可压缩性,整个挺柱如同一个刚体一样上升,这样便保证了必要的气门升程。当油压很高时,会有少许机油经过柱塞与挺柱体之间的配合间隙泄漏出去,但这不致影响正常的工作。同样,在气门受热膨胀时,柱塞也因受压而与挺柱体作轴向相对运动,并将机油自压力室经上述间隙挤出。因此,使用液压挺柱时可以不留气门间隙,而保证气门受热膨胀仍能与气门座紧密贴合。

当气门开始关闭或冷却收缩时[图5-32a)],柱塞所受压力减小,由于柱塞弹簧的作用,柱塞向上运动,始终与推杆保持接触。同时柱塞下部的压力室中产生真空度,止回阀被吸开,机油便流入,而再次充满整个柱塞内腔 8。

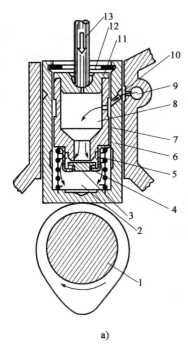 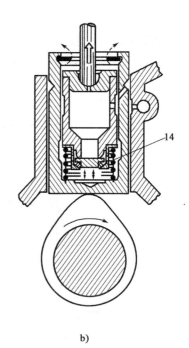

图 5-32　8V100 型发动机液压挺柱
a) 挺柱下降时；b) 挺柱上升时

1-凸轮；2-压力室；3-止回阀；4-止回阀架；5-柱塞弹簧；6-挺柱体；7-柱塞；8-柱塞内腔；9-油道；10-油槽；11-支承座；12-卡环；13-推杆；14-止回阀碟形弹簧

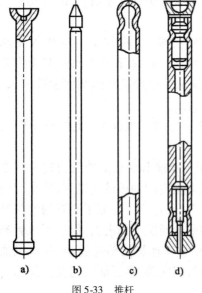

图 5-33　推杆
a) 钢制实心推杆；b) 铝制实心推杆；
c)、d) 钢管制推杆

3. 推杆

推杆的作用是将从凸轮轴经过挺柱传来的推力传给摇臂，它是气门机构中最易弯曲的零件，要求有很高的刚度。在动载荷大的发动机中，推杆应尽量做得短些。

对于缸体与缸盖都是铝合金制造的发动机，其推杆最好用硬铝制造。推杆可以是实心或空心的。钢制实心推杆 [图 5-33a)]，一般是同球形支座锻成一个整体，然后进行热处理。图 5-33b) 所示为硬铝棒制成的推杆，推杆两端配以钢制的支承。图 5-33c)、d) 所示都是钢管制成的推杆，前者的球头是直接锻成的，然后经过精磨加工；后者的球支承则是压配的，并经淬火和磨光，以保证其耐磨性。

4. 摇臂

摇臂实际上是一个双臂杠杆（图 5-34、图 5-35），用来将推杆传来的力改变方向，作用到气门杆端以推开气门。在图 5-34 中，摇臂 1 或 9 的两边臂长比值（称为摇臂比）为 1.2~1.8，其中长臂一端是推动气门的。摇臂端头的工作表面一般制成圆柱形，当摇臂摆动时可沿气门杆端面滚滑，这样可使两者之间的力尽可能沿气门轴线作用。摇臂内还钻有润滑油道和油孔。在摇臂短臂端螺纹孔中，旋入用以调节气门间隙的调整螺钉10，螺钉球头与推杆顶端的凹球座相接触。

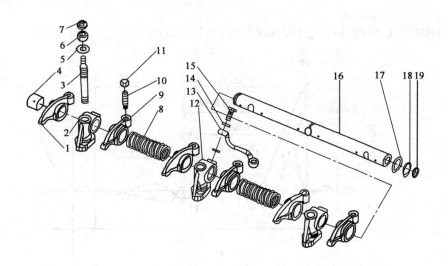

图 5-34 摇臂支架

1-进气门摇臂；2、12-摇臂轴座；3-摇臂轴座固定螺柱；4-气门摇臂衬套；5-垫圈；6、7-螺母；8-定位弹簧；9-排气门摇臂；10-气门调整螺钉；11-锁紧螺母；13-通油管；14-组合密封垫圈；15-接头螺栓；16-摇臂轴；17-摇臂轴垫圈；18-挡圈；19-碗形塞片

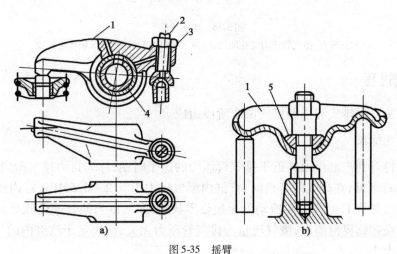

图 5-35 摇臂
a) 中碳钢模锻而成的摇臂；b) 薄板冲压而成的摇臂
1-摇臂；2-气门间隙调整螺钉；3-锁紧螺母；4-摇臂衬套；5-摇臂支点球座

摇臂通过摇臂衬套4空套在摇臂轴16上，而后者又支承在摇臂轴座2和12上，摇臂上钻有油孔。摇臂轴为空心管状结构，机油从摇臂轴座的油道经摇臂轴内腔和摇臂中的油道流向摇臂两端进行润滑。为了防止摇臂窜动，在摇臂轴上每两摇臂之间都装有定位弹簧8。

图 5-35a) 所示摇臂是由45钢模锻而成的。图 5-35b) 所示摇臂是用薄板冲压而成的，它与液压挺柱联合使用，所以摇臂上不安装气门间隙调整螺钉。

137

第五节　四冲程发动机换气过程及影响因素

发动机的换气过程包括排气过程和进气过程,其汽缸压力变化如图 5-36 所示。

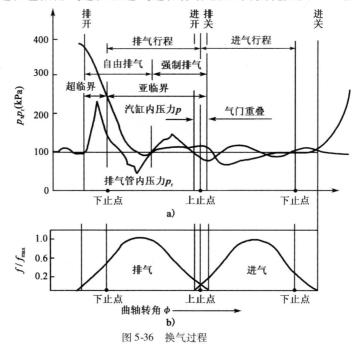

图 5-36　换气过程
a)汽缸压力、排气管压力变化曲线;b)进、排气门相对流通截面积变化曲线

一、排气过程

排气过程由自由排气和强制排气两个阶段组成。

1. 自由排气阶段

从排气门打开到汽缸压力接近于排气管压力的这个时期,称为自由排气阶段。

从图 5-36a)可见,在排气门开启时,汽缸内废气压力为 0.2～0.5MPa,缸内压力与排气管压力之比大于临界值 1.9,排气的流动处于超临界状态,废气以当地音速的临界速度流过排气门开启截面。在超临界范围内,废气流量与排气管压力无关,而决定于汽缸内的气体状态和气门流通截面的大小。

随着废气的大量流出,缸内压力迅速下降,排气流动转入亚临界状态,此时废气流量将由汽缸内和排气管内压力差决定。到某一时刻缸内压力与排气管内压力相近时,自由排气阶段结束,而后转入强制排气阶段。

排气提前角的选择,一般应使自由排气阶段在下止点后 10°～30°曲轴转角结束,不要拖得过长,否则会增加强制排气时活塞的推出功,使排气损失加大。因此,在高速发动机中,由于同样的自由排气时间(以秒计)所相当的曲轴转角增大,为使缸内废气压力及时下降,应该加大排气提前角。

自由排气阶段虽占整个排气时间百分比不大,但废气流速度高,排出的废气量达60%(体积分数)以上。尽管如此,排气提前角也不宜过大,否则将造成做功行程能量损失过大。

2. 强制排气阶段

在强制排气阶段,废气被上行的活塞强制排出。由于要克服排气系统的阻力,缸内平均压力比排气管内平均压力略高一些。为了充分减少排气终了时的排气阻力以及充分利用好排气惯性能,使废气排除更彻底,排气门可以在上止点后关闭。但迟后关闭的角度不宜过大,否则会导致在进气行程中又将已排出的废气重新吸入缸内。

二、进气过程

从图 5-36a)汽缸压力线可以看出,由于活塞下行及进气门座处节流作用,汽缸内呈负压,新鲜充量能顺利进入汽缸。随着气门开启,通道面积增大,汽缸压力上升,到进气终了时,由于进气动能部分转变为压能,缸压又有所提高,接近或略高于进气管内压力。

为了增加进气充量,进气门应:在上止点前打开,以减少进气初期,因进气开启截面过小而导致的进气阻力;在下止点后关闭,以减小进气末期因开启截面越来越小而导致的进气末期阻力,同时还可利用好进气惯性能。不管是进气提前角还是迟闭角都不应该过大,否则,前者易导致废气流入进气管,而后者易将已进入缸内的新鲜充量又被推回进气管。

三、气门重叠和燃烧室扫起

由于进气门的早开和排气门的迟闭,就会有一段时间内进、排气门同时开启的现象,这种现象称为气门重叠,重叠的曲轴转角称为气门重叠角。适宜的气门重叠角,可以利用气流压差和惯性清除残余废气,增加新鲜充量,称此为燃烧室扫气。非增压发动机气门重叠角一般为 20°~80°曲轴转角,增压发动机一般为 80°~160°曲轴转角。

将进、排气门实际开闭的时刻,以相对上下止点曲拐的曲轴转角来表示,即为配气定时,也称为配气相位。用环形图表示配气相位称为配气相位图,如图 5-37 所示。

发动机的结构不同,转速不同,配气相位也就不同,最佳的配气相位角是根据发动机性能要求,通过反复试验来确定。

在使用中,由于配气机构零部件磨损、变形或安装调整不当,会使配气相位产生变化,应定期进行检查调整。

四、四冲程发动机换气过程影响因素

1. 四冲程发动机的充气效率

充气效率是评价发动机换气过程完善程度的一项重要

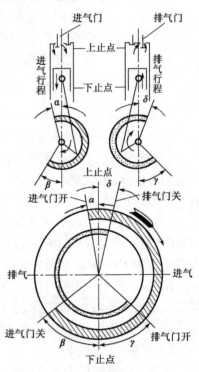

图 5-37 配气相位图
α-进气提前角;β-进气迟闭角;γ-排气提前角;δ-排气迟闭角;$\alpha+\delta$-气门重叠角

指标。它是指在每个循环中,实际进入汽缸的充量与进气状态下充满汽缸工作容积的理论充量的比值,常用 η_v 来表示,即为

$$\eta_v = \frac{V_1}{V_s} = \frac{m_1}{m_s} \tag{5-1}$$

式中:V_1、m_1——分别表示实际进入汽缸充量的体积和质量;

V_s、m_s——分别表示进气状态下充满汽缸工作容积的理论充量的体积和质量。

进气状态是指当时当地的大气状态(非增压机型)或增压器压气机出口的气体状态(增压机型)。

η_v 值越高,表示每个循环进入汽缸的充量越多,则发动机的功率、转矩增加,动力性、经济性能及排放性能也就越好。

柴油机充气效率一般在 0.75~0.90,汽油机在 0.70~0.85。

根据式(5-1)充气效率定义式,可以导出如下解析式:

$$\eta_v = \xi \cdot \frac{\varepsilon}{\varepsilon - 1} \cdot \frac{T_s}{p_s} \cdot \frac{p_a}{T_a} \cdot \frac{1}{1 + \gamma} \tag{5-2}$$

式中:T_s、p_s——进气状态的温度和压力;

T_a、p_a——进气终了时的气体温度和压力;

ξ——进气迟闭角影响系数(进气门关闭时缸内容积与汽缸总容积之比);

ε——压缩比;

γ——残余废气系数(进气结束时汽缸内残余废气量与充入汽缸内新鲜充量之比,它与配气定时等因素有关)。

2.影响换气过程的因素

1)进气终了压力 p_a

通过充气效率解析式分析看出,p_a 值越高,η_v 值也越大。

(1)减少进气系统流通阻力,可提高 p_a。如壁面光滑、短而直、截面积大的进气管道,气流流通阻力小,p_a 值也就高;采用电控汽油喷射系统,由于进气管中未设有喉管,节流损失小,也有利于提高 p_a 值。

(2)增大进气门阀径或使用多进气门机构可以有效提高 p_a 值。如上海柴油机厂生产的 6135Q-l 型车用柴油机,由两气门改为四气门后,15min 标定功率由 154kW 提高到 194kW,最大转矩由 784N·m 提高到 920N·m,经济性和排气温度得到相应改善。目前中小排量以上轿车发动机,已普遍采用四气门结构。此外,在气门杆与气门头的过渡处采用过渡圆弧也可以降低进气系统流通阻力,以提高 p_a 值。

(3)在使用中,应特别注意对空气滤清器的清洁维护,以保证进气畅通,提高 η_v 值。

2)进气终了温度 T_a

从充气效率解析式分析看出,T_a 越高,充入汽缸中的工质密度越小,新鲜充量越少。因此,柴油机的进、排气管道分置于汽缸盖的两侧,适当加大气门重叠角,有利于降低 T_a。对化油器式汽油机,为了使液态汽油在进气管中蒸发混合,常利用排气支管或冷却液的热量加热新鲜空气,所以进、排气管安置于汽缸盖的同侧。显然,传统化油器式汽油机混合气质量的改善,

是通过牺牲充气效率来实现的。若采用电控汽油喷射系统,因进、排气管道分置于汽缸盖两侧,故 T_a 可降低。

3) 汽缸内残余废气系数 γ

通过充气效率解析式还可以分析看出,残余废气系数 γ 增大,不仅使 η_v 下降,而且使燃烧恶化,燃油消耗提高,排放恶化。提高压缩比、采用多气门机构、合理的配气相位、减小排气管阻力等都可以减少汽缸内残余废气数量。

4) 配气定时

合理的配气定时对提高发动机的充气效率有重要的意义。例如,在考虑进气迟闭角大小时,应使 $\xi \cdot p_a$ 具有最大值。

复习思考题

1. 发动机废气机外净化装置常见有几种?其中三元催化转换器起什么作用?
2. 发动机凸轮轴传动方式有几种?各自有何特点?
3. 什么叫气门间隙?气门间隙过大、过小有什么危害?
4. 什么叫配气定时?合理的配气定时有何作用?
5. 简述发动机换气过程的特点。
6. 四冲程发动机充气效率的定义如何?影响其换气质量的因素有哪些?

第六章　发动机冷却系统

第一节　概　述

一、冷却系统的作用

发动机工作时,由于燃料的燃烧,汽缸内的气体温度高达 2000~2500℃,使发动机零部件温度升高,特别是直接与高温气体接触的零件,若不及时冷却,则难以保证发动机正常工作。

冷却系统的作用就是保持发动机在最适宜的温度范围内工作。

二、发动机过热或过冷的危害

发动机冷却必须适度,过热或过冷都会给发动机带来危害。

1. 发动机过热

(1)降低充气效率,使发动机功率下降。
(2)早燃和爆燃的倾向加大,使零件因承受额外冲击性负荷而造成早期损坏。
(3)运动件的正常间隙被破坏,运动阻滞,磨损加剧,甚至损坏。
(4)润滑情况恶化,加剧了零件的摩擦磨损。
(5)零件的力学性能降低,导致变形或损坏。

2. 发动机过冷

(1)进入汽缸的混合气(或空气)温度太低,可燃混合气品质差,使着火困难或燃烧迟缓,导致发动机功率下降,燃料消耗量增加。
(2)燃烧生成物中的水蒸气易凝结成水而与酸性气体形成酸类,加重了对机体和零件的侵蚀作用。
(3)未汽化的燃料冲刷和稀释零件表面(汽缸壁、活塞、活塞环等)上的油膜,使零件磨损加剧。

可见,发动机正常的工作温度是保证发动机良好的工作性能及其使用寿命的一个重要条件。

三、发动机的冷却方式

根据所用冷却介质不同,可分为风冷式和水冷式。

水冷式——以水为冷却介质,热量先由机件传给水,靠水的流动把热量带走而后散入大气中。冷却后的水再重新流回到受热机件处。适当调节水路和冷却强度,就能保持发动机的正常工作温度。同时,还可用热水预热发动机,便于冬季起动。

风冷式——高温零件的热量直接散入大气。

四、发动机的正常温度

水冷式发动机保持正常工作,其冷却液的温度应在 80~90℃,这样才能使零件处于正常工作范围。此时,汽缸壁温度为 200~300℃;汽缸盖、活塞顶部的温度为 300~400℃;润滑油的温度在 70~90℃,保证发动机具有较好的动力性、经济性和净化性,使零件的运动和磨损正常。

风冷发动机铝质汽缸壁的允许温度为 150~180℃,铝质汽缸盖则为 160~200℃。

五、冷却液

冷却液是发动机冷却系统中最重要的工作介质,汽车常用的冷却液有水及加有防冻剂的防冻液。

1. 水冷却液

水冷却液是指直接用水作冷却液,它具有简单方便的优点。但是,水沸点低,易蒸发,需经常添加。冷却液不宜添加河水、井水等含矿物质的水,以免产生水垢,致使冷却系散热不良。冷却液最好用雨水、雪水或离子交换水,但这给冷却水的添加会造成一定困难。更应值得注意的是,水在严寒冬季易结冰,须放水过夜,否则会因结冰时体积膨胀,造成胀裂机体、汽缸盖的严重事故。

2. 防冻液

现代轿车普遍采用防冻液,以提高冷却液的防冻和防沸的能力。例如,桑塔纳系列轿车采用以乙二醇为基料的冷却液(乙二醇的质量占 45.6%,水的质量占 54.4%),凝固点在 -25℃以下,沸点在 106℃以上。不同的冷却液有不同的凝固点和沸点,可以根据发动机使用条件进行选用。有的冷却液还添加有防锈剂、泡沫抑制剂等,有利于减轻冷却系锈蚀和冷却液泡沫产生,提高冷却效果。

专用冷却液一般呈深绿色或深红色,有一定的毒性,使用时应注意。

第二节 水冷却系统组成与主要机件

一、水冷却系统的组成

水冷却系统具有冷却可靠、布置紧凑、噪声小、使用方便等优点。在汽车发动机上应用较为广泛。水冷却系统主要由水箱、风扇、水泵、水管、水套、节温器和水温监测、控制装置等组成,如图 6-1 所示。

水冷却系统一般都由水泵强制给水(或冷却液)在冷却系统中进行循环流动的,故称为强制循环式水冷却系统。水冷发动机的汽缸盖和汽缸体中都铸造出储水的、连通的夹层空间称为水套,其作用是让水接近受热的高温零件,并可在其中循环流动。水泵 6 将冷却液由机外吸入并加压,使之经分水管流入发动机缸体水套9。这样,冷却液从汽缸壁吸收热量,温度升高;流到汽缸盖水套,再次受热升温后,沿水管进入散热器2内,经风扇4的强力抽吸,空气流由前向后高速通过散热器。最终使受热后的冷却液在流经散热器的过程中,其热量不断地通过散热器散发到大气中去。同时,使水本身得到冷却。冷却了的冷却液流到散热器的底部后,又在水泵的加压下,经水管再压入水套9。如此不断地循环,从而使得在高温条件下工作的发动机零件不断地得到冷却,保证发动机的正常工作。

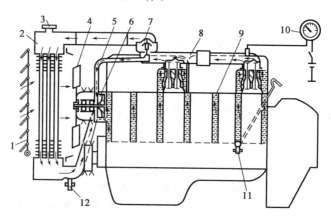

图6-1　强制循环式水冷却系统示意图

1-百叶窗;2-散热器;3-散热器盖;4-风扇;5-小循环水管;6-水泵;7-节温器;8-出水管;9-水套;10-水温表和传感器;11-水套放水开关;12-散热器放水开关

为了使多缸发动机各汽缸冷却强度均匀而设置了分水管。分水管是插入缸体水套的一根铜制的扁管,沿纵向开了若干个出水孔。离水泵越远,出水孔孔径越大。这就使水流速度较低的发动机后部的汽缸,具有足够的冷却液流量,也具有足够的冷却强度。有些发动机冷却系统的分水管不是一根扁铜管,而是在水套外面铸造出一个大的空腔,沿纵向也有若干个出水孔与各缸水套相通,空腔侧面用水套盖板封住。

冷却系统设有的调节温度的装置是为了保证发动机在不同的负荷和转速条件下,经常在最适宜的温度范围内工作,如图6-1中的百叶窗1和节温器7等。

二、散热器

1. 散热器的功用

散热器的功用是将水套中流出的热水分成许多股小水流,以增大散热面积,加速冷却液的冷却。冷却液经过散热器后,其温度可降低10~15℃。为了将散热器传出的热量尽快带走,散热器一般用铜和铝制成,在散热器后面装有风扇与散热器配合工作。

2. 散热器的构造

散热器由上水室、散热器芯和下水室等组成,如图6-2所示。

散热器上水室顶部有加水口,冷却液由此注入整个冷却系统并用散热器盖1盖住。在上水室2和下水室8分别装有进水管3和出水管7,进水管和出水管分别用橡胶软管与汽缸盖的出水管和水泵的进水管相连。在散热器下面一般装有减振垫,防止散热器受振动损坏。在出水管7上还有放水开关9,必要时可将散热器内的冷却液放掉。

散热器芯4由许多冷却管5和散热片6组成,设置散热片是为了增加散热器芯的散热面积。散热器芯的构造形式有多种,常用的有管片式、管带式和板式三种(图6-3)。

管片式散热器芯[图6-3a)]冷却管的断面大多为扁圆形,它连通上、下水室,是冷却液的通道。与圆形断面的冷却管相比,扁形管不但散热面积大,而且万一管内的冷却液结冰膨胀,扁形管可以借其横断面变形而避免破裂。采用散热片不但可以增加散热面积,还可增大散热器的刚度和强度。这种散热器芯强度和刚度都较好,耐高压,但制造工艺较复杂,成本高。

管带式散热器芯[图6-3b)]采用冷却管和散热带沿纵向间隔排列的方式,散热带上的缝孔4是为了破坏空气流在散热带上形成的附面层,使散热能力提高。这种散热器芯散热能力强,制造工艺简单,成本低,但其刚度不如管片式,一般多为轿车发动机采用。

板式散热器芯[图6-3c)]的冷却液通道由成对的金属薄板焊合而成。这种散热器芯散热效果好,制造简单,但焊缝多不坚固,容易沉积水垢且不易维修。

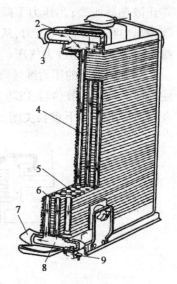

图6-2 散热器
1-散热器盖;2-上水室;3-进水管;4-散热器芯;5-冷却管;6-散热片;7-出水管;8-下水室;9-放水开关

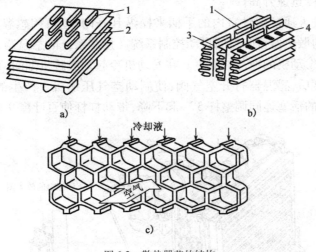

图6-3 散热器芯的结构
a)管片式;b)管带式;c)板式
1-冷却管;2-散热片;3-散热带;4-缝孔

现代汽车发动机多采用闭式水冷却系统,其散热器多采用压力式散热器盖,如图6-4所示。

压力式散热器盖包括一个压力阀4和一个真空阀6,均为止回阀。发动机正常状态时阀门均关闭,使冷却系统与大气隔开。当冷却系统内温度升高,蒸汽压力升高到一定值时,压力阀弹簧受压缩,打开阀门[图6-4a)],过高的压力由溢流管释放掉,冷却系统内的压力下降,以防止散热器胀裂;当压力下降到一定值时,压力阀在弹簧作用下又重新关闭。这样就使冷却系统内压力稍高于大气压力,从而可提高冷却液沸点。各种汽车发动机散热器盖阀门开启压力略有差别,一般超过大气压的26%~37%。

当散热器内的压力继续降低,超过某一值时,真空阀弹簧受压缩,打开真空阀门[图6-4b)],使外部空气进入散热器,以防止散热器内产生真空;当散热器内的压力升高到一定值后,真空阀在其弹簧的作用下重新关闭。

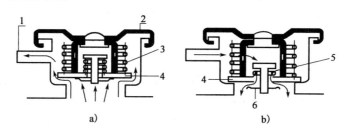

图6-4 压力式散热器盖
a)压力阀打开状态;b)真空阀打开状态
1-溢流管;2-加压盖;3-压力阀弹簧;4-压力阀;5-真空阀弹簧;6-真空阀

有些货车和大客车发动机在散热器前面装有百叶窗,其作用是通过改变吹过散热器的空气量来调节发动机的冷却强度,以保证发动机经常在适当的温度范围内工作。在发动机冷起动或暖车期间,冷却液的温度较低,这时将百叶窗部分或完全关闭,以减少吹过散热器的空气流量,使冷却液的温度迅速升高。

百叶窗可由驾驶人通过驾驶室内的手柄来操纵其开闭,也可用感温器自动控制。图6-5所示是货车上使用的散热器百叶窗的自动控制系统。控制系统的感温器2安装在散热器进水管上,用来感受来自发动机的冷却液温度。在发动机冷起动或暖机期间,百叶窗关闭。当发动机达到正常工作温度后,感温器打开空气阀,使制动空气压缩机3产生的压缩空气进入空气缸,并推动空气缸内的活塞连同调整杆5一起下降,带动杠杆使百叶窗9开启。

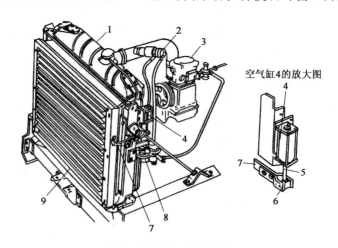

图6-5 百叶窗自动控制系统
1-散热器;2-感温器;3-制动空气压缩机;4-空气缸;5-调整杆;6-调整螺母;7-杠杆;8-空气滤清器;9-百叶窗

三、冷却风扇

冷却风扇安装在水泵轴上,并由驱动水泵和发电机的同一根带传动。

1. 冷却风扇的功用

当风扇旋转时,吸进空气,使其通过散热器,以增强散热器的散热能力,加速冷却液的冷却,达到散热的目的。

2. 冷却风扇的构造

汽车发动机水冷却系统多采用低压头、大风量、高效率的轴流式风扇,即风扇旋转时空气沿着风扇旋转轴的轴线方向流动。在风扇外围设有导风罩3(图6-6),使冷却风扇4吸进的空气全部通过散热器1,以提高风扇效率。

风扇的转速与发动机在各种工况下的运行有很大关系。当发动机转速较慢时,不易得到足够快的风扇转速;而当发动机转速较高,即汽车高速行驶时或者在天气寒冷时,则不希望风扇的转速过高,以免增加发动机的功率损失和风扇噪声。所以在现代轿车中,常常采用各种措施来控制风扇的转速。这些措施包括采用硅油液力离合器、电动风扇和电控液压驱动式风扇等。

1) 硅油液力离合器

在某些发动机风扇和风扇带轮之间还布置有硅油离合器(图6-7)。它利用流经散热器的空气温度来控制风扇转速的变化。

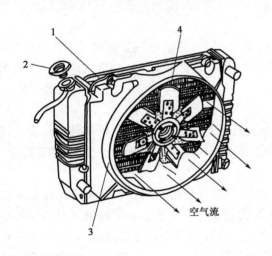

图6-6 冷却风扇与导风罩
1-散热器;2-散热器盖;3-导风罩;4-冷却风扇

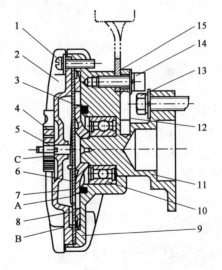

图6-7 硅油液力离合器
1-螺钉;2-前盖;3-密封毛毡圈;4-双金属感温器;5-阀片轴;6-阀片;7-主动板;8-从动板;9-壳体;10-轴承;11-主动轴;12-销止板;13-螺栓;14-内六角螺钉;15-风扇;A-进油孔;B-回油孔;C-漏油孔

硅油液力离合器的前盖2、壳体9和从动板8用螺钉1组成一体,靠轴承10安装在主动轴11上。风扇15安装在壳体上。为了加强硅油的冷却,前盖板上铸有散热片。从动板8与前盖2之间空腔为储油腔,其中装有硅油(油面低于轴中心线),从动板与壳体9之间的空腔为工作腔。主动板7固定连接在主动轴11上,主动轴与水泵轴连接。主动板与工作腔壁有一定间隙,用毛毡圈3密封,防止硅油漏出。从动板8上有进油孔A,平时由阀片6关闭,若偏转阀片,则进油孔即可打开。阀片的偏转靠螺旋状双金属感温器4控制。从动板上有凸台限制阀片最大偏转角。感温器外端固定在前盖上,内端卡在阀片轴5的槽内,从动板外缘有回油孔B,中心有漏油孔C,以防静态时从阀片轴周围泄漏硅油。

当发动机冷起动或小负荷下工作时,冷却液及通过散热器的气流温度不高,进油孔被阀片6关闭,工作腔内无硅油,离合器处于分离状态。主动轴转动时,仅仅由于密封毛毡圈和轴承的摩擦,使风扇随同壳体在主动轴上空转打滑,转速极低。

当发动机负荷增加时,冷却液和通过散热器的气流温度随之升高,感温器受热变形而带动阀片轴及阀片转动。当流经感温器气流温度超过65℃时,进油孔A被完全打开,于是硅油从储油腔进入工作腔。硅油十分黏稠,主动板即可利用硅油的黏性带动壳体和风扇转动。此时风扇离合器处于接合状态,风扇转速迅速提高。由于主动板转速高于从动板,因此受离心力作用从主动板甩向工作腔外缘的油液压力比储油腔外缘的油液压力高,油液从工作腔经回油孔B流向储油腔,而储油腔又经进油孔A及时向工作腔补充油液。由此可见,在离合器接合风扇转动时,硅油是在储油腔和工作腔之间循环流动,这样可防止工作腔内的硅油温度过高,黏度下降,而影响离合器的正常工作。为使硅油从工作腔流回储油腔的速度加快,缩短风扇脱开时间,在从动板8的回油孔B旁,有一个刮油凸起伸入工作腔缝隙内,使回油孔一侧压力增高,回油加快。

当发动机负荷减小,流经感温器的气流温度低于35℃时,感温器恢复原状,并带动阀片将进油孔关闭,工作腔中油液继续从回油孔流回储油腔,直到甩空为止。硅油液力离合器又回到分离状态。

2)电动风扇

电动风扇由于它不用发动机作直接动力源,而是使用蓄电池的电能,所以其转速与发动机转速无关。只在冷却液温度超过一定值时才开始工作。所以电动风扇无动力损失,构造简单,总体布置方便,为大多数现代轿车所使用。

电动机一般有高速和低速两个挡位,其工作状态通过温度传感器(开关)由冷却液温度控制,如图6-8所示。当散热器出口冷却液温度为92~97℃时,温控开关接通电动机低速挡,风扇开始运转,保证有足够的空气流经散热器;当冷却液温度在99~105℃时,温控开关接通电动机高速挡,风扇以更高的转速运转,以提高冷却强度,防止发动机过热;当冷却液温度下降到91~98℃时,风扇电动机恢复低速挡运转;当冷却液温度下降到84~91℃时,风扇电动机停止工作。

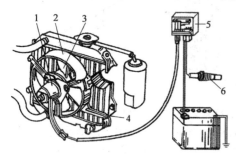

图6-8 电动风扇
1-电动机;2-护风罩;3-风扇叶片;4-风扇框架;5-继电器;6-温度传感器(开关)

四、冷却水泵

1. 冷却水泵的功用与基本工作原理

冷却水泵的功用是对冷却液加压,使冷却液在冷却系统内循环流动。

如图 6-9 所示,水泵叶轮 3 固定在水泵轴 2 上,水泵壳体 1 安装在发动机缸体上。发动机工作时,冷却系统内充满冷却液,曲轴通过带传动驱动水泵轴并带动叶轮转动,从而使水泵腔内的冷却液也一起转动,在离心力作用下,冷却液被甩向叶轮边缘,以切线方向从出水管 5 泵出。同时,叶轮中心部位形成一定的真空,将散热器内的冷却液经进水管 4 吸入泵腔,使整个冷却系统内的冷却液循环流动。

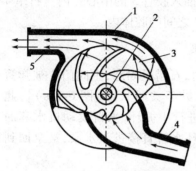

图 6-9 离心式水泵的基本工作原理
1-水泵壳体;2-水泵轴;3-叶轮;4-进水管;5-出水管

2. 冷却水泵的构造

汽车发动机常用的离心式水泵的结构如图 6-10 所示。

水泵轴 12 的一端用两个球轴承 11 支承在水泵壳体 1 内,其伸出壳体以外的部分用半圆键 13 与安装风扇带轮的凸缘盘 14 连接。水泵轴的另一端安装水泵叶轮 2,并用螺栓 5 紧固。在叶轮 2 与球轴承 11 之间装有水封,用来防止水泵内的冷却液沿水泵轴渗漏。水封中的弹簧 7 通过水封环 18 将水封皮碗 6 的一端压在水封座圈 10 上,而将皮碗的另一端压在夹布胶木密封垫圈 3 上。夹布胶木密封垫圈在弹簧的压力下与水泵叶轮毂的端面贴合。密封垫圈上有两个凸耳卡在水泵上的槽孔内。因此,在水泵工作时,水封不随水泵轴旋转。水泵壳体上有泄水孔 C,位于水封之前。一旦有冷却液漏过水封,可从泄水孔泄出,以防止冷却液进入轴承而破坏轴承的润滑。

离心式水泵具有结构简单、体积小、出水量大、工作可靠等优点,因而在汽车上得到了广泛的应用。

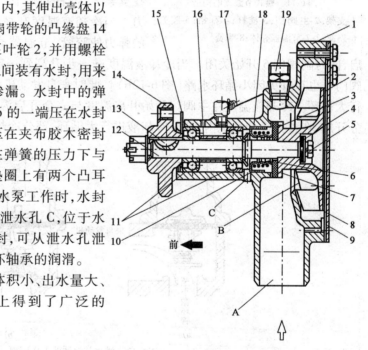

图 6-10 离心式水泵的结构
1-水泵壳体;2-叶轮;3-密封垫圈;4、8-衬垫;5-螺栓;6-水封皮碗;7-弹簧;9-水泵盖;10-水封座圈;11-球轴承;12-水泵轴;13-半圆键;14-凸缘盘;15-轴承卡环;16-隔离套;17-润滑脂嘴;18-水封环;19-管接头;A-进水口;B-水泵内腔;C-泄水孔

五、节温器

1. 节温器的功用

节温器是控制冷却液流动路径的阀门,能根据发动机冷却液温度的高低,打开或关闭冷却液通向散热器的通道,使冷却液在散热器和水套之间进行

大循环或小循环,调节冷却强度,保证发动机在最适宜的温度下工作。

2. 节温器的结构

汽车发动机装用的节温器基本是蜡式节温器,如图6-11所示。它主要由主阀门2、副阀门6、推杆3、节温器壳体7和石蜡4等组成。推杆3的一端固定在支架1上,另一端插入胶管5的中心孔内。石蜡4装在胶管与节温器壳体7之间的腔体内。

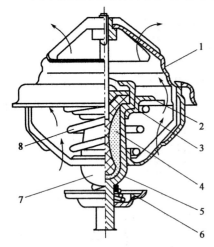

图6-11 蜡式节温器的构造
1-支架;2-主阀门;3-推杆;4-石蜡;5-胶管;6-副阀门;7-节温器壳体;8-弹簧

3. 节温器的工作原理

当冷却液温度较低时,石蜡呈固态,主阀门2被弹簧8推向上方与阀座压紧,处于关闭状态[图6-12a)],此时,副阀门开启,冷却液进行小循环,来自发动机水套的冷却液经副阀门6、小循环水管直接进入水泵,被泵回到发动机水套内。

当温度升高时,石蜡逐渐熔化成液态,体积膨胀,迫使胶管收缩对推杆端部产生向上的推力,由于推杆固定在支架上,推杆对胶管、节温器壳体7产生向下的反推力。当冷却液温度升高到一定值时,反推力克服弹簧8的弹力使胶管、节温器壳体向下运动,主阀门2开始开启,同时副阀门6开始关闭。当冷却液温度进一步升高到一定值时,主阀门2完全开启,而副阀门6也正好关闭小循环水路[图6-12b)],此时来自发动机水套的冷却液全部经过散热器进行大循环。冷却液温度在主阀门开始开启温度与完全开启温度之间时,主阀门和副阀门均部分开启,在整个冷却系统内,部分冷却液进行大循环,部分冷却液进行小循环。

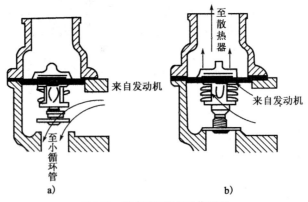

图6-12 蜡式节温器的工作原理
a)小循环;b)大循环

主阀门从开始开启到开到最大时的温度随不同的车型有所不同,如桑塔纳JV型发动机节温器,主阀门开始开启温度应为85℃,完全开启时的温度应为105℃。一般载货汽车发动机节温器的开启温度较低,如CA6102发动机节温器,主阀门开始开启温度应为76℃,完全开启时的温度应为86℃。

第三节 风冷却系统

利用高速流动的空气直接吹过发动机高温零件的表面,把热量散发到大气中,使发动机的温度保持在最有利的范围内工作的一系列装置称为风冷系统。

图 6-13 所示是风冷却发动机示意图。风冷却发动机为了增大散热面积,各个汽缸通常分开铸造,然后装到整体的曲轴箱上。汽缸体和汽缸盖的表面布满散热片。为加强冷却,风冷却发动机大都采用导热较好的铝合金铸造。

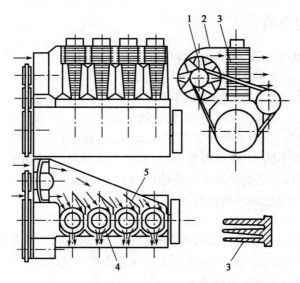

图 6-13 风冷却系示意图
1-风扇;2-导流罩;3-散热片;4-汽缸导流罩;5-分流板

由于风冷却发动机表面空气阻力较水冷却系统的大,故风冷却发动机采用功率、流量均较大的轴流式风扇,以加强发动机冷却。为了更有效地利用空气流和保证各缸冷却均匀,一般风冷却发动机上装有导流罩 2 和分流板 5。考虑到各缸背风面冷却的需要,有些发动机上还装有汽缸导流罩 4。

风冷却系统与水冷却系统比较,结构简单,质量轻,使用维修方便,起动升温快。但由于材料质量要求高,冷却强度难以调节,工作噪声大等缺点,目前在汽车上的应用不如水冷却系统普遍。

复习思考题

1. 冷却液的构成及要求是什么?
2. 发动机水冷却系统中的冷却液温度过高、过低对发动机有什么危害?
3. 简述蜡式节温器工作原理。

第七章 发动机润滑系统

第一节 概 述

一、润滑系统的作用

任何相互运动的摩擦表面,都存在磨损,都需要进行润滑。汽车发动机有众多相互运动件,如曲轴主轴颈与主轴瓦、曲柄销与连杆瓦,曲轴以 5000~7000r/min 的高速旋转,一旦缺少润滑,轴瓦表面会瞬时形成高温,造成金属之间相互烧熔,严重时还会出现"抱轴"现象。又如,活塞与活塞环在汽缸中高速往复运动,其线速度高达 17~23m/s,若无有效润滑,极容易造成发动机发热而"拉缸"。尤其对于新出厂的发动机,虽然工作表面经过精细的加工,但微观看这些表面却是粗糙不平的,工作压力集中,更容易造成"拉缸"、"抱轴"现象。所以汽车发动机必须设有润滑系统,将清洁的润滑油不断输送到相互摩擦表面,以保证发动机可靠工作,减小摩擦阻力,降低功率消耗,减轻机件磨损。

除此之外,润滑油流经摩擦表面,带走表面热量,也带走零件磨损留下的磨屑,所以发动机润滑系统还兼有冷却和清洁功能。润滑油涂布在汽缸与活塞和活塞环之间,还起着增加活塞环的密封作用。同时,润滑油还具有防止金属零件表面被氧化锈蚀。个别情况下,润滑系还起传力和控制机构的作用(如液压挺柱等)。

二、润滑方式

根据发动机不同运动表面的工作特点,分别采用以下三种方式:

(1)压力润滑——是以一定的压力把润滑油供入摩擦表面的润滑方式。这种方式润滑可靠,但结构较为复杂。主要用于曲轴主轴承、连杆轴承及凸轮轴承等负荷较大,相对运动速度高的摩擦表面的润滑。

(2)飞溅润滑——它是利用发动机工作时运转零件撞击机油溅起来的油滴或油雾润滑摩擦表面的润滑方式。该方式结构简单,但可靠性较差。主要用于负荷较轻的配气机构的凸轮、挺柱、气门杆、摇臂等零件的工作表面和难以用压力润滑的汽缸壁与活塞工作表面。

(3)润滑脂润滑——通过定期加注润滑脂来润滑零件工作表面的方式,如水泵及发电机轴承等。

三、润滑剂

汽车发动机润滑剂有润滑油和润滑脂两类。

1. 润滑油

1)润滑油的主要性能

(1)黏度。黏度是指润滑油受外力作用移动时,分子间产生的内摩擦力大小。它是润滑油分级和选用的主要依据。黏度过小,在高温、高压下容易从摩擦表面流失,不能形成足够厚度的油膜;黏度过大,冷起动阻力增加,起动困难,润滑油不能及时被泵送到摩擦表面,导致起动磨损严重。

(2)黏温性。黏温性是指润滑油黏度随温度而变化的特性。发动机从起动到满负荷工作,温度变化范围大,导致润滑油温度变化大于100℃。若润滑油的黏度随温度变化太大,就会使高温时黏度太低,而低温时黏度太高,影响正常润滑。

(3)氧化安定性。氧化安定性是指润滑油抵抗氧化作用不使其性质发生永久变化的能力。润滑油工作温度高达95℃,产生氧化后,颜色变暗,黏度增加,酸性增大,并产生胶状沉积物。氧化变质的润滑油将腐蚀发动机零件,甚至破坏发动机的正常工作。

(4)其他性能。如极压性、防腐性、起泡性、清净分散性等,它们对发动机的润滑都产生一定的影响,需要加入各种添加剂,保证润滑油的性能。

2)润滑油的分类

根据《内燃机油分类》(GB/T 28772—2012)的规定,汽油机油有八个等级,即SE、SF、SG、SH、SJ、SL、SM和SN;柴油机油有九个等级,即CC、CD、CF、CF-2、CF-4、CG-4、CH-4、CI-4和CJ-4。在等级代号的第一个字母中,"S"代表汽油机油,"C"代表柴油机油;第二个字母表示质量等级,字母顺序越靠后,质量等级越高;柴油机油的数字"2"或"4"分别表示二冲程或四冲程柴油发动机。

每一种使用级别又有若干单一黏度等级和多黏度等级的润滑油牌号。例如,5W、10W、20W、20、30、40,以及5W-30、5W-40、10W-30、10W-40等。其中,所举前六种为单一黏度等级,有字母"W"表示冬季机油品种,其前的数字越小,其低温黏度越小,低温流动性越好,适用的最低温度越低;无字母"W"的表示夏季用油,数字越大,其黏度越大,适用的最高气温越高。后举四种为多黏度等级,其"W"前后数字,分别代表冬季和夏季部分数字。对多黏度等级油来讲,代表冬季用部分数字越小、夏季用部分数字越大,说明其黏温特性越好,适用的气温范围越大。所以,多黏度等级的润滑油可以四季通用,而单一黏度等级的润滑油黏温性较差,只适应某一温度范围使用。

3)润滑油的选用

(1)根据汽车发动机的强化程度选用合适的润滑油使用等级。汽油机的强化程度往往与生产年份有关。后生产的汽车比早年生产的汽车强化程度高,应选用使用级较高的润滑油。

柴油机的强化程度用强化系数K表示。强化系数为

$$K = p_{me}c_{m}\tau \tag{7-1}$$

式中:p_{me}——平均有效压力(MPa);

c_m——活塞平均速度(m/s);

τ——冲程系数(四冲程$\tau=0.5$,二冲程$\tau=1$)。

$K \leqslant 50$时,选用CC级润滑油;$K > 50$时,应选用CD级润滑油。

(2)根据地区的季节气温选用适当黏度等级的润滑油。按当地的环境温度选用润滑油时,可参考图7-1。

2. 润滑脂

润滑脂是将稠化剂掺入液体润滑剂中所制成的一种稳定的固体或半固体产品,其中可以

加入旨在改善润滑脂某种特性的添加剂。

润滑脂在常温下可附着于垂直表面而不流淌,并能在敞开或密封不良的摩擦部位工作,具有其他润滑剂所不能代替的特点。因此,在汽车的许多部位都使用润滑脂进行润滑。

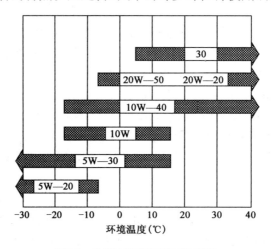

图 7-1　按当地环境温度选择润滑油

目前,进口汽车和国产新车普遍推荐使用汽车通用锂基润滑脂(GB/T 5671—2014)。这种润滑脂具有良好的高低温适应性,可在 -30~120℃ 的较宽温度范围内使用;具有良好的抗水性和防锈性能,可用于潮湿和与水接触的摩擦部位;具有良好的安定性和润滑性,在高速运转的机械部位使用,不变质、不流失,保证良好润滑。它能够满足我国从哈尔滨到海南岛广大地区汽车的使用要求,与使用钙基或复合钙基润滑脂比较,可以延长换油期 2 倍,使润滑和维护费下降 40% 以上。

第二节　润滑系统的油路及工作过程

汽车发动机润滑系统油路方案大致相同,下面介绍几种典型的润滑油路。

一、汽油机润滑油路

图 7-2 所示为 EQ6100Q 型汽油发动机润滑油路示意图。润滑系统由加油管、油底壳、集滤器 1、机油泵 3、粗细滤器 21 和 9、机油散热器 7、主油道 19、分油道、限压阀 4、旁通阀 20 等组成。

发动机曲轴的主轴承、连杆轴承、凸轮轴轴承、摇臂孔、空气压缩机、正时齿轮和机油驱动轴等采用压力润滑;活塞、活塞环、活塞销、汽缸壁、气门、挺杆和凸轮等采用飞溅润滑。

发动机工作时,机油经固定式集滤器 1 初步过滤后进入泵 3,防止大的机械杂质进入泵体内。机油泵使机油产生一定的压力而输出。由机油泵输出的油分为两路:大部分(90%)的机油经粗滤器 21 滤去较大的机械杂质后进入纵向主油道 19,并由此流向各运动零件的工作表面。若粗滤器的滤芯被杂质堵塞而失效时,机油便顶开旁通阀 20 直接进入主油道,以保证发动机各部分有足够的润滑油。另一小部分机油经机油限压阀 15 流入细滤器 9,滤去细小杂质后流回油底壳。当润滑油路中的油压低于 100kPa 时,进油限压阀不开启,机油细滤器停止工作,保证主油道内的油量足够。细滤器并联在油路中,既不影响润滑油畅通,又可使润滑油得到良好的滤清。一般汽车每行驶50km左右,全部机油即可经细滤器滤清一遍。

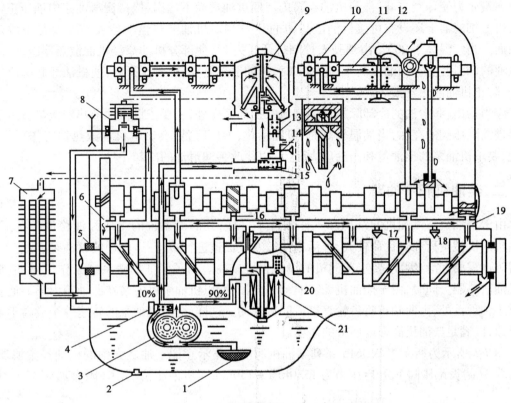

图 7-2 汽油发动机润滑油路示意图

1-集滤器;2-磁性放油螺塞;3-机油泵;4-限压阀;5-油封;6-喷嘴;7-机油散热器;8-空气压缩机;9-细滤器;10-摇臂轴支座;11-摇臂;12-摇臂轴;13-机油散热器安全阀;14-机油散热器开关;15-机油限压阀;16-机油泵和分电器驱动轴;17-油压过低传感器;18-油压传感器;19-主油道;20-旁通阀;21-粗滤器

进入主油道的润滑油由曲轴上的七条并联的横向油道流到曲轴主轴承中,然后经曲轴上的油道流入连杆轴颈处。其中第一、二、四、六、七条横向油道里的部分润滑油流向凸轮轴轴承。流入第五道凸轮轮轴承中的机油,从轴颈上的泄油孔流出,以防将后油堵盖压出。第三条横向油道里的部分润滑油流向机油泵和分电器驱动轴16。

用油管从主油道前端引出部分润滑油到空气压缩机曲轴中心油道,润滑空气压缩机的曲轴和连杆轴承处,然后经空气压缩机下方的回油管流回到发动机的油底壳中。在曲轴箱前端拧入一喷油嘴通过油道与主油道连通,以润滑正时齿轮。

凸轮轴的第二、四轴颈上有两个不通的半圆形节流槽,润滑油经该槽间歇地通过摇臂轴的第一和第四支座上的油道输送到两根中空带孔的摇臂轴内,润滑摇臂孔。凸轮轴轴颈上的节流槽对润滑油的节流作用能防止摇臂轴过量润滑,避免多余的油顺气门流入汽缸。

在主油道上安装了机油压力表传感器18和机油压力过低警告灯传感器17。正常的油压应为150~600kPa。当主油道内的油压低于100kPa时,传感器17的触点接通使警告灯发亮,应立即停车检查。

机油泵的端盖上装有限压阀14。限压阀的作用是限制润滑系统内的最高油压,防止因压力过高而造成过分润滑及密封垫、圈发生泄漏现象。当油压超过正常工作范围时,机油压力便克服弹簧张力使球阀打开,部分机油在泵内泄回进油端而不输出,保持润滑油路内油压正常。

机油细滤器上还设有可接机油散热器的开关14。机油散热器一般安装在冷却液散热器的前面。当气温高于20℃时,由驾驶人控制打开开关14,使部分机油流经机油散热器冷却,以保持机油的润滑性能。当油压高于400kPa时,机油散热器安全阀13开启,使机油经此阀泄入油底壳,防止机油散热器损坏。

应当指出,润滑油的冷却除靠迎面气流吹拂油底壳外,主要依靠机油散热器散热。由于细滤器进油限压阀的存在,当油温较高时,机油稀化,油压降低,会影响机油散热器工作可靠性。为此,要求机油泵的出油量和出油压力较大,以便改善润滑油的冷却条件。

二、柴油机润滑油路

由于柴油机与汽油机的结构和工作条件不一样,其润滑系统的组成和油路也各有不同。柴油机的机械负荷和热负荷较大,其活塞一般专设油道进行冷却;所配用的喷油泵、调速器、增压器等也需要润滑,因此,要求柴油机的润滑强度较高。为了保证润滑系统工作可靠,通常设有机油散热器。同时,由于柴油机无需驱动分电器,所以机油泵可安装在曲轴箱内第一道或第二道主轴承盖处,由曲轴正时齿轮直接或间接驱动。这样,可使机油泵的转速等于或高于发动机转速,以满足柴油机高强度润滑的需要。

图7-3所示为斯太尔WD615系列柴油机润滑油路示意图。油底壳中的机油经集滤器2、机油泵3(附设限压阀1,开启压力为1550kPa±150kPa)、机油滤清器16(附旁通阀17)、机抽

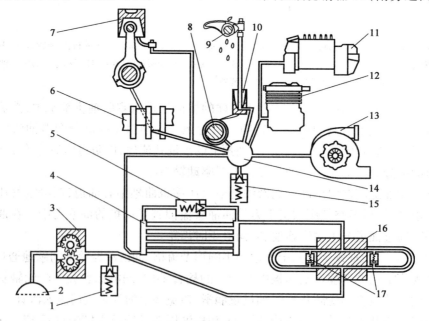

图7-3 柴油机润滑油路示意图

1-机油限压阀;2-集滤器;3-机油泵;4-机油散热器;5-机油散热器限压阀;6-曲轴;7-连杆小头;8-凸轮轴;9-摇臂轴;10-挺柱;11-喷油泵;12-压气机;13-增压器;14-主油道;15-限压阀;16-机油滤清器;17-滤清器旁通阀

散热器4进入主油道。机油散热器上装有限压阀,当油压过高时,限压阀开启,机油直接由此阀进入主油道,避免机油散热器损坏。主油道中的机油通过各支油道分别流向增压器13(若柴油机为自然吸气式则无增压器)、压气机12、喷油泵11、经推杆到摇臂轴9、凸轮轴轴颈15、曲轴主轴颈和连杆轴颈等处进行压力润滑。为了保证活塞的冷却,对应各缸处有机油喷嘴,来自于主油道的机油直接喷活塞内腔。

此外,润滑系统主油道中装有机油压力过低传感器,能自动报警;油底壳底部有磁性放油螺塞;窜入曲轴箱及汽缸体内腔的油气可通过油气分离器,使凝结下来的机油回到油底壳。分离出来的气体则通过增压器压气机进入柴油机进气管。

第三节 润滑系统的主要机件

一、机油泵

机油泵的作用是将一定压力和数量的润滑油供到润滑表面。汽车发动机常用的机油泵有齿轮式和转子式两种。

1. 齿轮式机油泵

齿轮式机油泵工作原理如图7-4所示。因油泵壳体内壁的间隙很小,泵壳上有进出油孔。当发动机工作时,齿轮按图示箭头方向旋转,轮齿将润滑油(如图中箭头所示)从进油腔2带到出油腔6,使出油腔油压增大,润滑油便经出油口被压送到发动机油道中。同时,进油腔产生一定的真空度,机油便从进油口被吸入进油腔。机油泵不断工作,保证机油在润滑油路中不断循环。

当齿轮进入啮合时,啮合齿间的润滑油体积变小,在齿间产生很高的压力,给齿轮的运动带来阻力并通过齿轮作用在主、从动轴上,加剧了轴与齿轮孔间的磨损。因此,通常在泵盖上铣卸压槽5,使啮合齿隙与出油腔连通,以降低其油压。

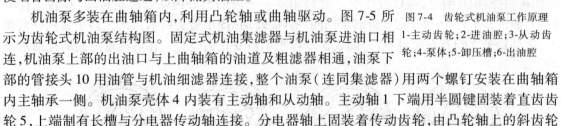

图7-4 齿轮式机油泵工作原理
1-主动齿轮;2-进油腔;3-从动齿轮;4-泵体;5-卸压槽;6-出油腔

机油泵多装在曲轴箱内,利用凸轮轴或曲轴驱动。图7-5所示为齿轮式机油泵结构图。固定式机油集滤器与机油泵进油口相连,机油泵上部的出油口与上曲轴箱的油道及粗滤器相通,油泵下部的管接头10用油管与机油细滤器连接,整个油泵(连同集滤器)用两个螺钉安装在曲轴箱内主轴承一侧。机油泵壳体4内装有主动轴和从动轴。主动轴1下端用半圆键固装着直齿齿轮5,上端制有长槽与分电器传动轴连接。分电器轴上固装着传动齿轮,由凸轮轴上的斜齿轮驱动。从动轴15压入壳体内,其上松套着从动齿轮16。

齿轮与泵体内壁及与泵盖间的间隙很小,以保证产生必要的油压。所以泵盖与壳体间的密封纸垫制作得很薄,衬垫既可防止漏油,又可调整齿轮端隙。

泵盖上装有限压阀组件8和13。限压阀的作用是在油压过高时泄压,维持主油道内的正常压力(150~600kPa)。当油压超出上述范围时,可增减垫片7的厚度,以调整弹簧8的预紧力,从而使油压保持在正常范围。

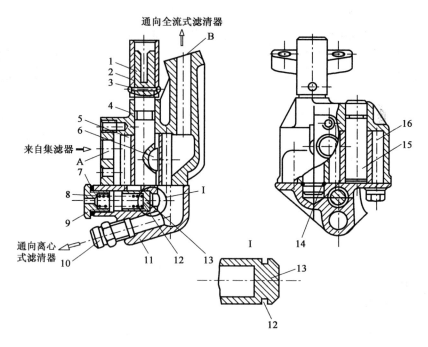

图 7-5 齿轮式机油泵的典型结构(东风 EQ6100-Ⅰ型发动机)
1-主动齿轮轴;2-连轴套;3-铆钉;4-机油泵体;5-主动齿轮;6-半圆键;7-垫片;8-限压阀弹簧;9-螺塞;10-管接头;11-机油泵盖;12-集垢槽;13-柱塞式限压阀;14-挡圈;15-从动齿轮轴;16-从动齿轮;A-进油口;B-出油口

2. 转子式机油泵

转子式机油泵采用内啮合方式,具有结构紧凑、吸油真空度高、泵油量较大、供油均匀、噪声小等优点。当机油泵安装在曲轴箱外且位置较高时,用这种机油泵较为合适。

转子式机油泵的构造和工作原理如图 7-6 所示。转子油泵主要由外转子 1、内转子 2、泵体 3 和泵轴 4 组成。泵体的端面处加工有两个相互隔开的配油槽(图中虚线),分别与进油道和出油道相通。内转子固定在泵轴上,外转子空套在泵体内。内转子有 4 个凸齿,外转子有 5 个凹齿,它们相互啮合,可以看作是一对只相差一个齿的偏心内啮合齿轮传动,其转速比为 5:4。油泵工作时,内转子带动外转子向同一方向转动(图中箭头所示),无论转子转到任何角度,内外转子之间都有接触点,分隔成 5 个容积不断变化的空腔。在进油道一侧的配油槽处

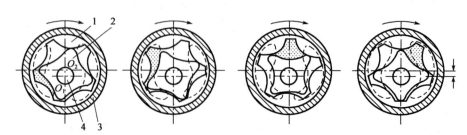

图 7-6 转子式机油泵工作原理图
1-外转子;2-内转子;3-壳体;4-泵轴

(图中左侧虚线),内外转子脱开啮合,容积逐渐增大,产生真空度,机油被吸入空腔内。转子继续旋转,机油被带到出油道一侧的配油槽处(图中右侧虚线),内外转子进入啮合,油腔容积逐渐减小,机油压力逐渐升高并从配油槽处送出。转子式机油泵的工作性能,主要取决于内外转子与壳体间的端面间隙,为此,在盖板与壳体之间装有很薄的耐油纸调整垫片。

二、机油滤清器

发动机工作过程中,金属磨屑、尘土、高温下被氧化的积炭和胶状沉淀物、水等不断混入润滑油。机油滤清器的作用就是滤掉这些机械杂质和胶质,保持润滑油的清洁,延长其使用期限。机油滤清器应具有滤清能力强、流通阻力小、使用寿命长等性能。一般润滑系统中装用几个不同滤清能力的滤清器——集滤器、粗滤器和细滤器,分别并联或串联在主油道中。与主油道串联的滤清器称为全流式滤清器,与之并联的则称为分流式滤清器。

1. 集滤器

集滤器一般为滤网式,装在机油泵之前。目前,汽车发动机所用的集滤器分为浮筒式和固定式两种。浮筒式集滤器(图7-7)由浮筒3、滤网2、浮筒罩1及吸油管4等构成。空心的浮筒不论油底壳内的油面如何波动,始终浮在润滑油表面上,以保证机油泵从含杂质较少的上层油面吸入润滑油。滤网有弹性,中央有环口,在一般情况下借助滤网的弹性,环口压紧在浮筒罩上。浮筒罩的边缘有缺口,当浮筒罩与浮筒装合后形成进油狭缝。

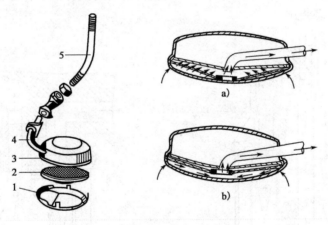

图7-7 浮筒式集滤器结构及工作情况
a)滤网未堵塞情况;b)滤网被堵塞情况
1-浮筒罩;2-滤网;3-浮筒;4-吸油管;5-固定油管

当机油泵工作时,润滑油从油底壳经进油狭缝、滤网、吸油管进入机油泵[图7-7a)]。润滑油流过滤网时,其中粗大的杂质被滤除。当滤网被杂质堵塞后,滤网上方的真空度增大,于是克服滤网的弹力,使滤网上升,环口离开浮筒罩,这时润滑油经进油狭缝和环口进入吸油管和机油泵[图7-7b)],以保证润滑油的供给不致中断。

在国产桑塔纳、捷达、奥迪100型等轿车及依维柯轻型车上,均采用深入油面以下的固定式集滤器。与浮筒式集滤器相比,固定式集滤器虽然吸入润滑油的清洁度稍差,但结构简单,并可防止油面上的泡沫被吸入润滑系统,所以应用广泛。

2. 粗滤器

粗滤器是用来过滤润滑油中颗粒较大(直径为0.04mm以上)的杂质。由于它对润滑油的流动阻力较小,故可串联于机油泵与主油道之间。

粗滤器的构造如图7-8所示,滤芯由经过树脂处理的多孔滤纸制成,滤纸折成扇形或波纹形。滤芯的两端由环形密封圈2和6密封,滤芯内装有金属丝网或带有网眼的薄铁皮作为滤芯的骨架。粗滤器工作时,润滑油从进油孔进入滤芯周围,经过滤芯滤清后从出油口流出。

滤清器盖上装有旁通阀。当滤芯堵塞,进油口压力升高达到规定值时,旁通阀的球阀12被顶开,机油直接进入主油道。

纸质滤清器结构简单,滤清效果好,更换方便,得到广泛应用。

3. 细滤器

细滤器用来清除微小杂质(直径在0.001mm以上)、胶质和水分。由于它的阻力较大(实际上是压力渗透),故多制成分流式,也有制成全流式的,但需加装旁通阀,以防断流。

1)过滤式细滤器

这种细滤器多采用耐油耐水的微孔滤纸滤芯。微孔纸芯有较大的滤清面积和通过性,且更换方便。图7-9所示为一次性使用的细滤器,其壳体为薄钢板冲压封闭式的,内装带有金属骨架的纸质波折式滤芯,滤芯的下部装有旁通阀。一旦滤芯堵塞,机油便从旁通阀直接流入主油道,以防供油中断。通常汽车行驶15000km左右,定期更换滤清器。这种滤清器成本低、拆装方便,轿车发动机多装用。

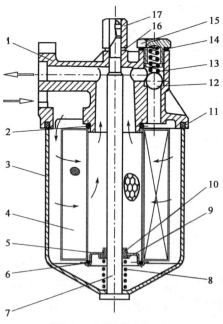

图7-8 纸质滤芯式粗滤器
1-上盖;2、6-密封圈;3-外壳;4-滤芯;5-托板;7-拉杆;8-托簧;9-垫圈;10、11-密封圈;12-球阀;13-弹簧;14-垫圈;15-阀座;16-垫圈;17-螺母

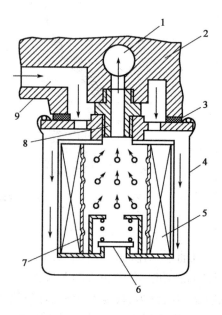

图7-9 全流式不可拆的滤清器
1-主油道;2-机体;3-密封圈;4-外壳;5-纸滤芯;6-旁通阀;7-金属骨筒;8-连接座;9-进油道

2)离心式细滤器

如图7-10所示,滤清器外壳1上固定着带中心孔的转子轴3。转子体14与转子体端套6连成一体,其中心孔内压装着三个衬套13,套在转子轴上可自由转动。压紧螺母12将转子盖8与转子体紧固在一起,须经动平衡检验。转子下面装有止推轴承4,上面装有支承垫9,并用弹簧10压紧以限制转子轴向窜动。转子下端有两个水平安装、互成反向的喷嘴5。滤清器盖7用压紧螺母11装在滤清器壳体上使转子密封。滤清器盖与壳体具有高度的对中性,保证转子正常运转。

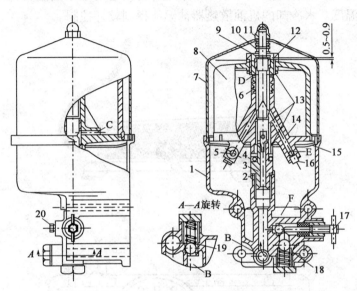

图7-10 EQ6100-Ⅰ型发动机的离心式机油细滤器结构图
1-壳体;2-锁片;3-转子轴;4-止推轴承;5-喷嘴;6-转子体端套;7-滤清器盖;8-转子盖;9-支承垫;10-弹簧;11-压紧螺套;12-压紧螺母;13-衬套;14-转子体;15-挡板;16-螺塞;17-调整螺钉;18-旁通阀;19-进油限压阀;20-管接头;B-细滤器进油口;C-出油口;D-进油口;E-通喷嘴油道;F-滤清器出油口

发动机工作时,从机油泵来的润滑油进入细滤器进油口B。当油压低于100kPa时,进油限压阀19不开,机油不经细滤器而全部流向主油道,保证发动机可靠润滑。当油压超过100kPa时,进油限压阀被顶开,润滑油沿外壳和转子轴的中心孔经出油口C进入转子内腔,然后经进油口D、油道E从两喷嘴喷出。在油的喷射反力作用下,转子及其内腔的润滑油高速旋转,转速可高达10000r/min左右。在离心力的作用下润滑油中的杂质被甩向转子盖内壁并沉积下来,清洁的机油从出油口F流回油底壳。

管接头20与机油散热器相连。当油温过高时,旋松机油散热器开关17使部分润滑油流向散热器。当油压高于400kPa时,机油散热器安全阀18被打开,部分润滑油经此流回油底壳,保护机油散热器不因油压过高而受损坏。

转子上的喷嘴又是油的限量孔,保证通过细滤器的油量为油泵出油量的10%~15%。

离心式滤清器滤清能力强,通过性好,不须更换滤芯,只要定期清洗即可。但对胶质的滤清效果差,制造和装配精度要求较高。此滤清器出油无压力,一般只作分流式连接。

三、机油散热器

为了使机油保持最有利的工作温度,除靠油底壳和其他零件的自然散热外,有的发动机还装有机油散热器。机油散热器多装在冷却液散热器前面,利用空气或水来冷却。空气冷却的机油散热器结构与冷却液散热器相似(图7-11),多与主油道并联。冷却液冷却的机油散热器(图7-12),将机油散热器置于冷却水路中,串联在主油道之前。冷却液在管外流动,润滑油在管内流动(或反之)。当油温较高时靠冷却液降温,而在起动暖车油温较低时,则从冷却液吸热迅速提高机油温度。水冷却的机油散热器油温能得到较好控制。

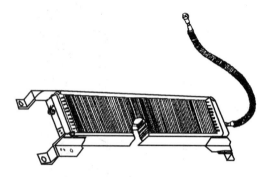

图7-11 空气冷却的机油散热器

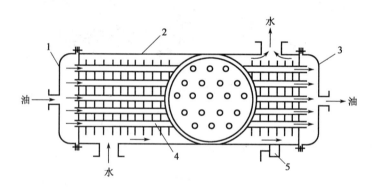

图7-12 水冷却的机油散热器简图
1-前盖;2-壳体;3-后盖;4-铜芯管及散热片;5-放水开关

复习思考题

1. 润滑系统的作用有哪些?
2. 什么叫压力润滑和飞溅式润滑?其各自特点如何?
3. 试解释 SF10W-30、CD5W-40、SN10W 机油型号中各符号的全部含义。
4. 润滑油黏度过高、过低有什么危害?
5. 简述离心式机油滤清器工作原理。
6. 在EQ6100-1型发动机离心式机油滤清器中,机油限压阀有何作用?实现作用的机理又是什么?

第八章 汽油机点火系统

第一节 概 述

在汽油机中,可燃混合气是靠电火花点燃的。为了能在汽缸中产生电火花,汽油机装设了一整套能够按照发动机点火顺序和点火时刻规律、在火花塞电极间产生电火花的系统,即汽油发动机点火系统。

点火系统的功用是按照发动机点火次序在规定时刻供给火花塞足够能量的高压电流,使其两极产生电火花点燃可燃混合气,从而使发动机做功。

击穿火花塞两电极间隙产生电火花所需要的电压,称为击穿电压。为了保证汽油发动机在各种工况下均能可靠地点火,击穿电压应保证在 15kV 以上。

目前汽油机应用的点火系统有:传统分电器式点火系统、半导体点火系统和微机控制点火系统。

传统分电器式点火系统——长期以来被汽油机广泛采用,主要由电源、点火线圈、断电器、分电器、火花塞、高压导线等组成。火花塞两电极间产生电火花的电能由电源(蓄电池或发电机)供给,电源的低压电经点火线圈和断电器转变为高压电,再将高压电由分电器经高压导线输送到燃烧室中的火花塞。

半导体点火系统——也称晶体管点火系统,是一种新型的点火系统,其电源虽然也是蓄电池,但初级电流的控制是由晶体管来完成的。

微机控制点火系统——通过微机和各种传感器控制点火时刻,发动机动力性、经济性和排放性得到改善。

本章只对传统分电器式点火系统进行介绍,其余两类将在第三十一章第一节中进行介绍。

第二节 传统分电器式点火系统

一、传统分电器式点火系统的组成与工作原理

传统分电器式点火系的组成如图 8-1 所示。主要由电源——蓄电池和发电机(图中未画出)、点火开关 1、点火线圈 2、断电器 4、配电器 3、电容器 5、火花塞 6、高压导线 7、阻尼电阻 8 等组成。

点火系统将 12V 或 24V 的低压电转变为 10000V 以上的高压电是由点火线圈和断电器共同完成的,并由配电器分配到各缸火花塞,如图 8-2 所示。点火线圈实际上是一个变压器,主要由初级绕组 4、次级绕组 5 和铁芯 3 组成。断电器是一个由凸轮操纵的开关,主要由断电器凸轮 7、触点臂 8、触点 9 组成。断电器凸轮由发动机配气凸轮驱动,并以同样的转速旋转,即

曲轴每转两圈凸轮转一圈。为了保证曲轴每转两圈各缸轮流点火一次,断电器凸轮的凸棱数一般等于发动机的汽缸数。断电器的触点与点火线圈的初级绕组串联,用来接通或切断点火线圈初级绕组的电路。配电器由分电器盖与分火头组成。分火头安装在断电器轴上,与轴一起旋转,分电器盖上有中心电极和若干个侧电极,侧电极的数目与发动机汽缸数相等,经高压导线与各缸火花塞相连。

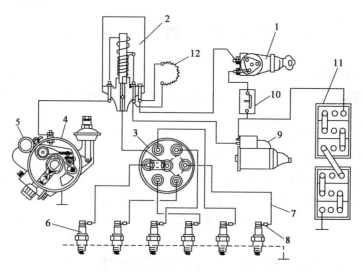

图 8-1 传统分电器式点火系统的组成

1-点火开关;2-点火线圈;3-配电器;4-断电器;5-电容器;6-火花塞;7-高压导线;8-阻尼电阻;9-起动机;10-电流表;11-蓄电池;12-附加电阻

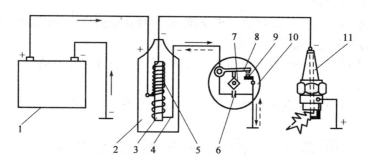

图 8-2 点火系统电路简图

1-蓄电池;2-点火线圈;3-铁芯;4-初级绕组;5-次级绕组;6-电容器;7-断电器凸轮;8-触点臂;9-断电器触点;10-断电器;11-火花塞

图 8-3 所示是点火系统的工作示意图。点火线圈初级绕组 5 的一端经点火开关 6 与蓄电池相连,另一端接活动触点臂 7,固定触点 8 通过断电器外壳接地,断电器触点间并联有电容器 9。

接通点火开关,当断电器触点闭合时,低压的初级电流由蓄电池的正极经点火开关、点火线圈的初级绕组(200～300 匝的粗导线)、断电器触点臂、触点、接地流回蓄电池的负极,如图 8-3a)所示。由于回路中流过的是低压电流,所以称这条电路为低压电路或初级电路。初级绕组通电时,其周围产生磁场,并由于铁芯的作用而加强。当断电器凸轮顶开触点时,初级电路被切断,初级电流迅速下降到零,铁芯中的磁通随之迅速衰减以至消失,因而在匝数多(15000~23000匝)导线细的次级绕组中感应出很高的电压,使火花塞两电极之间的间隙被击穿,产生火花。初级绕组中电流下降的速率越大,铁芯中磁通的变化率越大,从而次级绕组中的感应电压也越高。

点火线圈次级绕组中的感应电压称为次级电压,其中通过的电流称为次级电流。次级电流所流过的电路称为次级电路或高压电路。

发动机工作时,在断电器触点分开瞬间,次级电路中分火头恰好与侧电极对准,如图8-3b)所示。次级电流从点火线圈的次级绕组,经蓄电池正极、蓄电池、搭铁、火花塞的侧电极、中心电极、高压导线、配电器流回点火线圈的次级绕组。

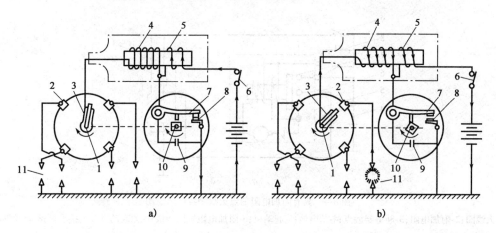

图8-3 传统分电器式点火系工作示意图
a)触点闭合;b)触点分开

1-配电器的中心电极;2-侧电极;3-分火头;4-次级绕组;5-初级绕组;6-点火开关;7-活动触点臂;8-固定触点;9-电容器;10-凸轮;11-火花塞

在点火线圈铁芯中的磁通发生变化时,不仅在次级绕组中产生高压电(互感电压),同时也在初级绕组中产生自感电压和电流。在触点分开初级电流下降瞬间,自感电流与原初级电流方向相同,其电压高达300V左右,在触点间产生强烈的火花。这不仅使触点迅速烧蚀,影响断电器正常工作,同时使初级电流的变化率下降,次级绕组中感应的电压降低,火花塞间隙中的火花变弱,难以点燃混合气。

在断电器触点闭合,初级电流增长的过程中,初级绕组中也有自感电流产生,但其方向与初级电流的方向相反,使初级电流的增长速度减慢。由此可见,初级绕组中的自感电流对高压电的产生极为不利。

因此,为了消除自感电流的不利影响,在断电器触点间并联有电容器。当断电器触点分开时,自感电流向电容器充电,减小了断电器触点间的火花,加速初级电流和磁通的衰减,从而提高了次级电压。

次级电压的大小与初级电流大小有关,初级电流越大,铁芯中磁场越强,当触点分开时磁通变化率就越大,感应的次级电压也越高,为此应尽可能增大流过初级绕组中的电流。但是,在断电器触点闭合以后,初级电流是按指数规律由零开始逐渐增长的,需要经过一定时间以后,才能达到按欧姆定律得出的稳定值。实际上,发动机正常工作时,由于凸轮转速很高,触点每次保持闭合的时间总是少于初级电流增长到稳定值所需要的时间。所以,在触点分开时的初级电流总是小于其稳定值。因此,当发动机转速升高时,由于触点闭合时间缩短,初级断开时电流减小,感应的次级电压下降;反之,发动机转速降低时,触点闭合时间长,初级电流增大,次级电压升高。

如果点火线圈按发动机高速时的需要设计,则低速时初级电流将过大,容易使点火线圈过热;如果按低速时绕组不致过热设计,则高速时又将使初级电流过小而次级电压过低,不能保证可靠地点火。为解决这一矛盾,可在初级电路中串联一个其电阻值能随温度而变化(温度越高则电阻越大)的附加电阻(热敏电阻)2,如图8-4所示。

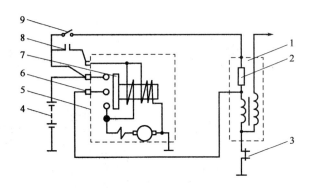

图8-4 具有附加电阻的点火线圈接线示意图

1-点火线圈;2-附加电阻;3-断电器触点;4-蓄电池;5-起动机;6-附加电阻短路接线柱;7-起动机开关接触盘;8-起动继电器触点;9-点火开关

随着发动机转速降低而初级电流加大,附加电阻的电阻值因本身温度升高而增大,因而使初级电流减小,点火线圈不致过热。

当发动机转速升高时,初级电流减小,但同时附加电阻的电阻值却因温度降低而减小,故又使初级电流下降较少。这样,附加电阻就起了保持初级电流基本稳定的作用。

在起动发动机时,通过起动机的电流极大,使蓄电池端电压急剧降落。此时,为了保证初级电流的必要强度,可将附加电阻短路。在图8-4中,当点火开关9处于接通位置且断电器触点3闭合时,初级电流经附加电阻2进入初级绕组。起动发动机时,驾驶人接通起动开关8,起动机电磁开关的线圈通电,在起动机的主电路接通之前,电磁开关的接触盘7先将附加电阻短路,接线柱6与蓄电池4接通,于是附加电阻2被短路,使初级电流由蓄电池直接进入初级绕组。

二、点火时刻

如第三章第二节所述,汽油发动机的动力性能与点火时刻有关。在传统分电器式点火系统中一般设有两套自动调节点火提前装置。一套随发动机转速的变化自动改变点火提前角(离心式点火提前装置);另一套则主要按发动机负荷不同而自动调节点火提前角(真空式点火提前装置)。

第三节　传统分电器式点火系统主要部件

一、分电器

分电器是由断电器、配电器、电容器以及各种点火提前调节装置组合而成的一个部件。其构造如图8-5所示。

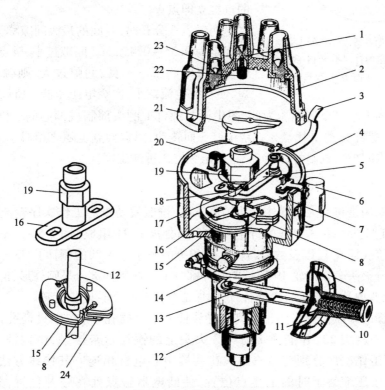

图8-5　分电器的基本组成

1-中央高压线插孔(座);2-分电器盖;3-分电器盖弹簧夹;4-分电器壳;5-断电器活动触点臂;6-电容器;7-断电器固定底板;8-离心块拉紧弹簧;9-真空调节器壳体;10-真空调节器膜片弹簧;11-真空调节器膜片;12-分电器轴;13-真空调节器拉杆;14-油杯;15-离心调节器重块;16-离心调节器横板;17-触点;18-固定触点支架;19-断电器凸轮;20-油毡和油毡架;21-分火头;22-中心电极;23-分高压线插孔(座);24-底板

1. 断电器

断电器的功用是周期地接通和断开初级电路,使初级电流发生变化,以便在点火线圈中感应生成次级电压。断电器安装在分电器壳体内,其构造如图8-6所示。

断电器主要由一对钨质触点和断电器凸轮组成。固定触点固定于托板3上,托板套在销钉5上并用螺钉2固定于固定盘7。活动触点固定在触点臂4的一端,触点臂的另一端有孔也套在销钉5上。在触点臂的中部固定着夹布胶木顶块8。片簧6力图使活动触点与固定触点保持接触,并将夹布胶木顶块压向凸轮。凸轮的棱数等于汽缸数。凸轮的轴由发动机曲轴通过配气机构的凸轮轴上的齿轮驱动,其转速与配气凸轮轴相等,为曲轴转速的50%(就四冲程发动机而言)。

活动触点经触点臂、片簧分别用导线与点火线圈上的初级线圈接线柱和电容器相连。固定触点则依次通过托板、固定盘、外壳与发动机机体相连而搭铁。

断电器凸轮在按图中箭头所示方向旋转过程中,每当一个凸棱顶起胶木顶块使触点分开的瞬间,次级电路中产生的电压最高,配电器此刻将次级电路接通,使相应的汽缸立即点火。

两触点在分开时,其间的最大间隙称为触点间隙,一般规定为 0.35~0.45mm。间隙过小,触点间易出现火花而使初级电路断电不良;间隙过大,则触点闭合时间缩短,使初级电流减小,次级电压变低。所以在结构上必须

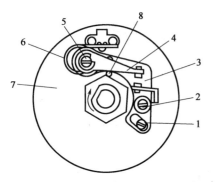

图 8-6 断电器构造示意图
1-调节螺钉;2-固定螺钉;3-托板;4-活动触点臂;5-销钉;6-片簧;7-固定盘;8-胶木顶块

保证触点间隙的大小可以调整。为此,图中调节螺钉 1 的头部制成偏心的。松开固定螺钉 2 之后,旋转调节螺钉 1,整个托盘 3 将绕销钉 5 而转动,固定触点也随之相对于活动触点移动,从而改变了触点间隙。调整好以后,应将固定螺钉 2 重新旋紧。

2. 配电器

配电器的功用是将点火线圈中产生的高压电,按照发动机的工作次序轮流分配到各汽缸的火花塞上。它主要由胶木制成的分电器盖 2 和分火头 21 组成(图 8-5)。分电器盖中有一个深凹的中央接线插孔 1,以及数目与汽缸数相等的若干个深凹的侧插孔 23。所有插孔内部都嵌有铜套。分火头套在凸轮 19 顶端的延伸部分上。此延伸部分呈圆柱形,但侧面铣切出一个平面,而分火头内孔的形状与之符合,借此保证分火头与凸轮同步旋转。

由点火线圈的高压接线头引出的高压导线插入中央插孔中,在中央插孔的下部装有用炭精制成的中心触头 22,并借弹簧力与分火头上的铜片紧密接触,由侧插孔引出的高压线应按发动机工作次序分别与各汽缸火花塞的中心电极相连。其接线方法是,首先让第一缸的活塞处于压缩终了时的上止点位置,使断电器触点处在张开位置,分火头的铜片与分电器盖的某一侧电极(侧插孔铜套的下部)接通。在此情况下将该侧电极引出的高压线接向第一缸火花塞;其他各高压线应按分火头旋转方向,根据发动机工作次序分别接其余各缸火花塞。

因此,发动机工作时,分火头随着断电器凸轮同步运转,分火头上铜片的外端周而复始地依次与各侧电极接通,从而将高压电分配到相应的火花塞上。

3. 电容器

汽车发动机点火系统用的电容器通常是纸质的,如图 8-7 所示。其极片为两条狭长的金属箔带 2,用两条同样狭长的很薄的绝缘纸带 1 与极片交错重叠,卷成圆柱形,在浸渍蜡绝缘介质后,装入圆筒形的密封金属外壳 4 中。极片之一与金属外壳在内部接触,另一极片与引出壳外的导线 5 连接。

由图 8-5 可看出电容器用固定架和螺钉装于分电器壳体的外面,与断电器触点并联。

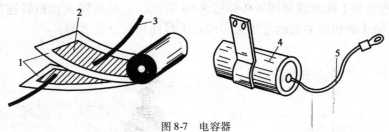

图 8-7 电容器
1-绝缘纸带;2-金属箔带;3-软导线;4-外壳;5-导线

4. 点火提前调节装置

由断电器的工作原理可知,为实现点火提前,必须在压缩行程中,曲轴的曲拐尚未转到相当于上止点的位置时,便使触点分开。

图 8-8 表示触点分开时触点 1(连同其固定盘 4)、凸轮 2 和凸轮轴 3 三者间的相位关系。改变这三者的相位关系,就可调节点火时刻。

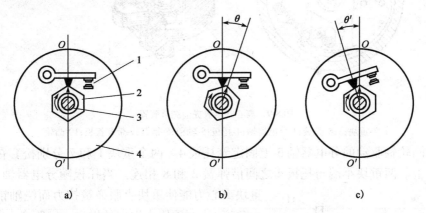

图 8-8 点火提前调节方法
a)点火提前角为零;b)改变凸轮与轴的相对位置;c)改变触点与凸轮的相对位置
1-触点;2-凸轮;3-凸轮轴;4-固定盘

为便于说明调节点火时刻的原理起见,在图中凸轮轴的断面上画一径向短粗线作为标记。该短粗线若处于与 $O-O'$ 线重合的位置[图 8-8a)],表示发动机的某个曲拐正转到相当于活塞在上止点时的位置,断电器的触点恰好分开。这说明点火没有提前,即点火提前角为零。

实现点火提前调节的方法有两种:

一种是触点不动使凸轮相对于分电器轴顺旋转方向转过一个角度 θ,如图 8-8b)所示(应理解为这只是将凸轮和轴的相位关系调节一下。调好之后,二者仍然同步旋转)。这样,在活塞尚未到达上止点时,断电器触点即行分开,使点火提前。

另一种调节方法是凸轮不动使触点(连同固定盘)相对于凸轮(连同凸轮轴)逆旋转方向转过一个角度 θ',如图 8-8c)所示。此时只是触点与凸轮的相位关系改变,而凸轮与轴的关系并未改变。由此可见,这种方法与前一种方法的效果相同。

1)离心式点火提前调节装置

该装置的构造和工作原理如图 8-9 和图 8-10 所示。它是用随发动机转速变化而改变凸轮 10 和分电器轴 3 的相位关系的方法来实现点火提前角自动调节的。

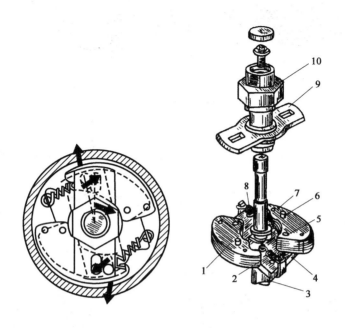

图 8-9 离心式点火提前调节装置

1、7-重块；2、8-弹簧；3-分电器轴；4-托板；5-轴销；6-销钉；9-带孔拨板；10-凸轮

由配气凸轮轴驱动的分电器轴 3 上固定着托板 4。两个重块 1 和 7 分别松套在托板上的两个轴销 5 上。两重块小端与托板 4 之间借弹簧 2 和 8 相连。当托板随分电器轴 3 旋转时，重块离心力能使重块克服弹簧拉力而绕轴销 5 转动一个角度，从而重块小端向外甩出一定距离。

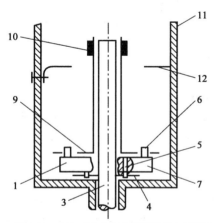

图 8-10 离心式点火提前调节装置主要零件装配关系

1、7-重块；3-分电器轴；4-托板；5-轴销；6-销钉；9-带孔拨板；10-凸轮；11-分电器外壳；12-固定盘

与断电器凸轮制成一体的套管松套在分电器轴 3 的上部。套管下端固定有带孔的拨板 9，其两个长方孔分别套在两个重块的销钉 6 上。可见凸轮与分电器轴不是刚性的连接，而是由分电器轴 3 依次通过托板和重块带动的。

发动机不工作时，弹簧 2 和 8 将两重块的小端向内拉拢到图 8-9 中虚线所示位置。当曲轴的转速达到 400r/min 后，重块离心力克服弹簧拉力向外甩出。此时，两个重块上的销钉推动拨板连同凸轮相对于分电器轴超前一个角度，点火提前角加大。分电器轴转速升高到 1500r/min 时，销钉 6 顶靠在拨板长方孔的外缘上，重块便不能继续向外甩，点火提前角也就不再继续增加。

离心式点火提前调节装置的工作特性取决于并联的两个弹簧 2 和 8 的总刚度（两个弹簧的刚度可以相同，也可以不同）。有的分电器采用两个弹簧不同时参加工作的方法（其中一个弹簧在安装时有一间隙），以便得到变刚度的弹性特性，使之更加符合发动机工作的要求。

2) 真空式点火提前调节装置

该装置的作用主要是随发动机负荷的变化（节气门开度不同）而自动调节点火提前角。它是用改变触点与凸轮的相位关系的方法来进行调节的，其工作原理如图8-11所示。

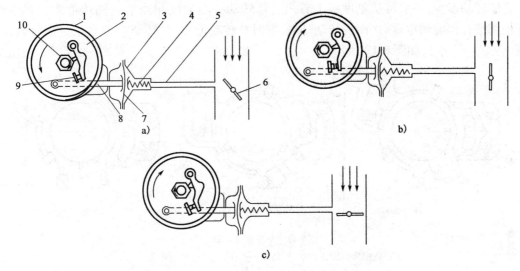

图8-11 真空点火提前调节装置工作原理
a) 节气门部分开启；b) 节气门全开；c) 节气门全闭

1-分电器壳体；2-断电器底板；3-调节器外壳；4-弹簧；5-真空连接管；6-节气门；7-膜片；8-拉杆；9-断电器触点；10-断电器凸轮

整个调节装置位于分电器外壳的侧面（参看图8-5）。调节装置外壳3固定在分电器外壳上（图8-11），其内腔被膜片7分隔成左、右两个气室。左气室通大气，右气室即真空室，借真空连接管5与发动机进气管相通（接到化油器下体空气管上的一个专设的小通气孔，该孔在节气门急速开度时，正处于节气门前方，与急速过渡孔邻近）。拉杆8一端固定于膜片的中央，另一端有孔，套在断电器底板的销钉上。

当发动机小负荷工作时，节气门开度小，节气门后的真空度增大并从小通气孔经真空连接管传入调节装置真空室，克服弹簧预紧力，将膜片连同拉杆向右吸过一段距离，如图8-11a) 所示。与此同时，断电器底板连同触点相对于凸轮10向后退了一个角度，从而实现了点火提前。

在发动机转速一定时，节气门后真空度只取决于节气门开度。节气门开度越小（负荷越小），节气门后通气孔处真空度越高，点火提前角也越大。

当发动机全负荷工作时，节气门全开。上述小通气孔处的真空度不大，真空式调节装置不工作。弹簧4通过膜片和拉杆使断电器底板处于点火提前角调节量为零的位置，如图8-11b) 所示。此时弹簧仍有一定的压缩量，因而有预紧力。

当发动机负荷为零，即急速时，节气门接近全闭，如图8-11c) 所示。此时通气小孔的位置已转移到节气门前方，该处的真空度几乎为零。于是真空式调节装置的弹簧4立即将断电器底板推回到点火提前角调节量为零的位置。这是因为急速时转速很低，不需要真空提前。

3) 点火提前角的手动调节装置——辛烷值校正器

在换用不同品质汽油时,为适应不同汽油的不同抗爆性能,常需调整点火时刻,为此在分电器壳体上常装有辛烷值校正器。不同形式的分电器,其辛烷值校正器的结构也不同,但基本原理相同。即逆着凸轮旋转方向转动分电器外壳时,点火提前角增大;反之,则点火提前角减小。壳体转动多少,一般可从刻度板上看出。每转动一个刻度相当于曲轴转角2°。调整时,先旋松调整托架的固定螺钉,而后转动外壳,顺时针转动为推迟(转至"-"号),逆时针转动为提前(转至"+"号),如图8-12所示。

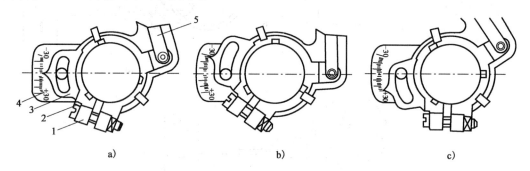

图 8-12 辛烷值校正器
a)标准位置;b)顺时针转动外壳;c)逆时针转动外壳
1-调节臂;2-夹紧螺钉及螺母;3-托架;4-调节底板;5-拉杆

由以上所述可知,离心式点火提前调节装置、真空式点火提前调节装置和辛烷值校正器三者在工作时并无任何运动干涉,而能各自独立起作用,实际的点火提前角乃是三者作用效果的综合。

二、点火线圈

点火线圈是将电源的低压电转变成点火所需的高压电的基本元件。常用的点火线圈分为开磁路和闭磁路两种类型。

1. 开磁路点火线圈

开磁路点火线圈的构造如图8-13所示。点火线圈的中心有一条由若干层涂有绝缘漆的硅钢片叠成的铁芯6,次级绕组4和初级绕组5都套装在铁芯上。次级绕组用直径为0.06～0.1mm的漆包线在绝缘纸管上绕15000～23000匝而成;初级绕组则用0.5～1.0mm的漆包线在绝缘纸管上绕200～300匝而成。因为初级绕组中通过的电流大,发热量大,故置于次级绕组之外,以利于散热。两个绕组外面都包有绝缘纸层。在初级绕组之外还套装一个导磁钢套3,以减小磁阻,并使初级绕组的热量易于散出。两个绕组连同铁芯浸渍石蜡和松香的混合物后装入外壳2中,并支于瓷质绝缘座7上。在外壳内充填防潮的绝缘胶状物或变压器油以后,用胶木盖盖好,并加以密封。

次级绕组的一端与初级绕组的一端焊接在一起,焊接点在点火线圈内部;次级绕组的另一端则接在胶木盖12中央的高压接线头11上。初级绕组的两端分别和低压接线柱1和10相连。附加电阻8接到低压接线柱9和10之间,并与其短路开关并联。在接线柱10上还接有一根导线,导线的另一端接在起动机附加电阻短路接线柱上,以便在接起动机时将附加电阻短路,改善起动时的点火性能。

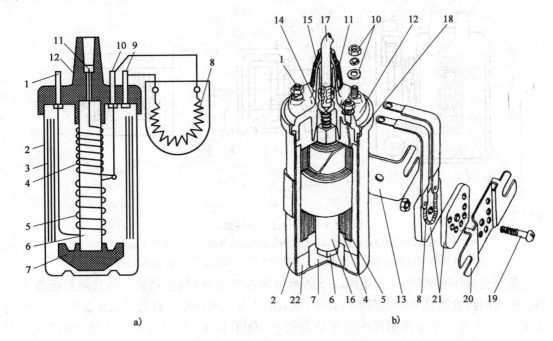

图8-13 开磁路点火线圈
a)电路原理;b)结构示意图

1-初级接线柱(接断电器);2-外壳;3-导磁钢套;4-次级绕组;5-初级绕组;6-铁芯;7-绝缘座;8-附加电阻;9-接线柱(接电源,并接附加电阻);10-接线柱(接附加电阻并接短路开关);11-高压线接头;12-胶木盖;13-固定夹;14-弹簧;15-橡胶罩;16-绝缘纸;17-高压阻尼线;18-瓷绝缘体;19-螺钉;20-附加电阻盖;21-附加电阻瓷质绝缘体;22-沥青封料

2. 闭磁路点火线圈

上述点火线圈采用柱形铁芯,初级绕组在铁芯中产生的磁通,通过导磁钢套3(图8-13)形成磁回路,而铁芯的上部或下部的磁力线从空气中通过,磁路损失大。

近年来在国外汽车上开始采用闭磁路点火线圈,如图8-14a)所示。

在闭磁路点火线圈中,初级绕组和次级绕组绕在口字形[图8-14b)]或曰字形[图8-14c)]的铁芯上,使初级绕组在铁芯中产生的磁通形成闭合磁路,减少磁路损失,从而提高次级电压。

三、火花塞

火花塞的功用是将点火线圈所产生的脉冲高压电引进燃烧室,并在其两个电极间产生电火花以点燃混合气。

火花塞的构造如图8-15所示。弯曲的侧电极9焊接在金属壳体4的底端,借此直接搭铁。刚玉陶瓷(氧化铝含量在90%以上)的绝缘体2固定在壳体内并加以密封,绝缘体下部与壳体间则采用纯铜垫圈7密封。中心电极6装入绝缘体的中心孔内,其间用密封剂5密封。高压导线接头套接在螺母1的上端。电极材料一般都用镍锰合金丝制成。为提高火花塞的使用寿命与耐化学腐蚀性能,目前多采用镍锰硅铬合金作为电极材料。

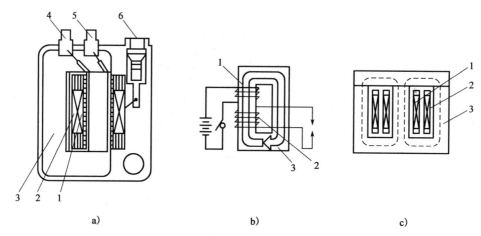

图 8-14 闭磁路点火线圈
a)口字形铁芯的闭磁路点火线圈;b)口字形铁芯的磁路分布;c)日字形铁芯的磁路分布
1-初级绕组;2-次级绕组;3-铁芯;4-接线柱"＋";5-接线柱"－";6-高压接线柱

火花塞绝缘体裙部(指纯铜垫圈以下的绝缘体锥形部分)与燃烧的气体接触而吸收大量的热。吸入的热量通过纯铜垫圈传给壳体,然后散入大气和传给汽缸盖。试验表明,要使发动机正常工作,火花塞绝缘体裙部的温度应保持在 500℃ 以上(该温度称为火花塞的"自净温度"),若温度低于此值,落在绝缘体裙部的油粒便不能立即燃烧掉,形成积炭而引起漏电,将导致火花塞两电极间不能发生火花或火花微弱。但绝缘体裙部温度也不能超过 900℃。温度若超过此值的,则混合气与这样炽热的绝缘体接触时,可能在火花塞产生火花之前就自行着火,从而引起发动机早燃,发生化油器回火现象。

火花塞电极间的跳火间隙对火花塞的工作有很大影响。间隙过小,则火花微弱,并且容易因产生积炭而漏电;间隙过大,所需击穿电压增高,发动机不易起动,且在高转速时容易发生"缺火"现象,故火花塞中心电极与侧电极之间的间隙应适当。目前我国蓄电池点火系使用的火花塞间隙一般为 0.6~0.8mm。

钢制的火花塞壳体下部有螺纹,上部制成六角形,以便将火花塞旋入汽缸盖。

四、点火开关

点火开关又称为钥匙式开关,它控制着全车电路的工作。通常按接线柱多少可分为两接线柱式、三接线柱式和四接线柱式点火开关。目前,国产汽车使用较多的是三接线柱式点火开关和四接线柱式开关。

图 8-16 所示的三接线柱式点火开关有三个接线柱,一个接电源,另一个接点火线圈的低压电源开关,第三个接起动机的继电器。四接线柱式点火开关则多了一个接线柱,用来控制其他的用电设备(如电器仪表等)。

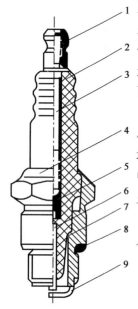

图 8-15 火花塞
1-接线螺母;2-绝缘体;3-接线螺杆;4-壳体;5-密封剂;6-中心电极;7-纯铜垫圈;8-密封垫圈;9-侧电极

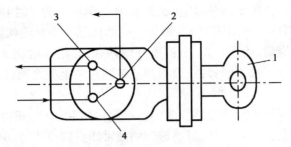

图 8-16 三接线柱式点火开关
1-点火钥匙；2-起动机接线柱；3-点火线圈低压电路接线柱；4-电源接线柱

第四节 汽车电源

汽车电源由蓄电池和发电机并联组成，负责向汽车点火系统、起动系统、灯光、信号等全车电气设备供电。

在发动机转速大于一定值时，由发电机向全车电气设备供电，并同时给蓄电池充电。当汽车上的用电设备同时启用，所需功率超过发电机的额定功率时，蓄电池和发电机同时向用电设备供电。当发动机低速运转或不运转时，发电机发出电压很低或不发电时，由蓄电池向全车电气设备供电。在发动机起动时，蓄电池向起动机、点火系统等用电设备供电。同时蓄电池还相当于一个容量很大的电容器，可以吸收电路中瞬时过电压，以保持汽车电路电压相对稳定。对于汽车电子控制系统，蓄电池还是 ECU 内存的不间断电源。

一、蓄电池

蓄电池主要功用是向起动机供电。当发动机起动时，为起动机提供 200～600A 的起动电流，大功率柴油机起动电流达到 1000A。目前，汽车上普遍采用的铅酸蓄电池（简称蓄电池）具有内阻小、能在短时间内输出大电流、起动性能好、工艺简单、造价低等特点。

1. 蓄电池的构造

蓄电池一般由极板、隔板、壳体、电解液等组成（图 8-17）。壳体内部由互不相通的三格或六格电压为 2V 的单格电池串联组成。

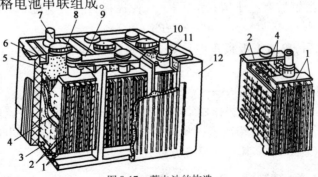

图 8-17 蓄电池的构造
1-正极板；2-负极板；3-肋条；4-隔板；5-护板；6-封口料；7-负极接线柱；8-加液孔盖；9-连接板；10-正极接线柱；11-接线柱衬套；12-壳体

极板——有正极板和负极板两种,均由栅架和填充在其上的活性物质构成。正极板上的活性物质是二氧化铅(PbO_2),呈深棕色;负极板上的活性物质是海绵状纯铅,呈青灰色。

为了增大蓄电池的容量,将多片正、负极板分别并联,并用连接板9焊接,组成正、负极板组。安装时正负极板相互穿插,使每片正极板都插在两片负极板之间,因此负极板比正极板多一片。

隔板——为了防止正负极板间短路及减小蓄电池内阻和尺寸,正负极板之间用隔板4隔开。隔板材料应具有多孔性,以便电解液渗透。隔板常用材料有木质、微孔橡胶、微孔塑料、玻璃纤维和纸板等。

壳体——用来盛装电解液和极板组。它由耐酸、耐热、绝缘性能好,且有一定机械强度的材料制成。早期采用硬橡胶,近年来多用工程塑料,如聚丙烯。

壳体为整体式结构,底部有凸起的肋条,以搁置极板组。肋条间的空隙用来积存脱落下来的活性物质,以防止在极板间造成短路。在蓄电池盖上有加液孔盖8,用来添加电解液和蒸馏水,也可用来检查电解液液面高度和测量电解液相对密度。加液孔盖上有通气孔,便于蓄电池化学反应中产生的气体能自由逸出。使用中应注意通气孔的畅通,否则会产生炸裂壳体事件。

电解液——蓄电池电解液是由纯硫酸和蒸馏水按一定比例配制而成的,硫酸水溶液在充电和放电的电化学反应中起离子间导电作用,并参与化学反应。

电解液的纯度是影响蓄电池性能和使用寿命的重要因素。因此,配制电解液应采用化学纯硫酸和蒸馏水。工业硫酸和一般的水中含有铁等杂质,会增加自放电和损坏极板,不能用于配制蓄电池电解液。

2. 蓄电池的工作原理

蓄电池是一个化学电源。在充电时,靠内部的化学反应将电源的电能转变成化学能储存起来;用电时,再通过化学反应将化学能转变成电能,供给用电设备。

1)蓄电池电动势的建立

当极板浸入电解液中,极板上就会有少量活性物质会溶解电离。在正极板处,PbO_2溶解电离后,有四价的铅离子Pb^{4+}沉附于正极板上,使极板呈正电位。

$$PbO_2 + 2H_2O \longrightarrow Pb(OH)_4$$
$$Pb(OH)_4 \longrightarrow Pb^{4+} + 4OH^-$$

在负极板处,Pb溶解后有电子留在负极板上,使极板具有负电位。

$$Pb \longrightarrow Pb^{2+} + 2e$$

当蓄电池充足电后,单格正极板正电位为2V,负极板负电位为-0.1V,单格蓄电池电动势为2.1V。

2)蓄电池的放电

蓄电池外电路接通后,在电动势作用下,负极板的电子e经外电路流向正极板,正极板上的Pb^{4+}得到2个电子,变成二价铅离子(Pb^{2+}),并溶于电解液中;与此同时,负极板的Pb不断放出电子,变成Pb^{2+}(图8-18),其化学反应方程式为

$$PbO_2 + Pb + H_2SO_4 \underset{充电}{\overset{放电}{\rightleftharpoons}} PbSO_4 + PbSO_4 + 2H_2O$$

正极板　负极板　电解液　　　正极板　　负极板　　电解液

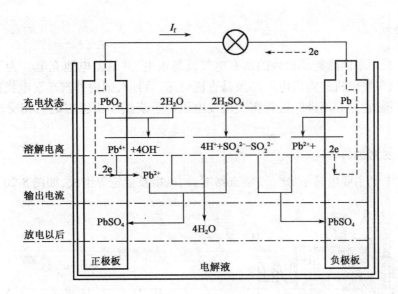

图 8-18　蓄电池放电原理

由此可见，放电过程正负极活性物质不断变成 Pb^{2+}，溶于电解液，与电解液中的 SO_4^{2-} 反应生成 $PbSO_4$，分别沉附在正负极板表面，使电解液中 H_2SO_4 减少，H_2O 增加，电解液密度降低，所以通过密度计测量电解液密度，就可以知道蓄电池存电情况。

3）蓄电池的充电

铅酸蓄电池使用前要进行充电，平时当存电不足时也要进行补充充电。

充电过程的化学反应与放电过程相反，上述的化学反应方程式是可逆的。充电时正负极板表面的 $PbSO_4$ 分别还原为 PbO_2 和 Pb，电解液中的 H_2O 减少，H_2SO_4 增加，电解液密度增加。

3. 免维护蓄电池

目前在国内外汽车上广泛使用一种新型蓄电池——免维护蓄电池。它在整个使用过程中不需加水，电解液由制造厂一次加注，并密封在壳体内。因此电解液不致漏溢，腐蚀接线柱和机体。同时它还具有耐振、耐高温、自放电少、体积小、使用寿命长无须维护等许多特点。

与上述铅蓄电池相比，免维护蓄电池在结构上作了较大的改进。它的极板栅架采用铅钙合金或低锑合金的材料，可以减少水分的消耗和自放电损失；有些蓄电池采用袋状隔板将正极板包住，可以保护正极板的活性物质不脱落，防止极板短路，因此可以取消壳体底部的凸棱，降低极板的高度，增加极板上部的空间，从而增加电解液的储量；在壳体顶部装有安全通气装置，使蓄电池内部的酸气不与外界接触，并在通气装置内装有催化剂钯，促使化学反应中生成的氢、氧再结合成水，返回电解液，以减少水分的消耗。

图 8-19 所示是免维护蓄电池的外形图。

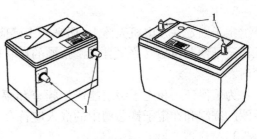

图 8-19　免维护蓄电池
1-正负极接线柱

二、发电机

汽车发电机用来向除起动机外的所有电气设备供电,并给蓄电池充电。为了满足蓄电池充电的要求,汽车发电机的输出电压必须是直流电压。目前,国内外汽车发电机已全部采用硅整流交流发电机,它是利用硅二极管将交流发电机定子绕组中所感应的三相交流电整流成为直流电。

1.硅整流发电机的构造

硅整流发电机主要由转子、定子、整流器端盖、风扇及带轮等组成,如图8-20所示。

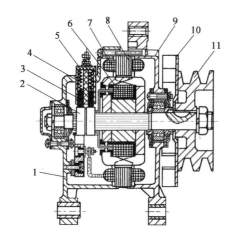
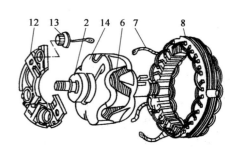

图8-20　硅整流发电机的构造

1-后端盖;2-滑环;3-电刷;4-电刷弹簧;5-电刷架;6-磁场绕组;7-定子绕组;8-定子铁芯;9-前端盖;10-风扇;11-带轮;12-整流器总成;13-硅二极管;14-爪形磁极

1)转子

转子通过轴承固定在发电机上,由发动机驱动旋转,用来产生旋转磁场。它主要由两块爪形磁极14、磁场绕组6和滑环2等组成。两块爪形磁极压装在转子轴上,在两块爪形磁极的空腔内装有磁轭,其上绕有磁场绕组,磁场绕组的两引出线分别焊接在与轴绝缘的两个滑环上,滑环与预装在后端盖上的两个电刷相接触。当接通电源时,磁场绕组中便有励磁电流通过,产生轴向磁通,使得一块爪形磁极被磁化成N极,另一块爪形磁极被磁化成为S极。当转子旋转时,便产生旋转磁场。

2)定子

定子固定在发电机壳体上,用来产生感应电动势。它由定子铁芯8和三相定子绕组7组成。定子铁芯由相互绝缘且内圆带槽的环状硅钢片叠成,三相定子绕组对称安放在定子铁芯槽内。

为了保证三相定子绕组能产生频率和幅值相同,相位相差120°的三相交流电,定子绕组线圈的绕制和在定子铁芯槽中的嵌入应符合一定规律。

3)整流器

整流器的作用是将三相定子绕组产生的交流电转变成直流电。它是由六个硅二极管组成三相桥式全波整流电路,如图8-21所示。

硅整流二极管通常直接压在散热板上或发电机后盖上。压装在发电机后端盖上的三只硅二极管引线为负极,外壳为正极,俗称"负极管",管壳底部用黑字标记;压装在散热板上的三只二极管,其引线为正极,外壳为负极,俗称"正极管",管壳底部用红字标记。这样发电机后端盖和散热板便组成了发电机整流器总成。散热板通常用铝合金制成,以利于散热,它与后端盖用绝缘材料制成的垫片隔开,并用螺栓通至后端盖外部,作为发电机的相线接柱,标为"+"。

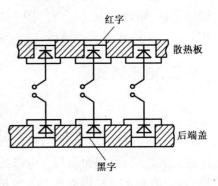

图8-21 硅二极管安装示意图

4) 端盖和冷却风扇

硅整流发电机前端安装有前端盖9(图8-20),内有轴承支承转子轴;后端装有后端盖,也装有支承转子轴的轴承。还装有整流器支架、电刷和电刷架及所有的接线柱。整体式交流发电机的电压调节器(后述)也装在后端盖上。为了使硅二极管散热良好,端盖一般都由铝合金制成,前端盖外侧还安装有冷却风扇10,许多发电机上有前后两个风扇进行冷却。

2. 工作原理

如图8-22,当发电机工作时,通过电刷和滑环将直流电压作用于励磁绕组1[图8-22a)]的两端,励磁绕组中有电流通过,在其周围产生磁场,使转子轴上的两块爪形磁极被磁化,一块为N极,另一块为S极。当转子旋转时,在定子中间形成旋转的磁场,使安装在定子铁芯上的三相定子绕组2中感应生成三相交流电,如图8-22b)所示。

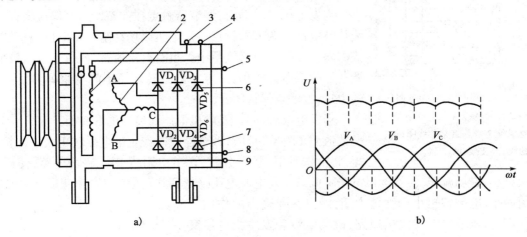

图8-22 硅整流交流发电机工作原理
a)内部电路;b)电压波形

1-励磁绕组;2-三相定子绕组;3-磁场接线柱(F_1);4-磁场接线柱(F_2);5-输出接线柱(+);6-正极二极管;7-负极二极管;8-搭铁接线柱(E);9-中性接线柱(N)

每相绕组接一对二极管,一个正向偏置,一个负向偏置。若将负载接通后,电流总是从电压最高的绕组出发经二极管整流,回到电压最低的绕组。如某一瞬间,若A绕组电压最高,B

绕组最低,则电流从 A 出发[图 8-22a)]经二极管 VD_1 到外电路负载,经二极管 VD_6 返回 B 相。经三相桥式全波整流后,输出波形平稳的直流电。

三、电压调节器

1. 电压调节器作用

汽车发电机由发动机通过传动带驱动。由于发动机转速在很大范围内变化,使发电机的转速也随之变化,从而引起发电机的输出电压变化。汽车用电设备和蓄电池的充电电压是恒定的(一般为 12V),因此汽车发电机必须配用电压调节器,以便在发电机转速变化时,保持发电机输出电压在规定范围(13.8~14.8V)内。

2. 电压调节器类型及工作原理

电压调节器是通过调节流过励磁绕组的电流强度来调节磁极磁通,使发电机输入电压稳定在一定范围内。常用的电压调节器有触点振动式电压调节器、晶体管电压调节器和集成电路电压调节器等多种。

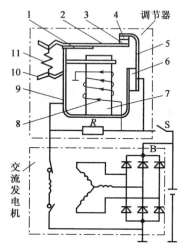

图 8-23 单触点振动式电压调节器
1-铰链;2-衔铁;3、4-触点;5-支架;
6-绝缘条;7-铁芯;8-磁化线圈;
9-磁轭;10-支架;11-弹簧

1)触点振动式电压调节器

触点振动式电压调节器通过电磁铁控制触点的开闭来调节磁场绕组的励磁电流大小,实现对发电机输出电压的调节。

常用的触点振动式电压调节器有单触点振动式电压调节器和双触点振动式电压调节器两种。

图 8-23 为单触点振动式电压调节器结构及电路原理图。

当发电机未转动时,调节器触点在弹簧作用下保持闭合,电流从蓄电池→调节器触点→发电机磁场绕组→发电机→搭铁形成回路。此时调节器线圈中虽也有电流流过,但由于电压较低,调节器线圈电流较小,产生的电磁转矩还不能克服弹簧所产生的力矩,故触点保持闭合。

当发电机转动后,发电机电压随转速的升高而升高,达到某一数值 U_0(图 8-24)时,调节器线圈产生的电磁转矩大于弹簧力矩,将衔铁吸下,触点分开,调节电阻 R 串入磁场电路,使磁场电流减小,磁场减弱,使发电机电压降低。当发电机电压降低到某一数值 U_1,由于调节器线圈电流减小,电磁转矩小于弹簧力矩,触点在弹簧力的作用下重新闭合,调节电阻 R 又被短路,磁场电流和发电机电压又上升,而当电压升到 U_2 时,触点又被打开。如此反复,使触点不断地开闭,使发电机电压在 $U_1 \sim U_2$ 之间波动。

2)晶体管电压调节器

晶体管电压调节器利用晶体管的开关作用,控制发电机励磁电路的通、断,调节励磁电流和磁极磁通,在发电机转速超过一定值以后维持发电机电压恒定。图 8-25

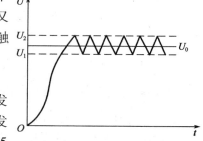

图 8-24 发电机电压波动曲线

所示为 CA1091 型汽车发电机上配用的晶体管电压调节器电路原理图。

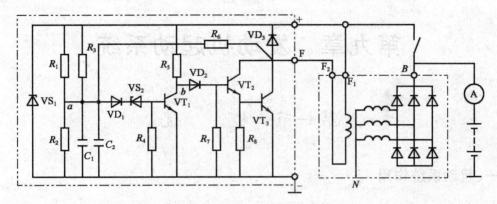

图 8-25　晶体管电压调节器电路原理图

其工作原理如下：

接通点火开关，蓄电池的电压作用于发电机的磁场接线柱"F"，并经调节器的"+"端作用于分压器 R_1、R_2 的两端，使稳压管 VS_1 承受反向电压。由于作用于分压器两端的电压是蓄电池的电压，低于发电机的调节电压，使作用于稳压管 VS_2 两端的电压也低于它的反向击穿电压，稳压管 VS_2 截止，晶体管 VT_1 也截止。"b"点的电位接近电源电位，使二极管 VD_2、晶体管 VT_2、VT_3 导通，接通发电机励磁绕组的电路，发电机建立磁场，开始发电。

随着发电机转速升高，发电机电压上升，作用于分压器两端的电压及稳压管两端的反向电压升高。当发电机电压略高于规定的调节电压时，稳压管 VS_2 被反向击穿而导通，晶体管 VT_1 也导通。VT_1 导通后，"b"点的电位降低到接近地电位，于是二极管 VD_2 及晶体管 VT_2、VT_3 截止，切断发电机励磁绕组的电路，发电机的励磁电流中断，磁场迅速消失，发电机电压下降。发电机电压下降到略低于规定的调节电压时，稳压管 VS_2 又截止，发电机电压又上升，如此反复使发电机转速变化时，发电机电压保持恒定。

可见，晶体管电压调节器在发动机工作时，由电阻 R_1、R_2 组成的分压器感受发电机电压的变化，利用稳压管和晶体管的开、关作用控制发电机励磁电路的通断，调节发电机的励磁电流和磁极磁通，在发电机转速超过一定值后保持发电机电压恒定。

3）集成电路电压调节器

集成电路电压调节器的组成和工作原理，与晶体管电压调节器相似。但集成电路调节器中的所有元件都制作在同一个半导体基片上，形成一个独立的、相互不可分割的电子电路。集成电路调节器具有体积小、工作可靠、不需维护等特点，在现代汽车上应用十分广泛。

复习思考题

1. 试说明传统点火系统由哪几部分组成？各组成部分作用是什么？
2. 简述离心式点火提前装置和真空点火提前装置工作原理。
3. 简述传统点火系统工作原理。
4. 电压调节器的作用是什么？简述单触点振动式电压调节器工作原理。

第九章　发动机起动系统

第一节　概　　述

一、起动系统作用

发动机靠外力驱动使之着火燃烧,从开始运转到着火燃烧的过程称为起动。

要使发动机顺利起动,必须克服运转阻力,尤其是压缩行程的压缩气体阻力和各运动件的摩擦阻力。克服这些阻力所需的转矩称为起动转矩。柴油机压缩比汽油机大得多,起动更困难,需要的起动转矩也更大。

起动发动机时,还要求有一定的曲轴转速,称之为起动转速。汽油机要求 50~70r/min,柴油机要求 150~300r/min。

起动性能是发动机的一个重要指标,衡量发动机起动性能好坏一般用起动时间。我国标准规定,不采用特殊的低温起动措施,汽油机在 -10℃,柴油机在 -5℃ 以下的气温条件下起动,能在 15s 以内达到自行运转。

起动系统的作用就是按发动机要求,提供一定的转矩,使发动机达到规定的转速,顺利完成起动过程。

二、发动机起动方式

发动机常用的起动方式有人力起动、辅助汽油机起动和电力起动机起动等多种形式。

人力起动——即手摇起动或绳拉起动。其结构十分简单,主要用于大功率柴油机的辅助汽油机的起动,或在有些装用中、小功率汽油发动机的车辆上作为后备起动装置。手摇起动装置由安装在发动机前端的起动爪和起动摇柄组成,用于起动机或起动电路出现故障,或在检修、调整发动机时转动曲轴。许多高档轿车由于电力起动系统工作可靠,不需要后备起动装置,不安装起动爪和配备起动摇柄。对于柴油发动机,由于起动转矩大、起动转速高,不可能使用手摇起动。

辅助汽油机起动——起动装置体积大、结构复杂,主要用于大功率柴油发动机的起动。

电力起动机起动——以电动机作为动力源。当电动机轴上的驱动齿轮与发动机飞轮周缘上的环齿啮合时,电动机旋转所产生的电磁转矩,通过飞轮传递给发动机的曲轴,使发动机起动。

电力起动机简称起动机。它以蓄电池为电源,结构简单、操作方便、起动迅速可靠。目前,几乎所有的汽车发动机都采用电力起动机起动。

三、电起动系统的基本组成与工作过程

电起动系统主要由蓄电池、起动机、起动继电器、点火开关、安全开关(有的汽车采用)、低温起动预热装置等组成,如图9-1所示。

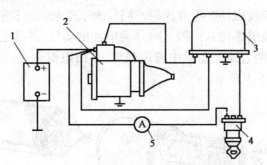

图9-1 电起动系统
1-蓄电池;2-起动机;3-起动继电器;4-点火开关;5-电流表

当点火开关4置于起动位"Start"时,首先接通起动控制电路,电磁开关闭合,蓄电池电流经电磁开关流入起动机,并使其转动。同时,电磁开关还将起动机的驱动齿轮向外推出与发动机飞轮周缘上环齿相啮合,带动发动机转动。当发动机完成着火并加速运转后,飞轮有反过来带动起动齿轮运转的趋势时,起动机上的单向离合器使起动机的驱动齿轮相对于起动机电枢轴空转(以保护起动机)。驾驶人及时将点火开关转到点火位"IG",切断起动机控制电路,驱动齿轮退回,起动机停止运转。

第二节 起 动 机

用电力起动机起动发动机几乎是现代汽车唯一的起动方式。电力起动机简称起动机,它由直流电动机1、传动机构2和操纵机构3等组成,如图9-2所示。

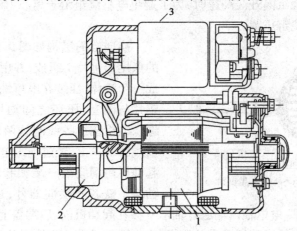

图9-2 起动机的组成
1-直流电动机;2-传动机构;3-操纵机构

一、直流电动机

直流电动机在直流电压的作用下,产生旋转力矩。接通起动开关起动发动机时,电动机轴旋转,并通过驱动齿轮和飞轮的环齿驱动发动机曲轴旋转,使发动机起动。

起动机的直流电动机按磁场产生方式的不同分为永磁电动机和励磁电动机。励磁电动机又根据磁场绕组和电枢绕组连接方式的不同分为串励电动机、并励电动机和复励电动机。其中,串励电动机在起动机的直流电动机中应用最多,它由电枢7、磁极铁芯4、换向器、机壳5、端盖1和8等组成,如图9-3所示。

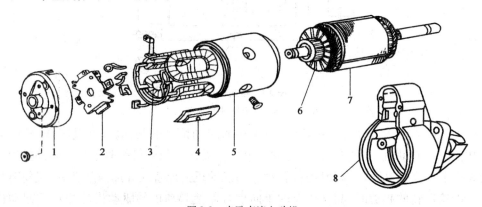

图9-3 串励直流电动机
1-前端盖;2-电刷和电刷架;3-励磁绕组;4-磁极铁芯;5-机壳;6-整流子;7-电枢;8-后端盖

电枢是直流电动机的转子部分,用来在起动机通电时,与磁场相互作用而产生电磁转矩。如图9-4所示,电枢总成由换向器1、铁芯2、绕组3和电枢轴4组成。电枢铁芯由外圆带槽的硅钢片叠成,压装在电枢轴上。电枢绕组一般都采用较粗的矩形截面的裸铜线绕制而成,并且多采用波绕法,以便结构紧凑,并可通过较大的电流,获得较大的电磁力矩。由于绕组嵌装在硅钢片的槽中,为了防止电枢绕组搭铁和匝间短路,在电枢绕组与铁芯之间和电枢绕组匝间,用绝缘性能良好的绝缘纸隔开。高速时,为了避免电枢绕组由于离心力的作用而甩出,在铁芯槽口的两侧用轧纹将绕组压紧。

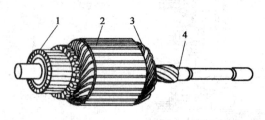

图9-4 电枢总成
1-换向器;2-铁芯;3-绕组;4-电枢轴

换向器的结构如图9-5所示,它由一定数量的燕尾形钢片1组成,并用轴套2和压环3组装成一个整体,压装在电枢轴上。各钢片之间以及钢片与轴套、压环之间均用云母或硬塑料片绝缘。电枢绕组各线圈的两端焊接在相应钢片的接线凸缘4上,经过绝缘电刷和搭铁电刷分别与起动机磁场绕组一端和起动机壳体连接。电枢轴除了铁芯和换向器外,还制有螺旋槽或花键槽,以便安装传动装置。电枢轴两端通过轴承支撑在起动机前、后端盖上。

磁极用来产生电动机运转所必需的磁场,它由磁极铁芯4和励磁绕组3组成,如图9-3所示。多数起动机有四个磁极,少数有六个磁极。铁芯用低碳钢制成,并用螺钉固定在电动机外壳上，通过外壳构成磁回路。励磁绕组套装在每个磁极铁芯上，它通常也是用较粗的矩形截面的裸铜线绕制，匝间用绝缘纸绝缘，外部用玻璃纤维带包扎。有的起动机将所有励磁绕组的所有线圈串联在一起，然后再与电枢绕组串联，其连接方法及相应的电路原理如图 9-6a) 所示；多数起动机是将励磁绕组的线圈分成两组，每组线圈相互串联，然后两组再并联起来与电枢绕组串联，如图 9-6b) 所示；有些起动机采用辅助励磁绕组，在主励磁绕组与电枢串联的基础上，再与辅助励磁绕组并联，如图 9-6c) 所示。上述三种接法相应的电动机称为串励电动机、并励电动机和复励电动机。由于第二种连接方式既可充分发挥铁芯的导磁性能，又可以减少电能损耗，有利于增大电枢起动电流，提高起动转矩，因此应用广泛。无论励磁绕组的各个线圈怎样连接，励磁绕组一般总是一端与起动机主接线柱连接，另一端与绝缘电刷连接，并且保证通电后各磁极产生的磁场相互交错，即同名磁极相对。

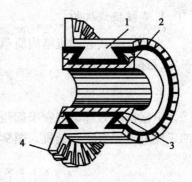

图 9-5　换向器的结构
1-钢片；2-轴套；3-压环；4-接线凸缘

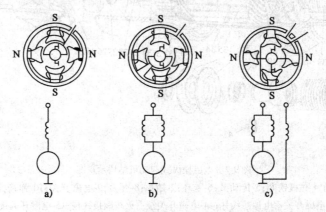

图 9-6　励磁绕组与电枢绕组的连接方法和相应的电路原理
a) 串励；b) 并励；c) 复励

电刷由铜与石墨压制而成，其中铜的质量占 80% ~90%，石墨的质量占 10% ~20%，以减小电阻，增加耐磨性及提高机械强度。为了尽量减小电刷与换向器之间的接触电阻，并延长电刷使用寿命，电刷与换向器有较大的接触面积，并且电刷靠电刷弹簧压紧在换向器的外圆表面。一般起动机电刷个数等于磁极个数，也有的大功率起动机电刷个数等于磁极个数的 2 倍。

二、操纵机构

起动机操纵机构又称控制机构。起动机按其操纵方式的不同，可分为直接操纵式和电磁操纵式两种。前者由驾驶人通过起动踏板和杠杆机构直接操纵起动开关，并使传动齿轮副进入啮合；后者则是由驾驶人通过起动开关（或按钮）操纵继电器（电磁开关），再由继电器操纵起动机电磁开关和齿轮副或通过起动开关直接操纵起动机电磁开关和齿轮副。

1. 直接操纵机构

直接操纵式起动机结构简单,使用可靠,但操作不便,当驾驶人座位距起动机较远时难以布置,目前已很少使用。

2. 电磁操纵机构

电磁操纵式起动机宜于远距离操纵,布置灵活,使用方便。因此,目前汽车所用的发动机都采用电磁操纵式起动机。图9-7所示为CA1091型汽车使用的电磁操纵式起动机。

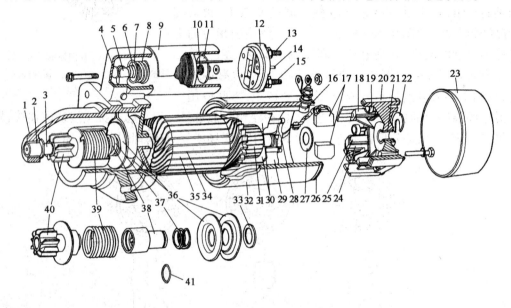

图9-7 电磁操纵式起动机结构示意图

1-驱动端盖;2-轴套;3-轴;4-磁极铁芯;5-传动叉;6-卡环;7-挡片;8-弹簧;9-电磁开关;10-弹簧;11-起动机开关接触片;12-电磁开关接线座;13-电磁开关蓄电池接线柱;14-电磁开关接点火线圈接线柱;15-电磁开关接起动机接线柱;16-起动机接线柱;17-负极电刷;18-负极电刷架;19-电刷架压紧弹簧;20-起动机端盖;21-轴套;22-锁片;23-防尘盖;24-正极电刷架;25-正极电刷;26-密封橡胶圈;27-止推垫圈;28-磁场线圈连接片;29-磁场线圈;30-磁极铁芯;31-电枢整流子;32-起动机外壳;33-挡圈;34-电枢铁芯;35-电枢线圈;36-止推盘;37-弹簧;38-连接套筒;39-单向离合器弹簧;40-齿轮;41-锁环

在电磁操纵式起动机的使用中,常通过起动继电器的触点接通或切断起动机电磁开关的电路,控制起动机的工作,以保护起动开关。图9-8所示为起动机电磁操纵机构的示意图。其操纵机构主要由吸引线圈、保持线圈、驱动杠杆、起动开关接触片等组成。

起动时,接通起动开关,起动继电器线圈13通电,使起动继电器触点12闭合,接通起动机继电器的吸引线圈5(与直流电动机串联)、保持线圈6(与电动机并联)的电路。两个线圈的磁场产生很强的磁力,吸引铁芯7左移,并带动驱动杠杆8绕其销轴转动,使小齿轮移出与飞轮齿圈啮合。与此同时,由于吸引线圈中的电流流过电动机的磁场绕组,电枢开始旋转,小齿轮在旋转中移出,减小与飞轮啮合时的冲击。当铁芯左移到接触盘将电动机接线柱10与蓄电池接线柱3接通时,起动机开始起动发动机。此时,与电动机接线柱10相连的吸引线圈5被短路,失去作用,但这时起动机开关已接通,保持线圈所产生的磁力足以维持铁芯7处于开关吸合位置。

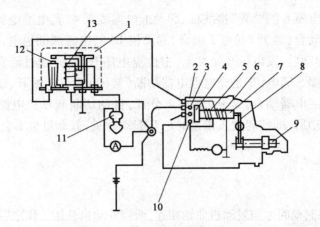

图 9-8 起动机电磁操纵机构示意图
1-起动继电器;2-起动机;3-起动机蓄电池接线柱;4-接触片;5-吸引线圈;6-保持线圈;7-铁芯;8-驱动杠杆;9-小齿轮;10-电动机接线柱;11-起动开关;12-起动继电器触点;13-起动继电器线圈

发动机起动后,及时松开起动开关,起动继电器线圈断电,磁场消失,在复位弹簧的作用铁芯右移回到原位,起动机电路切断。与此同时,驱动杠杆也在弹簧的作用下回位,并使齿轮退出啮合。

CA1091型汽车的起动电路中,采用了组合继电器。它由起动继电器和充电指示继电器组合而成。起动继电器由点火开关控制,用来控制起动机电磁开关的电路;充电指示控制继电器用来控制电源指示灯,并实现起动的自动保护。

图9-9所示为CA1091型汽车的起动电路图。点火开关7(内含起动开关)有四个挡位,即:空挡(0)、点火挡(Ⅰ)、起动挡(Ⅱ)、辅助电器挡(Ⅲ)。当开关置于起动挡(Ⅱ)时,电流从

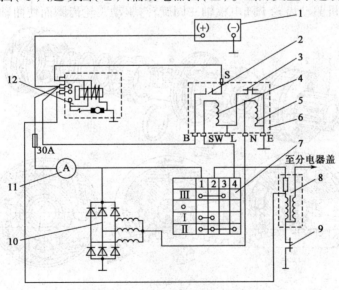

图9-9 CA1091型汽车的发动机起动电路
1-蓄电池;2-起动继电器动合(常开)触点;3-充电继电器动断(常闭)触点;4-起动继电器线圈;5-充电继电器线圈;6-组合继电器;7-点火开关;8-点火线圈;9-断电器;10-交流发电机;11-电流表;12-起动机

点火开关,经组合继电器 6 的"SW"接线柱、起动继电器线圈 4、充电继电器动断(常闭)触点 3 搭铁,使起动继电器动合(常开)触点 2 吸合,起动机 12 的电磁线圈通电,起动机开始工作,起动发动机。发动机起动后,发电机开始发电,中性点电压升高,并通过组合继电器的"N"接线柱,使充电继电器线圈 5 通电,于是充电继电器动断(常闭)触点 3 断开,切断了起动继电器线圈 4 的电路,使起动继电器动合(常开)触点 2 分开,自动切断起动机电路,起动机停止工作。可以看出,发动机起动后,即使驾驶人未及时松开起动开关,起动机也不会运转。因此,起到了保护起动机的作用。

三、传动机构

起动机应该只在起动时才与发动机曲轴相连,而当发动机开始工作之后,起动机应立即与曲轴分离。否则,随着发动机转速的升高,将使起动机大大超速,产生很大的离心力,损坏起动机。因此,在起动机中装有离合机构。在起动时,它保证起动机的动力能通过飞轮传递给曲轴;起动完毕,发动机开始工作时,立即切断动力传递路线,使发动机不能通过飞轮驱动起动机高速旋转。

起动机常用的离合机构有滚柱式、摩擦片式、弹簧式等形式。

1. 滚柱式离合机构

图 9-10 所示为 CA1091 型汽车起动机中采用的滚柱式离合机构(亦称单向离合器或超越离合器)。它由外座圈 2、开有楔形缺口的内座圈 3、滚子 4 以及连同弹簧一起装在内座圈 3 孔中的柱塞 5 所组成。作为内座圈毂的花键套筒 6 和起动机轴用花键连接。当电枢连同内座圈按箭头所示方向旋转时,如图 9-10a)所示,滚子 4 借摩擦力及弹簧推力作用而楔紧在内、外座圈之间楔形槽的窄端。于是起动机轴上的转矩便可通过楔紧的滚子传到外座圈。因此,固定在外座圈上的起动机驱动齿轮 1 随电枢轴一同旋转,驱动飞轮齿圈而使曲轴旋转。

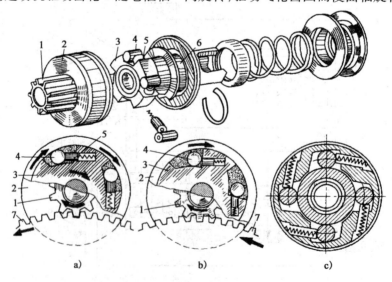

图 9-10 滚柱式离合机构
a)起动时;b)起动后;c)楔形缺口开在外座圈上的单向离合器
1-起动机驱动齿轮;2-外座圈;3-内座圈;4-滚子;5-柱塞;6-花键套筒;7-飞轮齿圈

当发动机开始工作,如图9-10b)所示,曲轴转速升高以后,即有飞轮齿圈带动起动机驱动齿轮1高速旋转的趋势。此时虽然齿轮的旋转方向不变,但已由主动轮变成了从动轮,而且齿轮和外座圈的转速大于内座圈的转速。于是,滚子在摩擦力的作用下克服弹簧张力而向楔形槽中较宽的一端滚动,内、外座圈脱离联系,自由地相对滑动,从而高速旋转的小齿轮与电枢轴脱开,防止了起动机超速的危险。

图9-10c)所示的滚柱式离合机构,其楔形缺口开在外座圈上,但作用及原理与上述完全相同。

2. 摩擦片式离合机构

6135Q型柴油发动机的起动机,采用了图9-11所示的摩擦片式离合机构。内花键毂9装于具有右旋外花键的花键套10上。主动片8齿形内凸缘套在内花键毂9的导槽中。从动片6与主动片8相间排列。旋于花键套10上的螺母2与摩擦片之间,装有弹性垫圈3、压环4和调整垫圈5。驱动齿轮1右端鼓形部分有导槽,从动片6齿形外凸缘装入此导槽中。卡环7防止起动机驱动齿轮1与从动片松脱。该离合机构在装好后,摩擦片间并无压紧力。起动时,花键套10顺时针转动(从齿轮端着),靠内花键毂9与花键套10之间的右旋花键,使内花键毂9在花键套10上左移而将摩擦片压紧。此时离合机构处于接合状态,起动机转矩靠摩擦片间的摩擦传给驱动齿轮,从而带动飞轮转动。当发动机起动后起动机驱动齿轮1相对于花键套10转速加快,内花键毂9在花键套10上右移,摩擦片松开,于是离合机构处于分离状态。调整垫圈5可改变内花键毂端部与弹性垫圈3之间的间隙,以控制弹性垫圈的变形量,从而调整离合机构所能传递的最大摩擦力矩。

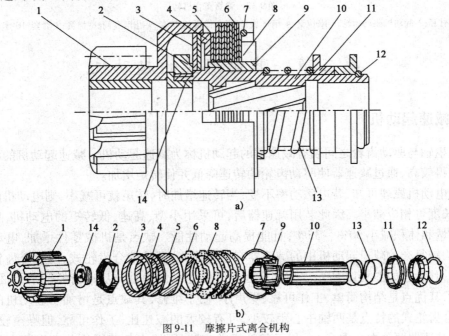

图9-11 摩擦片式离合机构
a)剖视图;b)零件组合

1-起动机驱动齿轮;2-螺母;3-弹性垫圈;4-压环;5-调整垫圈;6-从动片;7-卡环;8-主动片;9-内花键毂;10-花键套;11-滑套;12-卡环;13-弹簧;14-限位套

多片摩擦离合机构由于可传递的转矩较大,一般用于大功率的起动机上。

3. 弹簧式离合机构

有些起动机上采用结构简单的弹簧离合机构,如图 9-12 所示。该机构套装在起动机电枢轴上。起动机驱动齿轮 2 的右端活套在花键套筒 7 左端的外圆面上,两个扇形块 4 装入起动机驱动齿轮 2 右端的相应缺口中并伸入花键套筒 7 左端的环槽内。这样,齿轮和花键套筒可一起做轴向移动,两者又可相对滑转。离合弹簧 5 在自由状态下的内径小于起动机驱动齿轮 2 和花键套筒 7 相应上圆面外径尺寸,在安装状态下,紧套在外圆面上,离合弹簧 5 与护套 6 之间有间隙。在起动时,起动机带动花键套筒旋转,有使离合弹簧 5 收缩的趋势,弹簧被紧箍在相应的外圆面上。于是,起动机转矩靠与外圆面的摩擦传给驱动齿轮,从而带动飞轮齿圈转动。发动机一旦起动,起动机驱动齿轮 2 有比花键套筒 7 快转的趋势,此时离合弹簧 5 张开,起动机驱动齿轮 2 在花键套筒 7 上滑转,与电枢轴脱开防止起动机超速。

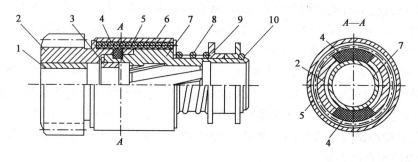

图 9-12 弹簧离合机构

1-衬套;2-起动机驱动齿轮;3-限位套;4-扇形块;5-离合弹簧;6-护套;7-花键套筒;8-弹簧;9-滑套;10-卡环

第三节 其他形式的起动机

一、减速起动机

在电枢轴与驱动齿轮之间装有减速器的起动机称为减速起动机。减速起动机的电枢工作转速设定得较高,通过减速器使驱动齿轮的转速降低并使转矩增加。

根据电动机原理可知,若电磁功率不变,当转速增加时,转矩就可减小,则电动机的电枢直径、铁芯长度可相应减小。因此装用减速器后,可采用小型、高速、低转矩的电动机,从而使起动机的质量和体积减小 30% ~ 35%,且能提高起动性能。缺点是机械零件增加,电动机高速运转,结构较复杂。减速起动机中的减速器有三种形式,即外啮合齿轮式、内啮合齿轮式和行星齿轮式,其示意如图 9-13 所示。外啮合齿轮式的主动齿轮轴与从动齿轮轴平行,但两轴中心距较大,其优点是结构简单、工作可靠、噪声小、便于维修,其缺点是增加了起动机的径向尺寸;内啮合齿轮式的特点是两轴中心距较小,可有较大的减速比,工作可靠,但噪声较大;行星齿轮式的减速器两轴中心重合,有利于起动机的安装,因扭力负载平均分布在几个行星齿轮上,故可采用塑料内齿圈和粉末冶金的行星齿轮,既减轻了质量又抑制了噪声,是应用最广泛的一种。

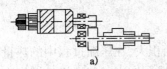 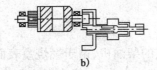 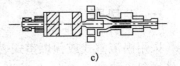

图9-13 减速起动机减速器的三种形式
a)外啮合齿轮式;b)内啮合齿轮式;c)行星齿轮式

二、永磁式起动机

永磁式起动机利用永久磁铁制作磁极,取代了普通起动机中的磁场绕组和磁极铁芯。它具有结构简单、体积小、质量轻等优点,适合安装于空间较小的车辆上。永磁式起动机一般都配用行星齿轮式减速器。

永磁减速式起动机结构如图9-14所示。电枢轴主动齿轮15与电枢轴制成一体,行星齿轮套装在行星齿轮架14的行星齿轮轴上,输出轴和行星齿轮架固定连接,固定内齿圈13在工作时固定不动。起动机工作时,主动齿轮15带动行星齿轮转动,由于内齿圈13固定不动,行星齿轮除了随行星架公转外,还绕行星架轴自转,动力从行星架传给驱动圈12。

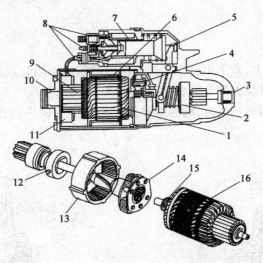

图9-14 永磁减速式起动机结构

1、16-电枢;2-单向离合器;3、10-轴承;4-行星齿轮减速器;5-拨叉;6-永久磁铁;7-电磁开关活动铁芯;8-接线柱;9-换向器;11-电刷;12-驱动圈;13-固定内齿圈;14-行星齿轮架;15-电枢轴主动齿轮

第四节 起动辅助装置

当气温降低时,机油黏度增高,起动阻力矩增大,同时燃料汽化性能变坏,蓄电池的工作性能降低,使发动机起动困难。为此,在冬季应设法将进气、润滑油和冷却液加以预热。

柴油机冬季起动更为困难。为了使车用柴油机在冬季能迅速可靠地起动,常采用一些可以改善燃料着火条件和降低起动转矩的辅助装置,如电热塞、进气预热器、起动液喷射装置以及起动减压装置等。

一、电热塞

采用涡流室式或预燃室式燃烧室的柴油机,由于燃烧室表面积大,在压缩过程中的热量损失较燃料直接喷射式大,起动更为困难。为此,一般在涡流室式或预燃室式柴油机的燃烧室中装预热塞,在起动时对燃烧室内的空气加以预热。

电热塞的结构如图 9-15 所示。螺旋形电阻丝 2 用铁镍铝合金制成,其一端焊接于中心螺杆 9 上,另一端焊接在用耐高温不锈钢制成的发热体钢套 1 的底部,中心螺杆与外壳 5 之间有瓷质绝缘体 7。高铝水泥胶合剂 8 将中心螺杆固定于绝缘体上。外壳上端翻边,将绝缘体、发热体钢套、密封垫圈 6 和外壳相互压紧,在发热体钢套内填充具有绝缘性能、导热好、耐高温的氧化铝填充剂 3。

安装于各缸的电热塞并联与电源相接。起动发动机之前,首先接通电热塞的电路,电阻丝通电后迅速将发热体钢套加热到红热状态,使汽缸内的空气温度升高,从而可以提高压缩终了时混合气的温度。电热塞通电的时间一般不超过 1min。发动机起动后,应立即将电热塞断电。若起动失败,应停歇 1min,再将电热塞通电,进行第二次起动,否则将降低电热塞的使用寿命。

二、进气预热器

在中、小功率柴油机上,常采用进气预热器作为冷起动预热装置。其构造如图 9-16 所示,空心阀体 2 由热膨胀系数较大的金属材料制成,其一端与油管接头 5 相连,另一端通过内螺纹与阀芯 3 相连。在预热器不工作时,阀芯的锥形端将进油管的进油孔堵塞。阀体的外侧绕有外壳绝缘的电热丝 1。

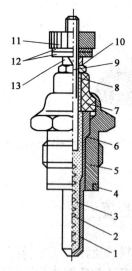

图 9-15 电热塞
1-发热体钢套;2-电阻丝;3-填充剂;4、6-密封垫圈;5-外壳;7-绝缘体;8-胶合剂;9-中心螺杆;10-固定螺母;11-压紧螺母;12-压紧垫圈;13-弹簧垫圈

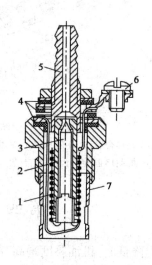

图 9-16 进气预热器
1-外壳绝缘的电热丝;2-阀体;3-阀芯;4-绝缘垫圈;5-油管接头;6-接线螺钉;7-稳焰罩

起动发动机时,预热器开关接通后,电热丝通电发热并加热阀体,阀体受热伸长带动阀芯下移,其锥形端离开进油孔。燃油流入阀体内腔受热而汽化,从阀体的内腔喷出,并被炽热的电热丝点燃生成火焰喷入进气管道,使进气得到预热。切断预热开关时,电热丝断电,阀体温度降低而收缩,阀芯上移,其锥形端堵住进油孔,火焰熄灭,停止预热。

三、起动液喷射装置

在某些柴油机上可根据需要选用起动液喷射装置,如图9-17所示。

喷嘴3安装在发动机进气管4上,起动液喷射罐1内充有压缩气体氮气和易燃燃料(乙醚、丙酮、石油醚等)。当低温起动柴油机时,将喷射罐倒置,罐口对准喷嘴上端的管口,轻压起动液喷射罐,打开其端口上的止回阀2,则起动液通过止回阀、喷嘴喷入发动机进气管,并随吸入进气道的空气一道进入燃烧室。由于起动液是易燃燃料,可在较低的温度下迅速着火,点燃喷入燃烧室的柴油。

四、起动减压装置

有些柴油发动机采用起动减压装置来降低起动转矩,提高起动转速,以改善起动性能,如图9-18所示。

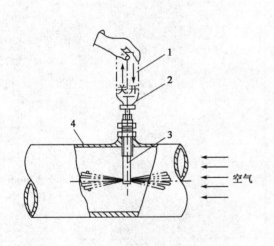

图9-17 起动液喷射装置

1-起动液喷射罐;2-止回阀;3-喷嘴;4-发动机进气管

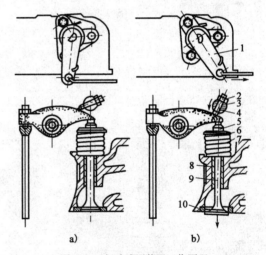

图9-18 起动减压装置工作原理

a)非减压位置;b)减压位置

1-转换手柄;2-锁紧螺母;3-调整螺钉;4-轴;5-气门顶帽;6-气门弹簧座;7-气门弹簧;8-气门导管;9-气门;10-气门座

起动发动机时,将转换手柄1转到减压位置,使调整螺钉3按图中箭头方向转动,并略微顶开气门(气门一般压下1~1.25mm)以降低压缩行程的初始阻力,使起动机转动曲轴时的阻力矩减小,从而提高了起动转速。曲轴转动以后,各零件的工作表面温度升高,润滑油的黏度降低,摩擦阻力减小,进一步降低起动阻力矩。此后,将手柄扳回原来的位置,发动机即可顺利起动。

多缸柴油机各气门的减压装置有联动机构。中、小型柴油机的联动机构一般为同步式,即各减压气门同时打开,同时关闭。大功率柴油机减压装置的联动机构一般为分级式,即起动前各减压气门同时打开,起动时各减压气门分级关闭,使部分汽缸先进入正常工作,发动机预热后其余各缸再转入正常工作。

减压的气门可以是进气门,也可以是排气门。用排气门减压会由于炭粒吸入汽缸,加速机件的磨损,一般多采用进气门减压。

复习思考题

1. 为什么发动机低温起动困难?为使发动机在低温下迅速可靠地起动,常采用哪些辅助起动装置?
2. 为什么必须在起动系统中安装离合器?常用的起动机离合器机构有哪些?
3. 试述滚柱式单向离合器结构及工作原理。
4. 电磁开关的作用是什么?吸引线圈和保持线圈起什么作用?
5. 减速起动机有何优点?齿轮减速器有几种类型?

第十章 发动机特性

第一节 概 述

汽车发动机的工作转速和负荷常常在较大范围内变化,全面了解发动机在所有工况下的性能指标的变化,对设计、研发,以及合理使用、检查与维修汽车发动机,都有很强的实用价值,这就需要掌握发动机特性及特性曲线。

一、发动机特性与特性曲线

1. 发动机特性

发动机性能指标随调整情况及运转工况而变化的关系称为发动机特性。发动机性能指标主要有功率、转矩、燃料消耗率、排气温度、排气烟度等;调整情况主要指柴油机的供油提前角、汽油机的点火提前角、发动机混合气浓度等可调因素对发动机性能的影响。运转情况一般指发动机转速和负荷等。

2. 特性曲线

以曲线形式表示的发动机特性称为发动机特性曲线。图 10-1 为 Audi(奥迪)2.4L 四缸五气门汽油机的外特性曲线。

3. 发动机特性分类

发动机特性分调节特性和性能特性两大类。

调节特性——指发动机的性能指标随调节情况而变化的关系。如柴油机的供油提前角调节特性、汽油机的点火提前角调节特性、汽油机的燃料调节特性等。

性能特性——指发动机的性能指标随运行工况而变化的关系。如负荷特性、速度特性、调速特性、万有特性等。

二、发动机特性曲线制取试验台架

发动机特性的获取需在专门的发动机试验台架上进行。它可以模拟发动机的实际工况,使其在要求的转速和负荷下工作,并可以同步测量发动机在各种工况下的功率、燃料消耗、废气排放、

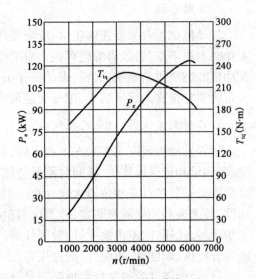

图 10-1 发动机特性曲线

汽缸压力等性能参数。典型发动机试验台架的组成及布置简图如图10-2所示。它主要包括以下几部分。

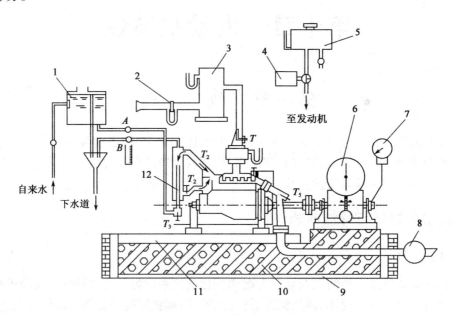

图10-2 发动机试验台架简图
1-冷却水箱;2-空气流量计;3-稳压筒;4-量油装置;5-燃油箱;6-测功器;7-转速表;8-消声器;9-垫层;10-基础;11-底板;12-混合水箱

1. 试验台架

它是将待测发动机与测功器用联轴器连接,并固定于坚实、防振的水泥基础上,基础振幅一般不得大于0.05～0.1mm。安装发动机的铸铁支架和底板常制成可调节高度和位置的形式,以便迅速拆装和对中。

2. 辅助系统

发动机试验台架要能够正常、安全使用,必须配置一些辅助系统。例如,为了保持发动机工作时水温不变,必须有专门可调水量的冷却系统;燃料应由专用油箱通过油量测量装置供给发动机的燃料供给系统;又如,发动机排出的是高温有毒气体,排气噪声又是主要噪声源,故试验室内须有特殊的通风装置,废气要经消声地坑排出等。

3. 各种测量仪器、仪表及操纵台

随着发动机研究工作的深入和发展,对试验设备和手段提出更高的要求,通常要求测试精度高、测量和记录速度快、能同时测量与储存大量数据并能对数据进行处理和分析等。发动机试验台架安装的设备和仪器大致分为三类:基本设备、监测仪器、特殊设备。基本设备包括测功器、转速表和油耗测量装置;监测仪器包括冷却液温度计、机油温度计、机油压力计、排气温度指示器、气压计、室内温度计、湿度计等。特殊设备包括示功器、空气流量计、冷却液流量计、废气分析仪、烟度计、声级计、测振仪等。

目前,台架试验越来越多地采用自动控制系统。如AVL公司的PUMA系统、申克公司的

X-MOT 系统、西门子公司的 CATS 系统都是产品化的计算机控制的测试系统。这些系统对试验台架进行控制和数据采集,同时也将相关数据传送给用户网络系统的上位计算机系统,自动完成主要参数监控、试验结果显示、特性曲线拟合、测点配置等工作,提高了测量的精度和速度。

第二节　发动机调节特性

发动机调节特性对发动机的正确调整、使用与维修关系密切,值得重视。

一、柴油机供油提前角调节特性

柴油机供油提前角调节特性是指在发动机转速一定和油量控制机构(如喷油泵的供油拉杆)位置一定条件下,其功率、燃料消耗率等性能指标随供油提前角变化而变化的关系。

图 10-3 所示为柴油机供油提前角调节特性曲线。由曲线可见,随着供油提前角 θ 的改变,发动机的功率与燃料消耗率也随着变化。对应于最大功率和最小燃料消耗率的供油提前角即为最佳供油提前角。发动机使用或维修时,应注意按照使用说明书要求,检查并调整发动机静态最佳供油提前角。

最佳供油提前角是随着发动机的转速变化而变化的,它一般由所述机械式供油提前角自动调节装置来控制。对于电控柴油机,则由 ECU 根据发动机工况实施精确控制。

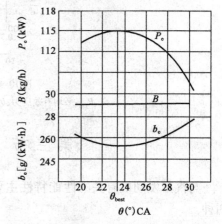

图 10-3　柴油机供油提前角调节特性曲线
P_e-功率;b_e-燃料消耗率;θ-供油提前角;θ_{best}-最佳供油提前角;B-小时耗油量

二、汽油机点火提前角调节特性

汽油机点火提前角调节特性是指在发动机转速和节气门开度一定条件下,其功率、燃料消耗率等性能指标随点火提前角变化而变化的关系。

点火提前角调节特性曲线形式与柴油机类似(图 10-3),可将 θ 视为点火提前角。可见,随着点火提前角的改变,发动机的功率与燃料消耗率也随着变化。对应于最大功率和最小燃料消耗率的点火提前角即为最佳点火提前角。在传统化油器式汽油机中,是靠第八章第三节所述点火提前装置来实现此功能的。

三、汽油机的燃料调节特性

汽油机的燃料调节特性指在发动机转速一定,节气门开度一定条件下,其功率、燃料消耗率等性能指标随混合气浓度而变化的关系。

图 10-4 所示为汽油机燃料调节特性曲线。由图可见,随着混合气浓度的改变,发动机的功率与燃料消耗率也随着变化。对应于过量空气系数约为 1.15 处,燃料消耗率最低,称此时

的混合气为经济混合气;而对应于约0.93处,发动机平均有效压力最大,动力性能最高,称此时的混合气为功率混合气。汽油机应根据工况变化,自动调整其混合气浓度在最佳值工作。传统化油器式汽油机是靠化油器主供油装置和加浓装置联合作用对不同工况下的混合气浓度进行粗略调节,而现代汽油机则靠电控燃油喷射系统实施精确控制。

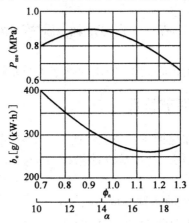

图10-4 汽油机燃料调节特性曲线

P_{me}-平均有效压力;b_e-燃料消耗率;ϕ_a-过量空气系数;α-空燃比

第三节 发动机性能特性

与汽车发动机有关的性能特性主要有发动机负荷特性、速度特性、万有特性和调速特性四种。

一、发动机的负荷特性

发动机的负荷特性是指在转速一定时,发动机的性能参数(燃油消耗率、排气温度等)随负荷(功率、平均有效压力等)的改变而变化的关系。相应的曲线称为负荷特性曲线。它主要被用来评价发动机在转速一定下以不同的负荷运转的经济性,如汽车以一定的速度沿阻力变化的道路行驶。

柴油发动机负荷特性曲线如图10-5所示。由图可见,随着负荷的增加,燃料消耗率开始时急剧下降,到1点油耗最低被称为该发动机的最低燃油消耗率,但此时并非发动机的最大功率点。

在1点后,随着负荷的增加,发动机功率增大,燃料消耗率又回升。负荷增加到一定值(2点),发动机排气冒烟超标,此值称为冒烟界限,发动机工作不允许超出冒烟界限。其适宜的

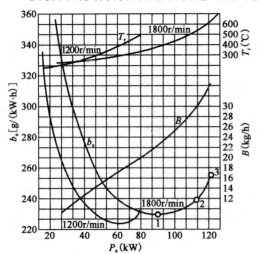

图10-5 6135Q柴油机负荷特性曲线

P_e-功率;b_e-燃料消耗率;B-小时耗油量;T_r-排气温度

工作区域应该在最低油耗点 1 附近。有的货车超载运行,将导致燃油消耗急剧上升,发动机过热,寿命下降,排气冒烟严重,污染大气。还会导致制动距离加长,容易出现交通安全事故,这是不可取的。

由发动机负荷特性曲线看出:同一转速下的最低 $b_{e\,min}$ 越小,并且曲线变化越平坦,则发动机经济性越好;b_e 随负荷增加而降低,在负荷率 80% 左右时,b_e 达到最小。

在汽车实际运行中,可通过提高车速或带拖挂等方式来增加负荷率,从而达到节油的目的。

二、发动机的速度特性

速度特性是指当燃料供给调节机构(汽油机的节气门或柴油机喷油泵的油量控制拉杆)位置不变时,发动机性能指标(转矩、功率、燃油消耗率等)随转速的改变而变化的关系。对应的曲线称为速度特性曲线。

当燃料供给调节机构固定在全负荷位置(汽油机节气门处于全开位置或柴油机的油量控制拉杆在额定供油量位置)时,所测得的速度特性称外特性;当燃料供给调节机构固定在全负荷以内各位置时,所测得的速度特性就称为部分速度特性。显然,外特性反映了发动机所能达到的最高动力性能,如最大有效功率、最大有效转矩,以及对应的转速。

汽车的节气门不变,上坡或下坡时,由于外界阻力的变化,车速将产生相应变化就是属于速度特性工况。

图 10-6 为 YC6108ZQ 柴油机外特性曲线。从外特性曲线可以看出该发动机所能达到的最大功率、最大转矩、最低燃料消耗率及其对应的转速;还可以看出在任一转速下所对应的功率和转矩;若要发挥最大转矩,则应该适当降低发动机转速;在图上还可以看出排气温度及烟度随转速、功率、转矩变化而变化的关系。

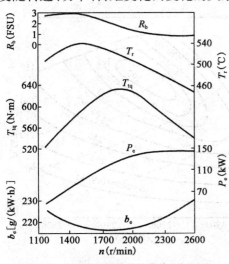

图 10-6 发动机速度外特性曲线(柴油机)
P_e-发动机功率;T_{tq}-发动机转矩;n-转速;T_r-排气温度;b_e-燃料消耗率;R_b-烟度

从外特性曲线还可以计算出发动机的转矩适应性系数 ϕ_{tq}、转速储备系数 ϕ_{nq} 和总适应性系数 ϕ_{ntq}。其中

$$\phi_{tq} = \frac{T_{tq\,max}}{T_{eb}} \quad (10\text{-}1)$$

式中:$T_{tq\,max}$——外特性曲线上最大转矩(N·m);
T_{eb}——标定工况转矩(N·m)。

$$\phi_{nq} = \frac{n_1}{n_2} \quad (10\text{-}2)$$

式中:n_1——标定转速(r/min);
n_2——最大转矩时转速(r/min)。

$$\phi_{ntq} = \phi_{tq}\phi_{nq} \quad (10\text{-}3)$$

ϕ_{tq}、ϕ_{nq} 和 ϕ_{ntq} 表征了发动机的短期超载能力。当汽车爬坡,如不换挡位,发动机转速就会下降,从外特性曲线上看,发动机转矩会增加,以克服外界阻力。ϕ_{tq}、ϕ_{nq} 和 ϕ_{ntq} 越大,不换挡位克服外界阻力的能力就越强。

汽油机 ϕ_{tq}、ϕ_{nq} 和 ϕ_{ntq} 值较大,分别可达 1.2~1.4、1.5~3.8 和 1.8~5.3;而柴油机(非增压)外特性的转矩曲线较为平坦,ϕ_{tq}、ϕ_{nq} 和 ϕ_{ntq} 值较小,只有 1.05、1.5~2.0 和 1.6~2.1,不能适应实际工作需要,所以柴油机都安装有调速器来进行校正。

如图 10-7 所示,发动机的部分速度特性曲线随着汽油机的节气门开度或柴油机的油量控制拉杆位置的减小,功率和转矩曲线几乎从外特性平行下移。对汽油机,负荷越小,节气门开度越小,进气阻力越大,充气效率下降,使其功率、转矩下降越快,所以部分速度特性曲线也变得越陡。

三、发动机的万有特性

负荷特性只能分析某一转速下发动机各性能参数随负荷的变化,而速度特性只能分析在某一油量调节机构位置下的发动机各性能参数随转速的变化。实际上,发动机的转速、负荷均在很大范围内变化,要分析各工况下发动机的性能就需要许多张图形,很不方便,亦不清晰。能在一张图上表示发动机各性能参数与转速、负荷之间的相互关系就称为万有特性,也称为多参数特性,相应的曲线称为万有特性曲线。

万有特性曲线可利用发动机各种转速下的负荷特性曲线来转换得到。图 10-8 所示为 YC6108ZQ 四气门柴油机万有特性曲线。图中虚线为等功率曲线,位于上层的等功率曲线的功率大。实线中,上边界为外特性曲线,其余为等油耗线。最内层的等油耗曲线耗油率最低,为最经济区;越往外层,经济性越差。若等油耗线呈横向拉长,说明发动机在转速变化较大情况下工作,燃料消耗率变化小,较经济;若等油耗线呈纵向拉长,说明发动机在负荷变化较大情况下工作,燃料消耗率变化小,较经济。

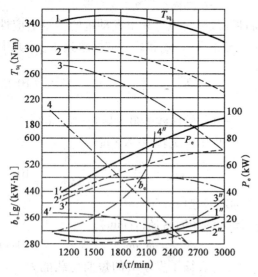

图 10-7 发动机部分速度特性曲线(汽油机)
1-外特性;2、3、4-部分速度特性;P_e-发动机功率;
T_{tq}-发动机转矩;b_e-燃料消耗率;n-转速

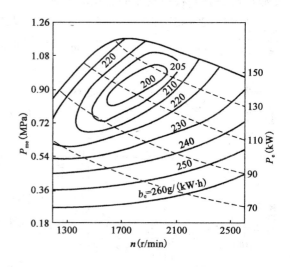

图 10-8 发动机万有特性曲线
P_e-发动机功率;b_e-燃料消耗率;n-转速;p_{me}-平均有效压力

有了万有特性曲线图,从中很容易找出最经济的负荷和转速。如图10-8中,该型发动机在中等转速和较高负荷时,其油耗处于最经济的区域。

四、调速特性

调速特性是指柴油机喷油泵调速手柄位置一定时,柴油机性能参数(转矩、功率、燃油消耗率等)随负荷或转速而变化的关系。对应的曲线称为调速特性曲线。它被用来评价柴油机带调速器以后的实际工作性能指标,还可以用来评价调速器的工作性能。

图10-9所示为横坐标是功率的调速特性曲线。根据分析需要,调速特性曲线也可以采用转速或转矩为横坐标。曲线分析可以看到,从标定转速(曲线拐弯点)到最高空转转速这一段的曲线,发动机负荷变化很大,但转速变化很小,这是因为柴油机喷油泵调速器起调速作用的结果。随着负荷增大,自动增加供油量,以维持转速基本稳定,所以该段是调速器的调速区段,也有称特殊的负荷特性段,因为它很类似于发动机的负荷特性,只是发动机转速略有变化。可以从这一段曲线进行经济性分析及调速器工作性能(如稳定调速率等)分析。

从标定工况到最大转矩点的曲线,随着外界负荷增加,喷油泵调速器依靠校正功能而变动供油拉杆,少量增加供油量,以满足发动机短时间超负荷的需要。所以该段是调速器的校正区段。也

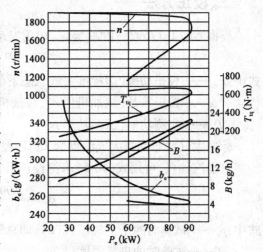

图10-9 发动机调速特性曲线

P_e-发动机功率;T_{tq}-发动机转矩;b_e-燃料消耗率;n-转速;B-小时耗油量

有称特殊的速度特性段,因为它很类似于发动机的速度特性,只是喷油泵供油拉杆略有移动。

当发动机转矩达到最大,如再增加外界负荷,发动机转速便急剧下降,喷油泵供油拉杆已经无法再移动增加供油量,所以发动机按速度特性曲线规律变化。随负荷的增加发动机转速急剧下降,功率、转矩下降,耗油率增大。

从调速特性曲线上可以方便地找到标定工况和任一工况下的转速、功率、转矩、燃油消耗率等各种动力、经济性能指标之间的相互关系。用以比较不同柴油机的性能优劣,指导人们正确地使用和维修柴油机。还可以计算柴油机的转矩储备,以判定发动机的短时超负荷能力;计算出稳定调速率,以判断调速器的工作性能。

第四节 发动机性能指标的校正

一、性能指标校正的必要性

由于大气状态的不同,同一台发动机,在不同地区测得的性能指标就会产生差异。如天津测得某发动机功率为68kW,油耗为321g/(kW·h),而到拉萨测得的功率变为42kW,下降了

38%,油耗为429g/(kW·h),上升了34%。

大气状态(大气压力、温度、相对湿度)变化导致发动机工质产生变化。当大气压力下降、温度升高或相对湿度增大,会导致实际进入汽缸的氧气量减少,从而使发动机功率下降,油耗升高。

试验表明,在海拔150m以上地区,每升高300m,发动机(非增压)功率下降3.5%;当进气温度在29.4℃以上,每增5.5℃,功率下降2%。

二、校正方法

根据 GB/T 17692—1999 规定,车用发动机净功率采用式(10-4)修正:

$$P_{e0} = \alpha P_e \tag{10-4}$$

式中:P_{e0}——校正功率(即标准大气状态下的功率);
　　　α——校正系数(汽油机用α_a,柴油机用α_d);
　　　P_e——实测功率(试验功率)。

标准大气状态是指大气温度为25℃、大气压为100kPa、相对湿度为60%的状态。

对于汽油机,可用式(10-5)求得校正系数α_a:

$$\alpha_a = \left(\frac{99}{p_s}\right)^{1.2} \times \left(\frac{T}{298}\right)^{0.6} \tag{10-5}$$

式中:p_s——试验时的干空气压(kPa),即总气压减去水蒸气分压;
　　　T——试验时的进气温度(K)。

对于柴油机,应采用式(10-6)求得校正系数α_d:

$$\alpha_d = f_a^{f_m} \tag{10-6}$$

式中:f_a——大气因子;
　　　f_m——发动机因子(随机型和调整的特征参数变化)。

对于自然吸气和机械增压柴油机,大气因子f_a用式(10-7)计算:

$$f_a = \left(\frac{99}{p_s}\right) \times \left(\frac{T}{298}\right)^{0.7} \tag{10-7}$$

对于涡轮增压柴油机,f_a用式(10-8)计算:

$$f_a = \left(\frac{99}{p_s}\right)^{0.7} \times \left(\frac{T}{298}\right)^{1.5} \tag{10-8}$$

发动机因子f_m是q_c的函数,由式(10-9)计算:

$$f_m = 0.036 q_c - 1.14 \tag{10-9}$$

式中:q_c——校正比排量循环供油量,$q_c = q/r$;
　　　q——比排量循环供油量[mg/(L·循环)];
　　　r——压缩机出口与压缩机进口的压力比。

上式q_c值在40～65,公式有效;当小于40时f_m取0.3;当大于65时f_m取1.2。

此外,需要进行大气校正的参数还有加速踏板全开时的实测有效转矩、柴油机全负荷燃料消耗率及汽缸压缩压力,其校正方法,可参阅 GB/T 17692—1999 之规定。

复习思考题

1. 什么叫发动机工况以及发动机特性?
2. 发动机负荷大小由什么指标来衡量? 它与发动机功率大小是否是一回事?
3. 分析供油提前调节特性、点火提前调节特性和燃料调节特性对实际应用的意义。
4. 发动机万有特性、负荷特性和速度特性有何实用价值?
5. 为什么要对发动机性能指标进行大气修正?

第二篇　汽车传动系统

第十一章　汽车传动系统概述

第一节　传动系统的功用与组成

一、传动系统的功能

传动系统是汽车底盘的重要组成部分,是从发动机到驱动轮之间的一系列传动零部件的总称,其作用是将发动机的动力传给驱动轮,使汽车能够正常行驶。

目前,汽车上广泛使用的活塞式内燃机具有转速高、输出转矩变化范围小、不能反转、带负荷起动困难等特性,而汽车的车速和驱动力变化范围大,并要求能倒退行驶、平稳起步和停车。为使汽车在不同使用条件下都能正常工作,并获得较好的动力性和经济性,必须设置传动系统,且令其实现以下基本功能。

1. 减速增矩

发动机曲轴转速往往高达 2000~6000r/min,而它所输出的转矩则比较小。假若将其转速和转矩直接传递给驱动轮,不仅使汽车车速大到惊人程度(超过法规要求)而失去其利用价值,而且该转矩形成的驱动力也难以使汽车起步和行驶。

为解决上述矛盾,必须使传动系统具有减速增矩作用,亦即使驱动轮的转速降低为发动机转速的若干分之一,使之车速不仅符合法规要求,而且满足各种行驶车速的需要;另一方面,相应地驱动轮所得到的转矩则增大到发动机转矩的若干倍,使之能克服各种行驶阻力。

2. 实现倒驶

汽车需要倒向行驶,然而用内燃机作为动力装置的车用发动机是不能反向旋转的。故传动系统必须保证在发动机旋转方向不变的情况下,使驱动轮反向旋转。一般结构措施是在变速器内加设倒挡机构来实现车辆的反向行驶。

3. 中断传动

在发动机起动后,汽车行驶中换挡及汽车制动时,或发动机起动时,都要暂时切断动力传递。为此,在发动机与变速器之间设置一个可由驾驶人控制的分离或接合动力的机构——离合器;另外,在变速器中设置空挡,可以满足发动机转动时能较长时间中断动力的传递,如以满足发动机怠速的需要。

4. 差速作用

当汽车转弯行驶时,如左、右驱动轮仅用一根刚性轴驱动,则左、右驱动轮角速度必然相同,因而在汽车转弯时必然产生左、右驱动轮相对于地面滑动的现象。这将使转向困难,汽车的动力消耗增加,传动系统内某些零件和轮胎加速磨损。汽车直线行驶时,由于左右路面高低不平,或左、右驱动轮磨损不均或气压不等、承载不一等原因,也会加速轮胎和有关零件的磨损。故,在驱动桥内装上差速器,使左、右两驱动轮以不同角度旋转可避免所述不良情况发生。

5. 万向传动

离合器、变速器固定在车架上,而驱动桥通过弹性元件与车架连接,所以一般汽车变速器的动力输出轴与驱动桥的动力输入轴不在同一轴线上。加之,汽车由于装载质量的变化以及在不平路面行驶时振动引起的驱动桥与变速器相对位置的变化等,均需要设置一个能够适应动力输出装置和动力输入装置不在同一轴线上的万向传动装置,以满足汽车传动的需要。

二、传动系统的类型及组成

由于汽车动力装置的性能不同,以及所采用传动系统类型的不同,其传动系统的组成和具体功能也有差别。汽车传动系统按照结构和传动介质分为机械式、液力机械式、静液式(容积液压式)、电力式等四种类型。其中,机械式、液力机械式被广泛应用在运输车辆中。

1. 机械式传动系统

普通汽车的传动系统多采用机械式传动系统,它由离合器、变速器、万向传动装置(万向节)、驱动桥(包括主减速器、差速器、半轴)等零部件组成的,如图11-1所示。

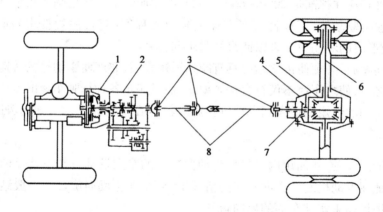

图11-1 普通汽车传动系统示意图
1-离合器;2-变速器;3-万向节;4-驱动桥;5-差速器;6-半轴;7-主减速器;8-传动轴

机械式传动系统具有结构简单、工作可靠、价格低廉、质量轻、传动效率高,以及可利用发动机运动零件的惯性进行工作等优点,因此机械传动系统在中小功率的车辆上得到广泛应用。

2. 液力机械式传动系统

液力机械式传动也称动液传动,其特点是将液力传动与机械传动有机地组合起来。该传动方式的原理是,发动机将动力传给液力变矩器(或液力耦合器),再传给机械变速器,最后驱动车轮,推动汽车行驶。所谓液力传动,是指以液体为传递动力的介质,利用液体在元件间循环流动中动能的变化来传递动力的。在汽车上,液力传动装置主要是液力变矩器,如图11-2所示。

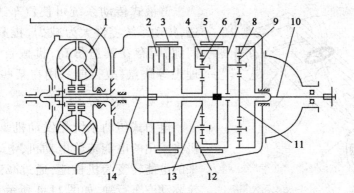

图 11-2 红旗 CA7560 型轿车液力机械变速器传动示意图

1-液力变矩器;2-直接挡离合器;3-低速挡离合器;4-前排内齿圈;5-倒挡制动器;6-前排行星齿轮;7-后排行星齿轮架;8-后排内齿圈;9-后排行星齿轮;10-变速器第二轴;11-后排太阳齿轮;12-前排行星齿轮架;13-前排太阳齿轮;14-变速器第一轴

液力机械传动具有能在规定范围内根据外界阻力的变化,自动进行无级变速的特点。这不仅提高了发动机的功率利用率,而且大大减少了换挡次数,降低了驾驶人的劳动强度,并可减少变速器挡位数,简化了变速器结构。此外,液力变矩器后的机械式变速器还可实现自动换挡,使驾驶人操作大为简便,所以又称为自动变速器。但是,其结构较复杂,造价较高,机械效率较低。

3. 静液式传动系统

静液式传动系统主要由发动机、液压泵、液压电动机、控制装置和辅助装置等组成。发动机驱动液压泵转动进行吸油和压油,使工作油液产生压力,经驾驶人控制的操纵装置(阀)使工作油液流向执行机构的液压马达,液压马达得到油液压力而转动,进而驱动车轮滚动,如图 11-3 所示。

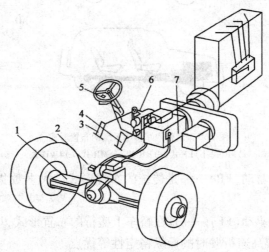

图 11-3 静液式传动系统示意图

1-驱动桥;2-液压电动机;3-制动踏板;4-加速踏板;5-变速操纵杆;6-液压自动控制装置;7-液压泵

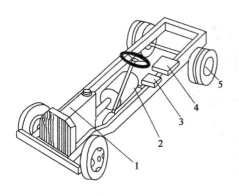

图 11-4　电力式传动系统示意图
1-发动机；2-发电机；3-晶闸管整流器；
4-逆变装置；5-电动轮

静液式传动系统可使汽车进行自动无级变速，传动系统零件大为减少，提高了汽车的离地间隙；但存在其造价高，机械效率低，可靠性不理想等缺点，故目前只用在某些军用车辆上。

4. 电力式传动系统

电力式传动系统是发动机驱动发电机，发电机将发出的电能传给电动机，电动机将发电机传来的电能转变为机械能，通过减速装置传给驱动轮驱动汽车行驶，如图 11-4 所示。

电力式传动系统的性能特点与静液式传动系统相近，但电动机质量比液压泵和液压马达大得多，故目前还只限于在超重型汽车上应用。

第二节　传动系统的布置形式

传动系统在汽车上的布置方式有五种，如图 11-5 所示。

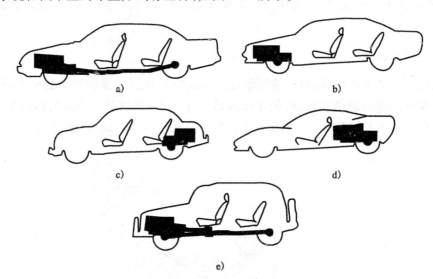

图 11-5　现代汽车传动系统的布置形式
a) FR 式；b) FF 式；c) RR 式；d) MR 式；e) 4WD 式

（1）发动机前置后轮驱动（FR）——是传统的布置形式。大多数货车、部分轿车和部分客车采用这种形式。

（2）发动机前置前轮驱动（FF）——是在轿车上盛行的布置形式，具有结构紧凑、减小轿车质量、降低地板高度、改善高速行驶时的操纵稳定性等优点。

（3）发动机后置后轮驱动（RR）——是目前大、中型客车盛行的布置形式，具有降低室内噪声、有利于车身内部布置等优点。少数轿车也采用这种形式。

(4)发动机中置后轮驱动(MR)——是目前大多数跑车及方程式赛车所采用的形式。由于汽车采用功率和尺寸很大的发动机,将发动机布置在驾驶人座椅之后和后轴之前有利于获得最佳轴荷分配和提高汽车性能。此外,某些大、中型客车也采用这种布置形式,把配备的卧式发动机装在地板下面。

(5)全轮驱动(nWD)——是越野汽车特有的形式,通常发动机前置,在变速器后面装有分动器,以便将动力分别输送到全部车轮上。

复习思考题

1. 传动系统的主要功能是什么?
2. 传动系统按结构和传动介质可以分为哪几种类型?各自有什么特点?
3. 传动系统有哪几种布置形式?各自有什么优缺点?

第十二章 离 合 器

第一节 离合器的功能、基本结构与工作原理

一、离合器功能及种类

1. 离合器功能

在汽车的传动系统中,离合器是与发动机直接关联的重要部件,它通常装在发动机曲轴飞轮的后端。其功用如下。

1) 保证发动机起动和汽车起步平稳

汽车起步前应使变速器挂空挡,断开发动机与驱动轮之间的联系,待发动机起动并正常急速运转后,再将变速器挂挡;在缓慢接合离合器的同时,逐渐加大节气门,致使发动机传给驱动轮的转矩逐渐增大,当驱动力足以克服汽车起步阻力时,汽车开始行进并可逐渐加速,最终实现平稳安全起步。否则,如果发动机与传动系统刚性联系,当变速器挂上挡,汽车由静止至运动时,会对发动机产生很大的阻力矩。这种突然加在发动机上的阻力矩使发动机转速瞬间下降到最低稳定转速以下,致使发动机熄火,汽车不能起步。

2) 行进中换挡或临时停车

汽车为了适应不断变化的工作条件和要求,变速器经常需要换用不同挡位工作。齿轮式变速器的换挡,一般是改变齿轮的啮合或其他啮合副(如齿形花键与接合套),因此,换挡前必须迅速彻底分离离合器,中断发动机与传动系统的动力传递,以防换挡时产生冲击力而破坏齿轮或其他啮合副。通过分离离合器,还可使汽车临时性切断动力,实现短暂停车。

3) 传动系统的过载保护

离合器在正常接合状态下,均应具有可靠传递该汽车发动机最大转矩的能力。由于离合器是靠摩擦力来传递转矩的,还可以通过离合器打滑的方式,避免因传动系统过载造成的传动系零部件的损坏。

2. 离合器种类

离合器的种类有摩擦片式离合器、液力耦合器或液力变矩器、电磁离合器等。摩擦片式离合器是借助接触面之间的摩擦作用来传递转矩的装置。液力耦合器或液力变矩器是利用液体进行动力传递的装置,它们通常与自动变速器配合使用,也起到离合器的作用。电磁离合器是利用电磁力来传递转矩的装置。电磁离合器靠电磁线圈的通、断电来控制离合器的接合与分离。目前,与手动变速器相配合使用的绝大多数离合器为摩擦片式离合器。

二、摩擦片式离合器的基本结构

离合器位于发动机飞轮与变速器之间。当前,汽车所采用的摩擦式离合器多为干式离合

器。它主要由主动部分、从动部分、压紧机构和操纵机构四大部分组成,如图12-1所示。

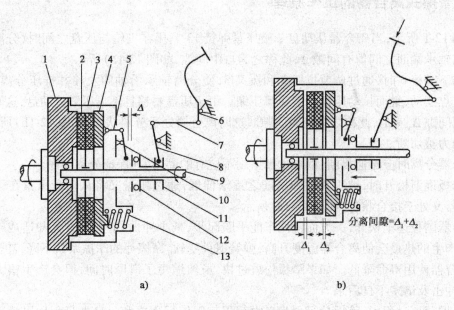

图 12-1 摩擦式离合器及其工作原理示意图
a)接合状态;b)分离状态

1-飞轮;2-从动盘;3-离合器盖;4-压盘;5-分离拉杆;6-踏板;7-调节拉杆;8-拨叉;9-离合器从动轴;10-分离杠杆;11-分离轴承座套;12-分离轴承;13-压紧弹簧

1. 主动部分

主动部分包括内燃机飞轮1、离合器盖3和压盘4以及中间压盘(双盘或多盘)等,它们与发动机曲轴一起旋转。离合器盖用螺钉固定在飞轮上,压盘一般通过凸台或传动片与离合器盖连接,由飞轮带动旋转。分离或接合离合器时,压盘作少量的轴向移动。

2. 从动部分

从动部分包括从动盘2和离合器从动轴9。从动盘安装在飞轮与压盘之间,从动盘通过毂部的内花键孔与离合器从动轴9连接,可作少量轴向移动。离合器从动轴连接到变速器主动轴上。

3. 压紧机构

压紧机构由装在压盘4与离合器盖3之间的若干压紧弹簧13或膜片弹簧组成。

4. 操纵机构

操纵机构由分离轴承12、分离轴承座套11、分离杠杆10、分离拉杆5、踏板6、调节拉杆7和拨叉8等组成。分离轴承座套活套在离合器从动轴上,并可轴向移动。分离杠杆以某种方式支承在离合器盖上,通过分离拉杆5与压盘4连接。若干分离拉杆和分离杠杆沿压盘圆周均布。踏下踏板6可以操纵压盘右移,切断离合器动力传递。

三、摩擦式离合器的工作原理

如图 12-1 所示,当离合器从动盘 2 被压紧弹簧 13 紧压在飞轮与压盘之间时,分离杠杆头部与分离轴承端面之间留有间隙 Δ,此称之为自由间隙,如图 12-1a) 所示。

当踏下踏板 6 时,通过调节拉杆 7 和拨叉 8,使分离轴承沿轴向左移并推压分离杠杆,致使其绕支点摆动,继而拉动压盘并使弹簧压缩。由于压盘右移且不再压紧从动盘,这时摩擦面之间出现间隙 $\Delta_1 + \Delta_2$,此称之为分离间隙。这时离合器处于分离状态,如图 12-1b) 所示,传动系统的动力被切断。

离合器分离时应迅速果断,以减少摩擦副不应有的磨损,并保证分离彻底。

当踏板逐渐松开时,被压紧的弹簧随之逐渐伸展,通过压盘又将从动盘压紧在飞轮表面上,离合器又处于接合状态,如图 12-1a) 所示。

离合器踏板逐渐松开,一方面使汽车能平顺起步,减少冲击,但另一方面却造成摩擦副的磨损,且产生的热量会使离合器温度升高,弹簧退火变软,摩擦片的摩擦系数下降,甚至摩擦片烧损,离合器使用寿命降低。如果踏板松放过快,虽然缩短了滑摩时间,但会产生很大的惯性力,造成冲击及诸多不良后果。

离合器分离过程中,踏板总行程为自由行程与工作行程之和。自由行程用以消除各连接杆件运动副间隙和自由间隙;与摩擦面分离间隙对应的行程称为工作行程。

当从动盘摩擦片磨损变薄时,自由间隙变小,踏板自由行程也随之变小。若自由间隙过小或等于零,意味着摩擦片再稍有磨损,分离杠杆的内端会顶住分离轴承端面,使弹簧压紧力减小,造成离合器打滑。同样,自由间隙也不宜过大,由于踏板总行程是一定的,若自由行程增加,则工作行程减小,导致离合器分离不彻底。为了保证适当和均匀的自由间隙,离合器上设有相应调整机构。

第二节　摩擦式离合器结构

摩擦式离合器的组成结构如图 12-2 所示。

一、主动部分

1. 压盘

无论离合器接合还是分离,压盘都必须通过一定的连接方式和飞轮一起旋转,且自身还能做轴向移动。当传递发动机转矩时,压盘和飞轮共同带动从动盘转动。通常飞轮或离合器盖驱动压盘的方式有多种选择,如图 12-3 所示。

一种是离合器盖固定在飞轮上,在离合器盖上开有长方形窗口,压盘上的铸造有相应的凸台,凸台伸进窗口以传递转矩。在设计时,应考虑到摩擦片磨损后,压盘将向前移,因此应是凸台高出窗口,以保证转矩的可靠传递,如图 12-3a) 所示。单片摩擦离合器也有采用键连接传力方式的,如图 12-3b) 所示。

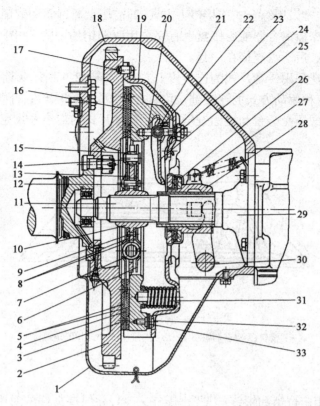

图 12-2 摩擦式离合器示意图

1-离合器壳底盖;2-飞轮;3-摩擦片铆钉;4-从动盘本体;5-摩擦片;6-减振器盘;7-减振器弹簧;8-减振器阻尼片;9-阻尼片铆钉;10-从动盘毂;11-变速器第一轴(离合器从动轴);12-阻尼弹簧铆钉;13-减振器阻尼弹簧;14-从动盘铆钉;15-从动盘铆钉隔套;16-压盘;17-离合器盖定位销;18-离合器壳;19-离合器盖;20-分离杠杆支承柱;21-摆动支片;22-浮动销;23-分离杠杆调整螺母;24-分离杠杆弹簧;25-分离杠杆;26-分离轴承;27-分离套筒复位弹簧;28-分离套筒;29-变速器第一轴轴承盖;30-分离叉;31-压紧弹簧;32-传动片铆钉;33-传动片

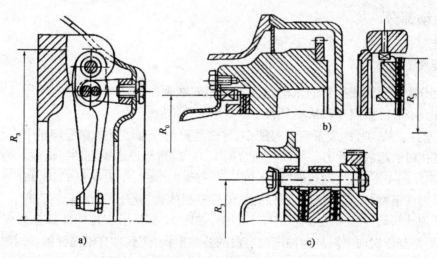

图 12-3 压盘的几种常用传力方式
a)凸块窗孔式;b)键连接式;c)传力销式

双片摩擦离合器常采用综合式连接传力方式,即前压盘通过驱动键销驱动,后压盘利用凸台驱动。当然,双片摩擦离合器前后压盘也有完全用驱动销传力的,如图12-3c)所示,通过驱动销将飞轮与前压盘、后压盘连接在一起。

目前,汽车上广泛采用传动片式的连接传力方式,如图12-4所示。前述凸块窗孔式、键连接式以及传力销式三种驱动方式的连接部位均存在间隙,传动时产生的噪声和冲击随连接部位的磨损而增加,造成压盘凸台和键销过早损坏。传动片式的连接方式克服了上述缺点,连接处不存在磨损。

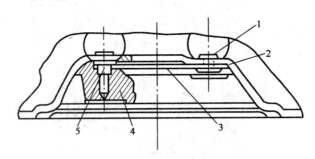

图12-4 传动片驱动方式
1-铆钉;2-离合器盖;3-传动片;4-压盘;5-传动片固定螺钉

2. 离合器盖

离合器盖常采用定位销和螺钉与飞轮固定在一起,并保持良好的对中。它不仅可以传递发动机的部分转矩,而且用来支撑离合器压紧弹簧和分离杠杆。因此,要求它有足够的刚度,保证操纵部分的传动效果。

为加强离合器的冷却,图12-2中离合器盖的侧面开有四个缺口,装合后形成四个窗口,离合器旋转时,空气循环流动,使离合器通风散热良好。

二、从动部分

1. 从动盘

从动盘分为带扭转减振器的从动盘和不带扭转减振器的从动盘两种。不论是哪种从动盘,一般都由从动片、摩擦片和从动盘毂三个基本部分组成。

(1)从动片。从动片的质量应尽可能小,并使其质量分布尽可能靠近旋转中心,以减小从动盘转速变化时引起的惯性力。从动片通常用1.3~2.0mm厚的钢板冲压而成。为使离合器接合平顺,汽车起步平稳,从动片的结构应使其具有轴向弹性,使主动盘(飞轮和压盘)和从动片之间的压力逐渐增长。具有轴向弹性的从动片有整体式、分开式和组合式三种。

整体式弹性从动片沿半径方向开有T形槽,如图12-5所示。其外缘部分分成许多扇形块,并将扇形部分依次向不同方向冲压成弯曲的波纹形状,使其具有轴向弹性。两侧的摩擦片则分别铆在扇形片上。离合器接合时,从动片被压紧,弯曲的扇形部分逐渐被压平,从动片上的压力和所传递的转矩也逐渐增大,致使接合过程较为平顺。

分开式弹性从动盘如图 12-6 所示。其波形弹簧片 3 与从动片 1 制成两件,然后用铆钉 6 铆在一起。波形弹簧片厚度为 0.7~0.8mm,使从动片的转动惯量减少。

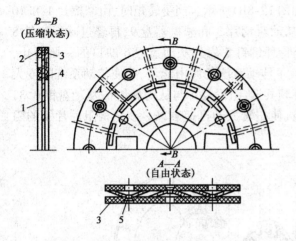

图 12-5　整体式弹性从动盘
1-从动片;2、4-摩擦片;3-波形弹簧片;5-摩擦片铆钉

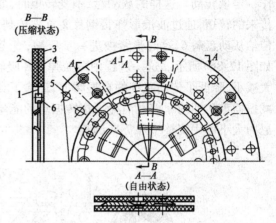

图 12-6　分开式弹性从动盘
1-从动片;2、4-摩擦片;3-波形弹簧片;5-摩擦片铆钉;
6-波形弹簧片铆钉

组合式弹性从动盘如图 12-7 所示。靠近压盘一侧的从动片 1 上铆有波形弹簧片 3;摩擦片 4 铆在波形弹簧片 3 上;靠近飞轮一侧的摩擦片 2 则直接铆在从动片 1 上。

双片离合器的从动片一般都不制成具有轴向弹性的,因其摩擦片增加,离合器的接合过程本身就比较平顺。

(2)摩擦片。摩擦片因所用材料及其成分的差异,分为石棉塑料摩擦片、金属摩擦片、金属陶瓷摩擦片等多种。传统的摩擦片为圆环形,一般与从动片铆接。为了充分利用摩擦片的面积和厚度,摩擦片与从动片的连接越来越多地采用粘结方式。

(3)从动盘毂和扭转减振器。一般从动盘毂通过其内花键孔与离合器花键轴连接,从动片与从动盘毂常用铆接。

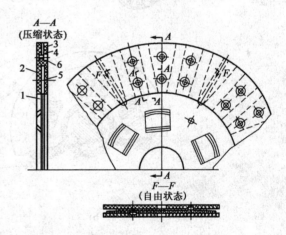

图 12-7　组合式弹性从动盘
1-从动片;2、4-摩擦片;3-波形弹簧片;5-摩擦片铆钉;6-波形弹簧片铆钉

由于发动机的动力输出为脉动输出,加之汽车在不平的道路上行驶,会使传动系统出现角速度的突然变化,这两种情况均会引起传动系统的扭转振动。为了消除振动带来的危害,在现代汽车传动系统中多数都装有扭转减振器,而且大多数装在离合器从动盘总成中。

图 12-8 所示为扭转减振器结构及工作原理图。从动盘和从动盘毂 6 是通过减振弹簧 8 弹性地连接在一起,构成减振器的缓冲机构。从动盘毂 6 夹在从动盘钢片 3 和减振器盘 9 之间,在从动盘毂 6 与从动盘钢片 3 和减振器盘 9 之间还夹有环状阻尼片 4,阻尼片 4 是减振器的阻尼耗能元件。从动盘毂 6、从动盘钢片 3 和减振器盘 9 上都有六个圆周均布的窗孔,减振

弹簧8装在窗孔中。特种铆钉5将从动盘钢片3和减振器盘9铆接成一体,但特种铆钉5中部和从动盘毂6上的缺口间存在有一定距离,故从动盘毂6可相对从动盘钢片3和减振器盘9作一定量转动。这样的从动盘,不受转矩时,如图12-8b)所示。当受转矩时,由摩擦片1和10传来的转矩,通过波浪形弹簧钢片2首先传到从动盘钢片3和减振器盘9,再经过减振弹簧8传给从动盘毂6,这时弹簧被进一步压缩,直至特种铆钉5靠到从动盘毂6缺口的一侧为止,如图12-8c)所示。这一过程中减振弹簧8吸收了传动系统的冲击能量,并使传动系统刚度大大减小,降低了传动系统的自振频率,消除了高频共振,阻尼片4与从动盘毂6、从动盘钢片3、减振器盘9间的摩擦又消耗了扭转振动的能量,使扭转振动迅速衰减。该结构阻尼片4的阻尼力大小可用调整垫片7来调整。

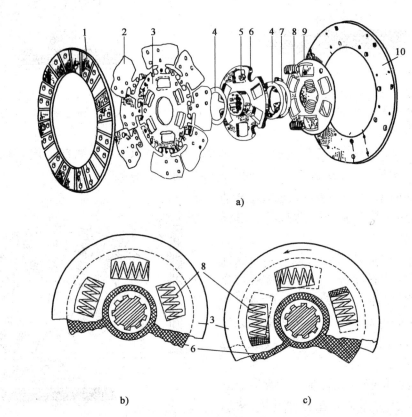

图12-8 扭转减振器结构及工作原理示意图

1、10-摩擦片;2-波浪形弹簧钢片;3-从动盘钢片;4-阻尼片;5-特种铆钉;6-从动盘毂;7-调整垫片;8-减振弹簧;9-减振器盘

2. 离合器从动轴

离合器从动轴通常是带有花键的传动轴(图12-2中图注11),其前端支承在飞轮中心的轴承上,后端支承在变速器壳体上的轴承中。

三、压紧装置

目前,离合器压紧装置应用最广泛的是弹簧式压紧装置。按弹簧结构形状分有螺旋弹簧、膜片弹簧等。按弹簧布置位置不同分有圆周布置、中央布置和斜置等形式。目前,圆周布置螺旋弹簧以及膜片弹簧离合器应用最多。

1. 圆周布置弹簧离合器

将螺旋弹簧沿离合器压盘圆周分布的离合器,称为圆周布置弹簧离合器,亦称为"周置弹簧离合器",如图12-2所示。图12-2为单压盘周置弹簧离合器,有的重型汽车离合器为了增大传递的转矩,不仅采用双压盘结构,还将压紧弹簧布置在同心的两个圆周上,如图12-9所示。周置弹簧离合器的结构简单、制造容易,过去广泛用于各种类型的汽车上。但随着发动机转速的提高,在高速离心力的影响下,弹簧会产生歪斜而降低压紧力,因此离合器传递转矩的能力也会随之下降。故现代轿车及微、轻、中型客车都改用膜片弹簧离合器。但在中、重型货车上,周置弹簧离合器仍得到广泛采用。

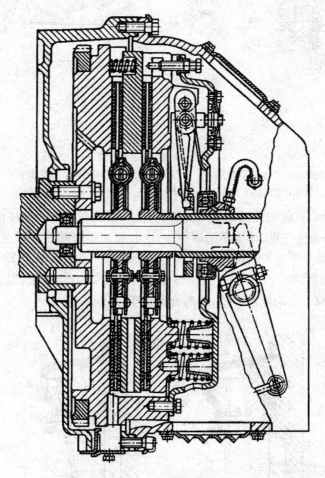

图12-9 某重型汽车离合器

2. 膜片弹簧离合器

图12-10所示为某客车上的膜片弹簧离合器。其膜片弹簧8是用薄弹簧钢板冲压成形的空心无底截锥体,锥面均布18个径向切口,构成弹性杠杆。膜片弹簧两侧的钢丝支承圈15依靠6个膜片弹簧固定铆钉9使其安装在离合器盖14上。

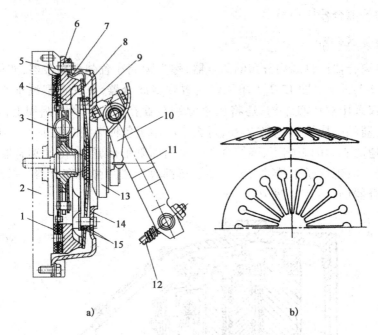

图 12-10 膜片弹簧离合器
a) 膜片弹簧离合器；b) 膜片弹簧

1-从动盘；2-飞轮；3-扭转减振器；4-压盘；5-压盘传动片；6-固定铆钉；7-分离弹簧钩；8-膜片弹簧；9-膜片弹簧固定铆钉；10-分离叉；11-分离叉臂；12-操纵索组件；13-分离轴承；14-离合器盖；15-膜片弹簧钢丝支承圈

如图 12-11a) 所示，正确安装后的膜片弹簧离合器，其钢丝支承圈 6 压向膜片弹簧 3，迫使膜片弹簧发生一定的弹性变形，即锥角适度变小，由此膜片弹簧外端对压盘 1 产生足够的压紧力，使离合器处于常接合状态。当操纵离合器使分离轴承 7 左移，如图 12-11b) 所示，膜片弹簧被压在钢丝支承圈上，并以此为支点迫使该膜片弹簧变形呈反锥形，以致膜片弹簧外端右移，并通过分离弹簧钩 5 拉动压盘右移，使离合器处于分离状态。

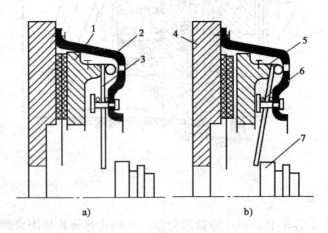

图 12-11 微型汽车的膜片弹簧离合器
a) 接合状态；b) 分离状态

1-压盘；2-离合器盖；3-膜片弹簧；4-飞轮；5-分离弹簧钩；6-钢丝支承圈；7-分离轴承

图 12-12 所示为膜片弹簧与螺旋弹簧工作特性的比较。图中 1 表示处于预压紧状态的螺旋弹簧的特性曲线,2 表示膜片弹簧的特性曲线。当两种离合器弹簧的压紧力均为 F_b 时,两种弹簧的轴向压缩变形量均为 L_b。当两种离合器摩擦片磨损量达到容许极限值 ΔL_1,即两种弹簧轴向压缩变形量减小到 L_a 时,膜片弹簧压紧力为 F_a,不难看出 F_a 与 F_b 相差不大,该离合器仍能正常工作;而螺旋弹簧压紧力为 F'_a,显然远小于 F_b,导致离合器因压紧力严重不足产生滑磨而丧失工作能力。当两种离合器分离时,若两种弹簧所需附加轴向压缩量均为 ΔL_2 时,则膜片弹簧所需作用力为 F_c,而螺旋弹簧所需作用力为 F'_c,可见 F_c 远小于 F'_c,致使离合器操纵轻便省力。

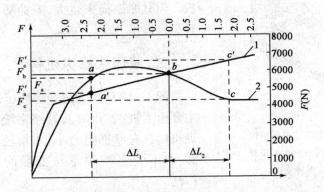

图 12-12 离合器压紧弹簧的弹性特性曲线
1-螺旋弹簧;2-膜片弹簧

综上所述,在离合器中采用膜片弹簧作压紧弹簧有很多优点:

(1)膜片弹簧本身兼起压紧弹簧和分离杠杆的作用,使零件数目减少,质量减轻,离合器结构大为简化并显著地缩短了离合器的轴向尺寸。

(2)由于膜片弹簧与压盘以整个圆周接触,使压力分布均匀,摩擦片的接触良好,磨损均匀。

(3)由于膜片弹簧具有非线性的弹性特性,因此,当摩擦片磨损后,弹簧压力几乎可以保持不变,且可减轻分离离合器时的踏板力,使操纵轻便。

(4)膜片弹簧的安装位置对离合器轴的中心线来说是对称的,因此它的压紧力实际上不受离心力的影响。

第三节 离合器操纵结构

离合器操纵机构是由驾驶人操控,使离合器分离和接合的机构。驾驶人操控离合器踏板,通过离合器操纵机构,将作用力传递到离合器分离轴承上,保证离合器分离彻底,并且在离合器接合时,保证离合器接合柔和。

离合器操纵机构按传动方式分有机械、液压和气压三种。

一、机械式操纵机构

机械式操纵机构有杆式传动和绳索式传动两种形式。

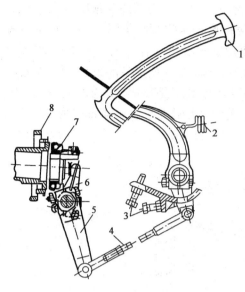

杆式传动操纵机构由一组杆件组成(图12-13)。其结构简单,工作可靠,因此广泛用在各类汽车上。但缺点是杆件间铰接多,摩擦损失大,质量大,车架或车身变形会影响其正常工作,离合器远距离操纵时,布置比较困难。

绳索式传动操纵机构(图12-14)是在离合器踏板和分离叉之间用钢丝绳连接,结构简单,布置方便,不受车身和车架变形的影响,适宜于吊挂式踏板。但其摩擦损失也大,寿命短,传力小,只适用于轻型及微型汽车。

二、液压式操纵机构

图12-15所示为离合器液压式操纵机构组成图,主要由主缸、工作缸及管路系统等组成。液压式操纵机构具有摩擦阻力小、质量轻、布置方便、接合柔和,并不受车架和车身变形的影响等优点,应用广泛。

图12-13 离合器杆式操纵机构
1-踏板;2-复位弹簧;3-限位螺钉;4-拉杆;5-摆杆;6-分离叉;7-分离轴承;8-压紧弹簧

离合器主缸一般固定在发动机前舱内。主缸(图12-16)与储液室间通过补偿孔A和进油孔B相通。离合器主缸由推杆1、活塞3、复位弹簧6、壳体、皮碗5等组成。活塞3中部与壳体间形成环形油室。活塞左端的轴向小孔与皮碗构成止回阀。当踏板处于初始位置时,活塞左端的皮碗位于补偿孔A和进油孔B之间,两孔均开放。

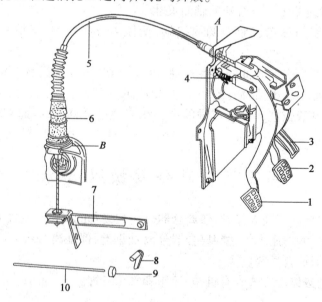

图12-14 离合器绳索式传动机构
1-离合器踏板;2-制动踏板;3-加速踏板;4-助力弹簧;5-绳索总成;6-绳索自动调整装置;7-离合器操纵臂;8-离合器分离臂;9-离合器分离轴承;10-离合器分离推杆

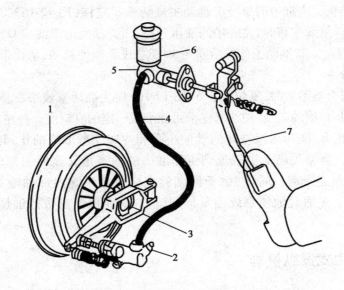

图 12-15 离合器液压式操纵机构
1-离合器;2-工作缸;3-分离叉;4-油管;5-主缸;6-储液室;7-踏板

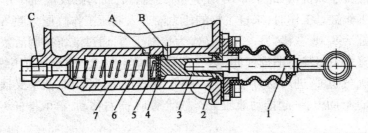

图 12-16 离合器主缸
1-推杆;2-密封圈;3-活塞;4-活塞垫片;5-皮碗;6-活塞复位弹簧;7-主缸体;A-补偿孔;B-进油孔;C-出油口

工作缸一般固定在变速器壳上。工作缸(图 12-17)由活塞 4、皮碗 3、工作缸推杆总成 7、壳体等组成。

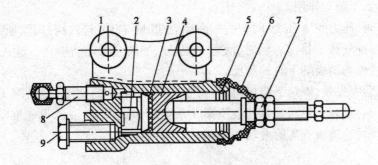

图 12-17 离合器工作缸
1-工作缸体;2-活塞限位块;3-皮碗;4-活塞;5-挡环;6-护罩;7-推杆总成;8-放气螺钉;9-进油管接头

踏下离合器踏板。主缸中的推杆1推动主缸活塞3左移(图12-16),当皮碗将补偿孔A关闭后,主缸活塞3继续左移时,主缸中的油压升高,压力油经过出油口C、油管(图12-15)进入工作缸(图12-17),向右推动工作缸活塞4、推杆总成7向外移动,从而带动分离叉、分离杠杆运动使离合器分离。

当迅速放松离合器踏板时,复位弹簧6(图12-16)使主缸活塞较快右移,而由于油液在管路中流动有一定阻力,流动较慢,使活塞左面可能形成一定的真空度。在左右压力差作用下,少量油液经进油孔B,推开活塞左端的轴向小孔和皮碗5所形成的止回阀,由皮碗间隙流到左腔弥补真空。当原先已由主缸流到工作缸去的油液重又流回主缸时,多余的油液可由补偿孔A流回到储液室。同理,由于温度的变化引起系统内部油液体积发生变化时,同样可通过补偿孔A适时地使系统油量得到调节,从而保证正常的油压和液压系统工作的可靠性。

三、气压助力式操纵机构

在重型汽车上,由于分离离合器时所需踏板力很大,为减轻驾驶人操作负担,在机械式和液压式操纵机构中常采用各种助力器。其中,气压式助力器多用于大型客车和重型货车上并与离合器机械式操纵或液压操纵系组合。

气压助力式液压操纵机构如图12-18所示。其控制阀、助力缸及液压工作缸装为一体,称为气压助力液压工作缸。工作时,来自主缸的压力油进入液压工作缸压力腔A,一方面作为工作压力推动工作缸活塞18右移,另一方面又作为控制压力,通过液压控制活塞20推动气压控制活塞11左移,首先关闭其左端排气阀,然后顶开气阀门10,贮气筒中的压缩空气便通过阀门10,反作用腔D,气道C,进入助力气室压力腔B,推动助力活塞14,活塞又通过弹簧座19对压力腔A的液压进行助力,一起推动液压工作缸活塞18向右移动,再由推杆17,分离叉23,使离合器分离。

随着活塞18右移,压力腔A容积增大,若踏板保持不动,则腔中液压便要降低,于是气压控制活塞11便在反作用腔D气压和复位弹簧21的作用下立即向右移予以补偿,活塞11右移到进气阀关闭时不再进气。整个系统便达到平衡。踏板进一步踏下时,压力腔A压力又升高,平衡被破坏,活塞20推动活塞11左移,再次打开进气阀进气,活塞18又向右推动进一步助力。从而起到了随动作用。

踏板抬起时,压力腔A压力下降失去平衡,活塞11右移,排气阀打开,压缩空气经活塞11的中心孔道,由排气孔E排出。同时,活塞18左移,使离合器逐渐接合。这一过程也有随动作用,但作用的过程与踏板踏下时的相反。

如果气压助力失效,则踏下踏板时,主缸进入压力腔A的油液,使活塞11顶到进气阀座体后,活塞20不再移动,便同简单的液压操纵系统工作缸一样,液压只能推动活塞18使离合器分离。此时,踩动踏板所需的力较失效前大。

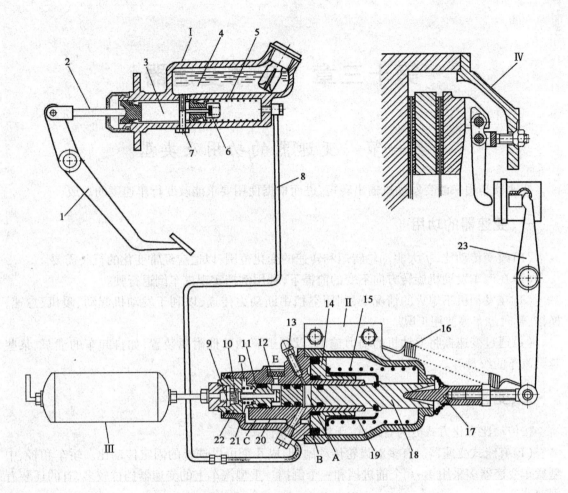

图 12-18 气压助力液压传动机构

Ⅰ-液压主缸；Ⅱ-气压助力液压工作缸；Ⅲ-贮气筒；Ⅳ-离合器；1-离合器踏板；2-主缸推杆；3-主缸活塞；4-贮油室；5-主缸活塞复位弹簧；6-进油阀；7-限位螺钉；8-油管；9-气阀弹簧；10-气阀门；11-气压控制活塞；12-排气滤清器；13-放气螺钉；14-气压助力活塞；15-气压助力活塞复位弹簧；16-分离叉复位弹簧；17-液压工作缸推杆；18-液压工作缸活塞；19-弹簧座；20-液压控制活塞；21-气压控制活塞复位弹簧；22-进气阀座；23-离合器分离叉；A-液压工作缸压力腔；B-助力气室压力腔；C-气道；D-控制阀反作用腔；E-排气门

复习思考题

1. 汽车传动系统为什么要装离合器？画简图说明离合器的构造和工作原理。
2. 叙述膜片弹簧离合器与螺旋弹簧离合器在结构上的不同点、性能上的优点。
3. 为了使离合器接合柔和、缓和冲击、避免共振，常采取哪些措施？
4. 离合器的操纵机构有哪几种？各有何特点？
5. 什么叫离合器踏板自由行程？其作用是什么？
6. 离合器从动盘的转动惯量为什么要小？
7. 离合器液压操纵机构的液压主缸结构和工作原理如何？

第十三章　手动变速器

第一节　变速器的功用及类型

变速器是用来改变发动机输出转矩,进而根据使用要求能改变行车速度的总成。

一、变速器的功用

(1)改变传动比,扩大驱动轮转矩和转速的变化范围,以适应经常变化的行驶需要。

(2)在汽车发动机旋转方向不变的前提下,利用倒挡实现汽车倒退行驶。

(3)在发动机不熄火的情况下,利用空挡中断动力传递,以利于发动机起动、暖机、急速、换挡、暂时停车等使用工况。

(4)通过变速器将发动机的动力输出,以利于驱动其他附属装置,如自卸车的油泵、某些越野汽车的绞盘等。

二、变速器的类型

按传动比变化方式分为有级式、无级式和综合式三种。

(1)有级式变速器。有多对齿轮传动副,形成几个可供选择的固定传动比。轿车和轻、中型货车变速器多采用4~6个前进挡和一个倒挡。重型汽车上的变速器挡位较多,有的还装有副变速器。

(2)无级式变速器。其传动比在一定数值范围内可连续无级变化,常见的有流体式和机械式两种。液力变矩器和借助液体压能变化或变换能量的液压传动都属于流体式无级式变速器。而传动带式(含胶带式和金属带式)无级变速器属于机械式无级变速器。

(3)综合式变速器。由液力变矩器和行星齿轮式变速器组成的液力机械式变速器属综合式变速器。其传动比可在最大值和最小值之间的几个间断的范围内作无级变化。

有关无极式和综合式变速器将在第三十二章第一节中进行介绍。

三、齿轮式变速器的工作原理

图13-1a)所示为齿轮传动机构的变速原理图,图13-1b)所示为传动简图。Ⅰ是主动轴(动力输入轴),Ⅱ是从动轴(动力输出轴)。设主动齿轮1的齿数为z_1,转速为n_1,转矩为T_1,逆时针方向转动;从动齿轮2的齿数为z_2,转速为n_2,转矩为T_2。

齿轮传动机构的传动比i可以用主动齿轮的转速n_1与从动齿轮的转速n_2之比表示,也可以用从动齿轮齿数z_2与主动齿轮齿数z_1之比表示,还可以用从动齿轮轴的转矩T_2与主动齿轮轴的转矩T_1之比表示。其关系式为

$$i = \frac{n_1}{n_2} = \frac{z_2}{z_1} = \frac{T_2}{T_1} \tag{13-1}$$

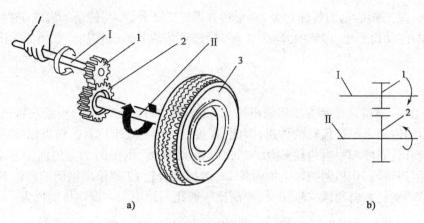

图 13-1 齿轮传动机构的变速原理
a) 变速原理图; b) 传动简图
Ⅰ-主动轴; Ⅱ-从动轴; 1-主动齿轮; 2-从动齿轮; 3-车轮

从式(13-1)可分析出,当动力由Ⅰ轴经过齿轮机构传递给Ⅱ轴时,由于$z_1 < z_2$,则$n_2 < n_1$,$T_2 > T_1$。即当主动齿轮齿数小于从动齿轮齿数时,则减速增矩;反之,则增速降矩。

为了扩大变速器输出转速的变化范围,普通齿轮变速器通常采用多组大小不同的齿轮啮合传动,构成多个不同的挡位,其传动比为各级从动齿轮齿数的连乘积与各级主动齿轮齿数的连乘积之比。挡位不同,传动比不同,则可得到多种不同的输出转速和转矩。图13-2所示是三轴式变速器各挡位构成原理图。

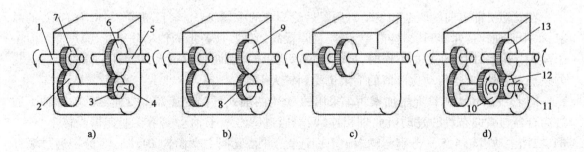

图 13-2 三轴式变速器各挡位构成原理图
a) 一挡; b) 二挡; c) 直接挡; d) 倒挡
1-输入轴; 2-中间轴常啮合齿轮; 3-中间轴一挡齿轮; 4-中间轴; 5-输出轴; 6-输出轴一挡齿轮; 7-输入轴常啮合齿轮; 8-中间轴二挡齿轮; 9-输出轴二挡齿轮; 10-中间轴倒挡齿轮; 11-倒挡轴; 12-倒挡轴倒挡齿轮; 13-输出轴倒挡齿轮

在图13-2a)中,动力从输入轴1输入,经输入轴及中间轴上的常啮合齿轮7、2,传递给中间轴4,再经过中间轴的一挡齿轮3、输出轴的一挡齿轮6,传给输出轴5,动力经过两对齿轮传动,构成一挡。其传动比等于两对齿轮传动比的乘积,动力的旋转方向不变。一挡传动比为

$$i_1 = \frac{n_1}{n_5} = \frac{z_2 z_6}{z_7 z_3}$$

图 13-2b)是二挡的动力传递途经,除常啮合齿轮 7、2 外,参与传动的齿轮副有 8、9。齿轮副 8、9 构成的传动比小于一挡的齿轮副 3、6。同理可构成其他前进挡。二挡传动比为

$$i_2 = \frac{n_1}{n_5} = \frac{z_2 z_9}{z_7 z_8}$$

图 13-2c)中,通过接合套直接将输出轴 5 和输入轴 1 接合为一体,构成直接挡,传动比为 1。由于动力的传动未经过齿轮的传递,因此,直接挡的传动效率比其他前进挡要高。

为获得倒挡,需增加一对齿轮传动,如图 13-2d)所示。倒挡的动力传递经过常啮合齿轮 7、2,中间轴倒挡齿轮 10 和倒挡轴上的齿轮 12,倒挡轴齿轮 12 和输出轴倒挡齿轮 13 三对齿轮传动,输出轴的旋转方向与输入轴相反,传动比一般比一挡更大。倒挡传动比为

$$i_倒 = \frac{n_1}{n_5} = \frac{z_2 z_{12} z_{13}}{z_7 z_{10} z_{12}} = \frac{z_2 z_{13}}{z_7 z_{10}}$$

第二节 变速器传动机构

变速器由变速器壳体、变速传动机构、变速操纵机构等组成。变速器壳体是变速器其他部件的安装基础;变速传动机构用来改变传动比、转矩和旋转方向;变速操纵机构用来实现换挡。变速器按工作轴的数量(不包括倒挡轴)可分为两轴式变速器和三轴式变速器。

一、两轴式变速器

在发动机前置前轮驱动和发动机后置后轮驱动的中、轻型轿车上,由于总体结构布置的需求,采用两轴式变速器,其结构简单、紧凑且除最高挡外其他各挡的传动效率高、噪声低。但由于没有直接挡,因此在高挡工作时,齿轮和轴承均承载,因而噪声较大,也增加了磨损,这是它的缺点。另外,低挡传动比取值的上限也受到较大限制。

图 13-3 所示为雪铁龙毕加索轿车采用的 BE4 两轴式五挡变速器。变速器的输入轴 1 通过离合器与横向布置的发动机曲轴相连,两端通过圆锥滚子轴承支承在变速器壳体上。一、倒、二挡主动齿轮 4、5、9 分别与输入轴Ⅰ固连;三、四、五挡主动齿轮 10、12、13 分别通过滚针轴承空套在输入轴 1 上;变速器输出轴Ⅱ左端通过球轴承、右端通过圆柱滚子轴承支承在变速器壳体上。一、二挡从动齿轮 23、21 分别通过滚针轴承空套在输出轴Ⅱ上,三、四和五挡从动齿轮 20、19、17 与输出轴Ⅱ固连;在输入轴、输出轴一侧装有倒挡轴Ⅲ,倒挡轴固定在壳体上,轴上滑套着一个倒挡齿轮 8。三、四挡同步器 11、五挡同步器 14 分别通过花键与输入轴Ⅰ相连;一、二挡同步器 22 通过花键与输出轴Ⅱ相连,其上有与倒挡齿轮 8 啮合的齿轮。同步器均为锁环式。各前进挡主、从动齿轮均处于常啮合状态。

图 13-4 是雪铁龙毕加索轿车 BE4 两轴式五挡变速器的传动示意图。换挡时,只要拨动拨叉使接合套轴向移动即可脱挡和换挡。

第二篇/第十三章 手动变速器

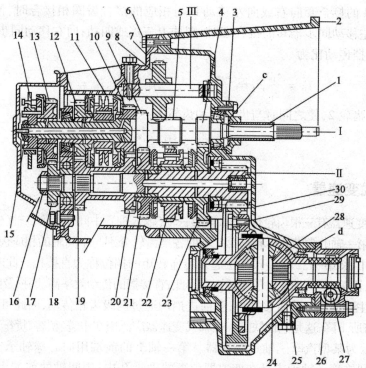

图 13-3 雪铁龙毕加索轿车 BE4 两轴式五挡变速器
1-导向套;2-离合器壳体;3-导向块;4-一挡主动齿轮;5-倒挡主动齿轮;6-离合器壳体螺栓;7-变速器壳体;8-倒挡齿轮;9-二挡主动齿轮;10-三挡主动齿轮;11-三、四挡同步器;12-四挡主动齿轮;13-五挡主动齿轮;14-五挡同步器;15-第一轴螺母;16-第二轴螺母;17-五挡从动齿轮;18-卡环定位螺栓;19-四挡从动齿轮;20-三挡从动齿轮;21-二挡从动齿轮;22-一、二挡同步器和倒挡从动齿轮;23-一挡从动齿轮;24-差速器壳体;25-半轴齿轮;26-里程表主动齿轮;27-里程表从动齿轮;28-行星齿轮;29-主减速器齿轮螺栓;30-主减速器主动齿轮;c、d-调节垫片;Ⅰ-输入轴;Ⅱ-输出轴;Ⅲ-倒挡轴

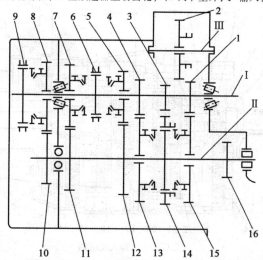

图 13-4 雪铁龙毕加索轿车 BE4 两轴式五挡变速器传动示意图
1-一挡主动齿轮;2-倒挡齿轮;3-倒挡主动齿轮;4-二挡主动齿轮;5-三挡主动齿轮;6-三、四挡同步器;7-四挡主动齿轮;8-五挡主动齿轮;9-五挡同步器;10-五挡从动齿轮;11-四挡从动齿轮;12-三挡从动齿轮;13-二挡从动齿轮;14-一、二挡同步器和倒挡从动齿轮;15-一挡从动齿轮;16-主减速器主动齿轮;Ⅰ-输入轴;Ⅱ-输出轴

229

当同步器 14 的接合套向右或向左移动到与相应的接合齿圈相接合时,便得到一挡或二挡;而向右或向左移动同步器 6 的接合套时,则挂上三挡或四挡;向右移动同步器 9 的接合套,则挂上五挡。各挡传动比为

$$i_1 = \frac{z_{15}}{z_1}, i_2 = \frac{z_{13}}{z_4}, i_3 = \frac{z_{12}}{z_5}, i_4 = \frac{z_{11}}{z_7}, i_5 = \frac{z_{10}}{z_8}$$

当移动倒挡齿轮 2,使之同时与齿轮 3 和齿轮 14 啮合时,即为倒挡传动。其传动比为

$$i_R = \frac{z_2}{z_3} \times \frac{z_{14}}{z_2} = \frac{z_{14}}{z_3}$$

二、三轴式变速器

三轴式齿轮变速器有三根齿轮传动轴,即第一轴(输入轴)、中间轴和第二轴(输出轴),且第一、二轴同心;其次,第一轴的常啮合齿轮与第二轴的各挡齿轮分别与中间轴的相应齿轮相啮合。在三轴式齿轮变速器中,将第一、二轴直接连接起来传递转矩的挡位称为直接挡。此时,齿轮与轴承及中间轴均不承载,而第一、二轴也仅传递转矩。因此,直接挡的传动效率高,磨损及噪声也最小,这是三轴式变速器的主要优点。除直接挡外,各前进挡均通过两级齿轮传动,因此可得到较大的传动比,但传动效率有所下降,这是它的缺点。三轴式变速器广泛用在中、轻型客、货车上。

图 13-5 所示为某型汽车三轴式变速器。第一轴 1 的前端用向心球轴承支承在飞轮的中心孔内,后端用圆锥滚子轴承支承在变速器前壳的轴承孔中;中间轴的前端用滚柱轴承、后端用向心球轴承支承于变速器壳体上;第二轴,即输出轴前端用滚针轴承支承在齿轮 3 的内圆孔中,后端用圆锥滚子轴承支承在变速器壳体上。齿轮 3 与第一轴制成一体,与齿轮 24 构成常啮合传动齿轮副。齿轮 18、齿轮 19 及齿轮 21 与中间轴制成一体,以提高轴的刚度和强度,齿轮 24 用键固定在中间轴上。齿轮 16 通过滚针轴承空套在中间轴上。齿轮 7、齿轮 8 和齿轮

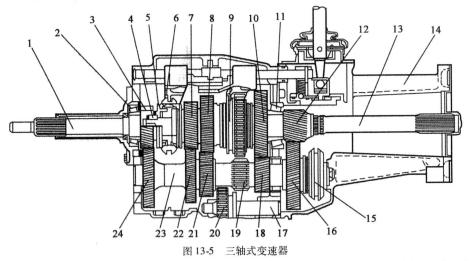

图 13-5 三轴式变速器

1-第一轴;2-第一轴轴承;3-第一轴常啮合齿轮;4-第二轴前轴承;5-三、四挡同步器锁环;6-三、四同步器;7-第二轴三挡齿轮;8-第二轴二挡齿轮;9-一、二挡同步器和第二轴倒挡齿轮;10-第二轴一挡齿轮;11-第二轴后轴承;12-第二轴五挡齿轮;13-第二轴;14-变速器壳体;15-五挡同步器;16-中间轴五挡齿轮;17-倒挡轴;18-中间轴一挡齿轮;19-中间轴倒挡齿轮;20-倒挡中间齿轮;21-中间轴二挡齿轮;22-中间轴三挡齿轮;23-中间轴;24-中间轴常啮合传动齿轮

10 通过滚针轴承空套在第二轴上，各齿轮上制有外接合齿圈，以便与对应挡同步器上的接合套内齿圈相啮合。齿轮 12 与输出轴制成一体。同步器 6、同步器 9 的花键毂以其内花键与第二轴上的外花键相连接，同步器 15 的花键毂以其内花键与中间轴上的外花键相连接。

该三轴式变速器空挡与各前进挡的动力传动路线如图 13-6 所示。

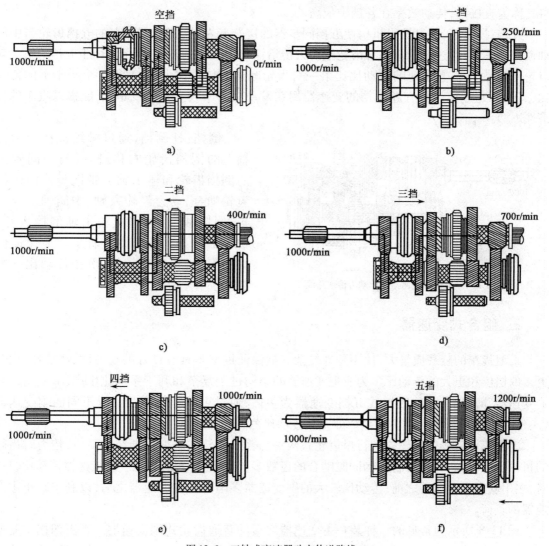

图 13-6 三轴式变速器动力传递路线

空挡：在空挡时，所有同步器的接合套处于花键毂中间位置，当离合器接合时，输入轴旋转，带动除五挡外的常啮合齿轮旋转，由于输出轴上的一至三挡从动齿轮均空套在输出轴上，故无动力输出，如图 13-6a) 所示。

一挡：挂一挡，通过操纵机构使一、二挡同步器的接合套右移，与第二轴一挡齿轮上的齿圈接合，将输出轴一挡齿轮与输出轴固结，动力从第二轴输出，如图 13-6b) 所示。

二挡：挂二挡，通过操纵机构使一、二挡同步器的接合套左移，与第二轴二挡齿轮上的齿圈接合，将二挡齿轮与输出轴固结，动力通过输出轴输出，如图 13-6c) 所示。

231

三挡：挂三挡，通过操纵机构使三、四挡同步器的接合套右移，与第二轴三挡齿轮上的齿圈接合，将三挡齿轮与输出轴固结，如图13-6d)所示。

四挡：挂四挡，通过操纵机构使三、四挡同步器的接合套左移，与输出轴常啮合齿轮上的齿圈接合，将输入轴与输出轴连成一体，如图13-6e)所示。由于动力的传递未经过任何齿轮，故将其称为直接挡，传动效率在各挡中最高。

五挡：挂五挡，通过操纵机构使五挡同步器的接合套左移，将中间轴上的五挡齿轮与中间轴锁为一体，再经过五挡常啮合齿轮把动力传给输出轴，如图13-6f)所示。由于五挡的第二对齿轮传动是增速，且增速的传动比比第一对齿轮减速的传动比大，故获得一个小于1的传动比，又称为超速挡。具有超速挡的变速器用在发动机功率较充裕的汽车上，能提高汽车的经济性。

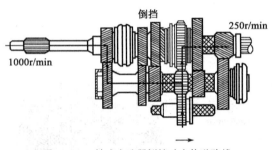

图13-7 三轴式变速器倒挡动力传递路线

倒挡：挂倒挡，通过操纵机构使倒挡轴上的倒挡齿轮右移，同时与中间轴上的倒挡齿轮和输出轴上带同步器的倒挡齿轮啮合，动力经输入轴、中间轴倒挡齿轮、倒挡轴倒挡齿轮、输出轴倒挡齿轮、输出轴输出，如图13-7所示。为保证倒车的安全性，车速较低，倒挡传动比一般较大。

三、组合式变速器

重型货车的装载质量大，使用条件复杂。欲保证重型车具有良好的动力性、经济性，须有更多的挡位和更大的传动比。为避免变速器的结构过于复杂和利于系列化生产，多采用组合式变速器，即以1~2种四挡或五挡变速器为主体，通过更换齿轮副和配置不同的副变速器（一般为两挡），得到一组不同挡数即不同传动比范围的变速器系列。

副变速器有普通齿轮式和行星齿轮式两种。普通齿轮式副变速器结构简单，传力时齿轮的机械负荷较大；行星齿轮机构同时啮合的齿数多，能传递较大的转矩。副变速器传动比较小时，多串联在主变速器之前；传动比较大的副变速器多串联在主变速器之后，以利于减小主变速器的负荷。

图13-8所示为常见的一种装在主变速器之后的普通齿轮式副变速器。它由四挡主变速器Ⅰ和两挡（高速挡和低速挡）副变速器Ⅱ串联而成。副变速器位于主变速器之后，主变速器的输出轴21为副变速器的输入轴，动力由副变速器输出轴17输出。这样可以得到八个前进挡，组合式变速器的传动比为 $i = i_主 \times i_副$。

当副变速器接合套19左移与齿轮20的接合齿圈接合时，副变速器即挂入直接挡（高速挡），其传动比为 $i_{副2} = 1$。此时，主变速器的四个挡位传动比 $i_{主1} \sim i_{主4}$ 分别为组合式变速器的四个高挡传动比 $i_5 \sim i_8 (i_8 = 1)$。

当副变速器接合套19右移与齿轮18的接合齿圈接合时，副变速器即挂入低速挡，其传动比为 $i_{副1} = (z_{12}/z_{20}) \times (z_{18}/z_{13})$。此时，将主变速器分别挂入一、二、三、四挡，便可得到组合式变速器的四个低速挡传动比 $i_1 \sim i_4$。

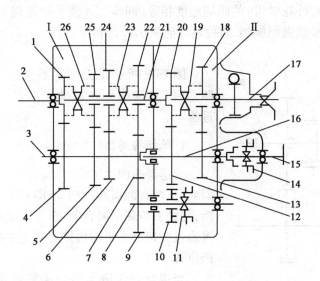

图 13-8 组合式变速器传动机构示意图

1-主变速器输入轴常啮合齿轮；2-输入轴；3-主变速器中间轴；4-主变速器中间轴常啮合齿轮；5-主变速器中间轴三挡齿轮；6-主变速器中间轴二挡齿轮；7-主变速器中间轴一挡齿轮；8-倒挡轴；9-倒挡传动齿轮；10-倒挡空套齿轮；11-接合套；12-副变速器中间轴常啮合齿轮；13-副变速器中间轴低速挡齿轮；14-动力输出接合套；15-动力输出轴；16-副变速器中间轴；17-副变速器输出轴；18-副变速器输出轴低挡齿轮；19、23、26-接合套；20-副变速器输入轴常啮合齿轮；21-主变速器输出轴（副变速器输入轴）；22-主变速器输入轴一挡齿轮；24-主变速器输入轴二挡齿轮；25-主变速器输入轴三挡齿轮；Ⅰ-四挡主变速器；Ⅱ-两挡（高速挡和低速挡）副变速器

倒挡轴 8 上有两个齿轮。其中倒挡传动齿轮 9 与主变速器中间轴一挡齿轮 7 啮合，从而保证了倒挡轴 8 随输入轴 2 旋转。另一倒挡齿轮 10 空套在倒挡轴上，与副变速器输入轴齿轮 20 常啮合。欲将组合式变速器挂入倒挡，应先将主变速器置于空挡，再将接合套 11 左移，使之与齿轮 10 的接合齿圈接合。于是动力便可从输入轴 2 依次经齿轮 1、4、7、9、倒挡轴 8、接合套 11、齿轮 10 传到齿轮 20。此时若将接合套 19 左移，便得高速倒挡；右移便得低速倒挡。为了保证倒车安全，常用低速倒挡。

动力输出轴 15（可用于驱动其他装置）与副变速器中间轴 16 的接合或分离由接合套 14 操纵。

第三节 同 步 器

同步器的作用是使接合套与待啮合的齿圈迅速同步（角速度的大小和方向分别相同），防止待啮合的齿轮在同步之前啮合，消除换挡时的冲击，缩短换挡时间，简化换挡过程，使换挡操作轻便，延长变速器使用寿命。

一、无同步器的换挡过程

变速器的换挡装置分为直齿滑动齿轮换挡、接合套换挡和同步器换挡。

采用直齿滑动齿轮和接合套换挡时,必须等到将要啮合的一对齿轮的轮齿(或接合套与接合齿圈上相应的内、外花键齿)的圆周速度相等(同步),才能平顺地进入啮合而挂上挡。否则,如果没有达到同步就强制换挡,将使两齿轮发出冲击和噪声,影响齿轮的使用寿命,严重时甚至会折断轮齿。

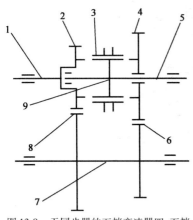

图 13-9 无同步器的五挡变速器四、五挡齿轮结构简图

1-第一轴;2-第一轴常啮合齿轮;3-接合套;4-第二轴四挡齿轮;5-第二轴;6-中间轴四挡齿轮;7-中间轴;8-中间轴常啮合齿轮;9-花键毂

图 13-9 所示是无同步器(接合套)五挡变速器的四、五挡结构简图。以此图分析这两个挡位的换挡过程。

1. 低挡换高挡(四挡换五挡)

变速器在四挡工作时,接合套 3 与齿轮 4 的接合齿圈啮合,两者圆周速度相等,即 $v_3=v_4$。欲从四挡换入五挡,驾驶人应踩下离合器,断开发动机与变速器的联系,再通过变速操纵机构将接合套 3 左移,使变速器处于空挡位置。

当接合套 3 刚与齿轮 4 脱离接合的瞬间,仍然是 $v_3=v_4$,而四挡齿轮 4 的转速低于齿轮 2 的转速,圆周速度 $v_4<v_2$,所以,此时有 $v_3<v_2$。为避免齿轮冲击,不应立即换入五挡,要在空挡停留片刻,等待 $v_3=v_2$ 的时刻到来。

空挡时,齿轮 2 只与中间轴及其齿轮、第一轴和离合器从动盘相联系,惯性质量小,再加上中间轴齿轮有搅油阻力,所以 v_2 下降较快;接合套 3 则是通过花键毂 9、第二轴 5 与整个汽车联系在一起,惯性质量很大,所以 v_3 下降较慢。这样,在变速器推入空挡后的某个时刻,必然会有 $v_3=v_2$(同步点)的情况出现。此时将接合套 3 左移与齿轮 2 上的接合齿圈啮合就可以挂入五挡,不会产生冲击。

但是,自然减速出现同步的时刻太晚,使换挡过程延长。为此,实际换挡操作过程中,应在摘下四挡后,立即抬起离合器踏板,利用发动机怠速迫使变速器的第一轴更快地减速,使 v_2 快速下降,同步点尽快出现,缩短换挡时间。

2. 高挡换低挡(五挡换四挡)

同理,变速器在五挡工作以及由五挡换入空挡的瞬间,接合套 3 与齿轮 2 接合齿圈圆周速度相等,即 $v_3=v_2$。因 $v_2>v_4$,因而有 $v_3>v_4$,所以此时不能挂入四挡。但在空挡时 v_4 下降得比 v_3 快,不会出现 $v_3=v_4$(同步点)的情况。为此,应将 v_4 增速,使 v_4 能与 v_3 相等。其做法是,驾驶人在变速器由高速挡退入空挡时随即抬起离合器踏板,使离合器重新接合,同时踩一下加速踏板,使发动机连同离合器从动盘、第一轴以及齿轮 4 等加速到 $v_4>v_3$,然后再踏下离合器踏板稍等片刻,等 $v_4=v_3$(同步点)时即可挂入低速挡。

由此可见,欲使无同步器变速器换挡时不产生齿轮冲击,需采取较复杂的操作,既增加了驾驶人的劳动强度,又容易加速齿轮的损坏。因此,同步器换挡装置得到广泛应用。

二、同步器的构造及其工作原理

同步器的功用是使接合套与待啮合的齿圈迅速同步，并阻止二者在同步前进入啮合，从而消除换挡时的冲击，缩短换挡时间，简化换挡过程，使换挡操作简捷轻便，并可延长变速器使用寿命。

同步器有多种结构形式，目前汽车上广泛采用摩擦惯性式同步器。它是依靠摩擦作用实现同步的。结构上除有接合套、花键毂、对应齿轮上的接合齿圈外，还增设了使接合套与对应齿圈的圆周速度迅速达到同步的摩擦机构，以及阻止两者在达到同步之前接合以防止冲击的锁止机构。在摩擦惯性式同步器中有锁环式和锁销式之分。锁环式惯性同步器由于结构紧凑，便于合理布置，多用于轿车和轻型载货汽车上；近年来在中型载货汽车变速器的高挡也开始装用摩擦惯性式同步器。锁销式惯性同步器在结构上允许采用直径较大的摩擦锥面，摩擦锥面间可产生较大的摩擦力矩，缩短了同步时间，多用在中型和重型汽车上。

图 13-10 所示是锁销式惯性同步器的结构图。其主要由花键毂 9、接合套 5、摩擦锥环 3、摩擦锥盘 2、锁销 8、定位销 4 以及钢球 10、弹簧 11 等组成。

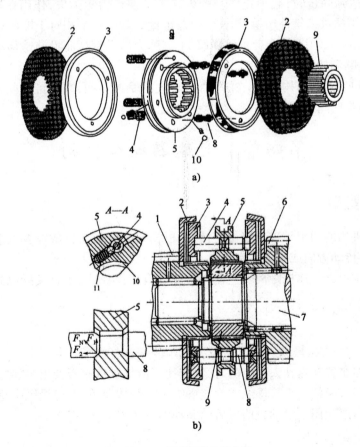

图 13-10 锁销式惯性同步器
1-第一轴齿轮；2-摩擦锥盘；3-摩擦锥环；4-定位销；5-接合套；6-第二轴四挡齿轮；7-第二轴；8-锁销；9-花键毂；10-钢球；11-弹簧

两个有内锥面的摩擦锥盘2分别固定在带有外花键齿圈的齿轮1和6上,随齿轮一同旋转。与之相配合的两个有外锥面的摩擦锥环3,通过三个锁销8和三个定位销4与接合套5连接。销锁8与定位销4在同一圆周上相互间隔地均匀分布。锁销8的两端固定在摩擦锥环3的孔中,两端的工作表面直径与接合套上孔的内径相等,而中部直径则小于接合套孔径。锁销8中部和接合套5上相应的销孔两端有角度相同的倒角——锁止角。只有在锁销与接合套孔对中时,接合套才能沿锁销轴向移动。在接合套上定位销孔中部有斜孔,内装弹簧11,把钢球10顶向定位销中部的环槽(如图3-10中A—A所示),以保证同步器处于正确的空挡位置。定位销4两端伸入锥环内侧面,但有周向间隙,锥环相对接合套在一定范围内作周向摆动。

在空挡位置时,摩擦锥环3与摩擦锥盘2之间有一定间隙,定位销4可随接合套轴向移动。由四挡换入五挡时,接合套5受到拨叉的轴向推力作用,通过钢球10和定位销4带动摩擦锥环3左移,使之与对应的摩擦锥盘接触。因摩擦锥环与锥盘有转速差,接触后的摩擦作用使锥环和锁销相对于接合套转过一个角度,锁销8轴线与接合套上相应孔的轴线偏移,于是锁销中部倒角与销孔端的倒角互相抵触,以阻止接合套继续前移。此时锁止面上的法向压紧力N的轴向分力F_1作用在摩擦锥环上并使之与锥盘压紧,通过摩擦力使接合套与待啮合的齿圈迅速达到同步。达到同步时,起锁止作用的齿轮1的惯性力矩消失,作用在锁销上的切向力F_2产生的拔销力矩通过锁销使摩擦锥环3、摩擦锥盘2和齿轮1相对于接合套转过一个角度,锁销与接合套的相应孔对中,接合套克服弹簧11的弹力压下钢球而沿锁销移动,直到与齿轮1的接合齿圈啮合,顺利挂上五挡。

锁销式惯性同步器在结构上允许采用直径较大的摩擦锥面,摩擦锥面间可产生较大的摩擦力矩,缩短了同步时间,多用在中型和重型汽车上。

第四节 变速器操纵机构

一、功用和类型

变速器操纵机构的功用是进行挡位变换,即根据汽车行驶条件的需要改变变速器传动机构的传动比、变换传动方向或中断发动机的动力传递。

变速操纵机构根据变速杆距离变速器的远近分直接操纵式、半直接操纵式和远距离操纵式三种类型。

1. 直接操纵式

如图13-11所示,直接操纵式变速器操纵机构的变速杆及所有换挡操纵装置都设置在变速器盖上。变速器布置在驾驶人座位的近旁,变速杆由驾驶室底板伸出,驾驶人可直接操纵变速杆来拨动换挡装置换挡。直接操纵式变速操纵机构结构简单,变速操纵手感好,但易受发动机振动的影响。一般应用于发动机前置后轮驱动的汽车上。

2. 半直接操纵式

在一些轿车上,为了使变速杆的位置靠近驾驶人,在拨叉轴的后部伸出端增设杆件与变速器连接,形成半直接操纵形式,如图13-12所示。

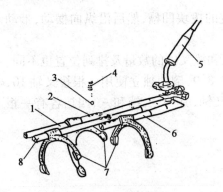
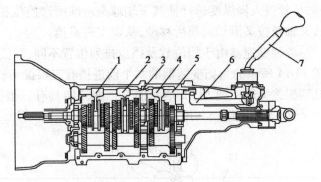

图13-11 直接操纵式
1-一、二挡拨叉轴;2-凹槽;3-钢球;4-弹簧;5-变速杆;6-五、倒挡拨叉轴;7-拨叉;8-三、四挡拨叉轴

图13-12 半直接操纵式
1-三、四挡拨叉;2-一、二挡拨叉;3-自锁装置;4-五、倒挡拨叉轴;5-拨叉轴;6-变速连动杆;7-变速杆

3.远距离操纵式

有些汽车上,变速器的安装位置离驾驶人座位较远,需要在变速杆与拨叉之间加装一些辅助杠杆或一套传动机构,构成远距离操纵机构。

图13-13所示为变速杆在驾驶人侧旁穿过驾驶室底板安装在车架上,中间通过传动杆来操纵位于驾驶人座位后方的变速器进行换挡的远距离操纵装置。

远距离操纵应具有足够的刚性,且各连接件间隙不能过大,否则换挡时手感不明显。

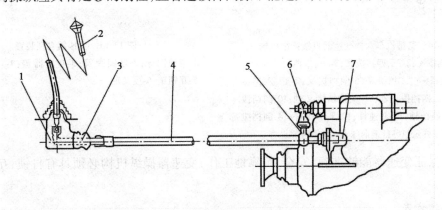

图13-13 变速器摆动杆式远距离操纵机构
1-变速杆支架;2-变速杆;3-驱动杆;4-传动杆;5-球头拨杆;6-球凹拨杆;7-传动杆支座

二、操纵机构的构造

图13-14所示为某型汽车六挡变速器直接操纵机构。它由变速杆、拨叉、拨叉轴及安全装置等组成。变速杆12的上部是驾驶人直接操纵的部分,伸到驾驶室内。拨叉轴7、8、9、10的两端均支承于变速器盖的相应孔中,可轴向移动,所有的拨叉和拨块都以弹性销固定于相应的拨叉轴上,拨块的顶部制有凹槽,变速杆的下端就嵌在这些凹槽内。变速器处于空挡时,各凹槽在横向平面内对齐(图示位置)。拨叉的叉口卡在同步器接合套或滑动齿轮的环槽中。选

挡时,驾驶人操纵变速杆使其下端球头对准所选挡位相应的拨块凹槽,然后沿纵向摆动,带动拨叉轴及拨叉沿轴向前后移动,从而实现换挡。

各种变速器由于挡位数及挡位排列位置不同,其拨叉和拨叉轴的数量及排列位置也不同。图13-14所示的六挡变速器的六个前进挡有三根拨叉轴7、8、9,倒挡独立使用一根拨叉轴10,共四根拨叉轴。图13-15所示的五挡变速器具有三根拨叉轴,其一、二挡和三、四挡各有一根拨叉轴,五挡和倒挡共用一根拨叉轴。

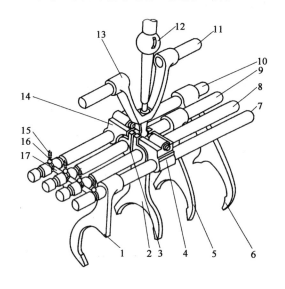

图13-14 某型汽车六挡变速器直接操纵机构
1-五、六挡拨叉;2-三、四挡拨叉;3-一、二挡拨块;4-五、六挡拨块;5-一、二挡拨叉;6-倒挡拨叉;7-五、六挡拨叉轴;8-三、四挡拨叉轴;9-一、二挡拨叉轴;10-倒挡拨叉轴;11-换挡轴;12-变速杆;13-叉形拨杆;14-倒挡块;15-自锁弹簧;16-自锁钢球;17-互锁柱销

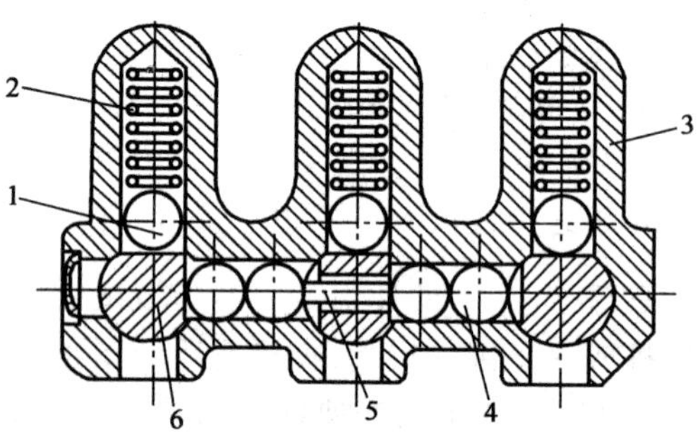

图13-15 变速器自锁装置
1-自锁钢球;2-自锁弹簧;3-变速器盖;4-互锁钢球;5-互锁销;6-拨叉轴

为了保证变速器能够准确、安全、可靠地工作,变速器操纵机构必须具有自锁、互锁和倒挡锁装置。

1. 自锁装置

自锁装置能对各挡拨叉轴进行轴向定位锁止,防止其自动产生轴向移动而造成自动挂挡和自动脱挡,并保证各挡传动齿轮(接合齿圈)以全齿长啮合。

图13-15所示为某型汽车五挡变速器的自锁装置,它由钢球1和弹簧2组成。在变速器盖3的前端凸起部钻有三个深孔,位于三根拨叉轴6的正上方,孔中装入自锁钢球1及自锁弹簧2。每根拨叉轴对着钢球1的一面有三个凹槽(槽的深度小于钢球半径),中间凹槽对正钢球时是空挡位置,左或右凹槽对正钢球时则处于某一工作位置,相邻凹槽之间的距离等于接合套(或滑动齿轮)由空挡换入相应挡(保证全齿长啮合)的距离。自锁钢球被自锁弹簧压入拨叉轴的相应凹槽内,起到锁止挡位的作用,防止自动换挡和自动脱挡。

换挡时驾驶人通过变速杆对拨叉轴施加一定的轴向力,该力克服弹簧压力而将自锁钢球从拨叉轴凹槽中挤出并推回孔中,拨叉轴滑过钢球进行轴向移动,并带动拨叉及相应的接合套(或滑动齿轮)轴向移动,当拨叉轴移至其另一凹槽与钢球对正时,钢球压入该凹槽中,此时拨叉所带动的接合套(或滑动齿轮)被拨入空挡或另一挡位。

2. 互锁装置

其作用是阻止两个拨叉轴同时移动,即当拨动一根拨叉轴轴向移动时,其他拨叉轴被锁止,可防止同时挂入两个挡。

互锁装置的结构形式很多,最常用的有锁球(销)式和钳口式等。

如图13-16所示的互锁装置为锁球(销)式。它由互锁钢球4和互锁销6组成。每根拨叉轴朝向互锁钢球的侧表面上都制有一个深度相等的凹槽,中间拨叉轴上两个凹槽之间有孔相通,孔中有一根可以移动的互锁销6,销的长度等于拨叉轴的直径减去一个凹槽的深度。变速器在空挡时,所有拨叉轴的侧面凹槽与钢球、互锁销都在一条直线上。两个互锁钢球的直径之和正好等于相邻两轴之间的距离加上一个凹槽的深度。

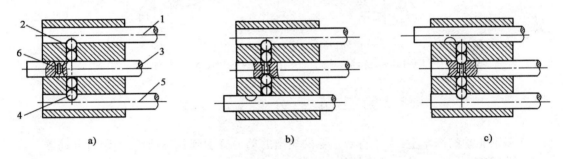

图13-16 互锁装置工作情况
a) 拨叉轴3移动; b) 拨叉轴5移动; c) 拨叉轴1移动
1、3、5-拨叉轴; 2、4-互锁钢球; 6-互锁销

当移动拨叉轴3时[图13-16a)],其两侧的内钢球从侧凹槽中被挤出,而两侧的外钢球2、4分别嵌入拨叉轴1、5的侧面凹槽中,将轴1、5锁止在空挡位置。同样,欲移动拨叉轴5,应先将拨叉轴3退回到空挡位置[图13-16b)],拨叉轴5移动时钢球4从凹槽挤出,通过互锁销6推动另一侧两个钢球移动,拨叉轴1、3都被锁止在空挡位置上。移动拨叉轴1时[图13-16c)],拨叉轴3、5被锁止在空挡位置。

3. 倒挡锁

倒挡锁的作用是提醒驾驶人,防止误挂倒挡,提高安全性。即挂倒挡时,驾驶人必须进行与挂前进挡不同的操纵方式或对变速杆施加较大的力,才能挂入倒挡。倒挡锁也有多种类型,常用的是弹簧锁销式。

图13-17所示为某型汽车五挡变速器的倒挡锁装置。它由一挡、倒挡拨块中的倒挡锁销1及弹簧2组成。驾驶人选一挡或倒挡时,必须用较大的力向一侧摆动变速杆,使其下端球头右移压缩弹簧2,将锁销1推向右方,变速杆下端才能进入倒挡拨块3的凹槽内,以拨动一挡、倒挡轴5而挂入一挡或倒挡。只要换入倒挡,其拨叉轴就接通装在变速器壳体上的电开关,警告灯亮、报警器响(有的汽车仪表板上有倒挡指示灯),有效防止误挂倒挡。

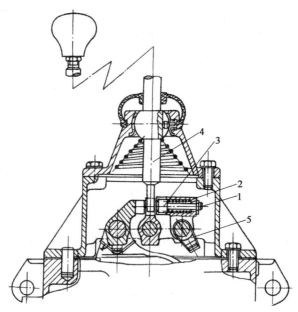

图 13-17　弹簧锁销式倒挡锁
1-倒挡锁销;2-倒挡锁簧;3-倒挡拨块;4-变速杆;5-一挡、倒挡轴

第五节　分　动　器

在多轴驱动的汽车上,为了将变速器的输出的动力分配到各驱动桥,均装有分动器。

分动器基本结构也是一个齿轮传动系统。其输入轴直接或通过万向节传动装置与变速器第二轴相连,而其输出轴则有若干个,分别经万向传动装置与驱动桥连接。

东风 EQ2080 型三轴越野汽车的两挡分动器,如图 13-18 所示。分动器单独安装在车架上,其输入轴 1 通过万向传动装置与变速器第二轴连接。输出轴共有 3 根,即通往后驱动桥的输出轴 8、通往中驱动桥的输出轴 12 和通往前驱动桥的输出轴 17。

越野汽车在坏路或无路情况下行驶时,为使汽车有足够的驱动力,需要前桥参加驱动;而在好路面上行驶时,则前桥应作为从动桥,以免增加功率消耗和轮胎及传动系统零件的磨损。因此,分动器中通往前驱动桥的输出轴 17 与通往中驱动桥的输出轴 12 之间装有前桥接合套 16。只有将接合套 16 右移,使轴 17 与轴 12 刚性连接时,前桥方参加驱动。

图 13-18 中表示的是分动器的空挡位置。将换挡接合套 4 左移与齿轮 15 的接合齿圈接合后,从输入轴 1 传来的动力,经齿轮 3、15 和中间轴 11 传到齿轮 10,由此再分别经齿轮 6 和 13 传到输出轴 8 和 12。若接合套 16 已与轴 12 接合,则动力还可从轴 12 传给通往前驱动桥的输出轴 17。分动器的这一挡位为高速挡,其传动比为 1.08。

将接合套 4 右移,与齿轮 9 的接合齿圈接合时,动力从输入轴经齿轮 5、9 传到中间轴 11 和齿轮 10,然后再分别传到输出轴 8、12、17。这一挡位为低速挡,传动比为 2.05。

当分动器挂入低速挡工作时,其输出转矩较大。为避免中、后桥超载,此时前桥必须参与驱动,以分担一部分载荷。因此,分动器的操纵机构必须保证:非先接上前桥,不得挂上低速挡;非先退出低速挡,不得摘下前桥。

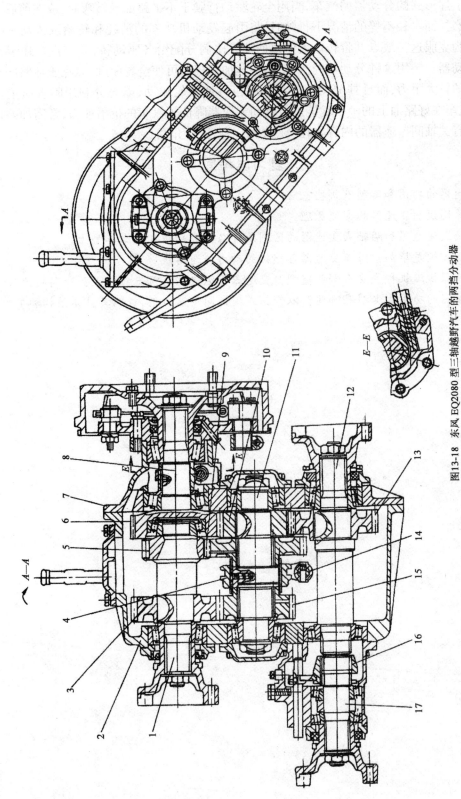

图13-18 东风 EQ2080 型三轴越野汽车的两挡分动器

1-输入轴；2-分动器壳；3、5、6、9、10、13、15-齿轮；4-换挡接合套；7-分动器盖；8-通往后驱动桥的输出轴；11-中间轴；12-通往中驱动桥的输出轴；14-换挡拨叉轴；16-前桥接合套；17-通往前驱动桥的输出轴

装有上述形式的分动器的汽车,当用全轮驱动行驶于不平路面或转弯时,或在前后驱动轮由于轮胎磨损而半径不等的情况下行驶时,将引起发动机功率的消耗和轮胎及传动系统零件的磨损。为克服这一缺点并将转矩大体根据轴荷比例分配给各驱动桥,有些汽车还装有带差速器的分动器。装用这种分动器的汽车,不仅挂加力挡时可使全轮驱动,以克服坏路面和无路地区地面的较大阻力,而且挂分动器的高挡时也可使全轮驱动,以充分利用附着质量及附着力,提高汽车在好路面上的牵引性能。但轴间差速器降低了汽车的抗滑能力,常需加差速锁配合使用。有关轴间差速器的内容将在"驱动桥"一章进行介绍。

复习思考题

1. 变速器的功用和类型有哪些?
2. 画简图说明变速器的变速原理。
3. 三轴式变速器和两轴式变速器的区别是什么?分别用在什么车型上?
4. 说明雪铁龙毕加索轿车变速器各挡位的动力传递路线。
5. 变速器操纵机构主要有哪些类型?变速器操纵机构有哪三锁装置?分别起什么作用?
6. 同步器的功用和类型有哪些?以锁销式惯性同步器为例,说明其具体结构和工作过程。

第十四章 万向传动装置

第一节 概 述

万向传动装置一般由万向节和传动轴组成。对于长轴距的汽车,有的还要加装中间支承。万向传动装置的功用是能在两轴间有夹角及相互位置经常发生变化的转轴之间传递动力。

万向传动装置在汽车上的应用如下。

1. 连接变速器与驱动桥或分动器与驱动桥

如图 14-1、图 14-2 所示,一般汽车的变速器、离合器与发动机三者合为一体在车架上,而越野汽车的分动器也支承在车架上,驱动桥通过弹性悬架与车架相连。在负荷变化及汽车在不平路面行驶时引起的跳动,会使驱动桥输入轴与变速器或分动器输出轴之间的夹角和距离发生变化。

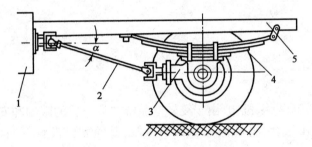

图 14-1 变速器与驱动桥之间的万向传动装置
1-变速器;2-万向传动装置;3-驱动桥;4-后悬架;5-车架

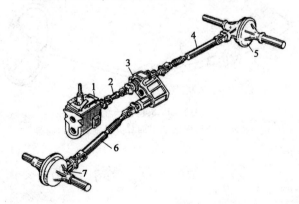

图 14-2 万向传动装置连接变速器与分动器示意图
1-变速器;2-中间传动轴;3-分动器;4-主传动轴;5-后驱动桥;6-前桥传动轴;7-转向驱动桥

2. 连接变速器与分动器

如图 14-2 中间传动轴 2 所示,尽管变速器与分动器在设计上其轴线是重合的,且都安装在车架上,但为了消除制造、装配误差以及车架变形对传动的影响,其间也设置有万向传动装置。

3. 连接断开式驱动桥或转向驱动桥

对于断开式驱动桥,若与独立悬架配合使用,由于左、右驱动轮存在相对跳动,则在差速器和车轮之间需要有万向传动装置,如图 14-3a)所示。

对于转向驱动桥,兼有转向和驱动的功能。作为转向轮,要满足汽车转向时转向轮偏转角度的要求;作为驱动轮,同时要满足把动力从差速器传到车轮的要求。而且,车轮与差速器之间存在动力传动交角的变化。因此,在转向驱动桥的车轮与差速器之间设置有万向传动装置。若转向驱动桥采用非独立悬架,往往将一侧的半轴分为内、外两段,然后用万向节连接,如图 14-3b)所示。

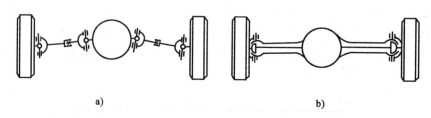

图 14-3 万向传动装置与断开式驱动桥和转向驱动桥连接示意图
a)断开式驱动桥;b)转向驱动桥

4. 连接转向操纵机构

对于某些汽车的转向操纵机构,由于受转向系统整体布置的限制和安全考虑,转向盘轴线与转向器输入轴轴线不重合,将转向操纵机构分段,其间需要设置万向传动装置,如图 14-4 所示。

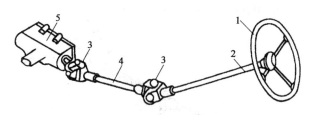

图 14-4 转向桥示意图
1-转向盘;2-转向轴;3-万向节;4-传动轴;5-转向器

第二节 万 向 节

万向节的作用是实现轴间夹角或相互位置有变化的两转轴之间的动力传递。

万向节按其刚度大小分为刚性万向节和挠性万向节。刚性万向节靠零件的刚性铰链的连接来传递动力；而柔性万向节则依靠其中的弹性件的弹性变形来传递动力。刚性万向节按其速度特性不同又分为不等速万向节、准等速万向节和等速万向节。目前，在汽车传动系统中，刚性万向节已得到普遍的应用。

一、不等速万向节

最常用的不等速万向节是十字轴式刚性万向节，又称普通万向节，其结构简单、传动可靠、效率高，故普遍应用于各类汽车的传动系统中。

1. 十字轴式刚性万向节的结构

十字轴式刚性不等速万向节的实际结构如图14-5所示。两个万向节叉2和6上的孔分别活套在十字轴4的两对轴颈上，两节叉可通过焊接或用法兰等方式和轴管（传动轴）连接在一起。这样，当主动轴转动时，从动轴既可随之转动，又可绕十字轴中心在任意方向摆动。为了减少摩擦损失，提高传动效率，在十字轴轴颈和万向节叉孔间装有由滚针8和套筒9组成的滚针轴承。为了润滑轴承，减少十字轴轴颈和滚针轴承的磨损，十字轴的内腔有油路通向轴颈，润滑脂从注油嘴3注入十字轴内腔。为避免润滑脂流出及尘垢进入轴承，在十字轴的轴颈上套着装在金属座圈内的毛毡油封7。在十字轴中部还装有带弹簧的防止十字轴内腔油压过高的溢流阀5，油压过高时溢流阀会被顶开而使润滑脂外溢。当采用性能优于毛毡油封的橡胶油封2（图14-6）时，就不用溢流阀，多余的润滑脂便从橡胶油封内圆表面与十字轴轴颈接触处溢出。

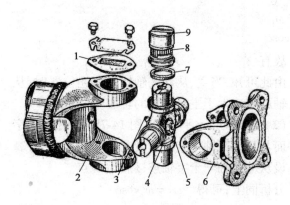

图14-5 十字轴式刚性万向节
1-轴承盖；2,6-万向节叉；3-注油嘴；4-十字轴；5-溢流阀；
7-油封；8-滚针；9-套筒

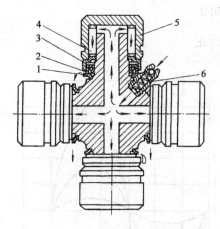

图14-6 十字轴润滑油道及密封装置
1-油封挡盘；2-油封；3-油封座；4-滚针；5-套筒；6-注油嘴

2. 十字轴式刚性万向节的不等速性

在输入轴和输出轴之间有夹角的情况下，单个十字轴式刚性万向节传动，其两轴的角速度是不相等的。即主动叉是等角速度转动，从动叉为不等角速度。

十字轴式刚性万向节传动示意图如图14-7所示。设主动叉轴1为垂直位置且以ω_1等角速旋转，从动叉轴2与主动叉轴1有一夹角α，其角速度为ω_2。十字轴旋转半径OA与OB相等,均为 r。下面就单十字轴式刚性万向节传动过程中的两个特殊位置进行运动分析,说明其不等速性。

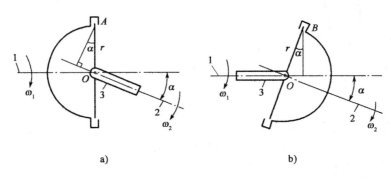

图 14-7 十字轴式刚性万向节传动示意图
1-主动叉轴;2-从动叉轴;3-十字轴

(1) 主动叉在垂直位置[图 14-7a)],并且十字轴平面与主动叉轴垂直的情况。

设主动叉轴与十字轴连接点为 A 点。

若视十字轴随主动叉轴 1 一起转动时,A 点的速度为

$$v_{A1} = r\omega_1$$

若视十字轴随从动叉轴 2 一起转动时,A 点的速度为

$$v_{A2} = r\omega_2 \cos\alpha$$

由于

$$v_{A1} = v_{A2}$$

因此

$$\omega_2 = \frac{\omega_1}{\cos\alpha}$$

故有 $\omega_2 > \omega_1$

由此可知,当主、从动叉轴转到所述位置时,从动叉轴的转速大于主动叉轴的转速。

(2) 主动叉在水平位置[图 14-7b)],并且十字轴平面与从动叉轴垂直时的情况。

设从动叉轴与十字轴连接点为 B 点。

分析同上,可得 $\omega_2 = \omega_1 \cos\alpha$

也即 $\omega_2 < \omega_1$

由此可知,当主、从动叉轴转到所述位置时,从动叉轴的转速小于主动叉轴的转速。

由上述两个特殊情况的分析可以看出,十字轴式刚性万向节在传动过程中,主、从动轴的转速是不相等的。这就是单个十字轴式刚性万向节的速度特性——传动的不等速性。

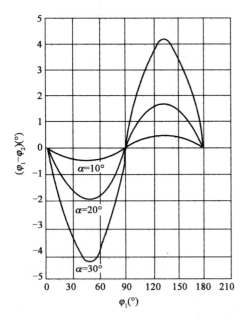

图 14-8 两轴转角差随主动轴转角的变化关系

图 14-8 表示两轴转角差 $(\varphi_1 - \varphi_2)$ 随主动轴转角 φ_1 的变化关系。由图可见,若主动轴以等角速

转动,在主动轴转过一周从动轴也转过一周的情况下,从动轴的转动时快时慢。在 0°～180° 范围内,前 0°～90°的范围,$(\varphi_1-\varphi_2)$为负值,即 $\varphi_2>\varphi_1$,从动轴相对主动轴转得快,先加速后减速;后 90°～180°的范围,$(\varphi_1-\varphi_2)$为正值,即 $\varphi_2<\varphi_1$,从动轴相对主动轴转得慢,先减速后加速。且在 $\varphi_1=45°$、$\varphi_1=135°$时达到转角差的最大值。180°～360°的范围亦然。这就进一步表明了单个十字轴万向节在有夹角时传动的"不等速性"。

十字轴式刚性万向节传动的不等速程度与主、从动叉轴间的夹角有关。两轴间夹角越大,不等速性越严重,传动效率也越低。因此,采用十字轴万向节传动装置的两轴间夹角不应太大,一般控制在 7°以内。在动态跳动过程中,不要超过 20°,极限不超过 30°。

3. 双十字轴式刚性万向节传动的等速条件

单个十字轴万向节在有夹角时传动是不等速的,若采用传动轴将两个十字轴万向节连接起来传动,即所谓"双十字轴式刚性万向节"传动,第一个万向节的不等速效应被第二个万向节的不等速效应抵消,就可以实现两轴间的等速传动。

根据运动学分析得知,要达到这一目的,必须满足以下两个条件:

(1)第一个万向节两轴间夹角 α_1 与第二个万向节两轴间夹角 α_2 相等。

(2)第一个万向节的从动叉与第二个万向节的主动叉处于同一平面内。

由以上条件可知,有两种双万向节的布置方案可达到等速效果:输出轴与输入轴两者轴线呈平行排列或输出轴、输入轴以及传动轴三者轴线呈等腰三角形排列,如图 14-9 所示。

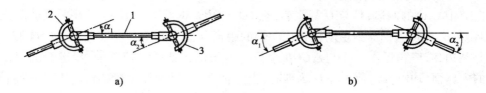

图 14-9 双万向节布置方案及等速原理图
a)平行排列;b)等腰三角形排列
1-传动轴;2-第一个万向节;3-第二个万向节

双十字轴刚性万向节传动虽能近似地解决等速传动问题,但允许的轴间夹角小。在要求轴间夹角大或布置上受轴向尺寸限制的情况下,双十字轴刚性万向节的应用就不可取了。于是,用一个万向节就能实现或基本实现等角速传动的等速和准等速万向节则应运而生。

二、等速万向节

主从动轴的角速度在两轴之间的夹角变动时仍然相等的万向节,称为等角速万向节或等速万向节。

目前,在等速万向节中应用得最广泛的一种等速万向节是球笼式等速万向节。

球笼式万向节的结构如图 14-10 所示。星形套 7 以内花键与主动轴 1 相连,其外表面有 6 条凹槽,形成内滚道。球形壳 8 的内表面有相应的 6 条凹槽,形成外滚道。6 个钢球 6 分别装在各条凹槽中,并由保持架 4 使之保持在一个平面内。动力由主动轴 1 经钢球 6、球形壳 8 输出。该结构形式的球笼式万向节在轴向上是不能移动的,称为固定型球笼式万向节(简称 RF 节)。

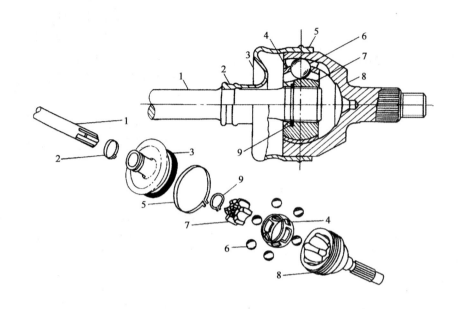

图 14-10 球笼式等速万向节
1-主动轴;2、5-钢带箍;3-外罩;4-保持架(球笼);6-钢球;7-星形套(内滚道);8-球形壳(外滚道);9-卡环

球笼式万向节的等速传动原理如图 14-11 所示。外滚道的中心 A 与内滚道的中心 B 分别位于万向节中心 O 的两边,且与 O 等距离,有 $OA=OB$。钢球中心 C 到 A、B 两点的距离也相等,有 $CA=CB$,即传力钢球到主动轴和从动轴的距离 a 和 b 相等。在三角形 $\triangle COA$ 与 $\triangle COB$ 中,CO 是共边,有三角形 $\triangle COA$ 与 $\triangle COB$ 全等。由于保持架的内外球面、星形套的外球面和球形壳的内球面,均以万向节中心 O 为球心,当两轴夹角变化时,保持架可沿内、外球面滑动,以保持钢球在一定位置。当两轴相交任意角时,总有 $\angle COA = \angle COB$ 成立,因此,传力钢球6的中心 C 总是位于两轴夹角的平分面上,保证了从动轴与主动轴等角速转动。

球笼式等角速万向节不仅传动夹角大(两轴最大夹角达 47°),而且无论传动方向如何,6个钢球全部传力。与球叉式万向节相比,其承载能力强,结构紧凑,拆装方便,因此应用非常广泛,大多数转向驱动桥的转向节处均采用球笼式等速万向节。

还有一种球笼式等角速万向节是伸缩型球笼式万向节(简称 VL 节),其结构如图 14-12 所示。该结构形式的内、外滚道是圆筒形的,在传递转矩过程中,星形套2与筒形壳4可以沿轴向相对移动,故可省去其他万向传动装置中必须有的滑动花键。这不仅使结构简化,而且由于星形套2与筒形壳4之间的轴向相对移动是通过钢球5沿内、外滚道滚动来实现的,与滑动花键相比,其滑动阻力小,最适用于断开式驱动桥。这种万向节保持架的内球面中心 B 与外球面中心 A 位于万向节中心 O 的两边,且与 O 等距离。钢球中心 C 到 A、B 距离相等,以保证万向节作等角速传动。

一般来说,在转向驱动桥中伸缩型球笼式万向节(VL 节)布置在靠差速器一侧(内侧),而固定式球笼式万向节(RF 节)则布置在转向节处(外侧),如图 14-13 所示。

还有一种主要用在中、重型越野车上的近似等速万向节(也称"准等速万向节"),叫三销轴式万向节,如图 14-14 所示。

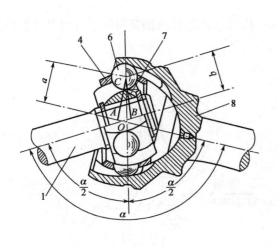 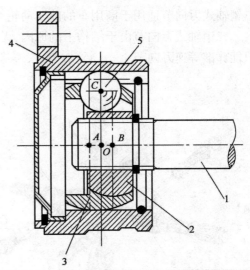

图 14-11 球笼式万向节等速传动原理
O-万向节中心;A-外滚道中心;B-内滚道中心;C-钢球中心;α-两轴交角(指钝角);1-主动轴;4-保持架(球笼);6-钢球;7-星形套(内滚道);8-球形壳(外滚道)

图 14-12 伸缩型球笼式万向节(VL 节)
1-主动轴;2-星形套(内滚道);3-保持架(球笼);4-筒形壳(外滚道);5-钢球

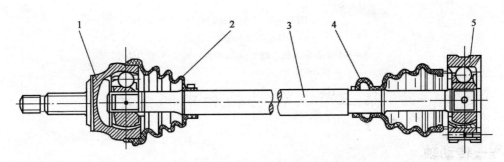

图 14-13 RF 节与 VL 节在转向驱动桥中的布置
1-球笼式万向节(RF 节);2、4-防尘罩;3-传动轴(半轴);5-伸缩型球笼式万向节(VL 节)

三销轴式万向节主要由主动偏心轴叉 2、从动偏心轴叉 4 和两个三销轴 1、3 组成。主、从动偏心轴叉 2 和 4 分别与转向驱动桥的内、外半轴制成一体。叉孔中心线与叉轴中心线互相垂直但不相交。两轴叉由两个三销轴 1 和 3 连接。三销轴的大端有一穿通的轴承孔,其中心线与小端轴颈中心线重合。靠近大端两侧的两个轴颈,其中心线与小端轴颈中心线垂直并相交。装配时每一偏心轴叉的两叉孔与一个三销轴大端的两轴颈配合,而两个三销轴小端的轴颈互相插入对方的大端轴承孔内,这样便形成了 $Q_1-Q'_1$、$Q_2-Q'_2$ 和 $R-R'$ 3 根轴线。

在与主动偏心轴叉 2 相连的三销轴 1 的两个轴颈端面和轴承座之间装有推力垫片 5。其余各轴颈端面均无推力垫片,且端面与轴承座之间留有较大空隙,以保证在转向时三销轴与万向节不致发生运动干涉现象。

三销轴式万向节的最大特点是允许相邻两轴有较大交角,可达 45°。在转向驱动桥中采用这种万向节可使汽车获得较小的转弯半径,提高汽车的机动性。其缺点是所占空间较大。

三销轴式万向节适用于商用车的前驱动轮。

二销轴式万向节由于结构上的原因,无法保证传力点永远在两轴交角的平分线上,因此它只能算准等速万向节。

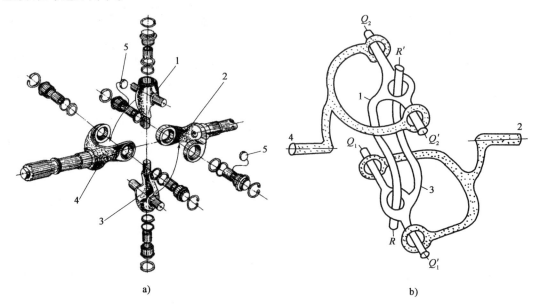

图 14-14 三销轴式万向节
a)零件形状;b)装配示意图
1、3—三销轴;2—主动偏心轴叉;4—从动偏心轴叉;5—推力垫片

第三节 传动轴和中间支承

一、传动轴

传动轴是万向传动装置中主要的传力部件,也是高速转动件。

对于传动轴,若其长度较大,由于偏心质量因素等影响,受离心力作用,将会引起传动轴的弓形转动。当传动轴转速达到某一临界转速时,传动轴就会因弓形转动挠度过大而断裂。为得到较高的强度和刚度,传动轴多制成空心的,一般用厚度为 1.5~3.0mm 的薄钢板卷焊而成。超重型货车的传动轴则直接采用无缝钢管。在转向驱动桥、断开式驱动桥或微型汽车的万向传动装置中,通常将传动轴制成实心轴。

典型的传动轴结构如图 14-15 所示,精轧低碳钢板卷制呈管状,再经电焊而成传动轴管。在轴管的两端分别焊有固定万向节的叉头和能滑动的花键接头 7。汽车行驶过程中,变速器与驱动桥的相对位置经常变化,为避免运动干涉,传动轴中设有由滑动花键套 6 和花键接头 7 组成的滑动花键连接,以满足传动轴长度的变化。为减少磨损,还装有用以加注润滑脂的注油嘴 5、油封 8、油封盖 9 和防尘套等。

传动轴若存在偏心质量,在高速旋转时,会因离心力作用产生剧烈振动。因此,当传动轴与万向节装配后,必须满足动平衡要求。

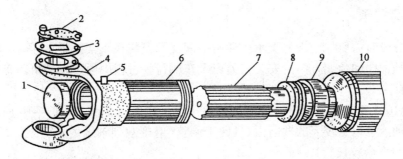

图 14-15 传动轴结构

1-盖;2-盖板;3-轴承盖;4-万向节叉;5-注油嘴;6-滑动花键套;7-花键接头;8-油封;9-油封盖;10-传动轴管

在图 14-16 中,解放 CA1091 型汽车传动轴结构图中的零件 3 即为平衡用的平衡片。平衡后,在万向节滑动叉 13 与主传动轴 16 上刻上装配位置标记 21,以便拆卸后重装时保持两者的相对角位置不变。传动轴过长时,自振频率降低,易产生共振,故常将其分为两段并加中间支承。前段称中间传动轴,如图 14-16 上部所示,后段称主传动轴,如图 14-16 下部所示。

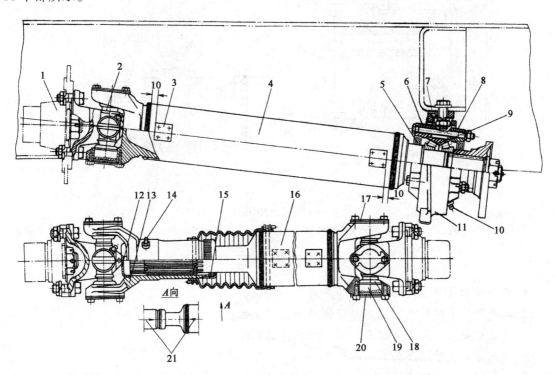

图 14-16 解放 CA1091 型汽车的传动轴与中间支承

1-凸缘叉;2-万向节十字轴;3-平衡片;4-中间传动轴;5、15-油封;6-中间支承前盖;7-橡胶垫环;8-中间支承后盖;9-双列圆锥滚子轴承;10、14-注油嘴;11-支架;12-堵盖;13-万向节滑动叉;16-主传动轴;17-锁片;18-滚针轴承油封;19-万向节滚针轴承;20-滚针轴承盖;21-装配位置标记

二、中间支承

传动轴分段时需要加设中间支承。通常中间支承安装在车架横梁上,除支承传动轴外,还能补偿传动轴轴向和角度方向的安装误差以及车辆行驶过程中由于发动机窜动或车架等变形所引起的位移。

解放 CA1091 型汽车采用的是双列圆锥滚子轴承式中间支承,如图 14-16 所示。它的特点是圆锥滚子轴承可承受较大的轴向力,且便于调整(磨削双列轴承内座圈之间的调整垫,以减小间隙),使用寿命较长。

有的汽车采用摆动式中间支承,如图 14-17 所示。当发动机轴向窜动时,中间支承可绕支承轴 3 摆动,改善了轴承的受力状况。此外,橡胶衬套 2 和 5 能适应传动轴轴线在横向平面内少量的位置变化。

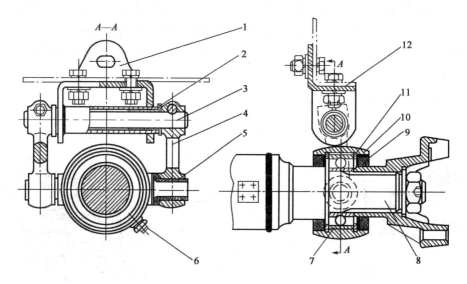

图 14-17 摆动式中间支承

1-支架;2、5-橡胶衬套;3-支承轴;4-摆臂;6-注油嘴;7-轴承;8-中间传动轴;9-油封;10-支承座;11-卡环;12-车架横梁

复习思考题

1. 万向传动装置在汽车上有哪些应用?举例说明。
2. 试分析单十字轴式刚性万向节传动的不等速性。
3. 试说明双十字轴式刚性万向节传动的等速原理。
4. 简述球笼式等速万向节等速原理。
5. 在前转向驱动桥中,靠差速器侧布置的伸缩型球笼式万向节(VL 节)可否去掉?VL 节与 RF 节的位置可否对调?为什么?
6. 中间支承在万向传动装置中起什么作用?
7. 为什么一般汽车的传动轴是空心管状的?

第十五章 驱 动 桥

第一节 概 述

一、驱动桥的功用

驱动桥位于汽车传动系统的末端,主要功用是将万向传动装置传来的发动机转矩通过主减速器、差速器、半轴等传到驱动轮,实现降低转速、增大转矩的目的;其次,通过差速器实现左、右驱动轮的差速作用,保证内、外侧驱动轮以不同转速转向;对于发动机纵置的汽车,还通过锥齿轮副主减速器改变转矩的传递方向。

二、驱动桥的组成与分类

1. 驱动桥的组成

驱动桥由主减速器、差速器、半轴和驱动桥壳等组成,如图15-1所示。

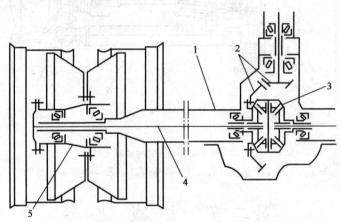

图15-1 一般汽车驱动桥结构示意图
1-驱动桥壳;2-主减速器;3-差速器;4-半轴;5-轮毂

主减速器是汽车传动系统中降低转速、增大转矩的主要部件。当变速器未设置超速挡时,主减速器的传动比即为传动系统的最小传动比,亦称为主减速器速比 i_0。差速器解决汽车转向时两侧的驱动车轮转动速度不等和多轴驱动桥转动速度不等的问题。半轴用来可靠地传递驱动力。驱动桥壳则是传动系统和行驶系统主要部件的安装基础件。

2. 驱动桥的类型

驱动桥的类型有断开式驱动桥和非断开式驱动桥两种。

非断开式驱动桥,亦称为整体式驱动桥,它是指整个驱动桥通过弹性悬架与车架相连,桥壳是整体刚性结构,两侧半轴和驱动轮在汽车横向平面内无相对运动的桥,如图 15-1 所示。它由驱动桥壳 1、主减速器 2、差速器 3、半轴 4 和轮毂 5 组成。动力从变速器或分动器经万向传动装置输入驱动桥的转矩首先传到主减速器 2,在此增大转矩并相应降低转速后,经差速器 3 分配给左右两半轴 4,最后通过半轴外端的凸缘盘传至驱动车轮的轮毂 5。驱动桥壳 1 由主减速器壳和半轴套管组成。轮毂 5 借助轴承支承在半轴套管上。

为了提高汽车的行驶平顺性和通过性,有些轿车和越野车全部或部分驱动轮采用独立悬架,即将两侧的驱动轮分别用弹性悬架与车架相连,两轮可彼此独立地相对于车架上下跳动。与此对应,主减速器壳固定在车架上,驱动桥壳分段制成并通过铰链连接,这种驱动桥称为断开式驱动桥,如图 15-2 所示。主减速器 1 固定在车架或车身上,两侧车轮 5 分别通过各自的弹性元件 3、减振器 4 和摆臂 6 组成的弹性悬架与车架相连。为适应车轮绕摆臂轴 7 上下跳动的需要,差速器与轮毂之间的半轴 2 两端用万向节连接。

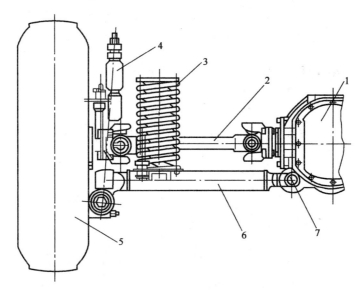

图 15-2 断开式驱动桥
1-主减速器;2-半轴;3-弹性元件;4-减振器;5-车轮;6-摆臂;7-摆臂轴

第二节 主减速器

为满足不同的使用要求,主减速器的结构形式也是不同的。

按参加减速传动的齿轮副数目分,有单级式主减速器和双级式主减速器。在双级式主减速器中,若第二级减速器齿轮置于两侧车轮附近,实际上成为独立部件,则称为轮边减速器。

按主减速器传动比挡数分,有单速式和双速式。前者的传动比是固定的,后者有两个传动比供驾驶人选择,以适应不同行驶条件的需要。

按齿轮副结构形式分,有圆柱齿轮式、螺旋锥齿轮式和准双曲面齿轮式。

一、单级主减速器

单级主减速器具有结构简单、体积小、质量轻和传动效率高等优点。一般应用在轿车和轻、中型货车上。对于采用纵置式发动机的汽车,单级主减速器的齿轮副往往采用螺旋锥齿轮副或准双曲面齿轮副。

图 15-3 所示为东风 EQ1090E 型汽车单级主减速器。它由一对准双曲面齿轮和支承装置组成,其减速器速比 $i_0 = z_7/z_{18} = 38/6 = 6.33$。主动锥齿轮 18 以跨置式支承在主减速器壳 4 上,轴承座 15 和主减速器壳 4 之间的垫片 9 可调整主、从齿轮的啮合印痕的位置。从动锥齿轮 7 固定在差速器壳 5 上。通过设在差速器壳两端的两个调整螺母 2,不仅可调整圆锥滚子轴承 3 的预紧度,还可以调整从动齿轮 7 的位置,从而调整主、从动锥齿轮的啮合间隙。

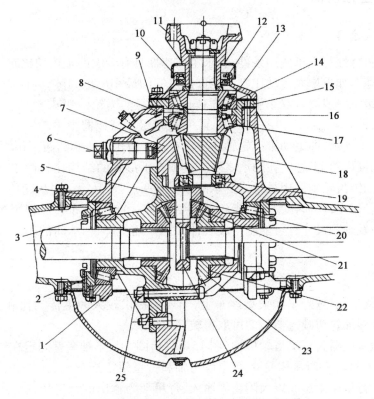

图 15-3 东风 EQ1090E 型汽车主减速器和差速器

1-差速器轴承盖;2-轴承调整螺母;3、13、17-圆锥滚子轴承;4-主减速器壳;5-差速器壳;6-支承螺栓;7-从动锥齿轮;8-进油道;9、14-调整垫片;10-防尘罩;11-叉形凸缘;12-油封;15-轴承座;16-回油道;18-主动锥齿轮;19-圆柱滚子轴承;20-行星齿轮垫片;21-行星齿轮;22-半轴齿轮推力垫片;23-半轴齿轮;24-行星齿轮轴(十字轴);25-螺栓

准双曲面齿轮应用较广泛,它与螺旋锥齿轮比,不仅齿轮工作平稳性好、轮齿的弯曲强度和接触强度高,而且主动齿轮的轴线可相对从动齿轮的轴线偏移。当主动锥齿轴线向下偏移时[图 15-4b)],在保证一定离地间隙情况下,可降低主动锥齿轮和传动轴的位置,因而可使车身和整个质心降低,这有利于提高汽车行驶稳定性。

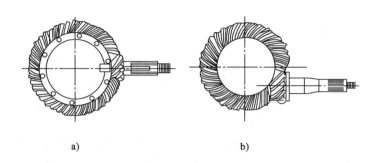

图 15-4　主动锥齿轮和从动锥齿轮轴线位置
a) 螺旋锥齿轮传动, 轴线相交; b) 准双曲面齿轮传动, 轴线偏移

二、其他主减速器

1. 双级主减速器

根据发动机特性和汽车使用条件,要求主减速器具有较大的主传动比时,由一对锥齿轮构成的单级主减速器如再增大传动比已不能保证足够的最小离地间隙,因而需要采用两对齿轮实现降速的双级主减速器。双级主减速器速比 i_0 很显然为第一级齿轮减速比与第二级齿轮减速比之乘积,即 $i_0 = i_{01}i_{02}$。如图 15-5 所示,一般双级主减速器中主动锥齿轮 11 与轴 9 制成一体,采用悬臂式支承,即主动锥齿轮轴 9 支承在位于齿轮同一侧的两个相距较远的圆锥滚子轴承上,而主动锥齿轮 11 悬伸在轴承之外。这种支承形式的结构比较简单,但支承刚度不如跨置式的。主动锥齿轮轴多用悬臂式支承的原因有两点:一是第一级齿轮传动比较小,相应的从动锥齿轮直径较小,因而在主动锥齿轮外端要再加一个支承,布置上很困难;二是因传动比小,主动锥齿轮及轴颈尺寸有可能制得较大,同时尽可能将两轴承间的距离加大,同样可得到足够的支承刚度。

2. 轮边减速器

在重型载货汽车、越野车和大型客车上,当要求提供较大的主传动比和较大的离地间隙时,采用主减速器加轮边减速器传动可取得较好效果。

通常,轮边减速器为行星齿轮机构(图 15-6),齿圈 5 与半轴套管固定在一起,半轴 4 传来的动力经中心太阳轮 7、行星齿轮 6、行星齿轮轴和行星架传给车轮。由于齿圈 5 与不旋转的车轮底板相连,行星轮系形成以太阳轮为输入、行星架为输出的减速传动。由机械原理可知,其减速比为 $i_0 = 1 +$(齿圈 5 的齿数/太阳轮 7 的齿数)。

在采用轮边减速器获得较大主减速比的同时,使驱动桥主减速器尺寸得到减小,相应增大了离地间隙。半轴在轮边减速器之前,所承受的载荷大为减少,换句话说,半轴和差速器尺寸可进一步减小。但由于需要用两套轮边减速器,故结构较复杂,制造成本高。

在大型客车和同级越野汽车上,还常采用由一对外啮合圆柱齿轮组成的轮边减速器。主动小齿轮与半轴相连,当主动小齿轮位于车轮中心上方时,可增大驱动桥的离地间隙,以适应提高越野汽车通过性能的需要;当主动小齿轮位于车轮中心下方时,能降低驱动桥壳的离地高度,以利于降低客车地板的高度。

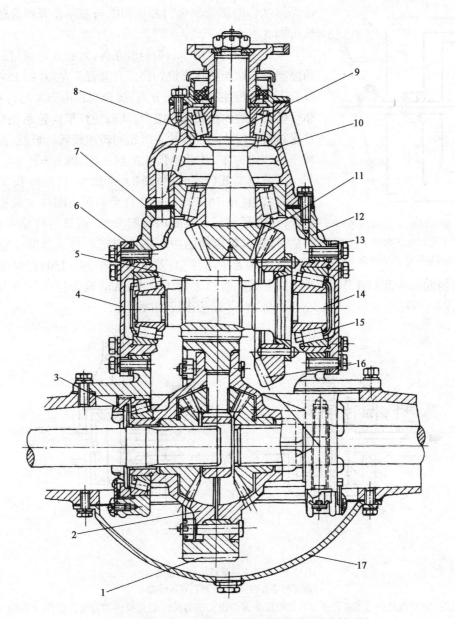

图 15-5 解放 CA1091 型汽车双级主减速器及差速器剖面图

1-第二级从动齿轮;2-差速器壳;3-调整螺母;4、15-轴承盖;5-第二级主动齿轮;6、7、8、13-调整垫片;9-第一级主动锥齿轮轴;10-轴承座;11-第一级主动锥齿轮;12-主减速器壳;14-中间轴;16-第一级从动锥齿轮;17-后盖

3. 双速减速器

为充分发挥汽车的动力性和提高燃油经济性,有些汽车上装用了具有两挡速比的主减速器(图 15-7)。通常这种双速主减速器由一对锥齿轮 2 和 4 以及一个行星齿轮机构组成。齿圈 5 和从动锥齿轮 4 连为一体,行星架 7 则与差速器壳 3 刚性连接,动力由锥齿轮副经行星齿轮机构传给差速器,由半轴 10 传给驱动轮。左半轴上滑套一个接合套,其上设有能与主减速

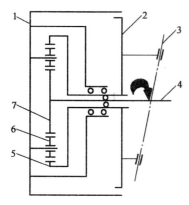

图 15-6 轮边减速器的结构示意图
1-行星架；2-车轮底板；3-转向主销；4-半轴；5-齿圈；6-行星齿轮；7-太阳轮

器壳体啮合的接合套短齿圈9和能与差速器壳啮合的接合套长齿圈8。

主减速器高挡用于一般行驶条件,驾驶人可通过气压或电动控制方式靠换挡拨叉机构将接合套置于左边[图15-7a)],接合套短齿圈与主减速器壳分离,接合套长齿圈8与行星齿轮6和行星架7的内齿圈同时啮合,从而使行星齿轮系锁死,此时,差速器壳3与从动锥齿轮4以相同转速旋转。显然,高挡时主减速器速比为主、从动锥齿轮齿数之比,即 $i_0 = z_4/z_2$。

主减速器低挡用于要求较大牵引力时,此时拨叉将接合套移向右边[图15-7b)],使接合套的短齿圈与主减速器壳体接合,长齿圈与行星架的内齿圈分离,而只与行星齿轮啮合。于是,行星齿轮机构的中心轮被固定。与从动锥齿轮连为一体的齿圈称为主动件,与差速器壳连在一起的行星架称为从动件,行星齿轮机构起减速作用。此时,主减速器总减速比由主、从动锥齿轮和行星齿轮机构共同构成,即 $i_0 = i_{01} i_{02} = (z_4/z_2)(1 + 太阳轮8齿数/齿圈5齿数)$。

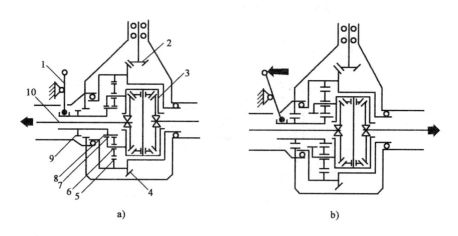

图 15-7 双速主减速器结构示意图
a)高速挡单级传动 b)低速挡双级传动
1-换挡机构；2-主动锥齿轮；3-差速器壳；4-从动锥齿轮；5-齿圈；6-行星齿轮；7-行星架；8-接合套长齿圈(太阳轮)；9-接合套短齿圈；10-半轴

4. 贯通式减速器

有些多轴越野汽车为使结构简化,部件通用性好以及便于形成系列产品,常采用贯通式驱动桥。如图15-8所示,前面(或后面)两驱动桥的传动轴是串联的,传动轴从距分动器较近的驱动桥中穿过,通往另一驱动桥。

图15-9为6×6越野汽车的贯通式中驱动桥的双级主减速器。第一级为斜齿圆柱齿轮,减速比小,主动齿轮8通过花键套在贯通轴12上,贯通轴穿过主减速器壳11通向后驱动桥。

第二级为准双曲面齿轮传动,减速比较大。有的贯通式驱动桥第一级为锥齿轮传动,第二级用圆柱齿轮传动。

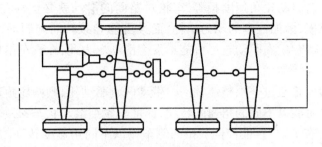

图 15-8　贯通式驱动桥示意图

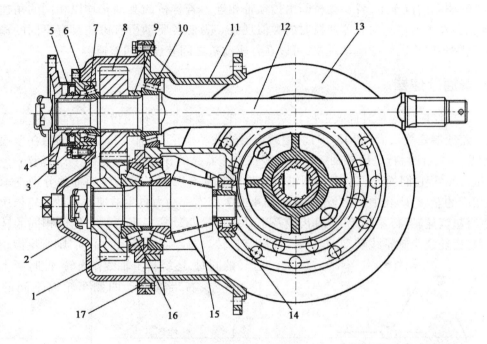

图 15-9　贯通式主减速器

1-从动圆柱齿轮;2-主减速器盖;3-轴承座;4-传动凸缘盘;5-油封;6-调整垫片;7、10、16-锥轴承;8-主动圆柱齿轮;9-隔套;11-主减速器壳;12-贯通轴;13-从动锥齿轮;14-滚柱轴承;15-主动锥齿轮;17-定位销

第三节　差　速　器

汽车行驶过程中,车轮对路面的相对运动有两种状态——滚动和滑动。其中滑动又有滑转和滑移两种。设车轮中心速度为 u_w,车轮的角速度为 ω_w,车轮自由滚动半径为 r_{r0}。若 $u_w = r_{r0}\omega_w$,则车轮对路面的运动为纯滚动;若 $\omega_w \neq 0$,当 $u_w = 0$ 时,则车轮的运动为纯滑转;若 $u_w \neq 0$,当 $\omega_w = 0$ 时,则车轮的运动为纯滑移。

当汽车转弯行驶时,内、外两侧驱动轮中心在同一时间内移过的曲线距离显然不同,即外侧驱动轮移过的距离大于内侧驱动轮。若两侧驱动轮都固定在同一刚性转轴上,两驱动轮角速度相等,则此时外轮必然是边滚动边滑移,内轮必然是边滚动边滑转。同样,汽车在不平路面上直线行驶时,因路面不平,或两侧轮胎磨损不均等原因,左、右驱动轮实际移过的距离也不相等。因此,只要左、右驱动轮角速度相等,车轮对路面的滑动就必然存在。车轮对路面的滑动不仅会加速轮胎磨损,增加汽车的动力消耗,而且可能导致转向和制动性能的恶化。所以,在正常行驶条件下,应使左、右驱动轮尽可能不发生滑动。为此,在汽车结构上,必须保证各驱动轮可以以不同角速度转动。

若主减速器从动齿轮通过一根整体轴同时带动两侧驱动轮,则两轮角速度只能是相等的。为使两侧驱动轮必要时能以不同的角速度转动,保证车轮纯滚动状态,必须将驱动两侧车轮的整体轴断开(即为左、右半轴)。能使同一桥两侧车轮以不同角速度转动的装置,称为差速器。这种差速器又称为轮间差速器。

在多轴驱动的汽车上,各驱动桥间由传动轴相连。若各桥的驱动轮均以相同的角速度旋转,同样也会发生上述轮间无差速器时的类似现象。为使各驱动桥有可能具有不同的输入角速度,以消除各桥驱动轮的滑动现象,可以在各驱动桥之间装设轴间差速器。

一、普通差速器

汽车上广泛应用的是对称式锥齿轮差速器。它主要由圆锥行星齿轮、行星齿轮轴、圆锥半轴齿轮和差速器壳等组成(图15-10)。主减速器的从动齿轮1用铆钉或螺栓固定在差速器壳5的凸缘上。装合时,行星齿轮轴2的轴颈嵌在差速器壳的孔内,每个轴颈上浮套着一个直齿圆锥行星齿轮6,它们均与两个直齿圆锥半轴齿轮3啮合。而半轴齿轮的轴颈分别支承在差速器壳相应的左、右座孔中,并借花键与半轴4或7相连。动力自主减速器从动齿轮依次经差速器壳、行星齿轮轴、行星齿轮、半轴齿轮及半轴输出给驱动轮。当两侧车轮以相同的转速转动时,行星齿轮绕半轴轴线转动,即公转,而没有自转。若两侧车轮阻力不同,则行星齿轮在作公转的同时,还绕自身轴线作自转,此时两半轴齿轮通过左、右半轴带动两侧车轮以不同的转速转动。

1. 差速原理

差速器原理可用图15-11来说明。对称式锥齿轮差速器是一种行星齿轮机构。差速器壳3与主减速器的从动齿轮6固连在一起,故为主动件,设其角速角为 ω_0;行星齿轮轴5与差速器壳3固连成一体,形成行星架;半轴齿轮1和2为从动件,其角速度分别为 ω_1 和 ω_2。A、B两点分别为行星齿轮4与半轴齿轮1和2的啮合点。显然,行星齿轮的中心点C,以及A、B两点到差速器旋转轴线的距离均为 r,如图15-11a)所示。

当汽车直线行驶时,行星齿轮只是随同行星架绕差速器旋转轴线公转时,处在同一半径上的

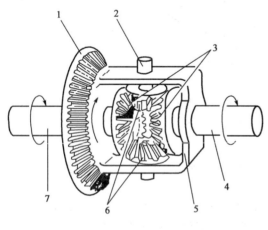

图15-10 差速器示意图

1-主减速器从动锥齿轮;2-行星齿轮轴;3-半轴齿轮;4、7-半轴;5-差速器壳;6-行星齿轮

A、B、C 三点的圆周速度都相等[图 15-11b)],其值为 $\omega_0 r$。于是 $\omega_0 = \omega_1 = \omega_2$,即差速器不起差速作用,而半轴角速度等于差速器壳 3 的角速度。

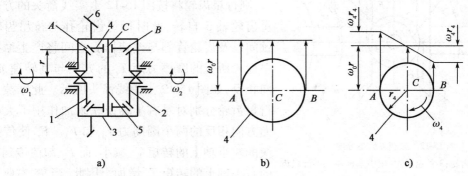

图 15-11 差速器差速原理
1、2-半轴齿轮;3-差速器壳;4-行星齿轮;5-行星齿轮轴;6-主减速器从动齿轮

若角速度以每分钟转数 n 表示,则

$$n_0 = n_1 = n_2 \tag{15-1}$$

显然也有

$$n_1 + n_2 = 2n_0 \tag{15-2}$$

当汽车转弯时,行星齿轮 4 除公转外,还绕自身轴 5 以角速度 ω_4 自转时[图 15-11c)],啮合点 A 的圆周速度,当行星齿轮半径为 r_4 时有 $\omega_1 r = \omega_0 r + \omega_4 r_4$;同理,啮合点 B 的圆周速度有 $\omega_2 r = \omega_0 r - \omega_4 r_4$。

于是 $\omega_1 r + \omega_2 r = (\omega_0 r + \omega_4 r_4) + (\omega_0 r - \omega_4 r_4) = 2\omega_0 r$
即 $\omega_1 r + \omega_2 r = 2\omega_0 r$

同理,若角速度以每分钟转数 n 表示,A、B 两点的圆周速度可写成

$$\left.\begin{array}{l} n_1 = n_0 + \Delta n \\ n_2 = n_0 - \Delta n \end{array}\right\} \tag{15-3}$$

这就是差速器的差速作用。

显然仍然有 $n_1 + n_2 = 2n_0$

综合前述两种情况,从式(15-1)~式(15-3)可见差速器的运动特性是:
(1)差速器不起作用时,两半轴转速等于差速器壳体转速。
(2)差速器起作用时,一半轴增加的转速等于另一半轴减少的转速。
(3)左右半轴转速之和永远等于差速器壳体转速的 2 倍。

从式(15-2)还可知:当任何一侧半轴齿轮的转速为零时,另一侧半轴齿轮的转速为差速器壳转速的 2 倍;当差速器壳转速为零(如,用中央制动器制动传动轴)时,若一侧半轴齿轮受其他外来力矩而转动,则另一侧半轴齿轮即以相同的转速反向转动。

2. 对称式锥齿轮差速器中的转矩分配

由主减速器传来的转矩 T_0 经差速器壳、行星齿轮轴和行星齿轮传给半轴齿轮。行星齿轮相当于一个等臂杠杆,而两个半轴齿轮半径也是相等的。因此,当汽车直线行驶时,行星齿轮没有自转时,总是将转矩 T_0 平均分配给左、右两半轴齿轮,即 $T_1 = T_2 = 1/2 T_0$。

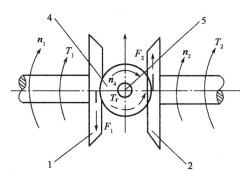

图 15-12 差速器转矩分配
1、2-半轴齿轮;3-差速器壳(图中未标注);4-行星齿轮;5-行星齿轮轴

当汽车转弯行驶时,两半轴齿轮将以不同转速朝相同方向转动。设左半轴转速 n_1 大于右半轴转速 n_2,则行星齿轮将按图 15-12 上实线箭头的方向绕行星齿轮轴 5 自转,此时行星齿轮孔与行星齿轮轴轴颈间以及齿轮背部与差速器壳之间将产生摩擦。行星齿轮所受的摩擦力矩 T_r 的方向与其转速 n_4 的方向相反,如图 15-12 上虚线箭头所示。此摩擦力矩使行星齿轮分别对左右半轴齿轮附加作用了大小相等而方向相反的两个圆周力 F_1 和 F_2。F_1 使传到转得快的左半轴上的转矩 T_1 减小,而 F_2 却使传到转得慢的右半轴上的转矩 T_2 增加。因此,当左、右驱动车轮存在转速差时,有

$$\left. \begin{array}{l} T_1 = \dfrac{1}{2}(T_0 - T_r) \\ T_2 = \dfrac{1}{2}(T_0 + T_r) \end{array} \right\} \quad (15\text{-}4)$$

式中:T_r——差速器的内摩擦力矩。

为了衡量差速器内摩擦力矩的大小及转矩分配特性,将差速器内摩擦力矩和其输入转矩(差速器壳体上的力矩)之比,定义为差速器锁紧系数 K,即

$$K = \frac{T_2 - T_1}{T_0} = \frac{T_r}{T_0} \quad (15\text{-}5)$$

而将快、慢半轴的转矩之比 $\dfrac{T_2}{T_1}$,定义为转矩比 K_b,即

$$K_b = \frac{T_2}{T_1} = \frac{1+K}{1-K} \quad (15\text{-}6)$$

目前广泛使用的对称式锥齿轮差速器的内摩擦力矩很小,其锁紧系数 $K = 0.05 \sim 0.15$,转矩比 K_b 为 1.1～1.4。可以认为无论左右驱动轮转速是否相等,而转矩基本上总是平均分配的。这样的分配比例对于汽车在好路面上直线或转弯行驶时,都是满意的。但当汽车在坏路面上行驶时,却严重影响了通过能力。如,当汽车的一个驱动轮接触到泥泞或冰雪路面时,此时在泥泞路面上的车轮原地滑转,而在好路面上的车轮却静止不动。这是因为在泥泞路面上的车轮与路面之间的附着力很小,路面对此轮只能作用一很小的反作用力,因此该轮对应的半轴只能得到一很小的反作用转矩,而驱动转矩也只能等于反作用转矩,故也很小。虽然另一车轮与好路面间的附着力较大,但因对称式锥齿轮差速器具有转矩平均分配的特性,使这一个车轮分配到的转矩只能与传到滑转的驱动轮上的很小的转矩相等,以致总的驱动力不足以克服行驶阻力,汽车便不能前进。

二、防滑差速器

为了提高汽车在坏路上的通过能力,可采用各种形式的防滑差速器。其共同出发点都是

在一个驱动轮滑转时,设法使大部分转矩甚至全部转矩传给不滑转的驱动轮,以充分利用这一侧驱动轮的附着力而产生足够的牵引力,使汽车能继续行驶。

1. 强制锁止式差速器

为实现上述要求,最简单的办法是在对称式锥齿轮差速器上设置差速锁,当一侧驱动轮滑转时,可利用差速锁使差速器不起差速作用。

图 15-13 所示为瑞典斯堪尼亚 LT110 型汽车上所用的强制锁止式差速器。它采用电控气动方式操纵差速锁。当汽车的一侧车轮处于附着力较小的路面上时,可按下仪表板上的电钮,使电磁阀接通压缩空气管路,压缩空气便从管接头 3 进入工作缸 4,推动活塞 1 克服弹簧 7 带动外接合器 9 右移,使之与内接合器 10 接合。结果,左半轴 6 与差速器壳 11 成为刚性连接,差速器不起差速作用,即左右两半轴被连锁成一体一同旋转。这样,当一侧驱动轮滑转而无牵引力时,从主减器传来的转矩几乎全部分配到另一侧驱动轮上,使汽车得以正常行驶。

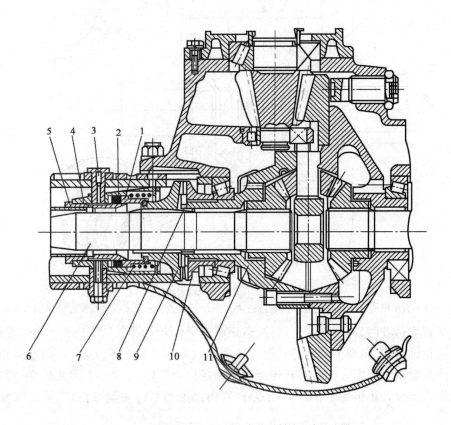

图 15-13 斯堪尼亚 LT110 型汽车的强制锁止式差速器

1-活塞;2-活塞皮碗;3-气路管接头;4-工作缸;5-套管;6-左半轴;7-压力弹簧;8-锁圈;9-外接合器;10-内接合器;11-差速器壳

当汽车通过坏路后驶上好路时,驾驶人通过电钮使电磁阀切断高压气路,并使工作缸通大气,缸内的压缩空气即经电磁阀排出。于是,弹簧 7 复位,推动活塞使外接合器左移回到分离位置。

强制锁止式差速锁结构简单,易于制造。但操纵不便,一般要在停车时进行,而且如果过早接上或过晚摘下差速锁,亦即在好路段上左、右车轮仍刚性连接,则将产生前面已述及的在无差速器情况下出现的一系列问题。因此,有些越野汽车采用了在行驶过程中,能根据路面情况自动改变驱动轮间转矩分配的高摩擦自锁式差速器。

2. 高摩擦自锁式差速器

图 15-14 是在对称式锥齿轮差速器基础上发展而来的摩擦片自锁式差速器。为增加差速器的内摩擦力矩,在半轴齿轮 3 和差速器壳 4 之间安装有主、从动摩擦片 6、7,十字轴由两根相互垂直的行星齿轮轴 2 组成,轴的端部均切有凸 V 形斜面,相应地,在差速器壳孔上也开有相应 V 形斜面的内孔,两根行星齿轮轴的 V 形面呈反向安装。每一半轴齿轮的背面有推力盘 5 和主、从动摩擦片 6、7。推力盘 5 以内花键与半轴相连,在其轴颈处用外花键与从动摩擦片 7 相连。主动摩擦片 6 则用花键与差速器壳 4 的内花键相配。推力盘和主、从动摩擦片均可沿轴向做微小的滑移。

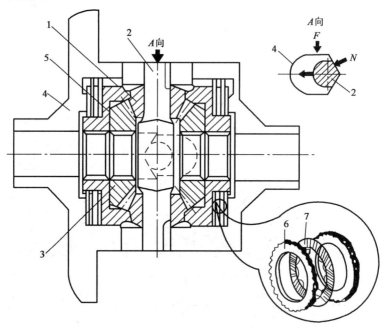

图 15-14 摩擦片自锁式差速器

1-差速器行星齿轮;2-行星齿轮轴;3-半轴齿轮;4-差速器壳;5-推力压盘;6-主动摩擦片;7-从动摩擦片

当汽车直线行驶时,两半轴无转速差,转矩平均分配给两半轴,由于差速器壳通过斜面作用在行星齿轮轴两端,斜面上产生的轴向力迫使两行星齿轮轴分别从左、右向外移动,通过行星齿轮使推力盘压紧摩擦片。此时转矩经两条路径传给半轴:一条沿行星齿轮轴、行星齿轮和半轴齿轮将大部分转矩传给半轴,另一条路径则由差速器壳经主动摩擦片、从动摩擦片、推力盘传给半轴。

当一侧车轮在路面上滑转,或汽车转弯时,行星齿轮自转,左右半轴齿轮的转速产生差异,这种转速差的存在和轴向力的作用使主、从动摩擦片间产生摩擦力矩。其数值大小与差速器传递的转矩和摩擦片的数值成正比。而摩擦力矩的方向与转速较高的半轴旋向相反,与转速较慢的半轴旋向相同。高摩擦力矩作用的结果是使低转速半轴传递的转矩大大增加。这种差速器结构简单、工作平稳、锁紧系数 K 可达 0.6~0.7 或更高,常用于越野汽车、载货汽车及轿车等各种车辆。

3. 滑块凸轮式差速器

滑块凸轮式差速器是利用滑块与凸轮之间产生较大数值的内摩擦力矩，以提高锁紧系数的一种高摩擦自锁式差速器。

图 15-15 所示为汽车中、后驱动桥之间采用的滑块凸轮式轴间差速器。转矩由传动轴经凸缘盘 1 和轴间差速器分配给中驱动桥主动螺旋锥齿轮 18 和后桥传动轴 26。

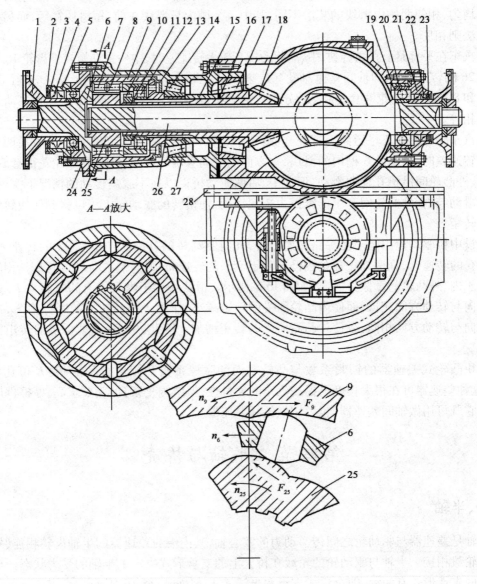

图 15-15 滑块凸轮式轴间差速器

1-凸缘盘;2-防尘罩;3-密封垫;4、22-油封;5-油封壳;6-主动套;7-短滑块;8-长滑块;9-接中桥的内凸轮花键套;10-螺母;11-垫圈;12-滚子轴承;13-中桥花键套护罩;14、17-圆锥滚子轴承;15-挡圈;16-调整垫圈;18-中桥主动螺旋锥齿轮;19-轴承座;20-球轴承;21-轴承盖;23-防尘毡;24-轴间差速器盖;25-接后桥的外凸轮花键套;26-后桥传动轴;27-轴间差速器壳;28-主减速器壳

轴间差速器由主动套 6、八个短滑块 7 及八个长滑块 8、接中桥的内凸轮花键套 9、接后桥的外凸轮花键套 25 及轴间差速器壳 27 和盖 24 组成。

内凸轮花键套 9 用花键与中桥主动螺旋锥齿轮 18 相连,其前端内表面有 13 个圆弧凹面。外凸轮花键套 25 用花键与后桥传动轴 26 相连,其外表面有 11 个圆弧凹面。主动套 6 前端与凸缘盘 1 用花键连接,后端空心套筒部分即装在内、外凸轮之间,空心套筒上铣出 8 条穿通槽,每个槽内装长、短滑块各一个。所有滑块均可在槽内沿径向自由滑动。为了使滑块及内、外凸轮磨损均匀,相邻两槽内滑块的装法不同,其中一个槽内长滑块在前,短滑块在后,而另一槽内滑块装法则相反。

当汽车在平直路上直线行驶,中、后驱动桥车轮无转速差时,中桥主动螺旋锥齿轮 18 和后桥传动轴 26 的转速相同,即轴间差速器没有差速作用。此时,转矩由凸缘盘 1 输入,经主动套 6、滑块 7 和 8、内外凸轮花键套 9 和 25,分别传给中桥和后桥。内、外凸轮花键套和主动套三者的转速相等。

当汽车转弯或在不平道路上行驶,或由于中、后桥驱动轮半径不等等原因,中、后两驱动桥需要有转速差时,主动套 6 槽内的滑块,一方面随主动套旋转并带动内、外凸轮花键套旋转,同时在内、外凸轮间沿槽孔径向滑动,保证中、后两驱动桥得以在不脱离传动的情况下实现差速。且由于滑动与内、外凸轮间产生的摩擦力矩起作用,使慢转的驱动轮上可以得到比快转驱动轮更大的转矩。

假设中桥驱动轮因陷于泥泞路面而滑转,此时驱动桥的外凸轮花键套 25 的转速 n_{25} 小于主动套 6 的转速 n_6,而驱动中桥的内凸轮花键套 9 的转速 n_9 则大于主动套转速 n_6。相应的滑块作用于内、外凸轮的摩擦力方向,如图 15-5 所示。滑块作用于内凸轮上的摩擦力 F_9 造成的力矩方向与转动方向相反,而使内凸轮所受的转矩减小;作用于外凸轮上的摩擦力 F_{25} 造成的力矩方向与转动方向相同,故使外凸轮所受的转矩增加。因此,中、后驱动桥上的转矩得到重新分配。

滑块凸轮式差速器的锁紧系数与凸轮表面的摩擦系数和倾角有关,一般 K 可达 $0.5\sim0.7$。这种差速器可在很大程度上提高汽车的通过性,但结构复杂,加工要求高,摩擦件的磨损较大。它既可用做轴间差速器,也可用做轮间差速器。

第四节　半轴与桥壳

一、半轴

半轴是差速器与驱动轮之间传递动力的实心轴,其内端与差速器的半轴齿轮相连,外端与驱动轮轮毂相接。半轴与驱动轮的轮毂在桥壳上的支承形式决定了半轴的受力状态。现代汽车半轴的支承形式有两种,即全浮式支承和半浮式支承,如图 15-16 所示。

图 15-16a) 所示为全浮式支承示意图。半轴 4 的外端通过半轴凸缘 1 与轮毂 2 相连,而轮毂 2 又由一对轮毂轴承 3 支承于桥壳 5 上,车轮的中心线通过两个轮毂轴承 3 的中间。路面作用于驱动轮上的切向反力 F_X、侧向反力 F_Y 和垂直反力 F_Z,以及由它们形成的弯矩,由轮毂 2 通过两个轮毂轴承 3 传给桥壳 5 而不经半轴传递,半轴仅承受差速器输出的转矩。由于这

种支承形式,半轴受力状态简单,因而被广泛用于各种载货汽车。

此外,在结构上,半轴外端锻出的凸缘借助螺栓与轮毂相连,而半轴内端则通过花键与差速器的半轴齿轮相连。这样的连接方式使得半轴易于拆卸,即只需拧下凸缘上的螺栓,便可将半轴抽出,而车轮与桥壳仍能支承住汽车。

图 15-16b)所示为半浮式支承示意图。从图中看出,车轮与桥壳无直接联系而支承于半轴外端,距支承轴承有一悬臂 a。因此,半轴除传递转矩外,还要承受驱动轮传来的切向反力 F_X、侧向反力 F_Y 和垂直反力 F_Z,以及它们所引起的弯矩。由此可见,半浮式半轴承受的载荷复杂,但它具有结构简单、质量小、尺寸紧凑、造价低廉等优点。它主要用在质量较小、使用条件较好、承载负荷也不大的轿车和轻型载货汽车上。

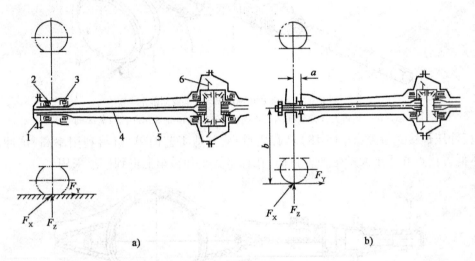

图 15-16　半轴支承示意图
a)全浮式支承;b)半浮式支承
1-半轴凸缘;2-轮毂;3-轮毂轴承;4-半轴;5-桥壳;6-主减速器从动齿轮

二、桥壳

驱动桥壳的功用是支承并保护主减速器、差速器和半轴等,使左右驱动车轮的轴向相对位置固定;与从动桥一起支承车架及其上的各总成质量;汽车行驶时,承受由车轮传来的路面反作用力和力矩,并经悬架传给车架。

驱动桥壳应有足够的强度和刚度,且质量要小,并便于主减速器的拆装和调整。由于桥壳的尺寸和质量一般都比较大,制造较困难,故其结构形式在满足使用要求的前提下,要尽可能便于制造。

驱动桥壳从结构上可分为整体式桥壳和分段式桥壳两类。

1. 整体式桥壳

整体式桥壳具有较大的强度和刚度,且便于主减速器的装配、调整和维修。因此普遍应用于各类汽车上。

整体式桥壳因制造方法不同又有多种形式。常见的有整体铸造、钢板冲压焊接等形式。

整体铸造桥壳如图 15-17 所示,为增加强度和刚度,两端压入无缝钢管制成的半轴套管。桥壳上有通气塞,保证高温下的通气,保持润滑油品质和使用周期。这种整体铸造桥壳刚度大、强度高、易铸成等强度梁形状,但因质量大,铸造品质不易保证,适用于中、重型汽车,更多地用于重型汽车上。

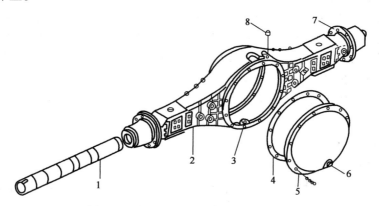

图 15-17　东风 EQ1090E 型汽车的驱动桥壳
1-半轴套管;2-后桥壳;3-放油孔;4-后桥壳垫片;5-后盖;6-油面孔;7-凸缘盘;8-通气塞

钢板冲压焊接式桥壳(图 15-18)具有质量小、制造工艺简单、材料利用率高、抗冲击性能好、成本低等优点并适于大量生产。目前,在轻型货车和轿车上得到广泛采用。

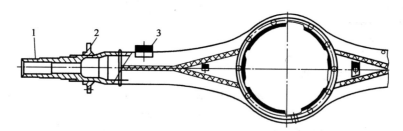

图 15-18　钢板冲压焊接整体式桥壳
1-半轴套管;2-凸缘(装制动底板);3-钢板弹簧座

2. 分段式桥壳

分段式桥壳一般分为两段,由螺栓将两段连成一体(图 15-19)。分段式桥壳比整体式桥壳易于铸造,加工简便,但维修不便。当拆检主减速器时,必须把整个驱动桥从汽车上拆卸下来。

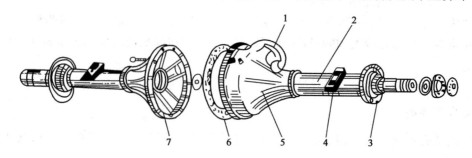

图 15-19　分段式驱动桥壳
1-主减速器壳颈部;2-半轴套管;3-凸缘盘;4-弹簧座;5-主减速器壳;6-垫片;7-桥壳盖

复习思考题

1. 汽车驱动桥的功用是什么？每个功用主要由驱动桥的哪部分来承担？
2. 准双曲面齿轮有什么特点？
3. 双级主减速器是如何保证其有足够的刚度和强度的？
4. 差速器的工作原理是什么？常见的差速器有哪几种？
5. 如何区分全浮式半轴和半浮式半轴？
6. 驱动桥壳有哪两种类型？各自的特点是什么？

第十六章　车轮与轮胎

汽车发动机的动力通过传动系统驱动桥左右半轴最终传给了车轮及轮胎。车轮与轮胎的功用是:支承整车;缓和由路面传来的冲击力;通过轮胎同路面间的附着作用来产生驱动力和制动力;汽车转弯行驶时产生平衡离心力的侧抗力,在保证汽车正常转向行驶的同时,通过车轮产生的自动回正力矩,使汽车保持直线行驶方向;承担越障提高通过性的作用等。

第一节　车　　轮

如图16-1所示,车轮一般由轮毂、轮辋及连接它们的辐板组成。它是介于轮胎和车轴之间承受负荷的旋转组件。轮辋是在车轮上安装和支承轮胎的部件;轮辐是在车轮上将轮辋和轮毂连接起来的部件;轮毂是连接轮辐、制动鼓(盘)和驱动桥半轴,并通过轴承支承在车桥上的部件。

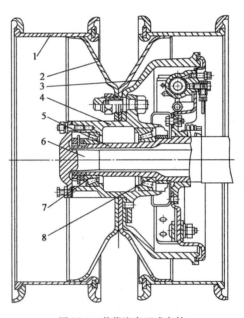

图16-1　载货汽车双式车轮
1-轮辋;2-轮辐;3-制动鼓;4-轮毂;5-驱动桥半轴导管;6-半轴;7-外轴承;8-内轴承

一、车轮的类型

按轮辐的结构不同,车轮可分为辐板式和辐条式等。普通轿车和轻、中型货车上广泛采用辐板式车轮,而高级轿车、竞赛汽车多采用辐条式车轮。

1. 辐板式车轮

辐板式车轮如图 16-2 所示,由挡圈、辐板、轮辋和气门嘴伸出孔等组成。用以连接轮毂和轮辋的钢质圆盘称为辐板。辐板大多是冲压制成的,少数是和轮辋铸成一体的,后者主要用于重型汽车。轿车的车轮辐板所用板料较薄,常冲压成起伏多变的形状,以提高刚度。

图 16-3 所示为奥迪轿车的车轮总成,轮胎 1 装在钢制轮辋 3 上,钢制轮辋上还装有平衡块 2 和平衡块定位弹簧 4,轮辋和辐板连接在一起,并通过辐板上的螺栓孔,用连接螺栓 8 将其安装在车轮轮毂或制动鼓上,再一起通过轴承装在车轴上,然后,在辐板的外面装上车轮装饰罩 6。

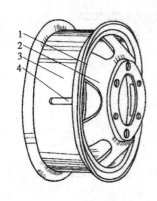
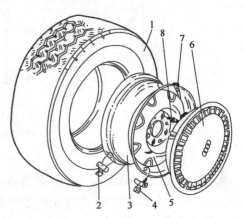

图 16-2 辐板式车轮
1-挡圈;2-辐板;3-轮辋;4-气门嘴伸出孔

图 16-3 奥迪轿车的车轮
1-轮胎;2-平衡块;3-轮辋;4-平衡块定位弹簧;5-辐板;6-车轮装饰罩;7-气门嘴;8-螺栓

为了防止汽车在行驶中固定辐板的螺母自行松脱,汽车两侧车轮上的辐板固定螺栓一般采用旋向不同的螺纹,左侧用左旋螺纹,右侧用右旋螺纹。

2. 辐条式车轮

装载质量较大的重型汽车多采用将轮毂与辐条铸造为一体的车轮,如图 16-4b)所示。

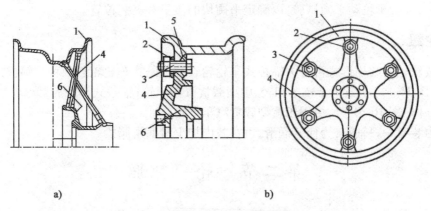

图 16-4 辐条式车轮
a)钢丝辐条式车轮;b)铸造辐条式车轮
1-轮辋;2-衬块;3-螺栓;4-辐条;5-配合锥面;6-轮毂

轮辋1是用螺栓3和特殊形状的衬块2固定在辐条4上,为了使轮辋与辐条很好的对中,在轮辋和辐条上都加工出配合锥面5。

也有采用类似自行车用的钢丝作为辐条的车轮[图16-4a)],由于这种车轮质量小,价格昂贵,维修安装不便,故仅用于赛车和某些高级轿车上。

二、轮辋的类型

轮辋的常见形式主要有深槽轮辋和平底轮辋两种,如图16-5所示。

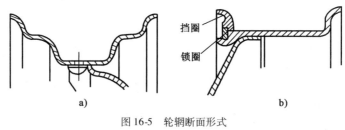

图16-5 轮辋断面形式
a)深槽轮辋;b)平底轮辋

1. 深槽轮辋

深槽轮辋如图16-5a)所示。它是整体式的,主要用于轿车及轻型越野汽车。它有带肩的凸缘,用以安放外胎的胎圈;为便于外胎的拆装,将轮辋的断面中部制成深凹槽。深槽轮辋的结构简单,刚度大,质量较小,对于小尺寸弹性较大的轮胎最适宜,但尺寸较大、较硬的轮胎则很难装进这样的整体轮辋内。

2. 平底轮辋

平底轮辋如图16-5b)所示。它是我国货车常用的一种形式。其中部是平直的,一侧有凸缘,另一侧以可拆的挡圈作为凸缘,而且用一个开口锁圈来防止挡圈脱出。在安装轮胎时,先将轮胎套在轮辋上,然后套上挡圈,并将它向内推,直至越过轮辋上的环形槽,再将开口的弹性锁圈嵌入环形槽中。

在高速车上,轮辋边缘上夹装的平衡块,当车胎维修拆装后,或偏磨后破坏了原来的动平衡,故要重新进行车轮动平衡试验,以确定平衡块的质量和夹装位置。

三、轮毂

轮毂按轮辐的结构形式可分为辐板式车轮轮毂和辐条式车轮轮毂两种。辐板式车轮轮毂拆装方便(图16-1),一般用于轿车和轻、中型载货汽车车轮;辐条式车轮轮毂常常将辐条与轮毂铸造成一体[图16-4b)],多用于重型载货汽车车轮。

轮毂内装有轮毂轴承,为使其润滑,可在毂内加少量润滑脂。

第二节 轮 胎

一、轮胎的作用

轮胎通常安装在金属轮辋上,能承受汽车的重力,与汽车悬架共同来缓和汽车行驶时所受到的冲击,并衰减由此产生的振动,以保证汽车有良好的乘坐舒适性和行驶平顺性;保证车轮和路面间有良好的附着性,以提高汽车的动力性、制动性和通过性。

二、轮胎的类型

汽车轮胎按胎体结构的不同可分为充气轮胎和实心轮胎。现代汽车绝大多数采用充气轮胎。充气轮胎按组成结构的不同,又分为有内胎轮胎和无内胎轮胎两种。汽车轮胎按用途可分为载货汽车轮胎和轿车轮胎。而载货汽车轮胎,又分为重型、中型和轻型载货汽车轮胎。充气轮胎按胎体中帘线排列的方向不同,还可分为普通斜交胎和子午线胎。充气轮胎按照工作气压的大小分为高压胎、低压胎和超低压胎三种。过去,一般气压在 0.5～0.7MPa 的为高压胎,0.15～0.45MPa 的为低压胎,0.15MPa 以下的为超低压胎。但由于制造轮胎所用原材料的不断发展,轮胎负荷能力大幅提高,相应的气压也提高了,而轮胎的缓冲性能仍在某种程度上保持原来同规格"低压胎"的性能。因此,按过去的标准已属于高压胎气压范围的轮胎,现在国内、外还都将其归于低压胎这一类。如国产规格为 9.00-20 的 14 层级尼龙胎,载荷容量为 22300N,气压为 0.67MPa,仍属低压胎。

三、有内胎轮胎的构造

有内胎轮胎由外胎 1、内胎 2 和垫带 3 等组成,如图 16-6 所示。

内胎是一个环形粗橡胶管,上面装有气门嘴以便充入或排出空气。为促内胎在充气状态下不产生皱褶,其尺寸应稍小于外胎内壁尺寸。

垫带是一个环形橡胶带,安装在内胎与轮辋之间,防止内胎被轮辋及外胎的胎圈擦伤。

外胎是保护内胎不受外来损害的强度高而且有一定弹性的外壳,它直接与地面接触。外胎可根据其胎体中帘线排列方向的不同,分为普通斜交轮胎、子午线轮胎。

1. 普通斜交轮胎

普通斜交轮胎的外胎由帘布层、缓冲层、胎圈、胎面等组成,如图 16-7 左半视图所示。

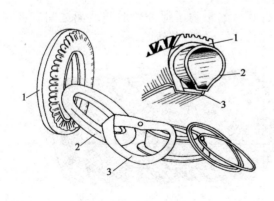

图 16-6 充气轮胎的组成
1-外胎;2-内胎;3-垫带

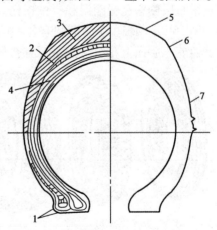

图 16-7 外胎的结构
1-胎圈;2-缓冲层;3-胎面;4-帘布层;5-胎冠;6-胎肩;7-胎侧

帘布层是外胎的骨架,也称胎体。其主要作用是承受负荷,保持外胎的形状和尺寸。通常由成双数的多层挂胶帘布用橡胶粘合而成。帘布层的帘线按一定角度交叉排列。普通斜交轮胎帘线一般与轮胎横断面(子午断面)的交角为52°~54°,图16-8a)所示。

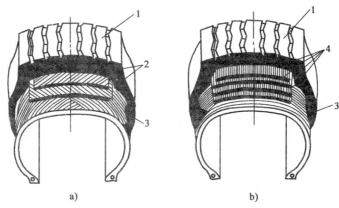

图16-8 子午线轮胎和普通斜交轮胎结构比较
a)普通斜交轮胎;b)子午线轮胎
1-胎面;2-缓冲层;3-帘布层;4-带束层

帘线材料可以是棉线、人造丝、尼龙或钢丝等。

缓冲层位于胎面和帘布层之间,其作用是加强胎面和帘布层的结合,防止紧急制动时胎面从帘布层上脱离,并缓和汽车行驶时路面对轮胎的冲击和振动。缓冲层一般由稀疏的帘线和富有弹性的橡胶制成。

胎圈的作用是使外胎牢固地装在轮辋上,有较大的刚度和强度,是帘布层的根基。它由钢丝圈、帘布层包边和胎圈包布组成。

胎面是外胎的外表面,包括胎冠、胎肩和胎侧(图16-7)三部分。胎冠与路面接触,直接承受冲击和磨损,保护帘布层和内胎免受机械损伤;此外,在胎冠上还有各种形状的凹凸花纹。胎肩是较厚的胎冠与较薄的胎侧的过渡部分,一般制有花纹以起散热作用。胎侧橡胶层较薄,以保护帘布层侧壁免受潮湿和机械损伤。

如图16-9所示,在胎面上制有各种凹凸花纹,其目的是为了保证轮胎与路面之间有良好的附着性能。胎面上花纹目前主要有普通花纹、混合花纹、越野花纹等。

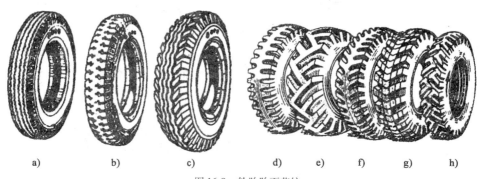

图16-9 轮胎胎面花纹
a)、b)普通花纹;c)混合花纹;d)~h)越野花纹

普通花纹的特点是花纹细而浅,花块接地面积大,适用于较好路面。其中纵向花纹轮胎的滚动阻力小,防侧滑和散热性好,噪声低,高速行驶性能好,但甩石性和排水性较差。横向花纹轮胎的耐磨性能好,不易夹石子。

越野花纹的沟槽深而宽,花块接地面积小,防滑性好,花纹有人字形和马牙形等。安装人字形花纹轮胎时,花纹"人"字尖端的指向要与汽车前进时车轮旋转方向一致,以提高排泥性能。

混合花纹介于普通花纹和越野花纹之间。

2. 子午线轮胎

子午线轮胎帘布层帘线排列方向与轮胎子午断面一致(即与胎面中心线成$90°$),各层帘线彼此不相交,如图16-8b)所示。帘线这种排列使其强度被充分利用,故它的帘布层数比普通轮胎可减少近50%。

带束层(类似缓冲层)通常用强度较高,拉伸变形很小的织物或钢丝作为帘线。帘线与子午断面交角较大($70°\sim75°$)。

因为子午线轮胎帘线排列方式使其在圆周方向上只靠橡胶联系,行驶时,由于切向力的作用,周向变形势必较大。有的带束层,带束层帘线与帘布层帘线成三向交叉,且层数较多,就形成一条刚性环带束在胎体上,使胎面的刚度和强度大为提高。所以,子午线轮胎切向变形较小,但胎侧较软、易变形。

子午线轮胎与普通斜交轮胎相比具有更优越的使用性能:

(1)耐磨性好,使用寿命长,比普通胎长30%~50%。

(2)滚动阻力小,节约燃料(滚动阻力可减小25%~30%,油耗可降低8%左右)。

(3)附着性能好,承载能力大,缓冲能力强,不易被刺穿,并且质量较轻。

子午线轮胎与普通斜交轮胎使用相同的轮辋,但不能同车混装不同的轮胎。

四、无内胎轮胎的构造

无内胎轮胎在外观上与有内胎轮胎近似,所不同的是它没有内胎及垫带,空气直接充入外胎内,由轮胎和轮辋保证密封。

如图16-10所示,无内胎轮胎内壁上有一层硫化橡胶密封层1,厚度为2~3mm,在密封层正对着胎面的内壁上,还黏附着一层未硫化橡胶的特殊混合物制成的自黏层2,当轮胎穿孔时,自粘层能自行将孔粘合。在胎圈外侧制有若干道同心环槽3(有的为橡胶密封层),以便在轮胎空气压力作用下,使其胎圈可靠地紧贴在轮辋边缘上,以提高气密性。轮辋底部倾斜且漆层均匀。气门嘴4直接固定在轮辋上,其间用橡胶衬垫密封。

无内胎轮胎只在爆破时才会失效,而穿孔时漏气缓慢,仍能继续安全行驶。由于没有内胎故摩擦生热少,散热快,工作温度低,使用寿命长,适于高速行驶。此外,结构简单,质量轻,维修方便。

无内胎轮胎必须配用深式轮辋,其几何形状精度较高。目前,轿车上应用较多。

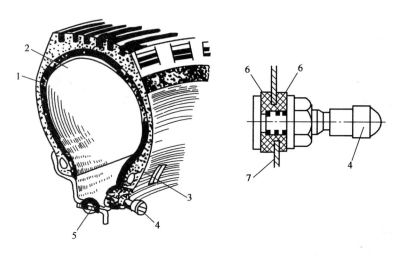

图 16-10 无内胎轮胎
1-橡胶密封层;2-自粘层;3-槽纹;4-气门嘴;5-铆钉;6-橡胶密封衬垫;7-轮辋

五、轮胎规格标记方法

尽管世界各国汽车轮胎规格标记都有自己的标准,但基本上是大同小异。轮胎规格标记,习惯上一般采用英制,但也有用英制和米制混合表示的,我国这两种标记都采用。

1. 轮胎的主要尺寸

轮胎的主要尺寸是轮胎断面宽度(B)、轮辋名义直径(d)、轮胎断面高度(H)、轮胎外直径(D)等,如图 16-11 所示。

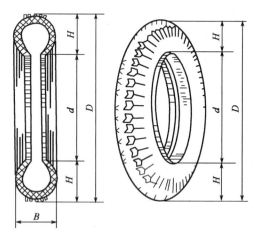

图 16-11 轮胎尺寸标记

（1）轮胎断面宽度：轮胎按规定气压充气后,轮胎外侧面间的距离。

（2）轮辋名义直径：轮辋规格中直径大小的代号,与轮胎规格中相对应的直径一致。

（3）轮胎断面高度：轮胎按规定气压充气后,轮胎外直径与轮辋名义直径之差的50%。

（4）轮胎外直径：轮胎按规定气压充气后,在无负荷状态下胎面最外表的直径。

2. 轮胎的高宽比和轮胎系列

轮胎的高宽比是指轮胎断面高度(H)与断面宽度(B)的百分比,表示为 $H/B(\%)$。轮胎系列就是用轮胎的高宽比的名义值大小（不带%）表示的,例如"80"系列、"70"系列、"60"系列和"50"系列等。

轮胎的高宽比也称为扁平率,扁平率可表明轮胎在不同行驶状况下的适应性。扁平率高的轮胎称为高断面轮胎;反之,称为低断面轮胎。

近年来,低断面轮胎应用日益广泛。主要原因是:滚动阻力小,有利于汽车高速行驶,且延长了轮胎的使用寿命;接地印痕短而宽,轮胎负荷得以提高;侧偏刚度较大,提高了汽车的操纵稳定性。

3.轮胎最高速度和速度级别符号

轮胎最高速度是指在规定条件(路面级别、轮辋名义直径)下,在规定的持续行驶时间(持续行驶最长时间为 1h)内,允许使用的最高车速。

将轮胎最高速度(km/h)分为若干级,用字母表示,称为速度级别符号,目前有 29 个,表 16-1 仅摘录了一部分。

轮胎的速度级符号与最高行驶速度(摘自 GB/T 2978—1997)   表 16-1

轮胎速度级别符号	轮胎最高行驶速度(km/h)	轮胎速度级别符号	轮胎最高行驶速度(km/h)
L	120	R	170
M	130	S	180
N	140	T	190
P	150	U	200
Q	160	H	210

4.轮胎负荷指数和轮胎负荷能力

轮胎负荷指数指的是,在规定的条件(轮胎最高速度、最大气压等)下轮胎负荷能力的数字符号。轮胎的负荷指数(LI)与负荷能力(TLCC)对应关系见表 16-2。

轮胎的负荷指数与负荷能力对应关系   表 16-2

轮胎负荷指数(LI)	轮胎负荷能力(TLCC)(N)	轮胎负荷指数(LI)	轮胎负荷能力(TLCC)(N)
79	4370	84	5000
80	4500	85	5150
81	4620	86	5300
82	4750	87	5450
83	4870	88	5600

5.我国轮胎规格表示方法

我国轿车轮胎规格表示方法参照欧洲标准,载货汽车轮胎规格表示方法参照美国标准。以下举例说明我国轮胎规格表示方法。

1)轿车轮胎 185/60R1485H

其含义自左至右,第一个数字 185 表示轮胎宽度 185mm,符号"/"后面的数字 60,表示 $H/B \times 100\% = 60\%$,即扁平率为 60%,字母"R"表示该轮胎为子午线轮胎,数字 14 表示轮辋的直径为 14in(356mm),数字 85 表示负荷指数(515kg),字母"H"为速度符号(210km/h)。

2)载货汽车轮胎

按照国家标准,载货汽车轮胎规格标记有 11 种之多。标记方法基本上和轿车轮胎类似,用字母"R"表示子午线轮胎,无字母"R"为斜交轮胎等,但对于微型汽车及轻型载货车的轮胎在标记的后部必有 ULT(微型载货汽车轮胎)、LT(轻型载货汽车轮胎)记号,中、重型车车胎则无此标记。

如:4.50-12ULT,6.50-15LT,6.50R15LT,9.00-20。

在以上规格的标记中,数字4.50、6.50、9.00都表示为轮胎断面宽度(in);数字12、15、20表示为轮辋名义直径(in)。

复习思考题

1. 车轮和轮胎的主要作用是什么?
2. 车轮主要有哪些类型,各自的特点是什么?
3. 轮辋有哪些类型?
4. 轮胎胎面花纹有哪些类型?各自分别有什么特点?
5. 子午线轮胎和普通斜交轮胎相比有什么特点?
6. 说明185/60R1380H型轮胎的含义。

第十七章 汽车动力性

汽车的动力性是指汽车在良好路面上直线行驶时由受到的纵向外力决定的、所能达到的平均行驶速度,也即表示汽车以最大可能平均行驶速度运送货物或乘客的能力。汽车作为一种高效道路运输工具,其高效在很大程度上取决于汽车的动力性。因此,汽车动力性是汽车各种使用性能中最基本、最重要的性能。它与汽车发动机、传动系统、轮胎等结构,以及使用等诸多因素有关。

第一节 汽车的行驶阻力

汽车在水平道路上等速直线稳定行驶时,必须克服来自地面的滚动阻力和来自空气的空气阻力。滚动阻力以符号 F_f 表示,空气阻力以 F_w 表示。当汽车在坡道上稳定行驶时,还必须克服重力沿坡道的分力,即坡度阻力,以符号 F_i 表示。汽车加速行驶时,需要克服与加速度方向相反的惯性力,即加速阻力,以符号 F_j 表示。

一、滚动阻力

1. 滚动阻力的产生

车轮滚动时,轮胎与路面在接触区域内产生法向和切向的相互作用力,以及相应的轮胎支承路面的变形。无论是轮胎还是路面的这些变形都伴随着能量损失。这些能量损失是产生滚动阻力的根本原因。

当弹性车轮在硬路面上滚动时,轮胎的变形是主要的。图 17-1 所示为某轮胎在硬支承路面上受径向载荷(W)时的径向变形(h)曲线。图中 C 为加载变形过程曲线,D 为卸载变形恢复过程曲线。加载变形过程,外力对弹性轮胎做功,使其变形,C 曲线下面积 $OCABO$ 为该过程中对轮胎做的功;在卸载变形恢复过程中,弹性轮胎变形而具有的弹性势能向外释放做功,使变形恢复。D 曲线下面积 $ADEBA$ 为轮胎恢复变形时释放的功。由于阻尼的存在,两曲线并不重合,其间的面积为加载与卸载过程中的能量损失。此能量消耗在轮胎各组成部分的摩擦以及橡胶、帘线等物质的分子间的摩擦,转化为热能消失在大气中。这种损失称为弹性轮胎的迟滞损失。

当车轮不滚动时,地面对车轮的法向反作用力分布是前后对称的;当车轮滚动时,在车轮法线 $n-n'$ 前后两侧相

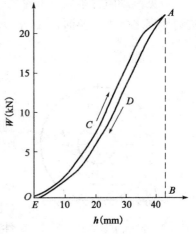

图 17-1 某轮胎的径向变形曲线

对应点,由于处于压缩变形和恢复变形的不同过程,相同的变形所对应的法向应力却不同,即前部地面法向反作用力大于后部地面法向反作用力,从而使法向反作用力的合力 F_Z 相对于法线 $n-n'$ 向前移动了距离 a,如图 17-2a)所示。若把合力 F_Z 平移至法线 $n-n'$,则需添加一阻力偶 $T_f = F_Z a$,如图 17-2b)所示。

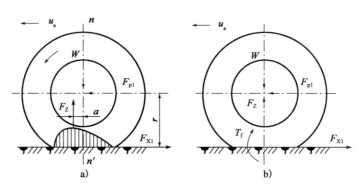

图 17-2 从动车轮弹性轮胎在硬路面上滚动时的受力情况
a) F_Z 前移;b) 产生滚动阻力偶矩

由于弹性车轮滚动时产生了阻力偶,因此若使从动车轮在硬路面上等速滚动,必须相应在车轮中心施加推力 F_{p1}(下标 1 指前轮),使之与相应的地面切向反作用力 F_{X1} 构成力偶矩克服 T_f。即

$$F_{p1} r = T_f$$

因此
$$F_{p1} = \frac{T_f}{r} = \frac{F_Z a}{r}$$

若令 $f = a/r$,且考虑到 F_Z 与 W 大小相等,常将上式写作

$$F_{p1} = Wf \quad \text{或} \quad f = \frac{F_{p1}}{W}$$

式中:f——滚动阻力系数。

可见滚动阻力系数是车轮在一定条件下滚动时所需之推力与车轮负荷之比,即单位汽车重力所需之推力。换而言之,滚动阻力等于滚动阻力系数与车轮负荷之乘积。即

$$F_f = fW \tag{17-1}$$

且
$$F_f = \frac{T_f}{r}$$

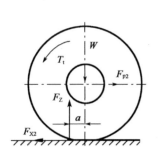

图 17-3 驱动轮在硬路面上等速滚动时的受力图

这样,在分析汽车行驶阻力时,不必具体考虑车轮滚动时所受到的滚动阻力偶矩,而只要知道滚动阻力系数即可求出滚动阻力。

图 17-3 所示为驱动轮在硬路面等速滚动时的受力图。图中 F_{X2} 为驱动力矩 T_t 所引起的道路对车轮的切向反作用力 F_{X2}(下标 2 指后轮),F_{p2} 为驱动轴作用于车轮的水平力。由于弹性迟滞现象,驱动轮的法向反作用力的作用点也前移了距离 a,因而也产生了滚动阻力偶 T_f。由平衡条件得

$$F_{X2}r = T_t - T_f$$
$$F_{X2} = \frac{T_t}{r} - \frac{T_f}{r} = F_t - F_f \tag{17-2}$$

由式(17-2)可见,由于弹性迟滞现象产生的滚动阻力偶 T_f,也使驱动轮受到滚动阻力 F_f 的作用。驱动力矩 T_t 产生的驱动力 F_t 在克服了 F_f 后,才能转化为作用在驱动车轮上驱动汽车前进的地面切向反作用力 F_{X2}。

2. 滚动阻力系数

滚动阻力的大小取决于滚动阻力系数。试验表明,f 的大小与路面种类及其状况、行驶车速以及轮胎的构造、材料、气压等有关。

路面不同时,轮胎滚动时的变形量及由此所引起的弹性迟滞损失不同,因而滚动阻力系数不同。不同路面滚动阻力系数的数值范围见表17-1。

滚动阻力系数的数值 表17-1

路面类型	滚动阻力系数	路面类型	滚动阻力系数
良好的沥青或混凝土路面	0.010~0.018	雨后压紧土路	0.050~0.150
一般沥青或混凝土路面	0.018~0.020	泥泞土路(雨季或解冻期)	0.100~0.250
碎石路面	0.020~0.025	干砂	0.100~0.300
良好的卵石路面	0.025~0.030	湿砂	0.060~0.150
坑洼的卵石路面	0.035~0.050	结冰路面	0.015~0.030
干燥压紧土路	0.025~0.035	压紧的雪道	0.030~0.050

行驶车速对滚动阻力系数有很大影响,如图17-4所示。车速低于100km/h时,轮胎的滚动阻力系数随车速缓慢增大。车速高于140km/h时,滚动阻力系数值增长较快,且当车速达到某一临界车速时,滚动阻力系数迅速增大。

轮胎结构、帘线和橡胶品种不同,轮胎承载后滚动时的变形量也不同,而且变形后胎面、轮胎内部材料之间的摩擦有很大差异,因此对滚动阻力系数的值都有影响。

与普通斜交轮胎相比,子午线轮胎的帘线层数较少,胎体薄,受力变形后所产生的弹性迟滞损失小,因而滚动阻力系数较低。

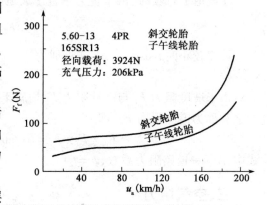

图17-4 车速和轮胎类型对滚动阻力系数的影响

轮胎充气压力对滚动阻力系数值有很大影响。汽车在硬路面上行驶时,若轮胎气压降低,则 f 值迅速增大。这是因为气压降低时轮胎变形大,轮胎滚动时的迟滞损失增大的缘故。

驱动力矩作用于驱动轮,使胎面相对于路面有一定滑动,使轮胎滚动时的能量损失增大,因而滚动阻力系数增大。汽车转弯行驶时,在侧向力作用下,轮胎变形及在路面上的滑移增大,因而滚动阻力增大。

图17-5为经验公式计算得到的滚动阻力系数与车速之间的关系曲线。

二、坡度阻力

汽车上坡行驶时,汽车重力沿坡道的分力称为汽车坡度阻力 F_i,如图 17-6 所示。

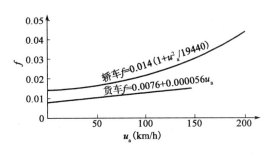

图 17-5　由经验公式计算良好路面上的滚动阻力系数

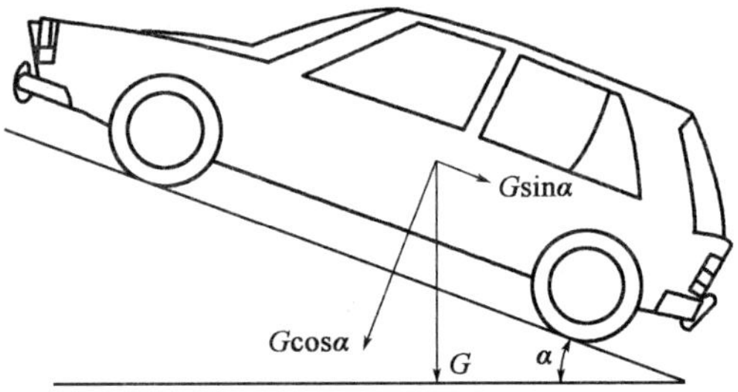

图 17-6　汽车的坡度阻力

$$F_i = G\sin\alpha \tag{17-3}$$

式中:G——作用于汽车上的重力(N);

α——坡度角(°)。

道路坡度 i 可用坡高与底长之比表示,即 $i = \tan\alpha$。一般道路的坡度较小,$\sin\alpha \approx \tan\alpha$。因而,坡度阻力可近似用下式计算:

$$F_i = G\tan\alpha = Gi \tag{17-4}$$

但道路坡度 i 较大时,近似公式计算结果的误差较大。

在坡道上行驶时,汽车重力垂直于坡道的分力为 $G\cos\alpha$,其滚动阻力可用下式计算:

$$F_f = Gf\cos\alpha$$

坡度较小时,$\cos\alpha \approx 1$,上式近似为

$$F_f = Gf$$

由于坡度阻力 F_i 与滚动阻力 F_f 均属于与道路有关的阻力,且均与汽车重力成正比,故两者之和称为道路阻力 F_ψ,即

$$F_\psi = F_f + F_i = G(f\cos\alpha + \sin\alpha) \approx G(f + i) = G\psi \tag{17-5}$$

式中:ψ——道路阻力系数,$\psi = f + i$。

三、空气阻力

空气阻力是指汽车直线行驶时,空气作用在汽车行驶方向上的分力 F_w。汽车行驶时,由于汽车与空气的相对运动,汽车要挤开周围的空气,并与空气产生摩擦,因而产生空气阻力。

1. 空气阻力的组成

空气阻力由压力阻力与摩擦阻力两部分组成。

1) 压力阻力

作用在汽车外形表面上的法向压力的合力在行驶方向的分力称为压力阻力(图 17-7)。压力阻力又分为四部分:形状阻力、内循环阻力、诱导阻力、干扰阻力。

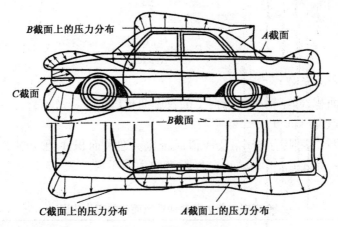

图 17-7 压力阻力的形成

形状阻力是指与车身形状有关的压差阻力。车辆向前运动时,由于其主体形状所限,表面上的涡流分离现象是不可避免的,被车辆分开的空气无法在后部平顺合拢和回复原状,这样在车辆后部形成涡流区,产生负压,而汽车前面是正压,这样在汽车行驶方向上产生了压差阻力。涡流分离的范围越大即涡流区域越大,压差阻力也就越大。形状阻力是汽车空气阻力的主体,约占空气阻力的58%。

内循环阻力是指发动机冷却系统、车身通风等所需空气流经车体内部时由于动量损失构成的阻力即为内循环阻力(图17-8)。内循环阻力约占空气阻力的12%。

诱导阻力是指升力在水平方向的分力。由于气流经过车身上下部时,其空气质点因流经上下表面的路径不同、流速不同会对车身上下部产生压差,即升力。如图17-9所示,升力在水平方向的分力 F_{xi} 实际上是一个阻碍车辆行驶的阻力。诱导阻力一般占空气阻力的7%。

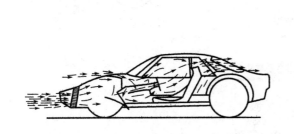

图 17-8 汽车内循环气流

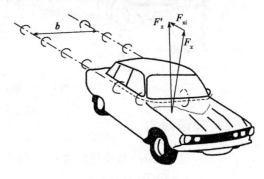

图 17-9 诱导阻力

干扰阻力是指车身表面凸起物(如后视镜、门把、引水槽、悬架导向杆、驱动轴等)引起的阻力。干扰阻力一般可占空气阻力的14%。

2)摩擦阻力

汽车行驶过程中,空气与车身表面由于摩擦产生切向力,该切向力的合力在行驶方向的分力称为摩擦阻力或表面阻力。显然,车身较长的车辆(如大客车),其表面阻力也较大。

2. 空气阻力的计算

空气阻力并不分门别类计算,若取空气密度 $\rho = 1.2258\text{N} \cdot \text{s}^2/\text{m}^4$,在无风状态下,其总值

的计算公式为

$$F_w = \frac{C_D A u_a^2}{21.15} \tag{17-6}$$

式中：C_D——空气阻力系数；

A——迎风面积，即车辆行驶方向上的投影面积（m^2）；

u_a——汽车速度（km/h）。

式（17-6）表明，空气阻力与 C_D 及 A 值成正比。迎风面积 A 值受乘坐使用空间的限制不易进一步减少，所以降低 C_D 值是减小空气阻力的主要手段。表 17-2 为空气阻力系数和迎风面积的变化范围。

汽车空气阻力系数和迎风面积的变化范围　　　　表 17-2

车　型	迎风面积 A（m^2）	空气阻力系数 C_D
轿车	1.7～2.1	0.28～0.41
载货汽车	3～7	0.60～1.00
大客车	4～7	0.50～0.80

空气阻力系数实际上随着车身的离地距离、俯仰角的大小而变化。低 C_D 值汽车所具有的特点如图 17-10 所示。

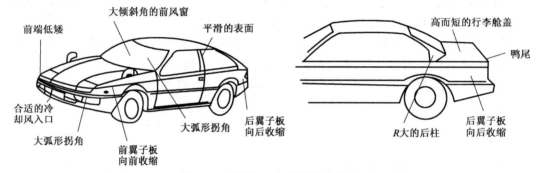

图 17-10　低空气阻力系数轿车的特点

四、加速阻力

汽车加速行驶时，其质量加速运动所产生的惯性力称为加速阻力 F_j。显然，加速阻力的方向与汽车加速度的方向相反。

汽车质量分为平移质量和旋转质量两部分。加速时，不仅汽车平移质量产生惯性力，产生平移质量加速阻力 F_{jt}，旋转质量也要产生惯性力偶矩，产生旋转质量加速阻力 F_{jr}。两者的大小为

$$F_{jt} = m \frac{du}{dt}$$

$$F_{jr} = \frac{I}{r}\frac{d\omega}{dt} = \frac{I}{r^2}\frac{du}{dt}$$

式中：m——汽车质量（kg）；

I——折算到驱动轮上的全部旋转部件的转动惯量($kg \cdot m^2$);
dω/dt——车轮的角加速度(rad/s^2);
du/dt——汽车的加速度(m/s^2)。

I 的计算公式为

$$I = I_R + i_0^2 I_c + i_0^2 i_g^2 I_m$$

式中:I_m——发动机、离合器和变速器转动惯量($kg \cdot m^2$);
I_c——传动轴、差速器等转动惯量($kg \cdot m^2$);
I_R——全部车轮转动惯量($kg \cdot m^2$);
i_g——变速器传动比;
i_0——主减速器传动比。

汽车的总加速阻力为

$$F_j = F_{jt} + F_{jr} = \left(m + \frac{I}{r^2}\right)\frac{du}{dt} = \left(1 + \frac{I}{mr^2}\right)m\frac{du}{dt}$$

令 $\delta = 1 + I/mr^2$,δ 称为汽车旋转质量换算系数,显然 $\delta > 1$。因此

$$F_j = \delta m \frac{du}{dt} \tag{17-7}$$

引入系数 δ 后,旋转质量的加速阻力就可以转化为平移质量的加速阻力进行计算。

第二节 汽车的驱动力

一、汽车驱动力的概念

汽车驱动力是指汽车行驶时,由地面提供给驱动轮的克服各种行驶阻力推动汽车前进的作用力。汽车行驶时,发动机产生的有效转矩 T_{tq},经传动系统传到驱动轮上,其作用于驱动轮上的转矩 T_t 产生一个对地面的圆周力 F_0,与此同时,地面对驱动轮也施加一个数值相等、方向与汽车行驶方向相同的切向反作用力 F_t,则 F_t 即是驱动汽车行驶的驱动力,如图 17-11 所示。

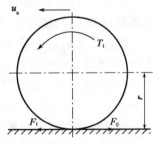

图 17-11 汽车的驱动力

二、汽车驱动力的计算方法

根据定义,汽车驱动力为

$$F_t = \frac{T_t}{r}$$

式中:F_t——汽车的驱动力(N);
T_t——作用于驱动轮的转矩($N \cdot m$);

r——车轮半径(m)。

若变速器、主减速器的传动比为 i_g、i_0,传动系统的机械效率为 η_t,则 T_t 的值为

$$T_t = T_{tq} i_g i_0 \eta_t$$

式中:T_{tq}——发动机输出的有效转矩(N·m)。

这样,驱动力 F_t 也可表示为

$$F_t = \frac{T_{tq} i_g i_0 \eta_t}{r} \tag{17-8}$$

三、影响汽车驱动力的主要因素

从式(17-8)中看出,汽车的驱动力取决于发动机有效转矩和有效功率、传动系统传动比和机械效率以及车轮半径。

1. 发动机有效转矩和有效功率

如第十章第三节所述,车用发动机外特性,反映了发动机所能达到的最高动力性能。因此,可根据发动机外特性曲线上的转矩和功率值在转速的整个变化范围内的数值,求出汽车在各挡位、不同车速下的汽车驱动力和功率,并以此建立汽车的驱动力图和输出功率图。

2. 传动系统的机械效率

发动机有效功率,经传动系统传至驱动轮的过程中,会产生功率损失。驱动轮功率与传动系统的机械效率和发动机的有效功率的关系有

$$P_t = \eta_t P_e$$

也即

$$\eta_t = \frac{P_t}{P_e} = \frac{P_e - P_s}{P_e} = 1 - \frac{P_s}{P_e} \tag{17-9}$$

式中:P_t——驱动轮功率(kW);

P_e——发动机有效功率(kW);

P_s——传动系统损失功率(kW)。

传动系统的功率损失主要由变速器、万向传动装置、主减速器等处的功率损失组成,其中变速器和主减速器的功率损失占主要部分。

传动系统的功率损失可分为机械损失和液力损失两大类。机械损失主要包括齿轮传动副之间、轴承及油封等摩擦损失,它与齿轮啮合对数和传递转矩有关。液力损失主要包括润滑油搅动、润滑油与零件表面摩擦引起的损失,它与润滑油的品质、温度、油面高度及旋转件的转速有关。

传动效率与诸多因素有关。通常同一挡位转矩增加时,搅油损失相对比例较小,机械效率提高;转速低时,搅油损失较小,机械效率较高;直接挡传动时,变速器的机械损失较小,传动效率较高;润滑油品质好、温度适中、油面高度合适时,润滑条件好,搅油损失小,传动效率较高;手动变速器比液力变矩器式自动变速的液力损失小,传动效率较高;单级主减速器比双级主减速器机械损失小,传动效率较高;单轴驱动汽车比多轴驱动汽车的损失功率小,机械效率高。

传动效率受多种因素的影响而不断变化,只有通过试验测得。但对汽车进行一般动力性分析时,传动效率可视为常数,对于有级变速器的轿车 $\eta_t = 0.90 \sim 0.92$,载货汽车和大客车

$\eta_t = 0.82 \sim 0.85$。

3. 车轮半径

弹性轮胎在受力和运动过程中会因变形而使半径尺寸发生变化。无载荷作用时的车轮半径称为自由半径 r_0；仅受汽车重力作用时，车轮中心至轮胎与道路接触面间的距离称为静力半径 r_s；以车轮转动圈数与车轮实际滚动距离之间的关系换算得出的车轮半径，则称为滚动半径 r_r。

车轮的滚动半径 r_r 换算关系为

$$r_r = \frac{s}{2\pi n_g}$$

式中：n_g——车轮转动的圈数；

s——滚动 n_g 圈时车轮前进的距离(m)。

作动力学分析时，应该用静力半径；而作运动学分析时，应该用滚动半径。但粗略计算时，通常不计其间的差别，统称为车轮半径 r，即认为 $r \approx r_s \approx r_r$。

四、汽车的驱动力图

汽车的驱动力图即驱动力与车速之间的函数关系曲线，可全面表示汽车驱动力的大小及其变化。

显然，发动机转速和汽车行驶速度之间的关系为

$$u_a = 0.377 \frac{rn_e}{i_g i_0} \tag{17-10}$$

式中：u_a——车速(km/h)；

n_e——发动机转速(r/min)；

r——车轮滚动半径(m)。

对于装用机械传动系统的汽车，若已知各挡传动比、传动效率、车轮半径等参数，利用汽车发动机外特性曲线中的转矩曲线(图10-9)，根据式(17-8)发动机输出转矩与汽车驱动力的关系和式(17-10)发动机转速与汽车行驶速度的关系，可做出各个挡位下汽车驱动力与车速间的关系曲线，即驱动力图，如图17-12所示。

因为驱动力图是根据汽车发动机外特性曲线求得，因此该图表明的是汽车在各车速下的驱动力最大值。

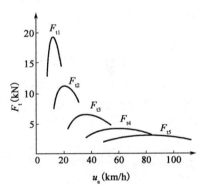

图17-12 装有五挡变速器的某型汽车的驱动力图

五、汽车行驶方程式

若把汽车速度变化时的惯性力看成与加速度方向相反的外力，则汽车行驶过程中，汽车的驱动力与行驶阻力始终处于平衡状态，该平衡关系式称为汽车的行驶方程式，即

$$F_t = \sum F = F_f + F_i + F_w + F_j = Gf + Gi + \frac{C_D A u_a^2}{21.15} + \delta m \frac{du}{dt} \tag{17-11}$$

行驶方程式表示汽车驱动力与行驶阻力间的数量关系,因而是汽车动力性分析的基础。当 T_{tq}、i_g、i_0、η_t、r、C_D、A、m 等有关参数确定后,据式(17-11)可分析汽车在附着性能良好的典型路面(混凝土、沥青路面)上行驶时的最高车速、加速能力和爬坡能力。

第三节 汽车行驶条件

在正常行驶过程中,汽车的驱动力与所行驶阻力以及路面附着力之间必须满足一定的关系。

一、汽车行驶的驱动条件

汽车起步行驶的首要条件是必须有加速能力。由汽车行驶方程式得

$$\delta m \frac{du}{dt} = F_t - (F_f + F_i + F_w)$$

即当驱动力大于滚动阻力、坡度阻力和空气阻力之和后,汽车才能加速行驶。若驱动力小于上述阻力之和,则汽车无法起动,正在行驶的汽车将减速直至停车。若驱动力等于上述阻力之和,汽车则匀速行驶。因此,满足汽车行驶的第一个条件是

$$F_t \geqslant (F_f + F_i + F_w) \tag{17-12}$$

式(17-12)就是汽车行驶的驱动条件,也称为必要条件。

二、汽车行驶的附着条件

1. 附着力的概念

地面对轮胎的切向反作用力的极限值称为附着力 F_φ。在硬路面上,附着力取决于轮胎与地面间的相互嵌合、剪切和摩擦。在数值上,附着力与作用于驱动轮上的法向反作用力 F_Z 成正比,其正比系数称为附着系数 φ,即

$$F_\varphi = F_Z \varphi$$

对前轴或后轴驱动的汽车而言,其附着力 $F_{\varphi 1}$、$F_{\varphi 2}$ 分别为

$$F_{\varphi 1} = F_{Z1} \varphi_1$$

$$F_{\varphi 2} = F_{Z2} \varphi_2$$

式中:φ_1、φ_2——前、后车轮的附着系数;

F_{Z1}、F_{Z2}——前、后车轮上受到的法向反作用力。

显然,对于全轮驱动汽车而言,若有 $\varphi_1 = \varphi_2 = \varphi$,则其附着力 F_φ 为

$$F_\varphi = (F_{Z1} + F_{Z2}) \varphi$$

2. 附着条件

地面对驱动轮的切向作用力不能大于附着力 F_φ,否则将发生驱动轮滑转现象。此时,即

使驱动轮的驱动力矩很大,也不能完全转化成地面切向作用力驱动汽车前进。

对于后轮驱动的汽车,由式(17-2)可知地面对驱动轮的切向作用力为

$$F_{X2} = F_t - F_f$$

也即

$$F_{X2} = F_t - F_f \leq F_{\varphi 2} = F_{Z2}\varphi$$

$$F_t \leq F_{Z2}\varphi + F_f = F_{Z2}\varphi + F_{Z2}f = F_{Z2}(\varphi + f) \tag{17-13}$$

比起附着系数来,滚动阻力系数的值很小,式(17-13)可近似写成

$$F_t \leq F_{Z2}\varphi$$

或更一般地

$$F_t \leq F_{Z\varphi}\varphi \tag{17-14}$$

式中:$F_{Z\varphi}$——作用于所有驱动轮上的地面法向反作用力。

将式(17-14)称为汽车行驶的第二个条件,即附着条件。

将式(17-12)与式(17-14)合起来写成,则有

$$F_f + F_i + F_w \leq F_t \leq F_{Z\varphi}\varphi \tag{17-15}$$

式(17-15)就是汽车行驶的必要与充分条件,也称为汽车行驶的驱动—附着条件。

三、影响附着力大小的因素

汽车附着力的大小取决于地面作用于驱动轮的法向反作用力和附着系数。驱动轮法向反作用力越大,附着系数越大,则汽车的附着力越大。

驱动轮的法向反作用力与汽车的总体布置、行驶状况及道路条件有关。当这些条件确定后,汽车附着力的大小则由附着系数决定。

附着系数主要取决于路面的种类与状况,也受轮胎的结构和气压、汽车的行驶速度影响,还与车轮的运动状态有关。

1. 路面的种类与状况

干燥硬实的混凝土或沥青路面的附着系数较大,因为这种路面,轮胎变形相对较大,路面上坚硬而微小的凸起嵌入轮胎的接触表面,增大了接触强度。路面潮湿时,轮胎与路面间的水膜起着润滑作用,会使附着系数下降。因此,附着性能良好的路面,其宏观结构应具有自动排水功能,微观结构应粗糙且有一定的尖锐棱角,以穿透水膜直接与轮胎接触。

结冰和积雪的路面由于轮胎不能直接与路面的微小凸起嵌合,因而附着系数大幅下降。由于轮胎在结冰路面行驶更易形成水膜,因而结冰路面的附着系数比积雪路面更小。

路面的清洁程度对附着系数也有影响。路面被细砂、尘土、油污、泥土等污物覆盖时,附着系数会降低。特别是在刚下雨时,雨水和路面的尘土、油污相混合,形成黏度高的水液,在轮胎和路面间具有润滑作用,使附着系数会更低,有时会和冰雪路面一样滑,但经过较长时间雨水冲刷后,附着系数会有所回升。

汽车在松软土壤路面上行驶时,土壤变形大且抗剪强度较低,附着系数较小。潮湿泥泞的土路抗剪强度更低,附着系数有明显的下降。表17-3为普通轮胎在各种路面上的平均附着系数。

普通轮胎在各种路面上的平均附着系数　　　　表 17-3

路 面 类 型	附着系数	路 面 类 型	附着系数
干燥的沥青或混凝土路面	0.70~0.80	干燥的土路	0.50~0.60
潮湿的沥青路面	0.45~0.60	湿土路面	0.30~0.40
干燥的碎石路面	0.60~0.70	压实的雪道	0.15
干燥的沙质荒地	0.22~0.40	结冰路面	0.10

2. 轮胎

轮胎的花纹、结构尺寸、气压和磨损对附着系数都有影响。具有细而浅花纹的轮胎在硬路面上行驶时,能加强胎面与路面微观凸起间的机械啮合作用,有较好的附着性能;具有宽而深花纹的轮胎在松软路面行驶时,可以增大嵌入轮胎花纹内土壤的剪切断面,能提高附着系数。胎面的横向花纹,具有较好的纵向抓地能力;胎面的纵向花纹,具有良好的横向抓地能力;胎面的细微花纹,能增加接地面积,提高附着系数。轮胎的花纹应具有良好的排水功能,以便在潮湿路面行驶时,避免接触面间产生水膜,从而提高附着系数。

增大轮胎与地面的接触面,能加大轮胎与路面的嵌合力度,提高附着能力。因此,低气压、宽断面轮胎和子午线轮胎的附着系数要比一般轮胎高。

轮胎气压对附着系数影响很大。降低轮胎气压,轮胎与地面的接触面积增大。对于硬路面,轮胎与地面接触面积的增大,使胎面与地面的微观嵌合作用增强;软路面上,轮胎与地面接触面积的增大,使嵌入轮胎花纹内土壤的数量增多,其土壤的抗剪切能力加大。因此,适当降低轮胎气压,可以增大附着系数。对于松软路面上行驶的汽车,常采用低压胎和超低压胎来提高汽车的附着能力。

轮胎的磨损也会影响它的附着能力。新轮胎的附着系数很高,随着胎面花纹深度的减小,其附着系数将显著降低。花纹磨平轮胎的附着系数较新轮胎约下降 0.2。

3. 车速

汽车行驶速度对附着系数有一定的影响。随着行驶速度的提高,多数情况下附着系数是降低的。在硬路上提高汽车行驶速度时,由于胎面来不及与路面的微观凸起很好地嵌合,所以附着系数有所下降。在松软路面上,由于高速行驶的车轮动力作用极容易破坏土壤的结构,同时土壤也不能和胎面花纹很好地嵌合,所以提高行驶速度也会使附着系数降低。在潮湿路面上高速行驶的汽车,轮胎与路面间的水不易排出,附着系数明显降低。汽车在积水层路面高速通过时,由于水层动压力的影响,会出现使轮胎上浮的"滑水现象",使得胎面与地面的附着系数显著减少。在结冰路面上,适当提高行驶速度,可减少冰层接触轮胎的受压时间,使接触面不易形成水膜,附着系数会略有提高。

第四节　汽车动力性分析

一、汽车动力性评价指标

提高汽车的平均车速,可以提高汽车的运输生产率。从获得尽可能高的汽车平均行驶车速的观点出发,汽车的动力性可由汽车的最高车速、加速时间、最大爬坡度等指标进行评价。

1. 汽车的最高车速

汽车的最高车速 $u_{a\,max}$ 是指汽车在水平良好的路面(混凝土或沥青路)上满载行驶所能达到的最高行驶车速。

2. 汽车的加速时间

汽车的加速时间 t 是指汽车满载时的加速能力。常用原地起步加速时间和超车加速时间来表示汽车的加速能力。

原地起步加速时间是指汽车由第Ⅰ挡或第Ⅱ挡起步,并以最大的加速强度(包括选择恰当的换挡时机)逐步换至最高挡后达到某一预定的距离或车速时所需要的时间。一般常用 0→100km/h 所需的时间来表明原地起步加速能力。

超车加速时间是指用最高挡或次高挡由某一较低车速全力加速至某一高速时所需的时间。因为超车时汽车与被超车辆并行,容易发生安全事故,所以超车加速能力强,并行行程短,行驶就安全。超车加速能力还没有统一的规定,采用较多的是用最高挡或次高挡由 40km/h 或 30km/h 全力加速行驶至某一高速所需的时间。

3. 汽车的最大爬坡度

汽车的最大爬坡度 i_{max} 是指满载时汽车在良好路面上能顺利通过的最大坡度。显然,最大爬坡度是指Ⅰ挡的最大爬坡度。对于轿车一般不强调它的爬坡能力,对于货车一般 i_{max} 在 30% 即 16.7°左右,对于越野汽车一般 i_{max} 可达 60% 即 31°左右或更高。

二、驱动力—行驶阻力平衡图及其应用

为了清晰而形象地表明汽车行驶时的受力情况及其平衡关系,一般是将汽车行驶方程式用图解法来进行分析的。就是说在图 17-12 的汽车驱动力图上把汽车行驶中经常遇到的滚动阻力和空气阻力也算出并画上,做出汽车驱动力—行驶阻力平衡图来进行分析,并以它来确定汽车的动力性。

图 17-13 为一具有五挡变速器汽车的驱动力—行驶阻力平衡图。图上既有各挡的驱动力,又有滚动阻力以及滚动阻力和空气阻力叠加后得到的行驶阻力曲线。

1. 确定最高车速

汽车在水平路面上匀速行驶时,汽车受到的行驶阻力包括滚动阻力 F_f、空气阻力 F_w,驱动力应与该两阻力之和相等。因此式(17-11)转化为

$$F_t = F_f + F_w = Gf + \frac{C_D A u_a^2}{21.15}$$

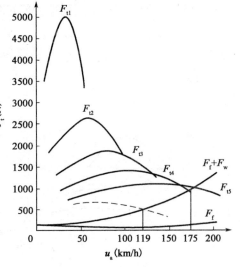

图 17-13 汽车驱动力—行驶阻力平衡图

汽车以最高车速行驶时,坡度阻力和加速阻力均为零,汽车驱动力全用于克服滚动阻力和空气阻力,此时有 $F_t = F_f + F_w$。因此,汽车以最高挡行驶时,在图 17-13 上驱动力 F_t 曲线与阻力曲线 $F_f + F_w$ 的交点所对应的车速,即为在给定道路阻力条件下汽车的最高车速 $u_{a\,max}$。

2. 确定加速能力

将汽车驱动力与滚动阻力和空气阻力之差 $F_t - (F_f + F_w)$ 称为汽车的后备驱动力。若将其全部用来加速(即坡度阻力为零),根据汽车行驶方程式,汽车所能达到的加速度 du/dt 为

$$\frac{du}{dt} = \frac{1}{\delta m}[F_t - (F_f + F_w)] \tag{17-16}$$

根据汽车的驱动力—行驶阻力平衡图,可以得到不同挡位、不同车速时的汽车后备驱动力 $F_t - (F_f + F_w)$ 与车速 u_a 的关系曲线。然后,据式(17-16)得到汽车在节气门全开时各挡的加速度曲线,如图 17-14 所示。图 17-14 中的 j,即为加速度 du/dt。

由图 17-14 看出,一般高挡的加速度小于低挡的加速度,1 挡的加速度最大;但有的汽车 1 挡的 δ 值很大,使用 1 挡时,其旋转质量产生的惯性力矩过大,反而使 1 挡的加速度小于 2 挡的加速度。

利用加速时间 t_j 可以更方便、直观地反映汽车加速过程的快慢。由式(17-16)有

$$dt = \frac{1}{\frac{du}{dt}}du = \frac{1}{j}du = \frac{\delta m}{[F_t - (F_f + F_w)]}du$$

因此

$$t_j = \int_{u_1}^{u_2} \frac{1}{j}du = \int_{u_1}^{u_2} \frac{\delta m}{[F_t - (F_f + F_w)]}du$$

这样,利用加速度曲线图,可得到加速度倒数 $1/j$ 随车速 u_a 的变化曲线,如图 17-15 所示。其加速度倒数曲线下自 u_1 到 u_2 的面积,即为汽车在给定道路条件下全力加速时,车速由 u_1 上升到 u_2 所需的加速时间 t_j。加速时间可用计算机进行积分计算或用图解积分法求出。

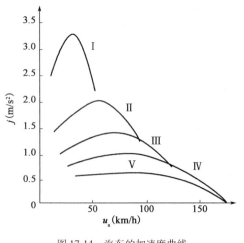

图 17-14 汽车的加速度曲线

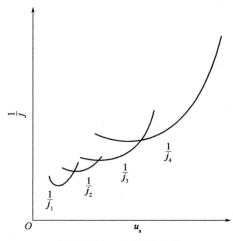

图 17-15 加速度倒数曲线

3. 确定爬坡能力

若后备驱动力 $F_t - (F_f + F_w)$ 全部用来爬坡,则 $F_j = 0$,根据行驶方程式有

$$F_i = F_t - (F_f + F_w)$$

求汽车以 Ⅰ 挡(及低挡)的爬坡能力时,由于坡度较大,因此,坡度阻力应表示为 $F_i = G\sin\alpha$。相对于坡度阻力,滚动阻力 $F_f = fG\cos\alpha$ 较小,且 $\cos\alpha \approx 1$,因此

$$F_i = G\sin\alpha = F_t - (F_f + F_w)$$

$$\alpha = \arcsin\frac{F_t - (F_f + F_w)}{G}$$

因此,根据汽车驱动力—行驶阻力平衡图,可求得汽车以各个挡位行驶时,所通过的坡度角 α 与车速 u_a 的关系曲线。其 α 的最大值 α_{max} 即是汽车可以通过的最大坡度角。

汽车爬坡能力一般用坡度值 $i = \tan\alpha$ 表示,因此由坡度角 α 与车速 u_a 的关系曲线,可得到汽车以各挡位所通过的坡度 i 随车速 u_a 的关系曲线,如图 17-16 所示。

直接挡最大爬坡度 i_{0max} 也应引起注意,因为汽车经常是以直接挡行驶的,如果 $i_{0\,max}$ 过小,迫使汽车在遇到较小的坡时经常换挡,这样就影响了行驶的平均速度。由于直接挡所能通过的道路坡度较小,故 $\sin\alpha \approx \tan\alpha$,其直接挡最大爬坡度 $i_{0\,max}$ 可用下式计算:

$$i_{0\,max} = \frac{F_{t0\,max} - (F_f + F_w)}{G}$$

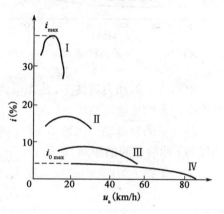

图 17-16 汽车爬坡度

式中:$F_{t0\,max}$——直接挡最大驱动力(N)。

三、动力特性图及其应用

汽车驱动力—行驶阻力平衡图从驱动力与行驶阻力的角度研究了汽车的动力性能,但它还不能肯定驱动力大的汽车,其动力性就一定好。在评价汽车动力性时,必须考虑汽车的总重力 G、空气阻力 F_w 对汽车动力性带来的影响。为了更科学地评价不同汽车的动力性能,必须采用与 G 无关并同时排除了 F_w 的指标,才能对总重不同、外形各异的汽车做出共同的评价尺度。通过对汽车行驶方程的变换,人们已经找到了符合要求的表征动力特性的指标——动力因数。

将汽车行驶方程两边除以汽车重力并整理如下:

$$F_t = F_f + F_i + F_w + F_j$$

$$\frac{F_t - F_w}{G} = f + i + \frac{\delta}{g}\frac{du}{dt}$$

令 $(F_t - F_w)/G$ 为汽车的动力因数并以符号 D 表示,则

$$D = f + i + \frac{\delta}{g}\frac{du}{dt} \qquad (17\text{-}17)$$

根据动力因数的定义和汽车的驱动力图,可以得到汽车在各挡下的动力因数 D 与车速 u_a 的关系曲线,称为动力特性图,如图 17-17 所示。

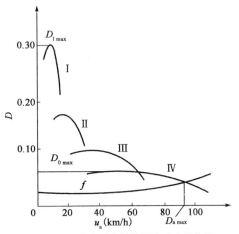

图 17-17　汽车动力特性图及动力性分析

汽车在水平良好的沥青、混凝土路面上匀速行驶时,$D=f$。因此,在动力特性图上绘上滚动阻力 f 的变化曲线,汽车以最高挡行驶时,其动力因数 D 曲线与滚动阻力系数 f 线的交点所对应的车速,即为汽车在给定道路阻力条件下的最高车速,如图 17-17 所示。

称动力因数与滚动阻力系数之差 $D-f$ 为后备动力因数。在平直路面上加速行驶时,$F_i=0$,$D=f+(\delta/g)(\mathrm{d}u/\mathrm{d}t)$。因此

$$\frac{\mathrm{d}u}{\mathrm{d}t}=\frac{D-f}{\delta}g$$

根据汽车的动力特性图,首先得到各挡后备动力因数随车速的变化曲线,然后利用上式即可求得汽车的加速度曲线。

若汽车的后备动力因数 $D-f$ 全部用来爬坡,因 $F_j=0$,则有 $i=D-f$,即动力特性图上 D 曲线与 f 曲线之间的距离,可以表示汽车的上坡能力。

采用 I 挡上坡时,由于坡度较大,此时 $i_{max}=D_{1max}-f$ 误差较大,故应用下式计算

$$D_{1max}=f\cos\alpha_{max}+\sin\alpha_{max}$$

整理得

$$\alpha_{max}=\arcsin\frac{D_{1max}-f\sqrt{1-D_{1max}^2+f^2}}{1+f^2}$$

即汽车的最大爬坡度为 $i_{max}=\tan\alpha_{max}$。

四、功率平衡图及其应用

汽车行驶过程中,发动机发出的功率始终等于传动系统功率损失和全部行驶阻力功率之和。汽车克服行驶阻力所消耗的功率有滚动阻力功率 P_f、空气阻力功率 P_w、坡度阻力功率 P_i 及加速阻力功率 P_j。根据汽车行驶方程式和力与功率的关系,把行驶方程式两侧同乘以行驶车速 u_a,整理得到汽车功率平衡方程式如下:

$$P_e=\frac{P_t}{\eta_t}=\frac{1}{\eta_t}(P_f+P_w+P_i+P_j)=\frac{1}{\eta_t}\frac{u_a}{3600}\left(Gf+Gi+\frac{C_DAu_a^2}{21.15}+\delta m\frac{\mathrm{d}u}{\mathrm{d}t}\right) \quad (17\text{-}18)$$

在平直道路上稳定行驶时,发动机需克服的阻力功率为

$$P_e=\frac{1}{\eta_t}(P_f+P_w)=\frac{1}{\eta_t}\frac{u_a}{3600}\left(Gf+\frac{C_DAu_a^2}{21.15}\right)$$

根据发动机转速与汽车车速的关系式和第十章第三节中发动机外特性曲线中的功率曲

线,可得到不同挡位下的发动机功率与行驶车速的关系曲线。若再将汽车在平直道路上匀速行驶时,发动机需克服的阻力功率与车速的关系曲线绘制在同一坐标图上,即得汽车功率平衡图,如图17-18所示。

由图17-18中看出,在不同挡位时,功率大小的范围不变,但各挡功率曲线所对应的车速范围不同。低挡时,不仅车速低而且所占速度变化区域窄;高挡时,不仅车速高而且所占速度变化区域宽。

功率平衡图从能量守恒的角度研究汽车的动力性,可表明汽车后备功率大小和发动机负荷率的大小。因此,在分析汽车后备功率和与发动机负荷率有关的燃油经济性时较为方便。

如图17-18所示,汽车以最高挡在平直道路上匀速行驶时,其发动机功率曲线与需克服的阻力功率曲线的交点所对应的车速,即为汽车的最高车速。

同样车速下(如图中 u_a'),将 $P_e - (P_f + P_w)/\eta_t$ 称为汽车的后备功率(图中线段 $\overline{ab}$)。

当汽车在平直路面上加速行驶时,由功率平衡方程式有

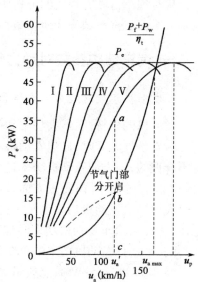

图17-18 汽车的功率平衡图

$$P_j = \frac{u_a}{3600}\delta m \frac{du}{dt} = \eta_t \left[P_e - \frac{1}{\eta_t}(P_f + P_w) \right]$$

整理得

$$\frac{du}{dt} = \frac{3600\eta_t}{u_a \delta m}\left[P_e - \frac{1}{\eta_t}(P_f + P_w) \right] \tag{17-19}$$

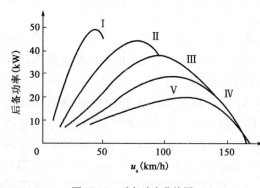

图17-19 后备功率曲线图

因此,首先可根据汽车的功率平衡图(图17-18)得到汽车各挡的后备功率随行驶车速的关系曲线,如图17-19所示,然后再根据式(17-19)求得汽车的加速度曲线。

当汽车的后备功率 $P_e - (P_f + P_w)/\eta_t$ 全部用于爬坡时,加速阻力功率 P_j 为零,由汽车功率平衡方程式有

$$P_i = \frac{u_a}{3600}Gi = \eta_t \left[P_e - \frac{1}{\eta_t}(P_f + P_w) \right]$$

因此有

$$i = P_j = \frac{3600\eta_t}{u_a G}\left[P_e - \frac{1}{\eta_t}(P_f + P_w) \right] \tag{17-20}$$

利用汽车后备功率曲线(图17-19),再由式(17-20)可求得汽车各挡的爬坡度曲线。

第五节 汽车动力性的主要影响因素

从对汽车行驶方程式的分析中知道,汽车的动力性与汽车结构参数、载荷及道路条件密切相关。下面就汽车结构和使用条件两个方面来讨论各种因素对汽车动力性的影响。

一、汽车结构参数对动力性的影响

1. 发动机参数对汽车动力性的影响

发动机的外特性、最大功率和最大转矩对汽车动力性影响最大。

附着条件允许时,显然发动机功率转矩越大,汽车的动力性就越好。但发动机功率过大也是不合理的,一方面发动机功率过大将导致发动机尺寸、质量、制造成本增加,特别是运行时的燃料经济性显著下降;另一方面,汽车驱动力的提高受到附着条件的限制,不能无限地加大,所以过大地增大发动机功率也是无益的。通常用汽车比功率(即发动机最大功率与汽车总质量之比)来衡量汽车发动机功率匹配。汽车比功率的大小对汽车的动力性和燃油经济性等有很大影响,是选择发动机功率的重要依据之一。通常,总质量小于2t 的货车为 15~35kW/t;2~4t 的货车为 11~15kW/t;总质量大于5t 的货车为 7.35~11kW/t;低速货车比功率不应小于 4.0kW/t。最高级的大型客车(车身长度>9m),比功率应不小于 15kW/t。普通轿车比功率为 37~66kW/t,高级轿车比功率为 52~110kW/t,跑车更大。

2. 传动系统参数对汽车动力性的影响

1)传动效率 η_t

传动系统损失功率可表示为 $P_s = P_e(1 - \eta_t)$,可见传动系统效率越高,传动损失功率就越小,发动机有效功率就更多地转变为驱动力,汽车动力性越好。而影响传动效率的各因素在本章第二节中已有论述,故此处不再赘述。

2)主减速器传动比

变速器处于直接挡($i_g = 1$)时,主减速器传动比将直接影响汽车的动力性。

图 17-20 表示其他条件相同而主减速器传动比不同时的直接挡功率平衡图,其中 $i_{01} > i_{02} > i_{03}$,分析该功率平衡图可知,$i_0 = i_{02}$ 时汽车的最高车速为最大。因为 $i_0 = i_{02}$ 时,汽车以最高车速行驶消耗的阻力功率等于发动机的最大功率,汽车的最高车速等于发动机最大功率相对应的车速,即 $u_{a\,max2} = u_{p2}$,其他条件不变,无论主减速器传动比 i_0 增大还是减小,都使汽车的最高车速降低。在这些情况下,$(P_f + P_w)/\eta_t - u_a$ 曲线与发动机外特性曲线不再相交于发动机输出最大功率处,即 $u_{a\,max} \neq u_p$,发动机最大功率不

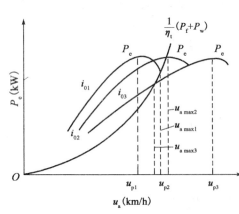

图 17-20 不同主减速器传动比的功率平衡图
($i_g = 1, i_{01} > i_{02} > i_{03}$)

能利用来提高汽车车速。当 $i_0 = i_{01}(i_{01} > i_{02})$ 时,汽车的最高车速 $u_{a\,max1}$ 大于发动机最大功率 $P_{e\,max}$ 相对应的车速 u_{p1};当 $i_0 = i_{03}(i_{03} < i_{02})$ 时,汽车的最高车速 $u_{a\,max3}$ 小于发动机最大功率相对应车速 u_{p3}(实际上这个车速不存在),使汽车发动机最大功率不能利用,不仅使汽车的最高车速降低,同时汽车后备功率也明显降低,汽车动力性全面变差。因此,一般汽油发动机汽车最高车速 $u_{a\,max}$ 与最大功率时相应车速 u_p 之比为 $u_{a\,max}/u_p = 1.0 \sim 1.1$,柴油车为 $u_{a\,max}/u_p = 1.0$。

3)变速器传动比及挡数对汽车动力性的影响

汽车以最低挡(Ⅰ挡)行驶时,必须保证汽车具有足够的驱动力以使汽车具有克服最大行驶阻力的能力。如果其他条件相同,Ⅰ挡的传动比直接影响汽车起步加速性能和最大爬坡能力。

现代汽车大多仍保持变速器的最小传动比为 1,即最高挡为直接挡;少数汽车变速器最小传动比小于 1,即最高挡为超速挡。利用超速挡的目的主要是提高汽车在良好道路上行驶的最高车速和高速时的燃油经济性。

变速器挡位多,增加了发动机发挥最大功率附近高功率的机会,提高了汽车的加速能力和爬坡能力。

3. 空气阻力系数 C_D 对汽车动力性的影响

根据 $D = (F_t - F_w)/G$,若两辆汽车总重力和驱动力相同,则空气阻力 F_w 越小,汽车动力因数 D 越大,即克服道路阻力和加速阻力的能力越强,最高车速也提高,汽车的动力性越好。空气阻力系数、迎风面积及车速决定了汽车空气阻力的大小。空气阻力在汽车低速行驶时,对汽车动力性影响较小,而在汽车高速行驶时,空气阻力在汽车行驶阻力中占很大比重,对汽车动力性影响较大。所以改善汽车流线型、减少空气阻力,对高速行驶汽车是非常必要的。

4. 汽车总质量对动力性的影响

汽车总质量对汽车动力性影响很大。除空气阻力外,其他行驶阻力都与汽车的总质量成正比,动力因数与汽车总质量成反比。因此,随着汽车总质量的增加(在汽车使用中装载变化很大,常出现这种情况),其动力性变差,汽车行驶的平均速度下降。

如果能减轻汽车的自重,则可减小汽车行驶的滚动阻力、上坡阻力和加速阻力,使汽车动力性得到改善,而且燃油经济性也变好。

5. 轮胎尺寸与型式对汽车动力性的影响

汽车的驱动力与轮胎半径成反比,而车速与轮胎半径成正比,因此,轮胎半径和与动力性有关的驱动力、车速是矛盾的。现在,在良好路面上行驶的汽车,轮胎半径有减小的趋势。首先,汽车在良好路面上行驶时,附着力较大,允许用小直径的轮胎,可得到较大的驱动力。车速的提高可以用减小主减速器传动比来解决。轮胎尺寸和主减速器传动比减小,使汽车质心高度降低,提高了汽车的行驶稳定性,有利于汽车的高速行驶。软路面上行驶的汽车,车速不高,要求轮胎半径大些,主要是为了增加轮胎与路面间的附着系数。

轮胎型式、花纹、气压对汽车动力性也有影响。为提高汽车动力性,应尽量减少汽车轮胎的滚动阻力,同时增加道路与轮胎间的附着力。根据这一原则,在硬路面上行驶的汽车,用子午线轮胎、小而浅的花纹、较高的轮胎气压,对提高汽车的动力性有一定作用。

在松软路面上行驶的汽车,用大而深的轮胎花纹、较低的轮胎气压,对提高汽车的动力性和通过性有很好的作用。

    6.汽车驱动形式的影响

    汽车驱动形式不同,汽车的附着条件就不同,汽车所能获得的最大驱动力也就不同,因而影响汽车的动力性。因此,应根据不同的汽车类型选择合适的驱动形式,来提高汽车动力性。

    单轴驱动汽车,一般以后轴作为驱动轴,有利于提高汽车的动力性。当汽车上坡、加速、高速行驶需要加大驱动力时,地面作用于驱动轮的法向反作用力增大,附着力也随之增大,汽车容易获得足够的附着力而保证所需的驱动力。

    采用全轮驱动的汽车比单轴驱动汽车具有更好的动力性,因为它能够利用的附着力是最大的,同时当某一驱动轴失去驱动能力时,另外的驱动轴仍可继续驱动。

二、使用因素对汽车动力性的影响

    使用因素对汽车动力性有重要影响,如一辆本来动力性良好的汽车,若使用、维修不当,发动机产生不出应有的功率,传动系统机械效率较低,则汽车就不能充分发挥它的动力性。使用因素对汽车动力性的影响主要包括以下几个方面:

    (1)发动机技术状况。这是保证汽车动力性的关键。应保证发动机的功率、转矩,不然汽车动力性将下降。

    (2)汽车底盘的技术状况。汽车传动系统各轴承的预紧度与润滑、前轮定位角度、轮胎气压、制动器的调整、离合器的调整、传动系统润滑油的质量等都直接影响汽车动力性。

    (3)驾驶人的驾驶技术。熟练地驾驶、适时和迅速地换挡、正确选择挡位,对发挥和利用汽车动力性有很大作用。例如,充分利用惯性冲坡,可以使汽车通过比使用说明书指出的最大爬坡度还大的短坡。

    (4)汽车行驶条件。路面和气候条件也影响汽车动力性。在坏路上行驶时,路面和轮胎间的滚动阻力增大,附着系数下降,汽车动力性变差。在炎热地区,发动机进气温度高,引起发动机功率下降。在高原地区,由于气压低,发动机进气量下降导致有效功率下降,使汽车动力性变差。试验表明,在海拔4000m地区,发动机有效功率只有低海拔地区的50%。

复习思考题

1.什么是汽车的动力性?其评价指标是什么?
2.汽车的驱动力是如何产生的?汽车的驱动力如何计算?
3.汽车的行驶阻力有哪几种?各在什么情况下存在?
4.滚动阻力系数与哪些因素有关系?
5.什么是后备驱动力?什么是后备功率?
6.什么是汽车的动力因数?
7.汽车行驶的驱动与附着条件是什么?
8.什么是汽车的驱动力平衡图?
9.如何利用汽车的动力特性图确定其最高车速、加速能力和爬坡能力?
10.如何利用汽车的驱动力平衡图确定其最高车速、加速能力和爬坡能力?

第十八章 汽车经济性

第一节 汽车燃油经济性

汽车的燃油经济性指汽车以最少的燃油消耗完成单位运输工作量的能力。

提高汽车的燃油经济性,可以节约石油资源,降低运输成本。同时,还可以减少发动机有害气体的排放量。

一、汽车燃油经济性的评价指标

1. 单位行程的燃油消耗量

单位行程的燃油消耗量常用一定运行工况下汽车行驶百公里的燃油消耗升数(L/100km)来表示。它可用来评价相同容载量汽车的燃油经济性,也可用于分析不同部件(如发动机、传动系统等)装在同一种汽车上对汽车燃油经济性的影响,其燃油消耗的升数越小,则汽车的燃油经济性越好。根据汽车燃油消耗试验工况的不同,单位行程的燃油消耗量主要有两种表示方法。

(1) 等速百公里油耗。等速百公里油耗是常用的一种评价指标,指汽车在一定载荷下,以最高挡在水平良好路面上等速行驶100km的燃油消耗量,一般是汽车等速行驶一定的里程折算成100km的燃油消耗升数(L/100km)。

等速百公里油耗虽然检测简单、使用方便,但它只能作为一种单项评价指标,而不能全面考核汽车运行的燃油经济性。因为等速百公里油耗试验不能反映汽车实际行驶中频繁出现的加速、减速、急速等行驶工况;此外等速百公里油耗试验缺乏有关动力性要求的检验指标,容易造成试验汽车的动力性要求与燃油经济性匹配不合理的现象。

(2) 循环工况百公里油耗。循环工况百公里油耗是按规定的循环行驶试验工况来模拟汽车的实际运行工况,折算成100km的燃油消耗量(L/100km)。所模拟的运行工况主要有换挡、急速、加速、减速、等速、离合器脱开等的"车速—时间"规范。车型不同时,实际行驶的状况有所差异,因此其百公里油耗检测的多工况循环、多工况规范也不一样。如百公里油耗检测时,我国乘用车采用十五工况循环和十三工况循环,城市客车和双层客车采用四工况循环,货车采用六工况循环等。表18-1、图18-1分别为载货汽车六工况试验规范参数表和循环图。

载货汽车六工况循环试验参数 表18-1

工况	行程(m)	时间(s)	累计行程(m)	车速(km/h)	加速度(m/s²)
1	125	11.3	125	40	—
2	175	14.0	300	40→50	0.2
3	250	18.0	550	50	—

续上表

工况	行程(m)	时间(s)	累计行程(m)	车速(km/h)	加速度(m/s²)
4	250	16.3	800	50→60	0.17
5	250	15.0	1050	60	—
6	300	21.5	1350	60→40	0.26

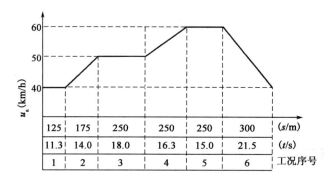

图 18-1 载货汽车六工况循环

循环工况百公里油耗是一项综合性评价指标,能反映汽车的实际运行工况,可全面评价汽车的燃油消耗程度。但相对来说,汽车的循环工况百公里油耗比等速百公里油耗要高。

2. 单位运输工作量的燃油消耗量

单位运输工作量的燃油消耗量是指汽车完成每百吨公里(100t·km)或千人公里(kp·km)运输工作量时的燃油消耗升数,单位为 L/(100t·km) 或 L/(kp·km)。它可用于评价不同容载量汽车的燃油经济性,是运输效率的指标之一,其数值越小,则汽车的燃油经济性就越好。汽车运输企业常用单位运输工作量的燃油消耗量来评价车辆的燃油经济性,来定额车辆的用油量。

二、汽车燃油经济特性

汽车燃油经济特性是指汽车的燃油消耗规律。其燃油经济特性与发动机的燃油经济性、汽车的结构参数、使用条件及交通情况、周围环境等紧密相关。这可通过汽车燃油消耗方程式来分析。

1. 汽车燃油消耗方程式

若汽车在 dt 时间内行驶 dS 距离所消耗的燃油为的 dQ,则单位行程的燃油消耗量为

$$Q'_s = \frac{dQ}{dS} = \frac{dQ/dt}{dS/dt} = \frac{Q_t}{u_a}$$

式中:Q_t——单位时间燃油消耗量(kg/h);

u_a——汽车速度(km/h)。

若单位行程的燃油消耗量以百公里的油耗表示,则百公里油耗 Q_s(L/100km) 为

$$Q_s = \frac{Q_t}{u_a \rho} \times 100 \tag{18-1}$$

式中：ρ——燃油的密度（kg/L），汽油为 0.71~0.73kg/L，柴油为 0.81~0.83kg/L。

根据发动机每小时的燃油消耗量 Q_t 与发动机有效耗油率 b_e[g/(kW·h)]和发动机功率 P_e(kW)的关系可得

$$Q_t = \frac{P_e b_e}{1000} \tag{18-2}$$

将式(18-2)代入式(18-1)，得

$$Q_s = \frac{P_e b_e}{10 u_a \rho} \tag{18-3}$$

将汽车功率平衡方程式 $P_e = \frac{1}{\eta_t} \frac{u_a}{3600}\left(Gf\cos\alpha + G\sin\alpha + \frac{C_D A u_a^2}{21.15} + \delta m \frac{du}{dt}\right)$ 代入式(18-3)，并考虑 α 较小时，其 $\cos\alpha \approx 1$，$i = \tan\alpha \approx \sin\alpha$，化简得

$$Q_s = \frac{b_e}{36000 \eta_t \rho}\left(Gf + Gi + \frac{C_D A u_a^2}{21.15} + \delta m \frac{du}{dt}\right) \tag{18-4}$$

式(18-4)称为汽车的燃油消耗方程式，它反映了汽车的燃油消耗与发动机的有效耗油率 b_e，汽车的结构参数 C_D、A、δ、η_t 及使用条件 G、u_a、f、i、du/dt 等之间的关系。可以认为该方程式是对汽车燃油经济性的全面表述，对研究汽车单位行程燃油消耗具有指导意义。但在具体运用时，由于 b_e 及 η_t 随发动机负荷呈现复杂形式的变化，而且汽车的燃油经济性还与交通情况（人、车流密度）、周围环境（如气候等）有关，故用式(18-4)确定 Q_s 常感不便，只用来估算 Q_s。精确的汽车燃油消耗量 Q_s 需要通过试验测定。

2. 汽车燃油消耗规律

从汽车燃油消耗方程式可以看出，燃油经济性指标 Q_s 是汽车结构参数和使用条件的函数。当汽车结构参数一定时，其油耗取决于汽车的使用条件。下面以常用的等速行驶工况来说明汽车的燃油消耗规律。

1）一般规律

在一定道路阻力情况下，汽车等速百公里油耗 Q_s 与车速 u_a 的变化关系如图 18-2 所示。

最低百公里油耗对应的车速称为经济车速，经济车速下行车最省油，但经济车速往往偏低，远离常用车速，其运输生产率过低，驾驶人一般不愿意也不能在这种车速下行车。当车速大于经济车速时，随着车速的增加，其油耗加大，这主要是汽车的空气阻力增大所致。当车速过低时，百公里油耗也有所增加，这主要是汽车负荷率过低引起发动机有效耗油率上升所致。

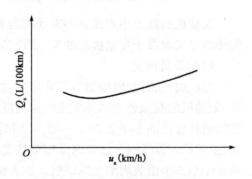

图 18-2 汽车等速行驶燃油经济特性

2）道路变化时的油耗规律

汽车在道路阻力不同的路面上行驶的油耗规律如图 18-3 所示。道路阻力越大，汽车消耗

在滚动阻力和坡度阻力上的能量就越大,汽车的百公里油耗就越大。因此,改善路面的状况,加强道路的维护,提高道路的等级,可减少汽车的燃油消耗。

3) 挡位不同时的油耗规律

汽车在良好的水平路面以不同挡位行驶时的油耗规律如图 18-4 所示。在相同的车速下,汽车的挡位越高,汽车的负荷率就越高,发动机的有效耗油率就越低,汽车的百公里油耗就越小,汽车的燃油经济性就越好。因此,在良好的路面上应尽量使用高挡位行车。

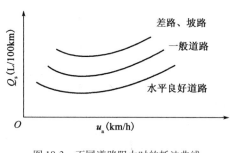

图 18-3　不同道路阻力时的耗油曲线　　　图 18-4　挡位不同时的耗油曲线

了解汽车的油耗规律,对于降低汽车能源消耗具有重要的指导作用。在确定合理的汽车行驶速度时,必须考虑到汽车使用过程中的所有因素和具体条件,做到既可节约燃油降低运输成本,又可兼顾汽车的运输生产率。

第二节　影响汽车燃油经济性的因素

影响汽车燃油经济性的因素很多,下面主要从汽车的结构与使用两方面来讨论,从而可看出提高汽车燃油经济性的一些途径。

一、汽车结构方面

1. 汽车发动机对燃油经济性的影响

发动机的热效率直接影响发动机的有效燃油消耗率,影响汽车的燃油消耗量。而发动机的热效率又取决于发动机的种类、设计与制造水平、负荷率的大小及使用方法。

1) 发动机种类

与汽油机相比,因柴油机压缩比高,故热效率高、有效燃油消耗率较低,特别是在部分负荷时,柴油机的有效燃油消耗率比汽油机低许多,这一点对车用发动机尤为有利。现代柴油机的燃油消耗比汽油车要低 20%～45%,同时柴油机排气污染较汽油机小,因此载货汽车尤其是大、中吨位的载货汽车已普遍采用柴油发动机。随着柴油机性能的不断改进,一些小吨位汽车甚至小型轿车也装用柴油发动机。扩大柴油机的应用范围是改善汽车燃油经济性的主要途径之一。

2) 压缩比

当发动机压缩比提高时,热效率增加,发动机动力性提高,发动机油耗率降低。但汽油机压缩比过高会引起爆燃和表面点火,同时排气污染严重,因此汽油机只能在控制发动机爆燃、满足排放要求前提下适当提高压缩比,以改善燃油经济性。

3) 负荷率

由第十章第三节知,发动机在转速一定的情况下,负荷率较高时,有效燃油消耗率较低;发动机在中等转速较高负荷率时,其燃油消耗率最低,经济性较好。但一般汽车在水平良好道路上以正常速度行驶时只用到最大功率的20%左右,大部分时间都在较低负荷率下工作。因此在保证动力性的前提下,不宜装用功率过大的发动机,以提高发动机功率利用率;同时在使用中,应力求提高发动机负荷率以改善燃油经济性。

4) 发动机的燃烧过程

为提高燃油经济性,降低污染物排放,现代汽油机则通过改进燃烧室形状、采用稀薄混合气分层燃烧技术、利用电控燃油喷射系统精确控制供油量等措施来改善汽油机的燃烧过程;现代柴油机则采用电控高压共轨喷射技术,通过精确控制喷油量、喷油定时、喷油规律、喷油压力等措施以全面改善柴油机燃烧性能。

5) 进、排气系统

改善进、排气系统的目的是,减小进气管气流阻力,减少排气干扰,提高充气效率。进气管的结构和尺寸要保证有足够的流通截面,并保证管壁的表面光洁,连接处平整,要减少气流转折以及流通截面突变,以减少气流的局部阻力。对高速运转的轿车发动机而言,由于进气门是整个进气管道中产生阻力最大的地方,为了减少进气系统流通阻力,增大进气充量,往往采用多气门机构。

6) 增压化

根据压气能源的来源不同,分为机械增压、废气涡轮增压等方式。其中,废气涡轮增压方式是利用发动机排气能量来实现增压的,它在提升发动机动力性、排放性,特别是经济性方面效果尤为显著,目前应用较多。

2. 传动系统的影响

汽车传动系统的挡位数、传动比、传动系统效率对汽车的燃油经济性有很大的影响。

1) 变速器挡位数

当变速器挡位数增多时,可根据汽车行驶阻力的变化选择合适的挡位,使发动机处于经济工况的机会增多;但过多的挡位会使变速器或传动系统结构复杂,操作不便。

采用液力自动变速器的汽车简化了操作过程,但自动变速器的液压变矩器部分传动效率较低,因此这类汽车的燃油经济性并不是最好。

采用无级变速器可以使发动机工作特性与汽车的行驶工况达到最佳匹配,则燃油经济性比液力自动变速器效果更好,同时简化了驾驶操作。

2) 超速挡

传动系统直接挡的总减速比(主减速器传动比)是根据良好道路上汽车动力性的要求选择的。这样的传动比,在中等车速下行驶时,发动机的负荷率不高,使得汽车燃油消耗率没有达到最佳值。为改善汽车在水平良好道路上行驶时的燃油经济性,在不改变主减速器传动比的情况下,在变速器中增加一个传动比小于1的超速挡,提高了汽车中速行驶时发动机的负荷率,可降低中速行驶时的百公里油耗。

3）主减速器传动比

选择较小的主减速器传动比，在相同的车速和道路条件下，可以提高汽车的负荷率，有利于降低燃油消耗。但若主减速器传动比过小，会导致汽车经常使用低一挡的挡位，最小传动比挡位的利用率降低，反而使燃油消耗率增加。因而，只有经常在良好道路上行驶的汽车可选用较小的主减速器传动比。

4）传动系统的机械效率

传动系统效率越高，传动过程中的损失功率越少，汽车的燃油经济性就越好。

3. 汽车整备质量的影响

汽车的滚动阻力、坡道阻力和加速阻力都和汽车总质量成正比。当汽车整备质量增加时，汽车的百公里油耗增加。因此，减少汽车整备质量能改善汽车的燃油经济性。

目前，在汽车轻量化方面采用的主要措施有：用优化设计的方法充分利用材料的强度，提高结构的刚度；采用高强度轻材料，如采用高强度低合金钢、铝合金、镁合金、塑料和各种纤维强化等材料制造汽车零件；改进汽车结构，如采用少片或单片弹簧钢板、承载式车身等。

4. 空气阻力系数和汽车迎风面积的影响

汽车空气阻力与汽车的迎风面积、空气阻力系数、车速的平方成正比。车速越高，空气阻力占全部行驶阻力的比例越大。在高速行驶时，降低空气阻力可显著提高燃油经济性。

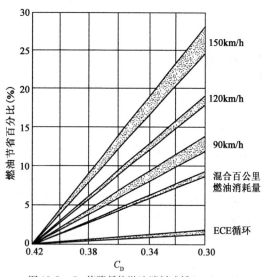

图 18-5 C_D 值降低使燃油消耗减低（Audi 100）

图 18-5 是 Audi 100 轿车通过变动车身形状而具有不同 C_D 值时的试验结果。当 C_D 值由 0.42 降低到 0.3 时，其混合百公里燃油消耗可降低 9%，而以 150km/h 等速行驶的油耗则可降低 25% 左右。

5. 滚动阻力系数的影响

滚动阻力在汽车行驶阻力中所占比例很大，在汽车使用过程中应力求降低滚动阻力系数。轮胎的结构、花纹、气压，路面的种类和状况，汽车的运行状况等都对滚动阻力系数有影响。

美国环保局的试验表明，滚动阻力减少 10%，油耗可降低 2%。采用子午线轮胎、提高轮胎气压，是减少滚动阻力的主要途径。

试验表明，大型货车装用子午线轮胎后，滚动阻力可减少 15%～30%，节油 5%～8%；轿车装用子午线轮胎后汽车节油率为 6%～9%。

二、汽车使用方面

1. 发动机技术状况

发动机技术状况不仅影响汽车动力性，还直接影响汽车的燃油经济性。汽油喷射系统发生故障、点火正时不准、点火能量不足、配气相位失准、汽缸压缩比下降都会使汽车燃油经济性下降。发动机润滑系统、冷却系统工作不良也会对汽车燃油消耗产生一定影响。

2. 底盘技术状况

汽车底盘技术状况直接影响到传动系统效率和汽车行驶阻力,做好汽车维护、保持底盘技术状况良好,可提高汽车燃油经济性。汽车滑行距离较长,则燃油经济性较好。

3. 驾驶操作技术

汽车驾驶人的驾驶操作技术对燃油消耗影响很大。据测试,仅由于驾驶人操作技术的不同所引起的燃油消耗可相差7%~15%。正确的驾驶操作可明显降低汽车燃油消耗量。如,相同道路条件与同一车速下,虽然发动机发出的功率相同,若挡位选择越低,后备功率越大,发动机的负荷率越低,燃油消耗会增加,而使用高挡时情况则相反。再如,在车速选择方面,通过图18-4可看出,汽车在每个挡位,都有一对应的燃油消耗量最低的车速,即通常所说的经济车速。汽车在正常行驶时,要尽量以经济车速匀速行驶。

4. 挂车的使用

运输企业常常采用拖挂方式提高运输生产率,降低成本。汽车采用拖挂后,虽然总的燃油消耗量增加了,但分摊到每吨货物上的消耗量(即吨百公里燃油消耗量)小了。拖挂省油的原因有两个:一是拖挂车后,发动机的负荷率提高了,降低了有效燃料消耗率;二是汽车列车的质量利用系数增大了。

复习思考题

1. 什么是汽车的燃油经济性?
2. 汽车经济性的评价指标和常用单位是什么?
3. 什么是等速行驶百公里燃油消耗量?
4. 什么是循环工况百公里燃油消耗量?
5. 汽车燃油经济性的循环试验工况有哪些?各有什么使用场合?
6. 影响汽车燃油经济性的结构因素有哪些?
7. 用高速挡行驶与采用低速挡行驶相比哪种情况节油?为什么?
8. 汽车以不同车速行驶时,汽车的燃油消耗量有无变化?为什么?

第三篇　汽车行驶系统

第十九章 汽车行驶系统概述

一、汽车行驶系统的功用

汽车作为一种陆路交通工具,其行驶系统的基本组成和结构形式受道路路面状况影响较大。为适应各种道路条件,汽车行驶系统必须具备如下功能:
(1)将汽车构成一个整体,支承汽车全部质量。
(2)承受并传递路面作用于车轮上的各向反力及力矩。
(3)接受由发动机经传动系统传来的转矩,并将其转化为驱动力,即通过驱动轮与路面间的附着作用,产生路面对驱动轮的驱动力,保证汽车正常行驶。
(4)缓和不平路面对车身造成的冲击,衰减振动,保证汽车行驶平顺性。
(5)通过与汽车转向系统协调配合,实现正确的方向控制,保证汽车操纵稳定性。
在汽车列车中,因挂车无动力输出,故挂车行驶系统不具备上述第三项功能。此外,全挂车和半挂车各自起到支承全部和部分挂车质量的功能。

二、汽车行驶系统类型

根据行驶系统结构形式的不同,汽车行驶系统的基本类型主要分为轮式、全履带式、半履带式、车轮—履带式、水陆两用汽车等几种形式。
汽车行驶系统中直接与路面接触的部分是车轮,这种行驶系统称为轮式行驶系统,这种汽车称为轮式汽车。目前,绝大多数的汽车采用轮式行驶系统。本章只介绍轮式行驶系统。

三、轮式汽车行驶系统组成

轮式汽车行驶系统一般由车架、车桥、车轮和悬架组成。图 19-1 所示为后轮驱动汽车行驶系统的结构示意图。车架 1 是全车的装配基体,它将汽车的各相关总成连接成一个整体。车轮 4 和 5 分别支承在驱动桥 3 和从动桥 6 上。车桥又通过弹性的后悬架 2 和前悬架 7 与车架 1 连接,以减少汽车在不平路面上行驶时车身所受到的冲击及振动。在没有整体式车桥的情况下,两侧车轮的心轴可分别通过各自的弹性悬架与车架连接,即断开式车桥匹配独立悬架。

汽车行驶系统的受力情况如图 19-1 所示。汽车行驶系统受汽车的总重力 G_a;受地面支承反力 F_{Z1} 和 F_{Z2},分别作用于前轮和后轮上;驱动桥中的半轴将驱动转矩 T_t 传到在驱动轮 4 上,由于车轮与路面之间的附着作用,即产生了路面作用于驱动轮边缘上的向前的纵向反力——驱动力 F_t。

在汽车实际工作中,根据行驶系统的结构与受力,将会出现以下四种情况:
(1)驱动力 F_t 使汽车正常行驶。即驱动力 F_t 一部分用以克服驱动轮本身受到的滚动阻力;一部分则依次经过驱动轮4、驱动桥3、后悬架2、车架1、前悬架7、从动桥6,从而克服从动轮的滚动阻力;在此过程中,一部分用来克服作用在车身上的空气阻力和坡度阻力,从而使汽车向前行驶(在具有足够附着力条件下)。由此过程可得出,如果行驶系统中处于驱动力传递路线上的任何一个环节中断,汽车将无法行驶。

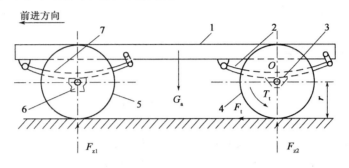

图 19-1 轮式汽车行驶系统组成及部分受力情况
1-车架;2-后悬架;3-驱动桥;4-驱动轮;5-从动轮;6-从动桥;7-前悬架

(2)前进中驱动力 F_t 使整车前部上仰。由图19-1可看出,驱动力 F_t 是作用在轮缘上的,因而对车轮中心 O 造成了一个反力矩 $F_t r$。此反力矩力图使驱动桥壳中部(即主减速器壳)的前端向上抬起。当采用断开式驱动桥时,主减速器壳是直接固定在车架上的,因而驱动反力矩 $F_t r$ 也就直接由主减速器壳传给车架。当采用非断开式驱动桥时(图19-1),驱动反力矩则由主减速器壳经半轴套管传给后悬架,再由后悬架传给车架。驱动反力矩传到车架上的结果,使得车架连同整个汽车前部都有向上抬起的趋势,具体表现为前轮上的垂直载荷减小而后轮上的垂直载荷增大。

(3)汽车制动过程中,经行驶系统产生汽车前部俯倾。制动时,路面加于车轮向后的纵向反力——制动力经由车桥和悬架传给车架,迫使汽车减低速度以至停车。同样,由制动力引起的反力矩则由车轮依次通过车轮制动器、半轴套管和悬架传递到车架,使汽车前部有向下俯倾的趋势,表现为后轮上的垂直载荷减小而前轮上的垂直载荷增大。

(4)弯道与横坡行驶的侧倾。汽车在弯道上和横向坡道上行驶时,在车轮与路面间将有侧向力产生,此侧向力也由行驶系统传递和承受。

复习思考题

1. 轮式汽车行驶系统的基本组成有哪些?简述其功用。
2. 试分析轮式汽车行驶系统的受力情况,并说明各力如何传递。
3. 试分析汽车在驱动中和制动中,导致汽车前部上仰和俯倾的原因。

第二十章 车　　架

第一节　车架的功用及种类

车架是整个汽车的基体,汽车上绝大多数部件和总成都与车架固连,如发动机、传动系统、悬架、转向系统、驾驶室、货箱和有关操纵机构。车架的功用是支承连接汽车的各零部件,使各总成在汽车复杂多变的行驶过程中有正确的相对位置,并承受来自车内外的各种载荷。车架的结构形式应满足以下工作要求:

(1)满足汽车总体布置要求。汽车在复杂多变的行驶过程中,防止固定在车架上的各总成和部件之间发生干涉。

(2)具有足够强度、适当刚度和轻质量。汽车在崎岖道路上行驶时,防止车架可能产生的扭转变形以及纵向平面内的弯曲变形,避免这些变形对安装在车架上的各部件之间的相对位置产生改变。提高整车的轻量化水平,要求车架质量尽可能小,以提高汽车动力性。

(3)应尽量靠近地面布置。车架布置得离地面近些,可以使汽车质心位置降低,有利于提高汽车的行驶稳定性。这对轿车和客车来说尤为重要。

根据结构形式不同,汽车车架可分为四种类型:边梁式车架、中梁式车架(或称脊骨式车架)、综合式车架和承载式车身。其中,以边梁式车架应用最广泛。而挂车车架根据纵梁结构不同主要分成直通式、阶梯式、凹梁式三种。

根据车架材质不同,汽车车架主要有合金钢车架、铝合金车架、碳纤维车架。其中钢质车架占主导,其他材质车架主要考虑车架轻量化要求,应用较少。

第二节　车架的构造

一、汽车车架

(一)边梁式车架

边梁式车架由两根位于两边的纵梁和若干根横梁组成,用铆接法或焊接法将纵梁与横梁连接成坚固的刚性构架。各种不同类型汽车车架的结构形式如图20-1所示。大、中型客车及轿车的车架,在前或后车桥上面有较大弯曲度[图20-1b)、c)],因此保证了汽车质心和底板都较低,既提高了行驶稳定性,又方便了乘客的上下车。在车架的前端做得较窄,以允许转向轮有较大的偏转角度,如图20-1a)、c)所示。

1.边梁式车架结构特点

1)纵梁结构

纵梁通常用低合金钢板冲压而成,断面形状一般为槽形,也有的制成Z形或箱形。根据汽车形式不同和结构布置的要求,纵梁可以在水平面内或纵向平面内制成弯曲的,以及等断面或非等断面的,两纵梁间的宽度可不等。大型货车的两根纵梁如两根平行线一样布置。中、轻型货车、轿车和大客车的纵梁,其剖面形状大多数如图20-2所示。在工作应力较大的地方,常采用图20-2b)、c)所示剖面形状来加强。在有些汽车车架进行局部加强时,可装上加强板,或在某处槽形断面内加嵌板件。

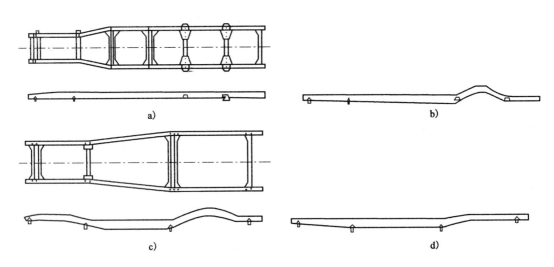

图20-1 车架的结构类型
a)中型货车车架;b)中、大型客车车架;c)轿车车架;d)轻型货车车架

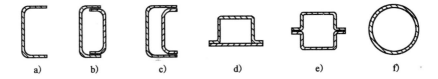

图20-2 车架纵梁的剖面形状
a)槽形;b)叠槽形Ⅰ;c)叠槽形Ⅱ;d)礼帽箱形;e)对接箱形;f)管形

2)横梁结构

横梁一般也用钢板冲压成槽形,为增强车架的抗扭强度,有时采用管形或箱形断面的横梁。横梁不仅用来保证车架的扭转刚度和承受纵向载荷,而且还可以支承汽车上的主要部件。通常载货车有5~6根横梁,有时会更多。横梁也可以制成X形。

边梁式车架的结构特点是便于安装驾驶室、车厢及一些特种装备和布置其他总成,有利于改装变型车和发展多品种汽车,因此被广泛用在载货汽车和大多数特种汽车上。

2. 典型边梁式车架结构

图20-3所示为东风EQ1090E型汽车车架,主要由两根纵梁和8根横梁铆接而成。

纵梁6为槽形不等高断面梁,由于其中部受到弯曲力矩最大,故中部断面高度最大,由此向两端断面高度逐渐减小。这样,可使应力分布较均匀,同时又减小了质量。在左右纵梁上各有100多个装置用孔,用以安装转向器、钢板弹簧、燃油箱、储气筒、蓄电池等的支架。

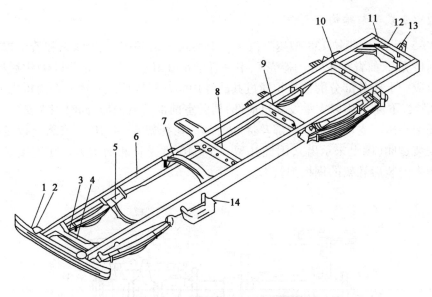

图 20-3　东风 EQ1090E 型汽车车架

1-保险杠;2-挂钩;3-前横梁;4-发动机前悬置横梁;5-发动机后悬置右(左)支架和横梁;6-纵梁;7-驾驶室后悬置横梁;8-第四横梁;9-后钢板弹簧前支架横梁;10-后钢板弹簧后支架横梁;11-角横梁组件;12-后横梁;13-拖钩部件;14-蓄电池托架

前横梁3上装置散热器,横梁4作为发动机的前悬置支座。由于该车是长头汽车,发动机位置应尽可能低些,以改善驾驶人的视野,因此横梁4制成下凹形。在横梁7的上面装置驾驶室的后悬置横梁,在其下面装置传动轴中间轴承支架。由于传动轴安装位置的需要,横梁7制成拱形,其余横梁都制成简单的直槽形。后横梁12上装有拖带挂车用的拖钩部件13,因后横梁要承受拖钩传来的很大的作用力,故用角撑加强。

(二)中梁式车架

1. 中梁式车架结构特点

中梁式车架又称脊骨式车架,只有一根位于中央贯穿前后的纵梁,如图20-4所示。中梁断面可以制成管形或箱形,其结构有较大的扭转刚度,使车轮有较大的运动空间。因此被采用在某些轿车和货车上。

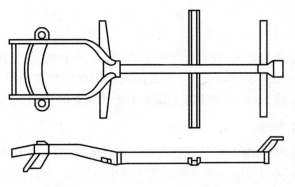

图 20-4　中梁式(脊骨式)车架结构

2. 典型中梁式车架结构

如图 20-5 所示,太脱拉 138 型越野汽车的中梁式车架,是由一根纵梁和若干根横梁组成。其纵梁由前桥壳 2、前脊梁 4、分动器壳 7、中央脊梁 8、中桥壳 13、后桥壳 11 及中后桥之间的连接梁 9 所组成。上述各部分的连接均通过其凸缘用螺栓紧固而成一体。在前桥壳 2 的前端有托架 1(即横梁,下同),用以支承发动机前部、驾驶室前部及转向器,同时用来安装前悬架的扭杆弹簧。托架 6 用于支承驾驶室后部及货厢前部。在托架 6、14、10 上安装连接货厢的副梁,在副梁上安装货厢(图上未示出),因此托架 6、14、10 承受货厢的重力。在连接梁 9 的两侧,装有托架用来安装后悬架的钢板弹簧 12。

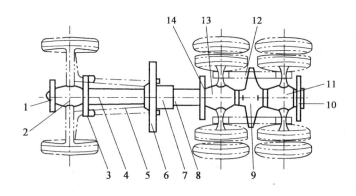

图 20-5 太脱拉 138 型汽车车架示意图

1-发动机前部托架;2-前桥壳;3-发动机后部及驾驶室前部托架;4-前脊梁;5-前悬架的扭杆弹簧;6-驾驶室后部及货厢副梁前部托架;7-分动器壳;8-中央脊梁;9-连接梁;10-连接货厢副梁的托架;11-后桥壳;12-后悬架的钢板弹簧;13-中桥壳;14-连接货厢副梁的托架

采用这种脊骨式车架的优点是:能使车轮有较大的运动空间,便于采用独立悬架,从而可提高汽车的越野性;与同吨位货车相比,其车架较轻,减少了整车质量;同时质心较低,因此行驶稳定性好;车架的强度和刚度较大;脊梁还能起封闭传动轴的防尘套作用。但这种车架的制造工艺复杂,精度要求高,给维修造成诸多不便。

(三)综合式车架

1. 综合式车架结构特点

综合式车架的前部是边梁式,而后部是中梁式,如图 20-6 所示,又称复合式车架。该型车架同时具有中梁式和边梁式车架的特点。车架的边梁用以安装发动机,悬伸出来的支架可以固定车身。严格意义上讲,这种车架实际上属于中梁式车架的变型。

2. 典型的综合式车架

图 20-7 所示为平台式车架。它以中梁式车架为基体,在脊骨车架两侧连接车身底板而形成一个复合式车架。也可以看成一种将底板从车身中分出来,而与车架组成一个整体的结构,车身通过螺栓与车架相连接。座椅的金属骨架焊接在车架上,具有较高的刚度。

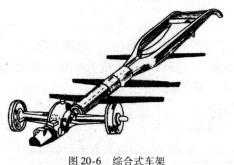

图 20-6 综合式车架

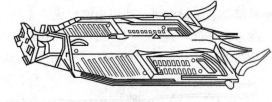

图 20-7 平台式车架

二、挂车车架

全挂和半挂车架按其纵梁结构形式不同主要分为直通式、阶梯式和凹梁式三种。由于半挂车是"区段运输"、"甩挂运输"和"滚装运输"的最好工具,且为当前主要的公路运输形式之一,故下面仅介绍半挂车车架构造。

1. 直通式车架

图 20-8 所示为直通式半挂车车架。其纵梁为钢板焊接而成的工字形结构,上翼板平直,下翼板成折线。车架的横梁采用工字形的型钢或轻型槽钢,也可用钢板压制成槽钢。横梁通过纵梁腹板上的孔贯穿于两根纵梁之间,纵、横梁相交处不宜全焊,应使车架既有一定的强度,又有一定的弹性。车架上设有牵引销总成、支承装置座板等。由于上翼板平直,且在车轮之上,牵引车和半挂车的搭接部分的上部空间得到了充分利用,因而具有较大的货台面积。这种车架形式结构比较简单,制造容易,多用于超重型挂车。

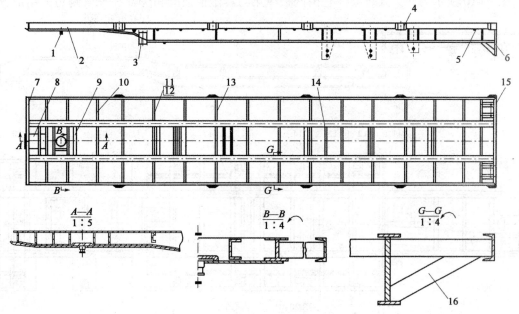

图 20-8 直通式车架

1-牵引销;2-边梁;3-支承装置座板;4-插柱盒;5-栓钩;6-后保险杠;7-前端梁;8-牵引板;9-牵引横梁;10-侧横梁;11、12-纵梁;13-贯梁;14-加强内横梁;15-后端梁;16-加强侧横梁

2. 阶梯式车架

图20-9所示为阶梯式车架。由于车架的前部昂起像鹅颈状,故又称为"鹅颈式"车架。两根纵梁与若干根横梁及两根边梁组成汽车的框架。纵梁呈阶梯状,其长度方向断面高度的变化除考虑强度外,还兼顾着牵引销的高度,并可降低挂车货台的高度。货台的高度的降低,便于货物的装卸和运输,但车架的受力情况不如直通式车架好。

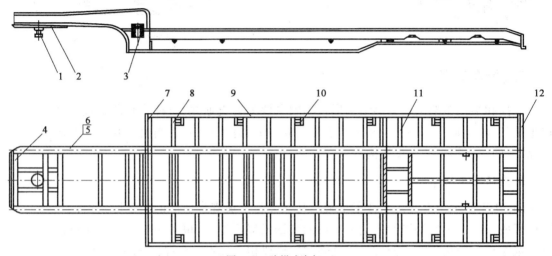

图20-9 阶梯式车架

1-牵引销;2-牵引板;3-支承装置座板;4-前边框;5、6-纵梁;7-挡板;8-贯梁;9-边梁;10-插柱孔;11-侧边框;12-后边框

3. 凹梁式车架

图20-10所示为凹梁式车架。它由两根纵梁与若干根横梁和悬臂梁及两侧边梁组成挂车

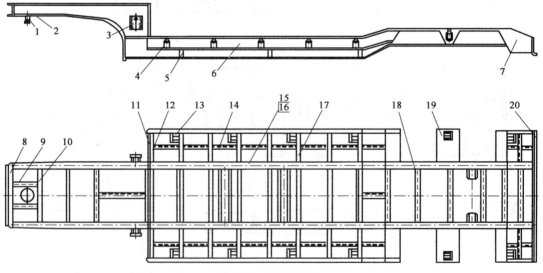

图20-10 凹梁式车架

1-牵引销;2-牵引板;3-支承装置座板;4-栓环;5-加强侧横梁;6-前段边梁;7-后段边梁;8-前端梁;9-牵引小纵梁;10-牵引横梁;11-挡板;12-侧横梁;13-插柱盒;14-加强侧梁;15、16-纵梁;17-贯梁;18-加强内横梁;19-悬臂梁;20-后边框

的框架。纵梁呈凹状即高低高形式。采用凹梁式结构的车架可尽量降低承载面高度,它常用于运输大型或超高设备,以确保设备运输安全。但由于货台平面只在车架的凹处,车架长度一般比较长。

复习思考题

1. 车架的功用和结构特点是什么?
2. 什么是边梁式车架?其应用为何更广泛?
3. 车架纵梁剖面形状主要有哪些类型?各有何特点?
4. 对比分析中梁式车架和边梁式车架的主要区别。
5. 挂车车架有哪些类型?各有何特点?

第二十一章 车 桥

车桥(又称车轴)通过悬架与车架(或承载式车身)相连接,两端安装车轮。车架所受的垂直载荷通过车桥传到车轮;车轮上的滚动阻力、驱动力、制动力和侧向力及其弯矩、转矩又通过车桥传递给悬架和车架,故车桥的作用是传递车架与车轮之间的各向作用力及其所产生的弯矩和转矩。

根据悬架的结构形式,车桥可分为整体式和断开式两种。断开式车桥为活动关节式结构,它与独立悬架配合使用;整体式车桥的中部是一个整体的刚性实心或空心梁(轴),它多与非独立悬架配用。大部分现代轿车左右车轮之间实际上没有车桥,而是通过各自的悬架与车架相连接,然而习惯上仍将它们称为断开式车桥。

按照车桥上车轮的运动方式和作用,车桥可分为转向桥、驱动桥、转向驱动桥和支持桥四种类型。其中转向桥和支持桥都属于从动桥。一般汽车的前桥多为转向桥,后桥或中、后两桥多为驱动桥。越野汽车和一些轿车的前桥既是转向桥又是驱动桥,故称为转向驱动桥。挂车上的车桥都是支持桥。

第一节 转 向 桥

一、整体式转向桥

大多数整体式转向桥由前梁、转向节、主销、转向节臂等组成,如图21-1所示。

前梁12为前桥的主体零件,用钢材锻造,断面为工字形,以提高抗弯强度;接近两端略成方形,以提高抗扭强度。中部加工出两处弹簧座,以支承钢板弹簧;中部向下弯曲,以降低发动机位置,从而降低汽车质心,扩展驾驶人视野,减小传动轴与变速器输出轴之间的夹角。前梁两端各有一个加粗部分,呈拳形,其中有通孔,主销10即插入此孔,用带螺纹的楔形锁销固定。

转向节5上有销孔的两耳通过主销10与前梁的拳部相连,前轮可绕主销偏转一定角度使汽车转向。为了减小磨损,转向节销孔内压入青铜衬套7,衬套上的润滑油槽在上面端部是切通的,用装在转向节上的油嘴注入润滑脂润滑。为使转向灵活轻便,在转向节下耳与前梁拳部之间装有推力滚子轴承11。在转向节上耳与拳部之间装有调整垫片8,以调整其间的间隙。

车轮轮毂2通过两个圆锥滚子轴承3和4支承在转向节外端的轴颈上。轴承的松紧度可用装于轴承外端的调整螺母加以调整。轮毂外端用冲压的金属罩盖住。轮毂内侧装有油封6,如果油封漏油,则外面的挡油盘仍足以防止润滑脂进入制动器内。转向节上靠近主销孔的一端有方形的凸缘,以固定制动底板。

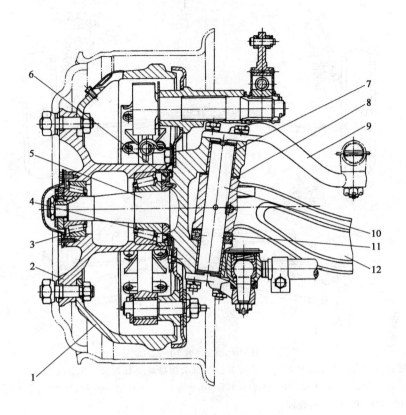

图 21-1 东风 EQ1090E 型汽车转向桥

1-制动鼓;2-轮毂;3、4-圆锥滚子轴承;5-转向节;6-油封;7-衬套;8-调整垫片;9-转向节臂;10-主销;11-推力滚子轴承;12-前梁

二、断开式转向桥

断开式转向桥与独立悬架相配置,能有效地减少非簧载质量,降低发动机质心高度,提高汽车行驶平顺性和操纵稳定性,具有承载传力以及实现转向的功能,在轿车和微型客车上应用广泛。其主要由中臂、悬臂、主转向臂、转向节臂等组成,图 21-2 所示为 JL6360 型微型客车的断开式转向桥结构。

该断开式转向桥主要由车轮 1、减振器 2、上支点总成 3、缓冲弹簧 4、转向节 5、大球头销总成 6、横向稳定杆总成 7、左右梯形臂 8 和 13、主转向臂 11、中臂 15、左右横拉杆 10 和 12、悬臂总成 14 等组成。其中,部分零件同时属于转向和前悬架总成。中臂、主转向臂、悬臂均为薄钢板焊接结构,主转向臂与中臂通过螺栓与橡胶衬套连接,左右转向梯形臂用大球头销总成 6 与悬臂总成 14 连接。

该断开式转向桥与转向器配合,通过纵拉杆 16、主转向臂 11、中臂 15、左右横拉杆以及左右梯形臂,使车轮偏转以实现汽车转向。

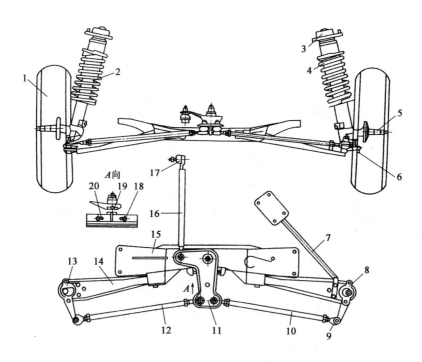

图 21-2　JL6360 型微型客车的断开式转向桥

1-车轮；2-减振器；3-上支点总成；4-缓冲弹簧；5-转向节；6-大球头销总成；7-横向稳定杆总成；8-左梯形臂；9-小球头销总成；10-左横拉杆；11-主转向臂；12-右横拉杆；13-右梯形臂；14-悬臂总成；15-中臂；16-纵拉杆；17-纵拉杆球头；18-转向限位螺钉座；19-转向限位杆；20-转向限位螺钉

第二节　转向驱动桥

前桥除作为转向桥外，还兼起驱动桥的作用，主要应用在多数轿车（发动机前置前轮驱动）和全轮驱动的越野汽车上。该类型转向驱动桥多与麦弗逊式独立悬架配合使用，因其前轮内侧空间较大，便于布置，具有良好的接近性和维修方便性。

一、结构特点

如图 21-3 所示，同一般驱动桥一样，有主减速器 1 和差速器 3；转向时转向车轮需要绕主销偏转一个角度，故与转向轮相连的半轴必须分成内外两段，即内半轴 4 和外半轴 8，其间用万向节 6（多用等角速万向节）连接，主销 12 也因而分制成上下两段；转向节轴颈部分制成中空的，以便外半轴穿过其中。

二、典型结构

图 21-4 所示为上海桑塔纳轿车断开式转向驱动桥。主减速器和差速器在图中未画出。车桥上端通过断开式独立悬架与承载式车身相连接，下端通过左、右下摆臂 4 与副车架 13 相连接。其动力经主减速器和差速器传至左、右内半轴和左、右内等角速万向节 8 及左、右半轴

(传动轴)3、9,并经球笼式左、右外等角速万向节2及左、右外半轴凸缘传到左、右轮毂,使驱动轮旋转。当转动转向盘时,通过齿轮齿条式转向器14和横拉杆16而使前轮偏转,以实现转向。

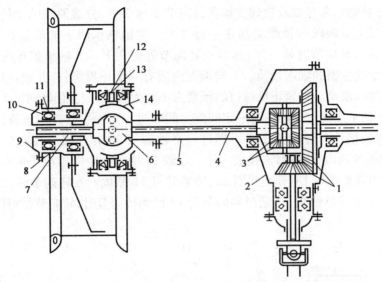

图21-3 转向驱动桥示意图

1-主减速器;2-主减速器壳;3-差速器;4-内半轴;5-半轴套管;6-万向节;7-转向节轴颈;8-外半轴;9-轮毂;10-轮毂轴承;11-转向节壳体;12-主销;13-主销轴承;14-球形支座

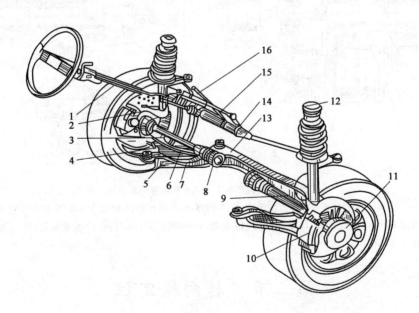

图21-4 上海桑塔纳轿车转向驱动桥总成

1-转向柱;2-外等角速万向节;3-左(半轴)传动轴;4-左下摆臂;5-悬架臂后端的橡胶金属轴;6-横向稳定杆;7-发动机悬置;8-内等角速万向节;9-右(半轴)传动轴;10-制动钳;11-外半轴凸缘;12-减振器支柱;13-副车架;14-齿轮齿条式转向器;15-转向减振器;16-横拉杆

图 21-5 所示为东风 EQ2080E 型汽车转向驱动桥,与非独立悬架配合使用。图中内半轴 1 与外半轴 9 通过三销轴式等角速万向节 3 连接在一起。当前桥驱动时,转矩由差速器、内半轴 1、等角速万向节 3、外半轴 9 以及凸缘盘 10,传到车轮轮毂 14 上,以实现动力传递。另外,转向节通过两个滚针轴承和球碗及钢球支承在转向节支座 2 上,分成两段的主销 4 与转向节支座固装成一体,其上下两段的轴线必须在一直线上。主销轴承用下轴承盖 6 及转向节臂 19(左边的上轴承盖与转向节臂是一体)压紧在转向节外壳 7 上。下轴承盖 6 内装有一个钢球及两个球碗,以承受主销的轴向载荷。上轴承盖内装有一个止推螺钉,并通过球碗 16 顶住主销,以防止主销轴向窜动。拧紧止推螺钉的预紧力不要太大,否则会使转向沉重。转向节支座下端面与主销下轴承座油封罩间应有一定间隙。间隙过小可能引起转向沉重,此时应在钢球下球碗的下面加装垫片。转向节支座用螺钉与半轴套管 20 相连接。转向节制成转向节外壳 7 和转向节轴颈 8 两段,用螺钉连接成一体。轮毂 14 通过两个圆锥滚子轴承装在转向节轴颈上,轮毂轴承用调整螺母 13、锁止垫圈 12、锁紧螺母 11 紧固。在转向节轴颈内压装一个青铜衬套 15,以便支承外半轴 9。当通过转向节臂 19 推动转向节时,转向节便可绕主销转动,以实现转向。

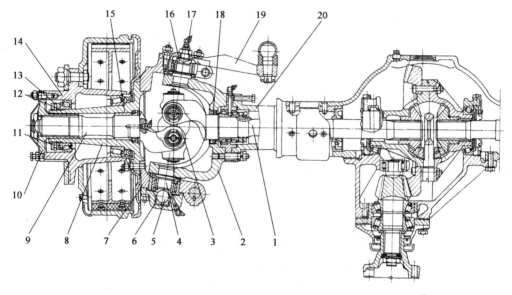

图 21-5 东风 EQ2080E 型汽车转向驱动桥总成

1-内半轴;2-转向节支座;3-三销轴式等角速万向节;4-销;5-钢球;6-下轴承盖;7-转向节外壳;8-转向节轴颈;9-外半轴;10-凸缘盘;11-锁紧螺母;12-锁止垫圈;13-调整螺母;14-轮毂;15-青铜衬套;16-球碗;17-止推螺钉;18-油封;19-转向节臂;20-半轴套管

第三节 转向轮定位

为保证汽车直线行驶的稳定性与操纵的轻便性,减少轮胎的非正常磨损,前桥的转向轮、主销和前轴之间的安装应具有一定的相对位置。这种安装位置称为转向轮定位。转向轮的定位参数主要有:主销后倾角、主销内倾角、前轮外倾角和前轮前束。

一、主销后倾角

主销后倾角:在汽车纵向平面内,主销上部有向后的一个倾角,即主销轴线和地面垂直线在汽车纵向平面内的夹角。

主销后倾角的作用:能形成回正的稳定力矩,即保持汽车直线行驶的稳定性,使转弯后的车轮自动回正。

如图21-6所示,当主销具有后倾角γ时,主销轴线与路面的交点a将位于车轮与路面接触点b的前面。汽车直线行驶时,若转向轮偶然受到外力作用而稍有偏转(图21-6中箭头所示向右偏转),将使汽车行驶方向向右偏离。这时,在车轮与路面接触点b处,由于汽车本身离心力的作用,路面对车轮产生一个侧向反作用力F_Y。此反作用力只对车轮形成绕主销轴线作用的力矩$F_Y L$,其方向正好与车轮偏转方向相反。在此力矩作用下,将使车轮回到原来中间位置,从而保证汽车稳定直线行驶,故此力矩称为稳定力矩。此力矩若过大,在转向时为了克服该稳定力矩,驾驶人需在转向盘上施加较大的力,即出现转向沉重问题。稳定力矩的大小取决于后倾角γ的大小(与力臂L直接相关),一般采用的γ角不超过2°~3°。现代高速汽车由于轮胎气压降低、弹性增加,而引起稳定力矩增大。因此,γ角可以减小到接近于零,甚至为负值(称为负主销后倾角)。

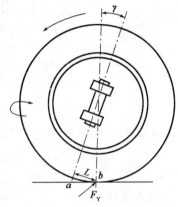

图21-6 主销后倾角作用示意图

二、主销内倾角

主销内倾角:在汽车的横向平面内,主销上部向内倾斜一个角度,即主销轴线与地面垂直线在汽车横向平面内的夹角。

主销内倾角的作用:使车轮自动回正,转向轻便。

如图21-7a)所示,主销内倾角为β,当转向轮在外力作用下由中间位置偏转一角度时,为解释方便,假设偏转了180°,如图21-7b)所示,即转到如双点画线所示位置,车轮的最低点将陷入路面以下h。但实际上车轮下边缘不可能陷入路面以下,而是将转向车轮连同整个汽车前部向上抬起一个相应的高度h。这样,汽车本身的重力有使转向轮回到原来中间直线行驶位置的效应。

同时,主销内倾可使主销轴线与路面交点到车轮中心平面与地面交线的距离c减小,如图21-7a)所示,从而减小转向盘上的转向力,使转向操纵轻便;也可减小从转向轮传到转向盘上的冲击力。但c值也不宜过小,即内倾角不宜过大,否则在转向时车轮绕主销偏转的过程中,轮胎与路面间将产生较大的滑动,进而增加轮胎与路面的摩擦阻力,不仅使转向变得沉重,而且加速轮胎磨损。

一般主销内倾角β不大于8°,距离c为40~60mm。主销内倾角通常在前梁设计中保证,由机械加工来实现。加工时,将前梁两端主销孔轴线上端向内倾斜就形成内倾角β。

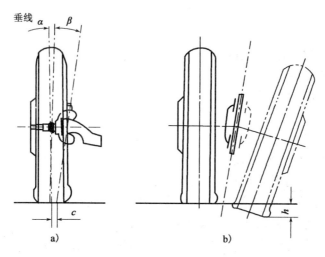

图 21-7 主销内倾及前轮外倾示意图
a)主销内倾角、前轮外倾角;b)主销内倾回正原理

主销后倾角与主销内倾角都有使汽车转向自动回正、保持直线行驶的作用,但两者仍有区别,主销后倾的回正作用与车速有关,而主销内倾的回正作用几乎与车速无关。

在实际结构中,主销轴线因悬架类型而不同,对于非独立悬架,车桥两端都装有实际主销,对于独立悬架,上、下球节之间的连线构成了主销轴线。

三、前轮外倾角

前轮外倾角:在汽车横向平面内,前轮中心平面向外倾斜的一个角度,如图 21-7a)所示,即倾角 α。

前轮外倾角的作用:防止轮胎偏磨,减轻轮毂外轴承与轮毂螺母的负荷,与拱形路面相适应,即提高转向轻便性与行驶安全性。

在实际汽车结构中,如果空车时前轮的安装正好垂直于路面,则满载时,车桥将因承载变形而可能出现前轮内倾,这将加速汽车轮胎的偏磨损。另外,路面对前轮的垂直反作用力沿轮毂的轴向分力,将使轮毂压向轮毂外端的小轴承,加重了外端小轴承及轮毂紧固螺母的负荷,降低了它们的使用寿命。同时,前轮有了外倾角也可以与拱形路面相适应。但是,外倾角也不宜过大,否则会使轮胎产生偏磨损。因此,在安装前轮时应预先使其有一适度的外倾角,以防止前轮内倾。

一般前轮外倾角 α 为 1°左右。前轮的外倾角是在转向节设计中确定的。设计时使转向节轴颈的轴线与水平面成一角度,该角度即为前轮外倾角 α。在现代汽车中,由于胎面变宽、悬架与车桥更坚固、路面更平整等原因,前轮外倾角接近采用零外倾角。

四、前轮前束

前轮前束:在通过两前轮中心的水平面内,两前轮的前边缘距离 B 与后边缘距离 A 之间的差值,即 $A-B$ 的差值,如图 21-8 所示。

前轮前束的作用:消除前轮外倾产生的轮胎磨损。

前轮外倾后,在滚动时就类似于滚锥,从而导致两侧前轮向外滚开。而由于转向横拉杆和车桥的约束使前轮不可能向外滚开,前轮必将在地面上出现边滚边向内侧滑动的现象,从而增加轮胎磨损。为了消除前轮外倾带来的这种不良后果,在安装前轮时,使汽车两前轮的中心面不平行,两轮前边缘距离 B 小于后边缘距离 A,如图 21-8 所示。这样可使前轮在每一瞬时滚动方向接近于向着正前方,从而减轻和消除由于前轮外倾而产生的不良后果。

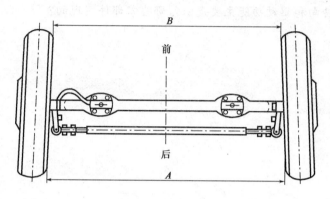

图 21-8 前轮前束

一般前束值为 0~12mm。有时与负前轮外倾角相配合,其前束值也取负前束值(如桑塔纳轿车前束值为 -3~-1mm)。前轮前束可通过改变横拉杆的长度来调整。调整时,可根据各厂家规定的测量位置,使两轮前后距离差 $A-B$ 符合规定的前束值。

五、后轮定位

现代汽车大约有 80% 的汽车不仅有前轮外倾角和前束,而且也有后轮外倾角和前束,尤其是前轮驱动汽车和独立悬架汽车。后轮定位的作用是提高操作稳定性和减小后轮轮胎过早磨损。

如红旗 CA7220 型轿车,后轮设置有前束角 $8'^{+5'}_{0}$ 和外倾角 $-58'\pm10'$。该车为发动机前置前驱动形式,后轮是从动轮。汽车的驱动力 F 通过纵臂作用于后轴上(图 21-9),如果车轮没有前束角,当汽车行驶时,在驱动力作用下,后轴将产生一定弯曲,使车轮出现前张现象,而预先设置的前束角就是用来抵消这种前张。后轮外倾角有两个作用:①由于外倾角是负值,可增加车轮接地点的跨度,增加汽车的横向稳定性;②负外倾角是用来抵消当汽车高速行驶且驱动力 F 较大时,车轮出现的负前束(前张),以减少轮胎的磨损。该车轮前束角和外倾角均不可调整。

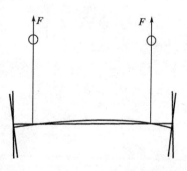

图 21-9 驱动力作用在后轴上的示意图

某些后轮驱动的重型汽车,由于采用独立悬架和脊骨式车架,为了保持加载后汽车行驶时轮胎处于正确的接地位置,减少磨损,后轮也设计成有一定的正外倾角,如太脱拉 138 型汽车。

复习思考题

1. 转向轮定位参数有哪些？各有何作用？
2. 前束如何测量和调整？
3. 整体式车桥和断开式车桥各有什么特点？
4. 转向驱动桥在结构上有什么特点？
5. 转向驱动桥转向和驱动功能主要是依靠哪些零部件实现的？

第二十二章 悬　　架

第一节　概　　述

一、悬架的功用

汽车悬架是汽车的车架(或承载式车身)与车桥(或车轮)之间的一切传力连接装置的总称。其功用如下：

(1)连接车桥和车架。悬架将车桥(或车轮)和车架连接,并在车架与车桥之间传力,保证汽车正常行驶。

(2)缓冲不平路面对汽车产生的冲击力,衰减振动。车轮受路面冲击时,上下跳动,并通过车架传递到车身,经悬架上弹性元件缓和冲击和减振元件衰减振动之后,车身的振幅减小,以提高汽车舒适性。

(3)对车轮相对车身的跳动起导向作用。当车轮相对车架跳动时,会对汽车的行驶状态产生影响,改变行驶轨迹。特别在转向时,行驶状态的这种改变是影响转向安全性的重要因素。因此,车轮的运动轨迹要符合一定的要求。悬架对车轮相对车身的良好导向,使车轮相对车身的运动满足车轮相对车架跳动的要求,并减小轮胎的磨损。

二、悬架的组成

如图 22-1 所示,汽车的悬架主要由弹性元件、减振装置和导向机构组成。此外,有的还设置有横向稳定器等。

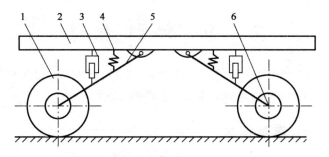

图 22-1　悬架组成示意图
1-车轮;2-车架;3-减振器;4-弹簧;5-导向杆;6-车桥

弹性元件用来承受和传递垂直载荷,缓和路面不平引起的冲击。减振装置用来吸收一部分冲击能量,快速衰减振动。导向机构用来传递纵向力、侧向力及其力矩,并保证车轮相对于车架或车身有一定的运动规律。

在多数轿车和客车上，为了防止车身在转向行驶等情况下发生过大的横向倾斜，在悬架中还设有横向稳定器，作为辅助弹性元件。

为限制弹簧的最大变形并防止弹簧直接撞击车架，在货车上铺设有缓冲块。在一些轿车上也设有缓冲块，以限制悬架的最大变形。

钢板弹簧作悬架时，集合了弹性元件、减振装置和导向机构的作用，除了作为弹性元件起缓冲作用外，当它在汽车上纵向安置并且一端与车架作固定铰链连接，起到传递各向力和力矩以及决定车轮运动轨迹的作用，因而没有必要再另行设置导向机构。此外，一般钢板弹簧是多片叠成的，片间有摩擦，其本身具有一定的减振能力，因而在对减振要求不高的汽车上，也可以不装减振器。

三、汽车悬架的类型

按照导杆机构的形式、结构特点，汽车悬架可分为两大类：非独立悬架和独立悬架。非独立悬架如图22-2a）。其结构特点是悬架用一根整体式车桥连接两侧车轮。当一侧车轮因道路不平发生跳动时，会引起另一侧车轮在横向平面内发生摆动。独立悬架如图22-2b）所示。其结构特点是悬架用断开式车桥连接两侧车轮。两个车轮可以实现单独跳动，当一侧车轮因道路不平发生跳动时，不会直接影响另一侧车轮。独立悬架多用于舒适性要求较高的轿车上，非独立悬架多用于舒适性要求不高的载货汽车上。

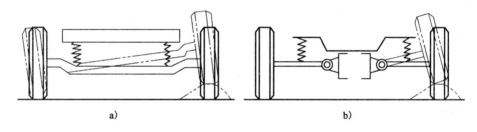

图22-2 非独立悬架与独立悬架跳动示意图
a）非独立悬架；b）独立悬架

第二节 弹性元件

汽车悬架中的弹性元件用来实现车架（车身）与车桥（车轮）之间的弹性连接，缓和路面冲击。主要有螺旋弹簧、扭杆弹簧、钢板弹簧、气体弹簧等结构形式。

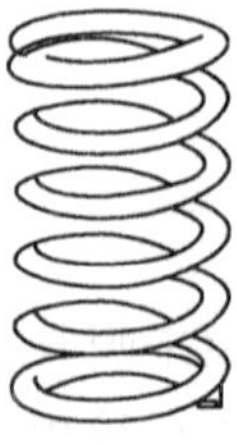

一、螺旋弹簧

螺旋弹簧如图22-3所示，它广泛地应用于独立悬架，特别是前轮独立悬架中。其优点是：无须润滑，不忌泥污；安置它所需的纵向空间不大；弹簧本身质量小。

螺旋弹簧本身没有减振作用，因此在螺旋弹簧悬架中必须另装减振器。

图22-3 螺旋弹簧

此外，螺旋弹簧只能承受垂直载荷，故必须装设导向机构以传递垂直力以外的各种力和力矩。

螺旋弹簧用弹簧钢棒料卷制而成,可制成等螺距或变螺距。前者刚度不变,后者刚度是可变的。

二、扭杆弹簧

扭杆弹簧本身是一根由弹簧钢制成的杆,如图 22-4 所示。扭杆断面通常为圆形,少数为矩形或管形。其两端形状可以制成花键、方形、六角形或带平面的圆柱形等,以便一端固定在车架上,另一端固定在悬架的摆臂 2 上。摆臂则与车轮相连。当车轮跳动时,摆臂便绕着扭杆轴线而摆动,使扭杆 1 产生扭转弹性变形,借以保证车轮与车架的弹性联系。

扭杆弹簧单位质量的储能量是钢板弹簧的 3 倍,比螺旋弹簧高。因此,采用扭杆弹簧的悬架质量较小,结构比较简单,也不需润滑,并且通过调整扭杆弹簧固定端的安装角度,易实现车身高度的自动调节。左、右扭杆弹簧不能互换,因此,左、右扭杆刻有不同的标记。

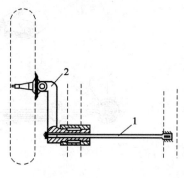

图 22-4 扭杆弹簧
1-扭杆;2-摆臂

三、钢板弹簧

钢板弹簧如图 22-5 所示,它是汽车悬架中应用最广泛的一种弹性元件,由若干等宽但不等长的合金弹簧片组合成近似等强度的弹性梁。这种弹簧的刚度有可变和不可变两种。

钢板弹簧 3 的第一片(最长的一片)称为主片,其两端弯成卷耳 1,内装衬套,以便用弹簧销与固定在车架上的支架或吊耳作铰链连接。钢板弹簧的中部一般用 U 形螺栓固定在车桥上。

中心螺栓 4 用以连接各弹簧片,并保证装配时各片的相对位置。中心螺栓距两端卷耳中心的距离可以相等——称为对称式钢板弹簧,也可以不相等——称为非对称式钢板弹簧。

钢板弹簧即起缓冲作用,又起导向作用。而且,一般钢板弹簧是多片叠成的,它本身即具有一定的减振能力。所以,在一些货车中采用钢板弹簧作为弹性元件的悬架中,可以不装减振器。

四、气体弹簧

气体弹簧是在一个密封的容器中充入压缩气体(气压为 0.5~1.0MPa),利用气体的可压缩性实现其弹簧作用。这种弹簧的刚度是可变的,因为作用在弹簧上的载荷增加时,容器内的定量气体受压缩,气压升高,则弹簧的刚度增大;反之,载荷减小时,弹簧内的气压下降,刚度减小,故它具有较理想的弹性特性。

气体弹簧有空气弹簧和油气弹簧两种。

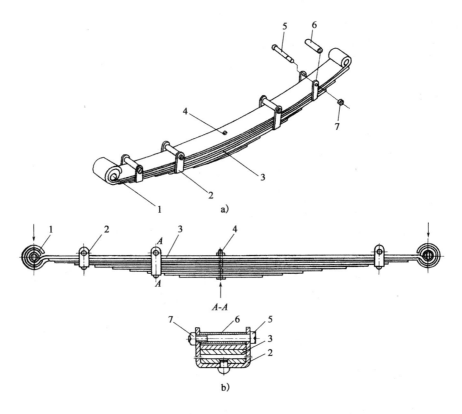

图 22-5 钢板弹簧
a)对称式钢板弹簧;b)非对称式钢板弹簧
1-卷耳;2-弹簧夹;3-钢板弹簧;4-中心螺栓;5-螺栓;6-套管;7-螺母

1. 空气弹簧

空气弹簧又有囊式和膜式之分。图 22-6a)、b)所示为囊式空气弹簧,它由夹有帘线的橡胶气囊和密闭在其中的压缩空气所组成。气囊的内层用气密性的橡胶制成,而外层则用耐油橡胶制成。气囊一般制成两节,但也有单节或三、四节的。节数越多,弹性越好。节与节之间围有钢质的腰环,使中间部分不致有径向扩张,并防止两节之间相互摩擦。气囊的上下盖板将气囊密闭。

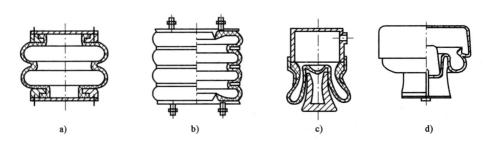

图 22-6 空气弹簧
a)、b)囊式空气弹簧;c)、d)膜式空气弹簧

膜式空气弹簧[图22-6c)、d)]的密闭气囊由橡胶膜片和金属压制件组成。与囊式相比,其弹性特性曲线比较理想,因其刚度较囊式小,车身自然振动频率较低;且尺寸较小,在车上便于布置,故多用在轿车上。

2. 油气弹簧

一般是由气体弹簧和相当于液力减振器的液压缸组成。气体作为弹性介质,油液作为传力介质。油气弹簧的形式有单气室、双气室(带反压气室)以及两级压力式等。

单气室油气弹簧又分为油气分隔式和油气不分隔式两种。前者可防止油液乳化,且便于充气。

图22-7所示为一种轿车和轻型汽车上用的单气室油气分隔式油气弹簧。上、下半球室构成的球形气室固装在工作缸10上,球形气室的内腔用橡胶油气隔膜5隔开,上半球室充入高压氮气,下半球室通过减振器阻尼阀9与工作缸的内腔相通,并充满了工作油液(减振器油)。油气隔膜的作用在于把作为弹性介质的高压氮气和工作油液分开,以避免工作油液乳化,同时也便于充气和维护。工作缸固定在车身(车架)上,其活塞3与导向缸12连成一体,悬架活塞杆1的下端与悬架的摆臂(或车桥)相连。当悬架摆臂(或车桥)与车身(车架)相对运动时,活塞和活塞导向缸便在工作缸内上下滑动,而工作油液通过减振器阻尼阀9来回运动,起到减振作用。

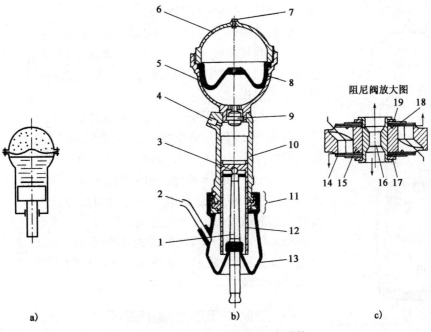

图22-7 单气室油气分隔式油气弹簧
a)示意图;b)结构图;c)阻尼阀放大图

1-悬架活塞杆;2-油溢流口;3-活塞;4-加油口;5-橡胶油气隔膜;6-上半球室;7-充气螺塞;8-下半球室;9-减振器阻尼阀;10-工作缸;11-密封装置;12-活塞导向缸;13-防护罩;14-伸张阀;15-阀体;16-油液节流孔;17-伸张阀限位挡片;18-压缩阀;19-压缩阀限位挡片

当载荷增加、悬架摆臂(车桥)与车身(车架)之间的距离缩短时,活塞及导向缸上移,使充满工作油液的内腔容积减小,迫使工作油液经压缩阀18进入球形气室,从而推动油气隔膜向具有一定压力的氮气室移动,使气体容积减小,氮气压力升高。当活塞向上的推力(外界载荷)与氮气压力向下的反作用力相等时,活塞便停止移动。于是,车身(车架)与悬架摆臂(车桥)间的相对位置不再变化。当载荷减小,即推动活塞上移的作用力减小时,油气隔膜在高压氮气作用下向下移动,迫使工作油液经伸张阀 14 流回工作缸内腔,推动活塞向下移动,车身(车架)与悬架摆臂(车桥)之间的距离变长,直到氮气室内的压力通过工作油液的传递转化为作用在活塞上的力与外界减小的载荷相等时,活塞才停止移动。汽车在行驶过程中,油气弹簧所受的载荷是变化的,因此活塞便相应地在工作缸中处于不同的位置。由于氮气充满在密闭的球形气室内,作用在油气隔膜上的载荷小时,气体弹簧的刚度较小;载荷增加时,气体弹簧的刚度变大,故它具有变刚度的特性。

第三节 减 振 器

根据在压缩和伸张两个行程的减振作用,减振器分为双向作用式和单向作用式。在压缩和伸张两个行程内都起作用的减振器称为双向作用式减振器;只在一个行程内起作用的减振器称为单向作用式减振器。目前,汽车上使用最多的是双向作用筒式减振器。在此基础上,发展了一些新型减振器,如充气式减振器、阻力可调式减振器等。

减振器的阻尼力也会把路面冲击传递到车身上,从而减弱弹性元件的缓冲效果。为了较好地解决缓冲和减振之间的这种矛盾,在汽车上采用减振器和弹性元件并联安装的方式,并按照如下方式工作:

(1)在悬架的压缩行程中(车轮和车身相互靠近),减振器阻尼力较小,以便充分发挥弹性元件的弹性作用,吸收冲击能量,缓和冲击。这时,弹性元件起主要作用。

(2)在悬架的伸张行程中(车轮和车身相互远离),弹性元件释放自身储存的能量,此时减振器阻尼力较大,快速将弹性能转化为热能散发出去,实现迅速减振。

(3)当车轮与车身之间的相对速度过大时,要求减振器能自动加大液流量,使阻尼力始终保持在一定限度之内,以避免承受过大的冲击载荷。

一、双向作用筒式减振器的工作过程

双向作用筒式减振器一般由几个同心钢筒、几个阀门和一些密封件等组成,如图 22-8 所示。

外面的钢筒为防尘罩 10;中间的钢筒为储油缸筒 5,内装油液但不装满(定量),其下端有连接车桥的吊环;里面的缸筒称为工作缸筒 2,其内装满油液。工作缸筒内装着活塞杆 1,其上端穿过密封装置与防尘罩,与吊环制成一体,活塞杆下端用压紧螺

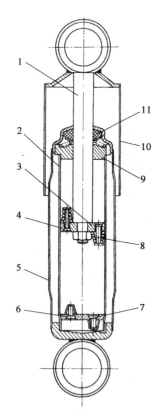

图 22-8 双向作用筒式减振器示意图
1-活塞杆;2-工作缸筒;3-活塞;4-伸张阀;5-储油缸筒;6-压缩阀;7-补偿阀;8-流通阀;9-导向座;10-防尘罩;11-油封

母固定着活塞3。

在活塞上装有伸张阀4和流通阀8,在工作缸筒下端的支座上装有压缩阀6和补偿阀7。

流通阀和补偿阀是止回阀,其弹簧很软,较小的油压即可使其打开或关闭。压缩阀和伸张阀是卸载阀,其弹簧较硬,预紧力较大,需要较大的油压才能使其打开,而后,只要压力稍降低些即可立刻关闭(即晚开早关)。

减振器是利用油液流过阀门的阻力来消耗振动的能量,其工作原理可分为压缩和伸张两个行程来说明。

1. 压缩行程(即车轮靠近车架、减振器被压缩)

活塞下移使其下方腔室容积减小,油压升高。这时,油液经过流通阀8进入活塞上方腔室。由于活塞杆占去上方腔室一部分容积,故上腔室增加的容积小于下腔室减小的容积,致使下腔室油液不能全部流入上室,而多余的油液则压开支承座上的压缩阀6进入储油缸筒5。

由于流通阀和压缩阀的特殊结构(弹簧较软、通道较小),能使油液流动的阻尼力不至于过大,所以在压缩行程时能使钢板弹簧充分发挥其缓冲作用。

2. 伸张行程(车轮离开车架、减振器被拉长)

活塞上移,使其上方腔室容积减小,油压升高。这时,上腔室油液推开伸张阀4流入下腔室(流通阀早已关闭)。同样由于活塞杆的存在致使下腔室形成一定的真空度,这时储油缸筒内的油液在真空度作用下推开补偿阀7补偿到下腔室。

由于伸张阀弹簧的刚度和预紧力比压缩阀的大,且伸张行程时油液通道截面也比压缩行程小(图中未画出)所以减振器在伸张行程内产生的最大阻尼力远远超过了压缩行程内的最大阻尼力。这时,减振器充分起到了减振作用。

二、双向作用筒式减振器的结构

图22-9为常见的双向作用筒式减振器。

它有三个同心钢筒:防尘罩21、储油缸筒20和工作缸筒19。防尘罩与活塞杆18和用于连接车架的上吊环26焊接在一起。工作缸筒装于储油缸筒内,并用储油缸螺母27通过密封圈25和导向座22压紧。储油缸筒的下端与连接车桥的下吊环10焊接在一起。在减振器工作时,这两个缸筒作为一个整体一起随车桥而运动。储油缸筒与工作缸筒之间形成储油腔,内装减振油液,但不装满,利用空气的可压缩性进行体积变化的补偿。工作缸筒内则充满减振油液。活塞杆18穿过储油缸筒和工作缸筒的密封装置而伸入工作缸筒内。在活塞杆的下端用压紧螺母9固定着活塞4。活塞的头部有内外两圈沿圆周均布的轴向通孔,外圈孔大、内圈孔小。在外圈大孔上面盖着流通阀3,并用流通阀弹簧片2压紧,再由流通阀限位座1限位。在内圈小孔下面,均布着四道小槽,其上面有伸张阀5和支承座圈6。当伸张阀被压紧时便形成四个缺口,该缺口为常通的缝隙,在压缩或伸张行程时,油液均可通过此缺口流动。在伸张阀与压紧螺母9之间装有调整垫片8,用于调整伸张阀弹簧7的预紧力。在工作缸筒下端装有支承座11,其上端面有两个小缺口被补偿阀15盖着,形成两道缝隙,作为工作缸筒与储油缸筒之间的常通缝隙。补偿阀中央有孔,孔中装着压缩阀杆16,杆上有中心孔和旁通孔,其上滑套着压缩阀14。不工作时,压缩阀在压缩阀弹簧13的作用下使其上端面压在补偿阀15上,使内部形成锥形空腔。此时,油液经阀杆上的中心孔,旁通孔仅能流到锥形空腔中,而不能进入储油缸筒。支承座11上端用翻边的方法将补偿阀弹簧片17紧压在压缩阀杆16顶端边缘。

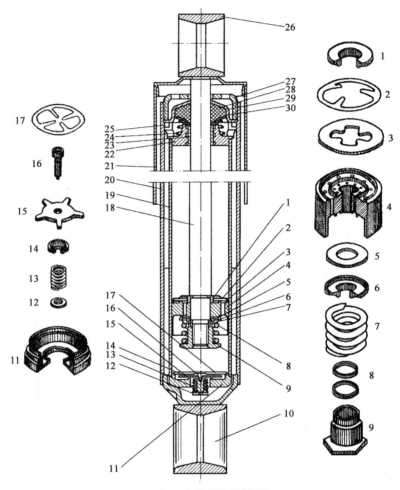

图 22-9 双向作用筒式减振器

1-流通阀限位座;2-流通阀弹簧片;3-流通阀;4-活塞;5-伸张阀;6-支承座圈;7-伸张阀弹簧;8-调整垫片;9-压紧螺母;10-下吊环;11-支承座;12-压缩阀弹簧座;13-压缩阀弹簧;14-压缩阀;15-补偿阀;16-压缩阀杆;17-补偿阀弹簧片;18-活塞杆;19-工作缸筒;20-储油缸筒;21-防尘罩;22-导向座;23-衬套;24-油封弹簧;25-密封圈;26-上吊环;27-储油缸筒螺母;28-油封;29-油封盖;30-油封垫圈

工作缸筒的上部装有密封装置(橡胶密封圈25、油封28、油封盖29、油封垫圈30、油封弹簧24和储油缸螺母27等)和导向座22。橡胶密封圈25用于密封工作缸筒,橡胶油封28用于密封活塞杆。当活塞杆往复运动时,杆上的油液被密封件刮下,经导向座22上的径向小孔流回储油缸。导向座22用来为活塞杆导向。

由于流通阀和补偿阀的弹簧较软,当车轮跳动较小时,油液从这两个阀和一些孔缝中流过;而伸张阀和压缩阀的弹簧都较硬,预紧力也较大,故车轮剧烈跳动并使油压增大到一定程度时,才能顶开弹簧而流通。

第四节 非独立悬架

非独立悬架因其结构简单,工作可靠,而被广泛应用于货车的前、后悬架。在轿车中,非独立悬架仅用于后桥。

悬架的结构,特别是导向机构的结构,随所采用的弹性元件不同而有差异,而且有时差别很大。采用螺旋弹簧、气体弹簧时,需要有较复杂的导向机构。而采用钢板弹簧时,由于钢板弹簧本身可兼起导向机构的作用,并有一定的减振作用,使得悬架结构大为简化。因而在非独立悬架中大多数采用钢板弹簧作为弹性元件。

一、钢板弹簧非独立悬架

钢板弹簧通常是纵向布置的。图22-10所示为纵置式钢板弹簧非独立前悬架示意图。钢板弹簧3的中部用两个U形螺栓7固定在前桥上。前端卷耳用钢板弹簧销17与支架16连接,成为固定的铰接支点;后端卷耳通过吊耳销11与吊耳支架10上自由摆动的吊耳12上的钢板弹簧销14相连接。这样,当弹簧在变形时,两卷耳的中心距离有改变的可能。两端的卷耳内压有青铜衬套13,使其与钢板弹簧销滑动配合。钢板弹簧销上开有径向和轴向油道,通过油嘴15注入润滑脂进行润滑。上盖板6上面装有橡胶缓冲块5,以限制钢板弹簧的最大变形量,并防止弹簧直接碰撞车架。减振器2的上下两个吊环通过橡胶衬套8,分别固定在车架与前桥上的前减振器轴9上,与钢板弹簧并联安装在车架与车桥之间。

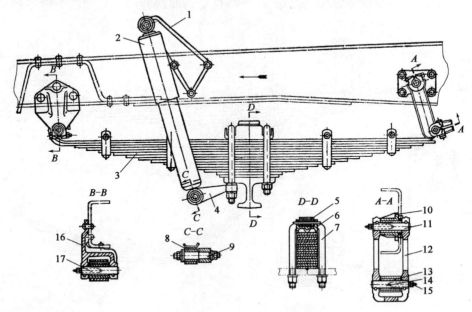

图22-10 纵置式钢板弹簧非独立前悬架示意图

1-减振器上支架;2-减振器;3-钢板弹簧;4-减振器下支架;5-缓冲块;6-上盖板;7-U形螺栓;8-橡胶衬套;9-销轴;10-支架;11-吊耳销;12-吊耳;13-衬套;14、17-钢板弹簧销;15-油嘴;16-支架

钢板弹簧能承受各向力和力矩,并直接传递给车架,故不需要另设导向杆。

货车后悬架所承受的载荷因汽车行驶时实际装载质量不同而在很大范围内变化,因而为保持车身固有频率不变或变化很小,悬架刚度应该是可变的,而且变化幅度应较前悬架为大。一般措施是在后悬架中加装副簧。

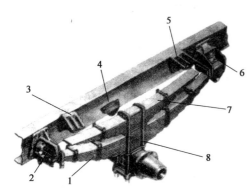

图22-11 东风EQ1090E型汽车后悬架

1-主钢板弹簧;2-前支架总成;3-前滑板式支座;4-缓冲块总成;5-后滑板式支座;6-吊耳总成;7-副钢板弹簧;8-U形螺栓

图22-11所示为东风EQ1090E型汽车后悬架。它由主钢板弹簧和副钢板弹簧叠合而成,是中型货车后悬架常用的结构形式。从受力角度而言,主、副钢板弹簧是并联的。

当汽车空载或实际装载质量不大时,副簧不承受载荷而由主簧单独工作。在重载和满载情况下,车架相对车桥下移,使车架上的副簧滑板式支座与副簧接触,即主、副簧共同参加工作,一起承受载荷而使悬架刚度增大,以保证车身振动频率不致因载荷增大而变化过大。

这种结构形式悬架的主要缺点是在副簧起作用瞬间,悬架的刚度增加很突然,对汽车行驶平顺性不利。

为提高汽车的平顺性,有的轻型货车后悬架采用将副簧置于主簧下面的渐变刚度钢板弹簧,如图22-12所示。主簧3由五片较薄钢板弹簧片组成,副簧4由五片较厚的弹簧片组成,它们用中心螺栓6固定在一起。在小载荷时,仅主簧起作用;而当载荷增加到一定值时,副簧开始与主簧接触,悬架刚度随之相应提高,弹簧特性变为非线性的。当副簧全部接触后,弹簧

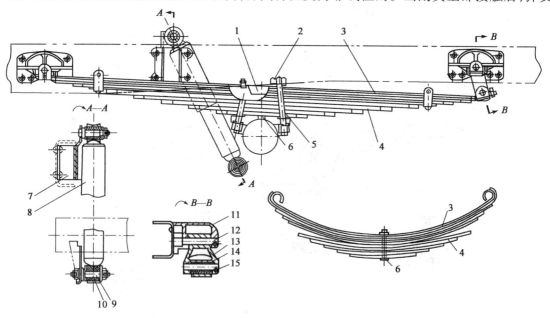

图22-12 渐变刚度钢板弹簧后悬架

1-缓冲块;2-上盖板;3-主簧;4-副簧;5-U形螺栓;6-中心螺栓;7-减振器支架;8-筒式减振器;9-减振器下轴销;10-橡胶衬套;11-支架;12-吊耳销;13-吊耳;14-尼龙衬套;15-钢板弹簧销

特性又变为线性的。这种渐变刚度钢板弹簧的特点是副簧逐渐地起作用,因此悬架刚度的变化比较平稳,从而改善了汽车行驶平顺性。但在使用中因主簧与副簧之间容易存积泥垢,对悬架刚度的渐变有一定影响。如果在主、副簧外装上护套,则可消除此缺点。

二、螺旋弹簧非独立悬架

图 22-13 所示为红旗 CA7220 型和奥迪 100 型轿车的后悬架,是螺旋弹簧非独立悬架。螺旋弹簧套在减振器的外面。减振器的下连接环用螺栓与焊在后轴 3 上的支座相连。弹簧下座紧套在减振器缸筒外面,并由减振器外筒上沿圆周分布的三个凸台限位。弹簧上座用螺栓紧固在车身底板上。弹簧和弹簧上座之间装有弹簧软垫,防止车轮的高频振动传给车身。在弹簧上座和车身之间还装有橡胶隔振块,它除起隔振作用外,还可保证减振器的上铰链点不发生运动干涉。

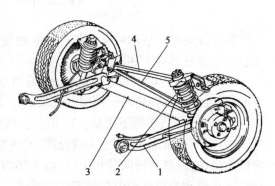

图 22-13 螺旋弹簧非独立悬架
1-纵向推力杆;2-螺旋弹簧和减振器总成;3-后轴;4-加强杆;5-横向推力杆

左、右车轮用一根整体轴 3 相连,纵向推力杆 1 的后端与车轴焊在一起,其前端头部有孔,孔中装有橡胶衬套,连接螺栓穿过橡胶衬套与车身相连,并形成橡胶铰链点。车轮跳动时,整个后轮在汽车纵向平面内绕左、右橡胶铰链中心连线摆动。与此同时,左、右车轮还绕横向推力杆 5 与车身的铰链点在汽车横向平面内摆动。由于这些铰链点都采用橡胶衬套,故可消除两个方向摆动的干涉。

螺旋弹簧非独立悬架一般只用做轿车的后悬架。其纵、横向推力杆是悬架的导向机构,用来承受和传递车轴和车身之间的纵向和横向作用力及其力矩。加强杆 4 的作用是加强横向推力杆的安装强度,并可使车身受力均匀。

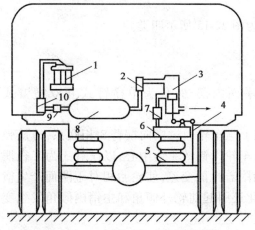

图 22-14 空气弹簧非独立悬架示意图
1-压气机;2、7-空气滤清器;3-车身高度控制阀;4-控制杆;5-空气弹簧;6-储气罐;8-储气筒;9-压力调节器;10-油水分离器

三、空气弹簧非独立悬架

图 22-14 所示,空气弹簧 5 的上、下端分别固定在车架和车桥上。从压气机 1 产生的压缩空气经油水分离器 10 和压力调节器 9 进入储气筒 8。压力调节器可使储气筒中的压缩空气保持一定的压力。储气罐 6 通过管路与两个空气弹簧相通。储气罐和空气弹簧中的空气压力由车身高度控制阀 3 控制。空气弹簧和螺旋弹簧一样只能传递垂直力;其纵向力和横向力及其力矩也是由纵向推力杆和横向推力杆(图中未画)来传递。采用空气弹簧悬架时,可以通过车身高度控制阀来改变空气弹簧内的空气压力,从而自动调

节车身高度,以保证车身高度不因载荷变化而变化。

空气弹簧非独立悬架多用于重型汽车和高级轿车中。

第五节 独 立 悬 架

独立悬架是车桥两侧车轮各自独立地与车架或车身弹性地连接,如图 22-2 所示。与非独立悬架相比它具有下述优点:

(1)每个车轮可以独立地运动,而无相互影响,减轻了在不平道路上行车驶时,车架和车身的扭振,且可消除转向轮偏摆的现象。

(2)减小了汽车簧下质量。在非独立悬架中,整个车桥和车轮都属于簧下质量。在独立悬架中,对驱动桥来说,由于主减速器、差速器及其外壳都固定在车架上,成了簧上质量;对转向桥来说,它只具有转向节和主销,而中部的整体梁不再存在。因此在独立悬架中,非簧载质量只有车轮和悬架机构中部分零件的质量。在道路条件和车速相同时,非簧载质量越小,悬架所受的冲击载荷也越小。故采用独立悬架可提高汽车行驶平顺性。

(3)独立悬架配用断开式车桥,发动机总成位置可以降低和前移,使汽车质心下降,提高了汽车行驶稳定性。车轮也有较大的运动空间,悬架的刚度可制得小些,以降低车身振动频率,改善汽车行驶的平顺性。

以上优点使独立悬架广泛地被采用在现代汽车上,特别是轿车的转向轮普遍采用了独立悬架。但是,独立悬架结构复杂,制造成本高;维修不便;在一般情况下,车轮跳动时,由于车轮外倾角与轮距变化较大,轮胎磨损较严重。

具有特殊要求的某些越野汽车全部车轮采用独立悬架还是合理的,因为除上述优点外,可保证汽车在不平道路上行驶时,所有车轮和路面有良好的接触,从而增大驱动力;此外可增大汽车的离地间隙,因而大大提高越野汽车的通过性能。

独立悬架中多采用螺旋弹簧和扭杆弹簧作为弹性元件,而钢板弹簧和其他形式的弹簧用得较少。

独立悬架的结构类型很多,按车轮运动形式分为图 22-15 所示四类。

一、横臂式独立悬架

横臂式独立悬架的特点是车轮可以在横向平面内摆动,分为单横臂式和双横臂式两种。

图 22-16 所示为横向单横臂式独立悬架。车架 1 与车轮通过横向摆臂 3 相联系,螺旋弹簧 2 安装在车架与摆臂之间。当螺旋弹簧变形时,车轮以铰链 4 为中心,以摆臂 3 为半径摆动。由于车轮倾斜,使轮距发生变化,轮胎与路面的附着性能变差,使轮胎相对于路面产生横向滑移;另外,若这种悬架用于转向轮时,因轮距变化还引起前轮外倾角和主销内倾角发生变化,故这种结构应用较少。

双横臂式独立悬架的两个摆臂长度可以相等,也可以不相等(图 22-17)。图 22-17a)所示为两摆臂等长的悬架,当车轮上下跳动时,车轮平面没有倾斜,但轮距却发生了较大的变化,这将增加车轮侧向滑移的可能性。在摆臂不等长的独立悬架中[图 22-17b)],如将两臂长度选择适当,可以使车轮和主销的角度以及轮距的变化都不太大。不大的轮距变化在轮胎较软时可以由轮胎变形来适应,目前轿车的轮胎可容许轮距的改变在每个车轮上达到 4～5mm 不致使车轮沿路面滑移。因此不等长的双横臂式独立悬架在轿车的前轮上应用得较广泛。

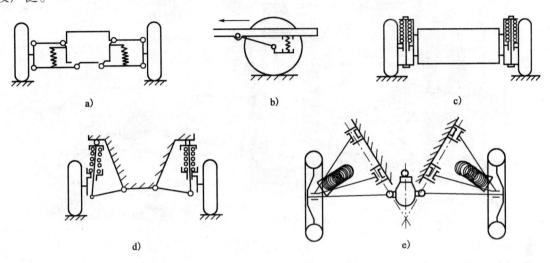

图 22-15 四类独立悬架示意图
a)横臂式独立悬架;b)纵臂式独立悬架;c)、d)车轮沿主销移动式独立悬架;e)单斜臂式独立悬架

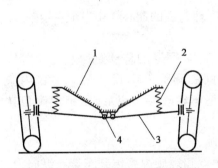

图 22-16 向单横臂式独立悬架示意图
1-车架;2-螺旋弹簧;3-横向摆臂;4-铰接铰链

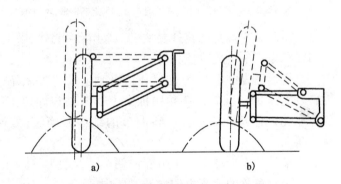

图 22-17 双横臂式独立悬架示意图
a)两摆臂等长的悬架;b)两摆臂不等长的悬架

我国一汽生产的红旗 CA7560 型轿车的前轮就采用这种不等长的双横臂式螺旋弹簧独立悬架,其构造如图 22-18 所示。

上摆臂 11 和下摆臂 4 的内端分别通过摆臂轴 15 和 1 与车架作铰链连接,两者的外端则分别通过上球头销 14 和下球头销 3 与转向节 9 相连。螺旋弹簧 5 的上、下端分别通过橡胶垫圈 7 支承于车架横梁上的支承座和下摆臂上的支承盘内。双向作用筒式减振器 6 的上、下两端同样分别通过橡胶衬垫与车架和下摆臂上的支承盘相连。

上摆臂与上球头销是铆接不可拆式,其中装有弹簧 13,保证当球头销与销座有磨损时,自动消除两者之间的间隙。下摆臂与下球头销是可拆的。下球头销如有松动出现间隙时,可以拆开球头销,适当减少垫片 2 以消除间隙。

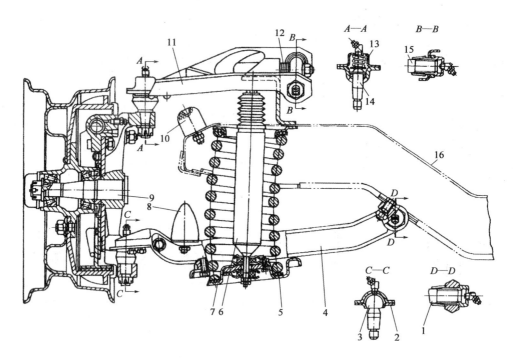

图 22-18　红旗 CA7560 型轿车的前悬架

1-下摆臂轴；2-垫片；3-下球头销；4-下摆臂；5-螺旋弹簧；6-筒式减振器；7-橡胶垫圈；8-下缓冲块；9-转向节；10-上缓冲块；11-上摆臂；12-调整垫片；13-弹簧；14-上球头销；15-上摆臂轴；16-车架横梁

该轿车采用球头结构代替主销，属于无主销式，即上、下球头销的连心线相当于主销轴线，转向时车轮即围绕此轴线偏转。

主销后倾角由移动上摆臂在摆臂轴上的位置来调整，而上摆臂的移动是通过上摆臂轴的转动实现的。前轮外倾角由加在上摆臂轴与固定支架间的调整垫片 12 调整。主销内倾角和车轮外倾角的关系已被转向节的结构所确定，故调整车轮外倾角以后，主销内倾角自然正确。

悬架的最大变形由上下分置的两个缓冲块 10 和 8 限制。

路面对车轮的垂直力依次通过转向节、下球头销、下摆臂和螺旋弹簧传到车架。纵向力、侧向力及其力矩均由转向节及导向机构——上、下摆臂及上、下球头销来传递。为了可靠地传递纵向力、侧向力及其力矩，必须使悬架具有足够的纵向和侧向刚度。为此，上、下两摆臂都是叉形的刚性构架，其内端为宽端，外端为窄端。

二、纵向摆臂式独立悬架

纵向摆臂式独立悬架独立悬架有两种形式，一种是单纵臂独立悬架，另一种为双纵臂式独立悬架。

转向轮采用单纵臂独立悬架时，车轮上下跳动将使主销后倾角产生很大变化，如图 22-19 所示。因此，单纵臂式

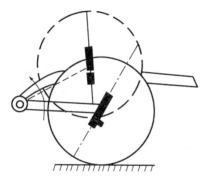

图 22-19　单纵臂式前独立悬架示意图

独立悬架一般多用于不转向的后轮。

图22-20a)所示为雷诺-5型轿车的左后轮悬架结构图。它是单纵臂式扭杆弹簧独立悬架。悬架的纵臂4是一箱形构件,一端用花键与车轮的心轴5连接,而另一端与套管1固装成一体。扭杆弹簧2装在套管内,其外端用花键固定在套管内的花键套中,扭杆的另一端借花键与车架的另一侧纵梁连接。套管1的两端用宽橡胶衬套3支承在车架纵梁上套筒中,并以此为活动铰链。当车轮上下跳动时,纵臂以套管和扭杆的轴线为中心摆动,使扭杆弹簧产生扭转变形,以缓和不平路面产生的冲击。

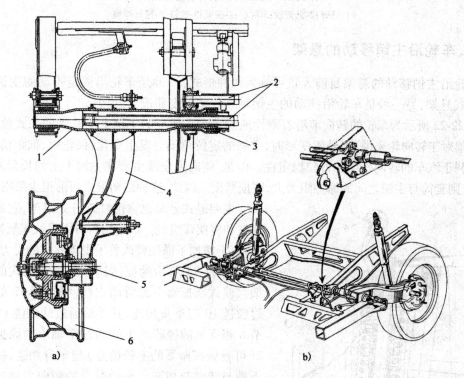

图22-20 雷诺-5型轿车的后悬架
a)左后轮悬架结构图;b)悬架整体示意图
1-套管;2-扭杆弹簧;3-橡胶衬套;4-纵臂;5-心轴;6-车轮

图22-20b)所示为雷诺-5轿车的悬架整体示意图。在图形上面的局部放大部分是该悬架的机械调整车身高度装置。它是用偏心轮转动扭杆弹簧的方法而实现高度调节的。

双纵臂式独立悬架的两个纵臂长度一般制成相等,形成平行四连杆机构。这样,在车轮上下跳动时,主销的后倾角保持不变,故这种形式的悬架适用于转向轮。

图22-21所示为转向轮(前轮)的双纵臂扭杆弹簧独立悬架。转向节和两个等长的纵臂1作铰链式连接。在车架的两根管式横梁4内都装有由若干层矩形断面的薄弹簧钢片叠成的扭杆弹簧6。两根扭杆弹簧的内端用螺钉5固定在横梁4的中部,而外端则插入纵臂轴2的矩形孔内。纵臂轴用衬套3支承在管式横梁内。轴2和纵臂刚性地相连。另一侧车轮的悬架与之完全相同而且对称。

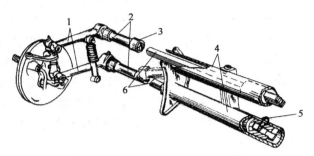

图 22-21 双纵臂式扭杆弹簧独立悬架
1-纵臂;2-纵臂轴;3-衬套;4-横梁;5-螺钉;6-扭杆弹簧

三、车轮沿主销移动的悬架

车轮沿主销移动的悬架目前大致可分为两种形式,一种是车轮沿固定不动的主销轴线移动的烛式悬架,另一种是车轮沿摆动的主销轴线移动的麦弗逊式悬架。

图 22-22 所示为车轮的转向节沿着刚性地固定在车架上的主销上下移动的烛式独立悬架。这种悬架对于转向轮来说,当悬架变形时,主销的定位角不会发生变化,仅轮距、轴距稍有改变。因此有利于汽车的转向操纵和行驶稳定性。但是,侧向力全部由套在主销 1 上的长套筒 6 和主销承受,则套筒与主销之间的摩擦阻力大,磨损严重。因此,这种结构形式目前很少采用。

麦弗逊式悬架也称滑柱连杆式悬架,它是由滑动立柱和横摆臂组成。该结构可看做是烛式悬架的改进型,由于增加了横摆臂改善了滑动立柱的受力状况。

图 22-23 所示为捷达轿车的麦弗逊式前独立悬架。筒式减振器 7 为滑动立柱,横摆臂 12 的内端通过铰链 10 与车身相连,其外端通过球铰链 14 与转向节 8 相连。减振器的上端通过带轴承的隔振块总成 2(可看做减振器的上铰链点)与车身相连,减振器的下端与转向节相连。车轮所受的侧向力通过转向节大部分由横摆臂承受,其余部分由减振器活塞和活塞杆承受。因此,这种结构形式较烛式悬架在一定程度上减少了滑动摩擦和磨损。

筒式减振器上铰链的中心与横摆臂外端的球铰链中心的连线为主销轴线。此结构也为无主销结构。当车轮上下跳动时,因减振器的下支点随横摆臂摆动,故主销轴线的角度是变化的。这说明车轮是沿着摆动的主销轴线而运动。因此,这种悬架在变形时,使得主销的定位角和轮距都有些变化。然而如果适当地调整杆系的布置,可使车轮的这些定位参数变化极小。

该悬架的突出优点是增大了两前轮内侧的空

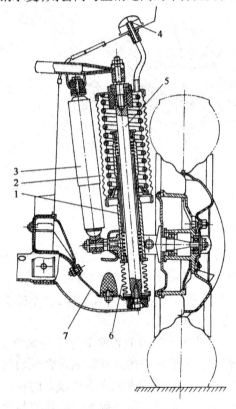

图 22-22 烛式悬架
1-套筒;2、6-防尘罩;3-减振器;4-通气管;5-主销;7-车架

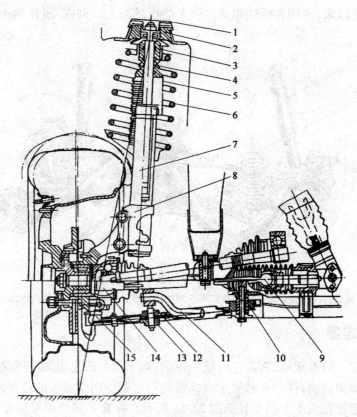

图 22-23 麦弗逊式独立悬架

1-连接板总成(汽车翼子板);2-带轴承的隔振块总成;3-螺旋弹簧上托盘;4-前缓冲块;5-防尘罩;6-螺旋弹簧;7-筒式减振器;8-转向节;9-转向拉杆内铰链;10-横摆臂内铰链;11-横向稳定器;12-横摆臂;13-橡胶缓冲块;14-传动轴;15-横摆臂球铰链

间,便于发动机和其他一些部件的布置;其缺点是滑动立柱摩擦和磨损较大。为减少摩擦通常是将螺旋弹簧中心线与滑柱中心线的布置不相重合。另外,还可将减振器导向座和活塞的摩擦表面用减摩材料制成,以减少磨损。

麦弗逊式悬架是目前前置前驱动轿车和某些轻型客车首选的较好的悬架结构形式。

四、单斜臂式独立悬架

单斜臂式独立悬架是介于单横臂和单纵臂之间的一种悬架结构形式,如图 22-24 所示。单斜臂绕与汽车纵轴线成一定夹角 θ ($0° < \theta < 90°$)的轴线摆动。适当地选择夹角 θ,可调整轮距、车轮倾角、前束等变化最小。从而可获得良好的操纵稳定性。有的单斜臂独立悬架,为控制前束变化,在单斜臂上安装了一根辅助拉杆,称为控制前束杆。

单斜臂式独立悬架兼有单横臂和单纵臂式独立悬架

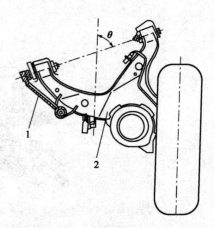

图 22-24 单斜臂式独立悬架
1-控制前束杆;2-单斜臂

的优点。它自诞生以来,多用在后轮驱动的汽车的后悬架上。例如,福特 Sierra 轿车的后悬架(图 22-25)。

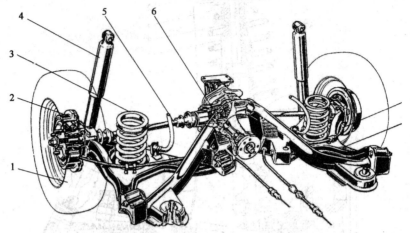

图 22-25 福特 Sierra 轿车后悬架(单斜臂式)
胎;2-制动毂;3-螺旋弹簧;4-筒式减振器;5-半轴;6-主减速器和差速器;7-制动拉线;8-单斜臂

五、横向稳定器

近代轿车悬架一般都很软,在高速行驶中转向时,车身会产生很大的横向倾斜和横向角振动。为减少这种横向倾斜,往往在悬架中添设横向稳定器。用得最多的是杆式横向稳定器。

杆式横向稳定器在汽车上的安装如图 22-26 所示。弹簧钢制成的横向稳定杆 3 呈扁平的 U 形,横向地安装在汽车的前端或后端(也有的轿车前后均有)。杆 3 的中部的两端自由地支承在两个橡胶套筒 2 内,而套筒 2 则固定在车架上。横向稳定杆的两侧纵向部分的末端通过支杆 1 与悬架下摆臂上的弹簧支座 4 相连。

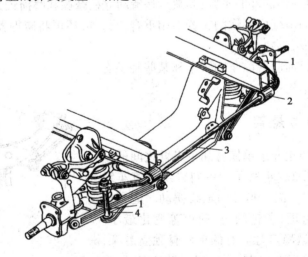

图 22-26 横向稳定器的安装
1-支杆;2-套筒;3-横向稳定杆;4-弹簧支座

当车身只作垂直移动而两侧悬架变形相等时,横向稳定杆在套筒内自由转动,横向稳定杆不起作用。当两侧悬架变形不等而车身相对于路面横向倾斜时,车架的一侧移近弹簧支座,稳定杆的该侧末端就相对于车架向上移,而车架的另一侧远离弹簧支座,相应的稳定杆的末端则相对于车架向下移。然而在车身和车架倾斜时,横向稳定杆的中部对于车架并无相对运动。这样在车身倾斜时,稳定杆两边的纵向部分向不同方向偏转,于是稳定杆便被扭转。弹性的稳定杆所产生的扭转的内力矩就妨碍了悬架弹簧的变形,因而减小了车身的横向倾斜和横向角振动。

第六节 多轴汽车及挂车的平衡悬架

对于重型汽车或挂车,轮胎与地面之间的压强不会过大,就需要使用较多的车轮来分摊车重,这样就出现了超过两根车轴的多轴汽车。如果每根车轴都单独悬挂在车架上,那么三轴以上的汽车以及挂车在不平路面行驶时,就容易出现车轮载荷分配不均,甚至车轮悬空的情况,如图 22-27a) 所示。当车轮垂直载荷变小甚至为零时,车轮对地面的附着力也随之变小甚至等于零。如果转向轮遇到这种情况,其转向操纵能力将大大降低甚至失去转向力;如果驱动轮遇到这种情况,将不能保证有足够的驱动力使汽车正常行驶;同时,一个车轮上垂直载荷减小,将引起其他车轮上垂直载荷的增加,严重时还会发生车桥及车轮超载损坏的情况。

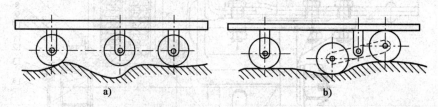

图 22-27 三轴汽车在不平道路上的行驶情况示意图
a)非平衡式悬架;b)平衡式悬架

如果将相邻的两个车桥(如三轴汽车的中桥和后桥)装在两根平衡杆的两端,而将平衡杆中部与车架铰链,图 22-27b) 所示。这样,当一个车桥抬高将使另一车桥降低。如果平衡杆两臂等长,则两个车桥上的垂直载荷在任何情况下都会相等。这种能保证相邻车桥上车轮垂直载荷相等的悬架,称为平衡悬架。常见的平衡悬架有等臂式、摆臂式和三点支承式等。

一、等臂式平衡悬架

等臂式平衡悬架是多轴汽车上最常用的类型,而多数等臂式悬架又采用钢板弹簧结构。东风 EQ2080E 型三轴汽车中、后桥的平衡悬架结构如图 22-28 所示。钢板弹簧 2 的中部用 U 形螺栓 5 固定在心轴轴承毂 7 上。轴承毂通过衬套 15 与固定不动的悬架心轴 16 作铰链连接,悬架心轴通过心轴支架 24 固定在车架上。为防止轴承毂轴向移动或脱出,在悬架心轴的两端装有推力垫圈 23,并用调整螺母 9、锁环 10、锁止垫圈 11 和锁紧螺母 12 压紧,外面用盖子 14 盖住防尘。钢板弹簧的两端自由地支承在中、后桥半轴套管上的滑板式支架内。这样,钢板弹簧便相当于一根等臂平衡弹性杆,它以悬架心轴为支点转动,从而可保证汽车在不平道路上行驶时,各轮都能着地,且使中、后桥车轮的垂直载荷平均分配。

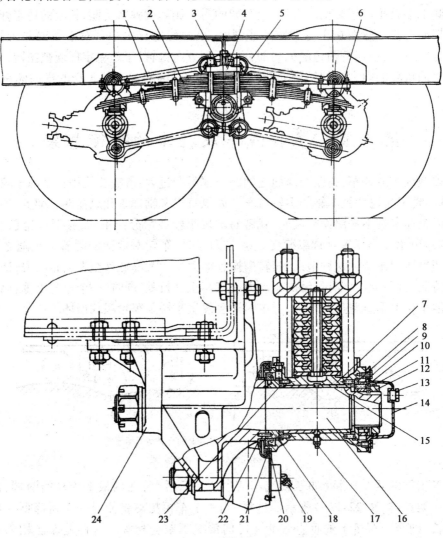

图 22-28 东风 EQ2080E 型三轴汽车中、后桥平衡悬架

1-导向杆;2-钢板弹簧;3-支架;4-钢板弹簧盖板;5-U形螺栓;6-限位块;7-心轴轴承毂;8-垫圈;9-调整螺母;10-锁环;11-锁止垫圈;12-锁紧螺母;13-加油螺塞;14-盖子;15-心轴衬套;16-悬架心轴;17-滑脂嘴;18-推力环;19-导向杆球头滑脂嘴;20、21-油封;22-封环;23-推力垫圈;24-心轴支架

在中、后桥上还装有导向杆 1。每一车桥有一根上导向杆及两根下导向杆。上导向杆一端以球头销和桥壳上的导向杆上臂相连,另一端用球头销与固定在车架上的支架 3 连接。下导向杆一端用球头销与桥壳上的导向杆下臂相连,另一端用球头销与悬架心轴支架连接。导向杆用于传递驱动力、制动力等纵向力。横向力由装在心轴轴承毂内的推力垫圈 23 和推力环 18 承受。

图 22-29 所示为三轴全轮驱动越野汽车的中、后驱动桥平衡悬架的外观,两边结构对称,用六根导向杆传递驱动力、制动力。

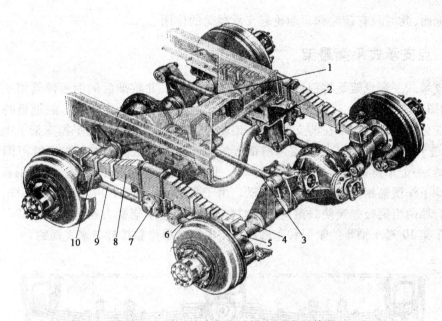

图22-29 三轴汽车中、后驱动桥平衡悬架的外观
1、3、6、9-导向杆;2-平衡悬架心轴;4-中桥;5-弹簧支座;7-毂;8-钢板弹簧;10-后桥

二、摆臂式平衡悬架

摆臂式平衡悬架如图22-30所示,主要用于6×2的货车上。这种货车的结构特点是前桥为转向桥,中桥为驱动桥,后桥是可以升降的支持桥。当汽车在轻载或空载行驶时,可操纵举升油缸,通过杠杆机构将后轮(支持轮)举起,使6×2汽车变为4×2汽车。这不仅可减少轮胎的磨损和降低油耗,同时还可以增加空车行驶时驱动轮上的附着力,避免由于驱动力不足而使驱动轮打滑。

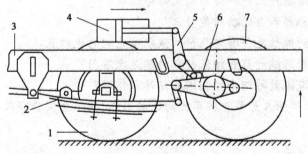

图22-30 摆臂式平衡悬架示意图
1-驱动轮;2-钢板弹簧;3-车架;4-油缸;5-举升杆;6-摆臂;7-支持轮

摆臂式平衡悬架的中桥悬架采用普通纵置半椭圆钢板弹簧,前耳与车架相连,后吊耳与摆臂的前端相连。摆臂轴支架固定在车架上。摆臂的后端与汽车的后桥(支持桥)相连。左、右后支持轮之间没有整轴联系。钢板弹簧和摆臂组成一套杠杆系统,驱动轮和支持轮上的垂直载荷分配比例,取决于摆臂的杠杆比及钢板弹簧前、后段长度之比。

当油缸推动举升杆5的上端向右摆动时,举升杆下端便使摆臂6逆时针转动,将支持轮7

提起离开地面,此时只有前轮和驱动轮起支承载荷的作用。

三、三点支承式平衡悬架

三点支承式平衡悬架是将钢板弹簧装在各自车轴上,并将前后的钢板弹簧用平衡臂的方式连接,如图 22-31 所示。三点支承式悬架和车架之间共有三个支承点。前钢板的前端和后钢板的后端分别自由地支承在前支架 1、后支架 9 上的滑板式支架内;平衡支架 7 中的平衡臂轴 6,则通过平衡臂 5 滑板式结构支承前钢板的后端和后钢板的前端。平衡臂可围绕平衡臂轴自由旋转,一个车桥抬高将使另一车桥降低,平衡臂起到了杠杆的作用。前后钢板弹簧在平衡臂的联动下作摆幅相同、方向相反的摆动。由于两组钢板弹簧尺寸和形状都一样,所以三点支承式具有靠两组钢板弹簧使载重均衡化的特点,有利于车架受力和寿命的提高。它常用在挂车上。车架 10 对车轴 8 的牵引和车轴对车架的制动都是靠拉杆 2 来实现的。

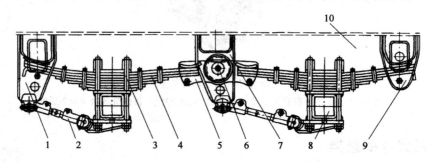

图 22-31 三点支承式平衡悬架

1-前支架;2-拉杆;3-U 形螺栓;4-钢板弹簧;5-平衡臂;6-平衡臂轴;7-平衡支架;8-车轴;9-后支架;10-车架

复习思考题

1. 汽车悬架的功用是什么?一般由哪几部分组成?
2. 弹性元件和减振器各自的功用是什么?
3. 汽车悬架常用的弹性元件有哪几种?试比较它们的优缺点。
4. 为什么减振器的压缩行程和伸张行程的阻尼比不同?
5. 双向作用筒式减振器的四个控制阀各起什么作用?
6. 何谓独立悬架、非独立悬架?按车轮的运动形式,独立悬架分哪几种?

第二十三章 汽车的通过性与平顺性

第一节 汽车的通过性

在一定载质量下,汽车能以足够高的平均车速通过各种坏路及无路地带和克服各种障碍的能力,称为汽车的通过性。

汽车通过性可分为轮廓通过性和牵引支撑通过性。前者是表征汽车通过坎坷不平路段和障碍的能力;后者是指汽车能顺利通过松软土壤、沙漠、雪地、冰面、沼泽等地面的能力。

一、轮廓通过性

当通过坎坷不平路段和障碍时,由于汽车与不规则地面的间隙不足,可能出现汽车被托住而无法通过的现象,称为间隙失效。中间底部的零件碰到地面,而被顶住的间隙失效称为顶起失效;前端或车尾触及地面而不能通过的间隙失效称为触头失效或托尾失效。

与间隙失效有关的整车几何尺寸,决定着汽车的轮廓通过性,称为汽车通过性的几何参数。它主要包括最小离地间隙、接近角、离去角、纵向通过角等,如图23-1所示。另外,汽车的最小转弯直径和内轮差、转弯通道圆及车轮半径也是汽车通过性的重要轮廓参数。

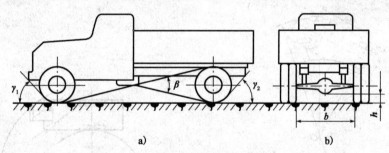

图23-1 汽车通过性几何参数
a)汽车侧视图;b)汽车后视图
h-最小离地间隙;b-两侧轮胎内缘间距;γ_1-接近角;γ_2-离去角;β-纵向通过角

1. 最小离地间隙

最小离地间隙h是指汽车在满载、静止时,汽车除车轮之外的最低点与支撑平面之间的距离,用于表征汽车无碰撞地而越过石块、树桩等障碍物的能力。前桥的离地间隙一般比飞轮壳的离地间隙小,以便利用前桥保护较弱的飞轮壳免受冲碰;后桥内装有直径较大的主减速器齿轮,一般离地间隙最小。

2. 接近角

接近角γ_1是指汽车在满载、静止时,自车身前端凸出点向前车轮所引切线与路面之间的夹角,表征汽车接近障碍物(如小丘、沟洼地等)时,不发生碰撞的能力。γ_1 越大,越不易发生汽车前端触及地面,通过性越好。

3. 离去角

离去角 γ_2 是指汽车在满载、静止时,自车身后端凸出点向后车轮所引切线与路面之间的夹角,表征汽车离开障碍物(如小丘、沟洼地等)时,不发生碰撞的能力。γ_2 越大,越不易发生汽车后端触及地面,通过性越好。

4. 纵向通过角

纵向通过角 β 是指汽车在满载、静止时,在汽车侧视图上通过前、后车轮外缘做切线交于车体下部较低部位所形成的最小锐角,表征汽车可无碰撞地通过小丘、拱桥等障碍物的轮廓尺寸。β 越大,汽车顶起失效的可能性越小。

5. 最小转弯直径

如图 23-2 所示,最小转弯直径 d_H 是指转向盘向左或向右转到极限位置,汽车以最低稳定车速转向行驶时,汽车外转向轮印迹中心在其支撑面上的轨迹圆直径中的较大者,表征汽车在最小面积内的回转能力和通过狭窄弯曲地带或绕过障碍物的能力。

内轮差 d 是指转向轴和末轴的内轮印迹中心在汽车支撑平面上的轨迹圆半径之差。

6. 转弯通道圆

转弯通道外圆与转弯通道内圆间的通道称为转弯通道圆,如图 23-3 所示。

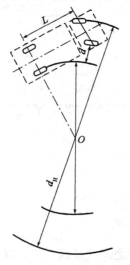

图 23-2 最小转弯直径和内轮差

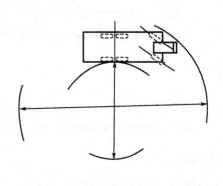

图 23-3 转弯通道圆

转向盘转至极限位置,汽车以最低稳定车速转向行驶时,汽车所有点在汽车支撑平面上的投影均位于圆外的最大内圆称为转弯通道内圆;包含汽车所有点在汽车支撑平面上的投影均位于圆内的最小外圆称为转弯通道外圆。汽车有向左和向右转弯通道圆。转弯通道圆的最大内圆直径越大,最小外圆直径越小,汽车所需的通道宽度越窄,通过性越好。

7. 车轮半径

汽车在不平路面上行驶时,经常要越过垂直障碍物。汽车克服垂直障碍物(台阶、壕沟等)的能力与车轮半径和驱动形式有关,也与路面附着条件有关。其越过台阶的能力如图 23-4 所示。

图中纵坐标用台阶高度 h_w 与车轮直径 D 之比表示,横坐标为路面附着系数。由图 23-4 可看出,全轴驱动汽车比单轴驱动汽车越过台阶能力强;路面附着条件越好,汽车能越过更高的台阶。

汽车越过壕沟的宽度 l_d 与其越过台阶的能力直接相关,两者只存在一个换算系数的关系。由图 23-4 查出汽车在某种路面的 h_w/D 之值,则可计算在该种路面条件下的 l_d/D 之值。图 23-5 中所绘曲线,即为 h_w/D 与 l_d/D 之间的关系曲线。

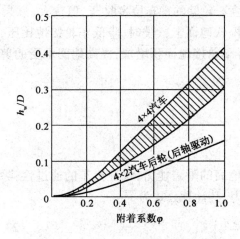

图 23-4 汽车越障能力与附着系数的关系

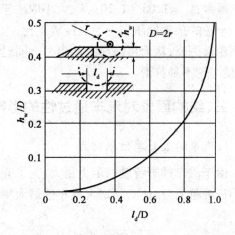

图 23-5 车轮可越过的台阶-壕沟尺寸换算图

二、牵引支撑通过性

牵引支撑通过性的主要评价指标包括附着质量系数以及车轮接地比压。

1. 附着质量系数

汽车行驶时,若附着条件好,则汽车动力性可以充分发挥,汽车通过性可以得到提高。为保证汽车通过性,在松软路面行驶的汽车,应满足的附着条件为

$$F_\varphi \geq F_f + F_i \tag{23-1}$$

设汽车总质量为 m,汽车驱动轴的载质量为 m_φ(m_φ 称为附着质量),路面附着系数为 φ,滚动阻力系数为 f,道路坡度为 i。将所设参数代入式(23-1)得

$$m_\varphi g \varphi \geq mg(f + i) \tag{23-2}$$

令 $K_\varphi = \dfrac{m_\varphi}{m}$,则 K_φ 称为汽车的附着质量系数,由式(23-2)得

$$K_\varphi = \frac{m_\varphi}{m} \geqslant \frac{\psi}{\varphi} \tag{23-3}$$

式中：ψ——道路阻力系数，$\psi = f + i$。

显然，K_φ 值大时，有利于汽车在坏路面上行驶，通过性得以提高。为了提高汽车的牵引支撑通过性，应对其提出明确的要求，保证汽车具有足够大的附着质量和附着质量系数。由于越野汽车采用全轮驱动，能获得最大的附着质量系数（$K_\varphi = 1$），因此越野汽车的通过性最好。

2. 车轮接地比压

车轮接地比压 p 是指车轮对地面的单位压力。

车轮接地比压 p 与轮胎气压 p_w 有关，车轮在硬路面上承受额定载荷时，其关系式为

$$p = k_w p_w \tag{23-4}$$

通常，$k_w = 1.05 \sim 1.20$。k_w 大小取决于轮胎刚度。轮胎的帘布层多时，k_w 值较大。

车轮的接地比压与轮胎气压成正比，当汽车在松软地面上行驶时，降低车轮接地比压，可减小轮辙深度，从而可减小滚动阻力。同时，可使得车轮接地面积增加，提高地面承受的剪切力，使车轮不易打滑。

三、结构因素对汽车通过性的影响

1. 汽车的最大单位驱动力

由于汽车越野行驶的阻力很大，为了充分利用地面的附着能力，保证汽车的通过性，除了减小行驶阻力外，还必须增大汽车的最大单位驱动力，其计算公式为

$$\frac{F_{t\max}}{G} = \left(\frac{T_{tq} i_g i_0 i_R \eta_t}{Gr}\right)_{\max} \tag{23-5}$$

式中：$F_{t\max}$——汽车的最大驱动力（N）；

i_R——分动器传动比。

低速行驶时，若忽略空气阻力，最大单位驱动力等于最大动力因数。为了获得足够大的单位驱动力，要求越野汽车有较大的比功率以及较大的传动比。因此，必须提高发动机功率，并在传动系统中增加副变速器或分动器，以增大传动系统的总传动比。

2. 传动系统传动比

增大传动系统传动比，既可提高汽车的最大单位驱动力，以克服较大的道路阻力，从而提高汽车的通过性，又可降低最低稳定车速，以减小车轮对松软路面的冲击，从而减少由此引起的土壤被剪切破坏的概率，提高汽车通过坏路或无路地段的能力。因此，越野车均设有副变速器或使用两挡分动器，以增加传动系统的总传动比。

3. 液力传动

装有普通机械传动系统的汽车，在起动或负荷变化时，由于各部件刚性结合传递转矩，因此驱动轮转矩急剧上升，对土壤产生振动和剪切，土壤结构被破坏，使轮辙加深，起步及行驶困难。

采用液力传动的汽车,起步时转矩增加平缓,避免了对路面的冲击;行车时传动系统载荷稳定,以减轻车轮对土壤的破坏;能使汽车稳定地低速(0.5~1km/h)行驶,减少车轮滑转倾向;实现无级变速,能避免换挡冲击。液力传动的这些特点均能改善汽车在松软路面行驶的通过性。

4. 差速器

普通锥齿轮式差速器,由于具有在驱动轮间平均分配转矩的特性,当一侧车轮出现滑转时,另一侧车轮只能产生与滑转车轮相等的驱动力,其汽车总的驱动力可能的最大值为

$$F_{t\,max} = 2F_{\varphi\,min}$$

式中:$F_{t\,max}$——汽车总的驱动力可能达到的最大值(N);

$F_{\varphi\,min}$——在附着力较小的车轮上的附着力(N)。

由于受到较小一侧车轮附着力的限制,使得总驱动力较小不能克服行驶阻力而失去通过性。

越野汽车常采用第十五章第三节中所述高摩擦式差速器,因其内摩擦力矩 T_f 较大,故而传动轴输入的转矩不是平均分配到各驱动轮上。如果一侧驱动轮由于附着力不足而滑转,因其转速增大,传给它的转矩就会减小 $T_f/2$,而另一侧车轮的转矩就会增大 $T_f/2$,其汽车总的驱动力可能的最大值为

$$F_{t\,max} = 2F_{\varphi\,min} + \frac{T_f}{r}$$

可见,采用高摩擦式差速器后,可以使转得较慢的车轮获得较大的驱动力,从而使总驱动力增加,增加值为 10%~15%,有利于提高汽车的通过性。

为了避免一侧驱动轮受附着力限制滑转而使整车驱动力受到限制,在某些载重汽车装有第十五章第三节所述之差速锁。当一边驱动轮打滑时,锁上差速锁,此时两边车轮的驱动力可以按各自的附着力来分配,其汽车总的驱动力可能的最大值为

$$F_{t\,max} = F_{\varphi\,min} + F_{\varphi\,max}$$

这样,可充分利用一侧驱动轮的高附着力 $F_{\varphi\,max}$,使总驱动力增加,其改善或提高通过性的作用比高摩擦差速器更明显。

5. 汽车车轮

汽车车轮对汽车通过性有着重要的影响。为了提高汽车的通过性,应合理地确定或选择车轮尺寸、轮胎花纹、轮胎气压、轮胎类型和轮胎数目。

1) 轮胎尺寸

轮胎直径直接影响汽车的越障能力和附着性能。加大轮胎直径可以提高汽车克服障碍物如台阶、壕沟的能力;加大轮胎直径还可以增加接触面积,减小接地比压,使附着性能提高,土壤阻力减少,车轮滑转减少。但加大轮胎直径会使惯性增大,汽车质心升高,轮胎成本增加,为避免驱动力减小,还必须采用大传动比的传动系统。因此,应设计合适的轮胎直径。

轮胎宽度对附着性能影响较大。加大轮胎宽度可以大幅度增加接地面积,直接降低轮胎的接地面比压,提高附着能力,在松软路面行车时,可以减少道路阻力。因此,在沙漠、雪地、沼泽、田间行驶的汽车,适宜采用宽轮胎。

2) 轮胎花纹

轮胎花纹对附着系数有很大影响。正确地选择轮胎花纹,对提高汽车在一定类型地面上的通过性有很大作用。越野汽车采用宽而深花纹的轮胎,在松软地面上行驶时,其花纹能较好地嵌入土壤,使附着能力提高;在潮湿路面上行驶时,只有花纹的凸起部分与路面接触,增加了车轮的接地比压,有利于挤出水分,提高附着系数。越野行驶的汽车,由于道路条件较差,因此,其越野轮胎花纹的形状应具有自动排出泥土的性能。

3) 轮胎气压

轮胎气压对汽车通过性的影响表现在行驶阻力和附着性能上。汽车在松软路面上行驶时,降低轮胎气压,可以增加轮胎与路面的接触面积,减小车轮接地比压,使附着系数提高,路面变形减小,道路阻力下降。在硬路面上行驶时,适当提高轮胎气压,可以减小轮胎变形,使行驶阻力减小。因此,应根据道路行驶条件,采用合适的轮胎气压。在沙漠、雪地、沼泽、田间行驶的汽车,可以采用特殊的低压轮胎,但在硬路面上行驶,会使行驶阻力增加,且易损坏轮胎。

为了提高越野汽车通过松软地面的能力,同时减小在硬路面上行驶时的滚动阻力,可装用轮胎中央充气系统,使驾驶人能够根据道路条件,随时调节轮胎气压。通常,越野汽车的超低压轮胎的气压可以在 $49 \sim 343 kPa$ 的范围内变化。

4) 轮胎数目

汽车在松软的地面上越野行驶时,采用双轮胎车轮的滚动阻力比采用单轮胎车轮的滚动阻力大。因此,越野汽车车轴的两侧普遍采用单轮胎车轮。

5) 前后轮距

装用单轮胎车轮的汽车,若其轮胎宽度相同、前后轴轮距相等,则汽车在松软的地面上越野行驶时,其后轮会沿前轮压实的轮辙行驶,可使全车的行驶阻力减小,提高汽车通过性。因此,现代越野汽车普遍采用前、后轮距相等的布置形式。

6) 前后轮接地比压

前后轮距相等的汽车在松软地面上行驶时,前轮是开路的,若前轮接地比压比后轮的接地比压小 20%~30%,则汽车的滚动阻力最小。因此,设计汽车时,可将载荷合理分配于前后轴,也可改变前后轮的气压,以产生不同的接地比压。

6. 驱动形式

汽车驱动形式对通过性影响很大。4×2 型后轮驱动汽车一般比前轮驱动汽车的附着条件好,具有更大的爬坡能力和加速能力,通过性较好。全轮驱动汽车通过性最好,它不仅改善了附着条件,使得附着质量系数最大,能获得更大的驱动力并减少滑转,而且有利于提高汽车通过垂直台阶和壕沟的能力。因此,越野汽车均采用全轮驱动。

7. 悬架

6×6 型或 8×8 型非独立悬架多轴驱动的越野汽车通过坎坷不平地面时,常会引起某个驱动车轮的垂直载荷大幅度减小,乃至离开地面而悬空,使驱动车轮失去与地面的附着而影响通过性。由第二十二章第五节和第六节知,独立悬架和平衡式悬架允许车轮与车架间有较大的相对位移,使驱动车轮与地面经常保持接触,可保证有较好的附着性能。同时,独立悬架可显著增大汽车的最小离地间隙,提高汽车的通过性。

四、使用因素对汽车通过性的影响

1. 行驶速度

当汽车低速行驶时，土壤剪切和车轮滑转的倾向减少。因此，在困难路段低速行驶，可改善汽车通过性。越野汽车所要求的最低稳定车速见表23-1。为此，越野汽车传动系最大总传动比一般较大，其最低稳定行驶速度 $u_{a\min}$（km/h）为

$$u_{a\min} = 0.377 \frac{n_{e\min}r}{i_g i_0 i_R} \tag{23-6}$$

式中：$n_{e\min}$——发动机的最低稳定转速（r/min）。

越野汽车的最低稳定车速　　　　表23-1

汽车重力（kN）	<19.6	<63.7	≤78.4	>78.4
最低稳定车速（km/h）	≤5	≤2~3	≤1.5~2.5	≤0.5~1

2. 拖带挂车

汽车拖带挂车后，由于总质量增加，动力性将有所降低，即汽车列车的最大动力因数将比单车的最大动力因数小。因而，汽车列车通过性也随之变差。

为了保证汽车列车有足够高的通过性，对汽车列车的牵引汽车，应该有较大的动力因数。增大传动系统的总传动比可以增大动力因数，但与此同时，汽车的最大行驶速度将会降低；加大发动机功率也会增大动力因数，但汽车在一般道路上行驶时，由于功率利用率低，将使汽车燃料经济性变坏。

汽车拖带挂车后的相对附着质量随之减少。在汽车列车总质量相同的条件下，因为半挂车的部分质量作用在牵引车上，则拖带半挂车时的相对附着质量比拖带全挂车时的大，因而半挂车汽车列车的通过性较好。

将汽车列车制成全轮驱动是提高相对附着质量的最有效方法。这可通过在挂车上装用动力装置（动力挂车），或将牵引车的动力性通过传动轴或液压管路传输到挂车的车轮上（驱动力挂车）来实现。

全轮驱动汽车列车的通过性较高，这不仅因其相对附着质量较大，同时，由于道路上各轮的附着系数一般是不同的（如道路上有积水小坑），驱动轮数目增多后，各驱动轮均遇到附着系数小的支承路面的可能性大为减小，因而对汽车列车的通过性有利。此外，与相同质量的重型载货汽车相比，全轮驱动汽车列车的车轮数一般较多，因而车轮接地比压较小。同时，还可将各轮轮距制成相等，以减少滚动阻力，提高通过性。另外，汽车列车克服障碍的能力与挂钩和牵引杆的结构参数也有关。

3. 轮胎防滑链

汽车在表面泥泞而下层坚硬（如雨后的泥路）的道路上行驶时，提高通过性的最简单办法是在轮胎上套上防滑链条。链条能挤开表面水层而直接与地面坚实部分接触，可以提高附着力。

4. 驾驶技术

驾驶技术对汽车通过性影响很大,为提高汽车通过性,应注意以下几点:

(1)通过砂地、泥泞、雪地等松软地面时,应该用低速挡,以保证汽车有较大的驱动力和较低的行驶速度。行驶中应避免换挡和加速,并保持直线行驶。

(2)后轮双胎的汽车,两胎间常会夹杂泥石,或车轮表面黏附泥土,使附着系数降低,增强滑转趋势。此时,可以适当提高车速,将车轮上的泥甩掉。

(3)传动系统装有差速锁时,应在到达可能使车轮滑转的地段前就将差速器锁住。因为车轮滑转后,土壤表面就会被破坏,附着系数会下降,再锁住差速锁时就不会起显著作用。当离开坏路地段后,应脱开差速锁。

(4)为了提高越野汽车的涉水能力,应注意发动机的分电器总成、火花塞、曲轴箱通气口等处的密封,并提高空气滤清器的位置,不得使其浸入水中。

第二节　汽车行驶的平顺性

汽车在坏路面上行驶时,常因振动过大使人感到很不舒服或货物损坏,从而不得不降低车速度,其实际行驶速度主要取决于行驶平顺性;其次,振动产生的动载荷,会加速零件磨损乃至引起损坏;此外,振动还会消耗能量,使燃油经济性变坏。因此,减轻汽车振动,提高汽车的平顺性,不仅关系到乘坐舒适和所运货物的完整,而且关系到汽车运输生产率、燃油经济性、使用寿命和工作可靠性等。

汽车行驶的平顺性是指汽车行驶过程中,保证乘员不会因车身振动而引起不舒服和疲劳的感觉以及保持所运货物完整无损的性能。由于行驶平顺性主要根据乘员的舒适程度评价,因此又称为乘坐舒适性。

一、汽车振动及其传递途径

汽车的行驶平顺性可以用汽车振动系统框图(图 23-6)来分析。行驶中的汽车是一个复杂的"振动系统",振动主要是由行驶路面的凹凸不平、高速旋转的轮胎和传动轴以及发动机的转矩变化而引起的。这些因素引起的振动又大多与车速相关,尤其是路面凹凸不平引起的振动,随着车速的变化,振动的频率和强弱会产生相应的变化。

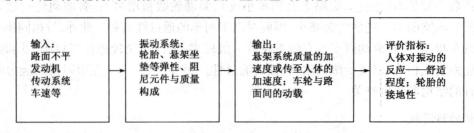

图 23-6　汽车振动系统框图

上述诸多"信号"不断地"输入"行驶中的汽车,而汽车又可以看作是由轮胎、悬架、坐垫等弹性、阻尼元件和悬架质量及非悬架质量构成的"振动系统"。各种"输入"信号沿不同的路径传至乘员人体,其主要传递路径如图23-7所示。

因路面、轮胎产生的振动,先传到悬架,受悬架自身的振动特性影响后再传给车身,通过车身传到乘客的脚部,同时通过座椅传给乘客的臀部和背部,还通过转向系统,以转向盘抖动的形式传到驾驶人手部。

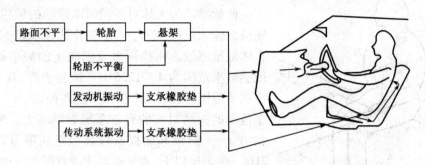

图23-7 汽车行驶振动传递路径示意图

因发动机、传动系统产生的振动,通过支承发动机、变速器和传动轴的缓冲橡胶块,经衰减后传给车身,再经上述途径传至人体各个部位。

当振动频率超过40Hz以上,便形成噪声传进人的耳朵。

作为系统的"输出",是人体或货物受到的振动,其中最重要的是振动的频率和振动加速度。任何一个"振动系统"均有一个"固有频率",当外界激振频率接近或等于"固有频率"时,将出现"共振"现象,产生剧烈的振动,这既影响汽车的操纵稳定性,也影响行驶平顺性。

人体是一个复杂的机械振动系统,人体对振动的反应既与振动频率及强度、振动作用方向和暴露时间有关,也与乘员的心理、生理状态有关。

通过大量的振动试验表明,人体对不同方向的振动存在差异,对上下振动忍耐性最强,其次是前后振动,对左右振动最敏感。人体上下振动的共振点在4~8Hz,水平振动的共振点在1~2Hz。如果在共振点上加振,人的抗震能力会严重下降,氧气消耗量剧增,能量代谢加快。

所谓暴露时间是指人体处于振动环境的时间。暴露时间越长,人体所能承受的振动强度越小。

研究汽车行驶平顺性实际上要解决两方面的问题:一是如何避免汽车这个"振动系统"的"共振"现象;二是使"振动系统"输出的振动频率避开人体敏感的范围,振动加速度不超过人体所能承受的强度。

二、汽车行驶平顺性的评价

1.汽车行驶平顺性的评价依据

目前,对汽车行驶平顺性的评价仍是以人的主观感觉为最终依据,它既受振动环境特点的影响,又受人的心理、生理因素的影响,所以行驶平顺性的评价和衡量是非常困难和复杂的。

国际标准化组织(ISO)在综合了大量有关人体全身振动的研究工作和文献的基础上,制定了ISO 2631《人体承受全身振动能力的评价指南》,该标准是人体承受全身振动评价的国际通用标准。它规定了人体坐姿受振模型(图23-8)。模型表明在进行舒适性评价时,除了要考虑座椅支承面处输入点(s点)三个方向的线振动(x_s、y_s、z_s),还要考虑s点三个方向的角振动(r_x、r_y、r_z)以及座椅靠背输入点(b点)三个方向的线振动(x_b、y_b、z_b)和脚支承面输入点(f点)三个方向的线振动(x_f、y_f、z_f),共3个输入点12个轴向的振动。

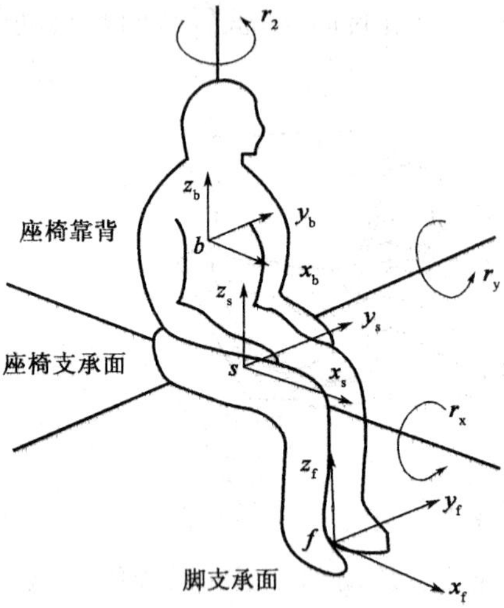

此标准认为人体对不同频率振动的敏感程度不同。座椅面输入点(s点)x_s、y_s、z_s三个线振动是12个轴向中人体最敏感的。座椅面垂直轴向z_s的频率加权函数最敏感频率范围为$4\sim12.5$Hz。试验表明,在$4\sim8$Hz这个频率范围,人的内脏器官产生共振,而$8\sim12.5$Hz频率范围的振动对人的脊椎系统影响很大。座椅面水平轴向x_s、y_s的频率加权系数最敏感频率范围为$0.5\sim2$Hz。在3Hz以下,水平振动比垂直振动更敏感,且汽车车身部分系统在此频率范围产生共振,故应对水平振动给予充分重视。

图23-8 体坐姿受振模型图

《汽车平顺性试验方法》(GB/T4970—2009)规定,评价汽车平顺性主要考虑s点、b点和f点的线振动,共九个轴向。

2. 汽车行驶平顺性的评价指标

汽车是一个复杂的振动系统,而人体对它的反应由其振动频率、强度、振动方向及振动时间的综合作用决定。我国评价人体承受全身振动的评价指标采用了国际标准化组织规定的三个评价指标,即"疲劳-降低工效界限"、"舒适降低界限"及"暴露极限"。在评价货车的平顺性时,用"疲劳—降低工效界限"来评价驾驶人的工作环境,并用车厢测量部位的加速度功率谱密度函数及加速度的总均方根值来评价货厢的振动情况。对于客车及乘用车,用"舒适降低界限"来评价其测量部位的平顺性。

ISO 2631《人体承受全身振动能力的评价指南》规定:当振动波形峰值系数<9(峰值系数是加权加速度时间历程的峰值与加权加速度均方根值的比值)时,用总加权加速度均方根值来评价振动对人体舒适和健康的影响。这一方法对各种汽车在正常行驶工况下均适用。

1) 单轴向加权加速度均方根$\overline{a}_\omega$

计算各轴向加权加速度均方根$\overline{a}_\omega$有频谱分析法和滤波网络法两种。

(1) 频谱分析法。对记录的"加速度—时间历程"$a(t)$,进行等带宽频率分析得到的加速度自功率谱密度函数$G_a(f)$计算$\overline{a}_\omega$。1/3倍频带加速度均方根值为

$$a_j = \left[\int_{f_{ij}}^{f_{uj}} G_a(f)\mathrm{d}f\right]^{\frac{1}{2}} \tag{23-7}$$

式中: a_j——中心频率为f_j的第j($j=1,2,3,\cdots,23$)个1/3倍频程带宽上的加速度均方根值(m/s^2);

f_{uj}、f_{ij}——分别是1/3倍频程带宽的中心频率为f_j的上、下限频率(Hz),见表23-2;

$G_a(f)$——等宽的加速度自功率谱密度函数(m^2/s^2)。

然后,再按下式计算$\overline{a}_\omega$:

$$\bar{a}_\omega = \left[\sum_{j=1}^{23}(\omega_j a_j)^2\right]^{\frac{1}{2}} \tag{23-8}$$

式中：$\bar{a}_\omega$——单轴向加权加速度均方根值(m/s^2)；

ω_j——第 j 个 1/3 倍频程带宽的加权系数，根据测点的位置和方向不同，分别取 ω_k、ω_d、ω_e，见表 23-3；ω_k、ω_d、ω_e 的具体取值见表 23-4。

（2）滤波网络法。对于记录的"加速度—时间历程"$a(t)$，通过符合表 23-4 规定的频率加权滤波网络得到"加权加速度—时间历程"$a_\omega(t)$，计算公式为

$$\bar{a}_\omega = \left[\frac{1}{T}\int_0^T a_\omega^2(t)dt\right]^{\frac{1}{2}} \tag{23-9}$$

式中：$a_\omega(t)$——加权加速度时间历程(m/s^2)；

T——作用时间(s)，一般为 120s。

1/3 倍频程带宽中心频率上、下限频率　　表 23-2

频率带数	1/3 倍频程带宽中心频率 f_j(Hz)	f_j 的下限频率 f_{lj}(Hz)	f_j 的上限频率 f_{uj}(Hz)
1	0.50	0.45	0.57
2	0.63	0.57	0.71
3	0.80	0.71	0.9
4	1.0	0.9	1.12
5	1.25	1.12	1.4
6	1.6	1.4	1.8
7	2.0	1.8	2.24
8	2.5	2.24	2.8
9	3.15	2.8	3.55
10	4.0	3.55	4.5
11	5.0	4.5	5.6
12	6.3	5.6	7.1
13	8.0	7.1	9
14	10.0	9	11.2
15	12.5	11.2	14
16	16.0	14	18
17	20.0	18	22.4
18	25.0	22.4	28
19	31.5	28	35.5
20	40.0	35.5	45
21	50.0	45	56
22	63.0	56	71
23	80.0	71	90

不同测点、方向的倍频程带宽的频率加权函数和轴向加权系数　　　表 23-3

位置	坐标轴名称	频率加权函数	轴向加权系数 k
座椅支承面	x_s	ω_d	1.00
	y_s	ω_d	1.00
	z_s	ω_k	1.00
靠背	x_b	ω_c	0.80
	y_b	ω_d	0.50
	z_b	ω_d	0.40
脚	x_f	ω_k	0.25
	y_f	ω_k	0.25
	z_f	ω_k	0.40

1/3 倍频程带宽的主要加权系数　　　表 23-4

频率带数 x	频率 f(Hz)	ω_k 频率加权系数×1000	dB	ω_d 频率加权系数×1000	dB	ω_c 频率加权系数×1000	dB
1	0.50	418	−7.57	853	−1.38	843	−1.48
2	0.63	459	−6.77	944	−0.50	929	−0.64
3	0.80	477	−6.43	992	−0.07	972	−0.24
4	1.0	482	−6.33	1011	0.1	991	−0.08
5	1.25	484	−6.29	1008	0.07	1000	0.00
6	1.6	494	−6.12	968	−0.28	1007	0.06
7	2.0	531	−5.49	890	−1.01	1012	0.10
8	2.5	631	−4.01	776	−2.20	1017	0.15
9	3.15	804	−1.90	642	−3.85	1022	0.19
10	4.0	967	−0.29	512	−5.82	1024	0.20
11	5.0	1039	0.33	409	−7.76	1013	0.11
12	6.3	1054	0.46	323	9.81	974	−0.23
13	8.0	1036	0.31	253	−11.93	891	−1.00
14	10.0	988	−0.1	212	−13.91	776	−2.20
15	12.5	902	−0.89	161	−15.87	647	−3.79
16	16.0	768	−2.28	125	−18.03	512	−5.82
17	20.0	636	−3.93	100	−19.99	409	−7.77
18	25.0	513	−5.80	80.0	−21.94	325	−9.76
19	31.5	405	−7.86	63.2	−23.98	256	−11.84
20	40.0	314	−10.05	49.4	−26.13	199	−14.02
21	50.0	246	−12.19	38.8	−28.22	156	−16.13
22	63.0	186	−14.61	29.5	−30.60	118	−18.53
23	80.0	132	−17.56	21.1	−33.53	84.4	−21.47

2) 各测量点的加权加速度均方根值 $\bar{a}_{vj}$

座椅坐垫上方、座椅靠背及驾驶室地板处各测量点的加权加速度均方根值计算公式为

$$\bar{a}_{vj} = (k_x^2 \bar{a}_{\omega x}^2 + k_y^2 \bar{a}_{\omega y}^2 + k_z^2 \bar{a}_{\omega z}^2)^{\frac{1}{2}} \tag{23-10}$$

式中：$\bar{a}_{vj}$——某点加权加速度均方根值(m/s^2)，$j = 1、2、3$ 分别代表座椅坐垫上方、座椅靠背及驾驶室地板三个位置；

$\bar{a}_{\omega x}$——前后方向(即 x 轴向)加权加速度均方根值(m/s^2)；

$\bar{a}_{\omega y}$——左右方向(即 y 轴向)加权加速度均方根值(m/s^2)；

$\bar{a}_{\omega z}$——垂直方向(即 z 轴向)加权加速度均方根值(m/s^2)；

$k_x、k_y、k_z$——各轴向加权系数，见表 23-3。

3) 总加权加速度均方根值 $\bar{a}_v$

研究振动对人体舒适性感觉的影响时，应用座椅坐垫上方、座椅靠背处和脚支承面处总加权加速度均方根值 $\bar{a}_v$ 来评价，其计算公式为

$$\bar{a}_v = \left(\sum_{j=1}^{3} \bar{a}_{vj}^2\right)^{\frac{1}{2}} \tag{23-11}$$

4) 总加权加速度均方根值 $\bar{a}_v$ 与加权振级 $L_{a\omega}$ 的关系

在评价汽车平顺性时，还采用加权振级 $L_{a\omega}$ 作为评价指标。加权振级表明振动的量级，可以理解为用分贝值表示的加权加速度均方根值。它与总加权加速度均方根值 $\bar{a}_v$ 的换算式为

$$L_{a\omega} = 20\lg \frac{\bar{a}_v}{a_0} \tag{23-12}$$

式中：a_0——参考加速度均方根值，$a_0 = 10^{-6} m/s^2$；

$L_{a\omega}$——加权振级(dB)。

5) 总加权加速度均方根值 $\bar{a}_v$ 与人的主观感觉之间的关系

ISO 2631 和《汽车平顺性试验方法》(GB/T4970—2009)给出了在 1~80Hz 振动频率范围内人体对振动的主观感觉(表 23-5)，即不同的加权加速度均方根值 $\bar{a}_v$、加权振级 $L_{a\omega}$，可得知人的主观感觉程度，从而可评价汽车平顺性的优劣。

$L_{a\omega}$ 和 $\bar{a}_v$ 与人的主观感觉之间的关系　　　　表 23-5

加权加速度均方根值 $\bar{a}_v$ (m/s^2)	加权振级 $L_{a\omega}$ (dB)	人的主观感觉
<0.315	110	没有不舒适
0.315~0.63	110~116	稍有不舒适
0.5~1.0	114~120	比较不舒适
0.8~1.6	118~124	不舒适
1.25~2.5	122~128	很不舒适
>2.0	126	极不舒适

三、影响汽车行驶平顺性的因素

为了便于分析,需要对由多质量组成的汽车振动系统进行简化。图23-9为经过简化的振动系统模型,它把汽车总质量 m 视为由彼此相联系的悬挂质量 m_2 与非悬挂质量 m_1 组成。其悬挂质量是簧上质量,主要由车身、车架及其上的总成构成;非悬挂质量是簧下质量,主要由车轴、车轮构成。悬挂质量通过减振器、悬架弹簧与非悬挂质量相连。整车通过具有一定弹性和阻尼的轮胎支承在路面上。

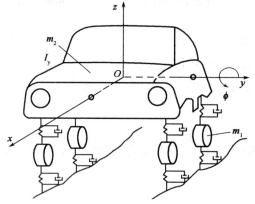

图23-9　四轮汽车振动的简化模型

汽车振动系统的特性、使用维护和道路条件对汽车的行驶平顺性产生重要影响。

1. 悬架特性

悬架刚度、悬架系统弹性特性、减振器阻尼系数对汽车行驶平顺性的影响最大。

1)悬架刚度

若将汽车车身看成是弹性悬架上作单自由度振动的质量,则其固有频率为

$$f_0 = \frac{1}{2\pi}\sqrt{\frac{gK}{G}} \tag{23-13}$$

式中:f_0——车身固有频率(Hz);

K——悬架刚度(N/mm);

G——悬挂重力(N);

g——重力加速度,$g=9810\text{mm/s}^2$。

式(23-13)说明,在汽车质量一定时,车身的固有频率取决于悬架刚度。减小悬架刚度,可以降低固有频率,明显减小车身的加速度,这是改善平顺性的基本措施。为此,需要采用刚度较小的软弹簧。但悬架刚度也不宜过小,否则会使非悬挂质量高频振动的幅值加大;在紧急制动时会产生严重的汽车"点头"现象;转弯时车身容易产生较大的侧倾等不良现象,影响操纵稳定性。

汽车前后悬架的刚度应匹配,以保证前后悬架具有合适的固有频率。前后悬架的固有频率应避开激振频率,以避免出现"共振"现象。另外,由于来自路面的激励先作用于前轮,然后才作用到后轮,因此作用给前后轮的激励具有时差,这就容易引起车身的纵向角振动。考虑到悬架的阻尼作用,其簧上质量的位移会比激励的位移落后一段时间,且固有频率越低,落后时间就越长,为减轻车身的纵向角振动,悬架刚度确定时,应使前悬架的固有频率略比后悬架低,这样就可保证车身前后端作同相运动,即车身只有垂直振动。从乘员的舒适性观点看,纵向角振动比垂直振动影响更坏。

2)悬架系统弹性特性

悬架系统的弹性特性是指悬架变形与所受载荷之间的对应关系,由第二十二章第二节可

知,悬架弹性特性分为线性与非线性两种。其中线性悬架的刚度为常数,其车身振动的固有频率将随装载质量的多少而改变,这种汽车在空载或部分载荷时前、后悬架振动固有频率过高或失配,会导致车身猛烈颠簸,平顺性变差。而非线性悬架的刚度是可变的,能保证汽车在各种载荷下,车身振动的固有频率基本不变,平顺性较好。

对于载荷变化较大的公共汽车、客车和载货汽车,为满足不同载荷对悬架刚度的不同需要,常采用非线性悬架,即变刚度悬架。当载荷较小时,悬架刚度较小,以避免振动频率过高,改善平顺性;当载荷较大时,刚度急剧增大,使汽车的侧倾和纵向角振动减轻,提高汽车的平顺性。

3) 悬架阻尼

悬架系统的阻尼主要来自减振器、钢板弹簧叶片之间的摩擦。悬架阻尼的作用是使车身的振动迅速衰减,减小传递给乘员和货物的振动加速度,缩短振动时间,改善行驶平顺性,还能改善车轮与道路的接触状况,防止车轮跳离地面,提高操纵稳定性。

为衰减车身的自由振动和抑制车身的共振,减小车身振动加速度,汽车悬架系统中应有适当的阻尼。若阻尼过大,则悬架弹簧会失去缓冲作用,使较大的路面冲击快速传递到车身,平顺性不好;若阻尼过小,则振动衰减缓慢,受冲击后振动持续时间长,使乘客感到不舒适。

减振器的阻力常用相对阻尼系数 ζ 来评价,即

$$\zeta = \frac{C}{2\sqrt{Km_2}} \tag{23-14}$$

式中:C——减振器阻力系数;

m_2——悬挂质量。

实际应用中,常将减振器伸张行程的相对阻尼系数 ζ_e 比压缩行程的相对阻尼系数 ζ_c 适当设计得大些,即伸张行程的阻尼力比压缩行程的阻尼力大些。一般减振器 $\zeta_c = (0.25 \sim 0.50)\zeta_e$,这样既可使减振器总体阻尼适当,减振效果好,又可不传递较大冲击力。

悬架结构形式不同、使用条件不同,则满足平顺性要求的相对阻尼系数也不同。对于无内摩擦的弹性元件悬架,$\zeta_e = 0.25 \sim 0.50$;对于有内摩擦的钢板弹簧悬架,相对阻尼系数较小,如解放牌载货汽车前悬架的相对阻尼系数 $\zeta = 0.13$,其中 $\zeta_c = 0.086$,$\zeta_e = 0.174$;对于越野汽车或行驶路面条件较差的汽车取值相对较大,一般 $\zeta_e > 0.3$。

2. 轮胎

轮胎具有缓冲和减振的作用,它与悬架系统共同保证了汽车的平顺性。轮胎对平顺性的影响主要取决于轮胎的缓冲性能、径向刚度和平衡程度。

轮胎的缓冲性能好,既可以减少因路面不平引起的对车身冲击,又可在很大程度上吸收因路面不平所产生的振动。缓冲性能好的轮胎在不平道路行驶时,轮胎能通过本身的弹性变形对凹凸不平的路面进行补偿,表现出很强的展平能力,使轮心位移曲线较道路断面轮廓曲线圆滑平整,可使汽车在高频的共振振动减小。近年来随着车速提高,希望轮胎的缓冲性能越来越好。提高轮胎缓冲性能的方法:一是增大轮胎断面、轮辋宽度和空气容量,并相应降低轮胎气压;二是改变轮胎结构形式,采用径向弹性大的胎体,如采用子午线轮胎;三是提高帘线和橡胶的弹性,采用较柔软的胎冠。

减少轮胎径向刚度,可使悬架换算刚度减小,改善汽车的行驶平顺性。但轮胎刚度过低,会增加车轮的侧向偏离,影响汽车的操纵稳定性,同时,还使滚动阻力增加,轮胎寿命降低。因此,应适当减小轮胎径向刚度,尽量采用子午线轮胎。

轮胎因偏磨、翻新或质量不佳,会造成车轮旋转质量不平衡。汽车高速行驶时,不平衡的车轮会引起汽车振动,影响平顺性和行驶稳定性。因此,必须对每一车轮(含装好的轮胎)进行动平衡,以保证高速行驶时的舒适性。

3. 悬挂质量

汽车悬挂质量的振动是以自振频率进行的,其悬挂质量的大小和分布对悬架的振动特性产生重要影响,因而对汽车行驶平顺性影响较大。

一般来说,汽车的悬挂质量增加,则车身的振动频率和加速度会降低,因此汽车行驶平顺性会提高。为保证汽车空载或轻载时的行驶平顺性,汽车最好使用非线性悬架或变刚度悬架。

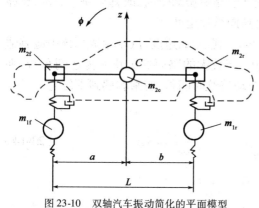

图 23-10 双轴汽车振动简化的平面模型

汽车悬挂质量的分布关系到汽车前后轴振动的相互影响。图 23-10 是双轴汽车在纵向垂直平面内简化的自由振动模型。图中,按动力学的等效条件将汽车的悬挂质量 m_2 分解为前轴上、后轴上及质心 C 上的三个集中质量 m_{2f}、m_{2r} 及 m_{2c},并由无质量的刚性杆互相连接。它们的大小应同时满足三个条件:总质量不变;质心位置不变;对通过质心的 y 轴的转动惯量 I_y 不变。分别表示为

$$m_2 = m_{2f} + m_{2r} + m_{2c} \tag{23-15}$$

$$m_{2f}a - m_{2r}b = 0 \tag{23-16}$$

$$I_y = m_2\rho_y^2 = m_{2f}a^2 + m_{2r}b^2 \tag{23-17}$$

式中:ρ_y——绕横轴 y 的回转半径;

a、b——车身质心至前、后轴线的距离。

由式(23-15)~式(23-17)可解得三个集中的质量分别为

$$m_{2f} = m_2 \frac{\rho_y^2}{aL} \tag{23-18}$$

$$m_{2r} = m_2 \frac{\rho_y^2}{bL} \tag{23-19}$$

$$m_{2c} = m_2 \left(1 - \frac{\rho_y^2}{ab}\right) \tag{23-20}$$

式中:L——轴距。

通常,令 $\varepsilon = \rho_y^2/ab$,则 ε 称为悬挂质量分配系数,它用来描述悬挂质量在车上前后分布的状况。由式(23-20)可见,当 $\varepsilon = 1$ 时,质心上的质量 $m_{2c} = 0$,其悬挂质量集中分布在前、后

轴上,此时前、后轴上方的集中质量 m_{2f}、m_{2r} 在垂直方向的运动相互独立。这说明当前轮遇到路面不平而引起振动时,质量 m_{2f} 运动,而质量 m_{2r} 不运动;反之亦然。

根据统计,大部分汽车的 $\varepsilon = 0.8 \sim 1.2$,即接近于1。为了维持 $\varepsilon \approx 1$,以减少前、后悬挂质量振动的联系,应保证 ρ_y 有相应数值,例如把质量分配到汽车的两端(如发动机前移,行李舱后移等),或改变汽车的质心位置等。

4. 非悬挂质量

非悬挂质量对汽车的振动产生重要影响。减小非悬挂质量可降低车身的振动频率,增高车轮的振动频率。这样就使低频共振与高频共振区域的振动减小,而将高频共振移向更高的行驶速度,对行驶平顺性有利。其次,减小非悬挂质量,可以减少传给车身的冲击力,改善行驶平顺性。另外,减小非悬挂质量,还将引起高频振动的相对阻尼系数增加,因而减振器所吸收的能量减少,工作条件可以获得改善。

非悬挂质量可因悬架导向装置形式而改变,采用独立悬架,可使非悬挂质量减小。

常用非悬挂质量与悬挂质量之比 m_1/m_2 评价非悬挂质量对行驶平顺性的影响。其比值越小,行驶平顺性越好。对于现代轿车,$m_1/m_2 = 10.5\% \sim 14.5\%$,可以保证良好的行驶平顺性。

5. 座椅

座椅的布置对平顺性有较大影响。振动时接近车身中部的座椅,振幅较小,前、后两端的座椅振幅较大。通常用座椅到汽车质心的距离与汽车质心到前(后)轴线距离之比评价座位的舒适性。该比值越小,车身振动对乘客的影响就越小。座椅在高度方向上也应尽量缩小与质心间的距离,以减小水平纵向振动的振幅。

座椅应具有良好的柔和性,其振动特性(振幅、频率)和消振速度要合理。这就要适当选择弹簧座椅的刚度和阻尼,使"人-座椅"系统的固有频率避开人体最敏感的频率范围,且又不与车身的固有频率重合,以免共振。当座椅上乘员的自振频率与车身振动频率的比值为 1.6~2.0 时,其舒适性最好。座位的坐垫对舒适性也有较大影响,较硬悬架的汽车采用较软的坐垫,较软悬架的汽车采用较硬的坐垫,可以提高乘坐舒适性。

6. 汽车的使用维护

车速对行驶平顺性影响很大,车速越高,车身在不平路面行驶时受到的动载荷越大,乘员的舒适性就会下降。因此,应保持适当的车速。路面越恶劣,车速越不能过高。特别应注意的是,对具有一定不平度的路面,必然有一个共振车速,驾驶时必须使常用车速远离共振车速。

悬架系统技术状况不佳,会导致行驶平顺性变差。因此,应加强减振器及钢板弹簧的维护,以防减振器失效及弹簧片生锈降低弹性元件的作用,影响行驶平顺性。

7. 汽车的道路条件

路面不平是汽车行驶振动的主要原因。因此,提高道路级别,改善路面质量,减少路面不平度,可以减少对汽车的冲击,使汽车的振动强度降低,从而改善乘坐舒适性,为汽车的高速行驶、高效运输创造条件。

复习思考题

1. 什么是汽车的通过性?
2. 通过性的几何参数有哪些?
3. 通过性的支撑和牵引参数有哪些?
4. 影响汽车通过性的结构因素有哪些?它们各是如何影响通过性的?
5. 影响汽车通过性的使用因素有哪些?这些因素各是如何影响通过性的?
6. 什么是汽车的行驶平顺性?
7. 汽车平顺性的评价指标是什么?
8. 试分析悬挂质量以及非悬挂质量与汽车平顺性的关系。

第四篇　汽车底盘控制系统

第二十四章 汽车转向系统

第一节 概　　述

一、转向系统的功用

汽车转向系统的功用是通过操纵转向盘按照驾驶人的意愿控制汽车的行驶方向。汽车在道路上行驶时,驾驶人根据道路情况和交通状况转动转向盘,使转向车轮偏转,改变汽车的行驶方向。汽车用来改变或保持汽车行驶方向的系统,称为汽车转向系统。

汽车转向系统一般应该满足下列几个条件:
(1) 有良好的操纵性能,确保准确、轻便、灵活。
(2) 有平顺的回转性能,转向盘无抖动和摆动现象。
(3) 应尽量减少汽车转向轮从路面传来的冲击,但又要保证驾驶人有一定的路感。

二、转向系统的分类

转向系统可按转向能源的不同分为机械转向系统和动力转向系统两大类。

1. 机械转向系统

机械转向系统以驾驶人的体力作为转向能源,其中所有的传力件都是机械的。它由转向操纵机构、转向器和转向传动机构三大部分组成。

机械转向系统的布置如图 24-1 所示。当驾驶人转动转向盘 1 时,通过转向轴 2、万向节 3 和传动轴 4,将转向力矩输入转向器 5。从转向盘到传动轴这一系列零部件为转向操纵机构。作为减速传动装置的转向器中有 1~2 级减速传动副。经转向器减速增扭后的力矩传到转向摇臂 6,再通过转向直拉杆 7 传给固定于左转向节 9 上的转向节臂 8,使左转向节及装于其上的左转向轮绕主销偏转。同时,左梯形臂 10 经转向横拉杆 11 和右梯形臂 12 使右转向节 13 及右转向轮绕主销向同一方向偏转,从而实现转向。转向摇臂 6、转向直拉杆 7、转向节臂 8、左右梯形臂 10 及 12、转向横拉杆 11 总称为转向传动机构。左右梯形臂 10 和 12 以及转向横拉杆 11 和前轴构成转向梯形,其作用是保证左、右转向轮按一定规律进行偏转。

2. 动力转向系统

动力转向系统是兼用驾驶人体力和发动机动力为转向能源的转向系统。在正常情况下,汽车转向所需能量,只有一小部分由驾驶人提供,而大部分是由发动机通过转向加力装置提供的。但在转向加力装置失效时,一般还应当能由驾驶人独力承担汽车转向任务。因此,动力转向系统是在机械转向系统的基础上加设一套转向加力装置而形成的。

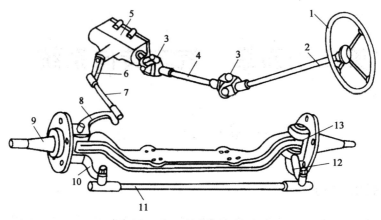

图 24-1 机械式转向系示意图

1-转向盘;2-转向轴;3-转向万向节;4-转向传动轴;5-转向器;6-转向摇臂;7-转向直拉杆;8-转向节臂;9-左转向节;10-左梯形臂;11-转向横拉杆;12-右梯形臂;13-右转向节

图 24-2 所示为一种液压动力转向系统的组成和液压动力转向装置的管路布置示意图。其中属于动力转向装置的部件是:转向油罐 9、转向油泵 10、转向控制阀 5 和转向动力缸 11。当驾驶人逆时针转动转向盘 1(左转向)时,转向器摇臂 7 带动转向直拉杆 6 前移。直拉杆的拉力作用于转向节臂 4,并依次传到梯形臂 3 和转向横拉杆 12,使之右移。与此同时,转向直拉杆还带动转向控制阀 5 中的滑阀,使转向动力缸 11 的右腔接通液面压力为零的转向油罐。油泵 10 的高压油进入转向动力缸的左腔,于是转向动力缸的活塞上受到向右的液压作用力便经推杆施加在横拉杆 11 上,也使之右移。这样,驾驶人施于转向盘上很小的转向力矩,便可克服地面作用于转向轮上的转向阻力矩。

三、两侧转向轮偏转角之间的理想关系式

如图 24-3 所示,为了避免在汽车转向时产生的路面对汽车行驶的附加阻力和轮胎过快磨损,要求转向时所有车轮的轴线都相交于一点,此交点 O 称为转向中心,即保证所有车轮均作纯滚动,使阻力和轮胎磨损最小。

汽车转向时,内转向轮偏转角 β 应当大于外转向轮偏转角 α。在车轮为绝对刚体的假设条件下,由图 24-3 可找出偏转角 α 与 β 的理想关系式为

$$\cot\alpha = \cot\beta + \frac{B}{L} \tag{24-1}$$

式中:B——两侧主销轴线与地面交点之间的距离,称为轮距;

L——汽车轴距。

由转向中心 O 到外转向轮与地面接触点的距离 R 称为汽车转弯半径。转弯半径越小,则汽车转向所需场地就越小,机动性能越好。由图 24-3 可知,当外转向轮偏转角达到最大值 α_{max} 时,转弯半径最小。最小转弯半径 R_{min} 与 α_{max} 的关系为

$$R_{min} = \frac{L}{\sin\alpha_{max}} \tag{24-2}$$

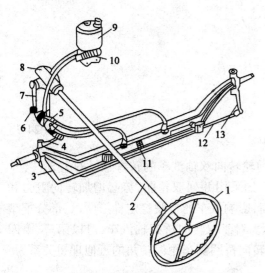

图 24-2 动力转向系统示意图
1-转向盘;2-转向轴;3、13-梯形臂;4-转向节臂;5-转向控制阀;6-转向直拉杆;7-转向器摇臂;8-机械转向器;9-转向油罐;10-转向油泵;11-转向动力缸;12-转向横拉杆

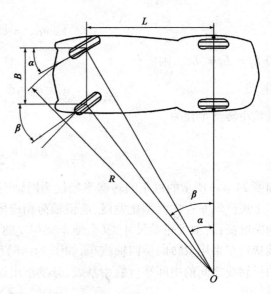

图 24-3 双轴汽车转向时理想的两侧转向轮偏转角的关系

对于只用前桥转向的三轴汽车,由于中轮和后轮的轴线总是平行的,故不存在理想的转向中心。计算转弯半径时,可以用一根与中、后轮轴线等距离的平行线作为假想的与原三轴汽车相当的双轴汽车的后轮轴线。

对于用第一、第三两车桥转向的三轴汽车[图 24-4a)],可以第二桥车轮轴线为基线,利用式(24-1)求出第一桥和第三桥两侧车轮偏转角之间的理想关系式为

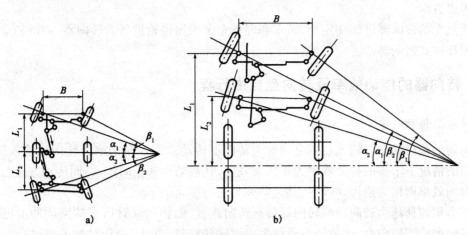

图 24-4 多轴汽车转向示意图
a)三轴汽车第一、第三桥转向;b)四轴汽车双前桥转向

$$\cot\alpha_1 = \cot\beta_1 + \frac{B}{L_1}$$

$$\cot\alpha_2 = \cot\beta_2 + \frac{B}{L_2}$$

若 $L_1 = L_2 = L/2$,则应有

$$\alpha_1 = \alpha_2 = \alpha \quad \beta_1 = \beta_2 = \beta$$

且最小转弯半径为

$$R_{\min} = \frac{L}{2\sin\alpha_{\max}} \tag{24-3}$$

即图 24-4a)所示的汽车的转弯半径仅为同轴距的前轮转向双轴汽车的转弯半径的 1/2。

现代汽车在向大型化发展,前桥轴荷相应增加,如采用并列双轮胎,势必增加转向阻力和轮胎磨损;若加大轮胎尺寸,又会使车架相应的抬高,影响汽车的行驶稳定性。所以,部分重型载货汽车采用双转向桥四轴汽车,如图 24-4b)所示。对于双转向桥四轴汽车,可以第三、第四两桥轴线之间的中间平行线为基线,分别求出这两转向桥两侧车轮偏转角的近似理想关系为

$$\cot\alpha_1 = \cot\beta_1 + \frac{B}{L_1}$$

$$\cot\alpha_2 = \cot\beta_2 + \frac{B}{L_2}$$

而第一桥与第二桥车轮偏转角之间的关系则应满足的关系式为

$$\frac{\cot\alpha_1}{\cot\alpha_2} = \frac{\cot\beta_1}{\cot\beta_2} = \frac{L_2}{L_1} \tag{24-4}$$

第二节 转 向 器

转向器是转向系统中的减速增矩的传动装置,其功用是增大转向盘传到转向节的力并改变力的传递方向。

现代汽车的转向器已演变定型,轿车和轻型车多采用齿轮齿条式转向器,中型和重型汽车多采用循环球式转向器。

一、转向器的传动效率及转向盘自由行程

1. 转向器传动效率

转向器的输出功率与输入功率之比称为转向器传动效率。在功率由转向轴输入,由转向摇臂输出的情况下求得的传动效率为正传动效率,其运动称为正向传动;而传动方向与上述相反时求得的效率则称为逆传动效率,其运动称为逆向传动。

作用力很容易地由转向盘经转向器传到转向摇臂,而转向摇臂所受的路面冲击也比较容易地经转向器传到转向盘,这种转向器称为可逆式转向器,其正、逆传动效率都很高。可逆式转向器有利于汽车转向后转向轮自动回正,但也容易将坏路对车轮的冲击力传到转向盘,出现"打手"现象。

当作用力可以由转向盘很容易地经转向器传到转向摇臂,而转向摇臂受到的路面冲击只

有在很大时,才能经转向器传到转向盘,即正效率远大于逆效率的转向器称为极限可逆式转向器。采用这种转向器时,驾驶人能有一定的路感,转向轮自动回正也可实现,而且路面冲击力只有在很大时方能部分地传到转向盘。

经常在良好路面上行驶的汽车多用可逆式转向器。对于中型以上的越野汽车、工矿用自卸汽车多用极限可逆式转向器。

2. 转向盘自由行程

不论哪一类型转向器,各连接零件之间和传动副之间,总是存在间隙。当汽车处于直线行驶时,转动转向盘消除这些间隙和克服机件的弹性变形使车轮开始偏转,这时转向盘转过的角度称为转向盘自由行程。转向盘自由行程对于缓和路面冲击及避免驾驶人过度紧张是有利的。一般规定转向轮处于直线行驶位置,转向盘向左、向右的自由行程不超过15°。当零件磨损,转向盘自由行程大于规定值时,必须进行调整或换件。转向盘自由行程的大小主要是通过调整转向器传动副的啮合间隙和轴承间隙来实现的。因此,转向器一般都设有传动副啮合间隙和轴承间隙调整装置。

二、齿轮齿条式转向器

图24-5所示为齿轮齿条式转向器示意图。转向器壳体11支承在车身上。作为传动副主要件的转向齿轮4垂直地安装在壳体中,其上端与转向轴的安全联轴器3相连。与转向齿轮相啮合的齿条9水平布置,弹簧7通过压块8将齿条压靠在齿轮上,保证无间隙啮合。弹簧的弹力可用调整螺塞6调整,转向减振器5一端连接在转向器壳体上,另一端连接在齿条上,用以减小转向轮的摆振。有效长度可调的转向拉杆10一端铰接在转向节臂上,另一端支承在齿条上。

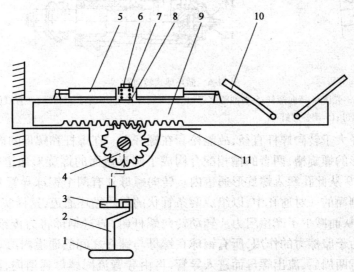

图24-5 齿轮齿条式转向器示意图
1-转向盘;2-转向轴;3-安全联轴器;4-转向齿轮;5-转向减振器;6-调整螺塞;7-弹簧;8-压块;9-齿条;10-转向拉杆;11-转向器壳体

在转向时,驾驶人转动转向盘,通过转向轴、安全联轴器带动转向齿轮转动,齿轮使齿条轴向移动,带动拉杆移动,使轮胎偏转,实现转向。由于齿轮齿条式转向器结构简单,具有间隙自调能力,并可使转向传动机构简化,故在前轮独立悬架的轻型及微型车上广泛采用。

三、循环球式转向器

1. 一般构造

循环球式转向器是由两套传动副组成的,即一套是螺杆螺母传动副,另一套是齿条齿扇传动副。

图 24-6 所示为常见汽车的循环球式转向器。转向螺杆 4 由两个锥轴承支承在壳体 3 上,垫片 2 和 6 可用来调整轴承预紧度。

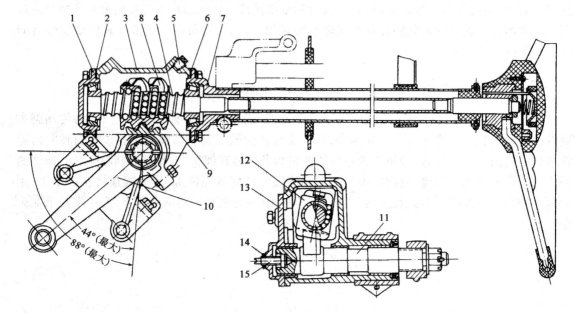

图 24-6 循环球式转向器

1-下盖;2、6-调整垫片;3-壳体;4-转向螺杆;5-加油螺塞;7-上盖;8-钢球导管;9-钢球;10-转向摇臂;11-转向摇臂轴;12-转向螺母;13-侧盖;14-螺母;15-调整螺钉

转向螺母直径大于转向螺杆直径,故能松套在螺杆上。在螺杆和螺母的内外圆面上,制出断面近似为半圆形的螺旋槽,两者的槽相配合构成了圆形截面的螺旋形通道。螺母侧面有两对通孔,可将钢球 9 从此孔塞入螺旋形通道内。转向螺母外有两个钢球导管 8,每个导管的两端分别插入螺母侧面的一对通孔中,以组成两条管状的封闭循环通道,这样实现了螺杆与螺母之间的滚动摩擦,从而减少了摩擦阻力。转动转向螺杆时,通过钢球将力传给螺母,螺母将沿轴线移动。同时由于摩擦力的作用,所有钢球在螺母与螺杆之间的通道内滚动,形成"球流"。钢球在螺母内绕行两周后,流出螺母而进入导管,再由导管流回螺母通道内,故在转向器工作时,两列钢球只是在各自的封闭通道内循环,而不会脱出。

螺母的外表面切有倾斜的等齿厚齿条,与其相啮合的是变齿厚的齿扇,齿扇与转向摇臂轴 11 制成一体,支承在壳体的衬套上。转动螺杆,螺母随之轴向移动,通过齿条和齿扇使转向摇臂轴转动。

2. 传动副啮合间隙的调整装置

传动副的啮合间隙是通过改变转向摇臂轴的轴向位置即改变齿扇与螺母之间的相对位置来实现的。调整螺钉15的圆头嵌在摇臂轴端部的T形槽内，其螺纹部分拧在侧盖13上，并用螺母14锁紧。将螺钉15旋入，则啮合间隙减小，反之则啮合间隙增大。

3. 传动副的传动特点

循环球式转向器的正传动效率很高（最高可达90%～95%），故操纵轻便，使用寿命长。但其逆效率也很高，在坏路上行驶时，容易将路面冲击力传到转向盘上，易出现转向盘"打手"现象。随着道路条件的改善，"打手"现象将明显的改善。所以，循环球式转向器得到了广泛的应用。

第三节 转向传动机构

转向传动机构的功用是将转向器输出的力和运动传到转向桥两侧的转向节，使两侧转向轮偏转，且使两转向轮偏转角按一定关系变化，以保证汽车转向时车轮与地面的相对滑动尽可能小。

转向传动机构的组成和布置因转向器位置和转向轮悬架类型而异。

一、与非独立悬架配用的转向传动机构

1. 转向传动机构的组成与布置

与非独立悬架配用的转向传动机构主要包括转向摇臂2、转向直拉杆3、转向节臂4和转向梯形，如图24-7所示。在前桥仅为转向桥的情况下，由转向横拉杆6和左、右梯形臂5组成的转向梯形一般布置在前桥之后，如图24-7a）所示；在发动机位置较低或转向桥兼充驱动桥的情况下，为避免运动干涉，往往将转向梯形布置在前桥之前，如图24-7b）所示。若转向摇臂不是在汽车纵向平面内前后摆动，而是在与道路平行的平面向左右摆动，则可将转向直拉杆3横置，并借球头销直接带动转向横拉杆6，从而推动两侧梯形臂转动，如图24-7c）所示。

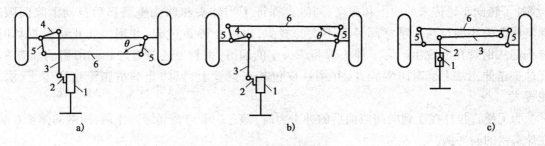

图24-7 与非独立悬架配用的转向传动机构
a）转向梯形布置在前桥之后；b）转向梯形布置在前桥之前；c）转向直拉杆横置
1-转向器；2-转向摇臂；3-转向直拉杆；4-转向节臂；5-梯形臂；6-转向横拉杆

2. 转向摇臂

转向摇臂如图24-8所示。它一般由中碳合金钢锻制而成。它的大端具有锥形的三角形细花键槽孔与转向摇臂轴连接,并用螺母固定;其小端用锥形孔与球头销柄部连接,也用螺母紧固,球头再与直拉杆作铰链连接。转向摇臂安装后从中间位置到两边的摆角范围应大致相同,故安装在转向摇臂轴上时,两者的安装记号应对正。为此,常在转向摇臂及轴上有安装记号,或者在两者的花键上铣出安装位置键槽,用以保证在安装时不致错位。

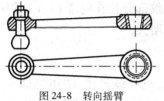

图24-8 转向摇臂

3. 转向直拉杆

图24-9所示为常见汽车的转向直拉杆。

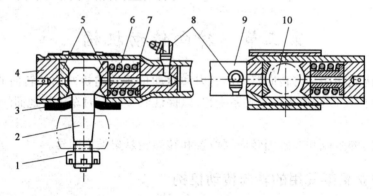

图24-9 常见汽车的转向直拉杆

1-螺母;2-转向节臂球头销;3-橡胶防尘垫;4-端部螺塞;5-球头座;6-压缩弹簧;7-弹簧座;8-油嘴;9-直拉杆体;10-转向摇臂球头销

直拉杆9由两端扩大的钢管制成,在扩大的端部里,装有由球头销2、球头座5、弹簧座7、弹簧6和螺塞4等组成的球铰链。球头销的锥形柱部与转向节臂连接,并用螺母固定,球头销的球头部通过钢管上开有的圆孔伸入钢管内前后两个球头座5之间。在螺塞4和弹簧6作用下,球头座与球头部紧靠。旋转螺塞4可调整弹簧6的预紧力,调妥后用开口销锁住。直拉杆另一端以同样的铰链与转向摇臂连接,只是弹簧的安装位置在靠螺塞的方向。在工作中,弹簧6缓冲了转向车轮传来的冲击和振动,同时也保证了当球头和球头座磨损后自动消除间隙。弹簧座7的小端与球头座背部具有不大的缝隙,以限止弹簧过载,并用以防止弹簧损坏时球头部从钢管孔中脱出。为了球头部和球头座的润滑,钢管上还装有加注润滑脂的油嘴8。在球头销伸出端上套有防尘胶片,并用铁皮包扎在钢管上,以防止润滑脂流出和尘土、水、泥侵入。

为了使直拉杆在受到向前或向后的冲击力时,都有一个弹簧起缓冲作用,两端的弹簧6装在球头销的同一侧。

4. 转向横拉杆

转向横拉杆是转向梯形机构的底边。如图24-10a)所示,转向横拉杆由横拉杆体2和旋装在两端的横拉杆接头 1 组成。两端的接头结构相同,如图 24-10b)所示。其中,球头销 14 的尾部与梯形臂相连。上、下球头座 9 用聚甲醛制成,有很好的耐磨性。球头座的形状如图 24-10c)所示。装配时,两球头座的凹凸部互相嵌合。弹簧 12 保证两球头座与球头紧密接触,并起缓冲作用,其预紧力由螺塞 11 调整。

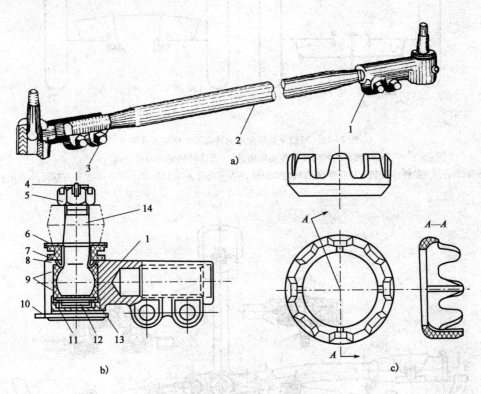

图 24-10 解放 CA1091 型汽车转向横拉杆
a)转向横拉杆;b)接头;c)球头座

1-横拉杆接头;2-横拉杆体;3-夹紧螺栓;4-开口销;5-槽形螺母;6-防尘垫座;7-防尘垫;8-防尘罩;9-球头座;10-限位销;11-螺塞;12-弹簧;13-弹簧座;14-球头销

两接头借螺纹与横拉杆体连接。接头螺纹部分有切口,故具有弹性。接头旋装到横拉杆体上后,用夹紧螺栓 3 夹紧。横拉杆体两端螺纹,一端为右旋,一端为左旋。因此,在旋松夹紧螺栓 3 后,转动横拉杆体,即可改变转向横拉杆总长度,从而可调整转向轮前束。

二、与独立悬架配用的转向传动机构

当转向轮采用独立悬架时,每个转向轮分别相对于车架作独立运动,因而转向桥必须是断开式的。与此相应,转向传动机构中的转向梯形也必须分成两段[图 24-11a)]或三段[图 24-11b)],并且由在平行于路面的平面中摆动的转向摇臂直接带动或通过转向直拉杆带动。

红旗 CA7560 型轿车转向传动机构即采用图 24-11a)所示方案,其具体结构如图 24-12 所示。摇杆 7 前端固定于车架横梁中部,后端借球头销与转向直拉杆 2 和左、右转向横拉杆 4、5

连接。转向直拉杆外端与转向摇臂球头销1相连。左、右转向横拉杆外端也用球头销分别与左、右梯形臂3和6铰接,故能随同侧车轮相对于车架和摇杆7在横向平面内上下摆动。

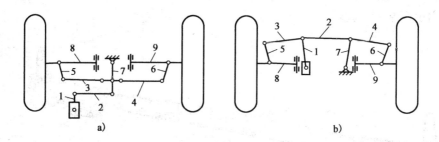

图24-11 与独立悬架配用的转向传动机构示意图
a)两段式转向梯形传动机构;b)三段式转向梯形传动机构
1-转向摇臂;2-转向直拉杆;3-左转向横拉杆;4-右转向横拉杆;5-左梯形臂;6-右梯形臂;7-摇杆;8-悬架左摆臂;9-悬架右摆臂

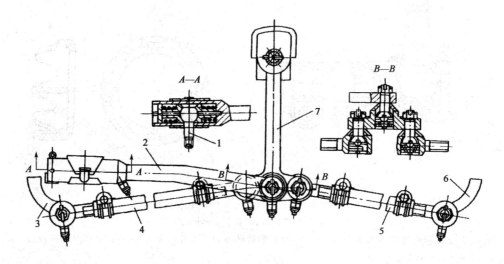

图24-12 红旗CA7560型轿车转向传动机构
1-转向摇臂球头销;2-转向直拉杆;3-左梯形臂;4-左转向横拉杆;5-右转向横拉杆;6-右梯形臂;7-摇杆

转向直拉杆仅在外端有球头座,故有必要在两球头座背面各设一个压缩弹簧,分别吸收由横拉杆4和5传来的两个方向上的路面冲击,并自动消除球头与球头座之间的间隙。

第四节 转向加力装置

一、转向加力装置概述

用以将发动机输出的部分机械能转化为压力能(液压能或气压能),并在驾驶人控制下,对转向传动装置或转向器中某一传动件施加不同方向的液压或气压作用力,以助驾驶人施力不足的一系列零部件,总称为转向加力装置。

转向加力装置是由机械转向器、转向动力缸和转向控制阀三大部分组成。

通常,中高级以上轿车,大多采用转向加力装置。其他类型的汽车当转向桥对地面的负荷达到35kN时,建议采用转向加力装置;超过40kN时,则应采用转向加力装置。

按传能介质的不同,有气压式和液压式两种。其中,液压式因在工作时无噪声,工作滞后时间短,而且能吸收来自不平路面的冲击。故液压转向加力装置已在各类各级汽车上获得广泛应用。本节所讨论的转向加力装置也只限于液压式。

1. 液压转向加力装置分类

液压转向加力装置的结构形式有常压式和常流式之分。当转向控制阀在中间位置(汽车直行)时常闭,使工作油液一直处于高压状态的加力装置,称为常压式转向加力装置;当转向控制阀在中间位置时常开,使工作油液一直处于常流状态的加力装置,称为常流式转向加力装置。

将上述两种液压转向加力装置进行比较,由于常流式转向加力装置结构简单,液压泵寿命长,泄漏较少,消耗功率也较少,因此常流式转向加力装置被广泛应用于各种汽车。

2. 常流式液压转向加力装置的转向控制阀分类

转向控制阀有滑阀式和转阀式两种。

1) 滑阀式转向控制阀

阀体沿轴向移动来控制油液流量的控制阀,称为滑阀式转向控制阀,如图24-13所示。当阀体1处于中间位置时,其两个凸棱边与阀套环槽形成四条缝隙,中间的两个缝隙分别与动力缸两腔的油道相通,而两边的两个缝隙与回油道相通。当阀体向右移动很小的一个距离时,右凸棱将右外侧的缝隙堵住,左凸棱将中间的左缝隙堵住,则来自液压泵的高压油经通道5和中间的右缝隙流入通道4,继而进入动力缸的一个腔;而动力缸另一腔的低压油被活塞推出,经由通道6和左凸棱外侧的缝隙流回储油罐。

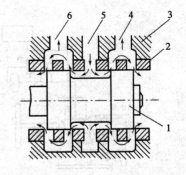

图24-13 滑阀式转向控制阀的结构和工作原理

1-阀体;2-阀套;3-壳体;4、6-通动力缸左、右腔的通道;5-通液压泵输出管路的通道

2) 转阀式转向控制阀

阀体绕其轴线转动来控制油液流量的转向控制阀,称为转阀式转向控制阀,如图24-14所示。该转阀具有四个互相连通的进油道A,通道B、C分别与动力缸的左、右腔连通。当阀体1顺时针转过一个很小的角度时,从液压泵来的压力油经通道A流入四个通道C,继而进入动力缸的一个腔内。另外四个通道B的进油被隔断,压力油不能进入,因而动力缸另一腔的低压油在活塞的推动下经回油道流回储油罐。

常流式滑阀结构简单,生产工艺性好,操纵方便,宜于布置,使用性能也较好,但整个分配阀的零件数较多,故已不多用。与滑阀结构比较,常流式转阀结构,整个分配阀的零件数少、结构更简单、先进,工作可靠,制造成本低,广泛用于现代轿车和其他车辆的整体式和半分置式的动力转向系统中。

3. 常流式转向加力装置的结构布置

常流式转向加力装置的结构布置方案，按机械转向器、转向控制阀和转向动力缸三者的组合及相对位置，可有如下三种布置方案，如图24-15所示。

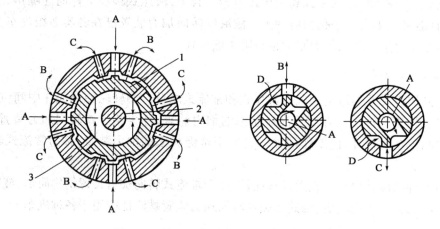

图 24-14　转阀式转向控制阀的结构和工作原理
1-阀体；2-扭杆(轴)；3-壳体；A-通液压泵输出管路的通道；B、C-通动力缸左、右腔的通道；D-通动力缸低压腔的回油通道

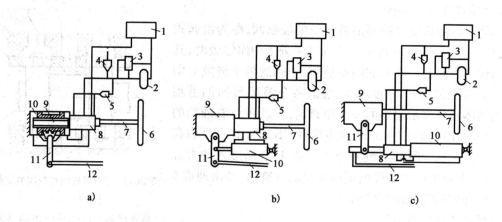

图 24-15　常流式液压转向加力装置结构布置示意图
a) 带整体式动力转向器；b) 带半整体式动力转向器；c) 带转向加力器
1-转向油罐；2-转向液压泵；3-流量控制阀；4-溢流阀；5-止回阀；6-转向盘；7-转向轴；8-转向控制阀；9-机械转向器；10-转向动力缸；11-转向摇臂；12-转向直拉杆

在图24-15a)中，机械转向器9和转向动力缸10设计成一体，并与转向控制阀8组装在一起。这种三合一的部件，称为整体式动力转向器。另一种方案是，只将转向控制阀同机械转向器组合成一个部件，该部件称为半整体式动力转向器，转向动力缸则作为独立的部件，如图24-15b)所示。第三种方案是，将机械转向器作为独立部件，而将转向控制阀和转向动力缸组合成一个部件，称为转向加力器，如图24-15c)所示。

流量控制阀3用以限定转向液压泵的最大流量。液压泵输出压力最高值由溢流阀4限制。为使结构紧凑并减少管路和接头,一般将流量控制阀和溢流阀都组装在转向液压泵内。

止回阀 5 在转向加力装置正常工作的情况下总是关闭的。在加力装置失效而不得不靠人力进行转向时,止回阀 5 即自行开启,使转向油罐中的油液得以经止回阀流入转向动力缸的吸油腔,否则,将因油罐中的油液不能通过不运转的液压泵流入动力缸吸油腔填补真空而造成很大的附加转向阻力。可见,止回阀 5 的作用是将不工作的液压泵短路,故有时称之为短路阀。

二、典型转向加力装置介绍

1. 组成

图 24-16 所示为一种液压整体式动力转向器。它主要由同于循环球式的机械转向器、动力缸及转阀式转向控制阀等部分组成。

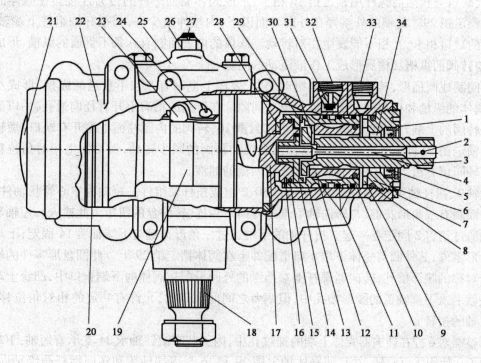

图 24-16 液压整体式动力转向器

1-卡环;2-短轴扭杆的锁定销;3-短轴;4-扭杆轴;5-骨架油封;6-调整螺塞;7-锁母;8-O 形密封圈;9-止推滚针轴承;10-O 形密封圈;11-聚四氟乙烯环和 O 形密封圈组件;12-转阀;13-阀体;14-下端轴盖;15-O 形密封圈;16-转向螺杆与阀体的锁定销;17-转向螺杆;18-转向摇臂轴;19-齿条活塞组件;20-聚四氟乙烯环和 O 形密封圈组件;21-转向器端盖;22-壳体;23-循环球导管;24-导管压紧板;25-侧盖;26-锁紧螺母;27-调整螺钉;28-止推滚针轴承;29-下端轴盖与阀体的定位销;30-转阀与短轴的锁定销;31-进油口座及止回阀;32-进油口;33-出油口;34-滚针轴承

机械循环球式转向器的转向螺母(外表面制成圆柱形的)组件 19,称为齿条活塞组件,它既是转向器中的转向螺母和齿条,又是动力缸中的活塞。齿条活塞组件内孔中制有截面为半圆形的螺旋槽,与其配合的转向螺杆 17 外表面也制有截面为半圆形的螺旋槽,两者配合能形成截面为圆形的螺旋管状通道,在转向螺杆与齿条活塞组件内孔间装有钢球,利用循环球导管 23 让其构成回路。扇齿与转向摇臂轴 18 制成一体,利用调整螺钉 27 调整扇齿与齿条活塞组

381

件间的啮合间隙。

齿条活塞组件的下圆柱表面上,即图中的左圆柱表面上,有一环形槽。在槽上装有聚四氟乙烯环和 O 形密封圈组件 20,以保证活塞装入动力缸以后密封和耐磨。这样将动力缸分成上、下两个密封腔,即图中的右腔和左腔。上、下两密封腔又分别通过设在转向器壳体上的油道与转向控制阀相通。上腔为左转向动力腔,下腔为右转向动力腔。

转向控制阀位于动力转向器的上部,它主要由阀体 13、转阀 12 及扭杆轴组件等组成。

控制阀阀体滑装在壳体 22 上部孔中,制成圆桶形。在其外圆柱形表面上,制有三道较宽深的槽和三道较窄浅的槽。宽深的槽是环形的油槽(又称油环槽),其底部开有与内壁相通的油孔。中间油环槽的四个油孔直径较大,是进油通道,与转向油泵相通。两侧油环槽各有四个直径较小的油孔,与动力缸相通。窄浅的环槽用于安装密封圈组件。阀体的下边缘开有矩形缺口,此缺口与转向器螺杆用锁定销 16 相卡,形成阀体驱动螺杆的传力连接。在阀体的中部固定有锁定销 29。此锁的外端埋在外圆表面以下,内端伸出少许,与扭杆轴组件下端轴盖 14 外圆上的缺口相卡,互相不能发生相对转动。阀体的内表面制有八条不贯通的纵槽,形成八道槽肩,与转阀的纵槽和槽肩形成工作液流动的间隙。

转阀制成圆桶形,其外圆与阀体滑动配合,表面上也制有八条不贯通的纵槽,形成八道槽肩,与阀体的纵槽和槽肩配合形成液体流动间隙。在转阀的槽肩上开有径向通孔,用以流通液压油。转阀的上端开有槽,用来安装 O 形密封圈 10,转阀的内圆柱面下端开有缺口,短轴下端安装的锁定销 30 即卡入此缺口中,以保证短轴和转阀的同步转动,而不发生相对角位移。转阀和短轴间留有很大的径向间隙,用以流通回流的油液。

短轴 3、扭杆轴 4、下端轴盖 14 和销钉 30、2 组成扭杆轴组件。短轴为空心管状轴件,其上端外表面制有三角形花键,与转向轴下端的万向节相连,转向盘的扭矩由此输入。短轴与扭杆轴上端通过销钉 2 固定在一起。扭杆轴的下端通过三角形花键与下端轴盖 14 固定;下端轴盖为圆盘形零件,其外圆与阀体下端止口滑配并卡在阀体锁定销 29 上。此圆盘形零件的辐板开有两个对称的腰形槽孔,转向器螺杆上端凸缘的外圆滑配在阀体的下端止口中,凸缘上端的叉形凸块就卡入下端轴盖的腰形槽孔中,但两者之间间隙较大,允许有一定的相对角位移,以保证扭杆轴的扭转。

调整螺塞 6 拧在转向器壳体上端的螺纹孔中,内部装有滚针轴承 34 支承着短轴,下端装有滚针轴承 9 使阀体可旋转,并且使阀体锁定销 29 和 16 与下端轴盖和转向螺杆凸缘轴向靠紧。调整螺塞下部装有弹簧,以压紧转阀,阻止转阀轴向移动并使之与短轴下端的锁定销 30 轴向靠紧。在转向螺杆凸缘下面还装有止推轴承 28,以保证螺杆和转阀组件转动灵活和轴向定位。

在动力转向器上部,设有进油口 32 和出油口 33,通过油管分别与转向油泵和转向油罐相接。在进油口处设有进油口座和止回阀,进油口与阀体的中油环槽相通。出油口和短轴与转阀形成的回油腔相通。在转向器壳体上开有两条贯通的油道,一条上端与阀体的下油环槽相通,下端与动力缸上腔室即左转向动力腔相通;另一条上端与阀体的上油环槽相通,下端与动力缸的下腔室即右转向动力腔室相通。

2. 工作原理

当汽车直线行驶时,转阀处于中间位置。如图 24-17a)所示,来自转向油泵的工作液从转向器壳体的进油口流到阀体的中油环槽中。如图24-17b)所示,工作液经过其槽底的通孔进入阀体和转阀之间,此时因转阀处于中间位置,所以进入的油液分别通过阀体和转阀纵槽槽肩形成的两边相等的间隙,再通过转阀的纵槽和阀体的纵槽以及阀体的径向孔流向阀体外圆上、下油环槽,然后通过壳体中的两条油道分别流到动力缸的上、下腔中去,即左转向动力腔 L 和右转向动力腔 R,但上、下腔油压相等且很小。此时齿条活塞组件既没有受到转向螺杆所造成的轴向推力,也没有受到上、下腔因压力差造成的轴向推力,所以齿条活塞组件处于中间位置,动力转向不工作。流入阀体内腔的油液在通过转阀纵槽流向阀体上、下油环槽的同时,通过转阀槽肩上的径向油孔流到转阀与扭杆轴组件之间的空隙中,经阀体组件和调整螺塞之间的空隙流到回油口,经油管回到油罐中去,形成了常流式油液循环。

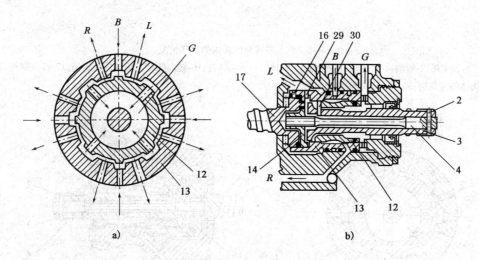

图24-17 汽车直线行驶时转阀的工作情况
a)转阀与阀体的相对位置;b)转阀中的油流情况

R-接右转向动力腔;L-接左转向动力腔;B-接转向油泵;G-接转向油罐;2-短轴扭杆的锁定销;3-短轴;4-扭杆轴;12-转阀;13-阀体;14-下端轴盖;16-转向螺杆与阀体的锁定销;17-转向螺杆;29-下端轴盖与阀体的定位销;30-转阀与短轴的锁定销

当汽车需要转向时,如左转弯,如图24-18所示,转动转向盘,使短轴逆时针转动,通过其下端轴销子带动转阀同步转动,这个扭矩也通过具有弹性的扭杆轴传给下端轴盖,下端轴盖边缘上的缺口通过固定在阀体上的销子带动阀体转动,阀体通过其下端缺口和销子,把转向力矩传给螺杆。由于转向阻力的存在,要有足够的转向力矩才能使转向螺杆转动。这个扭矩促使扭杆轴发生弹性扭转,造成阀体的转动角度小于转阀的转动角度,两者产生相对角位移,如图24-18a)所示。通下动力腔的进油缝隙减小(或封闭),回油缝隙增大油压降低;通上动力腔的进油缝隙增大而回油缝隙减小(或关闭),油压升高,上、下动力腔产生油压差。齿条活塞组件便在上、下腔油压差的作用下移动,产生助力作用。此时来自转向油泵的压力油通过槽隙流向动力缸上腔,动力缸下腔的油则通过阀体径向孔、槽隙、转阀径向孔和回油口流向储油罐,如图24-18b)所示。

右转弯基本相似,如图24-19所示。不同的是由于转向方向相反,造成的阀体和转阀的角位移相反,齿条活塞组件下腔压力升高而上腔油压降低,产生右转向助力。

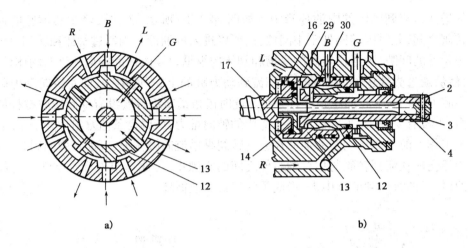

图 24-18　汽车左转弯的转阀的工作情况

2-短轴扭杆的锁定销;3-短轴;4-扭杆轴;12-转阀;13-阀体;14-下端轴盖;16-转向螺杆与阀体的锁定销;17-转向螺杆;29-下端轴盖与阀体的定位销;30-转阀与短轴的锁定销

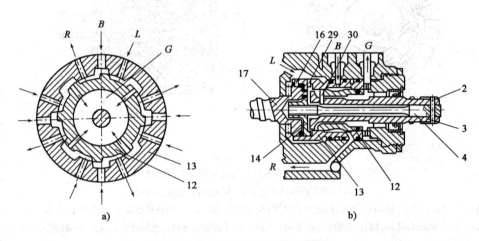

图 24-19　汽车右转弯时转阀的工作情况

2-短轴扭杆的锁定销;3-短轴;4-扭杆轴;12-转阀;13-阀体;14-下端轴盖;16-转向螺杆与阀体的锁定销;17-转向螺杆;29-下端轴盖与阀体的定位销;30-转阀与短轴的锁定销

当转向盘停在某一位置不再继续转动时,此时阀体随螺杆在液力和扭杆轴弹力的作用下,沿转向盘转动方向旋转一个角度,使之与转阀相对角位移量减小,上、下动力腔油压差减小。但仍有一定的助力作用,此时的助力扭矩与车轮的回正力矩相平衡,使车轮维持在某一转向位置上。

在转向过程中,若转向盘转动的速度快,阀体与转阀相对的角位移量也大,上、下动力腔的油压差也相应加大,前轮偏转的速度也加快,如转向盘转动的慢,前轮偏转的也慢;若转向盘转在某一位置上不变,对应着前轮也转在某一位置上不变。此即谓"渐进随动原理",也就是:"快转快助,大转大助,不转不助"原理。

转向后需回正时,如果驾驶人放松转向盘,转阀回到中间位置,失去了助力作用,此时转向轮在回正力矩的作用下自动回位;若驾驶人同时回转转向盘时,转向助力器助力,帮助车轮回正。

当汽车直线行驶偶遇外界阻力使转向轮发生偏转时,阻力矩通过转向传动机构、转向螺杆、螺杆与阀体的锁定销作用在阀体上,使之与转阀之间产生相对角位移,这样使动力缸上、下腔油压不等,产生了与转向轮转向相反的助力作用。在此力的作用下,转向轮迅速回正,保证了汽车直线行驶的稳定性。

一旦液压助力装置失效,该动力转向器即变成机械转向器。此时转动转向盘,带动短轴转动,短轴下端凸缘边缘有弧形缺口(参见图24-16),转过一定角度后,通过螺杆上端凸缘的凸块带动螺杆旋转,以保证汽车转向。不过这时转向盘的自由行程加大,转向沉重。

复习思考题

1. 转向系统的主要功用是什么?
2. 简述机械转向系统的组成与工作过程。
3. 什么是转向盘自由行程?一般范围有多大?过大或过小对汽车操纵性有何影响?
4. 什么叫可逆式、极限可逆式转向器?它们分别使用在什么场合?
5. 简述液压整体式动力转向器工作过程。

第二十五章 汽车操纵稳定性

汽车的操纵稳定性包括相互联系的两个部分,一是操纵性,二是稳定性。操纵性是指汽车能够确切地响应驾驶人转向指令的能力;稳定性是指汽车在行驶过程中,具有抵抗改变其行驶方向的各种干扰,并保持稳定行驶而不致失去控制甚至翻车或侧滑的能力。实际上两者很难截然分开,稳定性的好坏直接影响操纵性,常统称其为汽车操纵稳定性。

汽车的操纵稳定性不仅影响到汽车驾驶的操纵方便程度,还是决定高速汽车安全行驶的一个主要性能,还与运输生产率和驾驶人的劳动强度有关。随着汽车保有量的增加和车速的提高,汽车的操纵稳定性显得越来越重要,被人们称之为"高速行车的生命线"。

汽车的操纵稳定性涉及的问题较为广泛,与汽车动力性、经济性等性能有所不同,它需要采用较多的物理参量从几个方面来进行评价。例如:

(1)在一定车速下,汽车质心轨迹曲线与转向盘转角的关系。
(2)以一定角速度转动转向盘后,汽车转向角速度随时间的关系。
(3)汽车在圆周行驶时,其转向盘上的作用力与汽车侧向加速度的关系。

另外还有转向半径、转向轻便性等评价指标。

第一节 轮胎的侧偏特性

汽车充气轮胎具有一定的径向和侧向弹性,在受到侧向力的作用滚动时,将因侧向变形而引起侧向偏离行驶。轮胎的侧向偏离特性是指侧向力与侧偏角、回正力矩之间的关系。它是研究汽车操纵稳定性的基础。

一、轮胎的侧偏现象

汽车在行驶过程中受到侧向力作用时,若轮胎是刚性的,则有两种情况发生:一种是地面侧向反作用力未超过车轮与地面的附着极限时,轮胎与地面之间无侧滑,如图25-1a)所示;另一种情况是地面侧向反作用力达到车轮与地面之间的附着极限而侧向滑移,如图25-1b)所示。

当轮胎有侧向变形时,即使侧向反作用力未达到附着极限,车轮行驶方向也将偏离直线$\overline{cc}$方向,这就是轮胎的侧偏现象。

轮胎的侧偏现象不仅影响车轮的运动轨迹,还使轮胎的滚动损失增加,并加剧轮胎的磨损,是不利的,但它是不可避免的。

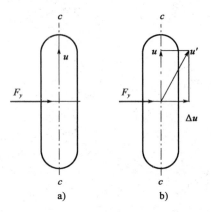

图25-1 有侧向力作用时刚性车轮的滚动
a)没有侧向滑移;b)有侧向滑移

二、侧偏力与侧偏角的关系

当车轮静止不动时,由于轮胎的侧向变形,轮胎与地面之间接触印迹的中心线 $\overline{aa}$ 与车轮平面 $\overline{cc}$ 不重合,偏离 Δh,但 $\overline{aa}$ 仍与 $\overline{cc}$ 平行,如图25-2a)所示。

当轮胎有侧向变形而滚动时,接触印迹的中心线 $\overline{aa}$ 不但偏离 $\overline{cc}$,而且与 $\overline{cc}$ 不平行,其夹角 α 即为侧偏角,如图25-2b)所示。

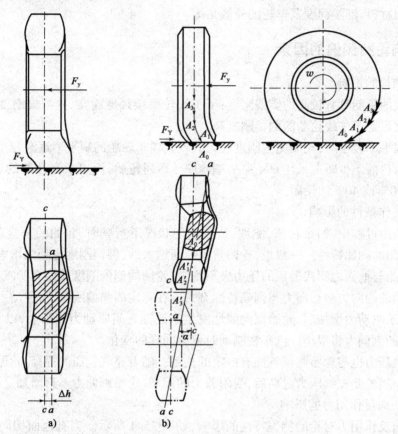

图25-2 轮胎的侧偏现象
a)静止;b)运动

为了分析产生侧偏角的原因,在轮胎胎面的中心线上标出 A_0、A_1、A_2、A_3 等各点,随着车轮的滚动,各点将依次落在地面上 A_0'、A_1'、A_2'、A_3' 等各点。在图上可以看出,A_0'、A_1'、A_2'、A_3' 等各点的连线是一条斜线,不平行于 $\overline{cc}$ 线,与 $\overline{cc}$ 形成 α 的夹角。显然,侧偏角的大小与侧向力有关。

图25-3所示为某乘用车轮胎的侧偏特性曲线。可以看出,侧偏角不超过5°时,侧向力 F_Y 与 α 呈线性关系。由于 $\alpha=0$ 时,$F_Y=0$,即该曲线经过原点,故有

$$F_Y = k\alpha \tag{25-1}$$

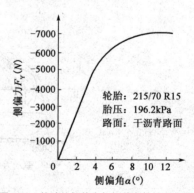

图25-3 轮胎的侧偏力与侧偏角的关系曲线

式中：k——侧偏刚度[N/(°)]，计算时取负值。

侧偏刚度是衡量轮胎操纵稳定性的重要参数，轮胎应具有较高的侧偏刚度，以保证汽车具有良好的操纵稳定性。

从图 25-3 所示中还可以看出，在较大侧向力的作用下，侧偏角以较大速率增长，即 F_Y 与 α 关系由直线而变为曲线，这时轮胎在接触地面处发生部分侧滑。当侧偏力增加到附着极限时，整个轮胎侧滑。显然，轮胎的最大侧偏力决定于附着条件，即垂直载荷、轮胎花纹、材料、结构、气压、路面材料、潮湿程度及车轮的外倾角等。

三、影响轮胎侧偏的因素

1）轮胎结构的影响

尺寸较大的轮胎具有较高的侧偏刚度；子午线轮胎接触地面宽，其侧偏刚度也较高，钢丝子午线轮胎比尼龙子午线轮胎的侧偏刚度高。

轮胎的扁平率较小时，轮胎侧偏刚度较大。现代轿车轮胎的扁平率逐渐变小，以获得较高的侧偏刚度。目前不少轿车采用 60（扁平率 60%）系列轮胎，而追求高性能的运动型轿车采用扁平率为 50% 或 40% 的轮胎。

2）轮胎工作条件的影响

汽车在使用过程中，如在转弯、侧坡、装载不匀状况下行驶时，轮胎的垂直载荷常发生变化，影响到轮胎的侧偏特性。一般地，轮胎垂直载荷增大后，侧偏刚度也随之增大；但当垂直载荷过大时，轮胎与地面之间接触区的压力极不均匀，轮胎的侧偏刚度反而有所减小。

轮胎受到的侧向力和切向力与侧偏特性有关。在一定的侧偏刚度下，驱动力增加，侧偏力减小，这是由于驱动力增加后，轮胎侧向弹性发生了改变。当驱动力相当大，以至于接近附着极限时，轮胎的侧偏力将很小。汽车在制动时也有同样的变化。

轮胎充气压力也与轮胎侧偏特性有一定的关系。随着充气气压的提高，轮胎弹性下降，侧偏刚度增大。当轮胎充气压力过高后，受附着力的限制，轮胎侧偏力不再增加。

3）地面切向反作用力的影响

地面切向反作用力对轮胎侧偏特性的影响，如图 25-4 所示。当有地面切向作用力（制动力或驱动力）作用时，轮胎侧偏力的极限值会因此而下降；同样，当有侧偏力存在时，无论是制

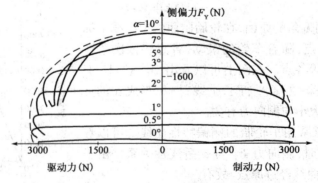

图 25-4　地面切向反作用力对侧偏特性的影响

动还是驱动,所能获得的切向反作用力的极限值(即纵向附着能力)也会下降,并且地面切向作用力越大,侧偏力的极限值越小;同样,侧偏力越大,所能产生的切向反作用力的极限值就越小。

4) 路面状况对侧偏特性的影响

试验证明,粗糙的路面使最大侧偏力增加;干路面上的最大侧偏力比湿路面大;当路面有薄水层时,车速达到一定值,会出现"水滑"现象而完全丧失侧偏力。

第二节 汽车稳态转向特性

汽车稳态转向特性是指转向工况不随时间而变的汽车行驶状况,即没有外界扰动,车速恒定,转向盘指令固定不变,汽车的输出运动达到稳定平衡状态。如突然转动转向盘并固定不动时,则前轮转过相应的 δ 角,经过短暂的时间后,汽车通常会出现不随时间而变的稳态响应,表现为汽车沿某一转向半径作等速圆周运动。

一、汽车模型

1. 车辆坐标系

为讨论方便,建立如图 25-5 所示的车辆坐标系,其坐标系的原点与质心重合,xOz 处于汽车左右对称的平面内。当车辆在水平路面静止状态下,x 轴平行于地面指向前方,z 轴通过质心指向上方,y 轴指向驾驶人的左侧。汽车行驶时,是一个作空间运动的刚体,具有六个自由度,即:汽车质心沿 x 轴的前进运动,沿 y 轴的侧向运动,沿 z 轴的垂直跳动,汽车绕 z 轴的横摆运动,汽车绕 x 轴的侧倾运动,汽车绕 y 轴的俯仰运动。

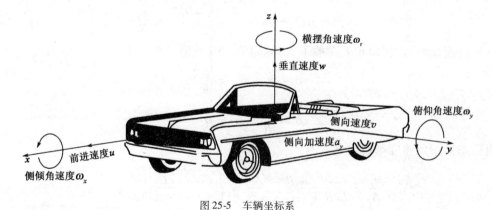

图 25-5 车辆坐标系

2. 简化的汽车模型

汽车转向行驶时,忽略转向系统的影响,直接以前轮转角作为系统的输入;忽略悬架作用,认为汽车只作平行于地面的平面运动,即汽车沿 z 轴的垂直位移,绕 x 轴的侧倾角和绕 y 轴的俯仰角均为零;汽车沿 x 轴的前进速度 u 视为不变,因此汽车只有沿 y 轴的侧向运动和绕 z 轴的横摆运动这样两个自由度。此外,忽略空气阻力,不考虑地面切向力对轮胎侧偏特性的影响,忽略左右车轮由于载荷的变化而引起的差别,用前、后轴的侧偏刚度分别表示前、后轴各单个轮胎侧偏刚度之和。当汽车作等速圆周行驶时,离心力作用在汽车质心上,使前后轴车轮受到侧向力的作用,于是路面对轮胎就产生相应的侧向反作用力即侧偏力,导致弹性轮胎出现侧偏现象,产生侧偏角。这样,汽车便简化成了如图 25-6 所示的具有侧向和横摆运动的二自由度汽车模型。

二、稳态响应

操纵汽车时,可将汽车看成一个能施加输入信号的控制系统。转向时驾驶人所给定的前轮转角 δ 是对系统的输入,而汽车的输出运动如等速圆周运动就是系统的响应。通常将稳态横摆角速度 ω_r 视为系统响应的一个重要参数。常用输出与输入的比值,如稳态横摆角速度与前轮转角之比 ω_r/δ 来评价稳态响应。ω_r/δ 称为稳态横摆角速度增益,也称转向灵敏度。

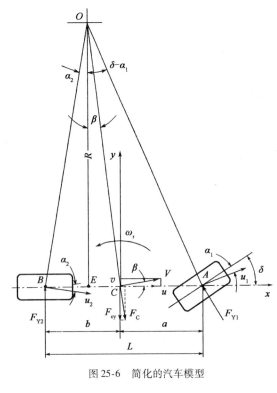

图 25-6 简化的汽车模型

从图 25-6 中可以求得

$$\tan(\delta - \alpha_1) = \frac{AE}{OE} = \frac{AE}{R}$$

$$\tan\alpha_2 = \frac{BE}{OE} = \frac{BE}{R}$$

则
$$\tan(\delta - \alpha_1) + \tan\alpha_2 = \frac{AE + BE}{R} = \frac{L}{R} \tag{25-2}$$

汽车高速行驶时,转向角 δ 一般不大,侧倾角一般不超过 6°~8°,故可以认为

$$\delta - \alpha_1 + \alpha_2 = \frac{L}{R}$$

或
$$\delta = \frac{L}{R} + \alpha_1 - \alpha_2$$

由稳态横摆角速度增益定义式有

$$\frac{\omega_r}{\delta} = \frac{u/R}{L/R + (\alpha_1 - \alpha_2)} = \frac{u/L}{1 + (\alpha_1 - \alpha_2)R/L} \tag{25-3}$$

假定汽车在水平面道路上作等速圆周运动,则作用在汽车上的侧向力,仅为离心力 F_c 之侧向分力 F_{cy},其值为

$$F_{cy} = \frac{mu^2}{R}$$

当转角不大时,前轮侧偏力 F_{Y1} 沿 y 轴的分力 $F_{Y1}\cos\delta \approx F_{Y1}$,故前、后轮的侧偏力 F_{Y1}、F_{Y2} 可用下式计算

$$F_{Y1} = \frac{mu^2}{R}\frac{b}{L}$$

$$F_{Y2} = \frac{mu^2}{R}\frac{a}{L} \tag{25-4}$$

由侧偏特性 $F_Y = k\alpha$ 知,$\alpha_1 = F_{Y1}/k_1$、$\alpha_2 = F_{Y2}/k_2$,连同式(25-4)代入式(25-3),得

$$\frac{\omega_r}{\delta} = \frac{u/L}{1 + \frac{m}{L^2}\left(\frac{b}{k_1} - \frac{a}{k_2}\right)u^2} = \frac{u/L}{1 + Ku^2} \tag{25-5}$$

式中：$K = \frac{m}{L^2}\left(\frac{b}{k_1} - \frac{a}{k_2}\right)$。

K 称为稳定性因数,它是表征汽车稳态响应的一个重要参数,其单位为 $s^2 \cdot m^{-2}$。

三、稳态响应的三种类型

根据 K 的数值,汽车的稳态响应可分为三类。

1. 中性转向

$K=0$,即 $\alpha_1 - \alpha_2 = 0$ 时,$\omega_r/\delta = u/L$,即横摆角速度增益与车速成线性关系,斜率为 $1/L$。这种稳态称为中性转向,如图 25-7 所示。这个关系就是汽车轮胎无侧偏角时的转向关系,即与车轮无侧偏角的汽车转向半径相等。

2. 不足转向

当 $K>0$,即 $\alpha_1 - \alpha_2 > 0$ 时,式(25-5)分母大于 1,横摆角速度增益 ω_r/δ 比中性转向时要小。ω_r/δ 不再与车速成线性关系,$\omega_r/\delta - u$ 是一条低于中性转向汽车稳态横摆增益线,后来又向下弯曲的曲线,参看图 25-7。具有这样特性的汽车称为不足转向汽车,即转向半径比车轮无侧偏角的汽车转向半径大。K 值越大,横摆角速度增益曲线越低,不足转向量越大。

可以证明,当车速为 $u_{ch} = \sqrt{1/K}$ 时,汽车稳态横摆角速度增益达到最大值,参看图 25-7,而且其横摆角速度增益为与轴距 L 相等的中性转向汽车横摆角速度增益的 50%。u_{ch} 称作特征车速,它是表征不足转向量的一个参数。当不足转向量增加时,K 增大,特征车速 u_{ch} 降低。

3. 过多转向

当 $K<0$,即 $\alpha_1 - \alpha_2 < 0$ 时,式(25-5)中的分母小于 1,横摆角速度增益 ω_r/δ 比中性转向时大。随着车速的增加,$\omega_r/\delta - u$ 曲线向上弯曲(图 25-7)。具有这种特性的汽车称为过多转向汽车,即转向半径比车轮无侧偏角的汽车转向半径小。K 值越小(即 K 的绝对值越大),过多转向量越大。

显然,当车速为 $u_{cr} = \sqrt{-1/K}$ 时,稳态横摆角速度增益趋于无穷大,参看图 25-7。u_{cr} 称为临界车速,它是表征过多转向量的一个参数。临界车速越低,过多转向量越大。

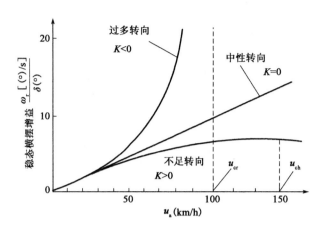

图 25-7 某型汽车的稳态横摆角速度增益曲线

过多转向汽车达到临界车速时将失去稳定性。因为 ω_r/δ 等于无穷大时,只要极其微小的前轮转角便会产生极大的横摆角速度。这意味着汽车的转向半径极小,汽车发生激转而侧滑或翻车。由于过多转向汽车有失去稳定性的危险,故汽车都应具有适度的不足转向特性。

总之,汽车稳态转向特性,取决于稳定性因数 K 的数值。而 K 值取决于汽车质心位置、轴距及前后轮侧偏刚度的匹配。

第三节 汽车瞬态转向特性

从给予汽车前轮角阶跃输入开始,到进入稳态为止的过渡过程,汽车的瞬时运动称为汽车转向的瞬态响应。在汽车行驶中,驾驶人不断接触到的是汽车的瞬态响应。汽车的操纵性与汽车的瞬态响应密切相关。

常用转向盘角阶跃输入下的瞬态响应来表征汽车的操纵稳定性。

图 25-8 上画出了一辆等速行驶汽车在 $t=0$ 时,驾驶人急速转动转向盘至角度 δ_{sw0} 并维持此转角不变(即转向盘阶跃输入)时的汽车瞬态响应曲线。图 25-8 中是以汽车横摆角速度 ω_r 来描述汽车响应的。可以看出,给汽车转向盘角阶跃输入后,汽车横摆角速度经过一过渡过程后达到稳态横摆角速度 ω_{r0}。此过渡过程即为汽车的瞬态响应。

通常用瞬态响应中的几个参数来表征响应品质的好坏,这些参数包括下面几项。

1. 横摆角速度波动

瞬态响应中,横摆角速度 $\omega_r(t)$ 在 ω_{r0} 值上下波动,并逐渐衰减,最后收敛于稳态横摆角速度。在一定车速下,横摆角速度值的波动代表着汽车转向半径的时大时小,使乘员感到左右摇晃,增加疲劳程度并使驾驶困难。因此,其横摆角速度波动越小越好。

汽车横摆角速度波动的固有(圆)频率 ω_0 是评价汽车瞬态响应的一个重要参数,其频率应高些为好,以便波动衰减较快。

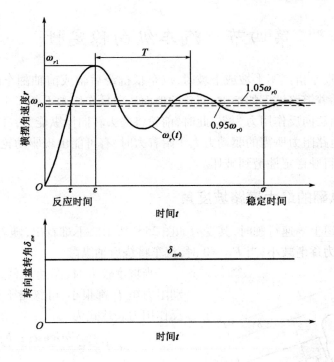

图 25-8　转向盘角阶跃输入下的汽车瞬态响应

2. 时间滞后

在给予角阶跃输入的瞬时,汽车的横摆角速度不能立刻达到稳态横摆角速度 ω_{r0},具有时间滞后现象。通常用反应时间和峰值反应时间来评价。

反应时间是指角阶跃输入后,横摆角速度第一次达到稳定值 ω_{r0} 所需的时间 τ。反应时间短,则驾驶人会感到汽车响应迅速及时,否则会感到汽车反应迟钝。提高汽车横摆角速度固有(圆频)率 ω_0,可使 τ 值减小。

峰值反应时间是指角阶跃输入后,横摆角速度达到第一个峰值 ω_{r1} 所需的时间 ε。峰值反应时间越短,则汽车的瞬态响就越快。

3. 超调量

在 $t=\varepsilon$ 时,汽车的横摆角速度达到最大值 ω_{r1},其中 ω_{r1}/ω_{r0} 的百分率称为超调量。超调量是表示瞬态响应中,执行指令误差的大小。当然减少超调量可使横摆角速度波动衰减较快。

4. 稳定时间

稳定时间是指从角阶跃输入开始,至横摆角速度 $\omega_r(t)$ 达到稳定值 ω_{r0} 的 95%~105% 范围所经历的时间 σ。稳定时间越短,则汽车会快速进入稳态响应。因此,其稳定时间应越短越好。

瞬态响应特性好的汽车,其横摆角速度波动最小而响应最快。

第四节 汽车纵向稳定性

汽车纵向稳定性是指汽车上坡或下坡时,汽车抵抗绕后轴或前轴翻车的能力。汽车在纵向坡道上行驶时,随着道路坡度的增大,前轮的地面法向反作用力不断减小。当坡度达到一定程度时,前轮的地面法向反作用力为零,此时,前轮将失去转向操纵能力,并可能产生仰翻。另外,如果为了克服道路阻力所需的驱动力大于附着力时,有可能出现驱动轮滑转现象。以上两种情况都使汽车的行驶稳定性遭到破坏。

一、汽车不纵翻的最大道路坡度角

汽车在纵向坡道上等速行驶时,其受力如图25-9所示。不难看出,随着坡度的增大,前轮的地面法向反作用力逐渐减小,当 $F_{Z1}=0$ 时,汽车将绕后轴纵翻。

当坡度较大时,车速较低,空气阻力 F_w 及滚动阻力矩 T_f 都很小,可忽略不计,则前、后轮法向反作用力表达式为

$$F_{Z1} = \frac{bG\cos\alpha - h_g G\sin\alpha}{L} \tag{25-6}$$

$$F_{Z2} = \frac{aG\cos\alpha + h_g G\sin\alpha}{L} \tag{25-7}$$

令式(25-6)中 $F_{Z1}=0$,可推得汽车不发生纵翻的临界条件为

$$\alpha_{max} = \arctan\frac{b}{h_g} \tag{25-8}$$

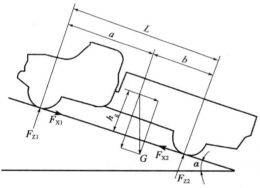

图25-9 汽车在纵向坡道上等速行驶受力图
F_{Z1}-作用在前轮的法向反作用力;F_{Z2}-作用在后轮的法向反作用力;F_{X1}-作用在前轮的切向反作用力;F_{X2}-作用在后轮的切向反作用力;h_g-汽车的质心高度;a-汽车的质心到前轴之间的距离;b-汽车的质心到后轴之间的距离;L-汽车的轴距;G-汽车的重力;α-道路的坡度角

当道路的坡度 $\alpha > \alpha_{max}$ 时,汽车将失控而纵向翻倒。若质心至后轴距离 b 越大,质心高度 h_g 越低,则 α_{max} 越大,越不易纵翻。正常道路条件下,其纵向坡度较小,不会纵翻。

二、汽车纵向稳定条件

汽车所能驶上的最大坡道,受到驱动轮的附着条件限制。以后轴驱动汽车为例,汽车以较低速度等速上坡时,驱动轮不发生滑转的临界状态为

$$F_{t\,max} = G\sin\alpha_{\varphi\,max} = F_{Z2} \tag{25-9}$$

式中:$\alpha_{\varphi\,max}$——汽车后轮不发生滑转所能克服的最大道路坡度角(°)。

将式(25-7)与式(25-9)联立求解得

$$\alpha_{\varphi\,max} = \arctan\frac{a}{L - h_g} \tag{25-10}$$

显然,如果 $\alpha_{max} < \alpha_{\varphi\,max}$,则当汽车遇有坡度角为 α_{max} 的坡道时,驱动轮因受附着条件的限

制而滑转,地面不能提供足够的驱动力以克服坡道阻力,因而无法上坡,也就避免了汽车的纵向翻倒。所以,汽车滑转先于纵向翻倒的条件是

$$\frac{a\varphi}{L-\varphi h_\mathrm{g}} < \frac{b}{h_\mathrm{g}}$$

将上式整理得

$$\frac{b}{h_\mathrm{g}} > \varphi \tag{25-11}$$

式(25-11)为后轮驱动型汽车纵向稳定条件,即只要满足式(25-11),汽车就不可能纵向翻车。由于现代汽车的质心位置较低,一般情况下汽车能够满足该条件,所以汽车纵翻的可能性较小,汽车的纵向稳定性较好。但对于越野汽车,其轴距较小,质心位置较高,轮胎又具有纵向防滑花纹,因而附着系数较大,故其丧失纵向稳定性的危险增加。

同样可以求出前轴驱动汽车避免纵翻的条件为 $L>0$;全轴驱动汽车避免纵翻的条件与后轴驱动相同。可见,前轴驱动汽车纵向稳定性最好。

第五节　汽车侧向稳定性

汽车侧向稳定性是指汽车抵抗侧翻和侧滑的能力。汽车重力沿道路横坡的分力以及转弯时汽车的离心力都可能导致汽车的侧翻和侧滑。但由于汽车高速转弯行驶的离心力较大,汽车往往沿离心力所指的侧向翻车和滑移,故侧向稳定性主要是指汽车转弯行驶的稳定性。若汽车转弯行驶满足一定条件,则汽车不会产生侧滑和侧翻。

一、汽车的侧翻

汽车在行驶过程中受到各种侧向力的作用,如重力的侧向分力、转向时的离心力、侧向风力及道路不平引起的侧向冲击力等。如果车轮的侧向反作用力达到附着力时,汽车就发生侧向滑移,同时也改变了左、右轮的法向反作用力。当一侧车轮的法向反作用力为零时,将发生侧向翻车。图25-10所示为汽车在侧坡上转弯行驶时的受力情况。

将各力对左、右车轮接地点取力矩,经整理得

$$F_\mathrm{ZL} = \frac{1}{B}\left(\frac{1}{2}BG\cos\beta - Gh_\mathrm{g}\sin\beta + \frac{1}{2}BF_\mathrm{CY}\sin\beta + F_\mathrm{CY}h_\mathrm{g}\cos\beta\right) \tag{25-12}$$

$$F_\mathrm{ZR} = \frac{1}{B}\left(\frac{1}{2}BG\cos\beta + Gh_\mathrm{g}\sin\beta + \frac{1}{2}BF_\mathrm{CY}\sin\beta - F_\mathrm{CY}h_\mathrm{g}\cos\beta\right) \tag{25-13}$$

若汽车沿半径 R 做圆周等速运动,故作用在汽车上的离心力为

$$F_\mathrm{CY} = \frac{G}{g}\frac{u_\mathrm{a}^2}{R} \tag{25-14}$$

当无纵向坡度时,作用在全部车轮上的侧向及法向反作用力之和为

$$\sum F_\mathrm{Y} = F_\mathrm{CY}\cos\beta - G\sin\beta \tag{25-15}$$

$$\sum F_Z = F_{CY}\sin\beta + G\cos\beta \quad (25\text{-}16)$$

由图 25-10 可知,随转弯时行驶车速的提高,离心力增大,内侧车轮(图中右侧车轮)法向反作用力 F_{ZR} 减少。当 $F_{ZR}=0$ 时,汽车将失去侧向稳定性而向外翻(图中向左侧翻)。将式(25-14)及 $F_{ZR}=0$ 代入式(25-13),可求出汽车在侧坡上转弯行驶时允许的最大车速为

$$u_{\beta\max} = \sqrt{\frac{gR(B+2h_g\tan\beta)}{2h_g - B\tan\beta}} \quad (25\text{-}17)$$

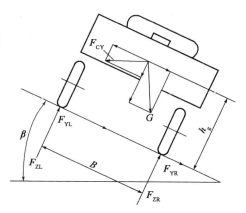

图 25-10 汽车在侧坡上转弯行驶时的受力图
β-道路的横向坡度角;B-汽车的轮距;h_g-汽车的质心高度;F_{ZL}、F_{ZR}-左、右车轮的法向反作用力;F_{YL}、F_{YR}-左、右车轮的侧向反作用力;F_{CY}-作用在汽车质心上的离心力;G-汽车总重力

由式(25-17)分析可知:

(1)当道路横向坡度角 $\tan\beta = 2h_g/B$ 时,式中的分母近似于 0,即 $u_{\beta\max}$ 趋于无穷大。所以,汽车在这一侧坡角度的道路上可以以任意速度转向行驶。公路的弯道处有内低外高的侧向坡,可以保证汽车转弯行驶时的安全性。

(2)当 $\beta=0$,即汽车在无侧坡的水平弯道上等速转弯行驶时,其不侧翻的最大车速为

$$u_{0\max} = \sqrt{\frac{gBR}{2h_g}} \quad (25\text{-}18)$$

以上两种是汽车在弯道上行驶的特殊情况,通过分析比较可知 $u_{0\max} < u_{\beta\max}$。从公式中可以看出,汽车的轮距越宽、质心越低、转弯半径越大,汽车侧翻的临界速度就越高。

(3)如果汽车在侧坡上等速直线行驶,这时离心力等于 0,即 $F_{CY}=0$,这时作用在车轮上的法向反作用力只有重力的分力。若外侧(图 25-10 中左侧)处车轮的法向反作用力为零,汽车将失去侧向稳定性而向内翻。经推导可得出直线行驶时无翻车的最大侧坡角度为

$$\tan\beta_{0\max} = \frac{B}{2h_g} \quad (25\text{-}19)$$

二、汽车的侧滑

汽车发生侧滑时其侧向附着力等于侧向反作用力,并将式(25-15)、式(25-16)和式(25-14)联立求解后,可得出汽车在侧滑前的最高车速为

$$u_{\varphi_1\max} = \sqrt{\frac{gR(\varphi_1 + \tan\beta)}{1 - \varphi_1\tan\beta}} \quad (25\text{-}20)$$

式中:φ_1——侧向附着系数。

由式(25-20)分析知:

(1)当 $\tan\beta = 1/\varphi_1$ 时,$u_{\varphi_1\max}$ 趋于无穷大,即汽车在具有这一侧向坡度的道路上可以以任意车速转向行驶而不发生侧滑。

(2)当无横向坡度,即 $\beta=0°$ 时,汽车侧滑前所允许的最大车速为

$$u_{\varphi_10\max} = \sqrt{gR\varphi_1} \quad (25\text{-}21)$$

(3)当汽车直线行驶时,即离心力 $F_{CY}=0$ 时,车轮不发生侧滑的作用力为 $G\sin\beta$,阻止车轮侧滑的附着力为 $G\varphi_1\cos\beta$。这时车轮不发生侧滑的条件为

$$G\sin\beta \leqslant G\varphi_1\cos\beta$$

即
$$\tan\beta \leqslant \varphi_1 \tag{25-22}$$

三、汽车侧向稳定性系数

汽车在弯道上行驶的速度提高时,是否发生侧滑或侧翻,只要在水平路面的条件下,比较水平路面(坡度角为0°)的 $u_{0\,\max}$ 与 $u_{\varphi_1 0\,\max}$ 两值的大小即可。从安全考虑,应使侧滑发生在侧翻之前,即

$$u_{\varphi_1 0\,\max} < u_{0\,\max}$$

也就是

$$\sqrt{gR\varphi_1} < \sqrt{\frac{gBR}{2h_g}}$$

故要求
$$\frac{B}{2h_g} > \varphi_1 \tag{25-23}$$

把 $B/2h_g$ 称为汽车侧向稳定系数,它反映了汽车抗侧翻的能力。当 $B/2h_g > \varphi_1$ 时,汽车侧滑先于侧翻,侧翻不易发生。汽车轮距越大,质心高度越低,则侧向稳定性系数越大,汽车抵抗侧翻的稳定性就越好。

汽车若要避免侧翻,应尽量降低质心高度。在经常行驶的路面上,汽车一般能满足侧向稳定性条件,即 $B/2h_g > \varphi_1$。但下列情况需注意:装载货物的质心太高,且侧向偏载;用普通货车底盘改装的厢式货车,如冷藏车等,其质心较高;双层公共汽车的质心位置高;侧滑受限制。

第六节 影响汽车操纵稳定性的因素

一、汽车质心位置变化

若汽车质心位置沿汽车纵轴线前后发生变化,则作用于汽车前、后轮的侧向反作用力大小相应变化,汽车前、后轮侧偏角也发生变化,将导致汽车转向特性发生变化,从而影响汽车的操纵稳定性。汽车使用时由于载荷的变化(空载、满载等)可能会使汽车质心位置发生变化。若质心前移,转向时前轮的侧偏力增大,使前轮的侧偏角增大,从而增加了汽车的不足转向量;反之,质心后移,就减少了汽车的不足转向量,或汽车趋向于过多转向特性。

二、汽车前后轴载荷分配与车轮侧偏刚度的匹配

在汽车设计或改装中,应使前后轴载荷分配与车轮侧偏刚度相适应,使稳定性因数 $K>0$,以保证汽车的不足转向特性。

前置发动机前驱动的轿车,前轴上的轴荷较大,转弯时前轴承担的离心力较大,在前后车轮侧偏刚度相同的情况下,前轮会产生较大的侧偏角,使汽车不足转向量加大。反之,后置发

动机后驱动的轿车则不足转向量减少成趋向于过多转向特性。

三、汽车驱动形式

车轮的切向力增加时,轮胎的侧偏刚度下降(图 25-4),则转向时其侧偏角会增大。因此,后轮驱动的车辆,转向时后轮施加驱动力,后轮侧偏角增大,汽车不足转向量减少或趋向于过多转向特性;前轮驱动的车辆,转向时前轮施加驱动力,前轮侧偏角增大,汽车不足转向量加大。

四、汽车车轮

1. 轮胎结构

轮胎侧偏刚度对汽车的转向特性具有决定性影响,而轮胎结构基本上决定了轮胎的侧偏刚度。因此,使用中不应随意地换装不同结构(帘布层数、扁平率等)、不同形式(子午线轮胎、普通斜交轮胎)的轮胎,因为这有可能使汽车趋向于过多转向特性。

子午线轮胎和普通斜交轮胎在车上混合装用,对汽车的操纵性有严重影响。子午线轮胎侧偏刚度大,若装用普通斜交轮胎的汽车仅前轮改用子午线轮胎,则会减少汽车的不足转向量,或汽车趋向于过多转向特性。

扁平率小的宽轮胎,侧偏刚度大,相同侧偏力时,产生的侧偏角小。因此,若仅将前轮换用扁平率小的轮胎,则汽车趋向于过多转向特性;如仅将后轮换用扁平率小的轮胎,则汽车不足转向量加大。

2. 轮胎气压

轮胎气压对侧偏刚度影响很大,降低轮胎气压,侧偏刚度下降,相同侧偏力时,侧偏角加大。汽车说明书中规定的轮胎气压是考虑了获得不足转向特性的数值,使用时应注意在冷态下检查,并且应按说明书的规定调整轮胎充气压力。有的高速轿车甚至规定了每种乘坐条件及不同季节时前后轮胎的充气压力,以确保需要的不足转向特性。

为使汽车具有适度的不足转向特性,汽车使用中应特别注意前轮气压不要过高,后轮气压不要过低。因为这样会使 k_1 过大、α_1 过小,k_2 过小、α_2 过大,从而导致汽车不足转向量减小或趋向于过多转向特性。

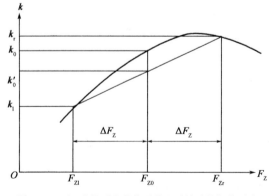

图 25-11 左、右轮垂直载荷再分配时轮胎的侧偏刚度

五、左、右轮垂直载荷再分配

轮胎侧偏刚度随垂直载荷 F_Z 变化的曲线如图 25-11 所示。当车身没有侧向倾斜时,左、右轮垂直载荷均为 F_{Z0},每个车轮的侧偏刚度均为 k_0,若车轴受到的侧向力为 F_Y,则车轮产生的侧偏角为

$$\alpha_0 = \frac{F_Y}{2k_0} \quad (25\text{-}24)$$

实际上,当汽车转弯时,整个车身在离心力作用下,对车身的侧倾轴线形成侧倾力矩,使车身产生侧倾。车身侧倾力矩分摊到轴上的部分,导致轴上垂直载荷在左、右轮上重新分配,使内轮垂直载荷减少 ΔF_z 为 F_{Zl},外轮垂直载荷增加 ΔF_z 为 F_{Zr},使轴上两侧车轮的侧偏刚度分别为 k_l 和 k_r。由于同轴上左、右轮的侧偏角必然相等,设为 α,则在侧向力 F_Y 作用下有 $F_Y = k_l\alpha + k_r\alpha$,于是有

$$\alpha = \frac{F_Y}{k_l + k_r} \tag{25-25}$$

若令 $k'_0 = (k_l + k_r)/2$,则 k'_0 为垂直载荷重新分配后每个车轮的平均侧偏刚度,于是有

$$\alpha = \frac{F_Y}{2k'_0} \tag{25-26}$$

由图 25-11 可知,$k'_0 < k_0$。这说明:当车轴左、右轮垂直载荷发生变动时,两侧车轮的侧偏刚度变化不同步,使得该轴车轮的平均侧偏刚度下降,且左、右轮垂直载荷变动量越大,则平均侧偏刚度就越小。

在侧向力作用下,若汽车前轴左、右轮垂直载荷变动量相对较大,则前轴的侧偏刚度会下降较多,因而汽车的不足转向量加大;若汽车后轴左、右轮垂直载荷变动量相对较大,则后轴的侧偏刚度就下降较多,因而汽车的不足转向量减小或趋向于过多转向特性;若载货汽车后轴左右偏载严重,则后轴的侧偏刚度下降,汽车趋向于过多转向特性。

汽车前轴和后轴左、右车轮载荷变动量取决于:前、后悬架的侧倾角刚度、簧上质量、簧下质量、质心位置及前、后悬架侧倾中心位置等一系列参数的数值。增加前悬架的侧倾角刚度,在车身侧倾时能使侧倾力矩分摊到前轴上的数值增加,可使前轴左右轮垂直载荷的变动量较大,从而增加汽车的不足转向量;减少后悬架的角刚度,能使侧倾力矩分摊到后轴上的数值减少,可使后轴左右轮垂直载荷的变动量较小,从而增加汽车的不足转向量。轿车常用前悬架横向稳定杆(图 22-26)来增加其侧倾角刚度,使汽车不足转向量增加。

六、侧倾转向

汽车转弯行驶,在离心力的作用下,车身发生侧倾。由车身侧倾所引起的前轮绕主销的转动,后轮绕垂直于地面轴线的转动,即车轮转向角的变动,称为侧倾转向。发生侧倾转向时,非独立悬架的车轴也发生绕垂直轴线的转动,所以侧倾转向也称轴转向。从运动学的观点来看,车轮及车轴绕垂直于地面轴线转动的效果与轮胎的侧偏是一样的,所以侧倾转向又称为运动学侧偏。

随着前、后侧倾转向的方向与数值的不同,汽车的不足转向量可能增加或减少。图 25-12 表明了后悬架轴转向对稳态转向特性的影响。

轴转向发生的内因是悬架导向杆系的布置及其运动学关系的内在要求,而轴转向发生的外因是由于侧向力 F_y 的作用,改变了内、外侧车轮的垂直载荷,使得外侧车轮随着垂直载荷的加大纵置钢板弹簧被压缩而后移,内侧车轮则随着垂直载荷的减小钢板弹簧被拉伸而前移,于是整个车轴相对原来的轴线偏转了一个角度,如图 25-13 所示。显然,路面高低不平也会迫使车轮上下跳动,对悬架产生压缩和拉伸,同样会引起汽车轴转向。

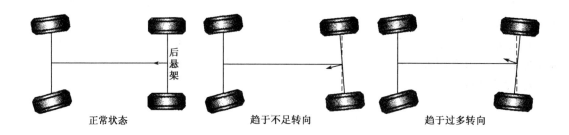

图 25-12　后悬架轴转向对稳态转向特性的影响

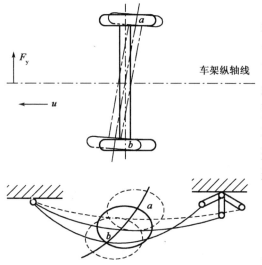

图 25-13　汽车轴转向形成机理

轴转向后,若汽车转向半径增加,则增加不足转向量;若转向半径减少,则减少不足转向量。通常,对于纵置钢板弹簧悬架来说,若前轴轴转向,则可增加不足转向量,若后轴轴转向,则会减少不足转向量。为了改善后悬架采用纵置钢板弹簧汽车的操纵稳定性,可使其固定铰链点下移,直至低于车轴中心,此时轴转向可增加不足转向量。现代高速小客车,当后悬架采用钢板弹簧时,多用这种安装方式。

七、车身侧倾时车轮外倾角变化

汽车转弯行驶车身侧倾时,由于悬架形式不同,车轮外倾角会发生不同的变化(图 25-14),使轮心前进方向发生相应变化,这与轮胎侧偏具有相同的效果,可使汽车的转向特性发生变化。

1)车轮沿侧向力方向倾斜

侧向力使车身侧倾时,车轮沿侧向力方向倾斜,如单纵臂、双横臂式、烛式悬架等,相当于侧偏角加大,此时若为前轮则可增加不足转向量,若为后轮则会减少不足转向量。这说明车轮倾斜方向与侧向力方向一致时,相当于轮胎侧偏刚度下降。

2)车轮沿侧向力相反方向倾斜

侧向力使车身侧倾时,车轮倾斜方向与侧向力反向,如小侧向加速度时的单横臂式悬架,相当于侧偏刚度增大,此时若为前轮则减少不足转向量,若为后轮则增加不足转向量。

3)车轮不倾斜

侧向力使车身侧倾时,车轮不倾斜,保持外倾角不变,如非独立悬架。此时对汽车转向特性无影响。

通常,车轮倾斜 5°~6° 相当于轮胎侧偏角改变 1°。为了获得良好的汽车操纵稳定性,前后悬架的形式应选得合适。

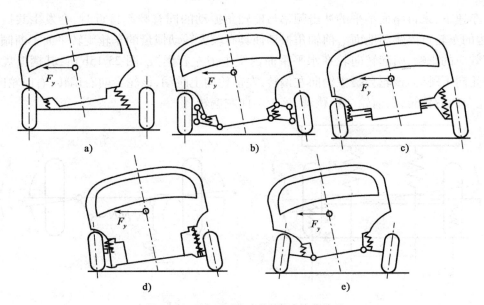

图 25-14 悬架形式与车轮外倾角变化关系
a)非独立悬架;b)双横臂;c)单纵臂;d)烛式;e)单横臂(小侧向加速度)

八、转向轮定位

转向轮定位对汽车操纵稳定性的影响很大。保持合适的转向轮定位参数和轮胎侧偏特性,可使转向轮具有良好的稳定效应,即使转向轮保持居中位置和转向后自动回正的能力,保持汽车良好的操纵稳定性。

汽车运动时,由于受纵向力、侧向力和垂直力的作用,转向轮定位参数会发生变化。汽车在使用过程中,由于车身、悬架、前桥、转向节的变形及转向轮定位调整不当等原因也会引起转向轮定位角的改变。这些变化可能导致转向轮摆振、汽车跑偏等不良现象。如主销后倾角、主销内倾角过大或过小都有可能使前轮摆头:过小,稳定力矩小,车轮容易偏摆;过大,稳定力矩大,前轮回正过猛。如左、右车轮定位参数不同,则左、右车轮的稳定力矩和受力状态不平衡,汽车行驶就会出现跑偏。通常汽车可向前轮外倾角较大、前束角较小的一边自动跑偏。主销内倾角两边不等时,后轮驱动的汽车,驱动行驶时向主销内倾角较小的一边跑偏;前轮驱动的汽车,驱动行驶时向主销内倾角较大的一边跑偏;制动行驶时向主销内倾角较小的一边跑偏。

九、转向轮摆振

转向轮摆振是指汽车行驶、转向盘居中时,转向轮绕主销左右摆动的现象,严重时驾驶人无法扶稳剧烈摆动的转向盘。这对汽车的操纵稳定性十分不利,因此应分析转向轮摆振的原因并采取适当的措施予以消除。

1. 前轴角振动引起转向轮摆振

1) 角振动引起摆振的原因

行驶中,车轮受路面不平的冲击,前轴在垂直的横向平面内产生角振动[图 25-15a)],如在某一车速下,来自路面不平的冲击频率与前轴角振动的固有频率接近时,会发生共振,严重时,一边的车轮可以跳离地面。前轴角振动使具有较大转动惯量的车轮旋转平面不断倾斜,由于陀螺效应的影响,引起转向轮在水平平面内绕主销左右摆振[图25-15b)],其摆振规律是:若左前轮向下跳动,该轮会绕主销向左偏转,左前轮向上跳动,该轮会向右偏转;右前轮向下跳动,该轮会向右偏转,右前轮向上跳动,该轮会向左偏转。

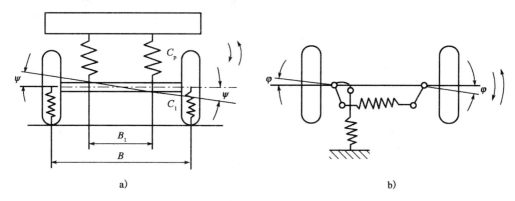

图 25-15 前轮振动系统示意图
a)前轴角振动;b)转向轮摆振

2)消除或减轻角振动摆振的措施

(1)减少悬架下前轴系统的转动惯量,提高角振动的固有频率。

(2)在独立悬架汽车上,常采用双横臂独立悬架。如采用等长的双横臂独立悬架[图25-16a)],在车轮上下跳动时,车轮的旋转平面不会倾斜,因而不产生绕主销的摆振,但是车轮跳动时,轮距的变化较大,这会增加轮胎的磨损,所以目前多采用图25-16b)所示的不等长双横臂结构,它是一种折中方案,既可使车轮的旋转平面倾斜较少,又可使轮距变化不大。

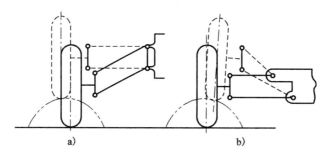

图 25-16 双横臂式独立悬架运动简图
a)等长双横臂独立悬架;b)不等长双横臂独立悬架

(3)适当降低轮胎气压,增加轮胎的吸振能力。

(4)改善道路状况,保持道路的平整。

2.转向轮不平衡引起转向轮摆振

1)不平衡引起摆振的原因

若车轮的质心与旋转轴线不重合,则该车轮为静不平衡;若车轮的惯性主轴与其旋转轴线不重合,则该车轮为动不平衡。汽车高速行驶时,若转向轮不平衡,则会产生较大的离心力,形成对转向主销的力矩,引起转向轮绕主销摆振,使汽车行驶方向难以控制,严重影响汽车的操纵稳定性。

图 25-17 所示为转向轮不平衡的运动示意图。车轮转动时,其不平衡质量所引起的离心力 F_c 产生周期性的激励,其水平分力 F_x 直接引起转向轮绕主销摆振,其垂直分力 F_y 将引起车轮的上下跳动,由于陀螺效应使转向轮也绕主销摆振。当左、右转向轮都不平衡,且不平衡质量相互处于 180°位置时,则摆振更为严重。

2) 消除转向轮不平衡摆振的措施

无论是新轮胎或经翻修的轮胎,都要进行动平衡检测并消除不平衡因素,对车轮进行动平衡作业,根据需要在轮辋适当位置加装平衡块(图16-3)。

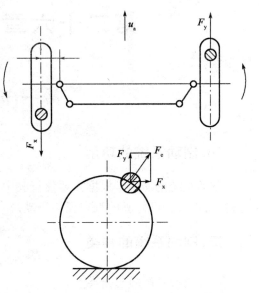

图 25-17　转向轮不平衡引起的转向轮摆振

应当说,汽车或多或少地都会存在引起转向轮摆振的某些原因,但不一定就会造成转向轮的摆振。因为转向轮还存在着稳定效应,它在一定程度上可以抑制或防止转向轮摆振,提高汽车的操纵稳定性。因此,要确保转向轮具的良好的稳定效应。保证合适的转向轮定位参数,选择合适的轮胎偏特性,对防止或减轻转向轮摆振具有重要意义。

目前,在某些高速行驶的轿车上已采用了一种汽车行驶稳定性电控系统,也叫电子稳定程序系统(Electronic Stability Program,ESP)。它能实时调整车辆运行状态,使车辆能按驾驶人的意图行驶,保证车辆在制动、驱动、转向行驶过程中都具有良好的操纵性和方向稳定性。有关 ESP 的控制原理将在第三十二章第五节中进行介绍。

复习思考题

1. 何谓轮胎的侧偏现象?
2. 分析轮胎的侧偏力与侧偏角的关系。
3. 影响轮胎侧偏的主要因素有哪些?
4. 试分析具有中性转向特性的汽车行驶的特点。
5. 试分析具有不足转向特性的汽车行驶的特点。
6. 试分析具有过多转向特性的汽车行驶的特点。
7. 试分析汽车质心前、后变化,左、右轮负荷转移,前、后轮胎气压变化对汽车稳定转向特性的影响。
8. 试述汽车行驶侧向、纵向稳定条件,并分析条件的由来。

第二十六章　汽车制动系统

第一节　概　　述

一、制动系统的功用

制动系统的功用是根据需要使行驶中的汽车减速甚至停车,使下坡行驶的汽车的速度保持稳定,以及使已停驶的汽车保持不动。

二、制动系统的种类

1. 按制动系统功用分类

(1)行车制动系统。由驾驶人用脚来操纵的,故又称脚制动系统。它的功用是使正在行驶中的汽车减速或在最短的距离内停车。

(2)驻车制动系统。由驾驶人用手来操纵的,故又称手制动系统。它的功用是使已经停在各种路面上的汽车驻留原地不动。

(3)辅助制动系统。经常在山区行驶的汽车以及某些特殊用途的汽车,为了提高行车的安全性和减轻行车制动系统性能的衰退及制动器的磨损,还应该装备辅助制动系统,用以在下坡时稳定车速。

2. 按制动能源分类

(1)人力制动系统。以驾驶人的肌体作为唯一制动能源的制动系统称为人力制动系统。

(2)动力制动系统。完全靠以发动机的动力转化而成的气压或液压作为制动能源的制动系统称为动力制动系统。

(3)伺服制动系统。兼用人力和发动机动力作为制动能源的制动系统称为伺服制动系统。

另外,根据制动回路形式的不同,可分为单回路、双回路和多回路制动系统。我国规定,从1988年1月1日起,所有汽车必须采用双回路制动系统。即所有行车制动系统的气压或液压管路分属于两个或多个彼此独立的回路。这样,即使其中一个回路失效,还能利用其他回路获得部分制动力。

三、制动系统的工作原理

图 26-1 所示为一种简单的液压制动系统的工作原理示意图。它由制动器、操纵机构和液压传动机构组成。

车轮制动器主要由旋转部分、固定部分和张开机构组成。旋转部分是制动鼓 8,它固定在车轮轮毂上，随车轮一起旋转，它的工作面是内圆柱面。固定部分包括制动蹄10和制动底板11等。制动底板用螺栓与转向节凸缘（前轮）或桥壳凸缘（后轮）固定在一起。在固定不动的制动底板上，有两个支承销12，支承着两个弧形制动蹄10的下端。制动蹄的外圆面上装有摩擦片9，上端用制动蹄复位弹簧13拉紧压靠在轮缸活塞7上。制动蹄可用液压轮缸（或凸轮）等张开机构使其张开。液压轮缸也安装在制动底板上。

操纵机构主要是制动踏板1。

传动机构主要由推杆2、制动主缸4、制动轮缸6和油管5等组成。装在车架上的制动主缸用油管5与制动轮缸相连通。主缸活塞3可由驾驶人通过制动踏板1来操纵。

制动系统不工作时，制动鼓的内圆面与制动蹄摩擦片的外圆面之间保留有一定的间隙，使制动鼓可以随车轮自由旋转。

制动时，踩下制动踏板1，推杆2便推动主缸活塞3，使主缸中的制动液以一定压力流入制动轮缸6，通过轮缸活塞7使两制动蹄10的上端向外张开，从而使摩擦片压紧在制动鼓的内圆面上。这样，不旋转的制动蹄就对旋转着的制动鼓产生一个摩擦力矩T_μ，其作用方向与车轮旋转方向相反，摩擦力矩大小取决于轮缸的张力、摩擦因数和制动鼓及制动蹄的尺寸等。制动鼓将该力矩T_μ传到车轮后，由于车轮与路面间的附着作用，车轮即对路面作用一个向前的周缘力F_μ，与此同时，路面给车轮作用一个向后的反作用力F_{Xb}，即制动力。制动力F_{Xb}由车轮经车桥和悬架传递给车架和车身，迫使整个汽车产生一定的减速度。制动力越大，减速度也越大。当松开制动踏板时，制动蹄复位弹簧13即将制动蹄拉回原位，摩擦力矩T_μ和制动力F_{Xb}消失，制动作用即行解除。

制动时车轮上的制动力F_{Xb}不仅取决于制动力矩T_μ，还取决于轮胎与路面间的附着条件。如果完全丧失附着，就不会产生制动效果，即车轮停止了转动而被抱死，汽车仍然向前滑移。

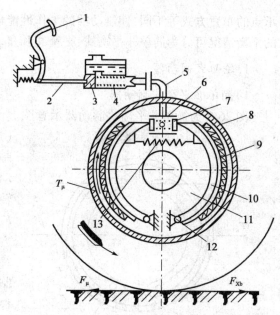

图26-1 液压制动系统工作原理示意图
1-制动踏板；2-推杆；3-主缸活塞；4-制动主缸；5-油管；6-制动轮缸；7-轮缸活塞；8-制动鼓；9-摩擦片；10-制动蹄；11-制动底板；12-支承销；13-制动蹄复位弹簧

第二节 行车制动器

汽车制动器几乎都是利用固定元件与旋转元件工作表面的摩擦，产生制动力矩的摩擦制动器。

摩擦制动器根据旋转元件的不同分为鼓式和盘式制动器两大类。前者的摩擦副中的旋转元件为制动鼓，其工作表面为圆柱面；后者的旋转元件为圆盘状的制动盘，以端面为工作面。

一、鼓式制动器

鼓式制动器多为内张双蹄式，但是由于制动蹄张开装置的形式、张开力作用点和制动蹄支承点的布置方式等不同,使制动器的工作性能也有所不同,按制动时两制动蹄对制动鼓径向力的平衡情况可分为简单非平衡式、平衡式和自动增力式三种类型。

1. 轮缸式制动器

1)简单非平衡式制动器

图 26-2 为简单非平衡式制动器示意图。设汽车前进时制动鼓旋转方向如图中箭头所示(这称为制动鼓正向旋转)。沿箭头方向看去,前制动蹄 1 的支承点 3 在其前端,轮缸所施加的促动力 F_S 作用于其后端,因而该制动蹄张开时的旋转方向与制动鼓的旋转方向相同。这种促动力 F_S 使制动蹄张开时的旋转方向与制动鼓的旋转方向相同的制动蹄称为领蹄。与此相反,后制动蹄 2 的促动力 F_S 使制动蹄张开时的旋转方向与制动鼓的旋转方向相反,具有这种属性的制动蹄称为从蹄。当汽车倒驶,即制动鼓反向旋转时,领蹄 1 变成从蹄,而蹄 2 变成领蹄。这种在制动鼓正向旋转和反向旋转时都有一个领蹄和一个从蹄的制动器,称为领从蹄式制动器。

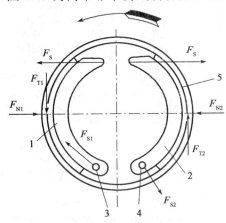

图 26-2 简单非平衡式制动器示意图
1-领蹄;2-从蹄;3、4-支点;5-制动鼓

制动时,领蹄 1 和从蹄 2 在相等的促动力 F_S 的作用下,分别绕各自的支承点 3 和 4 旋转到紧压在制动鼓 5 上。旋转着的制动鼓即对两制动蹄分别作用着法向反力 F_{N1} 和 F_{N2},以及相应的切向反力 F_{T1} 和 F_{T2}(这里法向反力 F_N 和切向反力 F_T 均为分布力的合力)。

两蹄上的这些力分别为各自的支点 3 和 4 的支承反力 F_{S1} 和 F_{S2} 所平衡,由图可见,领蹄上的切向合力 F_{T1} 所造成的绕支点 3 的力矩与促动力 F_S 所造成的绕同一支点的力矩是同向的。所以力 F_{T1} 的作用结果是使领蹄 1 在制动鼓上压得更紧,即力 F_{N1} 变得更大,从而力 F_{T1} 也更大。这表明领蹄具有"增势"作用。与此相反,切向合力 F_{T2} 则使从蹄 2 有放松制动鼓的趋势,即有使 F_{N2} 和 F_{T2} 本身减小的趋势,故从蹄具有"减势"作用。

综上所述,虽然领蹄和从蹄所受促动力相等,但两制动蹄所受法向反力却不相等,如果两蹄摩擦衬片工作面积相等,则领蹄摩擦衬片上的单位压力较大,磨损严重。同时,由于制动鼓所受到的来自两蹄的法向力的不平衡,则此两法向力之和只能由车轮的轮毂轴承的反力来平衡。这就对轮毂轴承造成了附加径向载荷,故称为简单非平衡制动器。

该制动器结构简单,多用于轻型汽车的后轮制动。为了使前后蹄摩擦片所受的单位面积压力一致,前蹄摩擦片长于后蹄,使两片的寿命尽量接近,便于维修。

2)平衡式制动器

由于领蹄能提高制动效果,利用这种原理将从蹄颠倒安装,就出现了两蹄都成为领蹄的制动器。如两蹄只在前进制动时为领蹄,称为单向双领蹄式制动器;如两蹄在前进和倒车制动时都成为领蹄,称为双向双领蹄式制动器。

如图 26-3 所示,制动底板 3 上所有的固定元件,如制动蹄、双向制动轮缸、复位弹簧等都是对称布置。两制动蹄的两端都是采用浮式支承,且支点的周向位置也是浮动的。这样,制动蹄的两端既是支承点,也是张开力的作用点。支点、力点随制动鼓旋转方向的不同能相互转换,可使汽车前进或倒车均可得到相同且较高的制动效能。此即为双向双领蹄平衡式制动器,又称对称平衡式制动器,其工作情况如下。

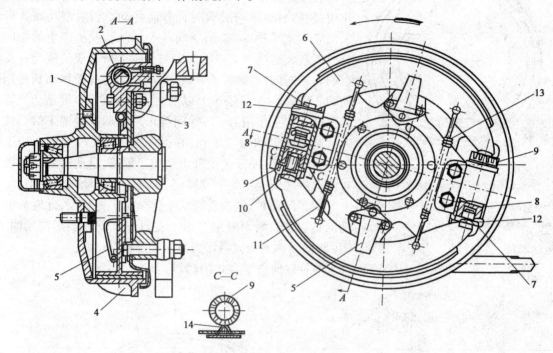

图 26-3 双向双领蹄式制动器

1-制动鼓;2-制动轮缸;3-制动底板;4-制动鼓散热肋片;5-制动蹄限位片;6-上制动蹄;7-支座;8-轮缸活塞;9-调整螺母;10-可调支座;11-下制动蹄;12-防护套;13-复位弹簧;14-锁片

前进制动时,所有的轮缸活塞都在液压作用下向外张开,使上下制动蹄压靠到制动鼓上。在制动鼓摩擦力矩的作用下,两蹄都绕车轮中心 O 朝箭头所示的车轮旋转方向转动,将两轮缸一端的活塞外端的不可调的支座 7 推回,直到顶靠着轮缸端面为止。于是两蹄以顶靠的支座 7 为支点,均在领蹄条件下工作。

倒车制动时,摩擦力矩的方向改变,将两个可调的支座 10 推靠到轮缸的端面上,于是两个可调支座 10 便成为新的支承点。

由于是浮式支承,每蹄设一个调整点即可使蹄鼓间隙合理调整。可调支座 10 由调整螺母和盖组成,盖上有齿槽可供拨动,锁片 14 用来定位。

由此可见,双向双领蹄平衡式制动器两蹄均以相同的法向力作用于制动鼓上,且相互平衡,所以摩擦片等长,轮毂轴承也不承受附加载荷。这种制动器可在各类汽车的前后轮中装用,最适合双管路制动系统,即一个制动器两个轮缸彼此独立的方案。任一管路制动液漏损,另一管路以简单非平衡式的形式工作。

3) 自动增力式制动器

自增力式制动器分单向自增力和双向自增力两种。在结构上只是轮缸中的活塞数目不同而已。自增力式制动器在国产汽车上应用较少。这里仅对双向自增力式制动器作一介绍。

双向自增力式制动器的结构原理如图 26-4 所示。

当行车制动时,两制动蹄在相同的轮缸促动力 F_S 作用下同时向外张开,压靠到旋转的制动鼓上,并由于摩擦力的作用,使两制动蹄均沿顺时针方向移动。当后制动蹄 3 尚未顶靠到支承销 5 时,前制动蹄 1 与制动鼓所产生的切向合力所造成的绕下支点的力矩与促动力所造成的绕同一支点的力矩同向,故前蹄为领蹄;当两制动蹄继续移动到后制动蹄 3 顶靠在支承销 5 上以后,前制动蹄 1 即对浮动的可调顶杆 2 产生作用力 F'_S,并间接作用在后制动蹄下端。此时后制动蹄上端为支承点,在促动力 F_S 和 F'_S 共同作用下向外旋转张开,使该制动蹄也变成了领蹄,且此时后制动蹄对制动鼓的压力比前制动蹄还大,产生了自动增力作用。

倒车制动时,两制动蹄的工作情况正好相反,此时前制动蹄具有自动增力效果。由于在行车制动和倒车制动时,制动器都具有自动增力作用,因此该种制动器称为双向自增力式制动器。

图 26-5 所示为北京 BJ1040 型汽车前轮双向自增力式制动器。

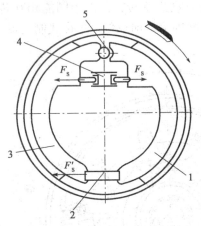

图 26-4 双向自增力式制动器示意图
1-前制动蹄;2-可调顶杆;3-后制动蹄;4-制动轮缸;5-支承销

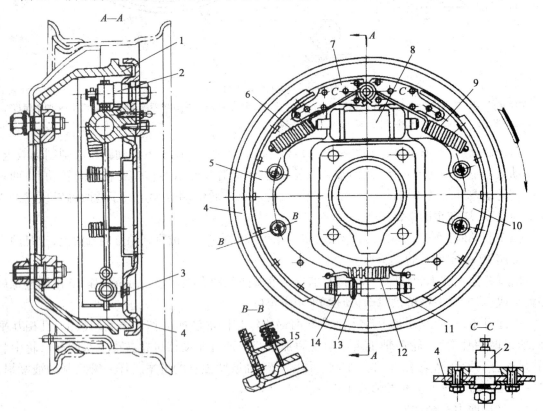

图 26-5 北京 BJ1040 型汽车前轮双向自增力式制动器
1-制动鼓;2-支承销;3-调整孔橡胶堵塞;4-制动底板;5-前制动蹄;6-前制动蹄复位弹簧;7-夹板;8-制动轮缸;9-后制动蹄复位弹簧;10-后制动蹄;11-可调顶杆体;12-拉紧弹簧;13-调整螺钉;14-可调顶杆套;15-制动蹄限位杆

2. 凸轮式制动器

目前，所有国产汽车和部分外国汽车的气压制动系统中，都采用凸轮促动的车轮制动器，而且大都设计成领从蹄式。

东风 EQ1090E 型汽车的凸轮式前轮制动器如图 26-6 所示。制动蹄 2 是可锻铸铁的，不制动时由复位弹簧 3 将其拉靠到制动凸轮轴 4 的凸轮上。制动凸轮轴通过支座 10 固定在制动底板 7 上，其尾部花键轴插入制动调整臂 5 的花键孔中。

制动时，制动调整臂在制动气室 6 的推动下，带动制动凸轮轴转动，推使两制动蹄压靠制动鼓 8。由于凸轮轮廓的中心对称性，以及两蹄结构和安装的轴对称性，凸轮转动所引起的两蹄上相应点的位移必然相等。

这种由轴线固定的凸轮促动的领从蹄式制动器是一种等位移式制动器。等位移式制动器两蹄摩擦片的相应点与制动鼓间的间隙如果已调整到完全一致，则制动时两蹄对鼓的压紧程度及所产生的制动力矩必然相等。但是，制动鼓对蹄的摩擦使得领蹄端部力图离开制动凸轮，同时又使从蹄端部更加靠紧制动凸轮。也即，凸轮对从蹄的促动力大于对领蹄的促动力。因此，虽领蹄有助势作用，从蹄有减势作用，但就等位移制动器而言，正是这一差别造成了制动效能高的领蹄的促动力小于制动效能低的从蹄的促动力，从而使得两蹄制动力矩相等。然而应当指出，等位移式制动器由于结构上不是中心对称，两蹄作用于制动鼓的微元法向力的等效合力虽大小相等，但却不在一直线上，不能相互平衡。故这种制动器仍属非平衡式。

此外，该车的制动凸轮工作表面轮廓是中心对称的两段偏心圆弧。这种凸轮的促动力对凸轮中心的力臂是随凸轮转角而变化的，因而即使输入制动凸轮轴的力矩不变，凸轮对蹄的促动力也会随凸轮转角而变化。

若促动装置中的凸轮可在导向槽中自由滑动（图 26-7），则制动器两蹄所受促动力相等，是一种等促动力式制动器，与轮缸促动领从蹄式制动器相同，其领蹄的制动效能远高于从蹄。

图 26-8 所示为黄河 JN1181C13 型汽车的前轮制动器。其中采用了渐开线轮廓的 S 形制动凸轮。S 凸轮的特点是促动力对凸轮中心的力臂为一定值（等于基圆半径的 1/2），与凸轮转角无关。故不论制动器间隙和制动蹄摩擦片磨损程度如何，凸轮对蹄端的促动力始终不变。但这种凸轮轮廓在加工工艺上比较复杂。

黄河 JN1181C13 型汽车制动器的制动凸轮与制动蹄之间采用滚轮 5 传动，借以提高机械效率。为了防止摩擦片偏磨和减轻制动噪声，将制动底板制得刚度较大，而且下部支承销座采用跨座式。

制动鼓 2 外表面铸有许多轴向肋片，有助于散热和提高刚度。

二、盘式制动器

盘式车轮制动器广泛地装用在轿车和轻型货车上。它的优点是：散热良好，热衰退小，热稳定性好，最适于对制动性能要求较高的轿车前轮制动器。而其后轮制动器多采用寿命较长的鼓式制动器，以便附装驻车制动器，此即为前盘后鼓式混合制动系统。但近年来前后轮都采用钳盘式制动器的结构也日渐增多。

汽车构造与原理

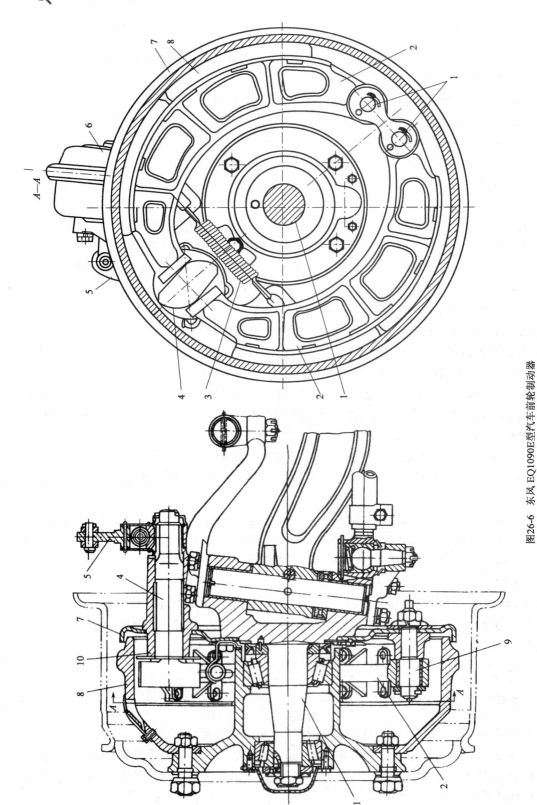

图26-6 东风EQ1090E型汽车前轮制动器

1-转向节轴颈；2-制动蹄；3-复位弹簧；4-制动凸轮轴；5-制动调整臂；6-制动气室；7-制动底板；8-制动鼓；9-支承销；10-制动凸轮轴支座

410

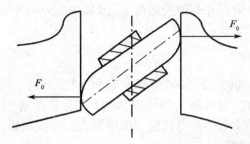

图 26-7 平衡凸块式促动装置

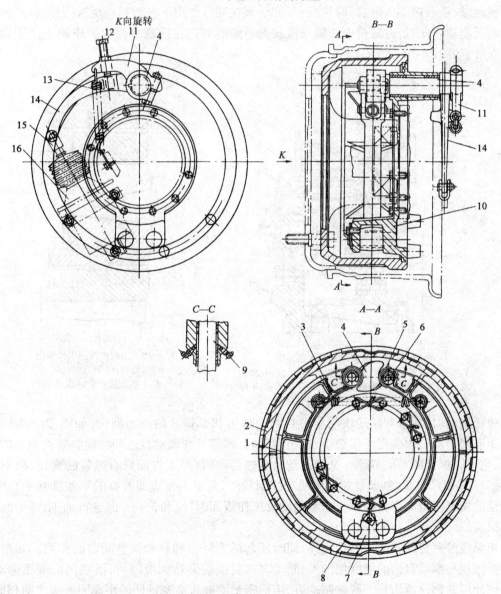

图 26-8 黄河 JN1181C13 型汽车前轮制动器
1-制动蹄;2-制动鼓;3-复位弹簧;4-制动凸轮轴;5-滚轮;6-滚轮轴;7-支承销锁片;8-支承销;9-滑脂嘴;10-制动底板;11-调整臂;12-调整螺钉;13-调整臂弹簧;14-制动臂;15-制动气室推杆;16-制动气室

再者，盘式制动器在径向尺寸有限的条件下，因其端面为工作表面，可使制动钳有两对轮缸，来满足双管路布置的需要。

1. 基本结构和工作原理

如图26-9所示。它的旋转元件是制动盘9，它和车轮固装在一起旋转，以其端面为摩擦工作表面。其固定的摩擦元件：制动块4、导向支承销5和轮缸活塞3，都装在跨于制动盘两侧的钳体上，总称制动钳。制动钳用螺栓与转向节或桥壳上的凸缘固装，并用调整垫片2来调节制动钳与制动盘之间的相对位置。

制动时，油液被压入内、外两轮缸中，其活塞在液压作用下将两制动块压向制动盘，产生摩擦力矩而制动。此时，轮缸槽中的矩形橡胶密封圈的刃边在活塞摩擦力的作用下产生微量的弹性变形，如图26-10a）。

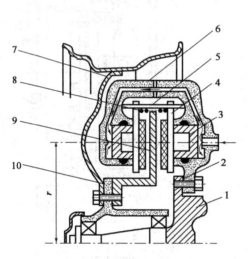

图26-9　钳盘式制动器基本结构图
1-转向节或桥壳凸缘；2-调整垫片；3-活塞；4-制动块；5-导向支承销；6-钳体；7-轮盘；8-复位弹簧；9-制动盘；10-轮辋凸缘；r-制动盘摩擦半径

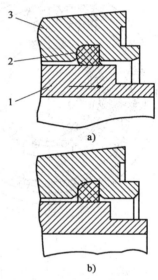

图26-10　活塞密封圈工作情况
a）制动时；b）解除制动时
1-活塞；2-矩形橡胶密封圈；3-轮缸

放松制动时，活塞和制动块依靠密封圈的弹力和弹簧8的弹力回位，如图26-10b）所示。由于矩形密封圈刃边变形量很微小，在不制动时，摩擦片与制动盘之间的间隙每边只有0.1mm左右，它足以保证制动的解除。又因制动盘受热膨胀时，厚度方面只有微量的变化，故不会发生"拖带"现象。但是，制动盘对端面跳动控制较严，要求工作表面有高的平整度和垂直度，轮辋轴承的松紧度也应严格控制。修磨制动盘工作表面时，应和轮辋一起进行加工，并一起进行平衡试验。

矩形橡胶密封圈除起密封作用外，同时还起活塞回位和自动调整间隙的作用。如果制动块的摩擦片与制动盘的间隙磨损加大，制动时密封圈变形达到极限后，活塞仍可继续移动，直到摩擦片压紧制动盘为止。解除制动后，矩形密封圈能将活塞推回的距离同磨损之前相同，仍保持标准值。显然，这种结构对橡胶密封圈的弹性、耐热性、刃边几何精度及表面粗糙度的要求较高，并应定期更换，而不单纯考虑它的密封质量如何。

2. 盘式制动器的类型

盘式制动器以制动钳固定在支架上的结构形式来分有固定式制动钳和浮动式制动钳两大类。

1) 定钳盘式制动器

图 26-9 所示为定钳盘式制动器。它的制动钳体的轴向位置是固定的,其轮缸布置在制动盘的两侧,为双向轮缸。除活塞和制动块外无滑动件。这种结构轮缸间需用油道或油管连通,难于把驻车制动机构附装在一起,钳体尺寸较大,外侧的轮缸散热差,热负荷大,油液易汽化膨胀,制动热稳定性差。

2) 浮钳盘式制动器

图 26-11 所示为浮钳盘式制动器示意图。它的特点是制动钳体在轴向处于浮动状态,轮缸布置在制动钳的内侧,且数目只有固定式的 50%,为单向轮缸。

制动时利用内摩擦片的反作用力 P_2,推动制动钳体移动,使外侧的摩擦片也继而压紧制动盘,以产生制动力。

它的外侧无液压件,不会产生气阻,且占据的空间也小,还可以利用内侧活塞附装驻车制动机构。但是,其内外摩擦片的磨损速度不一致,内片磨损快于外片。

根据浮式制动钳在其支架上滑动支承面的形式,又可分滑销式和滑面式(榫槽式)两种。因滑销式制动钳易实现密封润滑,蹄盘间隙的回位能力稳定,故使用较广。

图 26-12 所示为典型的滑销式结构。制动钳支架 7 与车桥固接,其上装有带导向套筒 6 的两个滑销 5,钳体 1 的内、外侧凸缘分别滑支于滑销上,故可以沿滑销轴向浮动而实现制动和解除制动。

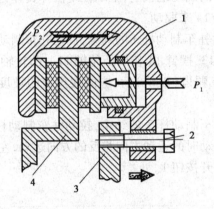

图 26-11 浮动式制动钳示意图(滑销式)
1-钳体;2-滑销;3-支架;4-制动盘;
P_1、P_2-液压作用力和反作用力

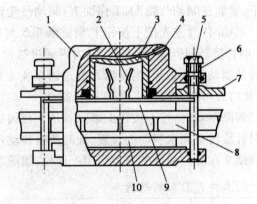

图 26-12 浮销式浮动制动钳
1-钳体;2-支承片;3-活塞;4-进油口;5-滑销;6-导向套筒;7-支架;8-制动盘;9-内制动块;10-外制动块

第三节 驻车制动传动装置

多数汽车的驻车制动的制动器安装在变速器或分动器之后,这类制动器称为中央制动器。还有一类制动器是将行车制动器兼充驻车制动器,这类制动器称为车轮驻车制动器。

1. 中央制动器

图 26-13 所示为常见货车的鼓式中央制动器,多用于中型货车上。它利用凸轮张开的原理实现驻车制动。其结构及工作原理如下。

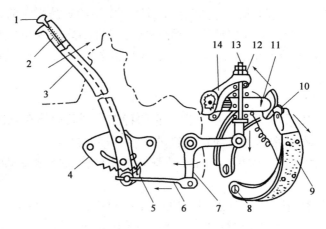

图 26-13 凸轮张开式中央制动器
1-按钮;2-拉杆弹簧;3-制动杆;4-齿扇;5-锁止棘爪;6-传动杆;7-摇臂;8-偏心支承销孔;9-制动蹄;10-滚轮;11-凸轮轴;12-调整螺母;13-拉杆;14-摆臂

制动鼓固接在变速器输出轴凸缘上,其鼓内左右两侧各有一制动蹄 9;制动蹄下端通过偏心销 8 来支承,而偏心销固结在变速器驻车制动器底座的制动地板上,上端在复位弹簧弹力作用下,紧靠在制动凸轮 11 工作面上;制动凸轮轴用摆臂 14 来驱动。

制动时,驾驶人按下按钮 1,解除棘爪 5 与齿扇 4 对驻车制动杆 3 的约束,拉动驻车制动杆 3 顺时针旋转,传动杆 6 左移,动力再通过摇臂 7、拉杆 13、摆臂 14 传到凸轮轴 11。凸轮轴 11 旋转使制动蹄 9 张开,当棘爪 5 滑过齿扇 4 上的棘齿五颗齿(五响)后,应能在规定的坡度停驻,此时方可松开按钮 1,实现驻车制动。

解除制动时,按下按钮 1 解除棘爪 5 与齿扇 4 对驻车制动杆 3 的约束,拉动驻车制动杆 3 逆时针旋转至原未制动的位置,此时所有传动件均按制动时的运动方向相反的方向运动,左右制动蹄 9 在复位弹簧的弹力作用下回位,解除制动后松开按钮 1。

2. 车轮式驻车制动器

1)鼓式车轮驻车制动器

中央制动器在使用过程中,有时传动系统将承受巨大的冲击载荷。不少重型车和大客车在车轮上采用了气压操纵的强力弹簧驻车制动器,如图 26-14、图 26-15 所示。

它是一个双功能综合体,设有前后两个制动气室。后制动气室 22 和驻车制动气室 25 借隔板 9 隔开。推杆 18 外端通过连接叉 17 与制动器的制动臂相连,其球面则支靠在和后制动气室活塞 21 连为一体的推杆座 20 中。预压的腰鼓形强力弹簧 5 力图使驻车制动器活塞 6 保持在其气室的右端,因而通过推杆 11 将后制动活塞复位弹簧 14 压缩,使制动器产生制动作用。

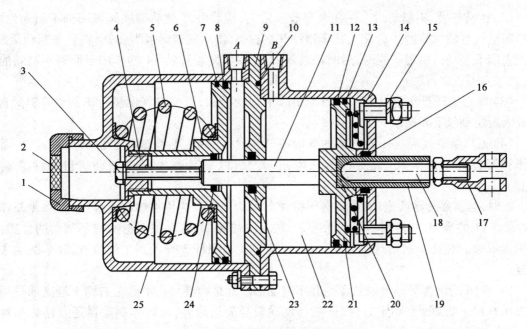

图 26-14　强力弹簧驻车制动和后轮行车制动气室总成(驻车制动位置)

1-防尘罩;2-滤网;3-传力螺杆;4-螺塞;5-腰鼓形制动弹簧;6-驻车制动器活塞;7-油浸毡圈;8-橡胶密封圈;9-隔板;10-密封圈;11-推杆;12-橡胶密封圈;13-毡圈;14-后制动活塞复位弹簧;15-安装螺栓;16-导管油封;17-连接叉;18-推杆;19-导管;20-推杆座;21-后制动气室活塞;22-后制动气室;23-密封圈;24-内外密封圈总成;25-驻车制动气室

螺塞4和驻车制动器活塞6的导管用螺纹连接,拧出传力螺杆3可使推杆11、18回到左端位置而放松制动。空气经滤网2与驻车制动器活塞6的左腔相通,以保证活塞正常工作。

后制动气室22由行车制动控制阀控制;驻车制动气室由驻车制动操纵阀 D(图26-15)控制。

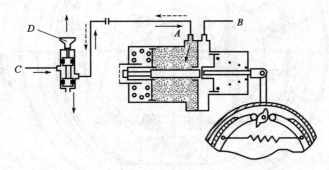

图 26-15　强力弹簧驻车制动器工作原理(不制动位置)

A-与驻车制动操纵阀相通;B-与行车制阀相通;C-与储气筒相通;D-驻车制动操纵阀

强力弹簧驻车制动器工作过程如下:

(1)单独进行驻车制动时——汽车停驶后将驻车制动操纵阀拉出,驻车制动气室右侧的压缩空气便被操纵阀从下端气孔放出,此时 A 孔和 B 孔与大气相通。腰鼓形强力弹簧便伸张,其作用力依次经驻车制动器活塞6、螺塞4、传力螺杆3和推杆11将后制动活塞21推到制动位置,并完全压缩后制动活塞复位弹簧14。

(2)正常行驶、不制动时——在汽车起步之前,应将驻车制动操纵阀推回到不制动位置,使压缩空气自储气筒经 A 口充入驻车制动气室右侧,压缩腰鼓形强力弹簧,将驻车制动活塞 6 推到左端不制动的位置。同时,后制动活塞 21 也在其复位弹簧 14 的作用下回到不制动的位置,汽车方可正常行驶。

(3)单独进行行车制动时——行车中踩下制动踏板,压缩空气便经行车制动控制阀自 B 孔充入后制动气室而制动。

(4)无压缩空气时——若汽车的气源或气路发生故障,不能对驻车制动气室充气,则腰鼓形弹簧将处于伸张状态,使汽车保持制动。所以它又称为安全制动或自动应急制动装置。

此时,若需要开动或拖动汽车,必须将驻车制动气室中的传力螺杆 3 旋出,卸除腰鼓弹簧 5 对推杆 11 的推力,使后制动气室活塞 21 在复位弹簧 14 的作用下退回到不制动的位置,制动因而解除。在驻车制动气室充足气压后,应将传力螺杆 3 拧入到工作位置,驻车制动才能恢复。

图 26-16 所示为另一种鼓式车轮驻车制动器。其结构特点在于除左右蹄下端支承采用浮式支承有利于制动蹄自动定心,保证能与制动鼓全面接触外,该行车制动器还兼任驻车制动器,因此在制动器中还装设了驻车制动机械促动装置。

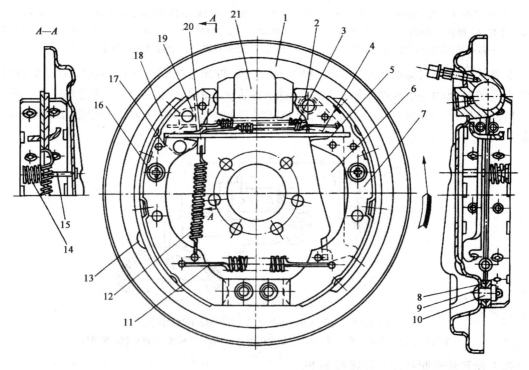

图 26-16 某型轿车后轮制动器

1-制动底板;2-平头销;3-驻车制动推杆内弹簧;4-驻车制动推杆外弹簧;5-驻车制动推杆;6-驻车制动杠杆;7-后制动蹄;8-支承板;9-挡板;10-铆钉;11-制动蹄复位弹簧;12-制动间隙调节弹簧;13-观察孔;14-限位弹簧;15-限位销钉;16-限位弹簧座;17-前制动蹄;18-摩擦衬片;19-楔形支承;20-楔形调节块;21-制动轮缸

驻车制动杠杆6上端用平头销2与后制动蹄7连接,其上部卡入驻车制动推杆5右端的切槽中作为中间支点,下端与拉索连接。前、后制动蹄的腹板卡在驻车制动推杆5两端的切槽中。驻车制动推杆外弹簧4左端钩在推杆5的左弯舌上,而右端钩在后制动蹄7的腹板上,驻车制动推杆内弹簧3的左端钩在前制动蹄17的腹板上,而右端则钩在推杆5的右弯舌上。

进行驻车制动时,需将驾驶室中的手动驻车制动操纵杆拉到制动位置,经一系列杠杆和拉索传动,将驻车制动杠杆6的下端向前拉,使之绕上端支点(平头销2)转动。在转动过程中,其中间支点推动制动推杆5左移,将前制动蹄17向左推向制动鼓;继而制动杠杆6的上端右移,通过平头销使后制动蹄7上端靠向制动鼓,直到两蹄都压靠到制动鼓上,从而实现了驻车制动。

解除制动时,应将驻车制动操纵杆推回不制动位置,制动杠杆6在复位弹簧(图中未示出)作用下回位,同时制动蹄复位弹簧11将两蹄拉拢。制动推杆5内、外弹簧3和4除可将两蹄拉回原位置外,还可防止制动推杆5在不工作时窜动,碰撞制动蹄而产生噪声。这种使用车轮制动器的驻车制动系统,也可用于应急制动。

2)盘式车轮驻车制动器

目前,有一些轿车的四个车轮均装用盘式制动器,其制动传动机构有以下几种:

(1)盘鼓组合式。制动盘处在外边缘,为行车制动器所用;制动鼓装在中间部位,作为驻车制动器的制动装置。

(2)在行车制动器的制动盘上单独装有制动钳,通过拉索,由驾驶人用驻车制动手柄操纵。

(3)驻车制动与行车制动共用同一个制动钳,如图26-17所示。该制动器为浮钳盘式制动器。当需要制动时,驾驶人按下驻车制动手柄,拉动制动拉杆9右移,并使其驻车制动杠杆8带动制动凸轮11顺时针旋转,在短轴12推动下,自调螺杆10以及自调螺母4一直左移到螺母4接触制动活塞1缸体的底部。于是轴向推力便通过自调螺杆10、自调螺母4、制动活塞1传到制动块6上,使制动块6压向制动盘5而实现制动。而行车制动则是由油压直接作用于活塞上实现制动作用的。

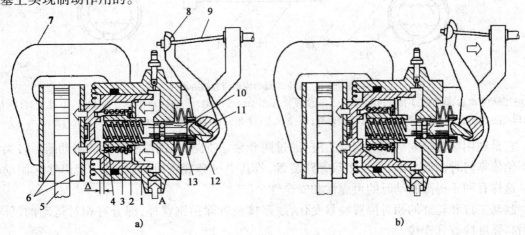

图26-17 盘式制动器驻车制动传动机构
a)行车制动示意图;b)驻车制动示意图

1-制动活塞;2-制动活塞缸体;3-扭簧;4-自调螺母;5-制动盘;6-制动块;7-制动钳体;8-制动杠杆;9-制动拉杆;10-自调螺杆;11-制动凸轮;12-短轴;13-碟形弹簧;A-进油口;Δ-自调螺母与制动活塞轴向间隙

第四节　液压式制动传动装置

液压式制动传动装置是利用特制油液作为传力介质,将驾驶人施于制动踏板上的力放大后传至制动器,产生制动作用。

它结构简单,制动滞后时间短(仅0.2s),摩擦小,制动稳定性好,能适应多种制动器,故多在中、小型汽车上广泛使用。

一、液压制动传动装置的组成

如图26-18所示,它由制动踏板6、推杆3、双腔制动主缸1、储液室2、制动轮缸17、油管12及13、制动开关7、指示灯8、比例阀10等组成。

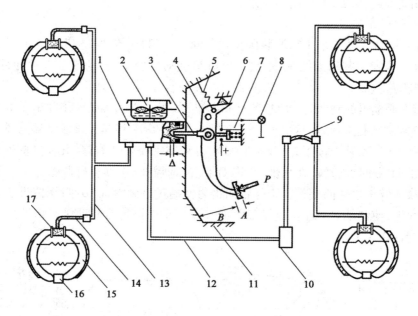

图26-18　液压式制动传动装置的组成

1-双腔制动主缸;2-储油室;3-推杆;4-支承销;5-复位弹簧;6-制动踏板;7-制动灯开关;8-指示灯;9-软管;10-比例阀;11-地板;12-后桥油管;13-前桥油管;14-软管;15-制动蹄;16-支承座;17-轮缸;Δ-自由间隙;A-自由行程;B-有效行程

它是利用彼此独立的双腔制动主缸,通过两套独立管路,分别控制两桥的制动器。各类汽车不论依靠何种制动力源,都采用双管路装置,若其中一套管路损坏后,另一套仍然起制动作用。这样有利于提高制动时的可靠性和安全性。

制动主缸和轮缸的相对位置经常变化,故连接油管除用钢管外,部分有相对运动的区段,还用高强度橡胶管连接。

制动踏板6与推杆3铰接,推杆3与主缸活塞间留有一定间隙(1~2mm),以保证主缸活塞彻底回位。自由间隙Δ反应到制动踏板上有一段自由行程。

比例阀10用于调节前后轮制动力分配;制动灯开关7则用于开闭制动灯8之用。

二、制动主缸

1. 单腔制动主缸构造

单回路制动系统,国家虽已明文规定禁止使用,但其中的单腔制动主缸的构造及原理,对于学习掌握双腔制动主缸的结构和工作情况却十分有益。

图26-19为单腔制动主缸原理图。制动主缸壳体多为铸铁或铝合金制成,有的与储油室铸为一体,为整体式主缸;也有的将两者分开,再用油管连接,为分开式主缸。分开式主缸的储油室多用透明塑料模压制成,有的内装防溅浮子或液面过低报警灯开关。主缸的工作表面精度高而光洁,缸筒上有补偿孔5和进油孔4,筒内装有铝制活塞3,储油室6通过直径较大的进油孔4与补油室B相通。橡胶皮碗11外圆表面多制有一环形槽,并有若干轴向槽与其相通,以便在工作时能使油液单向的补偿。复位弹簧10处于橡胶皮碗11与回油阀9之间,它有一定的预紧力,将活塞3推靠在后挡板上,并使回油阀9关闭。回油阀9为环形有骨架的橡胶圈,其中心孔被带弹簧的出油阀8所封闭,统称"复合式止回阀"。活塞的后端装有密封圈2,并用挡板和卡环轴向限位。工作长度可调的推杆1伸入活塞背面凹部,并保持一定的间隙。

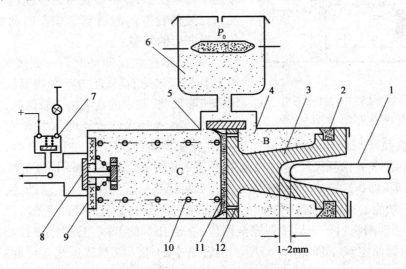

图26-19 液压式制动主缸原理图(不制动时)

1-推杆;2-密封圈;3-活塞;4-进油孔;5-补偿孔;6-储油室;7-油压制动开关;8-出油阀;9-回油阀;10-复位弹簧;11-橡胶皮碗;12-轴向孔;B-补油室;C-压力室

2. 单腔制动主缸工作情况

(1)不制动时——活塞头部和皮碗11正好处于补偿孔5与进油孔4之间,补偿孔和进油孔与储油室相通。

(2)制动时——推杆1使活塞3和橡胶皮碗11左移,至橡胶皮碗遮盖住补偿孔5后,压力室C即被封闭,液压开始升高,随即推开出油阀8将油液压入管道,使轮缸中的液压升高,克服了蹄鼓间隙后,产生制动作用,如图26-20a)所示。油压的高低与踏板力成正比例增加,最高时可达8MPa。

(3) 维持制动时——保持踏板于某一位置，主缸活塞 3 即维持不动，压力室 C 及轮缸内油压不再增高。出油阀 8 前后油压平衡，并在其弹簧的作用下关闭，双阀处于关闭状态，维持一定的制动强度。

(4) 若缓慢地放松制动时——制动踏板、主缸活塞 3 和轮缸活塞均在各自的复位弹簧促动下回位，高压油液自管路压开回油阀 9 流回主缸，制动随之解除。

由于活塞回位弹簧在装配时有一定的预紧力，在油液回流过程中，轮缸和油管内油压降低到不能克服此预紧力时，回油阀 9 即关闭，油液停止回流。这时油管及轮缸内的油压比主缸压力室 C 内油压高 0.05 ~ 0.1MPa，使轮缸和油管中存在一定的残余压力。

残余压力的作用，一是使轮缸内的活塞橡胶皮碗处于张紧状态，以提高其密封性能（防止漏油或渗气）；二是使轮缸内的活塞紧靠在制动蹄的端部，以免存在滞后的间隙。

(5) 若迅速放松制动时——活塞 3 在复位弹簧 10 的作用下迅速右移，压力室 C 内容积迅速扩大，油压迅速降低，管路中的油液由于管路阻力和回油阀 9 阻力的影响，来不及充分流回压力室，使压力室 C 形

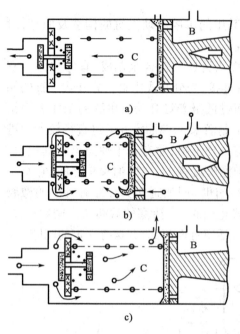

图 26-20 制动主缸工作过程示意图
a) 制动开始；b) 快速放松；c) 完全回位

成一定真空度（负压），而补油室 B 为大气压力，在压力差的作用下，补油室 B 油液即经活塞 3 头部若干轴向孔 12 并推翻橡胶翻皮 11 碗边缘流入压力室 [图 26-20b)]，以备第二脚制动，使出油量增多，踏板即越踩越高，制动作用加强。如果第一脚就实现了完全制动，快松踏板后，由于"后油前补"功能的存在，管路中流回的超量油液经补偿孔 5 流回储油室 6。

(6) 放松制动踏板后——活塞即完全回位，补偿孔 5 即开放，管路中多排出的超量油液经补偿孔流回储油室 6，如图 26-20c) 所示。管路中的油压降至残压规定值时，回油阀 9 即关闭。

3. 复合式止回阀的结构形式

随着双腔主缸的出现，出油管路必须垂直于主缸安装，各式小巧紧凑的复合式止回阀就应运而生。

如图 26-21 所示，复合式止回阀共同的特点是用专门的弹簧建立和保持管路中的残压，具有出油和回油的双向功能，用耐油橡胶和金属骨架制成。出油时靠油压使橡胶阀的片、座、嘴部变形；回油时靠油压使其整个阀体压缩弹簧开启回油。

在盘式制动器管路中，由于轮缸活塞密封圈回位能力有限，液压系统不能保留残余压力，以便使制动彻底解除。因此，在复合式止回阀上开有回油小孔 B，以便使残余压力消除。有的主缸不装用止回阀，仍有良好的制动效能。

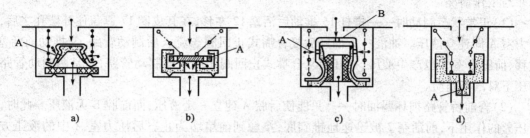

图 26-21 复合式止回阀的几种形式
a) 帽式；b) 片式；c) 杯式；d) 嘴式
A-出油孔；B-回油孔

4. 双腔制动主缸的构造和工作情况

1) 构造

如图 26-22 所示，双腔制动主缸多为串联式，利用液压联动，即利用一个缸体，装入两个活塞，形成两个彼此独立的压力室，分别和各自的控制管路连接，每个管路分别有单独的储油室，以免一管路漏油，影响另一管路正常工作。

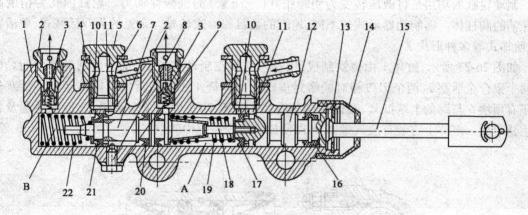

图 26-22 串联双腔制动主缸
1-缸体；2-阀座；3-复合嘴式止回阀；4-进油管接头；5-空心螺栓；6-密封垫；7-前缸（第二）活塞；8-限位螺钉；9-密封垫；10-补偿孔；11-进油孔；12-后缸（第一）活塞；13-挡圈；14-护罩；15-推杆；16-后缸密封圈；17-后活塞皮碗；18-顶杆；19-后活塞复位弹簧；20-前缸密封圈；21-前活塞皮碗；22-前活塞复位弹簧

该双腔主缸，缸体 1 内装有活塞 7 和 12，分别形成前、后压力室 B 和 A，又通过各自的补偿孔和进油孔和各自的储油室相通。前活塞 7 两端都承受弹簧力，但前活塞复位弹簧 22 的张力强于后活塞复位弹簧 19，故主缸不工作时，前活塞被推靠在限位螺钉 8 上，以保证前活塞正确的起始位置，使其补偿孔和进油孔与储油室相通。前活塞后端的两个密封圈 20 为两腔的隔墙，两密封圈的刃口方向应相反，以便两腔都建立油压时保证密封。后活塞 12 有两个特点：一是后活塞复位弹簧 19 通过其弹簧座和顶杆 18 与后活塞 12 预装在一起；二是后活塞 12 导向部分不是圆柱体，形成补油室和进油孔 11 相通。前后复合嘴式止回阀 3 垂直地安装在两腔的一侧，与前后桥轮缸相通。

2)工作情况

(1)正常状态制动时——推杆15推动后活塞12左移,在其皮圈17遮盖住补偿孔之后,后压力室A即建立液压。油液一方面经后复合嘴式止回阀3流入后制动管路,又推动前活塞7左移,前压力室B也产生液压,推开前复合嘴式止回阀3流入前制动管路,于是两制动管路在等压下对汽车制动。

(2)若前桥管路损坏漏油时——只能使后腔A建立一定液压,而前腔B无液压。此时,在液压差的作用下,前活塞7被迅速地推到底,接触到前堵墙为止。后压力室A中的液压方能升高而使后桥产生制动。

(3)若后桥管路损坏漏油时——后活塞前移,后压力室A不能建立油压,不能推动前活塞。但在后活塞的顶杆18顶触到前活塞时,推杆的作用力便推动前活塞,使前压力室B油压升高而使前桥产生制动。

可见,双管路液压系统中任何一套管路漏油时,另一套管路仍能工作,只是所需的踏板行程加大了,制动效能降低。

三、制动轮缸

制动轮缸的功用是将液压转变为使蹄张开(或压紧)的机械促动力。轮缸内孔为精度高而光洁的圆柱体。因制动器形式的不同,轮缸的数目和形式各异。常见的为双活塞式、单活塞式、阶梯式等多种形式。

如图26-23所示,缸体1由铸铁制成,用螺钉固装在制动底板上,位于两制动蹄之间。内装两个铝合金活塞2,两个刃口相对的密封皮碗3由弹簧4压靠在活塞上同步运动。活塞外端压有顶块5与蹄的上端抵紧,缸体两端装有防护罩6,防止尘土及泥水侵入,造成活塞及轮缸生锈卡死。缸体上方装有放气螺塞9,以便放出液压系统中的空气。

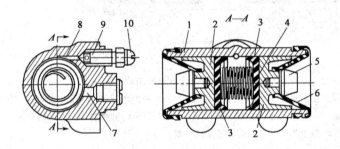

图26-23 双活塞式制动轮缸

1-缸体;2-活塞;3-皮碗;4-弹簧;5-顶块;6-防护罩;7-进油孔;8-放气孔;9-放气螺塞;10-防护螺钉

如图26-24所示制动轮缸,它用于单向助势平衡式制动器或单向自动增力式制动器中。每一制动器中装有两个单活塞轮缸,各控制一个制动蹄。它的活塞上有环槽,安装有刃口朝里的密封橡胶皮圈4。

阶梯式轮缸用于简单非平衡式制动器中,目的是为了前后蹄摩擦片均匀的磨损,它的大端推动后制动蹄,小端推动前制动蹄。

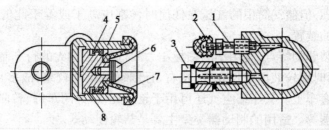

图 26-24 单活塞式制动轮缸
1-放气螺塞;2-护罩;3-进油管接头;4-皮碗;5-缸体;6-顶块;7-防护套;8-活塞

第五节 气压式制动传动装置

气压式制动传动装置是利用压缩空气作力源的动力式制动装置。驾驶人只需按不同的制动强度要求,控制制动踏板的行程,便可控制制动气压的大小来获得所需制动力。

一、气压制动传动装置的基本组成和工作原理

如图 26-25 所示,气压制动传动装置由两大部分组成:一是气源部分,由空气压缩机 1、调压机构(卸荷阀 2 和调压阀 3)、储气筒 5、气压表 8 和安全阀 6 等部件组成;二是控制部分,由制动踏板 9、制动控制阀 10、控制管路、制动气室 11 以及 12、制动灯开关 13 等部件组成。

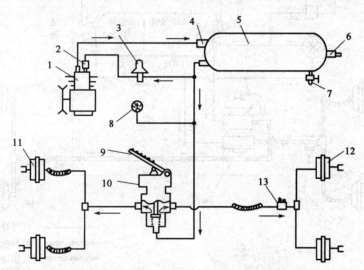

图 26-25 气压制动传动装置的基本组成
1-空气压缩机;2-卸荷阀;3-调压器;4-止回阀;5-储气筒;6-安全阀;7-油水放出阀;8-气压表;9-制动踏板;10-制动控制阀;11-前制动气室;12-后制动气室;13-制动灯开关

空气压缩机由发动机通过皮带轮或齿轮驱动,将高压空气压入储气筒,筒内气压利用调压机构保持在 0.7~1MPa 范围内,用安装在仪表板上的气压表指示。储气筒通过制动控制阀和管路与前、后制动气室连通,并通过制动踏板来操纵制动控制阀,使制动气室在制动时与储气筒相通,而在解除制动时与大气相通。

制动时,在制动气室内建立的气压应与踏板行程成正比。踏板踩到底时,制动气室内最高

气压为0.5~0.8MPa,但储气筒中的气压在任何时候都应高于或等于此值。制动控制阀就是这样一个渐进随动的装置。

气压制动传动装置的特点,是用小的踏板压力和行程,控制大的行车制动力。其附加机件多而复杂,制动滞后时间较液压式长0.5s左右,且制动稳定性较差,故多用在总质量为8t以上的载货汽车及大客车上。其压缩空气还可用于轮胎充气、开闭车门、转向助力、离合器助力、气喇叭及气动刮水器等。适用的制动器类型主要是凸轮促动式。

二、典型双管路气压制动装置的组成和管路布置

双管路气压制动装置是利用一个双腔或三腔的制动控制阀、二个或三个储气筒,组成两套或三套彼此独立的管路,分别控制两桥或三桥的制动器。

图26-26所示为CA1091型汽车双管路制动传动装置。它由气源部分和控制部分两大部分组成。

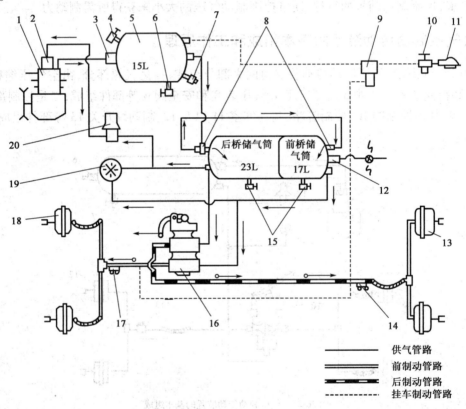

图26-26 CA1091型汽车双管路气压制动传动装置

1-空气压缩机;2-卸荷阀;3-止回阀;4-取气阀;5-湿储气筒;6、15-油水放出阀;7-安全阀;8-止回阀;9-挂车制动控制阀;10-分离开关;11-连接头;12-气压过低报警开关;13-后轮制动气室;14、17-制动灯开关;16-双腔串联制动控制阀;18-前轮制动气室;19-双针气压表;20-调压器

1. 气源部分

气源部分包括空气压缩机和调压机构(调压器20、卸荷阀2)、储气筒和双针气压表19、气

压过低报警装置12、油水放出阀6及15和取气阀4、安全阀7等部件。

空气压缩机1所产生的压缩空气经止回阀3先进入容积较小的湿储气筒5,并利用压缩空气在容器内的骤然膨胀和冷却,使油、水分离出来并沉淀于筒底。因而,它取代了油水分离器。然后,清洁干燥的压缩空气又经止回阀8分别进入彼此独立的前、后桥储气筒的前腔和后腔。前腔的压缩空气通路与制动控制阀16的上腔相连,以控制后轮制动,同时通过管路与双针气压表19以及调压器20相连;后腔的压缩空气通路与制动控制阀16下腔相连,以控制前轮制动,同时也通过管路与双针气压表上的另一弹簧管相连。双针气压表的上指针指示储气筒前腔的气压,下指针指示后腔的气压。

2. 控制部分

控制管路从双腔串联制动控制阀开始。当踩下制动踏板时,拉臂使制动控制阀工作,前、后桥储气筒前腔的压缩空气便通过制动控制阀的上腔进入后轮制动气室13,使后轮制动;同时,后腔的压缩空气通过制动控制阀的下腔进入前轮制动气室18,使前轮也制动。

该车双管路制动传动装置的特点是:

(1)前、后桥储气筒前后两腔和制动控制阀16的上下两腔及前后桥制动管路彼此独立。

(2)两储气筒上有止回阀3、8,使压缩空气不能倒流,保持每个储气筒的独立性,并减小漏气可能性。

(3)调压机构保证储气筒管路中气压稳定在0.63~0.83MPa范围内。

(4)储气筒内气压低于0.45MPa时,低压报警开关12触点闭合,接通电路报警灯亮,同时蜂鸣器发出声响,应立即停车排除故障。

(5)当调压器20发生故障时,气压升高到0.85~0.9MPa时,安全阀7自动放气,保证储气管路的安全。

(6)湿储气筒5能较好地进行油、水分离,两储气筒都有油水放出阀6、15,可防止管路系统的锈蚀、结冰、发卡、堵塞等故障。

(7)有取气阀4,可使压缩空气输出,用于轮胎充气等工作。

(8)采用充气较快的双缸空气压缩机1,制动时最大工作气压可达储气筒气压0.8MPa,制动效果好。

三、气压式制动传动装置中的主要总成构造及工作原理

1. 调压器

调压器用来调节供气管路中压缩空气的压力,使之保持在规定的压力范围内;同时,使空气压缩机能卸荷空转,减小发动机的功率损失。

调压器在管路中的连接方式有两种:一是将调压器与空气压缩机和储气筒并联(图26-26),当系统内的空气压力达到规定值时,它使空气压缩机的进气阀常开,卸荷空转;二是将调压器串联在空气压缩机和储气筒之间,当系统内的空气压力达到规定值时,它将多余的压缩空气直接排入大气使空气压缩机基本上卸荷空转。下面主要介绍与储气筒并联的调压器。

图26-27所示为与储气筒并联的膜片式调压器。调压器壳体10上装有两个带滤芯的管

接头7、9,分别与卸荷室和储气筒相通。壳体10和盖1之间装有膜片5和调压弹簧4,膜片中心用螺纹固连着空心管6。空心管6可在壳体10的中央孔内滑动,其间有密封圈,上部的侧面有径向孔与轴向孔相通。调压器下部装有与大气相通的排气阀8。

如图26-28所示,当储气筒内气压未达到规定值时,膜片2下腔气压较低,不足以克服调压弹簧3的预紧力,膜片2连同空心管4被调压弹簧3压到下极限位置,空心管2下端面紧压着阀门1,并将它推离阀座。此时,由储气筒10至卸荷室的通路被隔断,卸荷室与大气相通,卸荷阀7在最高位置,进气阀6处于密封状态,空气压缩并对储气筒正常充气。

当储气筒气压达到规定值时(如CA1091汽车为0.8~0.83MPa),膜片下方气压作用力,克服了调压弹簧3的预紧力而推动膜片2上拱,空心管4和阀门1也随之上移,直到阀门1压靠阀座,切断卸荷室与大气的通路,并且空心管下端面也离开阀门1,而出现一相应间隙。此时,卸荷室即与储气筒相通,压缩空气便经气管进入卸荷室,同时压下卸荷阀7和进气阀6,使空气压缩机两气缸相通,气缸失去了密封作用,停止泵气并卸掉载荷。

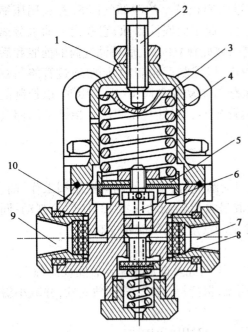

图26-27 与储气筒并联的调压器
1-盖;2-调压螺钉;3-弹簧座;4-调压弹簧;5-膜片;6-空心管;7-接卸荷室管接头;8-排气阀;9-接出气筒管接头;10-壳体

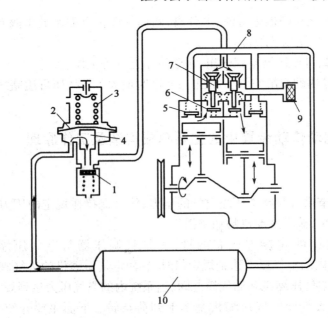

图26-28 调压器的工作情况
1-阀门;2-调压器膜片;3-调压弹簧;4-空心管;5-排气阀;6-进气阀;7-卸荷阀;8-出气管;9-空气滤清器;10-储气筒

随着储气筒内的压缩空气不断消耗,调压膜片 2 下面的气压降低,膜片和空心管即在调压弹簧的作用下相应下移。气压降至关闭气压时(如 CA1091 汽车为 0.6~0.68MPa),空心管下端即将阀门 1 压开。卸荷室与储气筒的通路被切断,而与大气的通路相通,卸荷室内的压缩空气排入大气,卸荷阀在其弹簧的作用下升高,进气阀又恢复正常工作,空气压缩机恢复对储气筒正常供气。

2. 制动控制阀

制动控制阀用来控制由储气筒进入制动气室和挂车制动控制阀的压缩空气量,并有渐进变化的随动作用,以保证作用在制动器上的力与制动踏板的行程成正比。

制动控制阀的结构形式很多,工作原理类同。有单回路单腔式、双回路双腔式或多回路三腔式之分。

1) 单回路单腔制动控制阀

图 26-29 所示为一种单管路单腔式制动控制阀。虽然单回路制动系统已被国家明文禁止采用,但单回路制动系统采用的单腔制动控制阀,其结构及原理也是理解双腔及多腔制动控制阀的基础。

(1)构造。它由壳体、操纵臂 1、平衡弹簧 9、膜片和芯管总成 4 及阀门、弹簧等组成。

壳体多用锌或铝合金铸制,操纵臂 1 用销轴支承于壳体支座上,通过拉杆与制动踏板相连。调整螺钉 2 用来调整排气间隙 Δ 的大小;调整螺钉 3 用来调整操纵臂摆转角度的大小,即调整最大工作气压的大小。橡胶尼龙膜片夹装在上下壳体之间,膜片的中部固定着芯管和导向套 8,芯管与下壳体的中心导向孔动配合,其间有橡胶密封圈。膜片的上腔室用排气口 D 与大气相通,下腔室为平衡气室 C,有节流孔与出气口 B 的腔室相通。平衡弹簧 9 装于导向套 8 和上弹簧座之间,由螺母限位,有一定的预紧力。预紧力小时,踏板的可控性和制动的平顺性好;预紧力大时,进气急促,最低工作气压高,制动粗暴。

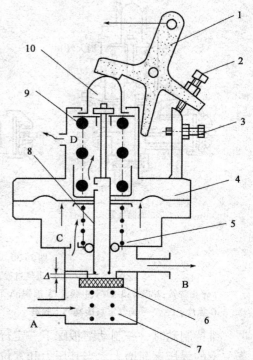

图 26-29 单腔式制动控制阀原理简图
1-操纵臂;2、3-调整螺钉;4-膜片和芯管总成;5、7-复位弹簧;6-阀门;8-导向套;9-平衡弹簧;10-推帽;A-进气口;B-出气口;C-平衡气室;D-排气口;Δ-排气间隙

阀门 6 为一两用阀,既为进气阀,又兼排气阀。阀门在弹簧 7 的作用下,经常贴紧壳体中心孔环台,使进气阀关闭。阀门的上腔室经出气口 B 与制动气室相通,芯管和膜片在其复位弹簧 5 的作用下与阀门之间保持 1~2mm 的排气间隙。此即谓进气阀关闭而排气阀开启的不制动状态。

(2)工作情况(图 26-30)。制动时——踩下制动踏板,通过拉臂和推杆推动推帽 5 及平衡弹簧总成下移,膜片 4 相应向下拱曲,先是芯管 2 的下端与阀门 3 接触,消除了排气间隙,排气阀即关闭。此过程制动踏板的行程为自由行程。此时,进、排气阀都关闭,膜片下腔室 G(平衡气室)、各制动气室至大气地通路 D 和储气筒的通路 A 被封闭,成为完全封闭的空间。与此相应的膜片 4 和芯管 2 所处的位置称为制动控制阀平衡时的位置,如图 26-30b)所示。显然,这样的位置只有一个。然后是芯管 2 将阀门 3 推离阀座,使进气阀开启,储气筒内的压缩空气经 A 孔进入腔室 H。再由此一方面经 B、C 孔进入前、后轮制动气室使之产生制动作用;另一方面又经通气道 E 进入制动信号灯开关气室,推动开关的膜片接通电源,使制动信号灯发亮。然后由气道 F 进入膜片下方的平衡气室 G,如图 26-30a)所示。由于压缩空气自进气阀经过一系列气道的节流作用后才到达膜片平衡气室,从而使该腔空气压的增大较为平稳和迟缓,提高了膜片、阀门系统工作时的稳定性。此时,平衡气室和前、后轮制动气室中的气压,均随充气量的增加以不同的速度而逐步升高。

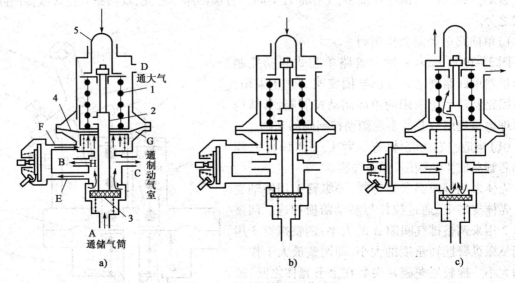

图 26-30　制动控制阀的工作过程
a)进气过程;b)平衡位置;c)排气过程

1-平衡弹簧;2-芯管;3-阀门;4-膜片;5-推帽;A-通储气筒;B、C-通前、后轮制动气室;D-通大气;E、F-通气道;
G-膜片下腔室(平衡气室);H-阀门上腔室

维持制动时——制动踏板踩下一定行程不动时,随着进气过程的进行,车轮制动气室及平衡气室的气压逐渐增大。当其压力和复位弹簧、阀门弹簧的作用力之和超过平衡弹簧的预紧力时,平衡弹簧便在其上端被推帽 5 压住不动的情况下,被进一步压缩,膜片带动芯管上移。与此同时,阀门在其弹簧作用下也随之上升,直到进气阀关闭(排气阀仍处于关闭状态)。此时,膜片下方的总压力与平衡弹簧向下的压力达到平衡[图 26-30b)],平衡气室 G 及制动气室既不通储气筒,也不通大气,又成为完全封闭的空间。只要制动踏板的位置不再改变,各制动气室和平衡气室即保持着与此时平衡弹簧张力相应的气压,并与加在制动踏板上的力相适应,汽车就维持某一定值的制动力。此即谓随动作用中"双阀关闭"维持制动的平衡状态。此时,平衡气室的气压作用力,通过膜片、推帽及中间一系列运动件反馈到制动踏板上,使驾驶人的脚上可以感觉到气压力的大小,以便进行调节。

若继续踩下踏板时——如驾驶人脚上感到制动强度不足,可将踏板再踩下一定行程。这时,对平衡弹簧的上压力加大,膜片和芯管又下移,平衡位置被破坏,进气阀重新开启,供给更多的压缩空气到各制动气室,加大制动力。平衡气室的气压也随着增大,平衡弹簧又被压缩,直到膜片下方加大后的总压力与平衡弹簧加大的膜片上方的压力达到新的平衡时,膜片和芯管即上移到使进气阀再次关闭的位置,双阀又处于关闭状态。此时,各制动气室中的气压比前次高,踏板力和平衡弹簧的压缩量比前次大。

若稍松踏板时——如感到制动强度太大,可将踏板松回一定行程。这时,对平衡弹簧的上压力即减小,膜片和芯管在平衡气室气压和复位弹簧的作用下随着上移,排气阀开放一定间隙,制动气室的部分压缩空气经芯管排入大气。随着压缩空气的排出,平衡气室内气压下降,平衡弹簧稍有伸张,重新迫使膜片和芯管下移,直至消除排气间隙,达到新的压力平衡为止,双阀又处于关闭状态。此时,各制动气室内将保持较前次低的气压不变。

完全放松制动时——对平衡弹簧、膜片和芯管的上压力解除时。膜片和芯管即在平衡气室内的气压和复位弹簧的作用下升起,排气阀即完全开放,已进入各制动气室和平衡气室中的压缩空气即倒流,经芯管和排气孔排入大气,制动即完全解除。此时,平衡弹簧恢复原装配长度,排气间隙恢复。

综上所述,使用这种制动控制阀时,平衡气室内的工作气压与踏板行程成一定比例关系。因为在推帽 5 和芯管 2 之间是依靠平衡弹簧 1 来传力的,而平衡弹簧 1 的工作长度和作用力是随自制动控制阀到制动气室的促动管路中的气压而变化的。所以,只要从踏板传到推帽 5 上的力大于平衡弹簧的预紧力,不管踏板在什么位置,制动控制阀都能自动达到并保持一个以进、排气阀门都关闭为特征的平衡状态。制动控制阀这种作用称为随动作用。

2）双回路双腔制动控制阀

双回路双腔制动控制阀有双腔串联式和双腔并联式两种。

图 26-31 所示为东风 EQ1090E 型汽车采用的双腔并联式制动控制阀。左、右两腔分别控制后桥及前桥制动器。并联两腔,从工作原理上看与单腔制动控制阀完全一样;从结构上看也是大同小异。不同点,一是平衡弹簧 3 左右两腔共用,其弹力靠平衡臂 9 均分给左右两腔;二是解除制动时,每一腔的排气位置由一个变为两个,即在阀门 18 中心处又增设一下排气孔。这种设计,简化了结构,加快了制动的解除速度。

当汽车双回路气压制动系统的某一制动管路漏气时,另一条制动管路仍能起制动作用。此处不再赘述其工作过程。

3. 制动气室

制动气室的作用是将制动控制阀输入的压缩空气压力转变为转动制动凸轮的机械推力,使车轮制动器产生制动力矩。

制动气室有膜片式和活塞式两种。膜片式制动气室结构简单,但膜片的行程较小,寿命短,制动间隙稍有变化就需及时调整。活塞式制动气室则没有这些问题,但结构复杂,成本高,多用于重型车辆,如图 26-15 中 14、17、18、21、22 等零件组成的气室。

图 26-32 所示为东风 EQ1090E 型汽车的膜片式制动气室。它主要由盖 2、橡胶膜片 3、壳体 6、推杆 8 及复位弹簧 5 等组成。制动器壳体 6 和盖 2 是用钢板冲压制成的,夹布橡胶膜片的周缘用卡箍 10 夹紧在壳体和盖的凸缘之间。膜片将整个制动气室分隔成两个相互完全隔绝的气室。膜片和盖之间的气室通过进气孔 1 与制动控制阀连接,膜片和壳体之间的气室通

大气。弹簧通过焊接在推杆上的支承盘4推动膜片紧靠在盖的极限位置。推杆8的外端通过螺纹与连接叉9连接,连接叉通过销子与制动调整臂连接。整个制动气室用螺栓通过支架固定在车桥上。

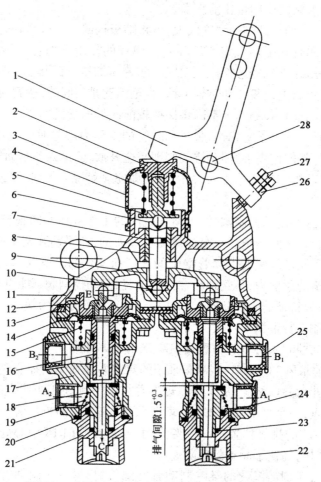

图 26-31　东风 EQ1090E 型汽车的并联式双腔制动控制阀

1-拉臂;2-平衡弹簧上座;3-平衡弹簧;4-防尘罩;5-平衡弹簧下座;6、10-钢球;7、12、23、24-密封圈;8-推杆;9-平衡臂;11-上体;13-钢垫;14-膜片;15-膜片复位弹簧;16-芯管;17-下体;18-阀门;19-阀门复位弹簧;20-密封垫;21-阀门导向座;22-防尘堵片;25-防尘堵塞;26-锁紧螺母;27-调整螺钉;28-拉臂轴;A_1-进气孔(通前制动储气筒);A_2-进气孔(通后制动储气筒);B_1-出气孔(通前制动气室及挂车空气管);B_2-出气孔(通后制动气室);C-下部排气孔;D-节流孔;E-上部排气孔;F-排气阀座;G-进气阀座

不制动时,回位弹簧推动支承盘连同膜片左移与盖紧贴。

制动时,压缩空气从进气口进入制动气室,膜片在气体压力作用下克服回位弹簧的弹力而右移,通过支承盘推动推杆、连接叉右移,使制动调整臂和凸轮轴及凸轮转过一个角度而产生制动。

解除制动时,制动气室中的压缩空气经制动控制阀或快放阀排入大气,膜片和支承盘连同推杆在回位弹簧的作用下左移回位,制动作用解除。

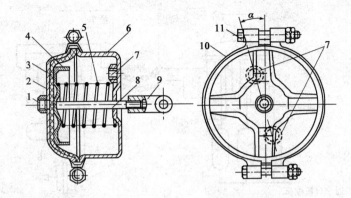

图 26-32　东风 EQ1090E 型汽车膜片式制动气室
1-进气口;2-盖;3-膜片;4-支承盘;5-复位弹簧;6-壳体;7-固定螺钉孔;8-推杆;9-连接叉;10-卡箍;11-螺栓

四、挂车气压式制动传动装置

汽车列车中的挂车必须装有可靠的制动装置,以保证行车安全。当主车有压缩空气的气源时,挂车采用气压制动装置。

对挂车制动系统的要求有:

(1)挂车制动应与主车同步制动,或略早于主车制动。否则,制动时挂车将冲撞主车,甚至产生汽车列车折叠(轴线偏斜)的危险现象;

(2)当挂车因故自行脱挂时,挂车应能自行制动。

由于挂车离主车气源很远,为了减少挂车制动系统的滞后时间,挂车上应加装有储气筒和继动应急阀。继动应急阀由主车上的挂车制动控制阀来控制,而挂车的制动控制阀又由主车的制动控制阀操纵,此谓间接操纵。也可以将主、挂车的制动控制阀制为一体,用踏板机构直接操纵(复合式制动控制阀)。这样,可减少压缩空气的转换次数,缩短挂车制动的滞后时间,甚至可略早于主车,从而减轻制动时挂车对主车的冲撞。

对挂车继动应急阀的控制方法,有放气式和充气式两种。其中,因放气式在汽车长下坡时,由于挂车储气筒的压缩空气得不到及时补充,制动强度会逐渐下降;二是挂车制动滞后于主车,在制动中对主车有冲撞现象。因此,放气制动多用于轻型挂车。而充气式能使挂车储气筒始终保持与主车储气筒相等的气压,挂车制动反应及时,主挂车制动能协调一致。因此,充气式制动多用于重型挂车。下面主要介绍充气式挂车制动传动装置。

如图 26-33 所示,充气制动是主车与挂车之间用两根软气管连接,一根软管将主车气源通过挂车继动应急阀的充气腔和挂车储气筒连通,是对挂车储气筒不断充气的管路;另一根软管是控制管路,从主车上的挂车制动控制阀引出,与挂车继动应急阀的控制腔连通。如果主车制动控制阀无专设的挂车制动控制阀,挂车的控制管路可与主车制动控制阀的前桥控制管路连接,以协调主、挂车制动时间的早晚;或在前桥管路和后桥管路之间,并联双通止回阀,两管路能共同控制挂车制动控制阀。

1. 充气制动复合式制动控制阀

对挂车采用充气制动的方案时,需装用充气制动复合式制动控制阀,其中一腔用于挂车。

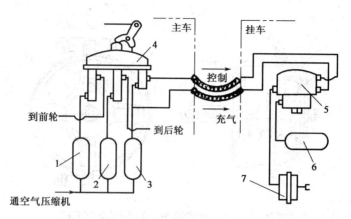

图 26-33 有挂车制动控制阀的充气制动挂车制动管路
1-前桥储气筒;2-中、后桥储气筒;3-挂车控制储气筒;4-三腔制动控制阀(复合式);5-挂车继动应急阀;6-挂车储气筒;7-挂车制动气室

1) 构造

图 26-34 所示为 R 型三腔复合式制动控制阀。图中自左至右的三个阀腔分别连接前桥制动、中后桥制动和挂车制动管路。单个阀腔的结构原理与前述单腔式制动控制阀相同。

三腔复合式制动控制阀的特点是:

(1) 三阀腔共用一套平衡弹簧组和杠杆组,不等臂主杠杆 6 的杠杆比为 1:2。这样,可保证杠杆架 5 和杠杆组下移时,作用在三阀组顶端传力钢球的作用力始终相等,各阀腔能先后达到以"双阀关闭"为特征的平衡位置。

(2) 进排气两用阀门 15 上有轴向通气孔,将阀门上下腔连通。为此,其下腔须有密封柱塞 14、16 等密封件。轴向通气孔的作用是使阀门上、下所受气体压力相互平衡,使其受力与制动气压大小无关,提高了阀门开启、闭合时的灵敏性和稳定性。另外,橡胶阀门压痕变形小,提高了阀门的使用寿命。

(3) 主车阀腔有滞后机构,挂车阀腔无滞后机构,三阀腔在制动时,有时间差和气压差,且能调整其大小。制动时前桥、中后桥和挂车能协调一致。

2) 工作情况

如图 26-35 所示,由于杠杆组的结构特点,各阀腔中滞后弹簧的有无和软硬不等,制动时和放松制动时,各阀腔充(放)气开始的时间早晚、平衡气压的大小,将按挂车→中后桥→前桥的顺序进行。从而弥补了挂车和中后桥管路长、制动气室容量大所造成的气压增长滞后的缺陷,保证了主车和挂车制动的协调一致,制动时方向稳定性好。

2. 充气制动的挂车继动应急阀

充气制动的挂车继动应急阀具有下列五项功能:

(1) 对挂车进行安全制动——如挂车储气筒的充气压力低于 0.4MPa 时,不能起步行车。

(2) 对挂车储气筒不断充气——解除了安全制动后,如挂车储气筒气压仍低于主车储气筒气压,就继续充气,直至两储气筒气压相等。

(3) 灵敏地对挂车进行行车随动制动——能使挂车制动气压随主车控制气压渐进地变化。

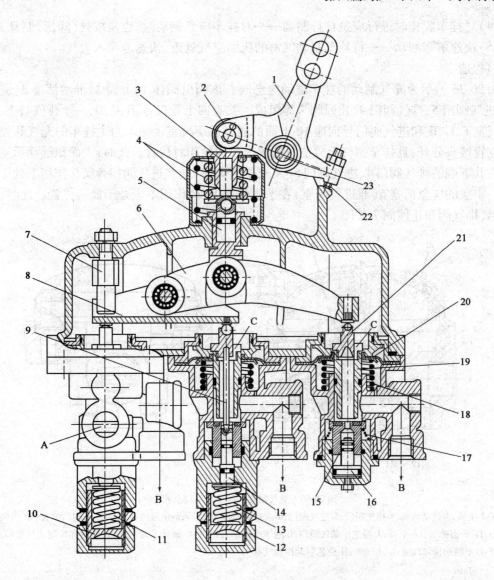

图 26-34 R 型三腔复合式制动控制阀

1-操纵摇臂;2-滚轮;3-推杆;4-平衡弹簧组;5-杠杆架;6-不等臂主杠杆;7-导向销;8-等臂杠杆;9-推杆;10-调整螺母;11-前轮制动控制阀滞后弹簧;12-盖;13-滞后弹簧;14、16-阀门导向密封柱塞;15-阀门;17-阀门弹簧;18-膜片复位弹簧;19-芯管;20-膜片;21-钢球座;22-调整螺钉;23-操纵摇臂轴;A-进气口;B-出气口;C-排气口

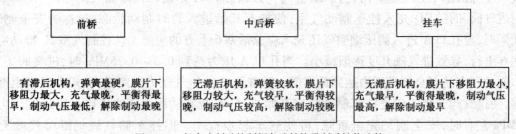

图 26-35 复合式制动控制阀各腔结构及制动性能比较

(4)对挂车脱挂时进行应急自行制动——对挂车应急制动时,也是放气(降压)制动方案。

(5)快速解除制动——将挂车制动气室的压缩空气就近、快速地泄入大气。

1)构造

图 26-36 所示为充气制动的挂车继动应急阀。该阀由阀体 1、上盖 2、继动活塞 3、应急活塞 6、进气阀门 5、排气阀门 4、止回阀 7 等组成。共有四个管口 A、B、C、D,一个排气口 E,三个工作气室 F、G、H 和进气阀门导向座 10 上面的通气承压气室。图示为主挂车的充气和控制两连接软管接头分开,且挂车储气筒放空时的阀内各构件相对位置。此时,大面积继动活塞 3 及固定在其下端的排气阀门 4、进气阀门 5(兼充排气阀座)均在进气阀门弹簧 9 作用下处于最高位置。中空的应急活塞 6(兼进气阀座)在平衡弹簧 11 的作用下也处于最高位置。此时,进气阀开启,排气阀和止回阀 7 关闭。

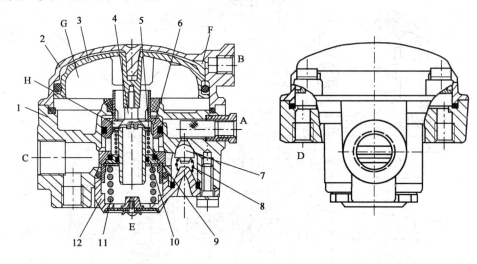

图 26-36 充气制动的挂车继动应急阀

1-阀体;2-上盖;3-继动活塞;4-排气阀门;5-进气阀门;6-应急活塞;7-止回阀;8-止回阀弹簧;9-进气阀门弹簧;10-进气阀门导向座;11-平衡弹簧;12-下盖;A-通主车储气筒口;B-通主车控制管路口;C-通挂车储气筒口;D-通挂车制动气室口;E-排气口;F-行车制动控制气室;G-出气室;H-应急制动控制气室

2)工作情况

(1)充气和对挂车进行安全制动。如图 26-37a)所示,汽车与挂车的充气管路和控制管路分别接通时,压缩空气自充气管路流入孔口 A,推开止回阀 7,经阀体 1 和应急活塞 6 上的通气孔进入应急活塞下方气室。由此,压缩空气一方面经孔口 C 充入挂车储气筒;另一方面经开启的进气阀和孔口 D 充入挂车制动气室,使挂车开始进入暂时制动状态,这称为安全制动。与此同时,自孔口 A 进入的压缩空气还充入应急活塞 6 上方的应急制动控制气室 H,推动应急活塞 6 下行,导致进气阀开度逐渐减小。当孔口 A 压力达到 0.3~0.35MPa 时,进气阀关闭,挂车制动气室的安全制动压力达到最高值。随着孔口 A 进气压力继续升高,应急活塞也继续下移,使排气阀开启。于是挂车制动气室开始排气,安全制动压力随之下降。当进气压力达 0.4MPa 左右时,安全制动完全解除,可使列车起步行车。但挂车储气筒仍继续接收充气[图 26-37b)],直到其压力等于主车储气筒压力为止。

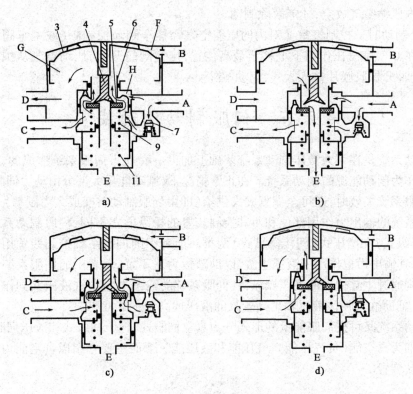

图 26-37 充气制动的挂车继动应急阀工作情况图
a)充气和安全制动;b)解除安全制动和行车继续充气;c)行车制动;d)脱挂后应急制动
3-继动活塞;4-排气阀门;5-进气阀门;6-应急活塞;7-止回阀;9-进气阀门弹簧;11-平衡弹簧;A-通主车储气筒口;B-通主车控制管路口;C-通挂车储气筒口;D-通挂车制动气室口;E-排气口;F-行车制动控制气室;G-出气室;H-应急制动控制气室

具有安全制动功能,是充气制动继动应急阀的特点,其作用是保证在挂车储气筒压力达到最小安全值以前,汽车列车不可能起步行驶。

(2)行车制动时。充气制动的挂车制动控制阀(或主车阀)输出的控制气压,自 B 口进入行车制动控制气室 F,继动活塞 3 受压下移,关闭排气阀门 4,并压开进气阀门 5。于是挂车储气筒向挂车制动气室充气,如图 26-37c)所示。与此同时,作用在进气门导向座 10 的压力迫使应急活塞下移,逐步关小进气阀门的开度。当出气室 G 的压力达到与控制气压相应的值时,进气阀即关闭而保持平衡状态。当控制压力降低(或升高)时,上述平衡状态被破坏,继动活塞和排气阀门上升(或下降),打开排气阀(或进气阀)。挂车制动气室便排气降压(或充气升压),直至与控制压力相应为止。这样便实现了对挂车制动的渐进随动控制。

(3)挂车摘挂或脱挂时。充气管路和应急制动控制气室 H 中的气压急降为大气压力,止回阀 7 即自行关闭,将挂车储气筒与孔口 A 的通路切断。应急活塞 6 在平衡弹簧的作用下,急速升到最高位置,先关闭排气阀,进而打开进气阀,挂车储气筒即向挂车制动气室充气而实现应急制动,如图 26-37d)所示。可见,充气制动的挂车继动应急阀的应急制动控制方式仍然是放气制动。

当管路连接好继续向阀内充气时,应急活塞即下移关闭进气阀,开启排气阀,解除应急制动,进入行车状态。如管路未连接好单独移动挂车时,只能将 C 处的螺塞拧下[图 26-36)],将挂车储气筒内压缩空气放空,才能解除制动。

(4) 放松制动时。控制气室 F 对内的压缩空气经挂车制动控制阀(或主车阀)排入大气,继动活塞 3 在 G 气室气压作用下上移至最高位置,排气阀门开启,压缩空气从中空的进气阀管、排气口 E 冲开橡胶膜片排入大气,制动解除。

第六节 伺服制动传动装置

伺服制动系统是在人力液压制动系统基础上加设一套动力伺服系统形成的,即是兼用人力和发动机作为制动能源的制动系统。在正常情况下,制动能量大部分由动力伺服系统供给;而在动力伺服系统失效时,还可全靠驾驶人供给(即由伺服制动转变成人力制动)。

按伺服系统的输出力作用部位和对其控制装置的操纵方式不同,伺服制动系统可分为助力式(直接操纵式)和增压式(间接操纵式)两类。前者中的伺服系统控制装置用制动踏板机构直接操纵,其输出力也作用于液压主缸,以助踏板力之不足;后者中的伺服系统控制装置用制动踏板机构通过主缸输出的液压操纵,且伺服系统的输出力与主缸液压共同作用于一个中间传动液缸(辅助缸),使该液缸输出到轮缸的液压远高于主缸液压。

伺服制动系统又可按伺服能量的形式分为真空伺服式、气压伺服式和液压伺服式三种,其伺服能量分别为真空能(负气压能)、气压能和液压能。下面主要介绍以真空能为伺服能量的伺服制动传动装置。

一、真空助力伺服制动传动装置

在真空助力伺服制动传动装置中将真空伺服气室与制动控制阀组合成一个整体部件,称为真空助力器,如图 26-38 所示。真空助力器是利用真空能对制动踏板进行助力的装置,对其伺服系统的控制是利用踏板机构直接进行操纵。

真空伺服气室由前、后壳体组成,其中间夹装有伺服气室膜片 11,将伺服气室分成前、后两腔 9、12。伺服气室前腔 9 经止回阀 20 通向发动机进气歧管(即真空源),伺服气室后腔通大气。

控制阀 13 安装在伺服气室膜片座 10 后端的内腔中,由它控制真空助力器的工作。控制阀由空气阀和真空阀组成,控制阀推杆 17 一端与控制阀柱塞 18 用球头铰接,另一端与制动踏板机构连接。外界空气经过空气滤芯 16 过滤后进入伺服气室后腔。伺服气室膜片座 10 上有通道 A 和 B,通道 A 用于连通伺服气室前腔和控制阀 13,通道 B 用来连通伺服气室后腔和控制阀。伺服气室膜片座的前端装有制动主缸推杆 2,其间有传递脚感的伺服气室反作用盘 8。伺服气室反作用盘两面受力:右面承受控制阀推杆 17、空气阀及伺服气室膜片座 10 的推力;左面承受制动主缸推杆 2 传来的制动主缸液压的反作用力。

真空助力器不工作时,控制阀柱塞 18 和控制阀推杆 17 在控制阀推杆复位弹簧 15 的作用下,离开反作用盘 8,处于右端极限位置[图 26-38a)],并使控制阀 13 前端面离开伺服气室膜片座 10 的阀座,即真空阀处于开启状态。而控制阀 13 又在控制阀门弹簧 14 的作用下压紧在控制阀柱塞 18 的后端面上,即空气阀处于关闭状态。此时,伺服气室的前、后两腔互相连通,并与大气隔绝。在发动机工作时,两腔内都产生一定的真空度。

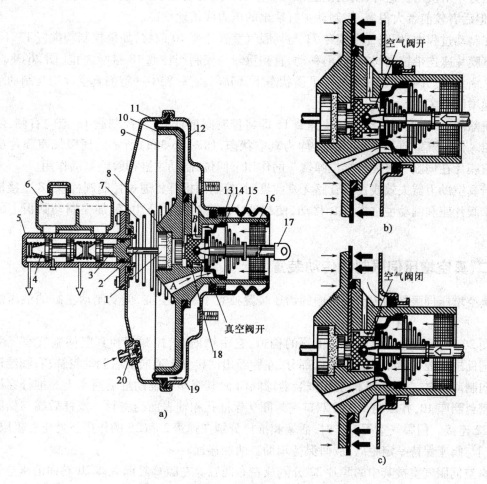

图 26-38 真空助力器
a) 未制动或解除制动; b) 制动过程; c) 维持制动

1-反作用活塞; 2-制动主缸推杆; 3-制动主缸第一活塞; 4-制动主缸第二活塞; 5-制动主缸缸体; 6-储液罐; 7-伺服气室膜片复位弹簧; 8-伺服气室反作用盘; 9-伺服气室前腔; 10-伺服气室膜片座; 11-伺服气室膜片; 12-伺服气室后腔; 13-控制阀; 14-阀门弹簧; 15-控制阀推杆复位弹簧; 16-空气滤芯; 17-控制阀推杆; 18-控制阀柱塞; 19-伺服气室后壳体; 20-止回阀

制动时,踩下制动踏板,来自踏板机构的控制力推动控制阀推杆 17 和控制阀柱塞 18 向前移动,消除控制阀柱塞与反作用盘 8 之间的间隙后,再继续推动制动主缸推杆 2,主缸内的制动液以一定压力流入制动轮缸,此力为驾驶人制动踏板所给。与此同时,在阀门弹簧 14 的作用下,真空阀也随之向前移动,直到压靠在伺服气室膜片座 10 的阀座上,真空阀关闭,从而使通道 A 与通道 B 隔绝,即伺服气室的后腔同前腔(真空源)隔绝,进而控制阀柱塞 18 继续前移,离开控制阀 13(控制阀柱塞 18 与控制阀 13 出现间隙),空气阀开启,如图 26-38b) 所示。空气经过空气滤芯 16、空气阀的开口和通道 B 充入伺服气室后腔(使其真空度降低)。随着空气的进入,在伺服气室膜片的两侧出现压力差(图中伺服气室膜片右侧用粗箭头表示)而产生推力,此推力通过伺服气室膜片座 10、伺服气室反作用盘 8、推动制动主缸推杆 2 向前移动,此力为压力差所供给。这时,制动主缸推杆2上的作用力为踏板力和伺服气室反作用盘推力的总和,但后者较前者大很多,使制动主缸输出的压力成倍地增高。

在制动过程中,伺服气室膜片11与伺服气室膜片座10前移,如果控制阀推杆17不动,伺服气室膜片座连带控制阀13向前移动,直到重新与控制阀柱塞18接触为止[图26-38c)],达到一平衡状态。因此,在任何一个平衡状态下,伺服气室后腔中一定的真空度均与制动踏板行程成递增函数关系。

解除制动时,控制阀推杆复位弹簧15即将控制阀推杆17和控制阀13推向右侧,使真空阀开启。伺服气室前、后两腔相通,均为真空状态,如图26-38a)所示。伺服气室膜片座和伺服气室膜片在伺服气室膜片复位弹簧7的作用下回位,制动主缸即解除制动作用。

若真空助力器失效或真空管路无真空度时,控制阀推杆将通过控制阀柱塞18直接推动伺服气室膜片座和制动主缸推杆2移动,使制动主缸产生制动压力,但加在制动踏板上的力要增大。

二、真空增压伺服制动传动装置

真空增压伺服制动传动装置中的增压装置独立于制动主缸,但受制动主缸的液压油间接操纵。

图26-39所示为一种真空增压器的构造,它由辅助缸、控制阀和真空伺服气室三部分组成。辅助缸内腔被活塞4分隔成两部分,左腔经出油接头1通向前后制动轮缸;右腔经进油接头通向制动主缸。推杆26的前端嵌装着球阀门5,其阀座在辅助缸活塞4上。推杆穿过尼龙制的密封圈10,并以两个橡胶双口密封圈9保证孔和轴表面的密封。推杆后端与伺服气室膜片22连接。伺服气室不工作时,活塞和推杆分别在弹簧2和25的作用下处于右极限位置。球阀门与阀座保持一定距离,从而保持辅助缸两腔连通。

真空伺服气室被其中的膜片22分隔成左右两腔。左腔C经前壳体20端面的真空管接头(图中已剖去)通向真空罐,且经由辅助缸体3中的孔道与控制阀下气室B相通;其右腔D则经焊接在后壳体圆柱面上的气管28通到控制阀上腔A。

控制阀是由真空阀15和大气阀16组成的阀门组件。大气阀座在控制阀体18上,真空阀座则在膜片座14上,膜片座下与控制阀柱塞11连接。不制动时,如图26-39所示,大气阀关闭,真空阀开启,控制阀上腔A和下腔B连通。这样,控制阀上腔A和伺服气室右腔D便具有与控制阀下腔B和伺服气室左腔C同等的真空度。

踩下制动踏板时[图26-40a)],制动液即由制动主缸输入辅助缸,经过活塞4上的孔进入各制动轮缸。轮缸液压即等于主缸液压。与此同时,输入液压还作用在控制阀活塞11上,推使膜片座上移,先关闭真空阀,使上腔A和下腔B隔绝,接着再开启大气阀16。于是,外界空气便经进气滤清器流入控制阀上腔A和伺服气室右腔D,降低其中的真空度(即提高其中压力)。此时控制阀下腔B和伺服气室左腔C中的真空度仍保持原值不变。在D、C两腔压力差作用下,膜片22带推杆26左移,使球阀5关闭。这样,制动主缸便与辅助缸左腔隔绝。此时,在辅助缸活塞4上作用着两个力,即主缸液压作用力和伺服气室输出的推杆力。因此,辅助缸左腔及各轮缸的压力高于主缸压力。

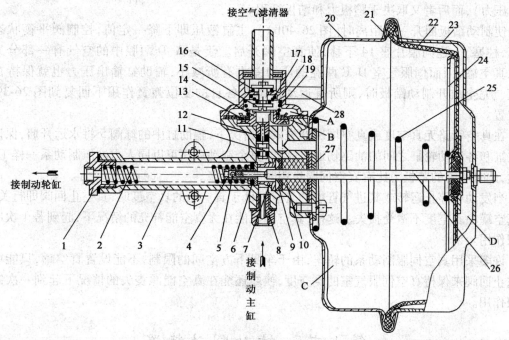

图 26-39 真空增压器

1-辅助缸出油接头;2-辅助缸活塞复位弹簧;3-辅助缸体;4-辅助缸活塞;5-球阀门;6、12-皮圈;7-活塞限位座;8-辅助缸进油接头;9-密封圈;10-密封圈座;11-控制阀柱塞;13-控制阀膜片;14-膜片座(带真空阀座);15-真空阀;16-大气阀;17-阀门弹簧;18-控制阀体(带大气阀座);19-控制阀膜片复位弹簧;20-伺服气室前壳体;21-卡箍;22-伺服气室膜片;23-伺服气室后壳体;24-膜片托盘;25-伺服气室膜片复位弹簧;26-伺服气室推杆;27-连接块;28-气管

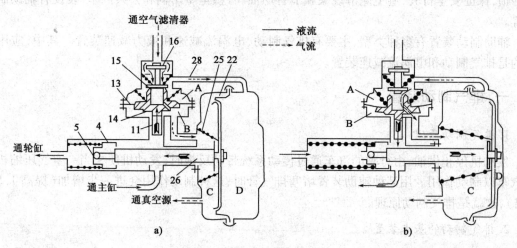

图 26-40 真空增压器工作示意图
a) 踩下制动踏板时;b) 制动踏板回升时

4-辅助缸活塞;5-球阀门;11-控制阀柱塞;13-控制阀膜片;14-膜片座(带真空阀座);15-真空阀;16-大气阀;22-伺服气室膜片;25-伺服气室膜片复位弹簧;26-伺服气室推杆;28-气管

在 A 和 D 两腔真空度降低的过程中,膜片 13 和阀门组逐渐下移。A、D 两腔真空度下降到一定值时,即因大气阀门 16 落座而保持稳定。这个稳定值的大小取决于输入控制压力(即

主缸压力),而后者又取决于踏板力和踏板行程。

使制动踏板回升一定距离时[图26-40b)],主缸液压即下降一定值,控制阀平衡状态被破坏,柱塞11连同膜片座14下移,使真空阀开启。于是A、D两腔中的空气有一部分又被吸入真空罐,因而伺服气室D、C两腔的压力差也有所减小,辅助缸输出压力也就保持在较低值。完全放开制动踏板时,则所有运动件都在各自的复位弹簧作用下回复到图26-39所示位置。

在真空管路无真空度或真空增压器失效的情况下,辅助缸中的球阀5将永远开启,保证制动主缸和各制动轮缸之间的油路畅通。这样,整个制动系还可以同人力液压制动系一样工作。当然,此时所需的踏板力比有真空伺服作用时要大得多。

当发动机停止运转或其进气管中的真空度低于真空罐的真空度时,真空止回阀即行关闭,使真空罐中真空度不遭受损失。这样,真空罐便能在无真空能补充的情况下,起到若干次制动伺服作用。

许多采用真空伺服制动系的轿车,由于车身下方空间的限制,不能设置真空罐,只能单靠真空止回阀来保持真空伺服气室的真空度,使之还能在真空能源丧失的情况下起到一次制动伺服作用。

第七节 辅助制动装置

汽车在山区行驶,满载下长坡的机会较多,靠行车制动器持续制动,势必造成制动器温度过高,制动能力衰退,摩擦片和制动鼓迅速磨损,甚至烧坏失效。为了减轻行车制动器的负担和磨损,保证安全行驶,避免侧滑现象和节省燃油,有些重型车辆和公共汽车,装设有辅助制动装置。

辅助制动装置有多种类型,主要有排气制动、电涡流减速和液力减速装置。其中,应用最广的是排气制动和电涡流减速装置。

一、排气制动装置

1. 排气制动原理

发动机停止供油,由行驶的汽车通过传动系统带动反拖时,发动机便相当一空气压缩机而给汽车以制动作用。用某种辅助装置堵塞排气管时,这种制动作用会进一步增加(提高1.5~2倍),这就是排气制动原理。

2. 排气制动的基本装置

常用的排气制动的基本装置是在排气管中装一个蝶阀。汽车下坡时将阀关闭,并停止供油,排气管中的压力即升高(可达0.3~0.4MPa)。压力越高,排气制动的效果越好。

排气管中的压力受排气门弹簧张力所限制,当管中压力高于上述值时,即克服了排气门弹簧的张力,推开排气门,部分压缩空气即经排气门倒流入汽缸,在进气行程时经进气门流入进气管,并排入大气中。所以,排气管中的压力不会再继续升高。气体经进气门排出时,产生类似排气响声的噪声,但对发动机无损害。

有的汽车为了减轻进气管中的气流噪声,在进气管中也装有蝶阀,与排气制动阀同步开闭,如见图26-41所示。

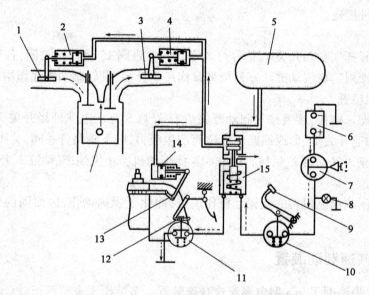

图26-41　电磁气压操纵的排气制动装置原理图

1-进气消声阀;2-气动缸;3-排气制动阀;4-气动缸;5-储气筒;6-电源;7-排气制动开关;8-信号灯;9-离合器踏板;10-离合器开关;11-加速开关;12-喷油量操纵臂;13-熄火操纵臂;14-气动缸;15-电磁阀

由于操纵阀门开闭和停止供油的机构有差异,该装置分:机械式、气压式或电磁气压式。下面介绍电磁气压式。

3. 电磁气压控制机构

1)构造

图26-41所示,为电磁气压控制的排气制动装置。三个气动缸2、4、14分别控制进气消声阀1、排气制动阀3和熄火操纵臂13。储气筒5至各气动缸的压缩空气管路,由常闭式电磁阀15控制(有的车用手动阀来代替此阀)。电磁阀是串联在三个开关的控制电路中,其中任何一个开关断开,都会使电磁阀关闭而解除排气制动。各开关的作用如下。

(1)排气制动开关7:装在仪表板或转向轴管上,移至"接通"位置,仪表板上排气制动信号灯8亮。电流通过离合器开关10、电磁阀15及加速踏板开关11,使电磁阀将气路沟通,排气制动起作用。移至"断开"位置时,信号灯灭,排气制动电路和气路断开,不起作用。

(2)离合器开关10:由离合器踏板控制,踩下踏板时,触点断开,电流即切断;放松踏板时,触点闭合。它的作用是便于在排气制动过程中换挡。只要踩下离合器踏板,发动机即恢复供油,同时使排气制动暂时解除,以保持发动机怠速运转。

(3)电磁阀15:由气管路开关和移动铁芯及线圈组成。它是气路的开关,能实现气路的远距离操纵。

(4)加速开关11:装在喷油泵调速器外壳上,由加速踏板通过喷油量操纵臂上的调整螺钉来控制。当加速踏板放松时,调整螺钉将开关的推杆压下,触点闭合,电流接通;当加速踏板踩下时,开关推杆在复位弹簧作用下回位,触点断开,电流切断,排气制动不起作用。使其只有在喷油量操纵臂12处于怠速位置时,控制电路才能接通,排气制动才能进行。这样,可防止产生既加速又制动的矛盾。调整螺钉的作用是调整开关接通时发动机的转速应在怠速状态(500~600r/min)时接通。

2)工作情况

不制动时,断开排气制动开关7,信号灯8不亮。电磁阀15将气路关闭,各气动缸通过电磁开关通大气,两碟阀门在气动缸活塞复位弹簧作用下开启,排气制动不起作用。喷油泵供油齿杆处于正常供油位置。

制动时,放松加速踏板,接通排气制动开关7,信号灯8亮。电流即经开关7、离合器开关10、电磁阀线圈、加速开关11形成回路。电磁阀产生吸力,吸下管路开关阀,关闭排气口,打开进气口,压缩空气充入气动缸2、4、14,气动缸14使柴油机停止供油;气动缸2、4使阀门1、3关闭,实现排气制动。

可见,电磁气压式操纵机构的连锁互控作用好,简化了操纵动作,因而国内外汽车上应用较多。

二、电涡流减速制动装置

图26-42所示为法国Telma型电涡流式减速装置。多装用于重型汽车、汽车列车、大客车的传动轴上(代替中间支承)。它比排气制动的制动强度大,Steyr系列中的重型车即采用此类减速器。

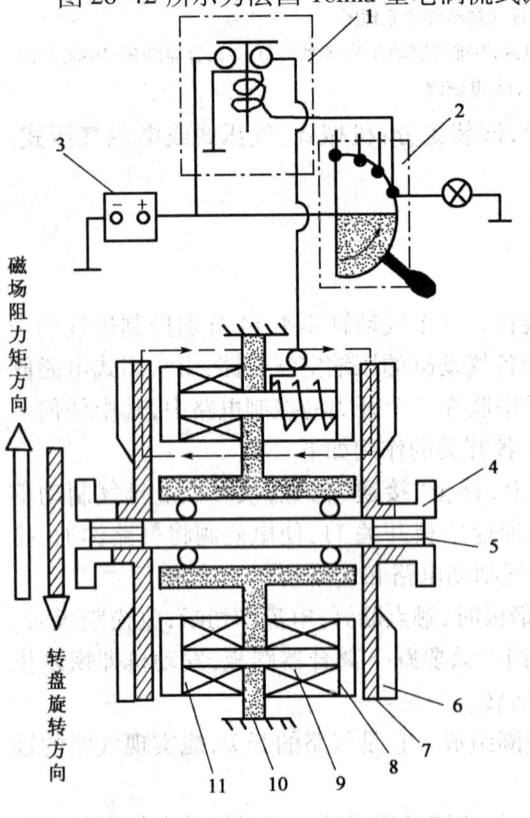

减速装置由电涡流减速器、继电器和控制开关三部分组成。控制开关多装在转向轴管附近,由驾驶人控制。

电涡流式减速器由定子和转子组成。八个铁芯9和八个线圈绕组11组成定子组,安装在支持盘10上,由汽车的电源激磁。每个定子两端有磁极盖8,与转盘间的间隙为0.5~1.5mm。转子由两个带有风扇6的铸铁转盘7组成,其轴5通过轴承支承在支持盘的毂中,与传动轴连接,并随其旋转。其作用原理是:当电流通过电磁铁线圈绕组时产生磁场,转盘旋转切割了磁场,使转盘表面产生电涡流。此电涡流也产生磁场,两个磁场相互作用而产生阻力矩,其方向和转盘的旋转方向相反,阻碍了转盘的旋转而减速,此即所谓制动力矩。它具有中央制动的优点,制动作用远大于排气制动装置。改变通过绕组的电流强度,就可改变所产生的制动力矩的大小。进入绕组的电流强度越大,电磁铁产生的磁场越强,制动力矩就越大。转盘因吸收动能转变

图26-42 Telma型电涡流式减速装置原理图
1-继电器盒;2-控制开关;3-电源;4-连接盘;5-轴;6-风扇;7-转盘;8-磁极盖;9-铁芯;10-支持盘;11-电磁铁线圈

成的热能而受到强烈的加热,为了更好地冷却,在其内部制有冷却槽,外表面制有风扇6。

继电器盘内装有四组继电器,(图中只画了一组)每组控制两个线圈绕组,用来输送大电流进入绕组。每组继电器的闭合,用控制开关以小电流操纵,能使继电器把所要求的触点连接起来。操纵杆具有四个规定的位置,用以改变供应电磁铁绕组的电流强度,分别为制动力矩的 1/4、1/2、3/4 和 1 这样四个档次。

复习思考题

1. 试用简图说明轮缸式领从蹄式制动器工作原理。
2. 比较分析定钳盘式与浮钳盘式制动器结构及性能。
3. 简述 CA1091 型汽车制动传动装置特点。
4. 简述 CA1091 型汽车制动系统中调压器功用及工作原理。
5. 简述单腔制动主缸组成及工作原理。
6. 简述双腔制动主缸工作原理。
7. 简述单腔制动控制阀的组成及工作原理。
8. 简述气压制动系统中强力弹簧驻车制动器组成及工作原理。
9. 简述真空助力器的组成和工作原理。
10. 试述电涡流减速器组成及工作原理。

第二十七章 汽车制动性

汽车的制动性是指在给定的坡道上能够停住以及在较短的距离内能制动至停车且维持行驶方向稳定的性能。

制动性是汽车的主要性能之一,是汽车安全行驶的保证,直接关系到人民生命财产的安全。汽车具有良好的制动性能,才能充分发挥动力性,提高汽车的平均技术速度,从而获得较高的运输生产率。

为保障汽车行驶安全和使汽车的动力性得以发挥,汽车必须具有良好的制动性。

第一节 汽车制动性能评价指标

汽车制动性主要由制动效能、制动效能的恒定性和制动时汽车的方向稳定性三方面评价。

一、制动效能

制动效能包括制动减速度、制动距离、制动时间及制动力等。制动效能是指在良好路面上,汽车以一定初速制动到停车的制动距离或制动时汽车的减速度。制动效能是制动性能最基本的评价指标。

二、制动效能的恒定性

制动效能的恒定性是指抗热衰退和水衰退的能力。汽车高速行驶或下长坡连续制动时制动效能保持的程度,称为抗热衰退性能。因为制动过程实际上是把汽车行驶的动能通过制动器吸收转换为热能,所以制动器温度升高后,能否保持在冷状态时的制动效能已成为设计制动器时要考虑的一个重要问题。此外,涉水行驶后,制动器还存在水衰退问题。

三、制动时的方向稳定性

制动时的方向稳定性指制动时汽车按照驾驶人给定方向行驶的能力,即是否会发生制动跑偏、侧滑和失去转向能力等。制动时汽车的方向稳定性,常用制动时汽车按给定路径行驶的能力来评价。若制动器发生跑偏、侧滑或失去转向能力,则汽车将偏离原来的路径。

第二节 制动时车轮的受力

一、制动器制动力

在轮胎周缘克服制动器摩擦力矩 T_μ(N·m)所需的力,称为制动器制动力,用 F_μ(N)表

示,显然

$$F_\mu = \frac{T_\mu}{r} \tag{27-1}$$

式中:r——车轮半径(m)。

由此可知,制动器制动力是由制动系统的设计参数所决定的,即取决于制动器结构形式、尺寸、摩擦系数,车轮半径。制动器制动力与制动系统的油压或气压成正比。

二、地面制动力

图 27-1 所示为在良好的硬路面上制动时,车轮的受力情况。图中滚动阻力偶矩和减速时的惯性力、惯性力矩均忽略不计。F_{Xb} 为地面制动力,W 为车轮垂直载荷,F_p 为车轴对车轮的推力,F_Z 为地面对车轮的法向反作用力。从力矩平衡得

$$F_{Xb} = \frac{T_\mu}{r} = F_p \tag{27-2}$$

地面制动力是使汽车制动而减速行驶的外力,但是,地面制动力取决于两个摩擦副的摩擦力:一个是制动器摩擦副间的摩擦力;另一个是轮胎与地面间的附着力。

三、制动器制动力、地面制动力及附着力之间的关系

制动器制动力、地面制动力及附着力三者的关系如图 27-2 所示。由图可见,制动器制动力可以随制动系统油压的增大而增大,而地面制动力 F_{Xb} 在达到附着力 F_φ 的值后,就不再增加了。此时若想提高地面制动力,以使汽车具有更大的制动效能,只有提高附着系数。

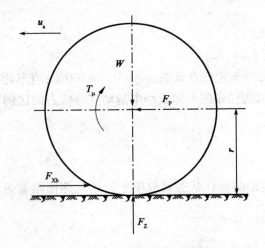

图 27-1 车轮在制动时的受力情况

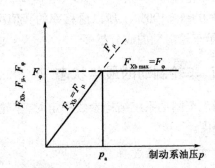

图 27-2 制动过程中地面制动力、制动器制动力及附着力的关系

由此可见,汽车的地面制动力,首先取决于制动器制动力,但同时又受到地面附着条件的限制。所以,只有汽车具有足够的制动器制动力,同时,地面又能提供高的附着力时,才能获得足够地面制动力。

四、附着系数 φ 与滑移率 s 的关系

前面曾假设附着系数在制动过程中是常数。但实际上,附着系数与车轮的运动状态,即与滑动程度有关。

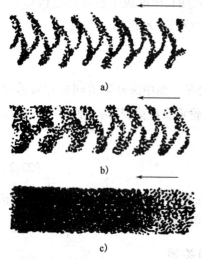

图 27-3 轮胎在路面的制动印痕
a) 纯滚动;b) 边滚边滑;c) 纯滑动

仔细观察汽车在硬路面上的制动过程,发现轮胎留在地面上的印痕从车轮滚动到抱死拖滑是一个渐变的过程,如图 27-3 所示,大致认为制动时车轮的运动经历三个阶段。

(1) 纯滚动。开始制动初期,轮胎印痕与胎面花纹基本一致,车轮纯滚动,如图 27-3a) 所示。

(2) 边滚边滑。随着制动强度的加大,轮胎印痕由开始的清晰逐渐变得模糊,车轮的滑动成分逐渐增加,车轮处于边滚边滑状态,如图 27-3b) 所示。

(3) 纯滑动。当制动强度达到最大时,轮胎印痕变成一条粗黑的拖印,车轮抱死拖滑处于纯滑动状态,如图 27-3c) 所示。若汽车制动器制动力足够,车轮抱死拖滑则是车轮运动的最终形式。

车轮运动时的滑动程度可用滑移率来描述,车轮滑移率 s 的定义为

$$s = \frac{u_w - r_{r0}\omega_w}{u_w} \times 100\% \tag{27-3}$$

式中:u_w——车轮中心的速度(m/s);

ω_w——车轮的角速度(rad/s);

r_{r0}——无地面制动力时车轮的滚动半径(m)。

当车轮纯滚动时,$u_w = r_{r0}\omega_w$,滑移率 $s=0$;当车轮纯滑动时,$\omega_w=0$,$s=100\%$;当车轮边滚边滑时,$0<s<100\%$。所以滑移率的数值可以直接说明车轮运动中滑动成分所占的比例,s 越大,表示车轮滑动的成分越多。

五、车轮制动的最佳状态

当汽车制动系统结构参数一定时,车轮制动的最佳状态就取决于轮胎与路面附着条件的利用程度。

1. 路面附着系数

一般将车轮的地面制动力与地面法向反作用力之比称为纵向附着系数 φ_b。纵向附着系数 φ_b 与车轮滑移率的变化规律如图 27-4 所示。从图中可看出,刚制动时,OA 段近似于直线,纵向附着系数 φ_b 随着滑移率 s 的增大而迅速增大,此时尽管 $s>0$,但轮胎并没有与地面发生真正的滑动,而是由于轮胎在制动力作用下产生微量变形导致车轮滚动半径 r_r 加大,使得 $u_w = r_r\omega_w > r_{r0}\omega_w$;$A$ 点后,轮胎接地面积处出现了局部的相对滑动,φ_b 的增大速度减慢;当 $s=15\%\sim$

25%时,φ_b至B点达到最大值φ_p,φ_p称为峰值附着系数;当s继续增大时,φ_b逐渐减小;当s=100%,即车轮抱死拖滑时,φ_b降到φ_s,φ_s称为滑动附着系数。

实际制动时,汽车轮胎经常受到侧向力的作用而发生侧偏或侧滑现象。图27-4中的φ_1是有侧向力作用时的侧向附着系数与滑移率s的关系曲线。侧向附着系数φ_1是指车轮侧向力与地面法向反作用力之比,它反映车轮的侧向附着条件和抵抗侧滑的能力。由图27-4可知,滑移率s越大,侧向附着系数φ_1越小;当s=100%,即车轮抱死拖滑时,侧向附着系数最小。

φ_b与φ_1主要取决于路面的种类和路面的状况,也与轮胎的结构、胎面花纹、轮胎材料以及汽车行驶状态等因素有关。表27-1是各种路面上的平均φ_p、φ_s值。

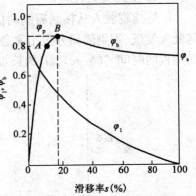

图27-4　φ_b-s、φ_1-s 的关系曲线

各种路面上的平均 φ_p、φ_s 值　　　　表27-1

路面	φ_p	φ_s	路面	φ_p	φ_s
沥青或混凝土(干)	0.80~0.90	0.75	土路(干)	0.68	0.65
沥青(湿)	0.50~0.70	0.45~0.6	土路(湿)	0.55	0.40~0.50
混凝土(湿)	0.80	0.70	雪(压紧)	0.20	0.15
砾石	0.60	0.55	冰	0.10	0.07

2. 最佳制动状态

行车时,若猛地踩下制动踏板,较大的制动器制动力就会使车轮抱死拖滑。从图27-4可看出,一旦车轮抱死拖滑,则滑动附着系数为φ_s,汽车制动力就会减少,将导致制动距离增加。更为严重的是侧向附着系数接近于零,汽车几乎丧失抵抗侧滑的能力。此时,若后轮抱死拖滑,则汽车容易出现严重的甩尾、侧滑,高速制动时甚至出现急转掉头现象;若前轮抱死拖滑,则汽车容易丧失转向能力,对汽车的安全行车构成极大的威胁。另外,车轮抱死拖滑后,轮胎与路面将产生剧烈的相对摩擦运动使轮胎温度升高,磨损加剧,同时使附着系数进一步下降。

制动时,若将各个车轮的滑移率s控制在15%~25%,则能利用道路的峰值附着系数φ_p并获得较大的侧向附着系数,从而使汽车能以最大的地面制动力制动,在最短的制动距离内停车,并具有良好的制动方向稳定性,同时轮胎的磨损也减少。这就是车轮的最佳制动状态。

第三节　汽车的制动效能及其恒定性

一、制动过程分析及制动距离

1. 制动过程

图27-5所示是汽车经历紧急制动过程时,制动减速度与制动时间的关系曲线。汽车整个

制动过程所经历的时间即为制动时间,其包含四个时间。

1)驾驶人反应时间 t_1

t_1 是指驾驶人从接到需制动信号,到把踏板力加到制动踏板上所经历的时间。其中包括驾驶人发现、识别障碍并做出紧急制动决定的意识时间 $t_1'(a{\rightarrow}b)$ 和把右脚从加速踏板移到制动踏板的时间 $t_1''(b{\rightarrow}c)$。t_1 的长短因人而异,一般为 $0.3\sim1.0\text{s}$。

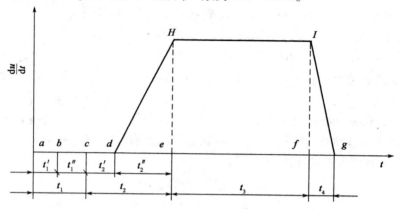

图 27-5　汽车制动过程简化模型

2)制动器作用时间 t_2

t_2 是指从施加制动踏板力到产生最大制动减速度的时间。其中包括消除制动系统传动间隙的时间 $t_2'(c{\rightarrow}d)$ 和地面制动力由零增长到最大的时间 $t_2''(d{\rightarrow}e)$。t_2 的长短一方面取决于驾驶人踩制动踏板的速度,另一方面更重要的是受制动器结构形式及技术状况的影响,一般为 $0.2\sim0.9\text{s}$。

3)持续制动时间 t_3

t_3 是指以最大制动减速度(或最大地面制动力)持续制动直到停车的时间($e{\rightarrow}f$)。当制动器制动力足够时,t_3 的长短只取决于初始车速和路面附着系数。

4)制动释放时间 t_4

t_4 是指驾驶人松开制动踏板后,制动力消除所的需要时间($f{\rightarrow}g$)。制动释放时间一般为 $0.2\sim1.0\text{s}$。t_4 过长会延缓随后汽车的起步。

对汽车减速停车起重要作用的是持续制动时间 t_3 和制动器作用时间 t_2。通常,t_2 和 t_3 的大小具有间接评价汽车制动性能的能力,其制动时间越短,制动性能就越好。但一般情况下,制动时间不单独作为评价指标。《机动车运行安全技术条件》(GB 7258—2012)规定,将制动协调时间作为辅助性评价指标。制动协调时间是指紧急制动时,从制动踏板开始动作至车辆减速度(或制动力)达到标准规定的充分发出的平均减速度(或制动力)75%时所需的时间。显然,制动协调时间是制动器作用时间 t_2 的主要部分。

2. 制动距离

制动距离是指汽车在制动器作用时间 $t_2(t_2'+t_2'')$ 和最大制动力持续制动时间 t_3 内行驶的距离。制动距离可按式(27-4)计算:

$$S = \frac{1}{3.6}\left(t_2' + \frac{t_2''}{2}\right)u_{a0} + \frac{u_{a0}^2}{25.92 a_{b\max}} \tag{27-4}$$

式中：S——汽车制动距离（m）；

u_{a0}——汽车制动初速度（km/h）；

a_{bmax}——最大制动减速度（m/s²）。

由式(27-4)可看出，决定汽车制动距离的主要因素是：制动器作用时间、最大制动减速度（或最大地面制动力）、制动初始车速。实际上，制动距离的长短是制动器结构形式、技术状况、制动器作用时间、制动踏板力、路面附着条件、车辆载荷等多因素的综合表现。改进制动系统结构，减少制动器起作用时间，采用附着性能良好的轮胎，加装将滑移率控制在15%~25%的制动装置等，都可使制动距离缩短，提高制动效果。

二、制动效能的恒定性

前述制动效能指标，是在冷制动下，即制动器温度在100℃以下来讨论的。汽车下长坡制动及汽车高速制动的情况下，制动器的工作温度常在300℃以上，有时竟高达600~700℃。这使制动器的摩擦系数μ显著下降，汽车的制动效能会显著降低，这种现象称为制动效能的热衰退现象。

抵抗热衰退的能力，常用一系列连续制动后，制动效能与冷制动时相比较下降的程度来表示。制动器的热衰退和制动器摩擦副材料以及制动器结构有关。

一般制动器是以铸铁作制动鼓，石棉摩擦材料作摩擦片组成的。在制动鼓的合金成分、金相组织、硬度、工艺等要求合格的条件下，摩擦片对摩擦性能起决定作用。在一般情况下制动时，石棉摩擦片与制动鼓的摩擦系数为0.3~0.4，此时摩擦系数是稳定的。在连续强烈制动及高速制动的情况下，摩擦片温度过高，其内含的有机物发生分解，产生了一些气体和液体，它们在两接触面间形成有润滑作用的薄膜，使摩擦系数下降，而出现了热衰退现象。

制动器的结构形式对抗热衰退的能力有较大的影响。常用制动器效能因数与摩擦系数的关系曲线来说明各种制动器的效能及其稳定程度。制动器效能因数K_{ef}是单位制动泵推力F_p所产生的制动器摩擦力F，即$K_{ef}=F/F_p=T_\mu/(F_p r)$。

图27-6所示是具有典型尺寸的各种形式制动器制动效能因数与摩擦系数的关系曲线。由图可知，双向自增力式及双领蹄式制动器，由于结构上的几何力学关系产生增力作用，具有较大的制动效能因数。摩擦系数变大时，制动效能按非线性关系迅速增加。故摩擦系数的微小变化，能引起制动效能的大幅度改变，即制动器工作的稳定性差。双从蹄式制动器因为有减力作用，制动效能因数低，但制动效能因数随摩擦系数变化而改变的量很小，即稳定性较好。领从蹄式介于两者之间。这里特别要指出的是盘式制动器。盘式制动器的制动效能没有鼓式的大，但其稳定性最好。高强度制动时摩擦系数虽因热衰退而有所下降，但对制动效能的影响却不大。

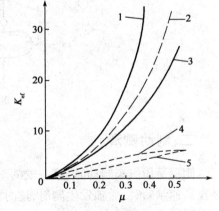

图27-6 制动效能因数曲线

1-双向自增力式制动器；2-双领蹄式制动器；3-领从蹄式制动器；4-双从蹄式制动器；5-盘式制动器

汽车涉水后,由于制动器被水浸湿,制动效能也会降低,这种现象称为制动效能的水衰退现象。为缓解这种现象,汽车涉水后,应踩几脚制动踏板,使制动器产生摩擦,用摩擦产生的热量,使制动器迅速干燥,使制动效能恢复正常。

第四节 制动时汽车的方向稳定性

制动过程中有时会出现制动跑偏、侧滑,使汽车失去控制而离开规定行驶方向。汽车在制动过程中维持直线行驶能力,或按预定弯道行驶的能力,称为制动时汽车的方向稳定性。

一、制动跑偏

制动时原期望汽车按直线方向减速停车,但有时汽车却自动向左或向右偏驶,这种现象称为"制动跑偏"。跑偏现象多数是由于技术状况不正常造成的,经过维修调整是可以消除的。产生制动跑偏的主要原因是在制动过程中,左、右轮地面制动力增加的快慢不一致、左右轮地面制动力不等。特别是前轴左右轮制动力不等,是产生制动跑偏的主要原因。

如图27-7所示,设前左轮的制动器制动力大于前右轮,故地面制动力 $F_{X1l} > F_{X1r}$。此时前、后轴分别受到的地面侧向反作用力为 F_{Y1} 和 F_{Y2}。显然,F_{X1l} 绕主销的力矩大于 F_{X1r} 绕主销的力矩。虽然,转向盘不动,由于转向系统各处的间隙及零部件的弹性变形,转向轮仍产生一向左转动的角度而使汽车有轻微的转弯行驶,即跑偏。同时,由于主销有后倾,也使 F_{Y1} 对转向轮产生一同方向的偏转力矩,这样也增大了向左转动的角度。

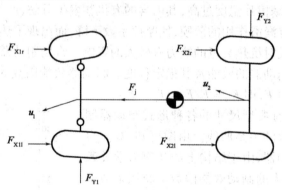

图27-7 制动跑偏时受力图

二、制动侧滑

侧滑是指汽车制动时,某一轴的车轮或两轴的车轮发生横向滑动的现象。最危险的情况是在高速制动时,后轴发生侧滑,这时汽车常发生不规则的急剧回转运动,使之部分地或完全失去操纵。

侧滑产生的原因,是在制动过程中,地面制动力达到附着极限后,继续增加制动力,车轮将处于抱死拖滑状态,此时,侧向附着系数为零,即该轮抵抗侧向干扰的能力为零,这时,即使车轮受到任何一点侧向力,都会引起沿侧向力方向的滑动。

紧急制动过程中,常出现一根轴的侧滑。实践证明,后轴侧滑具有很大危险性,可以使汽车掉头;前轴侧滑对汽车行驶方向改变不大,但是已不能用转向盘来控制汽车行驶方向。

下面从受力情况分析汽车前轮抱死拖滑和后轮抱死拖滑两种运动情况。

图 27-8a) 所示是前轮抱死拖滑而后轮滚动,并设转向盘固定不动。前轴如受侧向力 F_y 作用将发生侧滑,因此前轴中点 A 的前进速度 u_A,与汽车纵轴线的夹角为 α,后轴的前进速度 u_B,因后轴未发生侧滑而仍沿汽车纵轴线方向。此时汽车将发生类似转弯的运动,其瞬时回转中心为速度 u_A、u_B 两垂线的交点 O,汽车作圆周运动时,产生了作用于质心 C 的惯性力 F_j。显然,F_j 的方向与前轴侧滑的方向相反,就是 F_j 能起减少或阻止前轴侧滑的作用,因此汽车处于一种稳定状态。

图 27-8b) 所示是前轴滚动、后轴制动到抱死拖滑,如有侧向力 F_y 作用,后轴将发生侧滑,u_B 与汽车纵轴线夹角为 α,u_A 的方向仍按汽车纵轴线方向。此时汽车将发生回转运动,作用于质心 C 的圆周运动惯性力与后轴侧滑方向一致,惯性力加剧后轴侧滑,后轴侧滑又加剧惯性力,汽车将急剧转动。因此后轴侧滑是一种不稳定状态。

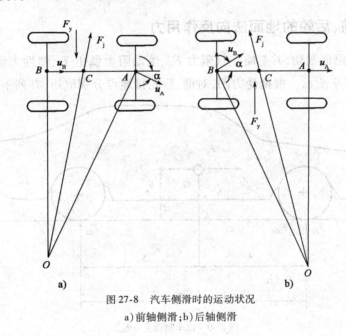

图 27-8 汽车侧滑时的运动状况
a) 前轴侧滑;b) 后轴侧滑

三、转向能力的丧失

转向能力的丧失是指弯道制动时,汽车不再按原来的弯道行驶而是沿弯道切线方向驶出,以及直线行驶时转动转向盘汽车仍按直线方向行驶的现象。

只有前轮抱死或前轮先抱死时,因侧向附着系数为零,不能产生任何地面侧向反作用力,汽车就会丧失转向能力。

因此,从保证汽车方向稳定性的角度出发,首先不能出现只有后轴车轮抱死或后轴车轮比前轴车轮先抱死的情况,以防止危险的后轴侧滑。这一点对于高速行驶的车辆来说尤为重要。其次,尽量少出现只有前轴车轮抱死或前、后车轮都抱死的情况,以维持汽车的转向能力。最理想的情况就是在制动时防止任何车轮抱死,前、后车轮都处于滚动状态,这样就可以确保制动时的方向稳定性。

如何更有效地利用汽车前后轴制动器制动力,即提高汽车制动系统制动效率,以及如何保证汽车制动时有较好的方向稳定性,这涉及总制动器制动力在前后轴间的分配问题。

第五节 制动力分配

无防抱死制动系统的汽车紧急制动时,可能出现三种状态:一是前轮先抱死拖滑,后轮再抱死拖滑;二是后轮先抱死拖滑,前轮再抱死拖滑;三是前、后轮同时抱死拖滑。其中状态一和状态三是相对稳定工况,而状态二易引起后轴侧滑是不稳定工况。可见,前、后轮制动器抱死次序对汽车制动方向稳定性的影响很大,而前、后轮制动器抱死次序是由前、后制动器制动力的比例关系决定的。前、后制动器制动力比例关系的确定与汽车的结构参数、附着条件、使用状况有关。

一、制动时前、后轮的地面法向反作用力

设汽车在水平路面制动,并忽略空气阻力 F_w、滚动阻力偶矩 T_f、惯性力偶矩 T_j,则汽车制动时的受力如图27-9所示。根据受力图,对前、后轮接地点分别取矩,并列平衡方程可得

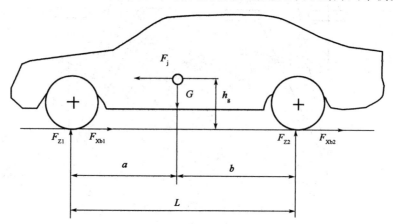

图27-9 汽车制动受力图

$$\left.\begin{aligned} F_{Z1} &= \frac{G}{L}\left(b + \frac{h_g}{g}\frac{du}{dt}\right) \\ F_{Z2} &= \frac{G}{L}\left(a - \frac{h_g}{g}\frac{du}{dt}\right) \end{aligned}\right\} \tag{27-5}$$

式中:F_{Z1}、F_{Z2}——作用在前、后轮上的地面法向反作用力(N);
$\qquad G$——汽车重力(N);
$\qquad a$、b——汽车质心至前、后轴之距离(m);
$\qquad L$——汽车轴距(m),$L = a + b$;

h_g——汽车质心高度(m);

du/dt——汽车减速度(m/s^2)。

令 $du/dt = zg$,z 称为制动强度。当车轮制动都抱死时,$z = \varphi_s$;当车轮制动在 $s = 15\%$ ~ 25% 时,$z = \varphi_p$;当点制动 $s < 15\%$ 时,$z = \varphi_b$,z 较小。引进 z 概念后,式(27-5)可写为

$$\left. \begin{array}{l} F_{Z1} = \dfrac{G}{L}(b + zh_g) \\ F_{Z2} = \dfrac{G}{L}(a - zh_g) \end{array} \right\} \tag{27-6}$$

若在不同附着系数的路面制动,前后轮都抱死,此时 $\dfrac{du}{dt} = \varphi g$,则式(27-5)有

$$\left. \begin{array}{l} F_{Z1} = \dfrac{G}{L}(b + \varphi h_g) \\ F_{Z2} = \dfrac{G}{L}(a - \varphi h_g) \end{array} \right\} \tag{27-7}$$

式(27-6)和式(27-7)反映了制动时前、后轮法向反作用力与制动强度或路面附着系数的变化规律。制动时,前轮法向反作用力随 z 或 φ 的增大而增大,而后轮法向反作用力随 z 或 φ 的增大而减小。因此,制动时前后轮法向反作用力不是常数,而是随着汽车的制动强度、路面状况的变化而变化。

二、理想的前、后制动器制动力分配

对无防抱死制动系统的汽车,制动时前、后轮同时抱死拖滑是一种理想状态,因为此时其附着条件得到了充分利用,制动距离短,方向稳定性好,制动系统工作效率高。在任意附着系数中的水平路面制动,均能保证前后轮同时抱死拖滑的前、后轮制动器制动力分配,称为理想分配。

在任意附着系数的水平路面上制动,前后轮同时抱死拖滑的条件:前、后轮制动器制动力之和等于附着力,且前、后轮制动器制动力分别等于各自的附着力,即

$$\left. \begin{array}{l} F_{\mu 1} + F_{\mu 2} = G\varphi \\ F_{\mu 1} = F_{Z1}\varphi \\ F_{\mu 2} = F_{Z2}\varphi \end{array} \right\} \tag{27-8}$$

式中:$F_{\mu 1}$——前轮制动器制动力(N);

$F_{\mu 2}$——后轮制动器制动力(N)。

将式(27-7)代入式(27-8)后变换得

$$\left. \begin{array}{l} F_{\mu 1} + F_{\mu 2} = G\varphi \\ \dfrac{F_{\mu 1}}{F_{\mu 2}} = \dfrac{b + \varphi h_g}{a - \varphi h_g} \end{array} \right\} \tag{27-9}$$

消除变量 φ,可得前、后轮制动器制动力的理想分配关系式,即

$$F_{\mu 2} = \frac{1}{2}\left[\frac{G}{h_g}\sqrt{b^2 + \frac{4h_g L}{G}F_{\mu 1}} - \left(\frac{Gb}{h_g} + 2F_{\mu 1}\right)\right] \quad (27\text{-}10)$$

由式(27-10)画成的曲线,即为理想的前、后轮制动器制动力分配曲线,简称 I 曲线。

通常,I 曲线由式(27-9)做出。在 G、a、b、h_g 一定时,先选取一系列不同的附着系数 φ,由式(27-9)的第一式可得到一组与坐标轴成 45°的关系曲线,再将不同的 φ 值分别代入式(27-9)中的第二式,则得到另一组通过原点但斜率不同的射线,然后分别找出对应同一 φ 值的两直线交点 A、B、C……并将其连接起来,便得到 I 曲线,如图 27-10 所示。

I 曲线上任意一点坐标,表示在某一对应附着系数路面制动时,前后轮同时抱死应具有的前、后制动器制动力。从图 27-10 的 I 曲线可以看出:理想的前、后轮制动器制动力比例关系是非线性的,其理想的 $F_{\mu 1}$、$F_{\mu 2}$ 分配随着汽车总重、质心位置和道路附着条件的变化而变化。

三、实际的前、后制动器制动力分配

一般汽车实际的前、后制动器制动力具有固定的比值。常用制动力分配系数 β 表示前、后制动器制动力分配的比例。制动力分配系数是指前制动器制动力与汽车全部制动器制动力之比,即

$$\beta = \frac{F_{\mu 1}}{F_\mu} \quad (27\text{-}11)$$

式中:F_μ——汽车全部制动器制动力(N),$F_\mu = F_{\mu 1} + F_{\mu 2}$。

根据式(27-11)可推得前、后制动器制动力的比例关系为

$$\frac{F_{\mu 1}}{F_{\mu 2}} = \frac{\beta}{1 - \beta} \quad (27\text{-}12)$$

利用式(27-12)可在 $F_{\mu 2}$—$F_{\mu 1}$ 坐标图上绘出实际前、后制动器制动力分配曲线,简称 β 线,如图 27-11 所示。图中还给出了该车的空载和满载 I 曲线。

从图 27-11 可看出,β 线与满载的 I 曲线只有交点 B,这说明实际汽车的前、后制动器制动力分配与理想的分配差别很大,制动时只能在某一种路面上使前、后轮时抱死拖滑,而在其他路面上则不是前轮先抱死就是后轮先抱死。

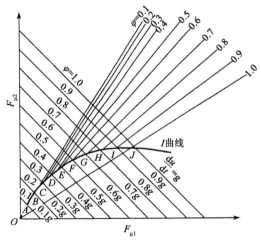

图 27-10 理想的前、后制动器制动力分配曲线

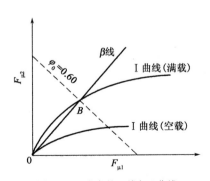

图 27-11 汽车的 β 线与 I 曲线

β 线与 I 曲线交点处对应的附着系数称为同步附着系数，用 φ_0 表示。它是反映汽车制动性能的一个重要参数，它说明前、后制动器制动力具有固定比值的汽车只有在附着系数等于 φ_0 的路面制动时，才能使前后轮同时抱死。不同载荷时，理想的前、后制动器制动力不同，即 I 曲线不同（图 27-11），因此其同步附着系数也会发生变化。有时空载汽车无同步附着系数（图 27-11），这说明该车空载时在任何路面制动前后轮都不会同时抱死。

同步附着系数由汽车结构参数决定，可通过解析法求出。将式（27-9）代入式（27-12），得

$$\frac{F_{\mu 1}}{F_{\mu 2}} = \frac{b + \varphi h_g}{a - \varphi h_g} = \frac{\beta}{1 - \beta} \tag{27-13}$$

将 $\varphi = \varphi_0$ 代入式（27-13）并整理，得

$$\varphi_0 = \frac{L\beta - b}{h_g} \tag{27-14}$$

四、在不同 φ 值路面上的制动

为了分析制动力分配系数 β 恒定的汽车在不同 φ 值路面的制动过程，有必要了解一轴车轮制动先抱死后，其前、后轮地面制动力的变化关系。

1. 前轮先抱死后的 F_{Xb2} 与 F_{Xb1} 的关系

设前轮先抱死，此时有

$$F_{Xb1} = \varphi F_{Z1} = \varphi\left(\frac{Gb}{L} + \frac{F_{Xb} h_g}{L}\right) = \varphi\left(\frac{Gb}{L} + \frac{F_{Xb1} + F_{Xb2}}{L} h_g\right) \tag{27-15}$$

整理得

$$F_{Xb2} = \frac{L - \varphi h_g}{\varphi h_g} F_{Xb1} - \frac{Gb}{h_g} \tag{27-16}$$

式（27-16）就是在不同 φ 值路面上只有前轮抱死时的前、后轮地面制动力的关系式。当前、后轮都抱死后，该式也成立，只是此时的后轮地面制动力已达到后轮的附着力。

以不同 φ 值代入式（27-16），即可得到直线族，常称 f 线组，如图 27-12 所示。

2. 后轮先抱死后的 F_{Xb2} 与 F_{Xb1} 的关系

设后轮先抱死，此时有

$$F_{Xb2} = \varphi F_{Z2} = \varphi\left(\frac{Ga}{L} - \frac{F_{Xb} h_g}{L}\right) = \varphi\left(\frac{Ga}{L} - \frac{F_{Xb1} + F_{Xb2}}{L} h_g\right) \tag{27-17}$$

整理得

$$F_{Xb2} = \frac{-\varphi h_g}{L + \varphi h_g} F_{Xb1} + \frac{\varphi Ga}{L + \varphi h_g} \tag{27-18}$$

式（27-18）就是在不同 φ 值路面上只有后轮抱死时的前、后轮地面制动力的关系式。当前、后轮都抱死后，该式也成立，只是此时的前轮地面制动力已达到前轮的附着力。

以不同 φ 值代入式（27-18），即可得到另一直线族，常称 r 线组，如图 27-12 所示。

对于同一 φ 值下的 f 线组与 r 线组的交点 A、B、C……既符合 $F_{Xb1} = \varphi F_{Z1}$，又符合 $F_{Xb2} = \varphi F_{Z2}$，这说明其交点便是前、后车轮都抱死的点，这些交点 A、B、C……的连线就是上述的 I 曲

线,如图 27-12 所示。

3. 不同 φ 值路面的制动过程

下面以同步附着系数 $\varphi_0 = 0.6$ 的汽车为例,参照图 27-13,利用 φ 线、I 曲线、f 和 r 线组分析汽车在不同 φ 值路面上的制动过程。

(1) 在 $\varphi < \alpha_0$ 的路面制动。设 $\varphi = 0.3$,汽车制动时,前、后轮制动器制动力 $F_{\mu 1}$、$F_{\mu 2}$ 沿 β 线逐渐增长,因前、后车轮均未抱死,故地面制动力 F_{Xb1} 和 F_{Xb2} 也按 β 线上升。当增至图中 A 点时,β 线与 $\varphi = 0.3$ 的 f 线相交,前轮开始抱死,制动减速度为 $0.22g$。若继续加大踏板力,则 $F_{\mu 1}$ 和 $F_{\mu 2}$ 仍沿 β 线增加,而地面制动力 F_{Xb1}、F_{Xb2} 将沿 f 线变化,前轮的 F_{Xb1} 不再等于 $F_{\mu 1}$,但因前轮法向反作用力的增加,F_{Xb1} 沿 f 线稍有增加,由于后轮尚未抱死,F_{Xb2} 仍等于 $F_{\mu 2}$ 而继续上升。当 $F_{\mu 1}$、$F_{\mu 2}$ 至 A' 时,f 线与 I 曲线相交,此时后轮达到抱死所需的地面制动力 F_{Xb2}(等于后轮附着力),这时前、后车轮均抱死,汽车获得的减速度为 $0.3g$。

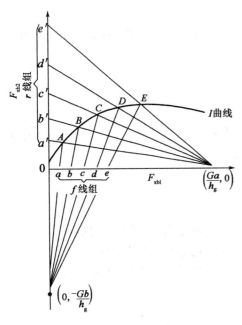

图 27-12 f 线组和 r 线组

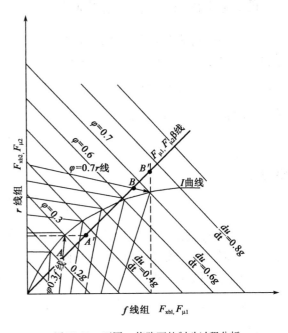

图 27-13 不同 φ 值路面的制动过程分析

可见,在 $\varphi < \varphi_0$ 的路面制动,其 β 线在 I 曲线下方,总是前轮先抱死,是一种稳定工况,但汽车丧失转向能力。

(2) 在 $\varphi > \varphi_0$ 的路面制动。设 $\varphi = 0.7$,汽车制动时,前、后轮制动器制动力沿 β 线逐渐增长,因前、后车轮均未抱死,故 F_{Xb1}、F_{Xb2} 也按 β 线上升。当增至图中 B 点时,β 线与 $\varphi = 0.7$ 的 r 线相交,后轮开始抱死,制动减速度为 $0.66g$。若继续加大踏板力,则 $F_{\mu 1}$ 和 $F_{\mu 2}$ 仍沿 β 线增加,而地面制动力 F_{Xb1}、F_{Xb2} 将沿 r 线变化,后轮的 F_{Xb2} 不再等于 $F_{\mu 2}$,但因后轮法向反作用力的减少,F_{Xb2} 沿 r 线稍有下降,由于前轮尚未抱死,F_{Xb1} 仍等于 $F_{\mu 1}$ 而继续上升。当 $F_{\mu 1}$、$F_{\mu 2}$ 至 B' 时,r 线与 I 曲线相交,此时前轮达到抱死所需的地面制动力 F_{Xb1}(等于前轮附着力),这时前、后车轮均抱死,汽车获得的减速度为 $0.7g$。

可见,在 $\varphi > \varphi_0$ 的路面制动,其 β 线在 I 曲线上方,总是后轮先抱死,易发生后轴侧滑而使汽车失去方向稳定性,是一种危险工况。

(3)在 $\varphi = \varphi_0$ 的路面制动。设 $\varphi = 0.6$,汽车制动时,$F_{\mu 1}$、$F_{\mu 2}$ 沿 β 线增长,并保持 $F_{\mu 1} = F_{Xb1}$、$F_{\mu 2} = F_{Xb2}$。继续加大踏板力直到 β 线与 I 线相交,此时前、后轮同时抱死,汽车获得的减速度为 $0.6g$。这是一种稳定工况,但在最大强度制动时也失去转向能力。

五、同步附着系数 φ_0 的选择

由以上分析可知,同步附着系数对汽车制动时的方向稳定性有着重要影响。

汽车的总质量及质心位置给定后,即可做出 I 曲线。β 线则是由制动器制动力在前、后轴上的分配确定的。所以调整 β 值,可以得到 β 线与 I 曲线的恰当配合,保证合适的同步附着系数。

β 线的斜率为 $\tan\theta = (1-\beta)/\beta$,$\beta$ 值越大,β 线的斜率越小,则同步附着系数 φ_0 越大。同步附着系数是根据车型和使用条件来选择的。

轿车的行驶车速较高,高速下后轴侧滑是十分危险的。因此,一般采用较高的同步附着系数。

对货车而言,由于车速较低,制动时后轴侧滑的危险性较少,但在较滑的路面上制动时,汽车可能丧失转向能力。因此,同步附着系数可能选得很低。但由于道路条件的改善和汽车行驶速度的提高,货车同步附着系数呈现提高的趋势。

使用条件也影响 φ_0 的选择。在多雨的山区,坡路弯道多,下急弯坡制动时,如果汽车失去转向能力,将是十分危险的。因此,经常在山区使用的车辆,同步附着系数应取低值。

轻型越野汽车常选择较高的同步附着系数。这样,即使在很低的附着系数路面上制动,也不会发生后轴侧滑。但是在多数路面上制动时,前轮先抱死可能失去转向能力。

六、具有变比值的前后制动器制动力的分配特性

从上节分析可知,对于具有固定比值的前、后制动器制动力的制动系特性,其实际制动力分配曲线与理想的制动力分配曲线相差很大,附着效率低,前轮可能因抱死而丧失转向能力,后轮也可能抱死而使汽车有发生后轴侧滑的危险。

因此,现代汽车均装有比例阀或载荷比例阀等制动力调节装置,可根据制动强度、载荷等因素来改变前、后制动器制动力的比值,使之接近于理想制动力分配曲线,满足制动法规的要求。

图 27-14 给出了限压阀、比例阀、感载比例阀、感载射线阀的制动力分配曲线。本节着重介绍比例阀及感载射线阀结构及前后制动力分配特性的实现。

1. 比例阀

比例阀(又称 P 阀)是串联于液压或气压制动回路的后促动管路中的,其作用是当前、后促动管路压力 p_1 与 p_2 同步增长到一定值 p_s 后,即自动对 p_2 的增长加以节制,使 p_2 的增量小于 p_1 的增量。

比例阀一般采用两端承压面积不等的差径活塞结构。图 27-15a)所示为其结构。不工作

时,差径活塞2在活塞弹簧3的作用下处于上极限位置。此时阀门1保持开启,因而在输入控制压力 p_1 与输出压力 p_2 从零同步增长的初始阶段,总是 $p_1 = p_2$。但是压力 p_1 的作用面积为 $A_1 = \pi(D^2 - d^2)/4$,压力 p_2 的作用面积为 $A_2 = \pi D^2/4$,因而 $A_2 > A_1$,故活塞上方的液压作用力大于活塞下方的液压作用力。在 p_1、p_2 同步增长的过程中,活塞上、下两端液压作用力之差大于活塞弹簧3的预紧力 F(忽略阀门弹簧4对活塞的影响)时,活塞便开始下移。当 p_1 和 p_2 增长到一定值 p_s 时,活塞内腔中的阀座与阀门接触,进油腔与出油腔即被隔绝,这时比例阀处于平衡状态。

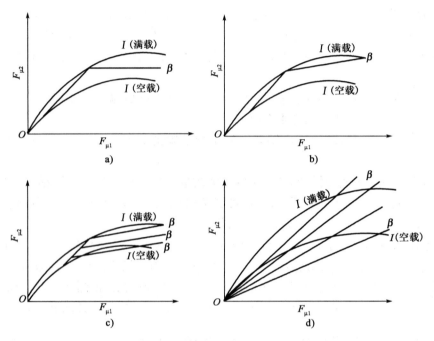

图 27-14 各种调节阀的 β 线
a)限压阀;b)比例阀;c)感载比例阀;d)感载射线阀

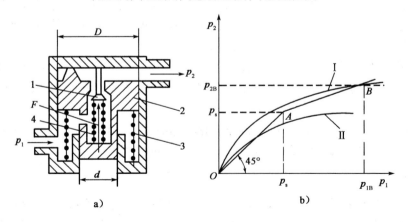

图 27-15 比例阀的结构及静特性
a)结构;b)特性曲线
1-阀门;2-活塞;3-活塞弹簧;4-阀门弹簧;Ⅰ-满载理想特性;Ⅱ-空载理想特性

若进一步提高 p_1,则活塞将回升,阀门再度开启,油液继续流入出油腔,使 p_2 也升高。但由于 $A_2 > A_1$, p_2 尚未增长到新的 p_1 值,活塞又下降到平衡位置。在任一平衡状态下,差径活塞的力平衡方程为

$$p_2 A_2 = p_1 A_1 + F$$

即

$$p_2 = \frac{A_1}{A_2} p_1 + \frac{F}{A_2} \tag{27-19}$$

式中:F——平衡状态下的活塞弹簧的弹力。

式(27-19)描述的曲线即是图 27-15b)所示的比例阀静特性曲线 AB(图中假定 A 点位于满载理想特性线的下方)。装用比例阀以后的实际促动管路压力分配特性线,即为折线 OAB。比例阀静特性线 AB 的斜率为 $A_1/A_2 < 1$,说明 p_2 的增量小于 p_1 的增量。

比例阀比较适宜于质心高度与轴距的比值较小的中型以上汽车。因这类汽车,在制动时前、后轮间的载荷转移较少,其理想促动管路压力分配特性曲线中段斜率要求较大。若采用限压阀,虽然可以满足制动时前轮先抱死的要求,但紧急制动时,后制动力将远小于后轮附着力,即附着力利用率太低,不能满足制动力尽可能大的要求。要解决这类问题,可以采用比例阀。

从图 27-14a)、b)中看出,使用限压阀或比例阀所决定的制动力分配曲线不能同时满足满载和空载时的要求。特别是在满载和空载量相差较大的情况下,如继续采用限压阀或比例阀则更难收到良好效果。

2. 感载射线阀

为解决满载与空载量相差较大的制动力分配问题,将载荷影响因素考虑进去的各种感载阀应运而生,如感载比例阀[图 27-14c)]、感载射线阀[图 27-14d)]等。

图 27-16 为某型载货汽车气压制动系所采用的射线感载阀的结构图。其静特性曲线(图 27-17),是从原点引出的斜率不大于 1 的射线族,因而这种感载阀可称为感载射线阀。

图 27-16 中,活塞 3 的下部铸有若干个沿圆周均布的径向肋片 I,其下边缘自内而外向上倾斜。相应地上阀体 4 内也铸出数目相同的肋片 II,其下边缘自内而外向下倾斜。装配时,活塞肋片与阀体肋片彼此相间。膜片 7 的内边缘固定在活塞上,外边缘则固定在上下阀体之间。这样,当活塞相对于阀体轴向移动时,膜片支靠活塞肋片 I 的面积(即膜片向上的有效承压面积)即发生变化。活塞处于图示的上极限位置时,膜片全部承压面积都支靠在阀体肋 II 上,故其有效承压面积为零,即膜片支靠活塞肋片 I 上的面积最小。

活塞内有阀门 5,分别与活塞内的阀座和芯管 6 上端阀座组成进气阀和排气阀。芯管内腔经排气口 C 通大气。芯管的轴向位置由控制球头臂 1 的球头限定。不制动时,进气阀关闭,排气阀开启。后制动气室的高压气经出气口 B、排气阀和排气口 C 后排至大气。

制动时,来自制动控制阀的压缩空气由进气口 A 以压力 p_1 充入活塞上方气室,推动活塞相对阀体和芯管下移,先关闭排气阀,继而打开进气阀。通过进气阀后压力为 p_2 的压缩空气经出气口 B 充入后制动气室,同时也充入膜片下方气室 D。在此充气过程中,膜片下方有效面积上的气压作用力会传给活塞,使活塞回升,到进气阀再度关闭,达到平衡状态为止。在平衡状态下,芯管位置越高(如重载),活塞下移距离越小,膜片下方气体压力 p_2 因往上作用在活塞

肋片 I 的面积(有效承压面积)变小而增大,即比值 p_2/p_1 也越大,最大可达 1:1;芯管位置越低(如轻载),活塞下移的距离越大,膜片下方气体压力 p_2 因往上作用在活塞肋片 I 的面积(有效承压面积)变大而减小,即比值 p_2/p_1 也越小,最小可达 1:4。

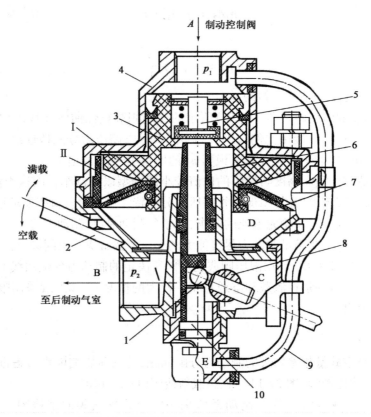

图 27-16 某型载货汽车气压制动系射线感载阀
1-控制球头臂;2-调节臂;3-活塞;4-上阀体;5-阀门;6-芯管;7-膜片;8-调节臂轴;9-气管;10-控制球头臂卸载活塞;A-进气口;B-出气口;C-排气口;D、E-气室

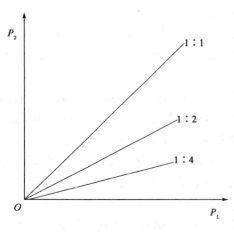

图 27-17 感载射线阀静特性

感载射线阀安装在车架上,其调节臂 2 通过中间联动杆件与后桥的弹性元件铰接。调节臂 2 在阀体外面与调节臂轴 8 固接,轴 8 在阀体内固接有控制球头臂 1,球头臂的球头插装在卸载活塞 10 之间的座孔中。汽车后桥的轴载加大时,后悬架变形增大,通过中间联动杆件使调节臂 2 顺时针旋转,然后再通过轴 8 和球头臂 1 使芯管上移。反之,汽车后桥的轴载减小时,芯管位置下移。

为了防止芯管所受向下的气压作用力造成控制球头臂的弯曲和剪切载荷,用气管 9 将输入压力 p_1 引入气室 E,卸载活塞 10 即将此向上的气压作用力传给控制球头臂,以抵消上述向下的气压作用力。

从27-14c)、d)中看出,不同类型的感载阀虽然考虑了汽车载荷变化情况下制动力分配问题,即在各种载荷下的附着力的利用率问题,但仍然与理想特性曲线要求有一定差距。

目前,在现代轿车上旨在进一步提升附着力利用率的电子制动力分配系统(Electric Brakeforce Distribution,EBD)和制动防抱死装置(Antilock Braking System,ABS)已被大量采用。这些新技术将在第三十二章第二节和第四节中进行介绍。

第六节　影响制动性的主要因素

汽车在行驶中,汽车制动性与道路、气候、汽车结构、汽车技术状况及使用等条件有关。

一、道路与轮胎

附着力限制了最大地面制动力,而道路对附着系数有着重要影响,从而对制动距离也有很大影响。制动初速度相同时,附着系数越大即路面越好,制动距离越短。

在相同的沥青或混凝土路面上,因干湿状态不同,在车速为30km/h时制动距离相差约1倍;干燥的沥青路面与结冰路面相比,在30km/h的车速下的制动距离相差约6倍。

附着系数与轮胎也有直接关系。轮胎的结构,诸如轮胎花纹、胎面曲率、轮胎直径和宽度等对附着系数都有影响。具有细而浅花纹的轮胎在硬路面上滚动有较大的附着系数。在软路面上行驶的汽车,其轮胎应具有深而宽的花纹,这样可获得较大的附着系数。轮胎胎面具有横向花纹沟槽可以使其具有良好的排水性能,可以提高汽车在潮湿路面上的附着系数。轮胎花纹磨损后将使附着系数降低。

此外,不同气压的轮胎的与附着能力关系也很大,如图27-18所示。

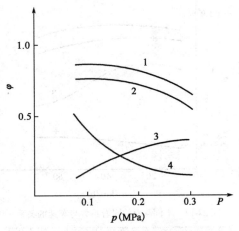

图27-18　不同路面上的轮胎气压与附着系数的关系
1-干燥的混凝土路面;2-潮湿的混凝土路面;3-积雪的混凝土路面;4-软路面

二、驾驶人因素

驾驶人的反应快慢对汽车制动的安全是很重要的。确切地说,反应时间 t_1 就是一个评价参数。好的驾驶人,一般反应时间在0.39~0.63s之间;1.5s以内算正常;当超过2.0s时,被认为不正常。

反应时间长短对汽车制动安全的影响可用下例说明:当汽车以108km/h(相当于30m/s)的速度运行时,反应快的驾驶人(如反应时间为0.4s)可以在12m以内做出正确的判断,并采取制动的动作。而反应慢的(如反应时间为1.5s)则需在45m以后才能做出正确的判断和动作,许多突发事故在这种反应慢的情况下发生,而想通过紧急制动来防止事故发生往往已经来不及了。

反应时间长短还与驾驶人生理状态有关,主要是注意力不集中、过度疲劳和精神状态不佳,从而引起反应时间增加。特别在高速行驶时,反应时间随车速提高而延长的原因是由于车速提高后,驾驶人精神紧张,发现危险信号后受惊吓和操作程序慌乱带来的结果。

三、车速

在汽车制动的 t_2 阶段,制动距离与车速的增加成正比;在 t_3 阶段,制动距离与车速的平方成正比。

高速行驶的汽车在干硬路面上制动时,橡胶胎面还来不及与路面微观凹凸构造完全"啮合",使附着系数略有降低(图27-19)。在潮湿路面上制动时,汽车轮胎不易将黏液体挤出而使附着系数显著下降。在结冰的路面上制动时,附着系数比干硬路面要低;随着车速的提高,因与轮胎接触的冰层受压时间短,来不及在接触面间形成水膜,附着系数会略有提高。无论怎样,在结冰的路面上汽车行驶的稳定性和汽车制动时的稳定性极差。

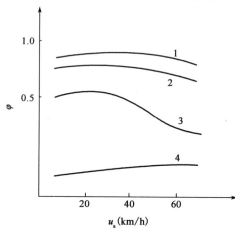

图27-19 不同路面的附着系数与车速的关系
1-干燥的混凝土路面;2-潮湿的混凝土路面;3-积雪的混凝土路面;4-软路面

四、汽车的装载

汽车的装载质量对汽车的制动性能也有影响,对于一般汽车,只有在附着系数与该车设计的同步附着系数相同的平路上制动时,才能使得车轮同时抱死。而在绝大多数情况下,汽车制动时,地面附着力则不能被充分利用,车轮不能同时制动抱死,特别是装载质量较大的货车,由于制动器结构上的限制,满载或超载时就更难保证前、后制动器的制动力均达到前后车轮与地面间的附着力,这些都使得汽车制动距离与装载质量有关。实践证明,装载质量3t以上的汽车,每增加装载量1t,制动距离就增长 $0.5 \sim 1.0 m$。

五、汽车拖挂

为了保证汽车列车的制动安全,挂车的各个车轮上均应安装制动器,以充分利用其附着质量,提高汽车列车的制动性能。

当汽车列车制动时,如果保持挂钩上仍然传递不大的牵引力,就可以改善汽车列车制动的稳定性。所以,设计汽车列车的制动传动装置时,要求它保证挂车制动的开始时间较主车制动略为提前。

六、制动系统技术状况

制动器的制动鼓与摩擦片在使用过程中,因磨损而使其间隙逐渐增大。制动器间隙增大,将引起制动作用迟缓、制动力不足以及制动距离增大。必须指出,制动器故障对汽车制动性影响极大。例如,制动鼓与制动蹄片磨损不均匀或调整不当,可能造成制动不平稳或制动力不足;左右轮制动器技术状况不同,可能因制动力不均而引起汽车制动跑偏等。

七、发动机制动与排气制动

在山区行驶的汽车下坡时,常用发动机制动与排气制动。

用发动机制动时,驾驶人放松制动踏板,不脱开发动机,驱动轮在汽车惯性作用下通过传动系统迫使发动机以高于怠速时的转速工作。这时汽车需要克服发动机内摩擦阻力矩和进排气阻力,且这个阻力矩随发动机转速(被迫转动)的增高而增大。

同时应注意到利用发动机制动时,发动机的旋转质量惯性力偶矩是阻碍发动机制动的,也就是说发动机内阻力矩大于发动机旋转质量惯性力偶矩时,发动机制动才有效。因此,在紧急制动时,仅用车轮制动,制动效果会更好。

在山区行驶的汽车用排气制动比发动机制动效果更理想。制动时关闭排气节流阀,切断油路、电路,利用发动机急剧增加的排气阻力而增大其内阻力矩。排气制动功率可达发动机有效功率的80%~90%,因此多用于重型货车或矿用自卸汽车上。

作用在驱动轮上的制动力 F'_μ 与发动机内摩擦阻力矩的关系有

$$F'_\mu = \frac{T_{er} i_g i_0}{\eta'_t r} \tag{27-20}$$

式中:T_{er}——发动机内阻力矩;
η'_t——从驱动轮到发动机的传动效率。

由式(27-20)可见,传动系统传动比越大(低速挡),以及发动机内阻力矩越大,制动效果越显著。

复习思考题

1. 汽车制动性能的评价指标有哪些?
2. 试解释地面制动力、制动器制动力和地面附着力三者的关系。
3. 试分析制动过程中制动减速度变化规律。
4. 汽车制动时间通常分为哪四个时间?
5. 汽车为何会制动跑偏?
6. 试用附着系数与滑移率关系曲线说明车轮制动过程。
7. 制动时,为何后轮先抱死比前轮先抱死具有更大危险?
8. 利用图27-13,分析汽车在 $\varphi=0.4$ 路面上制动时的前、后轮制动过程。
9. 道路与气候条件对汽车制动性有何影响?
10. 驾驶人因素对汽车制动性有何影响?
11. 车速对汽车制动性有何影响?
12. 轮胎对汽车制动性有何影响?
13. 汽车拖挂对汽车制动性有何影响?

第五篇 汽车车身及其附属装置

第二十八章 汽车车身

第一节 概　述

汽车车身是驾驶人工作的场所,也是容纳乘客及货物的场所,其主要作用是为驾驶人提供良好的操作条件,为乘客提供安全舒适的乘坐环境,保护他们免受汽车振动、噪声、废气的侵袭和外界恶劣环境的影响,并能方便货物装卸及保证其在运输中的完好性。车身结构和设备还应有助于行车安全和减轻事故损失程度。

汽车车身应具有合理的形状,以保证汽车行驶时能有效地引导周围气流,减少空气阻力以提高汽车的动力性和燃油经济性,还应有助于提高汽车行驶稳定性和改善发动机的冷却条件,保证车身内部通风良好。

随着汽车工业的发展,车身的形状、设施及色彩等方面所包含的内容越来越受到人们的重视。现代汽车车身除了保证其基本功用外,也是一件精致的艺术品,给人以美感享受,反映现代的风貌、民族的传统以及独特的企业形象。

一、汽车车身的基本组成

汽车车身是汽车的内、外覆盖件及其支承连接结构,其结构主要包括车身壳体、车门、车窗、车前板制件、车身内外装饰件和车身附件、座椅以及通风、暖气、冷气、空气调节装置等。对于载货汽车及专用汽车,汽车车身还包括货箱和其他设备。

车身壳体是全部车身部件的安装基础,通常是指纵、横梁和支柱等主要承力元件以及与它们相连接的板件共同组成的刚性空间结构。客车车身多数具有明显的骨架,而轿车车身和货车驾驶室则没有明显的骨架。车身壳体通常还包括在其上装备的隔声、隔热、防振、防腐、密封等材料及涂层。通常情况下车身壳体不可拆卸。

车门是车身上重要的部件之一,其结构复杂,通过铰链安装在车身壳体上,是保证车身使用性能的重要部件。

车窗包括前、后风窗和后侧窗以及车门上的车门窗,其基本功能是保证视野与采光,同时与整车造型协调。

车前板制件包括散热器固定框、发动机罩、翼子板、挡泥板等。这些板制件构成了容纳发动机、车轮等部件的空间。

车身外部装饰件主要是指装饰条、车轮装饰罩、标志及浮雕式文字等。保险杠、散热器面罩、灯具以及后视镜等附件也有明显的装饰性。

车身内部装饰件主要有仪表板、顶篷、侧壁、座椅等表面覆饰物及地毯和窗帘。在轿车上,目前广泛采用天然纤维或合成纤维的纺织品、皮革及人造革或多层复合材料,边皮泡沫塑料等覆饰材料;在客车上则大量采用纤维板、工程塑料板、铝板、花纹橡胶板、纸板和复合装饰板等覆饰材料。

车身附件包括门锁、门铰链、玻璃升降器、各种密封件、风窗刮水器、风窗洗涤器、遮阳板、后视镜、拉手、点烟器、烟灰盒、无线电收放音机及杆式天线等。有的汽车还装有无线电话机、电视机、小型电冰箱和微波炉等附属设备。

座椅是车身内重要的装置之一。它由骨架、坐垫、靠背和调节机构组成。坐垫和靠背应具有一定的弹性。调节机构可使座位前后或上下移动,还能调节坐垫和靠背的倾斜角度。有些汽车座椅还有弹性悬架和减振器,以便适应不同体重的驾驶人及调节坐姿的需要。在一些货车驾驶室和客车车厢中还设置长途行车需要的卧铺。

车身内的通风、暖气、冷气以及空调是维持车内良好环境、保证驾驶人和乘客安全舒适的重要装置。

二、汽车车身的类型

由于各种不同的需求,汽车的品种越来越多,车身的形态也各不相同。按照不同的分类方法,车身可分为不同的类型。

1. 按车身用途分

汽车车身一般按其用途可分为轿车车身、客车车身、货车车身和专用汽车车身等。

2. 按车身材料分

汽车车身按其所用材料可分为金属车身、轻合金车身和非金属车身等。

3. 按车身的承载方式分

汽车车身按其壳体的承载方式可分为非承载式车身、半承载式车身和承载式车身。它们的结构、性能特点及应用见表28-1。

非承载式、半承载式及承载式车身　　　　表28-1

类 型	定 义	结构特点	性能特点	应 用
非承载式	悬置于车架上,车身和车架柔性连接,车身本体不承载的结构形式	车身与车架之间通过弹簧或橡胶垫作为柔性连接,不承担车架载荷,但实际上由于车架并非绝对刚性,所以车身仍在一定程度上承担由于车架弯曲或扭转变形产生的载荷	平顺性、舒适性、安全性及互换性较好,结构布局简单,易于改变形状,但制造成本高,不易减轻车重,燃油消耗大,汽车质心高,操纵稳定性下降	应用于货车、敞篷车及少数高级轿车
半承载式	车身与车架刚性连接,车身承担部分载荷的结构形式	车身用螺栓连接、铆接或焊接等方式与车架进行刚性连接,分担车架的部分载荷	简化了车架结构,但防振隔声效果较非承载式差	应用于部分轿车和客车
承载式	无独立车架的整体结构形式,车身承担全部载荷	取消车架,车身兼做车架且作为安装汽车各总成和承受各种载荷的基体	整车质量小,燃油经济性好,车厢内空间利用率高,但防振隔声效果差,且维修困难,不易改变形状	应用于大多数轿车和部分客车

第二节 货车车身

货车车身由驾驶室和货箱两部分组成。

一、驾驶室

绝大多数货车驾驶室都是非承载式结构,并采取三点或四点悬置方式与车架连接。

货车驾驶室按其结构大体上可分为以下几类:驾驶室位于发动机之后的长头式;驾驶室部分位于发动机之上的短头式;驾驶室全部位于发动机之上的平头式。

(1)长头式驾驶室[图28-1a]。因发动机位于驾驶室之前,驾驶室地板布置就较低,座椅空间也较宽敞;驾驶座椅不在发动机上方,夏季无空调时,驾驶室内温度较低;发生撞车事故时,前部有发动机首先受冲击,驾驶人较安全。这种驾驶室结构较紧凑,刚性也较好,通常是三点式悬置。其主要缺点是驾驶人视野较差,整车长度利用低。

(2)短头式驾驶室[图28-1b]。驾驶室前移,发动机部分地伸入驾驶室内,因此,既缩短了整车长度,又不致使地板过分抬高,还可以充分利用驾驶室的宽度。这种驾驶室结构较完整,刚性较好,内部也较宽敞,但驾驶室高度较大。这种结构通常采用三点或四点式悬置,亦适用于向前倾翻的驾驶室,是一种较理想的结构。

(3)平头式驾驶室[图28-1c]。驾驶室充分前移,发动机完全伸入驾驶室内部,整车长度可最大限度地缩短,同时驾驶室内视野开阔,整车长度利用高。其缺点是:发动机位于驾驶室的中部,故需要在地板中部有较大的开口并在前围设置较大的散热器通风口,这就使驾驶室的承力

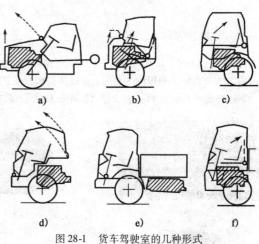

图28-1 货车驾驶室的几种形式
a)长头式;b)短头式;c)~f)平头式

构件难以连续,削弱了驾驶室的刚性,需要在开口的边缘设置加强梁或加强肋;夏季行车时驾驶室闷热,并且发动机维修不便;驾驶室外部尺寸虽然较宽大,但发动机罩凸出于地板中部,占据空间很大,致使座椅布置较为拥挤;发生撞车事故时,前部无遮挡物,驾驶人安全性较差。

图28-2所示是典型的货车驾驶室壳体结构。其纵向承力构件有:左门槛13和上边梁7;横向承力构件有:前风窗框上横梁5、前风窗框下横梁4、后围上横梁8和地板后横梁10;垂向承力构件有:左前立柱14和左后立柱11。驾驶室主要板件有:地板12、前围板2、前围上盖板3、前围左侧盖板1、顶盖6和后围板9等。驾驶室壳体各个零件按顺序分组点焊连接,最后由地板总成、后围总成、前围总成、顶盖等拼装焊合。

二、货箱

载货汽车货箱用于容纳货物,根据用途的不同,货箱结构有较大的差异。通常情况下可将货箱分为栏板式、自卸式、罐式、平板式、厢式、篷式等,如图28-3所示。

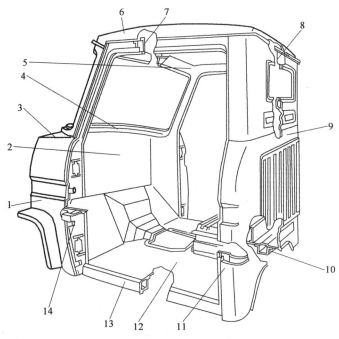

图 28-2 货车驾驶室壳体结构

1-前围左侧盖板;2-前围板;3-前围上盖板;4-前风窗框下横梁;5-前风窗框上横梁;6-顶盖;7-上边梁;8-后围上横梁;9-后围板;10-地板后横梁;11-左后立柱;12-地板;13-左门槛;14-左前立柱

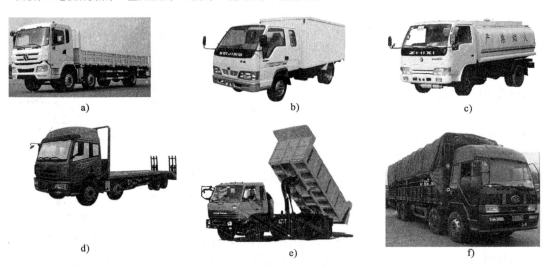

图 28-3 货车车厢

a)栏板式货箱;b)厢式货箱;c)罐式货箱;d)平板式货箱;e)自卸式货箱;f)篷式货箱

栏板式货箱是使用最多的一种货箱,适用于运送散装货物。其中又分为普通的低栏板和运送轻货物的高栏板两种。货箱一般为木质和钢质,用螺栓与车架连接固定。为装卸货物方便,后栏板及两侧栏板可制成活动的。普通栏板式货箱如图28-4所示。一般由底板总成和4块高度为300~500mm的栏板(前板总成、后板总成、左及右边板总成)组成。

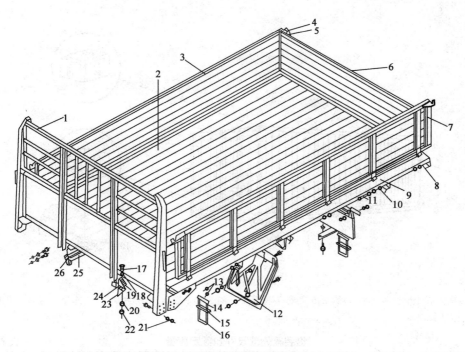

图 28-4 解放 CA1092 型货车的栏板式货箱

1-前板总成;2-底板总成;3-右边板总成;4、13-螺母;5-栓杆;6-后板总成;7-左边板总成;8-绳钩;9-开口销;10、18-垫圈;11-销钉;12-挡泥板;14-压板;15-垫板;16-U 形螺栓;17-螺栓;19-弹簧;20、21-开口销;22-槽顶螺母;23-下支座(在车架上);24-上支座;25-纵梁垫木;26-货箱纵梁

  无栏板式货箱其实不是箱,只是个装货托架。其中还可分为平板式(主要与集装箱组合使用)、托架式(主要用于运送长材,如原木车)和平台式(具有钢板制成的大型平面货台,并有较多的支持车轮,适于运输大件货物,如大型机器、建筑用预制构件等)。

  自卸式货箱适用于运输砂土、矿石类货物。汽车配用液压举升装置,使货箱倾斜卸货,大大提高生产效率,在工程和矿山车辆中应用普遍。

  厢式货箱对货物有较好保护作用,常用于运输日用百货,有特殊的装备要求。

  罐式货箱用于装载液体类及气体类物品,对易燃易爆物品有特殊的装备要求。

  篷式货箱在栏板式货箱上加装顶棚,对货物有较好保护作用。

  集装箱式货箱是一种独立的货箱,它必须与无栏板式货箱配合使用,结构如图 28-5 所示。集装箱由两个侧壁 5、两个端壁 14、顶板 2 和底板 7 组成。其边缘由 4 根侧梁 3 和 8、4 根端梁 9 和 15、4 根角柱 4 与 8 个角件 1 相互牢固连接。每个角件的三面都开有标准尺寸的孔洞,以便吊装机操作,两根下侧梁 8 的中部还开有供叉车搬运的叉槽 6。集装箱运输车的车架上有专门的转锁 12,可将集装箱下部 4 个角件扣紧在车架 11 上。集装箱堆码装船时,上、下层集装箱的角件必须对准并用转锁相互扣紧。

  集装箱有敞顶式、平板式、无侧壁式、容罐式、冷藏保温等多种类型,以适应运输各类货物的需要。

  集装箱有多种规格,其外廓尺寸和吊装尺寸等均应符合国家标准《系列 1 集装箱分类、尺寸和额定质量》(GB/T 1413—2008)中规定的集装箱外部尺寸和额定质量标准(表 28-2)。

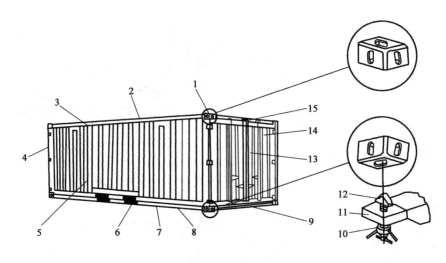

图 28-5 集装箱

1-角件;2-顶板;3-上侧梁;4-角柱;5-侧壁;6-叉槽;7-底板;8-下侧梁;9-下端梁;10-锁紧螺母;11-车架;12-转锁;13-门;14-端壁;15-上端梁

集装箱外部尺寸和额定质量   表 28-2

箱 型	高		宽		长		额定质量	
	(m)	(ft)	(m)	(ft)	(m)	(ft)	(kg)	(lb)
1EEE	2.896	9.5	2.438	8	13.716	45	30480	67200
1EE	2.591	8.5						
1AAA	2.896	9.5	2.438	8	12.192	40	30480	67200
1AA	2.591	8.5						
1A	2.438	8						
1AX	<2.438	<8						
1BBB	2.896	9.5	2.438	8	9.125	29.94	30480	67200
1BB	2.591	8.5						
1B	2.438	8						
1BX	<2.438	<8						
1CC	2.591	8.5	2.438	8	6.058	19.87	30480	67200
1C	2.591	8.5						
1CX	<2.438	<8						
ID	2.438	8	2.438	8	2.991	9.81	10160	22400
IDX	<2.438	<8						

由于集装箱已标准化,并且可以连同货物从一种运输工具上迅速转移到另一种运输工具上,而不需要将其内部货物重新装卸,故具有保证货物完好、减少装卸工作量和加速货物周转、

从而降低运输成本等许多显著特点。集装箱运输是一种先进的运输方法,便于铁路、公路、水路和航空联运以及国际联运。

第三节 轿车车身

轿车的车身比货车的车身重要得多,也复杂很多。根据车身受力情况,轿车车身分为承载式和非承载式两类。为了省去笨重的车架而使汽车轻量化,绝大多数轿车车身都采用承载式结构。典型承载式轿车车身结构如图28-6所示,其特点是车身没有明显的骨架,车身是由外部覆盖件和内部板件焊合而成的空间结构。车身作为发动机和底盘各总成的安装基础,载荷全部由汽车车身承受,因此要求车身的强度和刚度较大。

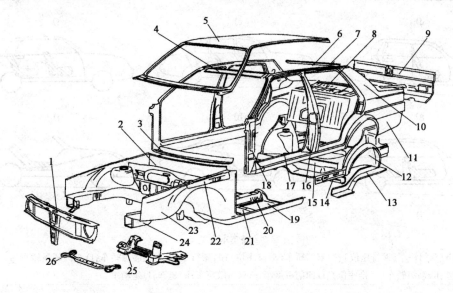

图28-6 典型承载式轿车车身结构
1-散热器框架;2-前围板;3-前风窗框下横梁;4-前风窗框上横梁;5-顶盖;6-后风窗框上横梁;7-上边梁;8-后风窗台板;9-后围板;10-后立柱(C柱);11-后翼子板;12-后轮罩;13-后纵梁;14-地板后横梁;15-后地板;16-中立柱(B柱);17-门槛;18-前立柱(A柱);19-前地板;20-地板通道;21-前座椅横梁;22-前挡泥板加强撑;23-前挡泥板;24-前纵梁;25-副车架;26-前横梁

轿车承载车身根据车身上部结构形式可分为有上部结构车身和无上部结构车身两类。有上部结构车身指车身顶盖为受力构件,包括四门轿车、两门轿车、四门硬顶轿车和两门硬顶轿车。无上部结构车身则是车身没有顶盖或顶盖可拆卸,并且它不是车身的受力构件,如半顶轿车、敞篷轿车。

现代轿车承载式车身壳体前部都有副车架,在副车架上安装发动机、传动系统、前悬架和前轮,组合成便于装配和维修的整体。副车架与承载式车身前部的下方用弹簧橡胶垫连接,以隔离振动和冲击,提高车身的舒适性。

高档轿车为了保证良好的乘坐舒适性以及减轻底盘振动和噪声对车身的影响,多采用非承载式结构。轿车非承载式车身的底座,通过挠性软垫固装在单独的车架上,整个车身装焊后,只承受乘客的质量。

按车身形式及使用性能,轿车一般可分为普通轿车、高级轿车、小型轿车、敞篷车、旅行车、运动车等多种形式,图28-7所示为轿车的几种车身形式。

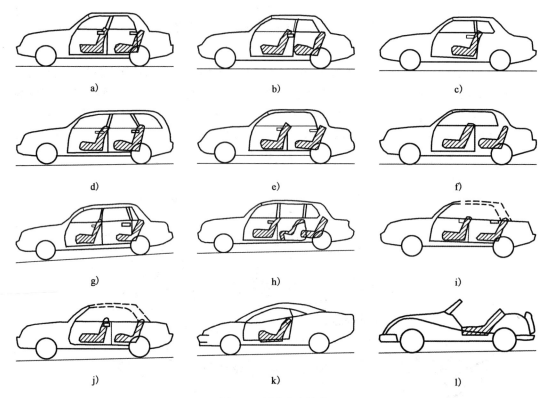

图 28-7 轿车车身类型

a)四门轿车;b)双门轿车(两排座位);c)双门轿车(单排座位);d)旅行车;e)四门硬顶轿车;f)双门硬顶轿车;g)高级轿车(两排座位);h)高级轿车(三排座位);i)四门敞篷车;j)双门敞篷车;k)跑车;l)运动车

轿车车身是一个较为坚硬而内饰具有柔性的结构。出于安全,对车身外部进行设计时,部分结构要具有有限的柔性,且要视野良好、乘坐舒适、造型美观。

第四节 客 车 车 身

客车车身主要分为骨架和蒙皮两个主要部分。骨架是由矩形截面的冲压件或型材焊接成的整体,其刚度、强度和质量都较大。外蒙皮是焊接于骨架上的钢板;内蒙皮又称内装饰,是固定于骨架上的塑料板、木板等材料。

客车车身由于采用厢式外形,车身尺寸较大、形状规则,故多数具有完整的骨架,最适宜采用承载式结构。

在客车发展初期,其车身通常由专业的车身厂生产,然后安装在现成的底盘车架上,故一般采用非承载式结构。其优点是便于在同一汽车底盘上安装不同的车身,但由于此结构未能利用车身构架承载,致使汽车质量过大。

目前的客车大多为半承载式和承载式车身结构。半承载式客车车身如图28-8所示,通常是在现成的客车专用底盘上将车架用若干悬臂梁加宽,并与车身侧壁刚性连接,使车身骨架也分担车架一部分载荷。许多国产大客车车身均采用这种结构形式。

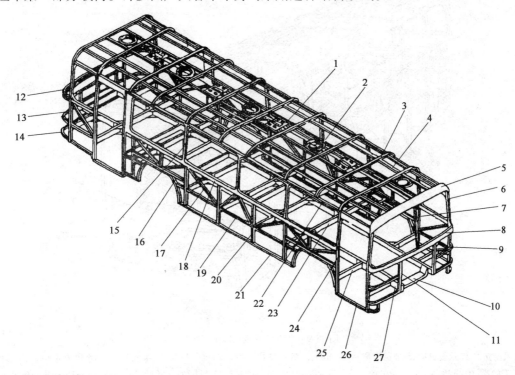

图 28-8 典型的半承载式客车车身

1-顶灯底板;2-换气扇框;3-顶盖横梁;4-顶盖纵梁;5-前风窗框上横梁;6-前风窗立柱;7-前风窗中立柱;8-前风窗下横梁;9-前围搁梁;10-车架前横梁;11-前围立柱;12-后风窗框下横梁;13-后围搁梁;14-后围裙边梁;15-侧围窗立柱;16-车轮拱;17-斜撑;18-腰梁;19-侧围搁梁;20-侧围立柱;21-侧围裙边梁;22-上边梁;23-车架横梁;24-门立柱;25-车架悬臂梁;26-门槛;27-车架纵梁

承载式客车车身如图 28-9 所示,车身底架是薄钢板冲压或用型钢焊制的纵、横格栅,用以取代笨重的车架。格栅为一种桁架结构,通常高度较大,约为 500mm,因而车身两侧底板上只能布置座椅。而座椅下方较大的空间可做行李舱,故适用于大型长途客车。

由于整体式承载车身中所有的车身壳体构件(包括蒙皮)都参与承载,通过互相牵连和协调,充分发挥材料的潜力,所以使车身质量最小而强度和刚度最大。

客车由于载人较多,除车身的刚度、强度有较高要求外,对安全性、密封性、乘坐舒适性以及通风、采光、视野等都有较高要求。客车车身的类型如图 28-10 所示。

中型客车均采用闭式车身(车顶盖作为车身本体的一部分的车身),以提高有效载客面积。一般安置有纵向座位(双人座位),座间及车门附近均留有较大的面积,以便乘客站立。车身具有两个车门,分别供上下车用。

轻型客车车身有开式(客舱顶为敞顶或客舱顶按需要可启闭的车身)和闭式两种结构形式。闭式车身刚性好、质量轻、舒适性好。开式车身上部可以打开或卸下,具有刚性窗框和门框,固定的车顶横梁和折叠式或活动式车顶。

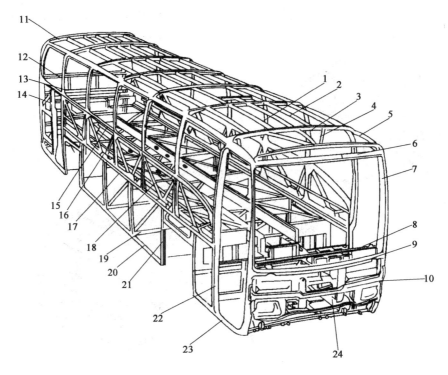

图 28-9 典型的承载式客车车身

1-侧风窗立柱；2-顶盖纵梁；3-顶盖横梁；4-顶盖斜撑；5-上边梁；6-前风窗框上横梁；7-前风窗立柱；8-仪表板横梁；9-前风窗框下横梁；10-前围搁梁；11-后风窗框上横梁；12-后风窗框下横梁；13-后围加强横梁；14-后围立柱；15-腰梁；16-角板；17-侧围搁梁；18-斜撑；19-底架横格栅；20-侧围裙边梁；21-裙立柱；22-门立柱；23-门槛；24-底架纵格栅

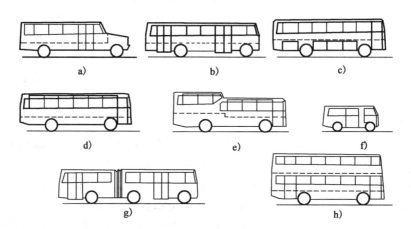

图 28-10 客车车身类型

a)长头客车；b)城市公共客车(地板低，车门多)；c)长途客车(地板下部分设行李舱)；d)游览客车(车窗尺寸大，视野开阔)；e)游览客车(阶梯状地板)；f)轻型客车；g)铰接客车；h)双层客车

轻型客车车身要求具有较好的流线型，减少行驶时的空气阻力。常见的四门轻型客车闭式车身具有两排或三排客座，而三排客座中的第二排往往是可折合的。两门的闭式车身已经在内部形成一个整体，分开装置的前座往往是可倾倒的，以便于乘客进入后座。

第五节 车门、车窗及其密封

一、车门

车门是车身的重要组成部件之一。按其开启方式不同车门可分为顺开式、逆开式、折叠式、外摆式、水平移动式及上掀式等类型,如图28-11所示。

图 28-11 车门开启的形式
1-逆开式;2-顺开式;3-折叠式;4-外摆式;5-上掀式;6-水平移动式

顺开式车门行驶时可借助气流的作用使车门关闭更紧,安全性较高,故被广泛采用。

逆开式车门在汽车行驶时会因关闭不严而被气流冲开,行车安全性较低,故很少采用。通常为改善上、下车方便性而使用或用于迎宾礼仪车。

折叠式车门由于开门时尺寸较大,广泛应用于大、中型客车上。目前对于豪华型大客车,为方便乘客上、下车,而广泛采用外摆式车门。另在车身后部设有安全门,以备发生事故时加速乘客撤离事故现场和救援人员进入。

水平移动式车门的特点是车门开启时沿着车身滑道移动,在车身侧壁与障碍物距离很小时仍可全部开启,比较方便,故被广泛应用于微型客车。

上掀式车门常用于轿车及轻、微型客车的后门,也用于大客车行李舱的舱门。

轿车、货车车门及客车驾驶人出入车门如图28-12所示,其基本结构包括车门本体和车门附件。

车门本体由门外板、门内板、窗框(有的车门装有三角形窗)等组成,是实现车门整体造型效果、强度、刚度及附件安装的基础框架。

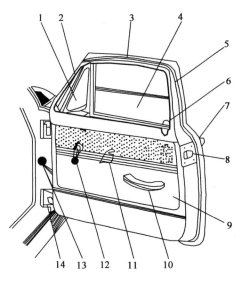

图 28-12　车门及附件

1-三角窗；2-内门板；3-门外板；4-升降玻璃；5-密封条；6-内部锁止按钮；7-门锁外手柄；8-门锁；9-车门内护板；10-拉手；11-门锁内手柄；12-玻璃升降器手柄；13-车门开度限位器；14-门铰链

车门附件是为满足车门各项功能要求而装配的零件总成，包括车门门锁、门铰链、车门开度限位器、升降玻璃、拉手、内部锁止按钮、密封条及内外装饰件等。为了调整汽车门窗玻璃开度大小，还专门设有玻璃升降器操纵手柄。汽车玻璃升降器操纵方式可分为手动和电动两种，目前主要以电动玻璃升降器为主。此外，有的汽车车门内还有冷或暖风通风管、立体声收放音机扬声器、电动门锁、遥控门锁、防盗车门报警传感器等。

车门借铰链安装于车身壳体上，应与车身本体曲面相匹配。对于轿车、货车及客车驾驶人车门铰链的安装轴线对地面应稍有倾斜，这样，当车门打开放手后，能在重力作用下自动关闭。

车门应具有必要的开度，并能使车门停在最大开度上，以保证上、下车方便。车门开度应有车门开度限位器限制。汽车行驶中，车身壳体将产生反复扭转变形，为防止这种情况下车门与门框摩擦产生噪声，门与框间留有较大的间隙，靠橡胶密封条密封。

二、车窗

车窗的基本功能是保证视野与采光，同时与整车造型协调。汽车上的车窗包括前、后风窗、侧窗以及车门上的车门窗。

汽车的前、后风窗通常采用有利于视野而又美观的曲面玻璃，借橡胶密封条嵌在窗框上或用专门的黏结剂粘贴在窗框上。轿车的前后风窗又称前后风窗玻璃。

为便于自然通风，汽车的侧窗玻璃通常可上、下或前、后移动。有些汽车的侧窗玻璃采用茶色或隔热层，可使室内保温并具有安闲宁静的舒适感。具有完善的冷气、暖气、通风及空调设备的高级客车常常将侧窗设计成不可开启式，以提高车身的密封性。

为便于自然通风，某些汽车在车门上设有三角通风窗，三角通风窗可绕垂直轴旋转，窗的前部向车内转动而后部向车外转动，使空气在其附近形成涡流并绕车窗循环流动。

遮阳顶窗（又称天窗）及其他车窗开启时可使汽车室内与外界连通，接近敞篷车的性能，以便乘员在风和日丽的季节里充分享受明媚的阳光和新鲜的空气。遮阳顶窗不但可以增加室内的光照度，而且也是一种较有效的自然通风装置。根据不同的需要，可把遮阳顶窗部分或全部关闭，这样就形成了功能优异的全天候式车身结构。

所有车窗玻璃均为安全玻璃。一般前风窗采用双层曲面玻璃，侧窗装钢化玻璃。钢化玻璃是在炽热状态下使其表面骤冷收缩，从而产生预应力的强度较高的玻璃（其落球冲击强度是普通玻璃的 6~9 倍）。普通夹层玻璃有三层，总厚度约 4mm，其中间层厚度为 0.38mm。汽车用的夹层玻璃中间层则加厚一倍，达 0.76mm，具有较高的冲击强度，称为高抗穿透（HPR）

夹层玻璃。国产的车用夹层玻璃中间层材料通常用韧性较好的聚乙烯醇缩丁醛。

钢化玻璃受冲击损坏时,整块玻璃出现网状裂纹,脱落后分成许多无锐边的碎片。HPR夹层玻璃受冲击损坏时,内、外层玻璃碎片仍黏附在中间层上。中间层韧性较好,在承受撞击时拱起从而吸收一部分冲击能量,起缓冲作用。大量事故调查表明,HPR夹层玻璃的安全性优于钢化玻璃,故现代汽车的前风窗应尽量采用这种玻璃。

复习思考题

1. 什么是车身?车身的功用是什么?
2. 车身有哪几种承载形式?各有什么特点?适用于哪类车型?
3. 货车驾驶室有哪些结构形式?各有什么特点?
4. 货箱有哪些结构形式?适用于运输哪些货物?
5. 为什么一般的轿车没有车架?
6. 大客车车身适合采用哪种承载形式?为什么?
7. 常用的车门有哪些结构形式?各适用于什么车型?

第二十九章 车身的附属装置

第一节 通风及取暖装置

相对封闭的汽车车厢,不但需要有新鲜空气的补充,还要对狭小的车厢内部空间的气流进行调配。车身内部的通风、取暖与空气调节装置是维持车内正常环境、保证驾驶人和乘客安全舒适的重要装置。

车身通风方式分为自然通风和强制通风两种。

不依靠风机而利用汽车行驶时的迎面气流进行车内空气交换的方式称为自然通风。自然通风可依靠车身上的进、出风口和装在车门上的三角窗来实现。

进、出风口的位置决定于汽车行驶时车身外表面的风压分布状况和车身结构形式。进风口应设置在正风压区,并且离地面尽可能地高,以免引入汽车行驶时扬起带有尘土的空气。出风口则设置在汽车车厢后部的负压区,并且应尽量加大出气口的有效流通面积,提高出气效果,还必须注意到防尘、噪声以及雨水的侵入。

普通轿车车身外部大多受到负压,只有在车前及前风窗玻璃周围为正压区。因此,轿车的进风口通常布置在风窗玻璃下沿的前方或车身前围的两侧,出风口通常布置在车身侧面向后部的拐角处,如图29-1所示。

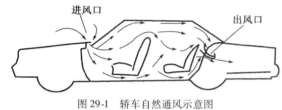

图29-1 轿车自然通风示意图

强制通风是利用鼓风机强制将车外空气送入车厢内进行通风换气的。这种方式需要能源和通风设备。

在轿车及货车驾驶室中广泛采用的通风取暖联合装置,如图29-2所示。车外新鲜空气经进风口被风机强制压入车内以进行通风。在寒冷季节,则可将发动机中的高温冷却液直接导入取暖装置的散热器,对空气加热,再将加热后的空气引至风窗进行除霜,同时引至室内供暖。较温暖的室内空气可经由内循环空气进口导入该装置重新加热,形成内循环。

与直接加热室外冷空气相比,内循环能较迅速地使车身室内温度上升。这种强制通风比自然通风更为有效,并可用过滤的办法来保证空气更洁净。

图29-3所示是适用于大型客车的独立燃烧式通风与暖气联合装置。它的热源是燃料在燃烧器中燃烧所产生的热量。该装置具有圆筒状的加热器5、燃油箱6和暖风管7等。加热器内部有电动机15,可带动前部的风扇10和燃油泵11(由电磁离合器13接合)以及后部的小风扇16和甩油杯17一起旋转。助燃空气在小风扇的作用下由助燃空气进口25进入并经过甩油杯与燃油混合,燃油从燃油泵11经过供油管24流至甩油杯上,两者混合后被点火塞18点燃,再通过节流罩19至燃烧室20中燃烧,然后经燃气废气排出口27排出。导入室内的空气在风扇的驱使下从冷空气进口8进入,继而在加热器后部分成两层流动,充分地与燃烧室及废气排出通道的侧壁接触,以吸收热量,最后经暖风出口22流向暖风管7并被引入室内。

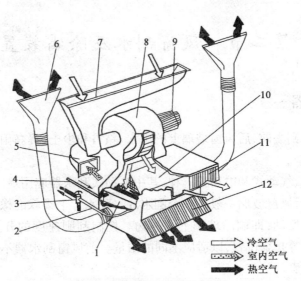

图 29-2 经典的通风取暖联合装置

1-散热器;2-出水管;3-放水龙头;4-进水管;5-内循环空气进口;6-除霜喷嘴;7-冷空气进口;8-风机;9-电动机;10-冷热变换阀门;11-冷空气出口;12-热空气出口

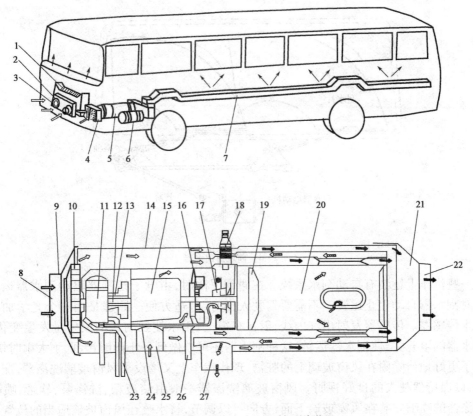

图 29-3 独立燃烧式通风及暖气联合装置

1-发动机散热器;2、10-风扇;3、15-电动机;4-空气滤清器;5-独立燃烧式加热器;6-燃油箱;7-暖风管;8-冷空气进口;9-前盖;11-燃油泵;12-转轴;13-电磁离合器(用来接合燃油泵);14-加热器壳体;16-小风扇;17-甩油杯;18-点火塞;19-节流罩;20-燃烧室;21-后盖;22-暖风出口;23-油管;24-供油管;25-助燃空气进口;26-滴油管;27-燃气废气排出口

第二节　风窗刮水及除霜装置

一、风窗刮水器

风窗刮水器用来刮去前、后风窗玻璃上的雨水、霜雪和尘土，提高雨、雪天行驶时驾驶人的能见度，保障行车安全。

刮水器有液动式、气动式和电动式三种，其中电动式刮水器应用最广。前风窗玻璃刮水器一般有两个刮水片，后风窗玻璃一般为一个刮水片。刮水片上柔软的橡胶片紧贴着风窗玻璃，在电动机驱动下往复摆动，即刷净玻璃上的异物。控制刮刷速度的开关一般有"停止"、"间歇"、"低速"、"高速"等几个位置，以适应不同的雨量。前风窗刮水器不工作时应停在最低处，以免影响驾驶人的视野。

图 29-4 所示为前风窗刮水器，它主要是由直流电动机、蜗轮箱、连杆、扇形臂、刮水片等组成。电动机轴端的蜗杆驱动蜗轮，蜗轮带动连杆往复运动，从而带动刮水片左右摆动。

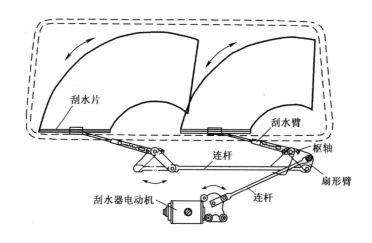

图 29-4　前风窗刮水器

在一些汽车上还装有自动刮水系统。在遇到下雨时，由电子控制器驱动刮水器运转。在雨停止时刮水器自动停止运转。不需要驾驶人操心，舒适方便。原理是用一个光学加电子技术的雨水传感器。传感器发射出红内线，射在车窗上，雨水使红内线的反射量发生变化，触发接通刮水器的电开关，使刮水器运转，这种刮水器还可以做到下小雨时慢刮，下大雨时快刮。

为了更好地清除附在风窗玻璃上的脏物，现代汽车上又增设了风窗玻璃洗涤器，配合刮水器工作，以保持驾驶人的良好视野。风窗玻璃洗涤器一般由储液箱、洗涤泵、软管、喷嘴等组成。洗涤器的喷嘴安装在风窗玻璃下面，方向可以调节，将水喷在风窗玻璃适当的位置。风窗玻璃洗涤器与刮水器联合工作，可以达到良好的洗涤效果。储液箱内装有洗涤液，一般由水或者水与添加剂制成。为了能刮掉风窗玻璃上的油、蜡等物，可在水中加少量的去垢剂和防腐剂。注意冬季不用洗涤器时，应将洗涤管中的水倒掉。

二、风窗除霜装置

汽车冬季风窗玻璃上霜给人们驾车出行造成很大不便和困扰。目前主要的除霜方式有车载暖风除霜、用汽车防雾剂和防雾贴膜方式除霜、加有电阻丝的电热玻璃除霜三种。

大多数汽车前窗除霜装置是采用暖风装置的热空气吹向玻璃的方法,来达到除霜的目的。它由鼓风机、进出暖风风管、除霜喷口等组成。除霜器喷口安装在风窗玻璃的下部,喷口长度应占风窗玻璃半边的2/3左右。暖风的进口和车内暖风装置的风管相连,以便直接用暖风将覆盖于风窗玻璃外表面的霜和冰雪融化,消除风窗玻璃内表面的雾气。

使用汽车防雾剂及防雾贴膜是目前比较流行的防雾化方式,其防雾化、霜化效果显著。它的缺点或不足是:一是价格不菲,二是持久性有限,通常最多每一个月就得重新贴膜,而防雾剂更是基本每天都得喷涂。

对于后窗除霜,由于后窗玻璃不易擦拭到,风也不易吹到,所以不少汽车后窗玻璃采用热电式除霜装置。如图29-5所示,除霜热线是把数条电热线(镍铬丝)均匀地粘在后风窗玻璃内部,以两端相接成并联电路。当两端加上电压后,即可产生热量加热玻璃,从而达到防止或清除结霜的目的。除霜热线的电路控制方式分手动和自动两种。自动式的除霜装置主要由除霜开关2、自动除霜传感器6、控制电路3以及除霜热线5等组成。自动除霜传感器安装在后风窗玻璃上,其作用是将后风窗玻璃上是否结霜、结霜层的厚度告知控制电路。结霜层厚度越大,传感器的电阻越小。

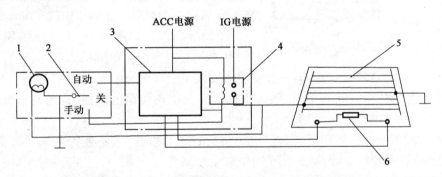

图29-5 后风窗自动除霜装置的工作原理
1-指示灯;2-除霜开关;3-控制电路;4-继电器;5-除霜热线;6-自动除霜传感器

当除霜开关置于"自动"位置时,如果霜层凝结到一定厚度,自动除霜传感器电阻值减小到某一设定值以下,控制器便可使继电器4的触点闭合。由点火开关IG端子来的电源电压经继电器到除霜热线构成回路,同时点亮仪表板上的除霜指示灯1,表示除霜热线正在进行除霜。

当后风窗玻璃上的结霜层逐渐减少至消失后,自动除霜传感器的电阻增大,控制电路便切断继电器的搭铁回路,除霜指示灯电路被切断,除霜热线停止工作,指示灯熄灭。

当除霜开关置于"手动"位置时,继电器磁化线圈可经由手动触点搭铁,继电器触点闭合,使除霜热线和指示灯通电工作。

当除霜开关置于"关"的位置时,控制电路不能接通除霜热线和指示灯电路,除霜热线和指示灯均不能工作。

第三节 空气调节装置

汽车上的空调装置多是单制冷式空调器。空调器制冷的基本原理是利用物体三态变化时的吸热和放热现象。即液态物质在变成气态(汽化)的过程中要吸收热量;而气态物质在变成液态(冷凝)的过程中要放出热量。空调器中所使用的热交换物质称为制冷剂,可通过加大压力和降低压力,使制冷剂在气、液态之间变化。降低液态制冷剂的压力,可使制冷剂汽化,吸收周围的热量;加大气态制冷剂的压力,可使制冷剂液化,从而放出热量。

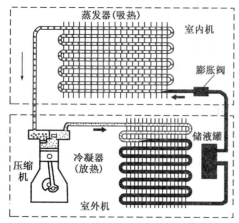

图 29-6 汽车空调器的制冷原理示意图

目前,国内外汽车空调制冷系统中使用的制冷剂全部使用 R134a 车用空调制冷剂。这种制冷剂不会破坏大气中的臭氧层,是一种环保型制冷剂。

图 29-6 所示是汽车空调器的制冷原理示意图。空调器主要由压缩机、冷凝器、膨胀阀、蒸发器和储液罐等组成。

压缩机是压缩和输送制冷剂蒸气的装置,是制冷系统的心脏。压缩机工作时可把制冷剂气体由低压变为高压,气体温度也因压缩而升高,并可维持连续不断的制冷剂循环。压缩机由汽车发动机驱动。

冷凝器的作用是散热,它把从压缩机出来的高压、高温气态制冷剂冷却凝结为液体,在冷凝过程中散发的热量由空气流带走。冷凝器一般安装在发动机冷却水箱前面,借助于冷却风扇散热。

膨胀阀又称为流量控制器,其作用是根据车室内空调负荷的需要,自动调节膨胀阀的开度,控制流入蒸发器的制冷剂流量。

蒸发器的功能与冷凝器相反,它把从膨胀阀减压后流出的液态制冷剂蒸发成低压气体。在蒸发过程中,从车室内吸收热量,使车内空气温度降低。

空调器制冷时,由发动机驱动的压缩机将储液罐里的液态制冷剂经膨胀阀抽出,进入室内蒸发器,蒸发器内的压力较低,制冷剂在此吸收热量蒸发成气体。气态的制冷剂被压缩机抽出,加压后送入室外的冷凝器,散发热量后变成液体流回储液罐。如此不断循环,即起到连续制冷作用。为了加大制冷和散热的效果,在蒸发器和冷凝器上都装有风扇。吹过蒸发器的空气变成冷空气,经专门设计的通道吹到车内适当的地方。在通道出风口处还可以调节风速和风向。而室外的冷凝器则安装于温度较低、通风良好的地方。

现代汽车上都装有通风、取暖、冷气联合装置,或称四季空调系统。高尔夫轿车的通风、取暖、冷气联合装置如图 29-7 所示。其中,冷气部分的结构为:冷凝器置于汽车的最前部,压缩机右侧的带轮由发动机带动。带轮与压缩机主轴之间有电磁离合器,只有制冷时主轴才与带轮接合。在压缩机的作用下,制冷工作介质从储液罐经高压管道通过膨胀阀进入蒸发器,然后经管道被吸入压缩机,再通过冷凝器回到储液罐。车外空气在风机的作用下,从外部空气进口经过空气过滤进口流过蒸发器进入分配箱。在制冷系统工作时,分配箱可将冷却的空气导向出风口。制冷系统不工作时,出风口排出的是从室外导入的新鲜空气;在暖气系统工作时,分配箱还可将空气导向热交换器,然后经由各出风口和除霜出口排出。

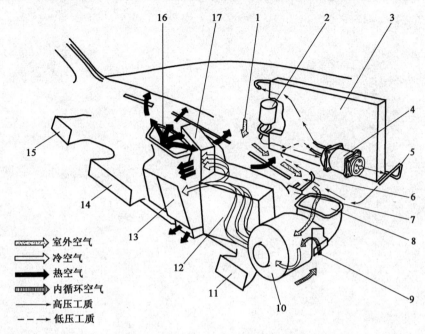

图 29-7　高尔夫轿车的通风、取暖、冷气联合装置

1-外部空气进口;2-储液罐;3-冷凝器;4-压缩机;5-高压管道;6-吸入管道;7-膨胀阀;8-空气过滤进口;9-内部循环空气进口;10-风机;11-右出风口;12-蒸发器;13-分配箱;14-中出风口;15-左出风口;16-除霜热空气出口;17-热交换器

复习思考题

1. 车身通风方式有哪几种? 各有何特点?
2. 汽车空调器的制冷原理是什么?
3. 汽车风窗玻璃除霜方式有哪几种? 各有何特点?

第六篇 汽车电气

第三十章 汽车电气

第一节 汽车整车电路

一、汽车整车电路的组成与特点

1. 汽车整车电路的基本组成

现代汽车整车电路是一个很庞大的系统,包括车载电源电路和用电设备电路两大部分。用电设备电路按其功能可大致分为起动系统、点火系统、照明系统、信号系统、仪表系统、辅助装置和电子控制系统等电路。汽车整车电路基本组成图 30-1 所示。

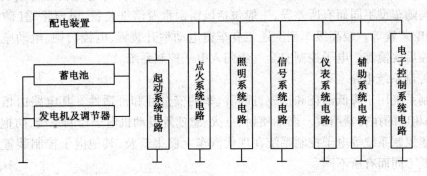

图 30-1 汽车整车电路基本组成

1) 车载电源电路

车载电源电路是由蓄电池、发电机、调节器及充电指示装置等组成的电路。蓄电池主要提供发动机起动电能,发电机则是在发动机工作时向用电设备供电,并向电能不足的蓄电池充电。

车载电源电路通过配电装置向各用电设备供电,配电装置包括线路保护装置(易熔线、熔断器等)、控制装置(开关、继电器等)及线路连接器等,现代汽车配电装置通常集装在接线盒中。

2) 起动系统电路

起动系统电路是由起动机、起动继电器、起动开关及起动保护电路组成的电路。也可将低温条件下起动预热的装置及其控制电路列入这一电路内。

3) 点火系统电路

点火系统电路是汽油发动机汽车特有的电路。它由点火线圈、分电器、电子点火控制器、火花塞及点火开关组成。微机控制的电子点火控制系统一般列入发动机电子控制系统中。

4）照明系统电路

照明系统电路是由前照灯、雾灯、车内照明灯等灯具及有关控制继电器和开关组成的电路,用于汽车夜间或能见度较低的阴雨天、雾天的道路照明和车内照明。在一些汽车上照明系统还配有自动变光(远光/近光)、前照灯延时关灯、灯开关未关警告等控制装置。

5）信号系统电路

汽车信号系统包括声响信号系统和灯光信号系统,用于向附近行人和汽车驾驶人发出警告,以确保行车安全。汽车声响信号系统主要包括电喇叭、倒车报警控制装置等。电喇叭电路由电喇叭、喇叭按钮、喇叭继电器(有的车无)组成。汽车灯光信号装置包括转向信号灯、示廓灯、制动灯等。转向信号灯电路由闪光器、转向开关和转向灯组成。其他灯光信号电路由各灯具和相应的灯开关组成。

6）仪表系统电路

仪表系统电路是由仪表及其传感器、各种报警指示灯及控制器组成的电路。传统的仪表有电流表、机油压力表、发动机温度表、车速里程表、燃油表等。

7）辅助装置电路

辅助装置电路是由为提高汽车安全性、舒适性等而设置的各种电气装置所组成。辅助电气装置的种类随车型不同而有所差异,一般包括风窗刮水及清洗装置、风窗除霜(防雾)装置、空调装置、音响装置等。较高级车型上还装有车窗电动举升装置、电控门锁、电动座椅调节装置和电动遥控后视镜等。电子控制安全气囊归入电子控制系统。

8）电子控制系统电路

电子控制系统用于降低油耗和排放,提高汽车的安全性和舒适性。其电路由相应的传感器、控制器和相应的执行器组成。燃油喷射、点火、怠速等发动机电子控制系统、防抱死制动系统及安全气囊控制系统等电子控制系统在现代汽车上已很普及,其他电子控制装置则根据汽车档次的高低不同而有所不同。

2. 汽车电路的特点

汽车电路具有单线、直流、低压和并联等基本特点。

1）汽车电路采用低压直流电路

汽车电路电源有12V和24V两种额定电压。现代汽车普遍采用12V电源,一些重型柴油车多用24V电源,有的重型载货汽车则只是其柴油发动机的起动机采用24V电源,而其他用电设备仍采用12V电源,通过电源转换开关来改变电源电压。

汽车采用直流电的原因是需采用蓄电池(直流电源)作为发动机电力起动的电源,蓄电池电能消耗后也必须用直流电充电。因此,汽车上电气系统一定都是直流电。

2）汽车电路通常采用单线制和负极搭铁

汽车电路的单线制是指汽车电气设备的正极用导线连接,负极与发动机、车架或车身金属部分连接,利用发动机、车架及车身等金属体作为负极的公共回路,线路简化清晰,安装和检修方便,且电气设备也不需与车体绝缘。现代汽车普遍采用单线制。

采用单线制时,蓄电池的一个电极接到车体上,称为"搭铁"。若蓄电池的负极与车体连接,则称为负极搭铁。反之,则称为正极搭铁。现代汽车均统一采用负极搭铁。

对于某些电气设备,为了保证其工作的可靠性、提高灵敏度,仍采用双线制连接方式。例如,发电机与调节器之间的搭铁线、电动喇叭、电子控制系统的电控单元、传感器等。

3)汽车电路采用并联连接

为了让各用电设备能独立工作,互不干扰,各用电设备均采用并联方式连接,每条电路均有自己的控制器件及保护装置。控制器件保证每条电路能独立工作,保护装置是用来防止因电路短路或超载而引起导线及用电设备的损坏。

4)各电子控制系统相对独立运行

发动机电子控制系统、防抱死制动系统、安全气囊控制系统等各系统之间相对独立运行。随着汽车网络技术的发展,各电子控制系统之间均通过 CAN-BUS 技术实现信息通信。

二、汽车电路基础元件

1. 导线

导线是组成汽车电气线路的基础元件。

汽车电气设备的连接导线有高压线和低压线两种,高压线是指用在点火系统次级电路中连接点火线圈、配电器和火花塞之间的连接导线;除此之外其他元件之间的导线都是低压线。

1)导线的截面积

汽车导线均采用多股铜线。导线的截面积根据所接用电设备的电流值确定。为保证导线有足够的机械强度,规定截面积最小不能小于 $0.5mm^2$。各种低压导线标称截面积所允许载流值见表30-1。

汽车低压导线标称截面积所允许载流值　　　　表30-1

导线标称截面积(mm^2)	1.0	1.5	2.5	3.0	4.0	6.0	10	13
导线允许载流值(A)	11	14	20	22	25	35	50	60

导线标称截面积是根据规定换算方法得到的截面积值,它既不是线芯的几何面积,也不是各股铜线几何面积之和。汽车主要线路导线的标称截面积推荐值见表30-2。

汽车12V用电系统主要线路导线标称截面积推荐值　　　表30-2

标称截面积(mm^2)	适用的电路
0.5	尾灯、顶灯、仪表灯、指示灯、牌照灯、燃油表、冷却液温度表、油压表等电路
0.8	转向灯、制动灯、停车灯、点火线圈初级绕组等电路
1.0	前照灯、电喇叭(3A 以下)等电路
1.5	前照灯、电喇叭(3A 以上)等电路
1.5～4.0	其他5A 以上电路
4.0～6.0	柴油机电热塞电路
6.0～25	电源电路
26～95	起动电路

2)导线的颜色和代码

为配线和检修的方便,汽车各条线路的导线均采用不同的颜色。各国对汽车导线的颜色有不同的规定,如我国要求截面积 4.0mm² 以上的导线采用单色,其他导线则采用双色(在主色基础上加辅助色条)。导线都有颜色代码,国际标准组织(ISO)规定采用各颜色的英文字母为导线色码。国产汽车各电路导线的主色、代码见表 30-3。

汽车 12V 用电系统主要线路导线标称截面积推荐值　　　　表 30-3

序　号	系统名称	主　色	颜色代码
1	电源系统	红	R
2	点火系统、起动系统	白	W
3	前照灯、雾灯等车外照明系统	蓝	Bl
4	灯光信号系统	绿	G
5	车内照明系统	黄	Y
6	仪表、警报系统、电喇叭	棕	Br
7	收音机、电子钟、点烟器等辅助装置	紫	V
8	各种辅助电动机及电气操纵系统	灰	Gr
9	搭铁线	黑	B

在导线的接线图和电路图中,低压线路中常常标注有符号。导线的符号由两部分组成:第一部分是数字,表示导线的截面积;第二部分是英文字母,表示导线的颜色。如"1.5Y",表示导线截面积为 1.5mm²,导线颜色为黄色。

汽车电路图中双色线的标注方法是主色在前,辅色在后。比如"BW",表示该导线的主色是黑色,辅色为白色。也有在主、辅色代码之间加"/"或"—"的标注方法。

2. 熔断器与易熔线

熔断器与易熔线在电路中起安全保护作用,当电路过载或短路时,串联在汽车电路中的熔断器或易熔线便会发热而熔断,切断被保护电路,以防止线路和用电设备烧毁。

1)熔断器

熔断器的保护元件是熔断丝(俗称保险丝),串联在其所保护的电路中。一般情况下,当通过熔断丝的电流达到额定电流的 1.35 倍时,熔断丝会在 60s 内熔断;当电流达到 1.5 倍时,20A 以下的熔断丝在 15s 内熔断,30A 熔断丝在 30s 以内熔断。

熔断器的熔断丝通常固定在可插式塑料片上或封装在玻璃管内。汽车电路有多个熔断器,通常是集中安装在一个或几个接线盒中。各个熔断器都编号排列,有的还涂以不同的颜色,以便于辨别。熔断器的安装示例如图 30-2 所示。

2)易熔线

易熔线是一种截面一定,可长时间通过额定电流的铜芯或合金导线,常用于保护总体电路或重要电路。易熔线与一般熔断丝不同之处在于其熔断反应较慢,而且是导线的形式,与普通导线相比更为柔软。

易熔线由多股熔断丝绞合而成,长度一般为 50~200mm。易熔线的不同规格通常以不同的颜色来区分,几种常见易熔线的规格见表 30-4。

易熔线通常也被集中安装中接线盒内,其安装示例如图30-2所示。

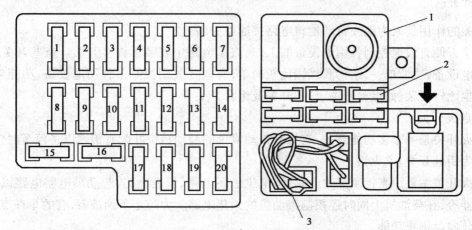

图30-2　熔断器安装示例图
1-熔断器盒;2-熔断器;3-易熔线

汽车12V用电系统主要线路导线标称截面积推荐值　　　　表30-4

颜　色	截面积（mm²）	构　成	1m长电阻值(Ω)	连续通电电流(A)	5s内熔断电流(A)
棕	0.3	φ0.32×5股	0.0475	13	约150
绿	0.5	φ0.32×7股	0.0325	20	约200
红	0.85	φ0.32×11股	0.0205	25	约250
黑	1.25	φ0.5×7股	0.0141	33	约300

3.线路插接器

插接器也称连接器,由插头和插座两部分组成,用于电气设备与线路的连接和线路之间的连接。与老式的单线接线柱连接方式相比,插接器连接方式具有接线方便迅速、线束结构简捷紧凑、避免接线错误等优点,已被现代汽车普遍采用。

常见插接器由插座和插头、导线接头和塑料外壳组成,其结构如图30-3所示。为保证连接可靠,插接器设有锁止装置。大多数插接器具有良好的密封性,以防止油污、水及灰尘等进入而使端子锈蚀。

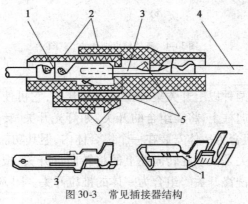

图30-3　常见插接器结构
1-插座;2-护套;3-插头;4-导线;5-倒刺;6-锁止机构

4. 开关

开关的作用是人为地或自动地将电路接通或中断。

为了方便有效地控制各用电设备的工作,汽车电路中安装了许多开关。有些开关只控制一种用电设备,功能单一,结构和接线比较简单;有些开关则控制多种用电设备,功能多,结构和接线也比较复杂,如点火开关、灯光开关及组合开关等。

1)点火开关

点火开关是一个多功能开关,它具有自动复位的起动挡位并配有钥匙以备停车时锁住,因此又称为钥匙开关、点火锁。

点火开关主要用来控制点火电路、发电机磁场电路、仪表电路、起动继电器电路以及一些辅助电器等,在柴油机上同时还控制柴油机的预热电路。为防止车辆被盗,有的车在点火锁上还设有转向盘锁止功能。

点火开关多为三挡或五挡位,三挡开关有 OFF(断)、ON(通)、START(起动)三个挡位;五挡开关一般有 LOCK(锁止转向盘)、ACC(专用辅助电器)、ON(接通正常工作电路)、HEAT(预热)、START(起动)五个挡位。图 30-4 为五挡位点火开关的示意图。点火开关一般安装在转向柱管上,有的安装在仪表板台板上。

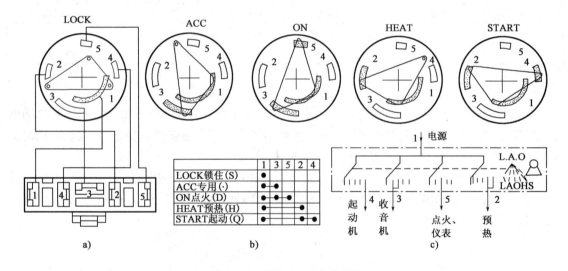

图 30-4 五挡位点火开关示意图

2)组合开关

组合开关是由两种及两种以上开关集装在一起的开关,它可使操纵更加方便。组合开关一般安装在便于操纵的转向柱上,将需组合的开关,如灯光开关、转向灯开关、报警灯开关、刮水器开关、洗涤器开关等组合为一体安装在一个组合体内,但其功能仍然是各自独立的。

汽车上最大的组合开关是安装在转向柱上的将转向灯开关、报警灯开关、灯光开关、前照灯变光开关、刮水器开关、洗涤开关等组合为一体的推拉开关。图 30-5 所示为 JK322A 型组合开关的结构图。

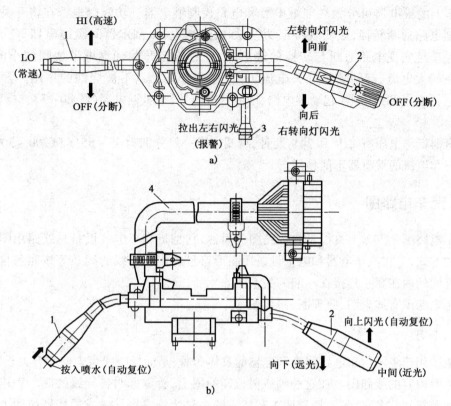

图 30-5　JK322A 型组合开关结构图
a）前后方向工作状态；b）上下方向工作状态

1-左组合开关（刮水器操纵手柄与洗涤开关按钮）；2-右组合开关（转向及变光操纵手柄与灯光按钮）；3-危险报警灯开关按钮；4-组合开关线束

5．继电器

1）继电器的作用

汽车用继电器的主要作用是自动控制某些电流的断通，还可以在电路中起到保护某些控制开关的作用。

一些继电器线圈电流由汽车电路中的某个工作电压控制，当电路中的受控电压达到设定的继电器动作电压时，继电器触点将改变工作状态，从而实现自动控制。比如，起动机驱动保护继电器就可在发动机起动后，发电机发电，由发电机的中性电压控制使继电器触点打开，自动断开起动机电磁开关的电路。

控制开关只控制继电器线圈的断通，由继电器线圈产生的电磁力来接通或断开控制开关要控制的电路。加继电器后，控制开关只通过较小的继电器线圈电流，因而开关就不容易损坏，使用寿命得以延长。

2）继电器的组成及类型

汽车用继电器的基本组成是电磁线圈和带复位弹簧的触点，其工作方式是利用通电线圈产生的电磁力来改变触点的原始状态。

汽车上的继电器可分为功能继电器和电路控制继电器。功能继电器在将开关接通后能自动控制电路通断转换,以实现特定功能,如闪光继电器、刮水器间歇继电器等。电路控制继电器是单纯实现电路通断与转换的继电器,通过流经开关和继电器线圈的小电流,控制用电设备的大电流,起到减小开关电流负荷、保护开关触点不被烧蚀的作用。常见的电路控制继电器有电源继电器、起动继电器、前照灯继电器、喇叭继电器(图30-17)、空调压缩机继电器等。

继电器标称电压有12V和24V两种,线圈电阻一般分别为 $65\sim85\Omega$ 和 $200\sim300\Omega$。不同标称电压和电流的继电器不能换用。

三、汽车电路图

汽车电路图是汽车电气设备总线路图的简称,它是将汽车电气设备总线路用图形进行表达的一种方式,是将汽车电器和电子设备用图形符号和代表导线的线条等按照各自的工作特性及相互间的内在联系连接在一起的关系图。

汽车电路图有线束图、原理图、布线图等。

1. 线束图

线束图用于表示汽车电路线束和电器的具体布置,是能反映线束走向和有关导线颜色、接线柱编号等内容的线路图。在这种画成树枝样的图上,着重标明各导线的序号和连接的电气设备名称及接线柱名称、各插接器插头和插座的序号。只要将导线或插接器按图上标明的序号连接到相应的电器接线柱或插接器上,就能完成全车线路的装接,这种图给安装和维修带来了极大的方便。

图30-6所示为东风EQ1090汽车电路线束图。

2. 原理图

汽车电路原理图是指按规定的图形符号,把仪表及各种电气设备,按电路原理由上到下合理地连接起来,然后再进行横向排列形成的电路图,如图30-7所示。它可以是子系统的原理图,也可以是整车电路原理图。

子系统的电路原理图多为详图,而整车电路原理图多为简图,也称整车电路图,图中各电气设备一般用简明图形符号表示,这种画法对线路图作了高度的简化,图面清晰,电路简单明了、通俗易懂,电路连接控制关系清楚,因此对分析系统的工作原理、进行故障诊断非常有利。

3. 布线图

布线图是指专门用来标记电气设备的安装位置、外形、线路走向等的示意图。它按照全车电气设备安装的实际方位绘制,部件与部件之间的连线按实际关系绘出,并将线束中同路的导线尽量画在一起。这样汽车布线图就较准确地反映了汽车电气各部件的安装位置,从中可看出导线的走向、节点、分叉等情况,为安装和检查汽车电路提供了方便。但因其线条密集,纵横交错,给识读、查找、分析故障带来不便。图30-8所示为东风EQ1090汽车的布线图。

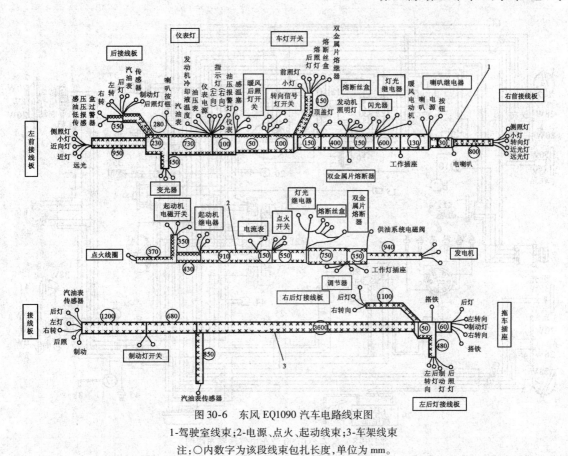

图 30-6 东风 EQ1090 汽车电路线束图
1-驾驶室线束；2-电源、点火、起动线束；3-车架线束
注：○内数字为该段线束包扎长度，单位为 mm。

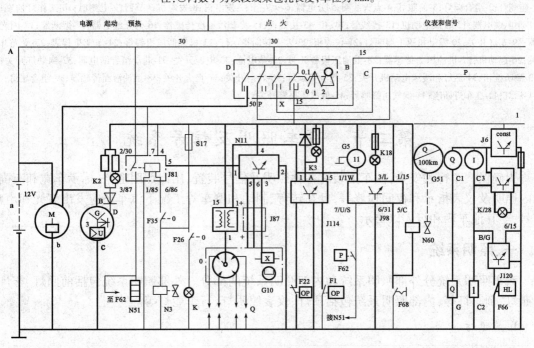

图 30-7 汽车电路原理图

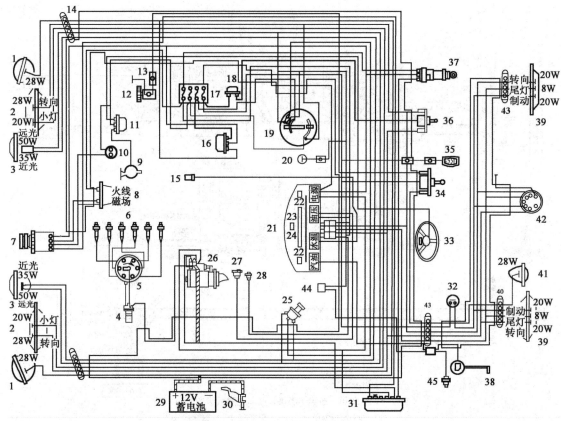

图 30-8 东风 EQ1090 汽车电气线路布线图

1-前侧灯；2-组合前灯；3-前照灯；4-点火线圈；5-分电器；6-火花塞；7-发电机；8-发电机调节器；9-电喇叭；10-工作灯插座；11-喇叭继电器；12-暖风电动机；13-接线管；14、40、43-接线板；15-冷却液温度传感器；16-灯光继电器；17-熔断器；18-闪光器；19-车灯开关；20-发动机罩下照明灯；21-仪表板；22-左右转向指示灯；23-机油低压报警灯；24-车速里程表；25-变光开关；26-起动机；27-机油压力传感器；28-低油压报警开关；29-蓄电池；30-电源开关；31-起动组合继电器；32-制动开关；33-喇叭按钮；34-后灯和暖风电动机开关；35-驾驶室顶灯；36-转向开关；37-点火开关；38-燃油液面传感器；39-组合尾灯；41-后灯；42-挂车灯插座；44-低气压蜂鸣器；45-低气压报警开关

第二节 汽车照明及信号系统

为确保汽车行驶安全，汽车上装有各种照明及信号装置，用以照明道路，标示车宽和车高，车内照明及仪表指示和夜间检修等，且在转弯、制动和倒车等工况下汽车还应发出灯光和声响信号，给其他车辆和行人以警示。

一、照明系统

汽车照明系统分外部照明系统和内部照明系统两部分。外部照明系统包括前照灯、雾灯、牌照灯、倒车灯等，内部照明系统包括顶灯、仪表照明灯、行李舱灯等。

1. 前照灯

1) 前照灯的照明要求

由于汽车前照灯的照明效果直接影响着夜间行车安全,因此,世界各国多以法律形式规定了汽车前照灯的照明标准,以确保夜间行车的安全,其基本要求如下:

(1)前照灯应保证车前有明亮而均匀的照明,使驾驶人能看清车前100m内路面上的障碍物。随着汽车行驶速度的提高,对汽车前照灯的照明距离要求也越来越远,现代高速汽车其照明距离应达到200~250m。

(2)前照灯应能防止炫目,以免夜间两车相会时对方驾驶人炫目而造成交通事故。

2)前照灯的结构

前照灯由反射镜、配光镜和灯泡三部分组成。

反射镜的作用是将灯泡的光线聚合并导向前方。由于前照灯灯泡灯丝发出的光度有限,功率一般为40~60W,如无反射镜,只能照清汽车灯前6m左右的路面,而设置反射镜可使前照灯照距达到150m或更远。

配光镜又称散光玻璃,它用透光玻璃压制而成,是很多块特殊的棱镜和透镜的组合体,其几何形状比较复杂,一般为圆形和矩形。配光镜的作用是将反射镜反射出的平行光束进行折射,使车前路面和路缘都有良好而均匀的照明。

灯泡是前照灯的光源,如图30-9与图30-10所示。它主要由玻璃泡、灯丝、定焦盘、插片等组成,如普通充气灯泡和卤钨灯泡。此外,也有无灯丝的氙气灯等。

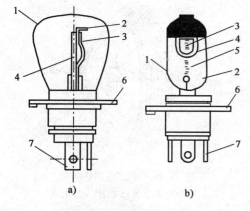

图30-9 前照灯的灯泡示意图
a)普通充气灯泡;b)卤钨灯泡
1-玻璃泡;2-配光屏;3-近光灯丝;4-远光灯丝;
5-定焦盘;6-插头凸缘;7-插片

图30-10 氙气(HID)灯泡

常见的普通充气灯泡和卤钨灯泡的灯丝均用熔点高发光强的钨制成。在普通充气灯泡内首先抽出空气,然后充入约96%的氩和约4%的氮的混合惰性气体。由于惰性气体受热后膨胀会产生较大的压力,这样可减少钨的蒸发,增强发光效率,延长了灯泡的使用寿命。但这种灯泡不能完全阻止钨的蒸发,使用久后易造成钨沉积,在玻璃壳上发生"黑化"现象。

卤钨灯泡内除充满惰性气体外,还掺入卤族元素,如碘、溴、氯、氟等。灯泡工作时,在其内部形成卤钨再生循环反应,即从灯丝炽热蒸发的气态钨与卤素反应,生成一种挥发性的卤化钨,它扩散到灯丝附近的高温区又受热分解,使钨又重新回到灯丝上,被释放的卤素又继续扩散参与下一轮循环反应,从而防止钨的蒸发,避免了灯泡发黑。由于充入的惰性气体压力较高,故卤钨灯泡的玻璃采用耐高温、机械强度较高的石英玻璃或硬玻璃制成。卤钨灯泡的发光效率高,比一般灯泡高 50%~60%,耐久性好。

氙气灯又称高强度放电式气体灯,简称 HID(High Intensity Discharge)灯。氙气灯没有灯丝,在石英灯管内填充高压惰性气体(氙气),利用配套电子镇流器,将汽车电源电压 12V(或 24V)瞬间提升到 23kV 以上的触发电压,将石英灯管内的氙气电离形成电弧放电并使之稳定发光。氙气灯泡有两个显著的优点:一方面,氙气灯泡拥有比普通卤素灯泡高 3 倍的光照强度,耗能却仅为其 2/3;另一方面,氙气灯泡采用与日光近乎相同的光色,为驾驶人创造出更佳的视觉条件。

3)前照灯的类型

前照灯按反射镜的结构形式可分为半封闭式和封闭式两种类型。

半封闭前照灯的结构如图 30-11 所示。反射镜是由薄钢板冲压而成,配光镜靠卷曲反射镜边缘上的牙齿而紧固在反射镜上,两者之间垫有橡皮密封圈并用螺钉固定。灯泡从反射镜后端装入,更换灯泡时不需拆开配光镜,但密封性差。

封闭式前照灯又称真空灯,其结构如图 30-12 所示。反射镜和配光镜制成一体,形成一个整体,内部充以惰性气体,灯丝焊接在反射镜底座上。其优点是密封性能好,可避免反射镜污染,反射效率高,但灯丝烧坏后,需要更换整个前照灯灯总成。

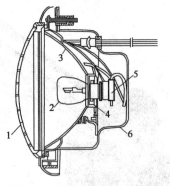

图 30-11 半封闭式前照灯结构
1-配光镜;2-灯泡;3-反射镜;4-插座;5-接线盒;6-灯壳

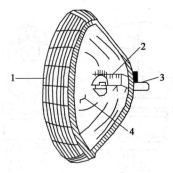

图 30-12 封闭式前照灯结构
1-配光镜;2-灯丝;3-插片;4-反射镜

目前美国、日本生产的汽车几乎全部采用全封闭式前照灯,我国生产的汽车也已大量采用全封闭式前照灯。

4)前照灯的防炫

炫目是指人的眼睛突然被强光照射时,视神经受刺激而失去对眼睛的控制,本能地闭上眼睛,或只能看见亮光而看不见暗处物体的生理现象。

为了避免前照灯的强光线使对面来车驾驶人产生炫目而造成交通事故,并保持良好的路面照明,在现代汽车上,普遍采用双丝灯泡的前照灯。如图 30-13 所示,前照灯中一根灯丝为远光灯丝,光度较强,灯丝放在反射镜的焦点上;另一根灯丝为近光

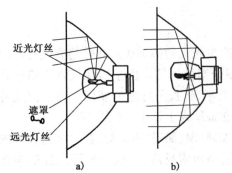

图 30-13 具有遮罩的双丝灯泡
a)近光;b)远光

灯丝,光度较弱,位于焦点的前方并稍高出光学轴线,其下部装有金属遮罩。当夜间行驶无迎面来车时,可通过控制电路接通远光灯丝,使前照灯光束射向远方,便于提高车速。当两车相遇时,接通近光灯丝,由近光灯丝射向反射镜上部的光线,反射后均投向路面,使车前50m内路面被照得十分清晰,而遮罩则遮住了近光灯丝射向反射镜下半部的光线,即消除了向上方反射引起炫目的光线,从而避免了迎面来车驾驶人的炫目现象。

2. 其他照明灯

1) 雾灯

雾灯的主要用途是在雾天、下雪、暴雨或尘埃弥漫等能见度较低的情况下,作为道路照明和为迎面来车及后面来车提供信号。前雾灯安装在前照灯附近或比前照灯稍低的位置,光色一般为黄色。后雾灯采用单只时,应安装在车辆纵向平面的左侧,与制动灯间的距离应大于100mm,后雾灯灯光光色为红色。

2) 牌照灯

牌照灯用于照亮车辆牌照,要求夜间在车后20m外能看清牌照号码。牌照灯装在汽车尾部牌照上方,灯光光色为白色。

3) 倒车灯

倒车灯用于倒车时汽车后方道路照明及警告其他车辆和行人,兼有灯光信号装置的功能。倒车灯装在汽车尾部,由倒车灯开关控制,灯光光色为白色。

4) 内部照明灯

顶灯:装在车厢或驾驶室内顶部,作为内部照明之用。

仪表灯:装在仪表板上,用来照明仪表。

工作灯:为了便于夜间检修,设有工作灯,经插座与电源相接。有的在发动机罩下面还装有发动机检修灯,其作用与工作灯相同。

其他辅助灯:包括阅读灯、工具箱灯、行李舱灯等。

5) 光纤照明

在只需要微弱光线且不便安装灯泡的地方,如仪表板表面、烟灰盒、门锁孔等处,往往可采用光纤照明。

二、信号系统

汽车信号系统分为灯光信号系统和声响信号系统。它主要包括转向信号灯和危险报警信号灯、制动信息灯、示廓灯、电喇叭、倒车报警控制装置等。

1. 转向信号灯

转向信号灯装在汽车的前、后、左、右四角,其用途是在车辆转向、路边停车、变更车道、超车时,发出明暗交替的闪光信号,给前后车辆、行人提供行车信号。

前、后转向信号灯的灯光光色为琥珀色。转向信号灯的指示距离要求前、后转向信号灯白天距100mm以外可见,侧转向信号灯白天距30m以外可见。转向信号灯的闪光频率应控制在1.0~2.0Hz,起动时间应不大于1.5s。

转向信号灯电路主要由转向灯、闪光器、转向灯开关等组成。转向灯的闪烁是由闪光器控制的。闪光器按结构和工作原理的不同,可分为电热式、电容式和电子式等类型。目前,电容式和电子式闪光器,由于工作频率稳定,灯光亮暗明显,且可兼作危险报警闪光器,还可在电路中增加少量元件,对闪光灯灯泡损坏情况做出监视信号,因此被大力推广使用。

图 30-14 是电容式闪光器与转向信号灯组成的电路示意图。电容式闪光器主要由具有双线圈的灵敏继电器和一个大容量的电容器组成。

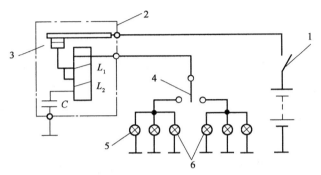

图 30-14 电容式闪光器
1-点火开关;2-电容式闪光器;3-闪光器触点;4-转向信号灯开关;5-转向指示灯;6-转向信号灯

汽车不转向时,转向信号灯开关 4 处于中间位置,转向信号灯及转向指示灯的电路均被切断。当点火开关接通时,电源的电流经闪光器触点 3、线圈 L_2 向电容器 C 充电。汽车转向时,转向信号灯开关向左或向右接通左转向信号灯和转向指示灯或右转向信号灯和转向指示灯的电路,电流经触点、串联线圈 L_1 流过转向信号灯电路,左侧或右侧转向信号灯和转向指示灯点亮。由于线圈 L_1 中有电流通过,在铁芯中产生磁场,克服弹簧张力的作用使触点 3 分开,转向信号灯和转向指示灯熄灭。触点 3 分开后电容器 C 经线圈 L_2、L_1、转向信号灯开关、转向信号灯放电;因流过线圈 L_2、L_1 的电流方向一致,在铁芯中的磁场方向也保持一致,铁芯中的磁力增强,使触点 3 保持断开状态;当电容器 C 放电接近终了时,铁芯中电磁场减弱克服不了弹簧张力的作用,触点 3 重新闭合。触点 3 闭合后,电流经线圈 L_1、转向信号灯开关流过转向信号灯,左或右转向信号灯和转向指示灯重新点亮;同时电源还经线圈 L_2 向电容器 C 充电,由于此时流过 L_1、L_2 的两线圈中的电流方向相反,在铁芯中产生的磁场方向相反,磁力减弱克服不了弹簧张力的作用,触点 3 保持闭合状态,转向灯仍点亮;当电容器 C 充电接近终了时,在线圈 L_1 磁场的作用下触点 3 分开,切断转向灯的电路,转向信号灯和转向指示灯熄灭。经短暂的时间后,触点 3 再次接通,转向信号灯和转向指示灯又点亮。如此反复,闪光器的触点不断地开闭,使转向信号灯时亮时灭发出闪光。

2. 危险报警信号灯

汽车在行驶中出现紧急情况或意外事故时,应使用危险报警信号灯。危险报警信号灯在转向信号灯电路中通过危险报警开关控制。当接通危险报警开关后,全部转向信号灯同时闪烁,发出危险报警信号。

3. 制动信号灯

汽车上采用的第一个信号灯就是制动信号灯,它装在汽车尾部。当汽车进行制动时,制动信号灯亮,给尾随其后的汽车驾驶人发出制动信号,以避免造成追尾事故。

制动信号灯是与汽车制动系统同步工作的,它通常由装在制动系统管路中的制动信号灯开关控制。由于汽车有液压制动和气压制动两种方式,因此制动信号灯开关也有液压和气压两种形式。

液压式制动信号灯开关用于液压制动系统的汽车,通常安装在液压制动主缸的前端。汽车制动时,制动系统中液压增大,液压推动制动开关内的膜片克服弹簧力移动,带动接触桥将开关触点接通,使制动信号灯电路通电。

气压式制动信号灯开关用于气压制动系统的汽车,通常安装在制动系统气压管路上。制动时,制动压缩空气推动开关内橡皮膜片克服弹簧力移动,使开关触点闭合,接通制动灯电路。

除了在车尾灯处的制动信号灯外,有的汽车还装有高位制动灯,以使制动信号更加醒目。

4. 示廓灯

示廓灯安装在汽车前、后、左、右侧的边缘。大型车辆的中部、驾驶室外侧还增设了一对示廓灯,用于夜间行驶时指示汽车宽度和高度。示廓灯灯光标志在夜间 300m 以外可见。前示廓灯的灯光光色为白色,后示廓灯的灯光光色多为红色。

5. 电喇叭

电喇叭的作用是警告行人和其他车辆,电喇叭声级为 90～105dB(A)。目前汽车上使用的电磁振动式和电子式两大类。如按其外形不同又可分为长筒形、螺旋形(蜗牛形)和盆形。

长筒形电喇叭声音传播较远,但需要的安装空间较大,目前已很少采用。

螺旋形电喇叭,扬声筒制成螺旋形,缩小了喇叭的体积,减小了安装空间,且声音和谐清脆,比较悦耳,广泛应用于各种车辆上,其结构如图 30-15 所示。

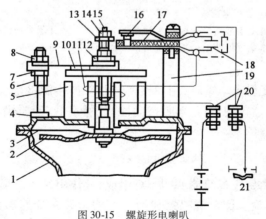

图 30-15　螺旋形电喇叭

1-扬声筒;2-共鸣板;3-膜片;4-底板;5-山字形铁芯;6-螺杆;7、13-调整螺母;8、12、14-锁紧螺母;9-弹簧片;10-衔铁;11-线圈;15-中心杆;16-触点;17-活动触点臂;18-电容器;19-支架;20-接线柱;21-喇叭按钮

当按下螺旋形电喇叭按钮时,蓄电池的电流经线圈 11、活动触点臂 17、触点 16、喇叭按钮 21 搭铁,流回蓄电池负极。电流流过线圈 11 并在铁芯中产生磁场,吸引衔铁 10,与衔铁相连的中心杆下移,向下推动膜片,并通过调整螺母 13 压下活动触点臂 17,使触点分开而切断电路。由于线圈中电流中断,铁芯中磁场消失,衔铁复位,膜片也在自身弹力和弹簧片 9 的作用下复位,触点重新闭合,电路又被接通。如此反复,由于触点不断地开闭,使膜片不断的振动发出一定音调的声波,经扬声筒加强后传出。共鸣板与膜片刚性连接,与膜片一起振动使声音更

加悦耳。电容器 18 与触点并联,减小触点分开时的火花。

盆形电喇叭如图 30-16 所示。其结构特点是不用扬声筒,而用共鸣板作为共鸣装置。它与螺旋形电喇叭相比,声束的发散角较小,即指向性较好,可以减小城市噪声污染,另外耗电量小,结构简单,外形尺寸更小,在中、小型客车和轿车上应用十分广泛。由于盆形电喇叭工作原理与螺旋形电喇叭相同,故此处不再赘述。

在装有两只(高音和低音)电喇叭的汽车上,由于喇叭在工作时消耗的电流较大,为了避免因通过按钮的电流过大而烧蚀按钮,在喇叭电路中设置了喇叭继电器,其结构如图 30-17 所示。按下喇叭按钮,继电器线圈 7 通电,继电器触点 4 闭合,蓄电池经继电器触点向喇叭供电,流过按钮的电流是很小的线圈电流,松开按钮时,喇叭自动断电。

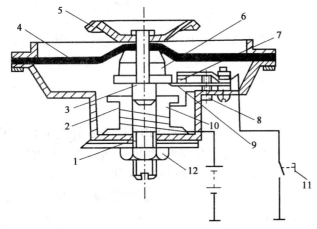
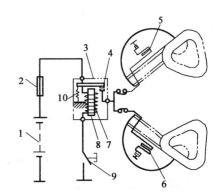

图 30-16　盆形电喇叭

1-下铁芯;2-线圈;3-上铁芯;4-膜片;5-共鸣板;6-衔铁;7-触点;8-调整螺钉;9-活动触点臂;10-铁芯;11-喇叭按钮;12-锁紧螺母

图 30-17　喇叭继电器示意图

1-蓄电池;2-熔断器;3-喇叭继电器;4-触点;5、6-喇叭线圈;7-线圈;8-铁芯;9-喇叭按钮;10-弹簧

电子式电喇叭也称无触点电喇叭,用一振荡电路来产生脉动电流。电子式喇叭避免了触点火花问题,其工作可靠性较高,而且喇叭指向性好,噪声低,音质优美。因此,现代汽车使用逐渐增多。

6.倒车报警控制装置

倒车报警控制装置由倒车蜂鸣器和倒车灯组成,其作用是当汽车倒车时,发出灯光和声响信号,警告车后行人和车辆。倒车蜂鸣器和倒车灯均由装在变速器盖上的倒车灯开关控制。当变速器拨到倒挡时,倒车灯开关触点闭合,倒车信号灯亮,同时倒车蜂鸣器间歇发声,以警告行人和其他车辆。

第三节　汽车仪表及报警指示灯系统

一、汽车仪表及报警指示灯系统的组成

汽车仪表与报警指示灯系统安装在仪表板上,由各种仪表和报警指示灯组成。

汽车仪表主要有机油压力表、冷却液温度表、燃油表、车速里程表、发动机转速表等,用于指示汽车运行的有关参数;报警灯主要有机油压力过低报警灯、制动液液面过低报警灯、冷却液温度过高报警灯、燃油箱液面报警灯、ABS故障报警灯、安全气囊故障报警灯等,用于警示有关系统的故障;指示灯主要有转向指示灯,远、近光指示灯,驻车指示灯,制动指示灯,挡位指示灯等,用于指示汽车运行状态。

早期的载货汽车采用分离式结构,将各个独立的仪表与报警指示灯布置在仪表板上。现代汽车均采用组合式仪表,即仪表板采用同一块电路板并布置有各种仪表和报警指示灯。汽车组合式仪表如图30-18所示。

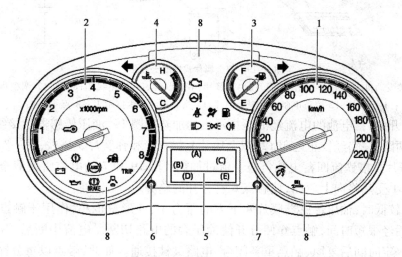

图30-18 汽车组合式仪表示意图

1-车速表;2-发动机转速表;3-燃油表;4-冷却液温度表;5-信息显示屏;6-时钟调节旋钮;7-信息显示选择按钮;8-维护提醒报警灯

二、汽车仪表系统

1. 机油压力表

机油压力表的功用是指示发动机润滑油压力的高低。它由装在发动机主油道或粗滤器上的机油压力传感器和装在仪表板上的机油压力指示表组成。传感器的作用是承受油压,使电路中的电流随油压的大小而改变;油压指示表的作用是使指针的偏转角随电路中电流的大小而改变,从而指示出机油压力的大小。

机油压力表有双金属式油压表和双金属式油压传感器、电磁式油压表和电阻式油压传感器等不同形式,以双金属式油压表应用较为广泛。图30-19所示为双金属式机油压力表示意图。

双金属式油压传感器膜片4的下方与发动机主油道相连,弯曲的弹簧片5顶压在膜片的上方,弹簧片的一端与壳体相连并搭铁。弹簧片的另一端焊有触点6,并与双金属片1上的触点保持接触。双金属片1上绕有与其绝缘的加热线圈7,加热线圈由电阻丝绕成,在工作时可以使双金属片受热变形。其一端直接与双金属片相连,另一端经接触片10、接线柱11接机油压力指示表。油压指示表的双金属片 14 一端固定在调节齿扇 13 上,另一端与指针 15 相连,其上也绕有加热线圈 19。

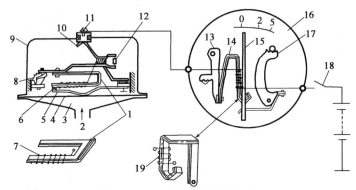

图 30-19　双金属片式机油压力表

1-双金属片;2-接发动机主油道;3-油腔;4-膜片;5-弹簧片;6-触点;7、19-加热线圈;8、13、17-调整齿扇;9-油压传感器;10-接触片;11-接线柱;12-校正电阻;14-双金属片;15-指针;16-油压指示表;18-点火开关

接通点火开关,蓄电池的电流经油压指示表的加热线圈 19、油压传感器的接线柱 11、接触片 10 后分成两路,一路经校正电阻 12、双金属片 1、触点 6 和弹簧片 5 搭铁,另一路经加热线圈 7、触点 6、弹簧片 5 搭铁流回蓄电池负极。流过加热线圈 19 和 7 的电流将使双金属片受热变形。双金属片 1 受热将向上弯曲,使触点 6 有分开的趋势。

当油压比较低时,油压传感器膜片 4 下方的压力小,变形量也小,作用于触点 6 的压力很小,电路接通后经很短时间,触点 6 便分开使油压表的电路切断。电流中断后,双金属片 6 逐渐冷却,经过一定时间后复原,触点重新闭合,电路又被接通。如此,触点以每分钟 5~10 次的频率不断地开闭,使油压指示表 16 的加热线圈 19 中流过一定大小的脉冲电流。由于油压低,触点闭合的时间短,电流中断时间长,流过加热线圈 19 的平均电流小,双金属片 14 的变形量小,指针偏转的角度也小,指针指向油压低的位置。

当油压升高时,油压传感器的膜片受压向上拱曲,作用于触点 6 的压力增大,只有在双金属片温度更高、变形量更大时,触点才能分开。因此,触点闭合时间延长,流过加热线圈 19 的平均电流增大,双金属片 14 的变形量大,指示表的指针偏转较大的角度,指向油压高的位置。

2.冷却液温度表

冷却液温度表的功用是指示发动机冷却液的工作温度。它由安装在发动机冷却水道上的温度传感器和安装在仪表板上的温度指示表两部分组成。

常用冷却液温度表有电磁式、电热式两种。其中电热式应用较多。

电热式冷却液温度表由电热式冷却液温度指示表和热敏电阻式冷却液温度传感器组成,如图 30-20 所示。

热敏电阻式温度传感器内装有负电阻温度系数的热敏电阻 7,其特性是温度升高时电阻值减小。因此,它可以将冷却液温度的变化,转变为电阻值的变化,从而改变流过冷却液温度指示表加热线圈中的电流,使指针偏转指示出冷却液温度的高低。当冷却液温度低时,热敏电阻的电阻值增大,使流过冷却液温度指示表的电流小,指针指向低温;冷却液温度升高时热敏电阻的电阻值减小,使流过冷却液温度指示表的电流增大,指针偏转较大的角度,指向高温。

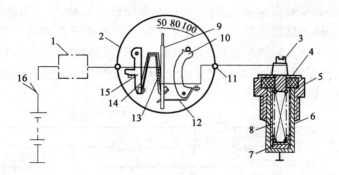

图 30-20　电热式冷却液温度表原理示意图

1-电源稳压器;2-冷却液温度指示表;3-接线螺钉;4-冷却液温度传感器;5-壳体;6-铜管;7-热敏电阻;8-导电弹簧;9-指针;10-调节齿扇;11-接线柱;12-弹簧片;13-加热线圈;14-双金属片;15-调节齿扇;16-点火开关

3. 燃油表

燃油表用来指示燃油箱内储存燃油量的多少,它由装在燃油箱内的传感器和装在仪表板上的燃油指示表组成。常用燃油表有电热式、电磁式等不同形式。

图 30-21 所示是电磁式燃油表结构与工作示意图。燃油指示表内装有左、右两个线圈,转子 5 与指针相连,并位于两个线圈之间,油面传感器也采用可变电阻式传感器。

接通点火开关,电源的电流经左线圈后分为两条支路,一路经右线圈后搭铁,另一路经油面传感器的可变电阻搭铁。两个线圈中均有电流通过,并在两个线圈的周围产生磁场,转子 5 连同指针在两个线圈磁场的作用下偏转,处于合成磁场的方向,指针指向燃油表的某一刻度。油箱中油面高时,油面传感器的电阻大,流过左线圈的电流小,产生的磁场弱,在合成磁场的作用下指针指向油面高的刻度。反之油面低时,流过左线圈中的电流大磁场就强,转子在合成磁场的作用下偏转,指针指向油面低的刻度。

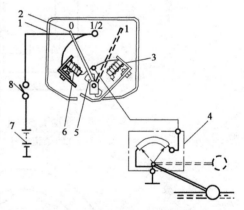

图 30-21　电磁式燃油表示意图

1-燃油指示表;2-指针;3-右线圈;4-油面传感器;5-转子;6-左线圈;7-蓄电池;8-点火开关

4. 车速里程表

车速里程表是用来指示汽车行车速度和累计汽车行驶里程数的仪表。它由车速表和里程表两部分组成,两者装在共同的壳体中,并由同一根轴驱动。

车速里程表按其工作原理可分为磁感应式和电子式两种。电子式车速里程表主要由车速传感器、电子电路、车速里程指示表组成,它除了能指示汽车行驶速度、记录累计行驶里程外,还具有可以记录单程里程和清零的功能,具有指示精度高、指示平稳和寿命长等突出优点,因此,在现代汽车中已经广泛采用。

图 30-22 为电子式车速里程表电路示意图。它由车速里程表传感器、信号处理电路、车速表和里程表组成。

车速里程表传感器安装在组合仪表内,由变速器经软轴驱动,汽车行驶时它产生正比于汽车行驶速度的信号。该传感器由具有一对或几对触点的舌簧开关和转子组成,如图 30-23 所示。转子的外缘具有由永久磁铁形成的四对磁极,汽车运行时转子旋转,磁极交替地在舌簧开关的触点旁边扫过,使舌簧开关的触点交替的开、闭,并输出与车速成比例的脉冲信号,输入电子电路,转换为汽车运行速度和行驶里程。

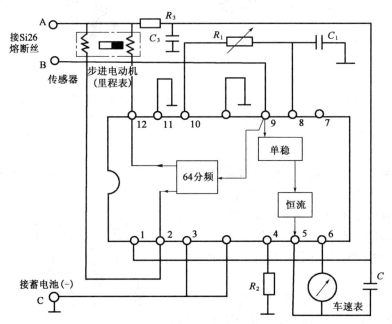

图 30-22　电子式车速里程表电路示意图
A-接 12V 直流电源正极;B-接车速里程表传感器;C-搭铁

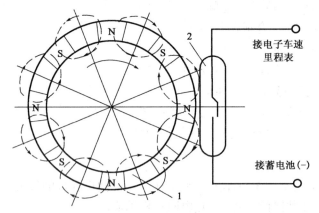

图 30-23　车速里程表传感器
1-转子;2-舌簧开关

信号处理电路由单稳态触发电路、恒流电路、64 分频电路、功率放大电路以及电源稳压等电子电路组成。汽车运行时,它将车速传感器输入的脉冲信号,整形和处理转变为电流信号,并加以放大,以驱动车速表指示车速;同时它还将脉冲信号经分频和功率放大,转变为一定频率的脉冲信号,以驱动里程表步进电动机的轴转动,记录汽车的行驶里程。图 30-22 所示电路中,可调电阻 R_1、电容 C_1 用于调整仪表的精度,电阻 R_2 可以调节仪表的初始工作电流,电阻 R_3、电容 C_3 用于电源滤波。

车速表为一个磁电式电流表作为指示表。汽车以不同的车速运行时,信号处理电路将车速传感器输入的脉冲信号,转变为与车速成比例的电流信号,使电流表的指针偏转,指示出相应的车速。

里程表由步进电动机、六位十进制计数器及内传动齿轮等组成。汽车运行时车速传感器输出的脉冲信号,经信号处理电路分频和功率放大,转变为一定频率的脉冲信号,作用于步进电动机的电磁线圈。步进电动机将这一脉冲信号转变为角位移信号,使电动机轴转动,驱动里程表十进制计数器的六个计数轮依次转动,记录汽车行驶的总里程和单程行驶里程。

5. 发动机转速表

为了检查和调整发动机,并监视发动机的工作状况,更好地掌握换挡时机,利用经济车速行驶等,在汽车仪表板上还装有发动机转速表。

发动机转速表有机械式和电子式两种。由于电子式转速表指示平稳、结构简单、安装方便,所以被广泛采用。汽油发动机电子式转速表的转速信号可从点火系统的初级电路获取,也可从转速传感器获取;柴油发动机的电子式转速表的转速信号则只能从转速传感器获取。

发动机转速表由转速指示表和信号处理电路组成。图30-24 所示为某汽油发动机转速表原理示意图。它以点火脉冲信号作为检测发动机转速的基本信号,脉冲信号的频率与发动机的转速成比例,由转速指示表指示出发动机的转速。

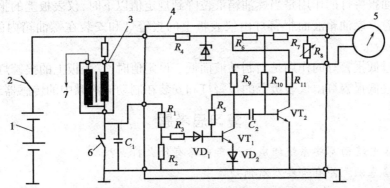

图30-24 发动机转速表原理示意图
1-蓄电池;2-点火开关;3-点火线圈;4-信号处理电路;5-转速指示表;6-断电器;7-至点火电路

发动机转速表实际上是一个毫安表。发动机工作时,断电器的触点不断地开闭,控制点火线圈初级电路的通断,当初级电路被切断时,初级电流迅速下降到零,由于自感的作用在初级绕组中产生一个正向的脉冲信号(自感电动势),作用于分压器 R_1、R_2 的两端,并经电阻 R_3 和二极管 VD_1 作用于晶体管 VT_1 的基极,使 VT_1 饱和导通,串联在 VT_1 集电极电路中的发动机转速指示表 5 中流过一定的电流。VT_1 导通时集电极电位的负跳变,通过电容 C_2 作用于晶体管 VT_2 的基极,使 VT_2 截止。VT_2 截止时集电极电位跃升到接近电源电位,并经正反馈电阻 R_5 作用于晶体管 VT_1 的基极,使 VT_1 更可靠的导通。VT_1 导通时,电源经电阻 R_4、R_6、R_{10} 向电容器 C_2 充电,当 C_2 充电到电压达到 VT_2 的门限电压时,VT_2 导通。VT_2 导通时集电极电位降低的信号,也经正反馈电阻 R_5 作用于晶体管 VT_1 的基极,使 VT_1 截止,转速表中的电流中断,电路恢复到原始状态,当下一个点火脉冲到来时,转速表中又有一个脉冲电流通过,可见发动机工作时,在转速表中通过一系列的脉冲型方波电流,电流的平均值与发动机转速成正比。

三、汽车报警灯

汽车报警灯用于监视汽车各部件的运行情况,并在仪表板上显示出来,以保证汽车的安全行驶。报警灯系统包括充电指示灯、机油压力过低报警灯、制动压力过低报警灯、冷却液温度过高报警灯和制动液面过低报警灯等。报警灯一般由传感器和红色报警灯组成。

充电指示灯的作用是指示发电机、调节器的工作状况。由于充电指示灯较电流表的成本低,目前大多数汽车以充电指示灯取代了电流表。

机油压力过低报警灯用来指示机油压力低于安全值的情况,即当机油压力降到规定值以下时,仪表板上的报警灯点亮,以引起驾驶人注意。机油压力过低报警灯由仪表板上的红色报警灯和安装在发动机润滑主油道上的压力开关组成。当机油压力低时,压力开关使电路保持在闭合状态。因此,接通点火开关(未起动)时,机油压力过低报警灯亮起。当发动机起动后,发动机润滑系统主油道内的机油压力达到正常时,压力开关使电路断开,报警灯熄灭。

冷却液温度过高报警灯的作用是在冷却液温度升高到接近沸点时点亮,给驾驶人以警示。冷却液温度过高报警灯由仪表板上的红色报警灯和安装在发动机汽缸盖水套中的温度开关组成。当水套中的冷却液温度升高到接近沸点时,电路闭合,报警灯点亮。

燃油箱液面报警灯的作用是当燃油箱液位降到规定值以下时,仪表板上的报警灯点亮,以引起驾驶人注意。燃油箱液面报警灯由仪表板上的报警灯和安装在燃油箱内的液面传感器组成。

制动液面过低报警灯的作用是当制动液面低于设定值时,仪表板上的报警灯点亮,以示报警。制动液面过低报警灯由仪表板上的报警灯和安装在制动储液罐中的传感器组成。

复习思考题

1. 汽车整车电路由哪些系统组成?汽车电路有什么特点?
2. 汽车电路基础元件有哪些?有何规定?
3. 汽车电路图有哪几种?各是什么含义?
4. 汽车照明系统由哪些部分组成?各起什么作用?
5. 汽车前照灯主要组成部件及功用是什么?
6. 简述具有遮罩的双丝灯泡防止炫目的工作原理。
7. 简述卤钨灯、氙气(HID)灯各自性能特点。
8. 汽车灯光信号和声响信号系统由哪些部分组成?各起什么作用?
9. 简述转向用电容式闪光器工作原理。
10. 汽车仪表系统由哪些部分组成?各起什么作用?
11. 简述电磁式燃油表工作原理。
12. 汽车报警指示灯有哪些?各自的功用是什么?

第七篇　现代汽车新技术

第三十一章　现代汽车发动机新技术

第一节　汽油机电子点火及微机点火系统

一、电子点火系统

近年来,汽油发动机向多缸、高转速、高压缩比方向发展,同时力图通过改善混合气的燃烧状况,以及燃用稀混合气,以达到减少排气污染和节约燃油的目的。这些都要求点火装置能够提供足够的次级电压、火花能量和最佳点火时刻。传统点火系统已不能满足这一要求。

电子点火系统可改善汽油发动机的高速性能,在火花塞积炭时仍有较强的跳火能力;也可减小触点火花,延长触点使用寿命,甚至还可取消触点,进一步改善点火性能。因此,采用电子点火系统可提高发动机动力性、经济性,并减少排气污染,在国内外各汽车上已得到广泛应用。

目前使用的电子点火系统分为触点式电子点火系统和无触点式电子点火系统两大类。由于触点式电子点火系统已很少使用,故本节只介绍无触点式电子点火系统。

无触点电子点火系统利用传感器代替断电器触点,产生点火信号,控制点火线圈的通断和点火系统的工作,可克服与触点相关的一切缺点,在国内外汽车上应用十分广泛。

无触点电子点火系统由点火信号发生器、点火控制器、点火线圈、分电器、火花塞等组成。

1. 点火信号发生器

点火信号发生器取代了传统点火系统断电器中的凸轮,用来判定活塞在汽缸中所处的位置,并将非电量的活塞位置信号转变成为脉冲电信号输送到点火控制器,从而保证火花塞在恰当的时刻点火。所以点火信号发生器实际就是一种感知发动机工作状况,发出点火信号的传感器。它的类型很多,目前应用较多的主要有磁脉冲式、霍尔效应式。

1) 磁脉冲式点火信号发生器

磁脉冲式点火信号发生器是依靠电磁感应原理制成的。它一般安装在分电器的内部,由信号转子和感应器两部分组成。信号转子1由分电器轴驱动,其转速与分电器轴相同;感应器固定在分电器底板上,由永久磁铁4、铁芯3和绕在铁芯上的传感线圈2组成。

信号转子的外缘有凸齿,凸齿数与发动机的汽缸数相等。永久磁铁的磁力线从永久磁铁的N极出发,经空气隙穿过转子的凸齿,再经空气隙、传感线圈的铁芯回到永久磁铁的S极,形成闭合磁路,如图31-1所示。

当转子转动时,转子凸齿与线圈铁芯间的空气间隙不断变化,穿过线圈铁芯中的磁通量也不断变化。根据电磁感应原理,当穿过线圈铁芯的磁通量发生变化时,线圈中产生感应电动势,感应电动势的大小与磁通的变化速率成正比,其方向则是阻碍磁通变化的方向。

转子处于图31-1a)所示位置时,转子的凸齿逐渐转向线圈铁芯,与铁芯之间的间隙逐渐减小,穿过线圈铁芯的磁通量则逐渐增多,当转子的凸齿在接近铁芯的某一位置时,磁通的变化率最大,线圈中产生的感应电动势达到最大值。

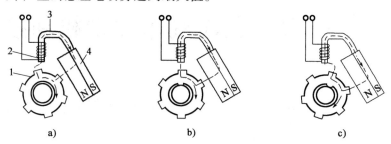

图 31-1 磁脉冲式点火信号发生器工作原理图
a)转子凸齿转向线圈铁芯;b)转子凸齿与线圈铁芯中心对齐;c)转子凸齿转离线圈铁芯
1-信号转子;2-传感线圈;3-铁芯;4-永久磁铁

当转子转到图 31-1b)所示位置时,转子的凸齿刚好与线圈的铁芯对齐,转子凸齿与铁芯之间的空气间隙最小,穿过线圈铁芯的磁通量最多,但磁通量的变化率为零,所以感应的电动势减小到零。

转子继续转动,凸齿渐渐离开线圈铁芯,转子凸齿与线圈铁芯之间的空气间隙逐渐加大,穿过线圈铁芯中的磁通量逐渐减少,线圈中产生的感应电动势增大,但方向与穿过线圈铁芯的磁通增加时相反。

当转子转到图 31-1c)所示位置时,磁通量减少的速率最大,线圈中的感应电动势反向达到最大值。

这样,转子的凸齿每在铁芯旁边转过一次,线圈中就产生一个一正一负的脉冲信号。如此,发动机工作时转子不断地旋转,转子的凸齿交替地在线圈铁芯的旁边扫过,使线圈铁芯中的磁通不断地发生变化,在传感器的线圈中感应出大小和方向不断变化的感应电动势。传感器则不断地将这种脉冲型电压信号输入点火控制器,作为发动机工作时的点火信号。

磁脉冲式点火信号发生器结构简单,成本较低,因而应用最为广泛。

2)霍尔效应式点火信号发生器

霍尔效应式点火信号发生器安装在分电器内。如图 31-2 所示,由霍尔触发器 3、永久磁铁 1 和由分电器轴驱动的带缺口的转子 2 组成。

图 31-2 霍尔效应式点火信号发生器工作示意图
a)转子叶片处于永久磁铁和霍尔触发器之间;b)转子缺口处于永久磁铁和霍尔触发器之间
1-永久磁铁;2-带缺口的转子;3-霍尔触发器

霍尔触发器(也称霍尔元件)是一个带集成电路的半导体基片。当直流电压作用于触发器的两端时,便有电流 I 在其中通过,如果在垂直于电流的方向还有外加磁场的作用,则在垂直于电流和磁场的方向上产生电压 U_H,该电压称为霍尔电压,这种现象称为霍尔效应。图31-3所示是霍尔效应示意图。

霍尔电压U_H的大小与其中通过的电流I和外加磁场的强度B成正比,与基片的厚度d成反比,可用下式表示:

$$U_H = \frac{R_H}{d} \cdot I \cdot B \tag{31-1}$$

式中:R_H——霍尔系数,由霍尔元件的材料决定;
　　　d——基片厚度;
　　　I——外加电流;
　　　B——外加磁场的磁感应强度。

显然,霍尔元件的材料和厚度确定后,如果电流I为定值,则U_H大小完全由磁感应强度B决定,并且与磁感应强度成正比。如果用带缺口的转子周期地遮挡磁力线,改变通过霍尔元件磁感应强度的大小,则霍尔电压也将周期地产生。霍尔效应式点火发生器便是根据这个原理,将霍尔元件与放大器运用集成电路技术集中于同一极板上制成的,所以又称为霍尔发生器。

霍尔发生器的工作原理如图31-3所示,当转子叶片进入永久磁铁与霍尔触发器之间时,永久磁铁的磁力线被转子叶片旁路,不能作用到霍尔触发器上,通过霍尔元件的磁感应强度近似为零,霍尔元件不产生电压;随着信号转子的转动,当转子的缺口部分进入永久磁铁与霍尔触发器之间时,磁力线穿过缺口作用于霍尔触发器上,通过霍尔元件的磁感应强度增高,在外加电压和磁场的共同作用下,霍尔元件的输出端便有霍尔电压输出。发动机工作时,转子不断旋转,转子的缺口交替地在永久磁铁与霍尔触发器之间穿过,使霍尔触发器中产生变化的电压信号,并经内部的集成电路整形为规则的方波信号,输入点火控制电路,控制点火系统工作。

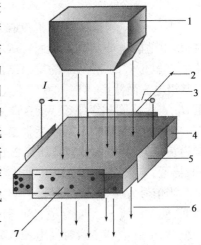

图31-3　霍尔发生器工作原理示意图
1-永久磁铁;2-外加电压;3-霍尔电压;4-霍尔触发器;5-接触面 6-磁力线;7-剩余电子

霍尔效应式点火信号发生器比磁脉冲式点火信号发生器的性能稳定,耐久性好、寿命长,点火精度高,且不受温度、灰尘、油污等影响,特别是输出的点火信号幅值、波形不受发动机转速的影响,使发动机低速点火性能良好,容易起动,因而应用日益广泛。

2.点火控制器

点火控制器取代了传统点火系统中断电器的触点,将点火信号发生器输出的点火信号整形、放大,转变为点火控制信号,控制点火线圈初级绕组中电流的通、断,以便在次级线圈的绕组中产生高压电,供火花塞点火。

图31-4所示为磁脉冲式电子点火系统。图中6为点火控制器。在点火控制器6中有5个晶体管,其中VT_1的发射极与基极相连,相当于一个二极管,主要起温度补偿作用,VT_2为触发管,VT_3和VT_4起放大作用,VT_5是大功率开关管,它与点火线圈初级绕组串联,可以迅速接通和切断点火线圈的初级回路。

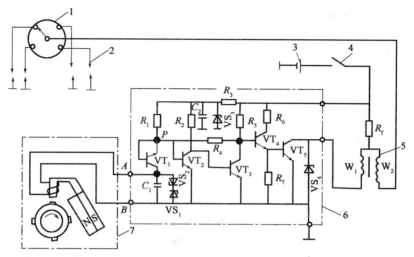

图 31-4 磁脉冲式电子点火系统

1-分电器;2-火花塞;3-蓄电池;4-点火开关;5-点火线圈;6-点火控制器;7-磁脉冲式信号发生器

当点火开关接通,发动机没有工作时,信号发生器转子不转,信号发生器无信号输出。此时,蓄电池的电流从其正极通过 R_4、R_1、VT_1 和传感器线圈到蓄电池负极(搭铁)形成回路。回路中 P 电位较高,使 VT_2 的发射结加正向电压而导通,故其集电极电位降低到约等于0,使 VT_3 无基极电流而截止,VT_4 和 VT_5 获得正向偏压而导通,这样电流便从蓄电池正极经点火开关4、电阻 R_f、点火线圈初级绕组 W_1、VT_5 和搭铁流回蓄电池负极。

发动机工作时,信号发生器就有信号输出。当信号发生器输出正脉冲信号时,A 点为正,B 点为负,VT_1 受反向偏置电压而截止,P 点仍保持较高的电位。这样 VT_2 导通,VT_3 截止,VT_4 和 VT_5 导通,点火线圈初级绕组有电流通过。

当信号发生器输出负脉冲信号时,A 点为负,B 点为正,VT_1 受正向电压而导通,P 点电位降低,使 VT_2 截止,VT_3 导通,VT_4 和 VT_5 迅速截止,点火线圈初级电路被切断,在点火线圈次级绕组 W_2 中感应产生瞬时高电压,高电压经分电器送到火花塞,产生电火花,点燃混合气。当信号发生器转子转动一周时,各缸按点火顺序依次点火一次。

3. 其他元件

稳压管 VS_1 和 VS_2 用来限制点火信号发生器输出电压的幅值,以保护晶体管 VT_1 和 VT_2。
稳压管 VS_3、电阻 R_3、电容器 C_2 组成稳压电路,稳定晶体管 VT_1、VT_2 的电源电压。
稳压管 VS_4 保护晶体管 VT_5 不被初级绕组中产生的自感电动势损坏。

二、微机控制点火系统

1. 微机控制点火系统的特点

(1)由于取消了离心式、真空式等机械式点火提前调节装置,采用微机控制点火提前角,考虑的因素更加全面,控制精度高,使发动机在各种工况下都能采用最佳点火提前角,发动机的动力性能、燃油经济性能及排放性能进一步提高。

(2)当采用爆震传感器闭环控制时,能够使发动机总是工作在爆燃的边缘而又不发生爆燃,发动机的热效率高,动力性能、经济性能好。

(3)对于无分电器点火方式,减小了点火能量损失(配电器分火头与旁电极之间跳火会损失部分点火能量);由于增加了点火线圈数量,每个线圈通电时间延长,保证发动机在高速时有足够的次级电压和点火能量。

(4)具有故障自诊断功能,即当点火监测信号三次以上没有反馈信号时,ECU强制切断燃油喷射,并显示点火系统有故障。

2.微机控制点火系统的基本组成

微机控制点火系统一般由传感器、微机控制器和点火控制器、点火线图等组成,图31-5所示是微机控制点火系统的组成框图。

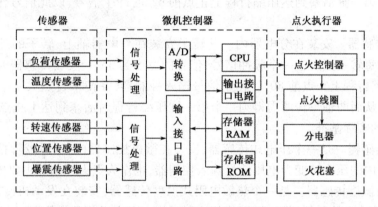

图31-5 微机控制点火系统组成框图

用于不同车型的微机控制点火系统各组成部分的结构也不同,但它们的工作原理是类似的。图31-6所示为奥迪200型轿车五缸涡轮增压发动机微机控制点火系统结构示意图。

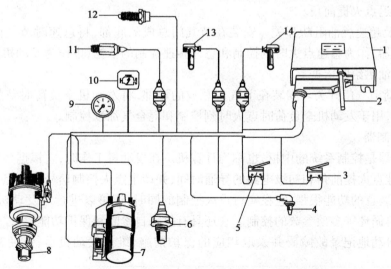

图31-6 奥迪200型轿车微机控制点火系统结构示意图

1-微机控制器;2-增压传感器连接管;3-全负荷开关;4-进气温度传感器;5-怠速及超速燃油阻断开关;6-冷却液温度传感器;7-点火线圈;8-霍尔分电器;9-速度表;10-故障灯;11-爆震传感器;12-制动灯开关;13-发动机转速传感器;14-点火基准传感器

1) 传感器

微机控制点火系统中的传感器,在发动机工作时不断地检测反映发动机工作状况的信息,并输入控制器,作为控制系统进行运算和控制的依据或基准。

(1) 发动机转速传感器。是由绕在铁芯上的传感线圈和永久磁铁构成的磁脉冲式信号发生器,安装在飞轮的侧面,线圈的铁芯与飞轮周缘上的 135 个凸齿相对应。飞轮旋转时,在传感线圈中产生交变的电压信号(以下简称脉冲信号)。曲轴转一圈,产生 135 个脉冲信号,输入控制器,用于计算发动机转速和点火时刻。

(2) 点火基准传感器。该传感器的结构与发动机转速传感器相同,也安装在飞轮的侧面,与固定在飞轮上的一个圆柱销相对应,发动机曲轴每转一圈产生一个脉冲信号。在安装传感器时,应保证当第一缸活塞到达压缩行程上止点前 62° 时产生信号,以此信号作为点火控制的基准信号。

(3) 霍尔传感器。安装在分电器内。其转子安装在分电器轴上,转子的外缘上只有一个缺口,分电器轴每转一圈产生一个脉冲信号,信号的宽度为 35°。安装传感器时应使该信号出现在第一缸压缩行程上止点前 80°。霍尔信号输入控制器,并使来自点火基准传感器的第二个信号被抵消,从而曲轴每转两周得到一个第一缸压缩行程时活塞到达上止点前 62° 的信号,作为点火控制的实际基准。

(4) 增压传感器。是一个压电式传感器,安装在微机控制器内,通过胶管接到发动机进气系统,将进气管内的压力转变为电压信号输入控制器,也作为点火控制的主要依据。

(5) 冷却液温度传感器。是一个热敏电阻式温度传感器,安装在发动机冷却水道上,检测冷却液的温度并输入控制器,作为根据冷却液温度修正点火提前角的依据。

(6) 爆震传感器。发动机工作时的最佳点火提前角与发动机的爆燃曲线极其接近,所以发动机工作时可能发生爆燃。爆震传感器可以检测到这一信号,并输入控制器,以便在发动机发生爆燃时推迟点火提前角。

(7) 怠速及超速燃油阻断开关。安装在节气门总成的底部,将怠速时节气门关闭的电压信号输入控制器,作为怠速点火时刻控制和怠速转速控制的依据,也作为发动机怠速状态超速运转时切断燃油供给的依据。

(8) 全负荷节气门开关。安装在节气门总成的顶部,将发动机全负荷时节气门全开的信号输入控制器,用于发动机全负荷时点火时刻控制和混合气加浓控制。

2) 微机控制器

微机控制器是控制系统的中枢,也称为计算机。在发动机工作时,它根据各传感器输入的信号,计算最佳点火提前角和初级电路的导通时间,并产生点火控制信号控制点火系统工作。

微机控制装置的功能很强,它在实行点火控制的同时,还可以进行对发动机的空燃比、怠速转速、废气再循环等多项参数的控制。它还具有故障自诊断和保护功能,当控制系统出现故障时,它还能自动地记录故障码并采取相应的保护措施,维持发动机运行,使汽车能开回维修站。

微机控制器主要由微处理器(CPU)、存储器(ROM、RAM)、输入/输出(I/O)接口、模/数(A/D)转换器以及整形、驱动放大等大规模集成电路组成;或将具有上述功能的各元件制作成汽车专用的大规模集成电路芯片——车用单片微型机,简称单片机。

在控制器中,微处理器是控制器的核心部分,它具有运算与控制的功能。发动机运行时,微处理器采集各传感器输入的信号进行运算,并将运算的结果转变为控制信号,控制被控对象的工作,并实行对存储器、输入/输出接口和其他外部电路的控制。

存储器用来存放实现过程控制的全部程序,还存放通过大量试验获得的数据,例如,发动机在各种转速和负荷时的最佳点火提前角、初级电路通电时间及其他有关数据,以及运算的中间结果。

I/O 接口用来协调微处理器与外部电路之间的工作。

A/D 转换器将传感器输入的模拟信号转变为计算机能接受的数字信号。

整形电路可以将传感器输入的信号转变为理想的波形。

驱动放大电路则将计算机发出的控制信号加以放大,以便驱动点火控制器等执行机构的工作。

3. 微机控制器工作过程

发动机工作期间,各传感器分别将每一瞬间的发动机转速、负荷、冷却液温度、节气门的状态以及是否发生爆震等与发动机工况有关的信号,经接口电路输入控制器。控制器根据发动机转速和负荷信号,按存储器中存放的程序以及与点火提前角和一次电路导通时间有关的数据,计算出与该工况对应的最佳点火提前角和初级电路导通时间,并根据冷却液温度加以修正。最后根据计算结果和点火基准信号,在最佳的时刻向点火控制电路和点火线圈发出控制信号,接通点火线圈的初级电路,经过最佳的初级电路导通时间后,再发出控制信号切断点火线圈的初级电路,使初级电流迅速下降到零,在点火线圈的次级绕组中产生高压电,并经配电器送往火花塞,点燃混合气。

在发动机工作期间,如果发生爆燃,爆震传感器输出的电压信号输入控制器,控制器将点火时刻适当推迟;爆燃消除后再将点火时刻逐渐移回到最佳点,实现了点火提前角的闭环控制。

采用微机控制点火系统对于提高发动机的动力性、经济性、减少排气污染等都是十分有效的。因此,微机控制点火系统在现代汽车汽油发动机上已得到较为广泛的应用。

第二节 汽油机电控燃油喷射系统

电子控制汽油喷射系统(Electronic Fuel Injection System,EFI),它利用各种传感器检测发动机的运行状态,这些检测参数输入 ECU,经 ECU 分析、判断、计算后,利用电子控制技术控制喷油器,将一定数量和压力的汽油直接喷射到进气管道或汽缸中,与进入的空气混合而形成可燃混合气的汽油机燃油供给装置。

电控汽油喷射系统能根据发动机工况的变化供给最佳空燃比的混合气;供入各汽缸内的混合气,其空燃比相同,数量相等;由于进气管道中没有狭窄的喉管,进气阻力小,充气性能好。因此,电控汽油喷射发动机具有较高的动力性和经济性,良好的排放性。此外,发动机的振动有所减轻,汽车的加速性也有显著改善。

一、电控汽油喷射系统的分类

为实现更严格的排放法规要求,大多电控汽油喷射系统均采用多点、间歇式喷射闭环控制系统。所谓"多点"是指每个汽缸设置一个喷油器;"间歇式喷射"是指在发动机工作期间,汽油被间歇地喷入汽缸;"闭环控制"是指利用安装在排气管内的氧传感器检测排气中的氧分子浓度,并将其转换成电压信号输入给 ECU,ECU 经过误差判断,重新调整输出,经多次反复直到满足最佳排放要求为止的一种控制方法。基于此,目前有如下几种分类。

1. 按喷射时序分

目前常用的有两种,即分组喷射和顺序喷射。

(1)分组喷射。这种喷射方式是将多缸发动机的喷油器分成 2~3 组. 每组有 2~4 个喷油器,分别通过一条控制电路与 ECU 连接。在发动机每个工作循环中,各组喷油器各自同时喷油一次。

(2)顺序喷射。这种喷射方式的各缸喷油器分别由各自的控制电路与 ECU 连接,ECU 根据各缸发火顺序分别控制各喷油器喷油。这种喷射方式得到广泛应用。

2. 按空气量检测方式分

(1)间接检测式。采用进气压力传感器,这种系统称为 D 型电控汽油喷射系统。

(2)直接检测式。采用热线式、热膜式、翼片式等空气流量计,这种系统称为 L 型电控汽油喷射系统。

3. 按喷射位置分

(1)缸外喷射。把汽油喷射在进气道的方法称为缸外喷射。国内轿车发动机电控汽油喷射系统广泛采用缸外喷射。

(2)缸内喷射。把汽油直接喷射到汽缸中的方法称为缸内喷射。它与缸外汽油喷射电控系统相比具有高效、低油耗的优点。

二、电控汽油喷射系统的基本类型

电控汽油喷射系统是以一个电控单元(ECU)为控制中心,利用安装在发动机上不同部位的传感器,测出发动机的各种运行参数,精确地计算进入汽缸的空气量,再按照电控单元中预存的控制程序精确地控制喷油,使发动机在各种工况下都能获得最佳浓度的混合气,以求得最佳的动力性、经济性及排放性。

目前,各类汽车上所采用的电控汽油喷射系统在结构上往往有较大的差别,在控制原理及工作过程方面也各具特点。下面只介绍最有代表性的、典型的电控汽油喷射系统。

1. D 型汽油喷射系统

D 型汽油喷射系统的组成如图 31-7 所示,它是最早应用在汽车发动机上的电控多点间歇式汽油喷射系统,其基本特点是以进气管压力和发动机转速作为基本控制参数,用来控制喷油器的基本喷油量。

汽油箱 1 内的汽油被电动汽油泵 2 吸出并加压至 0.35MPa 左右,经汽油滤清器 3 滤除杂质后被送至燃油分配管。燃油分配管与安装在各缸进气歧管上的喷油器 6 相通。在燃油分配管的末端装有油压调节器 12,用来调节油压使其保持稳定,多余的汽油经回油管返回汽油箱。

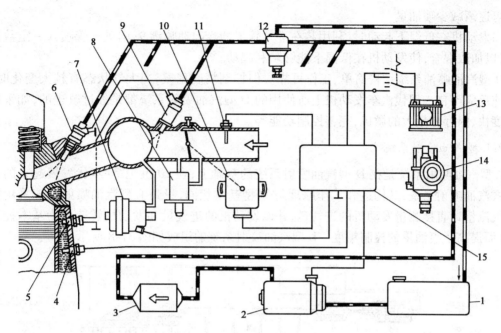

图 31-7　D 型汽油喷射系统

1-汽油箱；2-电动汽油泵；3-汽油滤清器；4-发动机温度传感器；5-热时间开关；6-喷油器；7-进气管压力传感器；8-补充空气阀；9-冷起动喷嘴；10-节气门位置传感器；11-进气温度传感器；12-油压调节器；13-蓄电池；14-分电器；15-电控单元

发动机的进气量由驾驶人通过加速踏板操纵节气门来控制。节气门开度越大，进气量就越多，进气管压力也越大，反之亦然。安装在进气管上的进气管压力传感器 7 将进气管压力转变为电信号传输给电控单元 15。

喷油器的喷油量和喷油时刻由电控单元控制。电控单元首先根据分电器中的曲轴转角传感器信号确定发动机转速，再根据转速和进气管压力计算出相应的喷油量，并通过控制喷油持续时间来控制喷油量。电控单元还根据曲轴转角传感器发出的第一缸上止点信号，控制各缸喷油器在进气行程开始之前进行喷油。由于每个喷油器在发动机一个循环中喷油一次，即喷油是间断进行的，故属于间歇式喷射。

电控单元根据进气管压力和发动机转速计算出的喷油量是基本喷油量，尚须根据发动机的运行状况加以修正，以满足发动机各种运行工况对混合气成分的要求。

当发动机在怠速工作时，节气门接近关闭，节气门位置传感器 10 中的怠速触点闭合，这时电控单元指令喷油器增加喷油量，供给发动机较浓的混合气，以维持怠速运转的稳定性，并将怠速的有害排放控制在最低水平。

发动机在中小负荷下运转时，电控单元根据发动机温度传感器 4 和进气温度传感器 11 传输来的发动机温度和进气温度信号，对基本喷油量进行修正，修正后的喷油量满足向发动机供给经济混合气的要求。

发动机在全负荷工作时，节气门全开，节气门位置传感器中的全负荷触点闭合。电控单元按供给发动机功率混合气的要求增加喷油量，实现全负荷加浓，使发动机发出最大功率。

发动机起动时，点火开关置于起动位置，同时输送给电控单元一个起动信号。电控单元根据这个信号增加每次喷油的持续时间，以增加喷油量，提供起动所需浓混合气。在发动机起动之后再逐渐减少喷油量。

当发动机在低温下起动时,利用装在进气管上的冷起动喷嘴9,向进气管喷入一定数量的汽油,以加浓混合,使发动机在低温下能够顺利起动。

D型汽油喷油系统结构简单、工作可靠。但控制精度稍差,当大气状态有较大变化时,汽车加速反应不良。现代汽车发动机上所使用的D型汽油喷射系统都是经过改进的,如采用运算速度快、内存容量大的微机,完善控制功能等。

2. L型汽油喷射系统

L型汽油喷射系统是在D型汽油喷射系统的基础上,在20世纪70年代发展起来的多点间歇式汽油喷射系统,其构造和工作原理与D型基本相同,只是L型汽油喷射系统采用翼片式空气流量计直接测量发动机的进气量,并以发动机的进气量和发动机转速作为基本控制参数,从而提高了喷油量的控制精度。L型汽油喷射系统的组成如图31-8所示。

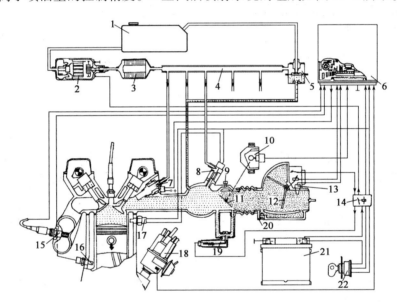

图31-8　L型汽油喷射系统

1-汽油箱;2-电动汽油泵;3-汽油滤清器;4-燃油分配管;5-油压调节器;6-电控单元;7-喷油器;8-冷起动喷嘴;9-怠速调节螺钉;10-节气门位置传感器;11-节气门;12-翼片式空气流量传感器;13-进气温度传感器;14-继电器组;15-氧传感器;16-发动机温度传感器;17-热时间开关;18-分电器;19-补充空气阀;20-怠速混合气调节螺钉;21-蓄电池;22-点火开关

L型汽油喷射系统应用广泛。目前应用于汽车上的L型汽油喷射系统大都进行了若干改进,如完善主要部件的结构和性能,扩展电控单元的控制功能等,以期提高发动机的经济性、动力性和经济性。

三、电控汽油喷射系统主要部件结构与工作原理

尽管电控汽油喷射系统多种多样,但就其组成和工作原理而言却大同小异。主要的区别是电控单元的控制方式、控制范围和控制程序不尽相同,所用传感器和执行元件的构造也有所差别。

各类电控汽油喷射系统主要由燃油供给系统、进气系统、电子控制系统三个子系统组成。

1. 燃油供给系统

燃油供给系统的功用是向发动机提供各种工况下所需要的燃油量。它由汽油箱、电动汽油泵、汽油滤清器、燃油分配管、油压调节器、喷油器和油管等组成。

1）电动汽油泵

电动汽油泵的功用是供给各喷油器及冷起动喷油器所需要的燃油。

近年来,在电子控制汽油喷射系统中,叶片式电动汽油泵应用越来越多。

叶片式电动汽油泵结构如图31-9所示。叶轮3是一个圆形平板,在平板的圆周上加工有小槽,形成泵油叶片。叶轮旋转时,小槽内的汽油随同叶轮一同高速旋转。由于离心力的作用,使出口处油压增高,而在进口处产生真空,从而使汽油从进口吸入,从出口排出。

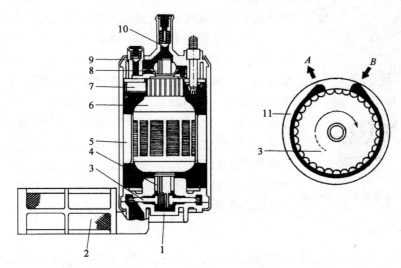

图31-9 叶片式电动汽油泵

1-橡胶缓冲垫;2-滤网;3-叶轮及叶片;4、8-轴承;5-永久磁铁;6-电枢;7-电刷;9-限压阀;10-止回阀;11-泵体

叶片式电动汽油泵运转噪声小,油压脉动小,泵油压力高,叶片磨损小,使用寿命长。

2）燃油分配管

燃油分配管,也被称作"共轨",其功用是将汽油均匀、等压地输送给各缸喷油器。由于它的容积较大,故有储油蓄压、减缓油压脉动的作用。

燃油分配管总成用螺栓安装在进气歧管下部的固定座上,与喷油器相连,并向喷油器分配燃油。燃油由燃油泵泵出,经脉冲缓冲器,流入燃油分配管。燃油压力调节器保持正常的系统压力,多余的燃油从燃油压力调节器出油口流回油管返回燃油箱。

3）喷油器

喷油器的功用是按照电控单元的指令将一定数量的汽油适时地喷入进气道或进气管内,并与其中的空气混合形成可燃混合气。

轴针式喷油器的结构如图31-10所示,喷油器体内有一个电磁线圈3,喷油器头部的针阀6与衔铁5结合成一体。

喷油器的通电、断电由电控单元控制。电控单元以电脉冲的形式向喷油器输出控制电流。当电脉冲从零升起时,喷油器因通电而开启;电脉冲回落到零时,喷油器又因断电而关闭。电脉冲从升起到回落所持续的时间称为脉冲宽度。若电控单元输出的脉冲宽度短,则喷油持续时间短,喷油量少;若电控单元输出的脉冲宽度长,则喷油持续时间长,喷油量多。

4)油压调节器

油压调节器的功用是使燃油供给系统的压力与进气管压力之差即喷油压力保持恒定。只有保持喷油压力恒定不变,才能使喷油量在各种负荷下都只唯一地取决于喷油持续时间或电脉冲宽度,以实现电控单元对喷油量的精确控制。

油压调节器的结构如图31-11所示。膜片4将油压调节器分隔成上下两个腔。上腔有进油口1连接燃油分配管,回油口2与汽油箱连通。下腔通过真空接管6与节气门后的进气管相连。当燃油压力与进气管压力之差超过预调的压力值时,膜片上方的燃油就推动膜片向下压缩弹簧,打开回油阀,超压的燃油流回燃油箱,以保持一定的燃油压力。燃油供给系统的压力与进气管压力之差由油压调节器中的弹簧5的弹力限定,调节弹簧顶紧力即可改变两者的压力差,也就是改变喷油压力。

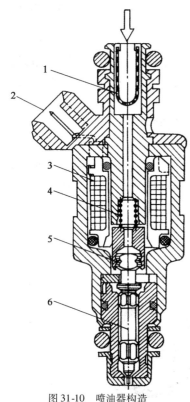

图31-10 喷油器构造

1-滤网;2-电接头;3-电磁线圈;4-复位弹簧;5-衔铁;6-针阀

2. 空气供给系统

空气供给系统由空气滤清器、空气流量计、节气门体、进气管总管、进气歧管和怠速控制阀等组成,其功用是测量和控制汽油燃烧时所需要的空气量,以控制发动机输出功率。

1)空气流量计

空气流量计的功用是测量进入发动机的空气流量,并将测量的结果转换为电信号传输给电控单元。近年来,空气流量计应用较多的是热线式、热膜式等。

(1)热线式空气流量计。它是一种测量空气质量型传感器,它不需要校正大气温度、压力对测量精度的影响。

如图31-12所示,在进气道内套有一个测试管2,小管架有一根极细的热线3(铂金属丝),在工作中铂金属丝被电流加热至100℃以上,故称之为铂热线。在支承环前端装有铂薄膜温度补偿电阻4,支承环后端黏结有精密电阻,而在控制电路板上则装有高阻

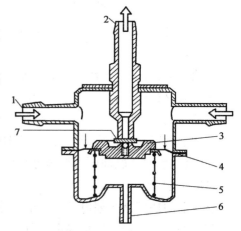

图31-11 油压调节器

1-进油口;2-回油口;3-阀座;4-膜片;5-弹簧;6-真空接管(接进气管);7-平面阀

值电阻。铂热线、温度补偿电阻、精密电阻和高阻值电阻构成惠斯通电桥电路中的四个臂,如图 31-13 所示。混合电路调节供给四个臂的电流使电桥保持平衡。

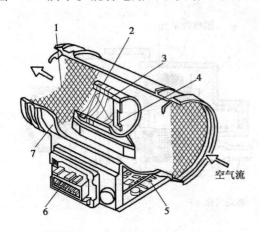

图 31-12　热线式空气流量计
1-金属防护网;2-测试管;3-铂热线;4-温度补偿电阻;5-控制电路板;6-电源插座;7-壳体

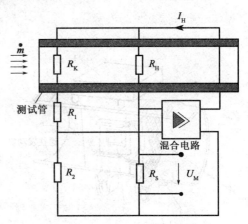

图 31-13　热线式空气流量计电路
R_H-铂热线;R_K-温度补偿电阻;R_1、R_2-高阻值电阻;R_S-精密电阻;U_M-电压输出信号;I_H-加热电流

当空气流过热线式空气流量计时,铂热线向空气散热,温度降低,铂热线的电阻减小,使电桥失去平衡。这时混合电路将自动增加供给铂热线的电流,以使其恢复原来的温度和电阻值,直至电桥恢复平衡。流过铂热线的空气流量越大,混合电路供给铂热线的加热电流也越大,即加热电流是空气流量的单值函数。加热电流通过精密电阻产生的电压降作为电压输出信号传输给电控单元,电压降的大小即是对空气流量的度量。温度补偿电阻的阻值也随进气温度的变化而变化,起到一个参照标准的作用,用来消除进气温度的变化对空气流量测量结果的影响。一般将铂热线通电加热到高于温度补偿电阻温度 100℃。

热线式空气流量计测量精度高,响应特性较好,因没有运动件而无磨损,进气阻力小。缺点是铂热线表面脏污的尘埃影响测量精度。为克服上述缺点,可在电控单元中设计自洁电路,在发动机熄火后 4s 内,控制电路发出电流,使铂热线通电,约 1s 内迅速升温高达 1000℃左右,烧掉黏附在铂热线上的污物。

(2)热膜式空气流量计。它与热线式空气流量计的结构和测量测量原理基本相同,其结构如图 31-14 所示。它是利用热膜与空气之间的热传递现象来测量空气流量的。热膜是由铂金属片固定在树脂薄膜上而构成的。用热膜代替热线提高了空气流量计的可靠性和耐用性,并且热膜不会被空气中的灰尘黏附。

2)进气管压力传感器

D 型汽油喷射系统不设空气流量计,而是利用进气管压力传感器测量节气门后进气管内的绝对压力,并以此作为电控单元计算喷油量的主要参数。在发动机工作时,节气门开大,进气量增多,进气管压力相应增加。因此,进气管压力的大小反映了进气量的多少。常见的进气管压力传感器有膜盒式和应变仪式两种。

(1)膜盒式进气管压力传感器。其结构如图 31-15 所示,在传感器中有一个密封的弹性金属膜盒,内部保持真空,外部与进气管相通。当进气管压力发生变化时,膜盒或收缩或膨胀,并带动衔铁在感应线圈中移动,从而在感应线圈中产生感应电压,将此电压信号传输给电控单元用来控制喷油量。

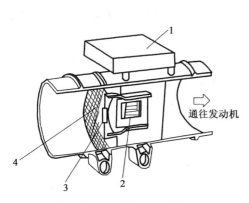

图 31-14　热膜式空气流量计

1-控制回路;2-热膜;3-温度传感器;4-金属网

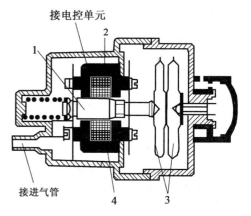

图 31-15　膜盒式进气管压力传感器

1-衔铁;2-次级感应线圈;3-膜盒;4-初级感应线圈

(2)应变仪式进气管压力传感器。物体因承受应力而变形时,由于长度发生变化,其电阻值也将随之改变。应变仪式进气管压力传感器就是根据这一原理设计的。如图 31-16 所示,传感器的主要元件是一个很薄的硅片,四周较厚,中间最薄。硅片的一面是真空室,另一面接入进气歧管压力。硅片上下两面各有一层二氧化硅薄膜,在膜层中,沿硅片四周有 4 个传感电阻,并接成桥式电路。在硅片的四角各有一个金属块,通过导线与传感电阻相连。

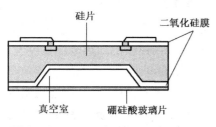

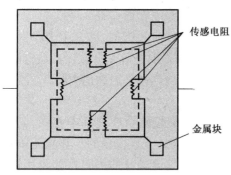

图 31-16　应变仪式进气管压力传感器

在硅片无变形时,电桥调到平衡状态。当进气管有压力时,硅片弯曲应变,引起电阻值变化,电桥失去平衡,其电阻值与应变成正比变化,此时电桥电路就会输出与进气管内压力成正比的电压,经差动放大器放大后,作为 ECU 的输入信号。

应变仪式进气管压力传感器能在较大的温度范围内正常工作,且有工作可靠、耐用等优点,故在 D 型汽油喷射系统中广泛应用。

3)补充空气阀

补充空气阀是实现发动机快怠速的装置。当发动机冷起动时,部分空气经补充空气阀进入发动机,使发动机的进气量增加。由于这部分空气是经过空气流量计计量过的,因此喷油量将相应地有所增加,从而提高了怠速转速,缩短了暖车时间。

现代汽油喷射系统多采用蜡式补充空气阀(图 31-17)。发动机循环冷却液经软管通入补充空气阀的水套中,流经蜡盒 5 周围。发动机冷起动时,冷却液的温度低,蜡盒内的石蜡凝固收缩,锥阀3在弹簧的作用下开启,打开旁通空气道。随着发动机逐渐热起来,冷却液的温度升高,蜡盒内的石蜡受热熔化膨胀,使推杆伸出,推动锥阀将旁通空气道关闭。

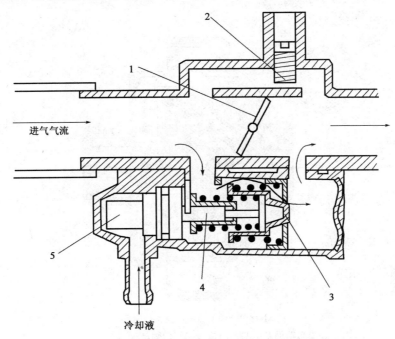

图31-17 蜡式补充空气阀
1-节气门;2-怠速调整螺钉;3-锥阀;4-推杆;5-蜡盒

3.电子控制系统

电子控制系统由各种传感器、ECU和执行器三部分组成。其功用是根据发动机运转状况和车辆运行情况确定汽油最佳喷射量。

1)传感器

(1)发动机温度传感器。因为发动机的温度用冷却液的温度表征,所以发动机温度传感器又称冷却液温度传感器。它安装在发动机机体或汽缸盖上,与冷却液接触,用来检测发动机循环冷却液的温度,并将检测结果传输给电控单元以便修正喷油量和点火正时。发动机温度传感器内部是一个半导体热敏电阻。冷却液温度越低,热敏电阻的阻值越大,反之亦然。传感器的两根导线都和电控单元连接,其中一根为搭铁线。

(2)进气温度传感器。进气温度传感器通常安装在空气流量计上,用来测量进气温度,并将温度变化的信息传输给电控单元作为修正喷油量的依据之一。进气温度传感器内部也是一个热敏电阻,其电阻温度特性、构造、工作原理以及与电控单元的连接方式均与发动机温度传感器相同。

(3)节气门位置传感器。节气门位置传感器安装在节气门轴上,与节气门联动。其功用是将节气门的位置或开度转换成电信号传输给电控单元,作为电控单元判定发动机运行工况的依据。节气门位置传感器有开关型和线性输出型两种。

开关型节气门位置传感器如图31-18所示,内有两个触点,分别为怠速触点和全负荷触点。与节气门同轴的接触凸轮控制两个触点的闭合或断开。当发动机在怠速时,节气门接近关闭,急速触点闭合,这时电控单元将指令喷油器增加喷油量以加浓混合气。全负荷时,节气门全开,接触凸轮使全负荷触点闭合,这时电控单元将输出脉冲宽度最长的电脉冲,以实现全负荷加浓。

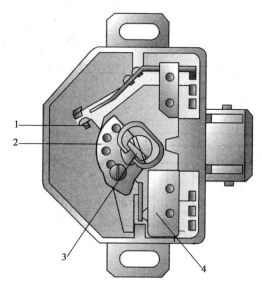

图 31-18　开关型节气门位置传感器
1-全负荷触点;2-接触凸轮;3-节气门轴;4-急速触点

线性输出型节气门位置传感器是一个线性电位计,由节气门轴带动电位计的滑动触点,如图 31-19 所示。当节气门开度不同时,电位计输出的电压也不同,从而将节气门由全闭到全开的各种开度转换为大小不等的电压信号传输给电控单元,使其精确地判定发动机的运行工况。

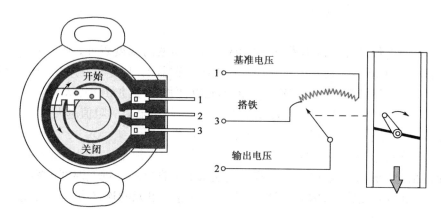

图 31-19　线性输出型节气门位置传感器

(4) 曲轴位置传感器。曲轴位置传感器通常安装在分电器内,用来检测发动机转速、曲轴转角以及作为控制点火和喷射信号源的第一缸和各缸压缩行程上止点信号。曲轴位置传感器有光电式、磁脉冲式和霍尔效应式三种。下面仅就光电式曲轴位置传感器结构及工作原理进行介绍。

光电式曲轴位置传感器如图31-20所示。它由发光二极管、光敏晶体管、转盘等组成,并安装在分电器底板上。两对发光二极管和光敏晶体管组成信号发生器。在转盘的边缘均匀地开有360个小细缝和6个大细缝。当转盘随分电器轴转动时,发光二极管通过细缝射向光敏晶体管的光线使光敏晶体管导通,光线被转盘遮断时,光敏晶体管截止,由此产生脉冲信号。分电器每转一转,输出360个相间1°的脉冲信号(相当于2°曲轴转角)和6个相间60°的脉冲信号(相当于120°曲轴转角)。前者作为发动机转速信号,也称 Ne 信号;后者为各缸活塞位于上止点的基准信号,也称 G 信号,其中较宽的一个为第一缸活塞位于上止点的信号。光电式曲轴位置传感器输出矩形脉冲信号,适合与电腔单元的数字系统配用。

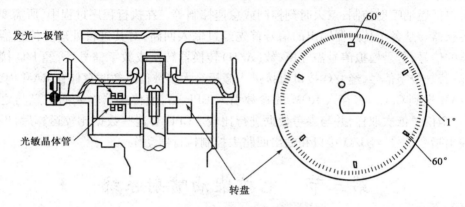

图 31-20　光电式曲轴位置传感器

(5)氧传感器。氧传感器是电子控制汽油喷射系统进行反馈控制的传感器,排气中氧分子的浓度与进入发动机的混合气成分有关。当混合气太稀时,排气中氧分子的浓度较高,氧传感器便产生一个低电压信号;当混合气太浓时,排气中氧分子的浓度低,氧传感器将产生一个高电压信号。电控单元根据氧传感器的反馈信号,不断地修正喷油量,使混合气成分始终保持在最佳范围内。通常氧传感器和三元催化转换器同时使用,由于后者只有在混合气的空燃比接近理论空燃比的狭小范围内净化效果才最好,因此,在这种情况下,电控单元必须根据氧传感器的反馈信号,控制混合气的空燃比更接近于理论空燃比。目前应用最多的是氧化锆氧传感器。

(6)爆震传感器。爆震传感器作为点火定时控制的反馈元件用来检测发动机的爆燃强度,借以实现点火定时的闭环控制,以便有效地抑制发动机爆燃的发生。通常使用的爆震传感器安装在发动机的机体上,它能将发动机发生爆燃而引起的机体振动信号转换为电压信号,且当机体的振动频率与传感器的固有振动频率一致而发生共振时,传感器将输出最大电压信号。ECU 将根据此最大电压信号判定发动机是否发生爆燃。爆震传感器有多种,其中应用最早的当属磁致伸缩式爆震传感器。

2)ECU

电控单元是电子控制单元(ECU)的简称。电控单元的功用是根据其内存的程序和数据对空气流量计及各种传感器输入的信息进行运算、处理、判断,然后输出指令,向喷油器提供一定宽度的电脉冲信号以控制喷油量。

电控单元一般由中央处理器(CPU)、只读存储器(ROM)、运行数据存储器(RAM)和输入/输出(I/O)接口等组成。CPU 是微机中运算器与控制器的总称,其特性基本反映了微机的性能。ROM 用来存储固定数据信息,即存放各种永久性程序和数据。如电子控制燃油喷射系统中控制程序软件、燃油基本喷射时间脉谱图、点火控制特性脉谱图以及其他重要特性数据等,它们都是通过大量试验获得的。RAM 在微机中起暂时存储信息的作用。切断电源时,存在 RAM 中的全部数据完全消失。因此,为防止发动机运行时,有些需较长时间保存以备后用的信息(如发动机故障码)不致丢失,一些 RAM 都通过专用的电源后备电路与蓄电池直接连接,使其不受点火开关的控制。

当电控单元进入工作状态时,某些程序和步骤从 ROM 中取出,进入 CPU 中央处理器,这些程序可包括燃油喷射控制、点火时刻控制或怠速控制等。在执行程序过程中,所需要的信息来自各传感器。从各个传感器输出的信号首先经过输入回路,对其进行处理。传感器输送给输入回路的信号,若是模拟信号需经模/数(A/D)转换器转换成数字信号后,经 I/O 接口进入电控单元;若是数字信号,经 I/O 接口直接进入微机。大多数信息暂时存储在 RAM 内,根据指令再从 RAM 送到 CPU。将存入 ROM 的参数引入 CPU 后,使传感器输入的信息与之进行比较,对每一个信号依次取样,并与参考数据进行比较。CPU 对这些数据比较运算后,做出决定并发出输出指令信号,经 I/O 接口和输出回路去控制执行器动作。

第三节　电控柴油喷射系统

一、概述

1. 电控柴油喷射系统的优点

为了改善柴油机运转性能和降低燃油消耗率,同时也为了适应严格的柴油机排放标准的需要,从 20 世纪 80 年代初期开始,各种电子控制柴油喷射系统(以下简称电控柴油喷射系统)相继问世。与传统的机械控制柴油喷射系统相比,电控柴油喷射系统有下列优点:

(1) 机械控制喷射系统的基本控制信息是柴油机的转速和加速踏板的位置,而电控喷射系统则通过许多传感器检测柴油机的运行状态和环境条件,并由电控单元计算出适应柴油机运行状况的控制量,然后由执行器实施。因此控制精确、灵敏。而且在需要扩大控制功能时,只需改变电控单元的存储软件,便可实现综合控制。

(2) 机械控制喷射系统往往由于设定错误和磨损等原因,而使喷油时刻产生误差。但是,在电控喷射系统中,总是根据曲轴位置的基本信号进行再检查,因此不存在产生失调的可能性。

(3) 在电控喷射系统中,通过改换输入装置的程序和数据,可以改变控制特性,一种喷射系统可用于多种柴油机。在此过程中不需要机械加工,故可缩短开发新产品的周期,有利于降低成本。

2. 电控柴油喷射系统的类型

电控柴油喷射系统可分为位置控制型和时间控制型两大类。

1）位置控制型

第一代柴油机电控喷射系统是采用位置控制系统。它不改变传统的喷油系统的工作原理和基本结构，只是采用电控组件代替调速器和供油提前器，对分配式喷油泵的油量调节套筒或柱塞式喷油泵的供油齿杆的位置以及油泵主动轴和从动轴的相对位置进行调节，以控制喷油量和喷油定时。其优点是，无需对柴油机的结构进行较大改动，生产继承性好，便于对现有机型进行技术改造。缺点是，控制系统执行频率响应仍然较慢，控制频率低，控制精度不够稳定；喷油率和喷油压力难于控制，而且不能改变传统喷油系统固有的喷射特性，因此很难较大幅度地提高喷射压力。

2）时间控制型

第二代柴油机电控喷射系统是采用时间控制方式，其特点是，在高压油路中利用电磁阀直接控制喷油开始时间和结束时间，以改变喷油量和喷油定时。它具有直接控制、响应快等优点。

时间控制系统又有电控泵喷油器系统和共轨式电控燃油喷射系统两类。

电控泵喷油器系统除了能自由控制喷油量和喷油定时外，喷射压力还十分高（峰值压力可达240MPa），但其无法实现喷油压力的灵活调节，且较难实现预喷射或分段喷射。

共轨式电控燃油喷射系统是比较理想的燃油喷射系统。它不再采用喷油系统柱塞泵分缸脉动供油原理，而是用一个设置在喷油泵和喷油器之间的、具有较大容积的共轨管，把高压油泵输出的燃油蓄积起来并稳定压力，再通过高压油管输送到每个喷油器上，由喷油器上的电磁阀控制喷射的开始和终止。电磁阀起作用的时刻决定喷油定时，起作用的持续时间和共轨压力决定喷油量。由于该系统采用压力时间式燃油计量原理，因此又可称为压力时间控制式电控喷射系统。按其共轨压力的高低又分为高压共轨、中压共轨和低压共轨三种。

3. 电控柴油喷射的基本原理

电控柴油喷射系统由传感器、控制单元（ECU）和执行机构三部分组成。传感器采集转速、温度、压力、流量和加速踏板位置等信号，并将实时检测的参数输入计算机；ECU是电控系统的"指挥中心"，对来自传感器的信息同储存的参数值进行比较、运算，确定最佳运行参数；执行机构按照最佳参数对喷油压力、喷油量、喷油时间、喷油规律等进行控制，驱动喷油系统，使柴油机工作状态达到最佳。

下面仅就近年来，积极推广使用的高压共轨式电控柴油喷射系统进行介绍。

二、高压共轨式电控柴油喷射系统

1. 高压共轨式电控柴油喷射系统的优点

共轨系统是先将柴油以高压状态蓄积在被称为共轨的容器中，然后利用电磁三通阀将共轨中的压力油引到喷油器中完成喷射任务的系统。它是利用安装在高压油路中的高速、强力电磁溢流阀来直接控制喷油始点和喷油量，并实时变更电磁阀升程和改变高压油路中的油压来实现对喷油率和喷油压力的控制。

共轨中蓄积着与喷油压力相同的柴油，此油直接进入喷嘴（针阀腔）开启针阀进行喷射，这就是高压共轨系统。比较成熟的有德国博世公司的CR系统、日本电装公司的ECD-U2系统等。

概括起来,高压共轨系统的主要优点如下:

(1)共轨系统中的喷油压力柔性可调,对不同工况可确定所需的最佳喷射压力,从而优化了柴油机综合性能。

(2)可独立地柔性控制喷油正时,配合高的喷射压力(120~200MPa),可同时控制 NO_x 和微粒(PM)在较小的数值内,以满足排放要求。

(3)可柔性控制喷油速率变化,以实现理想喷油规律,以及预喷射和多次喷射,达到既可降低柴油机的噪声和 NO_x 的排放,又能保证柴油机获得优良动力性和经济性的目的。

(4)由电磁阀控制喷油,其控制精度较高,高压油路中不会出现气泡和残压为零的现象,因此在柴油机运转范围内,循环喷油量变动小,各缸供油不均匀可得到改善,从而减轻柴油机的振动和降低排放。

(5)能分缸调控并且响应快。

(6)具有极好的燃油密封性,高压燃油泄漏量小,降低了驱动燃油泵的功率损失。

(7)有很好的可安装性。对柴油机不要求附加驱动轴,可以像通常的直列式油泵一样安装,只需略加修改喷油器支架,就可安装电控喷油器。

(8)结构更加紧凑。这是因为省去了供油提前角自动调节器和调速器的缘故。

(9)具有故障自诊断功能。即可通过调取故障码来方便进行故障的诊断和检测。

常规的喷油泵—高压油管—喷油嘴系统,喷油压力一般随转速的升高而升高,有的系统还与负荷有关,这种特性对低速和部分负荷下的燃油经济性和烟度不利,而共轨系统可以做到喷油压力不随转速变化而变化的特性,并可保持到柴油机的低转速达 500r/min。同时,最小循环供油量可达每循环 $1mm^3$,其值远小于重型货车用柴油机为保持最低稳定转速所需的每循环 $12mm^3$。

高压共轨系统是一个电子控制的精确的压力—时间油量控制系统,共轨中压力波动很小,它没有常规电控喷油系统中存在的一些问题,如没有由压力波而产生的难控区、失控区,也没有调速器能力不足等问题,可实现柴油机所需的理想油量控制特性。

2. 系统的组成及工作原理

图 31-21 所示为日本电装公司的 ECD-U2 共轨燃油喷射系统。它包括高压油泵 11、共轨管 4、喷油器、电控单元(ECU)以及多种传感器。

高压油泵是一个两缸直列泵,该泵的凸轮近似三角形,凸轮轴旋转一次,每缸供油三次,装在它上面的油泵压力控制阀(PCV)12 接受来自 ECU 的指令控制旁通油量,达到控制共轨管 4 内油压的目的。共轨管 4 中的油压由燃油压力传感器 3 送到 ECU 中,并经预先储存在 ECU 中的油压 MAP 图(喷油压力与转速、负荷关系图)的比较和修正,进行喷油压力的反馈控制。共轨油压同样作为喷油器的背压(控制室内压力)使用,喷油量与喷油定时的控制依靠三通阀(TWV)5 不断变动控制室内的背压来实现,即依靠 ECU 指令,依靠作用在 TWV 上的电脉冲宽度来实现循环喷油量的变化,依靠改变脉冲的定时来实现喷油定时的变化,依靠喷油器设计措施和脉冲作用方式的变化来实现喷油率的变化。ECD-U2 可实现三角形、靴形和引导喷射三类喷油率形状。

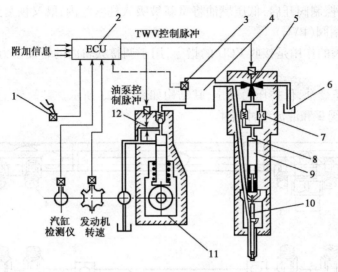

图 31-21 ECD-U2 共轨燃油喷射系统
1-加速踏板；2-电控单元；3-燃油压力传感器；4-共轨管；5-三通阀(TWV)；6-燃油箱；7-节流孔；8-控制室；9-液压活塞；10-喷油器；11-高压油泵；12-油泵压力控制阀(PCV)

3．系统主要部件结构

1）高压油泵

ECD-U2 系统的高压油泵的结构如图 31-22 所示。它和传统系统的直列泵结构相似，区别在于各柱塞上方配置有油泵压力控制阀7。供油凸轮有单作用、双作用、三作用及四作用等多种类型。图 31-22 所示为三作用型，即在凸轮轴上有三个凸轮面。显然，凸轮轴旋转一周，可向共轨管输出三次高压柴油。采用三作用型凸轮，可使柱塞单元减少到 1/3，并可保证向共轨中供油的频率和喷油频率相同，使共轨中的油压平稳。

高压油泵的基本工作过程如下：

(1) 柱塞下行，控制阀开启，低压燃油经控制阀 PVC 流入柱塞腔。

(2) 柱塞上行，但控制阀中尚未通电，控制阀仍处于开启状态，吸进的燃油并未升压，并经控制阀又流回低压腔。

(3) 柱塞继续上行，当共轨管上的油压传感器检测到共轨管内的燃油压力低于规定值时，控制阀通电使其关闭，则回油流路被切断，柱塞腔内燃油被升压，高压燃油经出油阀压入共轨内。控制阀关闭后的柱塞行程与供油量对应。如果使控制阀的开启时间（柱塞的预行程）改变，则供油量随之改变，从而可控制共轨管内燃油压力。

(4) 凸轮越过最大升程后，则柱塞进入下降行程，柱塞腔内的压力降低。这时出油阀关闭，压油停止。此时，控制

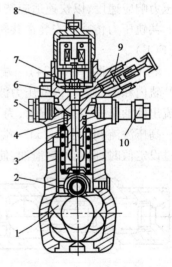

图 31-22 ECD-U2 系统的高压油泵结构
1-三作用型工作凸轮；2-挺柱体；3-柱塞弹簧；4-柱塞；5-低压油进油管接头；6-柱塞套；7-油泵压力控制阀(PCV)；8-电控单元接头；9-出油阀；10-溢流阀

阀又处于断电状态,控制阀开启,低压燃油将重新被吸入柱塞腔内,既又恢复到(1)状态。

2)油泵压力控制阀(PVC)

油泵压力控制阀的作用是接收 ECU 的指令,用于调整共轨内的燃油压力。

3)共轨管

共轨管存储高压燃油,保持压力稳定,其结构如图 31-23 所示。共轨管上安装有共轨压力传感器 3、高压溢流阀 2 和液流缓冲器 4。

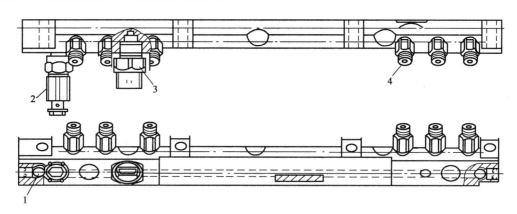

图 31-23 共轨部件
1-封套;2-高压溢流阀;3-共轨压力传感器;4-液流缓冲器

共轨管容积具有削减高压油泵的供油压力波动和每个喷油器由喷油过程引起的压力振荡的作用,使高压油轨中的压力波动控制在一定范围。但其容积又不能太大,以保证共轨有足够的压力响应速度,以快速适应柴油机工况的变化。

共轨压力传感器安装在共轨管上,随时检测共轨内的燃油压力并将其信号反馈给电控单元(ECU)。

液流缓冲器(图 31-24)一端与共轨相连,另一端通过高压油管与喷油器相连。其作用是使共轨内和高压管路内的压力波动减小,以稳定的压力将高压燃油供入喷油器。而且一旦发生流出的油量过多等情况时,为了不至于损坏发动机,还可将燃油通路切断,停止供油。

高压溢流阀(图 31-25)一端与共轨管相连,另一端与回油管相连。此阀常闭,当共轨油压超过设定值时,此阀开启泄油,使压力降低,以此维持共轨内的压力。

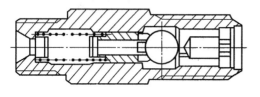

图 31-24 液流缓冲器

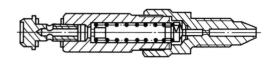

图 31-25 高压溢流阀

4)电控喷油器

电控喷油器是共轨式燃油系统中最关键和最复杂的部件,它的作用是根据 ECU 发出的控制信号,通过油泵压力控制阀(PVC)电磁阀的开启和关闭,将高压油轨中的燃油以最佳的喷油定时、喷油量和喷油率喷入柴油机的燃烧室。

如图 31-26 所示，ECD-U2 每个喷油器总成的上方均有一个电控三通阀（TWV）。三通阀包括内阀（固定）1 和外阀（可动）2，外阀和电磁线圈的衔铁制成一体，由线圈的通电来指令外阀的运动，阀体 3 则用来支承外阀。三个元件精密地配合在一起，分别形成密封内阀座 A 和外阀座 B。随着外阀的运动，A、B 阀座交替关闭，三个油道（共轨油道Ⅰ、泄油道Ⅲ和液压活塞上腔油道Ⅱ）两两交替接通，三通阀仅起压力开关阀的作用，本身并不控制喷油量。

当线圈没有通电时，外阀在弹簧力和高压油压力的作用下落座外阀座 B，并关闭泄油道Ⅲ，离开内阀座 A，打开共轨油道Ⅰ，油道Ⅰ、Ⅱ相通，高压油由Ⅰ经Ⅱ进入液压活塞上腔控制室，在高压燃油压力作用下，喷油嘴针阀关闭，不喷油。当线圈通电时，外阀在电磁力的吸引下向上运动，离开外阀座 B，并落座内阀座 A，此时共轨油道Ⅰ被外阀关闭，而油道Ⅱ、Ⅲ相通，液压活塞上腔控制室的油液经泄油道Ⅲ放油，这时针阀尾部的压力降低，针阀开启，喷油器喷油。线圈通电时间即喷油脉宽，决定喷油量。

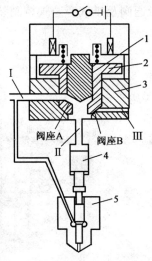

图 31-26 电控喷油器工作原理图
1-内阀；2-外阀；3-阀体；4-液压活塞；5-喷嘴

第四节 发动机废气涡轮增压

一、概述

所谓增压就是将空气预先压缩然后再供入汽缸，以期提高空气密度、增加进气量的一项技术。由于进气量增加，可相应地增加循环供油量，从而可以提高发动机功率。同时，增压还可以改善燃油经济性。实践证明，在小型汽车发动机上采用增压技术，当汽车以正常的经济车速行驶时，不仅可以获得相当好的燃油经济性，而且还由于发动机功率提高，可以得到驾驶人所期望的良好的加速性。

所谓废气涡轮增压，就是涡轮增压器与发动机没有机械的联系，利用废气所包含的能量推动涡轮机叶轮旋转，并带动与其同轴安装的压气机叶轮工作，使新鲜空气在压气机内增压后再送入汽缸。它由压气机、涡轮机、增压压力调节系统、中冷器等组成。

涡轮增压的优点是经济性比机械增压和非增压发动机都好，并可大幅度地降低有害气体的排放和噪声水平。涡轮增压的缺点是低速时转矩增加不多，而且在发动机工况发生变化时，瞬态响应差，致使汽车加速性，特别是低速加速性较差。

涡轮增压系统分为单涡轮增压系统和双涡轮增压系统。只有一个涡轮增压器的增压系统为单涡轮增压系统，如图 31-27 所示。涡轮增压系统除涡轮增压器之外，还包括进气旁通阀、排气旁通阀和排气旁通阀控制装置等。

图 31-28 所示为六缸汽油喷射式发动机的双涡轮增压系统。其中两个涡轮增压器并列布置在排气管中，按汽缸工作顺序把 1、2、3 缸作为一组，4、5、6 缸作为另一组，每组三个汽缸的排气驱动一个涡轮增压器。因为 3 个汽缸的排气间隔相等，所以增压器转动平稳。另外，把 3 个汽缸分成一组还可防止各缸之间的排气干扰。此系统除包括涡轮增压器、进气旁通阀、排气

旁通阀及排气旁通阀控制装置之外,还有中冷器、谐振室和增压压力传感器等。

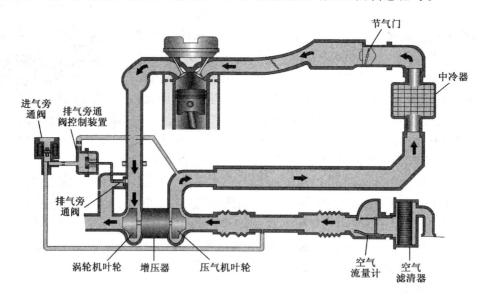

图 31-27 单涡轮增压系统示意图

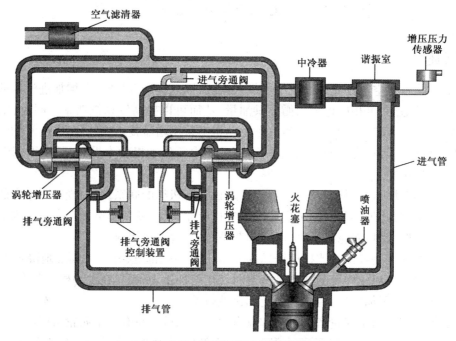

图 31-28 双涡轮增压系统示意图

二、涡轮增压器的结构及工作原理

车用涡轮增压器结构如图 31-29 所示,主要由离心式压气机和径流式涡轮机及中间体三部分组成。增压器轴 5 通过两个浮动轴承 9 支承在中间体 14 内。中间体内有润滑和冷却轴承的油道,还有防止润滑油漏入压气机或涡轮机中的密封装置等。

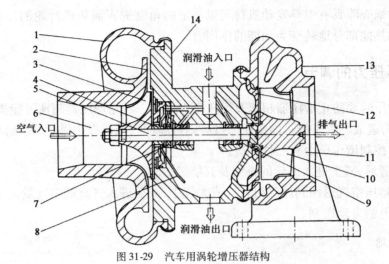

图 31-29 汽车用涡轮增压器结构

1-压气机蜗壳;2-无叶式扩压管;3-压气机叶轮;4-密封套;5-增压器轴;6-进气道;7-推力轴承;8-挡油板;9-浮动轴承;10-涡轮机叶轮;11-出气道;12-隔热板;13-涡轮机蜗壳;14-中间体

1. 离心式压气机

离心式压气机由进气道6、压气机叶轮3、无叶式扩压管2及压气机蜗壳1等组成,如图31-29所示。叶轮包括叶片和轮毂,并由增压器轴5带动旋转。

当压气机旋转时,空气经进气道进入压气机叶轮,并在离心力的作用下沿着压气机叶片1之间形成的流道(图31-30),从叶轮中心流向叶轮的外缘。空气从旋转的叶轮获得能量,使其流速、压力和温度均有较大的增高,然后进入无叶式扩压管3。扩压管为渐扩形流道,空气流过扩压管时减速增压,温度也有所升高。即在扩压管中,空气所具有的大部分动能转变为压力能。

蜗壳4的作用是收集从扩压管3流出的空气,并将其引向压气机出口。空气在蜗壳中继续减速增压,完成其由动能向压力能转变的过程。

2. 径流式涡轮机

涡轮机是将发动机排气的能量转变为机械功的装置。径流式涡轮机由蜗壳4、喷管3、叶轮1和出气道等组成,如图31-31所示。蜗壳4的进口与发动机排气管相连,发动机排气经蜗壳引导进入叶片式喷管3。喷管是由相邻叶片构成的渐缩形流道。排气流过喷管时降压、降温、增速、膨胀,使排气的压力能转变为动能。由喷管流出的高速气流冲击叶轮1,并在叶片2之间的渐缩状通道内继续膨胀做功,推动叶轮旋转。

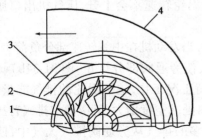

图 31-30 离心式压气机示意图
1-压气机叶片;2-叶轮;3-叶片式扩压管;4-蜗壳

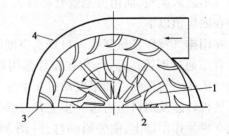

图 31-31 径流式涡轮机示意图
1-叶轮;2-叶片;3-叶片式喷管;4-蜗壳

涡轮机的蜗壳除具有引导发动机排气以一定的角度进入涡轮机叶轮的功能外,还有将排气的压力能和热能部分地转变为动能的作用。

三、增压压力的调节

发动机增压时要防止增压器超速及增压压力过高。涡轮增压器超速可能损坏压气机及涡轮旋转零部件,造成严重事故。增压压力过高则可能使汽油机发生爆燃;使柴油机机械负荷及热负荷过高。控制增压压力有三种办法:

(1)排气旁通,减少进入涡轮的排气及其能量。
(2)部分增压空气返回到压气机入口或大气中,减少进入气缸的空气量。
(3)通过电脑自动控制。

1. 排气旁通

涡轮增压发动机的离心式压气机,通常在1/4发动机额定转速以下的转速范围内,出口空气压力增加甚微。高于该转速后,压力逐步上升(图31-32),如果不采用排气旁通,则压力沿着虚线上升,会超过发动机能承受的最高增压压力。因此要采取排气旁通或其他措施,使其压力控制在允许值以下,图中所示为0.09MPa以下。在一定具体条件下,采用大的涡轮及蜗壳,也可以使压力较低,如图中虚线所示,但这是不经济的。

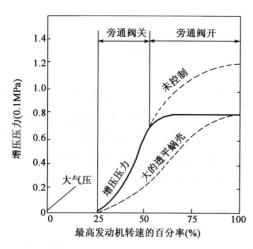

图31-32 控制增压压力与发动机转速

为了防止涡轮增压器的超速及增压压力过高,可以采用旁通提升阀(图31-33)等措施来控制排气旁通的通道。

控制排气旁通阀的开、关有两种方法,一是由压气机出口的增压空气控制(图31-33),另一方法是由排气背压及压气机入口处形成的真空度联合控制(图31-34)。前一种方法是用软管将压气机蜗壳空腔与膜片作用器的空腔连接起来,传递压气机出口处空气压力变化信号。当发动机在正常的稳定状态下工作,增压压力不高,提升阀是关闭的,如图31-33a)所示。当增压压力超过某一规定值时,提升阀打开[图31-33b)],部分排气不进入涡轮,而由旁通管直接排入大气中,因此涡轮转速不会上升,压气机出口压力也保持在限定值以下。

在用排气背压及压气机入口处真空度联合控制时,当发动机在中等转速部分负荷工作时,排气背压通过钢管传递,作用在膜片作用器的膜片上,使旁通阀部分打开[图31-34b)],实现控制增压压力的目的。如果发动机在中速、高速大负荷工况工作,输入涡轮的排气能量增加,使压气机转速及出口压力进一步上升,此时压气机入口处真空度增大,其影响与排气背压同时作用在膜片作用器上,使旁通阀打开[图31-34c)],更多的排气从旁通阀排入大气中,使增压压力保持在一定范围内。

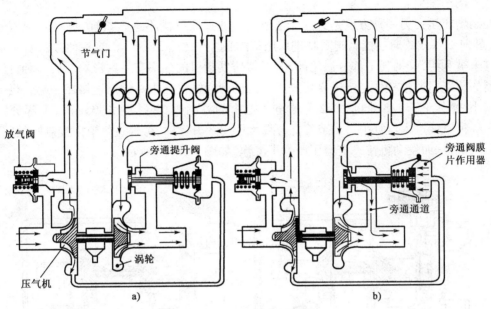

图 31-33 排气旁通增压系统
a)旁通阀关;b)旁通阀开

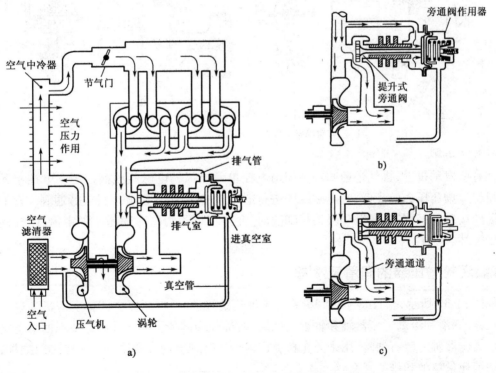

图 31-34 排气背压及压气机入口处真空度控制的增压系统
a)旁通阀关;b)旁通阀部分打开;c)旁通阀全开

2. 空气旁通

控制增压压力另一种方法是让部分增压空气通过放气阀不进入汽缸,仍然回到压气机入口处(图31-33)或是通过控制阀限制进入压气机的空气(图31-35)。前一种方法由于部分增压空气未被利用,又消耗了部分涡轮的功,对增压发动机的效率有一些影响。后一种方法是将化油器的节气门通过杆件与空气直接进入汽缸的旁通进气道中一阀门连接在一起。当节气门开度很小,例如小于1/3开度,那么旁通进气道中的控制阀打开[图31-35a)],大部分空气不经过压气机直接进入汽缸中。当节气门开度大于1/3开度时,旁通进气道中控制阀关闭,空气进入压气机,从而发动机在一定增压压力下工作,如图31-35b)所示。

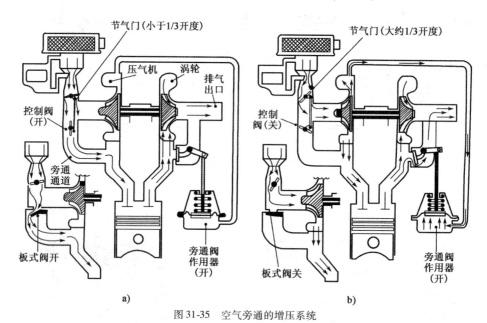

图31-35 空气旁通的增压系统
a)低速轻负荷工况;b)高速重负荷工况

3. 自动控制

在有些发动机上,排气旁通阀的开闭由电控单元操纵的电磁阀线圈控制。电控单元根据压气机出口增压压力的高低,对电磁线圈进行通电或断电控制,以开闭排气旁通阀。有的电控单元还能按照预编程序,在发动机突然加速时,允许增压压力短时间超出限定值,以提高发动机的加速性。

四、涡轮增压器的润滑及冷却

如图31-36所示,来自发动机润滑系统主油道的机油,经增压器中间体上的机油进口1进入增压器,润滑和冷却增压器轴和轴承。然后,机油经中间体上的机油出口2返回发动机油底壳。在增压器轴上装有油封,用来防止机油窜入压气机或涡轮机蜗壳内。如果油封损坏,将导致机油消耗量增加和排气冒蓝烟。

由于汽油机增压器的热负荷大,因此在增压器中间体的涡轮机侧设置冷却水套,并用软管与发动机的冷却系统连通。冷却液自中间体上的冷却液进口3流入中间体内的冷却水套4,

从冷却液出口 5 流回发动机冷却系统。冷却液在中间体的冷却水套中不断循环，使增压器轴和轴承得到冷却。

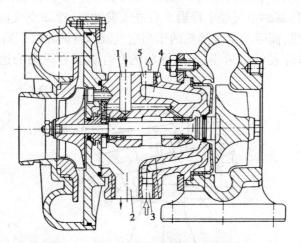

图 31-36 涡轮增压器的润滑油路及冷却水套
1-机油进口；2-机油出口；3-冷却液进口；4-冷却水套；5-冷却液出口

有些涡轮增压器在中间体内不设置冷却水套，只靠机油及空气对其进行冷却。发动机在大负荷或高转速工作之后，如果立即停机，那么机油可能由于轴承温度太高而在轴承内燃烧。因此，这类涡轮增压发动机应该在停机之前，至少在怠速下运转 1min。

五、冷却增压空气

增压空气进行中冷，对增加充量、降低热负荷，尤其是消除汽油机爆燃十分有利。如，对增压的爆燃极限进行系统试验表明（图 31-37）：对于确定的燃料辛烷值及确定的 ϕ_a 值，降低增压空气温度 t_k，可提高增压压力 p_k。在图 31-38 中，增压压力为 0.184MPa，增压空气温度从 110℃ 降到 66℃，则汽油机功率从 260kW 上升至 300kW，有效燃油消耗率从 245g/(kW·h) 下降到 210g/(kW·h)，点火提前角从 23° 提前到 30.5°。由此可见，增压汽油机采用中冷后，对提高功率、降低油耗、减轻爆燃都是有利的。

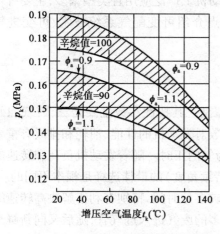

图 31-37 t_k 对 p_k、ϕ_a、燃料辛烷值的影响

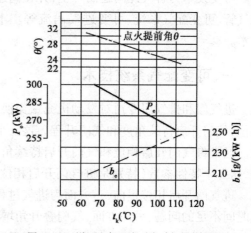

图 31-38 增压空气温度对发动机性能的影响

冷却增压空气的方法一般是用水或空气在中间冷却器中进行间接冷却。采用独立水冷却系统使结构庞大而复杂,在有的汽车上布置困难,而采用空气冷却的方案比较可取,如图31-39所示。被涡轮增压器压缩的空气经中冷器5后进入发动机,冷却空气由一个空气涡轮所驱动的轴流式风扇3所提供,而驱动空气涡轮的压缩空气就取自涡轮增压器1所压缩的工质(由图中取气管2引出)。为了使结构紧凑,空气涡轮的叶片就装在风扇的边缘,二者合为一体,称为轮缘空气涡轮风扇。

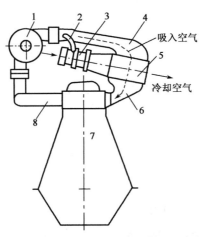

图31-39 空-空中间冷却器
1-增压器;2-取气管;3-涡轮风扇;4-进气管;5-中冷器;6-进气歧管;7-发动机;8-排气歧管

第五节 发动机可变进气控制技术

可变技术就是随使用工况(转速、负荷)变化,使发动机某系统结构参数可变的技术。

车用发动机既要满足高功率化的要求,又要保证中、低转速,中、小负荷的经济性和稳定性,希望在很大转速范围内的动力性和经济性都得到改善、避免出现转矩低谷,提高乘坐舒适性。可变技术为解决此问题而产生,并在高速轿车发动机上广泛应用且类型繁多,主要有可变进气管、可变配气系统、可变进气涡流等。本节将重点介绍可变配气系统技术、可变进气管技术。

一、可变配气系统技术

进气门和排气门专司对发动机充量交换过程的控制。其特性参数主要是三个:气门开启相位,气门开启持续角度和气门升程。这三个特性参数对发动机的性能、油耗和排放有重要影响。通常将气门开启相位和气门开启持续角度统称为气门正时。随着发动机负荷和转速的改变,这三个特性参数(特别是进气门开启相位和开启持续角度)的最佳选择是根本不同的。

进气门开启相位提前,一方面为进气过程提供了较多的时间,特别有利于解决高转速时进气时间不足的问题;另一方面,气门叠开角增大,有更多的废气进入进气管,随后又同新鲜充量一起返回汽缸,造成了较高的内部排气再循环率,可降低油耗和NO_x排放,但同时也导致起动困难、怠速不稳定和低速工作粗暴。

进气门关闭相位推迟,一方面在高转速时有利于利用高速气流的惯性提高体积效率;另一方面在低转速时又会将已吸入汽缸的新鲜充量又推回到进气管中。

气门升程增大,一方面在高负荷时有利于提高体积效率;另一方面在低负荷时又不得不将节气门关得更小,造成更大的泵气损失和节流损失。

综上所述可见,出于不同的考虑,对气门特性参数提出了不同要求。为了提高标定功率,要提早开启、推迟关闭进气门,并提高进气门升程;为了提高低速转矩,要提早关闭进气门;为了改善起动性能并提高怠速稳定性,则要推迟开启进气门,减小气门叠开。理论分析表明:进气门特性参数对发动机的影响比排气门特性参数更大;进气门关闭相位的影响比开启相位大。

但是,传统的气门正时只能设计成对某一个转速或狭小的转速范围最有利于提高其体积效率。于是,人们想到能否设计成气门特性参数可变的进、排气门的系统,以便达到使各种工况都能优化的目的。这就是可变配气系统。可变配气系统按驱动方式分为机械式和电子控制无凸轮机构两类。目前商品化的系统有可变凸轮机构(Variable Camshaft System, VCS)和可变气门正时(Variable Valve Timing, VVT)及其组合,基本可以实现可变气门正时、可变气门升程和可变气门持续角等功能。

1. 可变气门正时

根据负荷和转速调节配气相位可以控制充气效率和缸内残余废气量。如果发动机用不同凸轮轴分别驱动进、排气门,而且一根凸轮轴不是通过另一根驱动,则可以用图 31-40 所示的相位可变凸轮轴达到移动配气相位的目的。凸轮轴的相位借助一个螺旋花键套 1 的移动来改变。花键套内孔的直齿花键与凸轮轴 3 端头的花键啮合,它的外螺旋花键与驱动链轮 4 的螺旋花键孔啮合。当花键套 1 在油压作用下克服复位弹簧 2 的弹力轴向移动时,凸轮轴 3 与驱动链轮 4 相对角位移 $\Delta\varphi_c = 10° \sim 20°$。油压用电磁阀控制,机油通过中空的凸轮轴供给。

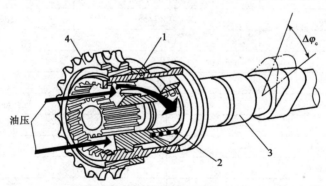

图 31-40　MIVEC 的凸轮及摇臂机构
1-花键套;2-复位弹簧;3-凸轮轴;4-驱动链轮

从图 31-41 上可以看出,采用 VVT 技术可以使得发动机的低速转矩得到大幅度的提高。

2. 气门升程可变

可变凸轮机构一般都是通过两套凸轮或摇臂来实现气门升程与持续角的变化,即在高速采用高速凸轮,气门升程与持续角都较大,而在低速时切换到低速凸轮,升程与持续角均较小。

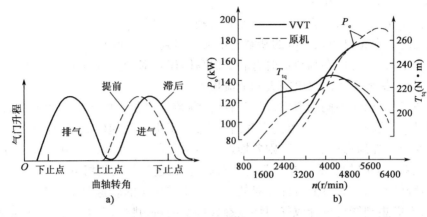

图 31-41 VVT 对发动机性能的影响

日本三菱公司为减少泵气功损失,更多地提高汽车的动力性及降低有效燃油消耗率,研制开发了多模式可变气门定时机构(MIVEC)。它有高速、低速和排量可变三种运行模式。

三菱公司采用上述多模式可变配气机构发动机的主要参数列于表 31-1 中。该机构采用两根顶置凸轮轴,凸轮外形轮廓设计分高速及低速两类,控制两个进气门及两个排气门的开闭。根据发动机工况的需要,电控单元发出指令给专用液压油泵及液压电磁阀,让液压油进入对应该凸轮的摇臂油压活塞上(图 31-42),将摇臂卡紧在摇臂轴上,让摇臂能跟随凸轮动作,分别实现上述三种工作模式及表 31-1 中的气门定时气门升程的变化。设置专用液压泵是为了根据发动机工况需要,在上述三种模式中进行迅速而稳定地切换。

发动机多模式可变气门定时机构参数　　　　表 31-1

项　目		MIVEC		常规的配气机构
发动机型式		四缸直列		四缸直列
缸径×行程(mm)		$\phi 81.0 \times 77.5$		$\phi 81.0 \times 77.5$
排量(cm^3)		1597		1597
燃油		优质		优质
压缩比		11.0		11.0
气门驱动		四气门双顶置凸轮轴		四气门双顶置凸轮轴
气门定时及气门升程		低速凸轮	高速凸轮	
	进气门			
	开(°BTDC)	17	47.5	19
	关(°ABDC)	31	72.5	53
	升程(mm)	5.5	10	9.2
	排气门			
	开(°BBDC)	41	70	60
	关(°ATDC)	15	35	16
	升程(mm)	6.8	9	9.5

发动机在高速工况,压力高的液压油进入摇臂轴的右端油道[图31-42a)],将其中活塞-H向上推,使高速摇臂杆与摇臂轴卡紧在一起,于是高速凸轮通过高速摇臂杆及T形杆,控制气门的开闭。此时摇臂轴左端并无压力高的液压油进入,其中液压小活塞-L并未被压上去,于是左端低速摇臂杆并未起作用。发动机低速工况,液压油则进入摇臂轴左端油孔,将其中小活塞向上压,使低速凸轮能带动左端低速摇臂杆工作。此时,右端高速摇臂杆中小活塞并无液压油将其压上去,因此不工作,如图31-42b)所示。当摇臂轴两端都无高压液压油输入时,于是两个气门都不工作,如图31-42c)所示。

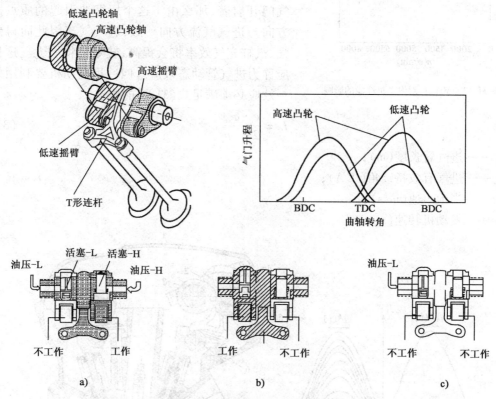

图31-42　MIVEC的凸轮及摇臂机构
a)高速凸轮模式;b)低速凸轮模式;c)气门不工作模式

上述发动机采用多模式可变配气机构后,当两个汽缸停止工作,发动机泵气功损失减少约50%,能合理控制进气涡流,充分利用高速工况下进气门关闭前形成的较高进气脉冲波等。与采用常规的配气机构相比,按日本典型的试验循环,发动机的最大功率增加了21%,高转速下的转矩显著提高,有效燃油消耗率降低约16%。

图31-43为采用多模式可变气门定时机构发动机性能特性曲线。

图31-44所示为一种可使进气门升程曲线连续变化的凸轮机构。一个特殊形状的杠杆2插在凸轮轴3与气门摆臂6之间。杠杆受偏心轴1控制。通过偏心轴移动杠杆2的位置即可改变气门升程曲线和开启持续角,从而改变发动机进气量和负荷高低,因而不必用节气门控制负荷。另外,进排气的相位还可用图31-40所示的结构加以调整。

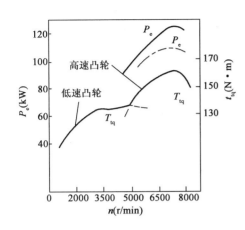

图 31-43 MIVEC 对发动机性能的影响

二、可变进气管技术

进气门的开启和活塞的运动是一种扰动,会在进气系统产生膨胀波。这个膨胀波从进气门出发,以当地声速传播到管端。因为进气系统的管端是敞开的,膨胀波在此膨胀变成压缩波并同样以当地声速反向传回进气门。如果这个压缩波传到进气门时进气门开启着,那么由于这个压缩波引起的质点振动方向与进气气流方向一致,进气气流因此而得到增强,汽缸充气效率将会提高,转矩也将增大。这种效应称为进气管动态效应。四冲程发动机要利用好这一效应必须满足式(31-2)的要求。

$$L = \frac{c \cdot \varphi_{se}}{24 \cdot n} \tag{31-2}$$

式中:L——进气管长度(m);
　　φ_{se}——进气有效持续角(°CA);
　　c——当地声速(m/s);
　　n——发动机转速(r/min)。

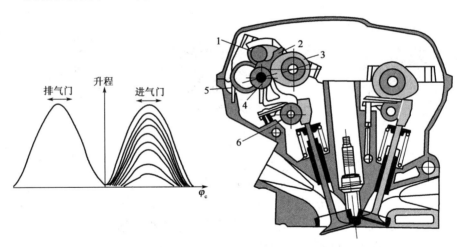

图 31-44　进气门升程和曲线连续可变的凸轮机构
1-偏心轴;2-杠杆;3-凸轮轴;4-杠杆的滚轮;5-复位扭簧;6-气门摆臂

由式(31-2)可见,为获得最佳充气效率 η_v,应使进气管长度与发动机转速相匹配。当 φ_{se} 为定值时,为了提高低速转矩,应增大进气管长度;反之,为提高高速转矩(进而提高额定功率),应减少进气管长度,如图 31-45 所示。若要两者兼得,须使进气管长度因转速而调整。

图 31-46 为德国 Pierburg 公司和 Audi 公司合作开发的 V6 发动机的可变进气管长度电子控制系统。该系统为每一个汽缸的进气歧管装了一个活门 1。活门开启时,空气通过活门以较短的路径进入汽缸,如黑色箭头所示;活门关闭时,空气不得不绕道以较长的路径进入汽缸,

如白色箭头所示。活门只有全开和全闭两个位置，由膜片阀 2 控制。膜片将膜片阀分成两个空腔，靠近活门的空腔通大气；另一个空腔内装有弹簧顶着膜片，并通过一个电磁阀与真空泵相连（图 31-46 中未示出）。膜片通过拉杆与活门相连。发动机转速超过设定的门槛值时，ECU 发信号给电磁阀，将真空泵与膜片阀的一个空腔连通，该空腔内的弹簧不抵另一个空腔内大气压力的作用，在大气压力作用下膜片得以通过拉杆开启活门，使进气管长度缩短。发动机转速低于这个门槛值时，电磁阀切断从真空泵到膜片阀的通路，膜片分隔开的两个空腔内都是大气压力，膜片在弹簧压力作用下通过拉杆关闭活门，使进气管长度加长。

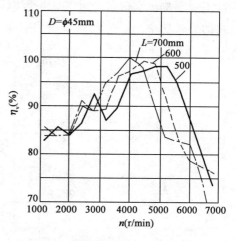

图 31-45　进气管长度对进气波动效应的影响

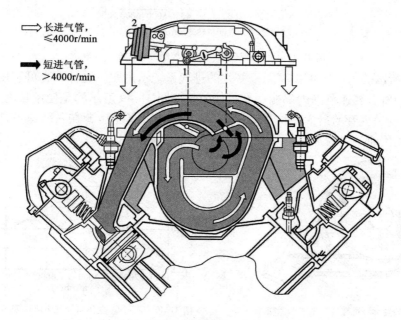

图 31-46　Audi V6 发动机的可变长度进气管
1-活门；2-膜片阀

Audi V6 发动机由于采用了可变进气管长度的电子控制技术，使其在整个转速范围内获得了较为平坦的转矩曲线。当活门关闭时取较长的进气管长度，因此在较低转速 3000r/min 左右出现最大转矩，如图 31-47 虚线所示，这正是汽车所需要的；但高转速时转矩陡降，影响了最大功率。反之，当活门开启时取较短的进气管长度，因此在较高转速 4600r/min 左右出现最大转矩，如图 31-47 实线所示，使最大功率明显上升；但低转速时转矩偏低，不能满足要求。虚线和实线相交于 4000r/min，所以，对 Audi V6 发动机将转速门槛值定在 4000r/min，也就是说，当发动机转速升高到 4000r/min 时，ECU 发出指令开启活门，转矩曲线便从虚线转变到实线。因为转轨点的转速所对应的两条曲线的转矩相等，所以转轨时不会发生转矩的突变，汽车的平顺性不受影响。实现可变进气管长度电子控制之后,既可获得令人满意的最大转矩,又能获得较高的最大功率。

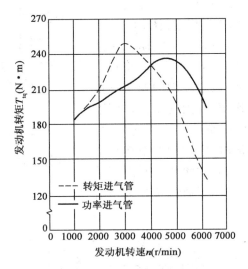

图 31-47　可变进气管长度电子控制带来的转矩增益

图 31-48 所示的为进气管长度无级变化的进气系统示意图。这种系统可利用动态效应充气,在发动机的所有转速范围内都能达到最佳效果。图 31-49 所示的是使用长度不可变、二级可变和无级可变进气管的最大平均有效压力 $p_{e\max}$ 比较。显然后者在各转速下都获得了大的 η_v,其动力性能比前二者的都好。

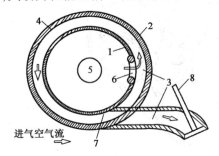

图 31-48　长度无级可变进气系统示意图
1-可活动的圆筒(空气分配器);2-固定的壳体;3-进气道;4-侧壁(用于圆筒的支承);5-圆筒中的空气进口;6-进气道中的空气进口;7-密封垫(如弹簧片);8-进气门

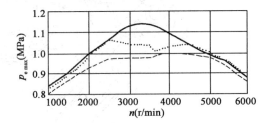

图 31-49　不可变、二级可变和无级可变的进气管长的最大平均有效压力比较
- - - -　长度不可变的进气装置(进气管长度 420mm)
·······　长度二级可变的进气装置(进气管长度 900~300mm)
———　长度无级可变的进气装置(进气管长度 900~330mm)

第六节　电　动　汽　车

电动汽车包括纯电动汽车、混合动力电动汽车和燃料电池电动汽车三种形式。纯电动汽车以车载电能储存装置(如电池)为动力源,以电动机为驱动系统;混合动力电动汽车具有两种或两种以上的动力源,其中一种动力源可以传递电能;燃料电池电动汽车以燃料电池为动力源。

一、纯电动汽车

1. 纯电动汽车的组成及原理

纯电动汽车(Electric Vehicle,EV)一般由电动机驱动,电动机的驱动能源来源于蓄电池,因此其结构和燃油汽车明显不同,其系统主要组成如图 31-50 所示。纯电动汽车主要由电力驱动系统、电源系统和辅助系统三部分组成。

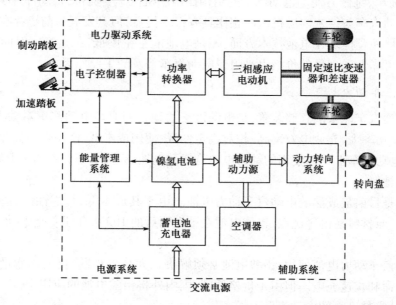

图 31-50 纯电动汽车组成示意图

电力驱动系统主要包括电子控制器、功率转换器、电动机、机械传动装置和车轮等。该系统的主要作用是将蓄电池中储存的电能转化为驱动汽车行驶的动能,并能够在汽车制动时回收部分制动能量给蓄电池充电。

电源系统主要包括蓄电池、能量管理系统和充电器等。该系统的主要作用是向电动机提供动力源,监测蓄电池的工作状态,并控制充电器向蓄电池充电。

辅助系统主要包括辅助动力源、空调、动力转向系统以及其他辅助设备等。

汽车行驶时,蓄电池通过控制系统向电动机供电,电动机将电能转换为机械能,机械动力通过传动系统传递给驱动轮。由驾驶人操纵的制动踏板和加速踏板上都安装有传感器。加速踏板位置传感器将加速踏板的位置变成电信号送入电子控制器,从而控制汽车的行驶速度;当汽车制动时,制动踏板位置传感器将制动踏板的位置变成电信号送入电子控制器,从而回收汽车的制动能量。

2. 纯电动汽车的主要特点

纯电动汽车与传统的燃油汽车在结构上的主要区别是由电动机取代了内燃机,另外在能源、储能装置、传动系统等方面也有所不同。用电动机代替内燃机及其附属装置(即润滑、冷却、进排气系统等),使其结构简单;在动力传动装置上,取消了燃油箱和燃料控制系统,代之

以电源系统、电子控制系统等。相对传统的内燃机汽车,纯电动汽车具有如下优点:

(1)几乎无污染,噪声低。电动汽车使用的是电能,工作时不产生废气,对环境无污染。电动汽车行驶时噪声比较低,电动机产生的噪声比内燃机要小得多。

(2)能源多样化,效率高。电动汽车使用的电能来源广泛,可由煤炭、水力、风力、太阳能、核能、潮汐等转化而来,减少了对石油资源的依赖。电动汽车电能的利用效率比内燃机汽车热能的利用效率要高,而且在制动过程中电动汽车可以回收部分制动能量。

(3)结构简单,维修方便。电动汽车的结构比内燃机汽车要简单,传动部件少,维修方便。

虽然纯电动汽车与传统内燃机汽车相比具有很多优点,但其发展目前仍存在一定的困难,电动汽车的发展瓶颈体现在电池技术方面,一是电池能量密度低,二是充电时间长。另外,电动汽车系统的可靠性和高昂的价格也是阻碍电动汽车普及的主要原因。

3. 纯电动汽车动力电池

电池是电动汽车能量的存储装置,是电动汽车的动力源泉。电动汽车对动力电池的要求是比能量高、比功率大、充放电效率高、相对稳定性好、使用成本低、使用寿命长和安全性好等。迄今为止,在电动汽车上普遍使用的动力电池有铅酸电池、镍氢电池和锂离子电池等。

1)铅酸电池

铅酸电池是目前最成熟的电动汽车动力电池。由于其成本低、可靠性好、适用性强、大电流放电性能好、原材料易得等优点,铅酸电池在被发明后的100多年里曾是电动车辆动力电池的首选。

作为电动汽车动力电池使用,铅酸电池必须解决三大技术难题:提高比能量和比功率、提高循环使用寿命和快速充电。但由于价格低廉,国内外将铅酸电池的应用定位在速度不高、路线固定、充电站容易设立的电动汽车上。

2)锂离子电池

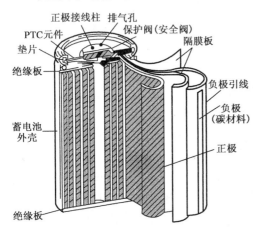

图31-51 圆柱形锂离子电池结构示意图

锂离子电池主要由正极、负极、隔板、电解液和安全阀等组成,其外形主要有方形和圆柱形。圆柱形结构如图31-51所示。正极活性物质在锰酸锂离子电池中以锰酸锂为主要原料,在磷酸铁锂离子电池中以磷酸铁锂为主要原料,在镍钴锂离子电池中以镍钴锂为主要材料,在镍钴锰锂离子电池中以镍钴锰锂为主要材料。负极活性物质由碳材料与黏结剂的混合物再加上有机溶剂调和制成糊状,并涂覆在铜基上,呈薄层状分布。隔板的功能是关闭或阻断通道的作用,一般使用聚乙烯或聚丙烯材料的微多孔膜。电解液是以混合溶剂为主体的有机电解液。

为了保证锂离子电池的使用安全性,一般通过对外部电路的控制或者在蓄电池内部设有异常电流切断的安全装置。

锂离子电池应用于电动汽车上,在容量、功率方面均具有较大优势,具有电压高、比能量高、寿命长、无记忆效应、无污染、快速充电、自放电率低、安全可靠等优点。

当前锂离子电池存在的主要问题是快速放电性能差、成本高以及需保护线路(防止电池被过充、过放电)等。在过充或滥用的情况下,锂离子电池可能发生火灾或爆炸。为了安全及保障电池使用寿命,锂离子电池往往采用较小的电流充电,这样带来的问题是充电时间长,不利于在电动汽车上的推广。为确保锂离子电池的安全性,必须使用电池管理系统,这样就会增加电池的成本和体积。

4. 纯电动汽车驱动电动机

驱动电动机是电动汽车驱动系统的核心,其性能的好坏直接影响电动汽车驱动系统的性能,特别是影响电动汽车的最高车速、加速性能及爬坡性能等。电动汽车驱动电动机应具有较宽的调速范围及较高的转速、足够高的起动转矩、效率高、体积小、质量轻等优点。

电动机的种类很多,按结构及工作原理主要分为直流电动机、无刷直流电动机、异步电动机、永磁同步电动机和开关磁阻电动机等类型。电动汽车最早采用的是直流电动机。随着电子技术和自动控制技术的发展,电动汽车的技术要求也在不断提高,比直流电动机性能更为优越的无刷直流电动机、异步电动机、永磁同步电动机和开关磁阻电动机在电动汽车上的应用也越来越广泛。

1)直流电动机

直流电动机主要由定子和转子两大部分组成。定子由主磁极、机座、换向极和电刷装置等组成。主磁极的作用是建立主磁场,它由主极铁芯和套装在铁芯上的励磁绕组构成;转子由电枢铁芯、电枢绕组和换向器等组成。直流电动机根据励磁方式的不同可分为串励、并励、复励等不同形式。以永磁材料作为磁极的直流电动机,称为永磁直流电动机。

直流电动机具有以下特点:

(1)调速性能好。直流电动机可以在重负载条件下实现均匀、平滑的无级调速,且调速范围较宽。

(2)起动力矩大。可以均匀而经济地实现转速调节。

(3)控制比较简单。一般用斩波器控制,它具有高效率、控制灵活、质量轻、体积小、响应快等优点。

(4)容易损件。由于存在电刷、换向器等易磨损器件,所以必须进行定期维护或更换。

电动汽车专用的直流电动机和其他通用的电动机相比,应在耐高温性、抗振动性、低损耗性、抗负载波动性以及小型轻量化、免维护性等方面给予特殊考虑。除此之外,电动汽车用直流电动机大多在较低的电压下驱动,同时又是大电流电路,因此需要注意连接线的接触电阻。

2)无刷直流电动机

无刷直流电动机利用电子换向装置代替有刷直流电动机的机械换向装置,保留了无刷直流电动机宽阔而平滑的优良调速性能,克服了有刷直流电动机机械换向带来的一系列缺点,具有体积小、质量轻、效率高、转矩高、精度高、能实现数字化控制等优点,是最理想的调速电动机之一,在电动汽车上有着广泛的应用前景。

3)异步电动机

异步电动机又称感应电动机,是由旋转磁场与转子绕组感应电流相互作用产生电磁转矩,从而实现电能转换为机械能的一种交流电动机。

异步电动机的种类很多。最常见是按转子结构和定子绕组相数分类。按照转子结构来分,有笼型异步电动机和绕线型异步电动机;按照定子绕组相数来分,有单相异步电动机、两相异步电动机和三相异步电动机。异步电动机是各类电动机中应用最广、需求量最大的一种。在电动汽车中,主要使用笼型异步电动机。

在电动汽车上,异步电动机的调速主要是靠改变输入电源的频率来实现的,电源频率的改变使电动机的同步转速改变,通常情况下电动机转速近似等于同步转速,所以改变频率也就改变了电动机转速。利用异步电动机控制器可实现电源频率的连续调节,这样也就实现了电动机转速的连续调节。

异步电动机的转子绕组不需与其他电源相连,其定子电流直接取自交流电力系统。与其他电动机相比,异步电动机具有结构简单,制造、使用、维护方便,运行可靠性高,质量轻,成本低等优点。它的缺点是调速性能较差,在要求有较宽广的平滑调速范围的使用场合不如直流电动机经济、方便。此外,异步电动机运行时,从电力系统吸取无功功率以励磁,这会导致电力系统的功率因数变坏。因此,在大功率、低转速场合不如用同步电动机合理。

4) 永磁同步电动机

永磁同步电动机具有效率高、控制精度高、转矩密度高、转矩平稳性好、振动噪声低等优点,在电动汽车上具有很高的应用价值,受到国内外电动汽车行业的高度重视。

永磁电动机的结构和传统电动机一样,主要由转子和定子两大部分组成。转子主要由永磁铁、转子铁芯和转轴组成,定子主要由电枢铁芯和电枢绕组构成。永磁电动机用永磁体取代绕线式同步电动机转子中的励磁绕组,从而省去了励磁线圈、滑环和电刷。定子电枢绕组中通入三相对称交流电后将产生旋转磁场,定子的旋转磁极由于磁拉力拖着转子同步旋转。

永磁电动机体积小、质量轻、转动惯量小、功率密度高,适合电动汽车空间有限的要求;另外,转矩惯量比大,过载能力强,尤其低转速时输出转矩大,适合电动汽车的起动加速。因此,永磁电动机得到国内外电动汽车生产厂家的广泛关注。

5) 开关磁阻电动机

开关磁阻电动机具有可控参数多、调速性能好、结构简单、成本低、损耗小、运转效率高、起动转矩大、起动电流小等优点,是一种极具发展潜力的新型电动机。

开关磁阻电动机由双凸极的定子和转子组成,其定子和转子的凸极均由普通的硅钢片叠压而成。定子上有简单的集中绕组,转子既无绕组也无永磁体。转子带有位置传感器,以提供转子位置信号。开关磁阻电动机有多种不同的相数结构,如单相、二相、四相及多相等,且定子和转子的级数有多种不同的搭配,定子和转子的齿数满足自动错位条件。

开关磁阻电动机的运行遵循"磁阻最小原理"——磁通总是沿着磁阻最小的路径闭合,所以开关磁阻电动机的转向与相绕组的电流方向无关,而仅取决于相绕组通电的顺序。选择不同时刻对电动机相绕组通电,就能产生不同方向及大小的电磁转矩,从而使转子正向或反向旋转,电动汽车加速或减速行驶。

开关磁阻电动机不同于常规的电动机,因其特殊结构和工作方式,既可以通过控制电动机自身的参数(如开通角、关断角),也可以通过 PID 控制、模糊控制等同样适用于其他电动机上的控制理论,对功率变化器部分进行校制,进而实现电动机的转速调节。

开关磁阻电动机具有电磁噪声大、低转速转矩脉冲大两大技术难题,因此目前在电动汽车上应用较少。但由于开关磁阻电动机结构简单,调速控制比较容易,所以还是受到电动汽车行业一定的重视。

二、混合动力电动汽车

1. 混合动力电动汽车的含义

混合动力电动汽车英文缩写为 HEV,即 Hybrid Electric Vehicle。根据国际电工技术委员会 IEC(International Electro-technical Commission)的定义,混合动力电动汽车 HEV 是能够根据特定的运行要求,从两种或两种以上能量源、能量储存器或转化器中获取驱动力的汽车,在运行中至少有一种能量储存器或转化器直接驱动汽车,并且至少有一种能量源、能量储存器或转化器能够提供电能。这样,HEV 就是指装有两个以上动力源(包括有电动机驱动)的汽车,其动力源有多种,包括各种蓄电池、太阳能电池、燃料电池、燃料发动机等,也就是说这种汽车就是将电动机与辅助动力单元组合在一辆汽车上做驱动力。

混合动力电动汽车与常规的内燃机汽车相比,其主要优点是采用了高功率的能量储存装置(飞轮、超级电容器或蓄电池)向汽车提供瞬时能量,可以减小发动机尺寸、提高效率以及降低排放等。

混合动力电动汽车与纯电动汽车相比,具有以下优点:
(1)可以最大限度发挥内燃机汽车和纯电动汽车的双重优点。
(2)电池的数量减少,因而混合动力电动汽车自身质量可减轻。
(3)辅助动力单元的选用使汽车的续驶里程和动力性能可以达到内燃机汽车的水平。
(4)虽然辅助动力单元(比如内燃机)会有排放产生,但由于其排量小,主要工作在最佳工况点附近,避免了怠速工况和变工况,因而就大大减少了汽车变工况(特别是低速、怠速)时的排放,另外由于可回收制动能量,可使混合动力电动汽车成为较低排放的节能汽车。
(5)借助发动机输出的动力直接带动车内空调、暖风、真空助力器、动力转向等汽车电器附件,无须再消耗电池组内有限的电能,保证了乘员舒适性。
(6)在一些对汽车排放严格限制的地区(如商业区、游览区、居民区等),混合动力电动汽车可以关闭辅助动力单元,由纯电力驱动,成为零排放的电动汽车。
(7)混合动力电动汽车的发动机可以采用多种燃料,缓解了燃油危机。

2. 混合动力电动汽车的类型

混合动力电动汽车是在纯电动汽车和内燃机汽车的基础上发展起来的,按驱动方案分为三种基本类型,即串联式、并联式和混联式。

1) 串联式 SHEV(Series Hybrid Electric Vehicle)

串联混合动力电动汽车 SHEV 由发动机带动发电机,发电机的电能向动力电池组充电,电池组的输出电能经过控制器输入到电动机,电动机输出的转矩经机械传动系统驱动车轮。SHEV 结构示意图如图 31-52 所示。图中,逆变器可用来将蓄电池的直流电转换成交流电,也可将电动机/发电机产生的交流电转换成直流电储存于蓄电池中。

串联式混合动力电动汽车的发动机为辅助动力装置,能够控制在油耗和排放最低的最佳工况区相对稳定运行,除带动空调压缩机等附件外,带动发电机时,它所发出的电可直接供电动机或蓄电池使用。当汽车在起步、加速、爬坡或高速行驶时,需要较大的功率而发电机无法满足时,电池组可提供额外的电能。当汽车低速行驶、滑行、制动减速或停车时,发电机发出的功率若超过汽车的动力需求,多余的电能将向电池组充电。

串联式混合动力电动汽车从总体结构上看,比较简单、容易控制,电力驱动是唯一的驱动模式,其特点趋近于纯电动汽车。发动机、发电机、电动机三大总成在布置上虽然有较大的自由度,但各自的功率较大、体积较大、质量也较大,因此在中小型混合动力电动汽车上布置有一定的困难。另外,能量转换效率比内燃机汽车要低,故串联式混合动力电动汽车最适合在大型客车上使用,如在城区行驶的公共汽车。

2) 并联式 PHEV(Parallel Hybrid Electric Vehicle)

并联混合动力电动汽车 PHEV 由两套动力驱动系统构成。第一套是发动机的动力通过与离合器的接合传至传动系统,与传统的汽车结构和原理完全一样;第二套是电驱动系统,蓄电池的电能通过控制器输入到电动机,电动机输出的转矩经离合器、传动轴和传动系统驱动车轮。PHEV 结构示意图如图 31-53 所示。

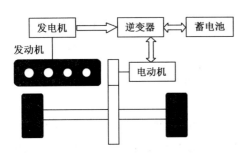

图 31-52　串联混合动力电动汽车结构示意图　　图 31-53　并联混合动力电动汽车结构示意图

并联式混合动力电动汽车的两套动力驱动系统以机械能叠加的方式驱动汽车,发动机通过变速装置和驱动桥直接相连,电机可用作电动机或发电机以平衡发动机所受的载荷,使发动机能在高效率区域工作。但由于发动机和驱动桥是机械连接的,在城市工况时发动机并不能运行在最佳工况点,车辆的燃油经济性比串联式的要差。

并联式混合动力电动汽车有三种驱动模式:纯内燃机驱动、纯电动机驱动和混合动力驱动。也就是说发动机与电动机可以分别独立地向驱动轮提供动力,在汽车需要大功率时两者也可以共同提供动力。在一般路面行驶时,PHEV 采用纯内燃机驱动,仅使用发动机作动力;当汽车起步或在排放要求较高的区域行驶时,PHEV 采用纯电动机驱动,仅使用电动机作动力;当汽车加速或爬坡时,如果发动机的动力不足以满足汽车的要求,则电动机也参与工作,即 PHEV 采用发动机和电动机混合动力驱动模式。

与串联式混合动力电动汽车相比,并联式混合动力电动汽车具有效率高、能量转换效率高、可以采用小功率的发动机和电动机、质量小等优点,所以 PHEV 比较适合于经常在郊区和高速公路上行驶的车辆采用。

3) 混联式 PSHEV(Parallel Series Hybrid Electric Vehicle)

混联混合动力电动汽车 PSHEV 是由发动机、发电机、电动机、变速器组成的一体化结构,同时兼具串联和并联混合动力电动汽车的特点。它通过实时的电子计算机控制工作过程,实现发动机与电动机的优化耦合,共同驱动汽车运行。PSHEV 结构示意图如图 31-54 所示。

发动机发出的功率一部分通过机械传动输送给驱动桥,另一部分驱动发电机发电。发电机发出的电能输送给电动机或蓄电池,电动机产生的驱动力矩通过动力耦合装置传送给驱动桥,该耦合装置可以为动力切换系统或动力分配系统。

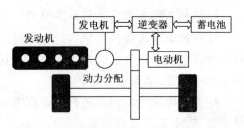

图 31-54　混联混合动力电动汽车结构示意图

动力切换系统用于在串联式或并联式两种驱动方式间切换。当车辆低速低负荷行驶时,离合器分离,驱动系统主要以串联方式工作;当汽车负荷较大、高速稳定行驶时,驱动系统则以并联方式工作。

混联混合动力电动汽车一般采用行星齿轮机构作为动力分配系统,将整个系统耦合在一起。比较经典的混联混合动力电动汽车将发动机、发电机和电动机通过一个行星齿轮机构连接在一起,动力从发动机输出到与其相连的行星架,行星架将一部分转矩传动给发电机,另一部分传送给传动轴,同时发电机也可以驱动电动机驱动传动轴,此时驱动系统就既不是串联方式也不是并联方式,而是两种驱动方式同时存在,充分利用了两种驱动方式的优点。

动力分配式混联混合动力电动汽车根据行驶工况和能量需求,灵活采取不同工作方式,从而达到高效率、低油耗、低排放的效果。当汽车起步或小负荷行驶时,蓄电池提供动力,电动机驱动,此时为纯电动工况;当正常匀速行驶时,发动机提供动力,而电动机、发电机和蓄电池都不起作用,此时为纯内燃机工况;当汽车以大负荷加速行驶时,发动机和电动机共同提供动力,当减速制动时,通过制动能量回收系统给电池充电;当滑行或停车时,发动机带动发电机给电池充电。

由于混联混合动力电动汽车能充分发挥串联式和并联式的优点,使发动机、发电机和电动机等部件进行更多的优化匹配,从而在结构上保证了在更复杂工况下使系统在最优状态工作,所以更容易实现油耗和排放的控制目标,因此是目前最具影响力的混合动力电动汽车。

三、燃料电池电动汽车

1. 燃料电池电动汽车的含义

顾名思义,燃料电池电动汽车(Fuel Cell Electric Vehicle,FCEV)是指采用燃料电池作为能源的电动汽车。燃料电池电动汽车与纯电动汽车除了动力源不同之外,其驱动电机、传动系统等部件都完全相同。

与传统内燃机汽车相比,燃料电池电动汽车具有以下优点:
(1)能量直接转换,转换效率高,理论上可达 100%,实际上已达 60% ~ 80%。
(2)能量应用效率高,排放污染低,几乎可达到零排放,具备使用替代燃料的可能性。
(3)低噪声,无振动,安静舒适。
(4)燃料补充容易,可迅速获得动力。
(5)低负载状态下有较高的效率。

因此,燃料电池电动汽车可以说是世界上最环保、高效、低公害的汽车,代表着未来汽车工业的发展方向。

2. 燃料电池电动汽车的基本结构

纯燃料电池电动汽车只有燃料电池一个动力源,汽车的所有功率都由燃料电池承担。燃料电池将氢气与氧气反应产生的电能传递给驱动电动机,驱动电动机将电能转化为机械能传递给传动系统,从而驱动车轮。

纯燃料电池电动汽车还存在燃料电池功率大、成本高昂,对燃料电池的动态性能和可靠性要求很高,不能进行制动能量回收等缺点。为了有效解决上述问题,目前的燃料电池电动汽车多采用混合驱动方式,即在燃料电池的基础上,增加一个动力电池组或超级电容器作为另一个辅助电源,和燃料电池共同工作,共同驱动汽车。

图31-55所示为氢燃料电池电动汽车的结构示意图。气态氢通常用高压储气罐来装载,为保证燃料电池电动汽车一次充气有足够的续驶里程,就需要多个高压氢气储气罐。氧气可从空气中直接获取或从氧气罐中获取。氧气若来源于空气,需用压缩机提高压力,以增加燃料电池的反应速度。在空气供应系统中还要对空气进行加湿处理,保证空气有一定的湿度。燃料电池产生的是直流电,需要经过DC/DC变换器进行调压。在采用交流电动机的驱动系统中,还需要DC/AC逆变器将直流电转换为交流电。

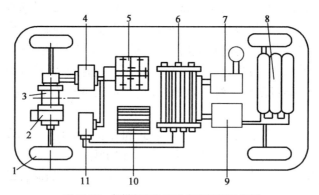

图31-55 氢燃料电池电动汽车结构示意图

1-驱动轮;2-驱动系统;3-驱动电动机;4-DC/AC逆变器;5-辅助电源;6-燃料电池发动机;7-空气压缩机和空气加湿装置;8-氢气储存罐;9-氢气管理系统;10-主控制器;11-DC/DC变换器

燃料电池电动汽车的辅助电源与作为主电源的燃料电池共同组成双电源系统。在具有双电源系统的燃料电池电动汽车上,驱动电动机的电源可以出现以下工作模式:

(1)汽车起步时,由辅助电源提供电能带动燃料电池发动机起动。

(2)汽车正常行驶时,由燃料电池发动机提供驱动所需的全部电能,剩余的电能储存到辅助电源中,辅助电源向汽车各种电子、电气设备提供所需的电能。

(3)汽车加速或爬坡时,若燃料电池发动机提供的电能还不足以满足汽车驱动功率要求,则由辅助电源提供额外的电能,形成双电源供电模式。

(4)汽车减速制动时,辅助电源储存制动回收能量。

3. 燃料电池

目前的燃料电池主要以氢燃料电池为主。氢燃料电池是一种电化学发电装置,把化学能直接转化为电能,其基本原理是电解水的逆反应。把加注的氢和空气中的氧分别供给阴极和阳极,氢通过阴极向外扩散和电解质发生反应后,分解为氢离子和电子,产生电流的同时氢离子通过外部负载到达阳极,与氧结合生成水。为了输出足够的电能来驱动汽车,需要将一定数量的燃料电池单体串联起来构成燃料电池组。

燃料电池种类繁多,按燃料状态分为液体型和气体型两种;按工作温度分为低温型(低于200℃)、中温型(200~750℃)和高温型(高于750℃);按电解质类型不同分为碱性燃料电池、磷酸燃料电池、熔融碳酸盐燃料电池、固体氧化物燃料电池、质子交换膜燃料电池等。

为满足车辆所必需的快速起动和动力响应的能力,车用燃料电池必须具有较高的能量密度,同时具有成本低、安全性好、寿命长等特点。从能量密度、操作温度、耐振动冲击能力等方面来看,质子交换膜燃料电池最适合用作电动汽车的动力电源。质子交换膜燃料电池的能量转换效率理论上可达到80%。

当前,世界上所有领先的汽车制造商都在积极开发燃料电池电动汽车,并且许多国家在燃料电池的研究方面取得了可喜的成绩,但从现有技术条件来看,离燃料电池电动汽车实现全面的商业化还有一定的距离,这主要体现在燃料电池电动汽车的一些关键技术方面,如燃料电池发动机技术以及燃料的制备、储存和运输等方面。

第七节 燃 气 汽 车

一、概述

以燃气为燃料的汽车称为燃气汽车。

1. 分类

目前,用于燃气汽车的气体燃料有天然气、液化石油气、二甲醚、氢气等。本节主要介绍已被广泛应用的压缩天然气(Compressed Natural Gas,CNG)汽车和液化石油气(Liquefied Natural Gas,LNG)汽车。

2. 压缩天然气和液化石油气汽车的优点、缺点

压缩天然气和液化石油气汽车的主要优点:

(1)有害气体排放低。天然气和液化石油气在常温下为气态,与空气易均匀混合,燃烧完全,CO、HC 和微粒的排放量大幅度减少。另外,天然气和液化石油气火焰温度低,使 NO_x 的排放量也相应减少。

(2)热效率提高。天然气辛烷值最高可达 130,液化石油气的辛烷值也在 100 左右。因此,燃用天然气或液化石油气可采用高压缩比发动机,发动机热效率进一步提高。

(3)冷起动性和低温运转性能良好,在暖机期间无需加浓可燃混合气。

(4)天然气和液化石油气燃烧界限宽,稀燃特性优越,燃烧稀混合气,除对 NO_x 的控制产生显著效果外,对燃料经济性更有明显好处。

(5)不稀释润滑油,润滑油更换周期得以延长。

压缩天然气和液化石油汽车的缺点是:

（1）因为天然气在常温、常压下是气体，所以其储运性能差。目前广泛采用将压缩天然气充入车用高压气瓶内储运的方法，这些气瓶既增加了汽车自重，又减少了载货空间。

（2）一次充气的续驶里程短。

（3）天然气或液化石油气均呈气态进入汽缸，使汽缸容积效率降低。另外，与汽油柴油相比，天然气或液化石油气的理论混合气热值小，因此，燃用天然气或液化石油气将使发动机功率下降。

二、燃气汽车发动机的燃料供给系统

目前，燃用天然气或液化石油气的汽车发动机在总体布置及结构上与传统的液体燃料汽车发动机的主要区别在于燃料供给系统。因此，本节着重介绍燃气汽车发动机的燃料供给系统。

1. 发动机使用气体燃料的方法

1）缸外混合、火花点火

气体燃料在进气管内与空气混合成可燃混合气体进入汽缸，当活塞接近压缩上止点时用电火花点火。气体燃料进入进气管的方式，既可以利用混合器的喉管真空度吸入，也可以用气体喷射器喷入。

这种预混点燃式气体燃料发动机利用气体燃料抗爆性好的特点，采用比汽油机高的压缩比（天然气发动机可达12，液化石油气发动机可达10.5），而且其进气管的截面积可以比汽油机大一些，进气管也不需预热。这样的单一气体燃料发动机由于换气质量和热效率提高，既减少了能耗，又能在一定程度上弥补因混合气热值较低造成的在功率方面与汽油机的差距。

预混点燃式气体燃料发动机的功率调节方式为量调节，混合气的空燃比由减压器和混合器的调整来决定，也可以采用电控的方式进行调节。

2）缸外混合、柴油引燃

气体燃料和空气在进气管内预混合后进入汽缸，在压缩行程末期向缸内喷入少量柴油，靠柴油自燃发火来引起缸内的气体燃料空气混合气的燃烧，这种同时采用两种燃料的发动机又称双燃料发动机（Dual Fuel Engine）。

由于柴油自燃的发火点多而且比电火花的能量大，可以采用相当稀的气体燃料空气混合气，并且燃烧得较缺，所以发生爆震的倾向较小，还可以采用和柴油机一样或相近的压缩比。这种预混合柴油引燃方式适合于由原柴油机改成的双燃料发动机，可以不改变柴油机结构，保留原来柴油机的燃料供给系统，只需增加一套气体燃料供给系统和燃料转换机构即可。

由柴油引燃的双燃料发动机的功率调节方式为质调节，通常是保持引燃油量一定（10%左右），通过改变混合气中的气体燃料的含量进行功率调节。这种双燃料发动机的优点是性能接近柴油机的水平，且必要时也可以恢复到全部采用柴油工作。

3）缸内喷射、火花点火

在进气门关闭后的压缩行程中向汽缸内喷射气体燃料，与进气行程中吸进汽缸的空气形成可燃混合气，并在活塞接近上止点时用电火花点火。

这种方式相对于缸外混合、火花点火方式的优点是可以实行质调节和稀薄燃烧，因而燃料经济性较好,它同时提高了缸内工质的密度,因而提高了功率,避免了进、排气门叠开期间气体燃料流失,有节能和改善排放的作用。

4) 缸内喷射、柴油引燃

与缸外混合、柴油引燃的方式相比,这种方法的优点与缸内喷射、火花点火的方式相同。但是要在汽缸盖上既布置喷油器,又布置气体燃料喷射器无疑是十分困难的。目前已研制出一种柴油天然气复合喷射器,用同一装置喷出引燃柴油和天然气,不过这种复合喷射器结构复杂,技术要求很高,目前只见于大缸径固定式发动机,尚未在汽车发动机上推广应用。

5) 缸外或缸内喷射、压缩自燃

这种均质可燃混合气压缩自燃方式(HCCI)排放低,但控制困难,目前尚在研究开发中。

基于上述情况,下面只简要介绍比较成熟的缸外混合的电火花点燃式和柴油引燃式气体燃料发动机的燃料供给系统。

2. 缸外混合供气系统的结构分类

目前用于气体燃料发动机的供气系统有三种:

(1) 文丘里管(Venturi)式气体燃料供给系统。发动机的起动、怠速、加速及功率控制等功能均在减压器上实现。该系统混合器装置为文丘里管,结构简单,但减压器结构复杂。

(2) 比例调节器式气体燃料供给系统。采用膜片式混合器来调节空燃比,这种装置的混合器体积较大,但减压器结构简单。

(3) 电控喷射式气体燃料供给系统。由计算机及各种传感器对发动机各工况的数据进行采集、处理、实现对气体燃料控制阀的自动调节,该系统控制精度高,各种工况适应性好。

在缸外混合方式中,气体燃料可在进气总管内与空气混合[图31-56a)],也可喷在进气歧管或缸盖进气道内与空气混合[图31-56b)]。后一种供气方式的优点是形成的混合气均匀,控制系统简单。但均存在安全性较差的问题,如气门叠开角大,可燃气体有可能进入排气系统,不仅引起排放指标 HC 恶化,而且燃烧后的废气也有回窜到进气系统产生回火危险的可能。因此,对于采用这种供气系统的气体燃料发动机,气门叠开角选择得小一些。

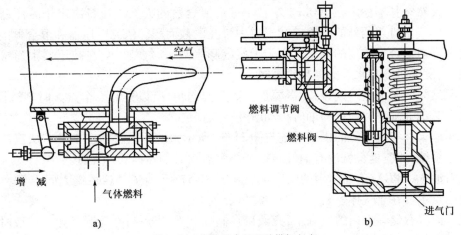

图 31-56 缸外混合的两种供气方式

a) 气体燃料在进气总管与空气混合; b) 气体燃料在进气歧管与空气混合

3. 预混点燃式气体燃料供给系统

图31-57所示为一种国内常用的天然气(CNG)/汽油两用燃料供给系统图,它是在保留原车化油器供油系统情况下,增加一套CNG的储存、供给与转换装置而构成的。

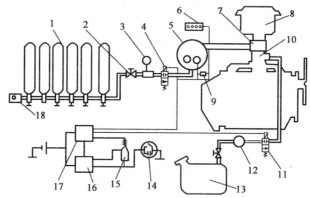

图31-57 CNG/汽油两用燃料发动机供给系统

1-高压气瓶;2-供气阀(高压截止阀);3-压力表;4-电磁阀;5-减压阀;6-显示灯;7-混合器;8-空滤器;9-压力传感器;10-化油器;11-汽油电磁阀;12-汽油泵;13-汽油箱;14-断电器;15-点火线圈;16-点火时刻转换器;17-油气转换开关;18-充气阀

由图可见,若干个高压气瓶1并联成组,可以通过充气阀(止回阀)18同时充气,通过供气阀(手动截止阀)2同时向外供气。此外,每个气瓶口有一个开关阀,由于天然气储气瓶是高压容器(压力高达20MPa),必须确保安全,除了材质与结构设计方面有很高的要求外,在每个气瓶的瓶口都装有易熔塞和爆破片,当气瓶温度超过100℃或压力超过26MPa时,它们会自动破裂使气瓶卸压。

系统中的油气转换开关17通过电磁阀11接通油路时,电磁阀4就自动关闭了气路,汽油泵12将油箱中的燃油经化油器10送入进气总管,发动机按化油器供给方式用汽油工作。当转换开关关闭了油路,电磁阀4就打开气路,天然气就通过供气阀、电磁阀、多级减压器5和混合器7进入进气管,与空气混合。在多级减压器之前的天然气压力为20~1MPa(气瓶中压力随天然气消耗而降低,降到1MPa时就要重新充气),经过在减压器中的两级或三级减压,在减压器出口的天然气基本稳定在100kPa左右。进入混合器的天然气流量决定于减压器出口和混合器中天然气出口这两处的压力差和气道中量孔的截面积。依靠减压器和混合器的配合来满足不同工况对混合气浓度的要求。由于天然气膨胀减压时要吸热,在减压器中通常设置有热水腔,利用发动机冷却水系的循环水加热。

由于天然气的着火延迟期较长,需要加大点火提前角,所以还有一个点火时刻转换器16,其作用是在断油通气时和断气通油时自动改变点火提前角。

单一压缩天然气发动机的供给系统与图31-57所示系统不同之处在于没有从汽油箱到化油器的供油系统,相应地也就没有油气转换开关和点火时刻转换器等装置。

液化石油气(LPG)/汽油两用的供气系统和图31-57所示的CNG系统大同小异。与CNG系统的不同点主要在于气体燃料的存储与减压装置上。

液化石油气存储在专门的储罐中,充液口在储罐上方,出液口在储罐下方。充液时储罐不充满(最多到其容积的80%),液面上是LPG蒸气,靠饱和蒸气压将液化石油气压出。LPG/汽油两用燃料发动机与CNG/汽油两用燃料发动机燃料供给系统一样,也有油气转换开关与相应的电磁阀,当油气转换开关被置于LPG位置时,电磁阀开启,液化石油气流向蒸发减压器汽化并减压后进入混合器。

4. 电控喷射式气体燃料供给系统

与柴油机和汽油机的燃料供给系统一样,气体燃料供给系统也分为机械控制与电子控制式两类。机械式气体燃料供给系统虽然可以实现在车用发动机上燃用气体燃料,但无法使发动机在最佳状态下工作,也没有在降低有害排放物方面充分发挥气体燃料的潜力。因而,近年来,电控气体燃料喷射系统得到了迅速发展,如图31-58所示。在图示系统中,储存于容器内的LPG(或CNG)首先经过蒸发减压器8转变为一定压力的气体燃料,氧传感器16、压力传感器5和转速传感器14将发动机运行中氧气含量、进气压力、发动机转速等参数输送给电控单元(ECU)1进行处理。气体燃料分配器6依照ECU的指令定时、定量地将气体燃料送出,并由喷嘴12喷入到各缸进气歧管13中,与空气形成可燃混合气后进入汽缸。

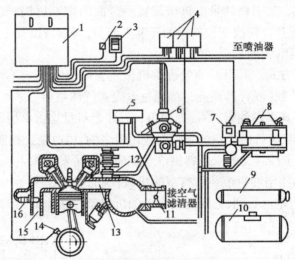

图31-58 电控喷射式气体燃料供给系统图
1-电控单元;2-检测接口;3-开关;4-继电器;5-压力传感器;6-气体燃料分配器;7-电磁阀;8-蒸发减压器;9-天然气储罐;10-液化石油气储罐;11-加速器位置传感器;12-喷嘴;13-进气歧管;14-转速传感器;15-排气歧管;16-氧传感器

5. 柴油引燃双燃料发动机的燃料供给系统

气体燃料/柴油双燃料发动机以气体燃料作为主要燃料,它通过混合器与空气混合后进入汽缸,形成比较均匀的混合气,在压缩行程活塞接近上止点时,被喷入缸内的柴油点燃。这里,引燃柴油被压燃着火,与在柴油机中的情形类似。由于空气和气体燃料系在缸外预先混合,其混合气的着火与燃烧,又与火花点燃式发动机相似。

这种双燃料发动机的优点是既可用柴油引燃气体燃料工作,也可用100%的柴油燃料工作,从而扩大了发动机在燃料种类选择上的空间。缺点是引燃柴油的雾化不好,大负荷时受到爆燃限制等。至于采用何种气体燃料,理论上讲压缩天然气(CNG)和液化石油气(LPG)都可以用缸外预混、柴油引燃的方式加以利用,但实际上CNG/柴油发动机要比LPG/柴油发动机用得更多,其原因是一方面CNG的价格比LPG便宜,另一方面由于双燃料发动机都是由柴油机改装而来的,而LPG的抗爆性比CNG差些,因此不改变原柴油机的压缩比而避免爆震的难度就比用CNG大一些,为此不得不加大引燃油量而减少了LPG用量,因此用LPG所能获得的节约柴油的效果就比 CNG 差,改善排放的效果也不如 CNG。

CNG(或 LPG)/柴油双燃料发动机的供给系统包括天然气(或液化石油气)预混合供给系统、柴油供给系统、工作状态切换及控制系统三个部分。其中,CNG(LPG)预混合供给系统的组成基本上与预混合点燃式发动机的供给系统一样,也有混合器预混合喷射预混之分,不同之处只在于双燃料机用的混合器上装了一个能改变流进混合器的气体燃料量的阀门,而进气管中则没有混合气节气门,因此是靠改变混合气的浓度(空燃比)来进行功率调节的。双燃料发动机的柴油供给系统就是原柴油机的供油系统,只是在发动机以双燃料状态工作时喷油泵的齿条位置要受到限制,即限制喷入的引燃油量(发动机以全柴油状态工作时则限制解除)。工作状态切换及控制系统则负责进行双燃料工作和全柴油工作两种工作状态之间的切换,以及天然气量与引燃油量的调控。

双燃料发动机燃料供给系统的气体燃料根据燃油量的调控方式,可以分三种类型。

(1)机械控制方式。其引燃油量由机械装置限位而固定不可调,气体燃料量和混合气空燃比由驾驶人通过踏板及拉杆改变控制阀的开度来调节,当踏板位置一定时,气体燃料量随转速的变化决定于混合器喉管处真空度的变化。

(2)机电结合控制方式。其引燃油量也由机械装置限位而固定不可调,气体燃料量则由电控器通过电磁阀来控制(混合器预混),或通过电磁式气体喷射器来控制(喷射预混)。

(3)全电控方式。其引燃油量、喷油提前角和气体燃料量均由电控器调控。

目前,机械控制式双燃料供给系统是国内应用最多的,机电结合控制方式双燃料系统在国外也已批量应用,全电子控制类的双燃料供给系统尚处于研发阶段。

图 31-59 所示即为用柴油机改装的典型的机械控制式 CNG/柴油双燃料发动机的燃料供给系统简图。由图可清楚地看到,它同时具有柴油机供给系统来自冷却系统的水与压缩天然气供给系统的特点。

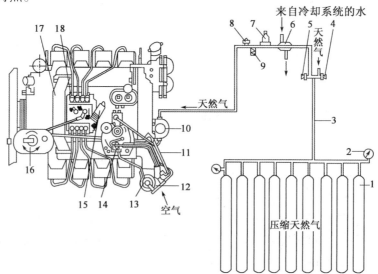

图 31-59 CNG/柴油双燃料发动机的燃料供给系统简图

1-车载压缩天然气气瓶;2-气瓶压力表;3-高压输气管道;4-气瓶充气阀;5-储气瓶供气阀;6-天然气加热器;7-高压减压阀;8-天然气中压管道报警装置;9-中压管段限压阀;10-天然气过滤器及开关阀;11-天然气低压供气管;12-天然气供量控制阀;13-混合器;14-低压减压阀;15-喷油泵供油量限位器;16-燃料转换开关;17-发动机;18-喷油泵

复习思考题

1. 简述可变气门正时技术。
2. 可变长度进气歧管的工作原理是什么？
3. 涡轮增压器是如何工作的？
4. 无触点电子点火系统常用的传感器有哪些类型？简述它们的结构和工作原理。
5. 简述微机控制点火系统的组成及工作原理。
6. 电控汽油喷射系统发动机有何优点？是如何分类的？
7. D 型电控汽油喷射系统有何特点？试述 D 型电控汽油喷射系统的工作过程。
8. 电控汽油喷射系统由哪些部件组成？各部件有何功用？
9. 电控柴油喷射系统有何优点？
10. 试述高压共轨电控柴油喷射系统的工作原理。
11. 纯电动汽车有何特点？纯电动汽车的组成与传统内燃机汽车有哪些异同？
12. 什么是混合动力电动汽车？混合动力电动汽车有哪几种类型？
13. 为什么说燃料电池电动汽车是未来汽车的发展方向？
14. 简述燃气汽车的类型及各自的特点。
15. 传统内燃机汽车改装为两用燃料天然气汽车在结构上需要有哪些变化？试以汽油/CNG 两用燃料汽车为例进行说明。

第三十二章　现代汽车底盘新技术

第一节　自动变速器

一、概述

自动变速器是指能够根据发动机工况及汽车运行速度自动选挡和换挡的变速器。它能够克服机械变速器换挡过程动载荷大、零件易磨损以及需频繁操纵离合器等缺点,可减轻驾驶人的劳动强度、提高行车安全性。

1. 自动变速器的类型

自动变速器可以按结构和控制方式、车辆驱动方式、挡位数的不同来分类。

1)按结构和控制方式分类

自动变速器按结构、控制方式的不同可分为液力式自动变速器、机械式自动变速器、无级自动变速器和双离合器自动变速器。

(1)液力式自动变速器,简称 AT(Automatic Transmission),是应用最广泛、技术最成熟的自动变速器。按照 AT 控制方式不同,液力自动变速器分为液控液力自动变速器和电控液力自动变速器,目前轿车上广泛采用电控液力自动变速器。按照变速机构不同,液力自动变速器又分为行星齿轮自动变速器和非行星齿轮自动变速器。行星齿轮自动变速器应用最广泛。

(2)机械式自动变速器,简称 AMT(Automated Mechanical Transmission),是一种在原有手动、有级、普通齿轮变速器基础上增加电子控制系统,自动控制离合器的接合与分离及变速器挡位变换的一种自动变速器。机械式自动变速器由于原有的机械传动结构基本不变,所以具有传动效率高、机构紧凑、工作可靠等优点而被继承下来,在重型车上具有很好的应用前景。

(3)无级自动变速器,简称 CVT(Continuously Variable Transmission),是一种通过传动带和工作直径可变的主、从动轮相配合来传递动力,可以实现传动比连续改变的一种自动变速器。CVT 已经在部分轿车上使用。

(4)双离合器自动变速器,简称 DCT(Dual Clutch Transmission),是一种通过两个离合器连接两根输入轴,相邻各挡的被动齿轮交错与两输入轴上的齿轮啮合,配合两离合器的控制,实现在不切断动力情况下转换传动比,缩短换挡时间的一种自动变速器。如在大众车型上应用的 DSG(Direct Shift Gear)变速器即为双离合器自动变速器。

2)按车辆的驱动方式分类

按车辆驱动方式的不同,自动变速器可以分为自动变速器和自动变速驱动桥。在发动机前置后轮驱动的布置形式上,自动变速器与主减速器、差速器是分开的。而在发动机前置前轮驱动的布置形式上,自动变速器与主减速器、差速器制成一个整体,形成自动变速驱动桥。

3）按自动变速器前进挡的挡位数分类

根据变速器的前进挡位数的不同，自动变速器可分为四挡、五挡、六挡等，目前比较常见的是四挡和五挡自动变速器。

2．自动变速器的组成及工作原理

汽车上常用的自动变速器是电控液力自动变速器，它主要由液力变矩器、变速齿轮机构、供油系统、自动换挡控制系统等部分组成。

液力变矩器位于自动变速器的最前端，通过螺栓与发动机的飞轮相连，其作用与采用手动变速器汽车的离合器相似。利用液力传动的原理，液力变矩器将发动机的动力传给自动变速器的输入轴。

变速齿轮机构主要包括齿轮变速机构和换挡执行机构两部分。齿轮变速机构多采用行星齿轮机构，与液力变矩器配合，可获得由起步至最高车速整个范围内的自动变速。换挡执行机构主要用来改变齿轮变速机构中的主动元件或限制某个元件的运动，改变动力传递的方向和传动比。

供油系统主要由油泵、油箱、滤清器、调压阀及管道组成。油泵通常安装在液力变矩器的后方，由变矩器壳后端的轴套驱动。在发动机运转时，无论汽车是否行驶，油泵都在运转，为自动变速器中的变矩器、换挡执行机构、自动换挡控制系统等提供一定的液压油。油压的调节由调压阀来实现。

自动换挡控制系统能根据发动机的负荷（节气门开度）和汽车的行驶速度，按照设定的换挡规律，自动地接通或切断某些换挡离合器和制动器的供油油路，使换挡执行机构的离合器接合或分离、制动器制动或释放，以改变齿轮变速器的传动比，从而实现自动换挡。

图32-1所示为电控液力自动变速器的结构示意图。节气门位置传感器和车速传感器把节气门开度和车速转变为电信号，然后将信号（还有发动机转速、冷却液温度、液力油温度等信号参数）输入到电子控制单元（ECU）。在换挡点，ECU向换挡电磁阀、油压电磁阀、锁止电磁阀发出电信号，电磁阀再将电信号转变成液力控制信号，液力控制信号控制液力阀体中各换挡阀使换挡执行机构换挡。

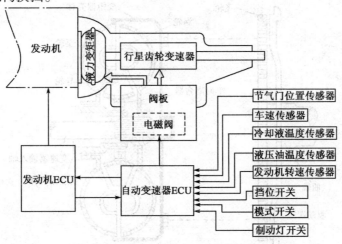

图32-1　电控液力自动变速器结构示意图

二、电控液力自动变速器

1. 液力变矩器

1）液力变矩器的组成

液力变矩器安装在发动机和变速器之间,以液压油为工作介质,起传递转矩、变矩、变速及离合器的作用。目前汽车上装用的变矩器大多是三元件综合式液力变矩器。

典型的液力变矩器由三个主要元件组成,即泵轮、涡轮和导轮,如图32-2所示。变矩器的泵轮与壳体焊接在一起,并通过螺栓与发动机的飞轮连接,是变矩器的主动部分;涡轮通过花键与输出轴连接,是变矩器的从动部分;导轮位于泵轮和涡轮之间,通过单向离合器固定在变速器壳体上,使导轮仅能沿发动机转动方向旋转,反向则被锁止。

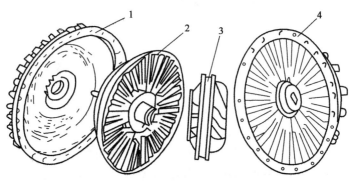

图 32-2 液力变矩器的结构与组成
1-外壳;2-涡轮;3-导轮;4-泵轮

泵轮、涡轮和导轮都是由铝合金精密铸造或钢板冲压而成,在它们的环状壳体中径向排列着许多叶片,它们装配好后,会形成断面为循环圆的环状体,在环形内腔中充满液压油。

典型三元件综合式液力变矩器各部件之间以及与发动机、变速器之间的连接关系如图32-3所示。

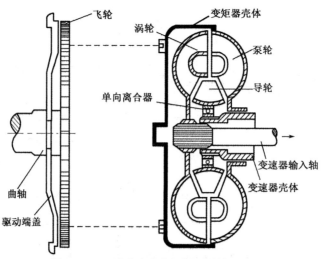

图 32-3 三元件综合式液力变矩器结构示意图

2) 液力变矩器的工作原理

当发动机运转时,曲轴带动变矩器壳体和泵轮转动,泵轮叶片内的油液在泵轮的带动下旋转;在离心力的作用下,油液被甩向泵轮叶片外缘处,并在外缘处冲向涡轮叶片,使涡轮在液压冲击力的作用下旋转;冲向涡轮叶片的油液沿涡轮叶片向内线流动,返回到泵轮内线;返回的油液,又被泵轮再次甩向外缘。当泵轮转速大于涡轮转速时,泵轮叶片外缘的液压大于涡轮外缘的液压。因此,油液在绕着泵轮轴线做圆周运动的同时,在上述压差的作用下由泵轮流向涡轮,并沿涡轮叶片流向导轮,再经导轮叶片流回泵轮叶片内缘。依此循环,油液形成了从泵轮流向涡轮,又从涡轮返回到泵轮的循环流。由于泵轮的作用,变矩器中的油液在从泵轮叶片内缘流向外缘的过程中,速度和动能逐渐增大;而油液在从涡轮叶片外缘流向内缘的过程中,由于油液自身对涡轮做功,速度和动能逐渐减小。因此,变矩器工作时,发动机的动能通过泵轮传给油液,油液在循环流动的过程中又将动能传给涡轮输出。

3) 导轮的作用

在泵轮与涡轮之间的导轮静止不动,流向涡轮内缘的自动变速器油冲向导轮后,沿导轮叶片流回泵轮。自动变速器油给导轮一个冲击力,导轮则给液压油一个同样大小的反作用力,此反作用力传递给了涡轮,可起到增矩的作用。

如果没有导轮,泵轮与涡轮的组合则是一个液力耦合器,如图 32-4a) 所示。当泵轮与涡轮的转速差很大时,油液从涡轮回流到泵轮时,会冲击泵轮叶片的前面,阻碍泵轮的旋转。液力变矩器设置导轮后,会改变回流油液的流向,使油液冲击泵轮叶片的背面,促使泵轮旋转,如图 32-4b) 所示。泵轮与涡轮的转速差越大,回流冲击越厉害,则转矩增加越多;而随着转速差的缩小,增加转矩的作用越来越小。

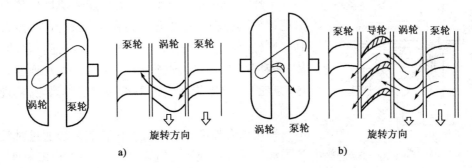

图 32-4 导轮的作用

a) 无导轮时的油液流动;b) 有导轮时油液的流动

导轮的增矩作用取决于涡轮冲向导轮的液流速度及液流方向与导轮叶片的夹角大小。在同样的液流速度下,液流方向与导轮叶片的夹角越大,增矩作用也越大。

4) 单向离合器的作用

为了避免导轮在涡轮高速时的转矩减小,导轮与固定轴之间加装了一个单向离合器。汽车自动变速器用单向离合器主要有楔块式和滚柱式两种。

楔块式单向离合器的工作原理如图 32-5 所示。楔块采用倾斜的"8"字形结构,当外圈相对于内圈的运动方向为顺时针时,则楔块随势倒下,处于释放状态;若相对运动方向为逆时针时,则由于摩擦力的带动,楔块竖立,外围被楔块锁住,于是外圈必须与内圈一致,或保持静止或同步转动,此时为变矩器工作状态。

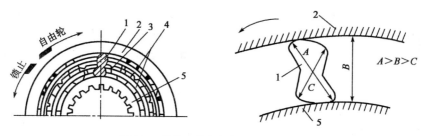

图 32-5 楔块式单向离合器的工作原理
1-楔块;2-外圈;3-弹簧;4-保持架;5-内圈

滚柱式单向离合器在外圈上设置了楔形的槽,外圈与内圈之间间隙的小端小于滚柱直径,大端大于滚柱直径,其工作原理与第九章第二节中发动机起动机单向离合器原理相同,此处不再赘述。

5)带锁止离合器的液力变矩器

液力变矩器的传动效率较低。为了充分利用发动机的功率,降低油耗,在现代自动变速器的液力变矩器中设置了一个锁止离合器,用于在车速较高时,将变矩器锁定,使之成为一个纯机械传动。

带有锁止离合器的变矩器如图 32-6 所示,它比普通变矩器多了一个摩擦盘式的锁止离合器,其主动片与变矩器外壳直接相连;通过花键与涡轮连接一个传力盘,传力盘上融合了环形的摩擦条(相当于离合器从动片),传力盘可以沿花键轴向移动。传力盘两侧的油压不相等,传力盘在受到右侧(左侧)油压的作用下可向左侧(右侧)移动,即与壳体(主动片)相连,实现锁止。锁止时,动力通过变矩器壳体(泵轮)→摩擦传动→传力盘→花键→涡轮,实现纯机械传动。

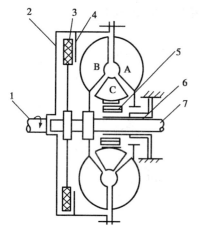

图 32-6 液力变矩器锁止离合器原理简图
1-输入轴;2-变矩器壳体;3-锁止离合器传力盘;4-锁止离合器主动片;5-单向离合器;6-导轮轴;7-输出轴;A-泵轮;B-涡轮;C-导轮

锁止离合器的接合和分离由控制系统通过对其液压腔施加液压或释放液压进行控制。工作时,ECU 根据车速、节气门开度、发动机转速、变速器油液温度、操纵手柄位置、控制模式等因素,按照设定的锁止控制程序向锁止电磁阀发出控制信号,改变锁止离合器传力盘两侧油压,从而控制锁止离合器的工作。

2. 变速齿轮机构

液力变矩器虽然能够在一定范围内实现增矩作用,但仅仅靠变矩器并不能够满足汽车使用工况的实际需要,因此在汽车自动变速器中还需要设置变速齿轮机构。变速齿轮机构主要包括行星齿轮机构和换挡执行机构两部分。

1) 行星齿轮机构

不同车型的自动变速器其行星齿轮机构各部分的结构类型、布置形式、数量等往往不同,但其基本原理相同。

(1) 单排行星齿轮机构。单排行星齿轮机构的基本构造如图32-7所示,它由位于轴中心处的太阳轮、与太阳轮啮合的行星齿轮、支承行星齿轮的行星架以及齿圈等组成。行星齿轮既能绕其自身的轴(行星架)自转,又能围绕太阳轮作公转。工作中可将太阳轮、行星架、齿圈三者中的任一构件与主动轴相连作为输入件,第二构件与从动轴相连作为输出件,第三构件被强制固定(简称制动),就能实现动力传递。

根据机械基础知识,单排行星齿轮机构的运动规律可用以下特性方程式表示:

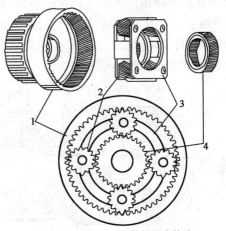

图32-7 行星齿轮机构的基本构造
1-齿圈;2-行星齿轮;3-行星架;4-太阳轮

$$n_1 + \alpha n_2 - (1 + \alpha)n_3 = 0 \tag{32-1}$$

式中:n_1、n_2、n_3——分别为太阳轮、齿圈、行星架的转速;

α——齿圈与太阳轮的齿数比。

从行星齿轮的运动方程中可看出,将太阳轮、齿圈和行星架这三个构件中的某一个构件通过制动的方式予以固定($n=0$),再将一个连接输入轴,另一个连接输出轴,就可获得六种不同的传动方式。加上任意两构件连接形成的直接传动和任何构件都不加限制的自由空转两种状态,单排行星齿轮就有八种传动方案的选择,如果假设太阳轮的齿数z_1为24,齿圈的齿数z_2为56,则单排行星齿轮的8种传动方案见表32-1。

单排行星齿轮机构工作状态表　　　　表32-1

序号	固定件	主动件	从动件	传动比	转速	旋转方向	转矩	相当传动挡
1	齿圈	太阳轮	行星架	3.33	下降	相同	增大	一挡
2		行星架	太阳轮	0.30	上升	相同	减小	
3	太阳轮	齿圈	行星架	1.43	下降	相同	增大	二挡
4		行星架	齿圈	0.70	上升	相同	减小	超速挡
5	行星架	太阳轮	齿圈	-2.33	下降	相反	增大	倒挡
6		齿圈	太阳轮	-0.43	上升	相反	减小	
7	无	任意二	另一	1	相等	相同	相等	直接挡(三挡)
8	所有元件不受约束							空挡

(2) 双排行星齿轮机构。由于受结构的限制,单排行星齿轮的传动比范围有限,不能满足汽车行驶的实际需要,因此,汽车自动变速器的行星齿轮变速机构通常采用双排或三排行星齿轮。

辛普森式行星齿轮机构是一种十分著名的双排行星齿轮机构,且被大部分轿车采用,其结构如图32-8所示。它由两个内啮合式单排行星齿轮机构组合而成,其结构特点是:前后两个行星排的太阳轮连接为一个整体,即共用太阳轮,称为前后太阳轮组件;前一个行星排的行星架和后一个行星排的齿圈连接为另一个整体,称为前行星架和后齿圈组件;输出轴通常与前行星架和后齿圈组件连接。经过组合,该机构可成为一种具有4个独立元件的行星齿轮机构,这4个独立元件是前齿圈、前后太阳轮组件、后行星架、前行星架和后齿圈组件。根据前进挡的挡数不同,辛普森式行星齿轮变速器可分为辛普森式三挡行星齿轮变速器和辛普森式四挡行星齿轮变速器两种。

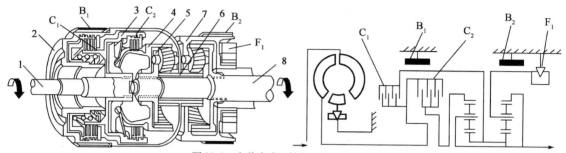

图32-8 辛普森式三挡行星齿轮变速器

1-输入轴;2-倒挡及高挡离合器鼓;3-前进离合器鼓和倒挡及高挡离合器鼓;4-前进离合器鼓和前齿圈;5-前行星架;6-前后太阳轮组件;7-后行星架和低挡及倒挡制动器鼓;8-输出轴;C_1-倒挡及高挡离合器;C_2-前进离合器;B_1-二挡制动器;B_2-低挡及倒挡制动器;F_1-低挡单向离合器

2)换挡执行机构

换挡执行机构主要由换挡离合器、换挡制动器及单向离合器等组成。它们主要用于对行星齿轮构件实施不同的连接或制动,以实现不同的传动组合。

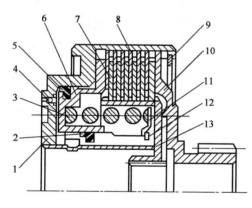

图32-9 多片湿式离合器

1-离合器鼓;2、5-油封;3-复位弹簧;4-止回阀;6-活塞与压盘;7-离合器摩擦片;8-离合器钢片;9、12-卡环;10-太阳轮;11-弹簧座;13-花键毂

(1)换挡离合器。换挡离合器用于将行星齿轮中的某个构件与行星齿轮变速器的输入轴等主动部分连接,使之成为主动构件,或是将行星齿轮中的两个构件连接起来,使之成为一个整体,以实现直接传动。齿轮变速器换挡执行机构大都采用多片湿式离合器,如图32-9所示。

多片湿式离合器主要由离合器鼓1、离合器钢片8、离合器摩擦片7和复位弹簧3、活塞与压盘6等组成。离合器钢片和离合器摩擦片交替安装在离合器鼓内侧。离合器摩擦片的工作面上有粗糙的摩擦材料,而离合器钢片的工作面是光滑的,没有摩擦材料,二者交替排列,统称为离合器片。离合器钢片有外花键齿,与离合器鼓的内花键连接,并可轴向移动。离合器摩擦片则以内花键与花键毂13的外花键配合,也可以轴向移动。

离合器的接合或分离是通过活塞操纵的,活塞安装在离合器鼓内,由活塞内外圆的密封圈保证密封,从而和离合器鼓一起形成一个封闭的环状液压缸,并通过离合器内圆轴颈上的进油孔和控制油道相通。当来自控制阀的油液进入离合器液压缸时,作用在离合器活塞上油液压力推动活塞,使之克服复位弹簧的弹力而移动,将所有的离合器钢片和离合器摩擦片相互压紧在一起,此时离合器处于接合状态,将与离合器鼓和花键毂连接的输入轴或行星齿轮机构的基本元件也连接在一起。

当液压控制系统将作用在离合器液压缸内的油液的压力解除后,离合器活塞在复位弹簧的作用下回位,并将液压缸内的油液从进油孔排出,此时离合器处于分离状态。离合器活塞和离合器片或离合器片和卡环之间有一定的轴向间隙,以保证分离彻底,这一间隙称为离合器的自由间隙,一般离合器自由间隙的标准为 0.5~2.0mm。

有些离合器在活塞和离合器钢片之间有一个具有一定弹性的碟形环,用于减缓离合器接合时的冲击力。

离合器处于分离状态时,液压缸内仍残留有少量油液。残留的油液若随较高转速的离合器鼓旋转,离心力会使油液具有一定压力,将有可能推动离合器活塞压向离合器片,使离合器处于半接合状态。为了防止这种情况出现,在离合器活塞或离合器鼓的液压缸壁面上设有一个由钢球组成的止回阀。当油液进入液压缸时,钢球在油压的推动下压紧在阀座上,止回阀处于关闭状态,保证了液压缸密封;当液压缸内的油压被解除后,止回阀钢球在离心力的作用下离开阀座,使止回阀处于开启状态,残留在液压缸内的油液在离心力的作用下从止回阀的阀孔中流出,保证了离合器的彻底分离。

(2)换挡制动器。换挡制动器的作用是将行星齿轮中的其一构件固定,使其不能转动,构成新的动力传递路线,换上新的挡位,得到新的传动比。它和换挡离合器一样由液压操纵。换挡制动器通常有两种形式,一种是湿式多片制动器,另一种是带式制动器。

湿式多片制动器的结构与上述湿式多片离合器相似,不同之处是湿式多片制动器用于连接转动件和变速器壳体,使转动件停止转动。

带式制动器主要由连接行星齿轮某一构件的制动鼓、静止不动的制动带和带式制动器伺服机构组成,如图 32-10 所示。伺服机构由伺服油缸和伺服杆系组成,伺服油缸由缸筒、活塞和复位弹簧等零件组成。伺服油缸起夹紧和松开制动带的作用,伺服杆系是连接制动伺服液压缸和制动带的杠杆系统,制动带的一端用销钉固定在变速器的壳体上,另一端则由活塞推动的杆系操纵。

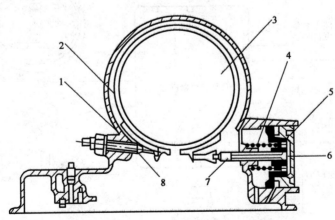

图 32-10 带式换挡离合器
1-变速器壳;2-制动带;3-制动鼓;4-复位弹簧;5-活塞;6-活塞工作腔;7-推杆;8-调整螺钉

伺服机构是一种自动控制机构,它能根据节气门信号和转速信号以一定的精度自动按照输入信号的变化规律来调节油缸压力,使带式制动器进行动作。例如,当活塞 5 右端充油,活塞 5 左移并推动推杆 7 左移,推杆 7 再使制动带 2 收拢,以消除制动带与制动鼓 3 之间的间隙,以实现"制动"。

带式制动器结构简单、轴向尺寸小、维修方便,但工作平顺性较差,为了克服这一缺点,一般在控制油路中设置缓冲阀或减振阀,以减缓油压和制动力的增长速度,改善工作平顺性。

(3)单向离合器。行星齿轮变速器中单向离合器的作用是连接或制动,由于单向离合器是以自身的单向锁止功能来实现连接和制动的,无须控制机构对其进行控制,因此,单向离合器的使用可使自动变速器换挡控制系统得以简化。齿轮变速器换挡执行机构通常采用滚柱式和楔块式单向离合器,它与液力变矩器中的单向离合器结构相同,此处不再赘述。

3. 自动换挡控制系统

自动换挡操纵系统包括动力源(自动变速器油、液压泵)、换挡执行机构(换挡离合器和换挡制动器)和控制机构三部分。前两部分均为液力式,控制机构有液控液力式和电控液力式两种形式。下面介绍电控液力式操纵系统。

电子控制系统由信号输入装置、电子控制单元(ECU)和执行机构三部分组成,如图 32-11 所示。传感器将信号传给电子控制单元,电子控制单元控制执行器工作。

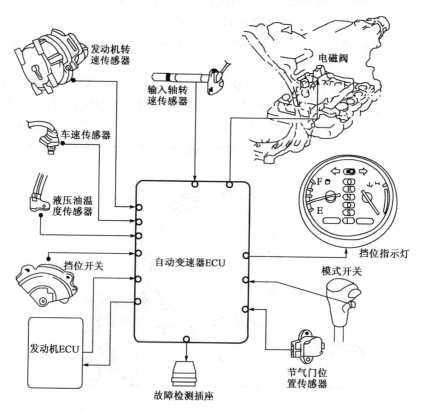

图 32-11 自动变速器电子控制系统

1）信号输入装置

信号输入装置包括传感器和开关信号装置,负责将汽车行驶的有关状态信息转变为电信号,以便控制电路接受。

(1)传感器。自动变速器常用的传感器有节气门位置传感器、车速传感器、发动机冷却液温度传感器等。传感器信号一般有模拟量、脉冲量、开关量等三种形态。

电控液压式自动变速器的电子控制系统常用线性节气门位置传感器,它反映节气门开度位置及变化速率的电信号是车辆在不同行驶条件下控制换挡的主要依据之一。车速传感器用于检测自动变速器的输出轴转速,检测到的输出轴转速信号被送往 ECU,处理后成为车速信号,作为控制换挡的另一个主要依据。

常用的电磁感应式车速传感器结构如图 32-12 所示,它主要由永久磁铁和电磁感应线圈两部分组成,一般安装在变速器输出轴附近的壳体上。输出轴上的停车锁止齿轮为感应转子,当输出轴转动时,停车锁止齿轮的轮齿不断靠近或离开车速传感器,使永久磁铁产生的磁通量发生变化,在电磁感应线圈内产生交流脉冲信号。交流脉冲信号的电压频率与车速成正比。电控单元根据交流脉冲信号的频率计算出车速,作为换挡参数。

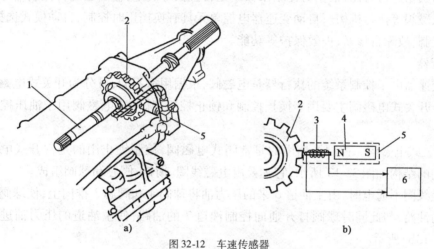

图 32-12　车速传感器
a)车速传感器的安装位置;b)工作原理
1-输出轴;2-停车锁止齿轮;3-感应线圈;4-永久磁铁;5-车速传感器;6-电子控制单元(ECU)

(2)开关信号装置。常用的自动变速器控制开关有超速挡开关、模式选择开关、挡位开关、空挡起动开关、强制降挡开关等。

超速挡开关一般设在换挡杆手柄上,超速切断指示灯安装在组合仪表板上。它的作用是当 ECU 获得正确的输入信号电压时,允许变速器使用超速挡。当 ECU 未接收到正确的输入信号时,停止超速挡工作。

行驶模式选择开关位于自动变速器换挡架上,供驾驶人依据不同行驶路面选择 ECU 中适当的换挡规律。换挡规律不同,提供的换挡点也不同。一些车型的行驶模式选择开关具有一般和动力两种模式,而有些车型的换挡规律选择开关则提供经济模式、一般模式和动力模式三种,某些车型还包括雪地模式等。

挡位开关一般装在手动阀或操纵手柄上,由变速杆控制。选挡手柄的位置信号是利用挡位开关的几条编码线路将信息传给变速器控制系统的,通常还包括倒挡信号灯的开启以及空挡起动开关等。

空挡起动开关是一个多功能开关,不仅具有控制起动继电器线圈电路的功能,还可将变速器换挡杆位置的信息传送给自动变速器的 ECU,ECU 可以根据空挡起动开关信号区别变速器是否处于 P 或 N 位(停车或空挡)。ECU 控制只有在 P 或 N 位时,发动机才能起动。

强制降挡开关装在加速踏板下方,当踩下加速踏板并使节气门达到全开位置时,强制降挡开关接通并向 ECU 发送信号。此时,ECU 按照急加速的程序控制换挡。一般在车速还不是很高的情况下,ECU 会使变速器降一挡,以便使车辆的加速性能更好。

2) ECU

电子控制单元是电子控制系统的核心,接收传感器检测到的汽车行驶状态信息和驾驶人给出的干预信息,并进行比较运算。再按照某种规律发出指令,自动控制传动系统工作。ECU 主要由输入通道、控制器和输出通道三部分组成。输入通道接收各种输入,控制器将这些信号与内存中的数据进行对比,根据对比结果做出是否换挡等决定,输出通道将控制信号处理或直接输送给电磁阀等执行机构。自动变速器电控单元具有换挡正时控制、自动模式选择控制、发动机转矩控制、故障自诊断、失效保护等功能。

3) 执行器

自动变速器电子控制系统的执行器是电磁阀,根据用途不同,可分为开关式电磁阀和脉冲式电磁阀。开关式电磁阀主要用于换挡控制和锁止控制;脉冲式电磁阀用于油压控制和锁止控制。

(1) 开关式电磁阀。控制换挡用的是常闭式电磁阀,控制锁止用的是常开式电磁阀。开关式电磁阀的结构如图 32-13 所示,它主要由电磁线圈、衔铁、阀芯和球阀组成。

当电磁线圈不通电时,由主油道 6 来的压力油将球阀 4 和阀芯 3 推向上,使球阀关闭通向泄油孔 5 的油路,与此同时球阀打开通向控制油道 7 的油路,使主油道的压力油进入控制油道,如图 32-13b) 所示。

当电磁线圈通电时,电磁力使阀芯下移推动球阀向下,关闭主油道的进油孔,与此同时,球阀打开通往泄油孔的油路,使控制油道与泄油孔相通,则控制油道中的油液经泄油孔泄出,如图 32-13 所示。

(2) 脉冲式电磁阀。如图 32-14 所示,脉冲式电磁阀由电磁线圈、衔铁、阀芯或滑阀等组成。其工作原理是:当电磁线圈通电时,电磁力使阀芯或滑阀移动,打开泄油孔,液压油从泄油孔泄出,油路压力随之下降。当电磁线圈断电时,阀芯或滑阀在弹簧力的作用下关闭泄油孔,使油路中的压力上升。脉冲式电磁阀和开关式电磁阀的区别在于控制它的电信号不是恒定不变的电压信号,而是一个固定频率的脉冲电信号。它在脉冲电信号的作用下不断反复地开启和关闭泄油孔。ECU 就是通过改变每个脉冲周期内电流接通和断开的时间比率(称为占空比),而改变电磁阀开启和关闭时间的比率,来控制油路中的压力。占空比越大,经电磁阀泄出的液压油越多,油路压力就越低;反之,占空比越小,油路压力就越大。

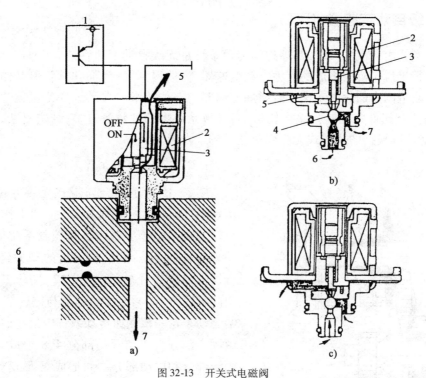

图 32-13 开关式电磁阀
1-电控单元(ECU);2-电磁线圈;3-衔铁和阀芯;4-球阀;5-泄油孔;6-主油道;7-控制油道

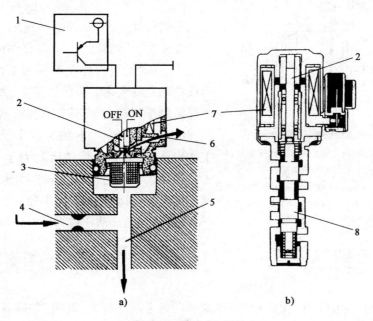

图 32-14 脉冲式电磁阀
a)普通型;b)带滑阀型
1-电控单元(ECU);2-衔铁和阀芯;3-滤网;4-主油道;5-控制油道;6-泄油孔;7-电磁线圈;8-滑阀

575

三、无级自动变速器(CVT)

装有活塞式内燃机的汽车,其理想的传动系统是无级自动变速系统。前面介绍的采用液力变矩器和行星齿轮机构组成的液力自动变速器,虽然得到了广泛的应用,但其传动不连续,只能实现分段范围内的无级变速。若增加变速器的挡位数来扩大无级变速覆盖范围,就必须采用较多的执行元件来控制行星齿轮机构,导致系统零部件数量过多,结构复杂,维修不便。因此,一种能连续换挡的机械式无级变速器得到了发展。

1. CVT 的组成和工作原理

图 32-15 所示为金属带式无级变速器的结构示意图。CVT 主要由金属带、主动工作轮、从动工作轮、液压泵、起步离合器和控制系统等组成。其动力传递路线是:发动机发出的动力经飞轮 1、离合器 2、主动工作轮、金属带 12、从动工作轮,传给中间减速器 10,再经主减速器与差速器 11,最后传给驱动车轮。该变速传动系统中的主、从动工作轮由固定部分 5、9 和可动部分 4、8 组成。工作轮的固定部分和可动部分之间形成 V 形槽。金属带在槽内与工作轮相啮合。

图 32-16 表示了无级变速器的工作原理。根据汽车的行驶工况,在控制系统的调节下,依靠液压来促使主、从动轮的可动部分轴向移动,使金属带在主、从动轮槽内处在不同的工作半径上,从而形成传动比的变化。金属带在主、从动轮上的工作半径从最小到最大是连续变化的,从而形成传动比的连续变化。当主动轮的工作半径小于从动轮的工作半径时,得到的传动比就大于 1;当主动轮的工作半径大于从动轮的工作半径时,得到的传动比就小于 1;当主动轮的工作半径等于从动轮的工作半径时,得到的传动比就为 1。

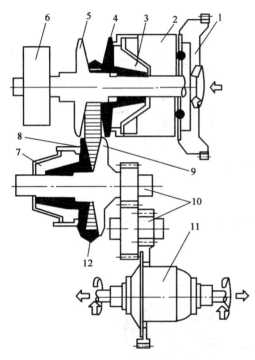

图 32-15 金属带式无级变速器的结构示意图
1-发动机飞轮;2-离合器;3-主动工作轮液压控制缸;4-主动工作轮可动部分;5-主动工作轮固定部分;6-液压泵;7-从动轮液压控制缸;8-从动工作轮可动部分;9-从动工作轮固定部分;10-中间减速器;11-主减速器与差速器;12-金属带

2. CVT 的主要部件

1)金属带

金属传动带由多个(280~400 片)金属片和两组金属环组成,如图 32-17 所示。金属片用厚度为 1.5~1.7mm 的工具钢片制成。每组金属环由数片为 10~12 片、厚度约为 0.18mm 的带环叠合而成,它对金属片起导向作用。金属带是在两侧工作轮挤压力的作用下而实现动力传递的。

2）工作轮

主、从动工作轮的构造和工作原理如图32-18所示。工作轮的工作表面一般为直母线锥面体。工作轮的可动部分是在液力控制系统的作用下,依靠钢球—滑道结构做轴向移动,使主、从动工作轮可连续地改变传动带（金属带）的工作半径,以实现无级变速传动。

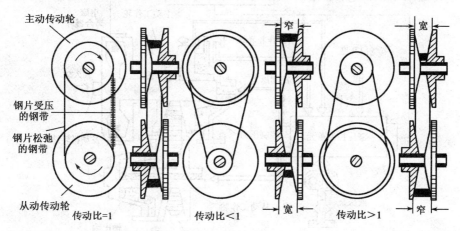

图32-16 金属带式无级变速器的工作原理

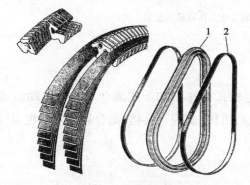

图32-17 金属带的组成
1-金属片；2-金属环

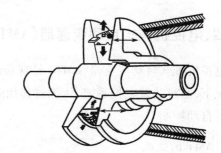

图32-18 工作轮的工作原理

3）液力泵（油泵）

液力泵是液力控制系统的液力源,它和一般的液力系统一样,其常用的结构形式有齿轮泵和叶片泵,但近年来流量可控、效率较高的柱塞泵应用最多。

4）控制系统

CVT的控制系统一般采用机械液力控制和电子液力控制两种。其中,由于电子液力控制系统结构简单、工作可靠而得到广泛的应用。

图32-19所示为CVT电子液力控制系统的工作原理示意图。系统中包括电磁离合器的控制和主、从带轮的传动比控制。传动比控制由发动机节气门信号和主、从带轮的转速决定。电子控制单元（ECU）根据发动机的转速、车速、节气门开度和换挡控制信号等,向液力控制单元发出指令,控制主、从动工作轮液力油缸中的油液压力,使主、从动工作轮的可动部分轴向移动,而改变金属带与工作轮间的工作半径,以实现无级自动变速传动。

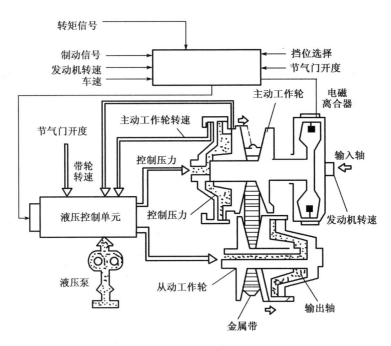

图 32-19　电子液压控制系统工作原理示意图

四、电控机械式自动变速器(AMT)

电控机械式自动变速器(AMT)是在传统定轴式变速器和干式离合器总体传动结构不变的情况下,通过装置电控系统、传感器和相应执行机构,实现选换挡、离合器及发动机节气门等操纵的自动控制。

1. AMT 的组成

AMT 由被控对象(离合器、变速器等)、执行机构(气动、液动或电动执行机构)、传感器、电控系统(电控软件、电控电子电路)四个主要部分组成。

AMT 控制的对象包括发动机、固定轴式变速器和干式离合器。

执行机构按驾驶人的意图实现车辆运行状态的改变。执行机构由选换挡执行机构、离合器分离接合执行机构、节气门执行机构组成。根据动力源的不同,采用的执行机构也不同。

传感器用于实时监测车辆运行状态、采集各种信息,同时将采集到的信号输送给 ECU 处理。

电控系统分为电控硬件和软件两部分。控制系统硬件将传感器采集到的信号通过电控单元(ECU)进行处理,对相应地执行机构发出指令,实现驾驶人的意图。控制系统软件预先编写好程序并存储于 ECU 中,包括起步换挡所用到的函数和数据表,挡位策略、起步、换挡、制动等控制程序,数据采集与处理程序等。电控系统对实现车辆的良好性能并保证车辆的可靠运行有重要作用。

2. AMT 的工作原理

AMT 的工作原理如图 32-20 所示。驾驶人通过加速踏板和选择器（包括选挡范围、换挡规律、巡航控制等）向 ECU 表达意图,发动机转速、输入轴转速、车速、挡位、节气门开度等传感器实时监测发动机工况和车辆运行状况,并将相应的电信号输入 ECU,ECU 按存储在其中的设定程序模拟熟练驾驶人的驾驶规律（最佳换挡规律、离合器最佳接合规律、发动机节气门的自适应调节规律等）,对节气门开度、离合器接合及换挡进行控制,以实现发动机、离合器和变速器的最佳匹配,从而获得优良的行驶性、平稳起步性和迅速换挡能力。

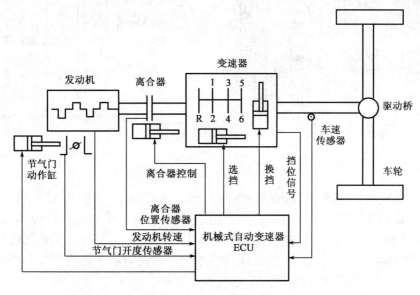

图 32-20　AMT 工作原理图

AMT 实现变速器换挡的自动控制,选换挡操纵杆的动作和离合器的接合与分离可由气动、液动或电动执行机构完成,使选换挡操作方便,减轻驾驶人的劳动强度。通过 ECU 进行最优化的换挡控制,使汽车能在最理想的换挡点及时换挡,并可避免手动换挡操作不当所造成的换挡冲击。因此,AMT 可使汽车的动力性和平顺性等有所提高。

AMT 采用传统的齿轮变速器传动,传动效率优于液力变速器,机械传动机构的维修也较简单。AMT 在齿轮变速器的基础上实现换挡操作自动化,具有生产继承性好、投入费用低、效率高、制造简单、操纵方便等优点。但 AMT 增设了相关的传感器、ECU 及换挡执行机构,其成本较手动变速器高,结构较复杂,维修难度也相应提高。

五、双离合变速器(DCT)

1. DCT 的组成

传统的手动变速器使用一台离合器,换挡动作分为三个动作:离合器分离→变速拨叉拨动同步器换挡（前挡齿轮分离/新挡齿轮啮合）→离合器接合,这三个动作是分先后进行的,驾驶人须踩下离合器踏板,令不同挡的齿轮做出啮合动作,而动力就在换挡其间出现间断,令输出表现有所断续。双离合变速器(DCT)有两个离合器用于动力换挡和起步。每个离合器与变速器的一根输入轴相连,构成两路动力传递;一个离合器控制奇数挡(1、3、5 挡和倒挡),另一个离合器控制偶数挡(2、4、6 挡)。这样,不需要中断从发动机到变速器的动力传送就可以换挡。

DCT 主要由双离合器、齿轮变速器、自动换挡机构和相应的控制系统等组成。图 32-21 所示为一典型双离合自动变速器的结构示意图。

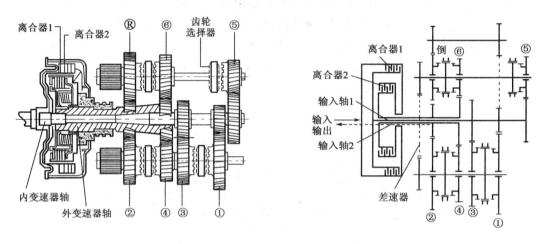

图 32-21 双离合自动变速器结构示意图

如图 32-21 所示,变速器的输入轴是由两根同心轴构成,其中外轴(输入轴 2)空心,嵌套在内轴(输入轴 1)上。输入轴 1 与离合器 1 相连,输入轴 1 上的常啮齿轮分别与 1、3、5 挡齿轮相啮合;输入轴 2 与离合器 2 相连,输入轴 2 上的常啮齿轮分别与 2、4、6 挡齿轮相啮合;倒挡齿轮通过倒挡轴齿轮与输入轴 1 的常啮齿轮啮合。即离合器 1 负责 1、3、5 挡和倒挡,离合器 2 负责 2、4、6 挡。当使用不同挡位时,相应离合器接合。

双离合自动变速器所采用的离合器有干式离合器和湿式离合器两种。如大众汽车的 DSG-6 挡双离合变速器采用湿式双离合器,而 DSG-7 挡双离合变速器采用干式双离合器。湿式是指双离合器安装于一个充满液压油的封闭油腔里。这种结构具有更好的调节能力和优异的热容性,因此能够传递比较大的转矩。干式双离合器没有封闭的油腔,是由两个尺寸相近的离合器从动盘同轴相叠安装组成的。干式双离合器结构简单,因而效率更高,但因自身结构的固有特性使其能够承受的最大转矩比湿式离合器低。

DCT 的控制系统分为电子和液压控制系统。电控系统采集车辆运行信息、驾驶人的操作指令,然后进行判断并控制 DCT 的运行。同时,电控系统还要负责与发动机的电控单元以及其他系统的电控单元协调工作。而液压系统则负责接收电控系统的控制指令,对变速器的换挡机构和离合器的工作进行操纵。液压系统包括液压泵、液压控制单元以及油液冷却系统。

最新开发的双离合变速器控制系统集电子变速控制单元(TCU)、传感器、液压电磁阀模块和阀体为一体,组成变速器机电模块。该模块通过自动校对达到符合设计要求的输出功能。该模块因取消了多级校正步骤和线束以及连接器,成本大大降低。主板直接将电磁阀、TCU 和传感器组连接起来,更提高了模块的可靠性。

2. DCT 的工作原理

DCT 的工作过程比较特别。由于奇数挡和偶数挡被安置在不同的分变速器中,当某挡齿轮啮合时，与其相邻的上下两挡齿轮处于自由状态，此时由变速器控制逻辑判断下一挡位，提前将处于自由状态的目标挡齿轮啮合，待车辆达到最佳换挡点时，当前挡离合器分离，同时目标挡离合器接合，从而实现不中断转矩传输的换挡。

现以 1 挡升 2 挡为例，介绍 DCT 的换挡过程。在 1 挡起步行驶时，动力传递路线如图 32-22 中粗线所示，离合器 1 接合，通过输入轴 1 到 1 挡齿轮，再通过中间轴传递到差速器输出。同时，图 32-22 中 2 挡的接合套已经接合，表示 2 挡已经被选中，但由于此时离合器 2 是分离的，所以 2 挡的动力传递路线实际上并没有进行动力传递，只是预先选好挡位，为接下来的升挡做准备。

当需升入 2 挡时，ECU 指令电磁阀将离合器 1 断开、离合器 2 接合，变速器自然进入 2 挡、退出 1 挡，同时 3 挡的接合套预先接合，动力传递路线如图 32-23 中粗线所示。

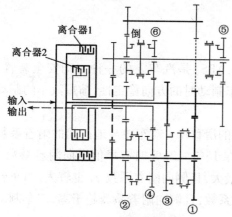

图 32-22　DCT 1 挡动力传递路线示意图

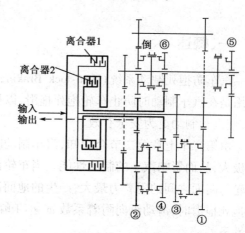

图 32-23　DCT 2 挡动力传递路线示意图

因此，在 DCT 的工作过程中，总是有两个挡位是接合的，一个正在工作，另一个则为下一步做好准备。

DCT 在降挡时，同样有两个挡位是接合的，如 4 挡正在工作，则 3 挡作为预选挡位而接合。DCT 的升挡或降挡是由 ECU 进行判断的，踩加速踏板时，ECU 判定为升挡过程，做好升挡准备；踩制动踏板时，ECU 判定为降挡过程，做好降挡准备。

一般变速器升挡总是逐挡进行的，而降挡经常会跳跃地实现。DCT 在手动控制模式下也可以进行跳跃降挡，例如，从 6 挡降到 3 挡，只要连续按三次降挡按钮，变速器就会从 6 挡直接降到 3 挡；但是如果从 6 挡降到 2 挡时，变速器会先降到 5 挡，再从 5 挡直接降到 2 挡。在跳跃降挡时，如果起始挡位和最终挡位属于同一个离合器控制的，则会通过另一离合器控制的挡位进行转换；如起始挡位和最终挡位不属于同一个离合器控制时，可以直接跳跃降至所定挡位。

上述分析表明，DCT 在整个换挡过程中，能不间断地传递发动机动力，因此它可提高汽车起步和加速行驶的动力性。图 32-24 是两辆分别装用 DCT 和电控机械式自动变速器（AMT）的汽车从 1

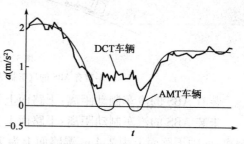

图 32-24　装用 AMT 与 DCT 汽车的换挡性能比较

挡换入 2 挡时的过程曲线。由图可知,在换挡过程中 AMT 由于动力中断而使汽车产生负的加速度,而 DCT 的则总为正。因此,装用 DCT 的汽车加速性能好。如上述装有德国大众 DSG(双离合器变速器)的迈腾 2.0TSI 汽车,其 0→100km/h 的加速时间为 8.3s,而装有 AT 的迈腾 2.0TSI 的加速时间则为 9.6s。

与 AT 相比,DCT 属于机械传动变速器,其传动效率相对较高,故装用 DCT 的汽车动力性较好。此外,DCT 还具有安装空间紧凑、质量轻、价格便宜等许多优点,因此是自动变速器的发展方向。

第二节　汽车防抱死制动系统

一、概述

汽车防抱死制动系统(Anti-lock Braking System,ABS)是汽车上的一种主动安全装置,其作用是在汽车制动时防止车轮抱死拖滑,以提高汽车制动时的方向稳定性,缩短汽车的制动距离,使汽车制动更为安全有效。

由第二十七章第二节介绍知,汽车制动时,车轮的滑移率 s 对车轮与地面间的附着系数影响极大,从而影响汽车的制动性能。当车轮滑移率在 15%～25% 时有峰值纵向附着系数 φ_p,车轮与路面之间的附着力最大,产生的地面制动力最大,且侧向附着系数 φ_l 也较大;当车轮完全抱死拖滑时,滑动纵向附着系数 φ_s 小于峰值附着系数,且侧向附着系数趋于零,汽车制动稳定性最差。

如图 32-25 所示,防抱死制动系统可以防止汽车制动时车轮抱死,并把车轮的滑移率保持在 15%～25% 范围内,以保证车轮与路面有良好的纵向、侧向附着力,有效防止制动时汽车侧滑、甩尾、失去转向等现象发生,提高了汽车制动时的方向稳定性;同时,制动时,ABS 将制动力保持在最佳的范围内,从而制动距离缩短,也能减弱轮胎与地面之间的剧烈摩擦,减轻轮胎磨损。

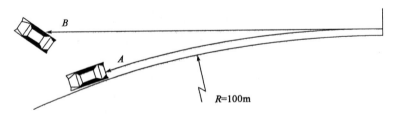

图 32-25　转弯试验的对比
A-装有 ABS 的汽车制动距离;B-未装 ABS 的汽车制动距离

装有 ABS 的汽车制动距离:干路面上为 31.1m,湿路面上为 33.9m。

未装 ABS 的汽车制动距离:干路面上为 35m,湿路面上为 41.2m。未装 ABS 的汽车侧向偏离:前轴干路面上为 2.4m,湿路面上为 7.3m;后轴干路面上为 0.9m,湿路面上为 4.8m。

二、ABS 的组成及工作原理

1. ABS 的组成

ABS 由车轮速度传感器、ABS 电控单元、制动压力调节装置等部分组成,如图 32-26 所示。

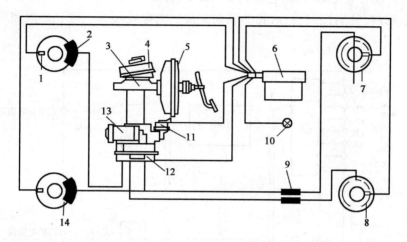

图 32-26 典型的 ABS 结构图

1-车轮转速传感器;2-右前制动器;3-制动主缸;4-储液室;5-真空助力器;6-电子控制装置(ECU);7-右后制动器;8-左后制动器;9-比例阀;10-ABS 警示灯;11-储液器;12-调压电磁阀总成;13-电动泵总成;14-左前制动器

轮速传感器的功用是检测车轮的速度,并将速度信号输入 ABS 的电控单元。目前,用于 ABS 的速度传感器主要有电磁式和霍尔式两种。图 32-27 所示为转速传感器在车轮上的安装位置。

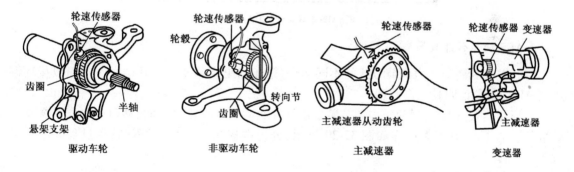

图 32-27 ABS 轮速传感器的安装位置

ABS 电控单元(ECU)具有运算功能,接收轮速传感器的交流信号,计算出车轮速度、滑移率和车轮的加、减速度。把这些信号加以分析,对制动压力发出控制指令。电子控制装置能控制压力调节器,对其他部件还具有监控功能。当这些部件发生异常时,由指示灯或蜂鸣器给驾驶人报警,使整个系统停止工作,恢复到常规制动方式。ECU 基本构成如图 32-28 所示。

制动压力调节装置主要由供能装置(液压泵、储能器)、电磁阀和调压缸等组成。液压泵是一个高压泵,它可在短时间内将制动液加压(在储能器中)到 15~18MPa,并给整个液压系统提供高压制动液。液压泵能在汽车起动1min内完成上述工作。液压泵的工作独立于ABS电控单元,如果电控单元出现故障或接线有问题,液压泵仍能正常工作。储能器的结构形式有多种,用得较多的为活塞—弹簧式储能器,该储能器位于电磁阀与回油泵之间,由轮缸来的液压油进入储能器,进而压缩弹簧使储能器液压腔容积变大,以暂时存储制动液。电磁阀是制动压力液压调节装置的重要部件,由它完成对ABS的控制。ABS中都有一个或两个电磁阀体,其中有若干电磁阀,分别控制前、后轮的制动。常用的电磁阀有三位三通阀和二位二通阀等形式。

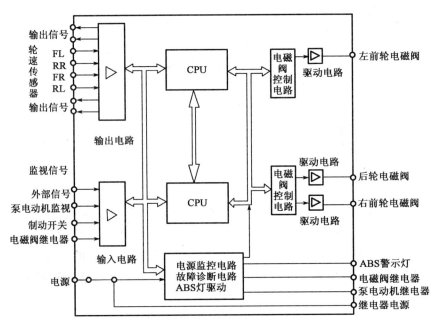

图32-28 ABS电控单元(ECU)的基本组成

2. ABS的工作原理

ABS根据其制动压力调节方式的不同,分为循环调压式和变容积式两种。下面以循环调压式ABS为例,说明其工作原理。

循环调压式ABS的制动压力调节装置串联在制动主缸与轮缸之间,通过电磁阀直接调节轮缸的制动压力,其工作过程如图32-29所示,分为常规制动、保压过程、减压过程和增压过程等。

1)常规制动

常规制动过程中,ABS不工作。电磁阀线圈中无电流通过,柱塞处于图32-29a)所示的最下方。此时制动主缸与制动轮缸直通,由制动主缸来的制动液直接进入轮缸,轮缸压力随主缸压力而增减。此时液压泵不需要工作。

2)减压过程

轮速传感器检测到车轮有抱死信号时,ECU即向电磁阀线圈通入一个较大的电流,柱塞移到上端,如图32-29b)所示。此时制动主缸与轮缸的通路被切断,电磁阀将轮缸与回油通道和储液器接通,轮缸中制动液经电磁阀流入储液器,轮缸压力下降。与此同时,电动机起动,带动液压泵工作,把流回储液器的制动液加压后输送到制动主缸,为下一个制动周期作准备。

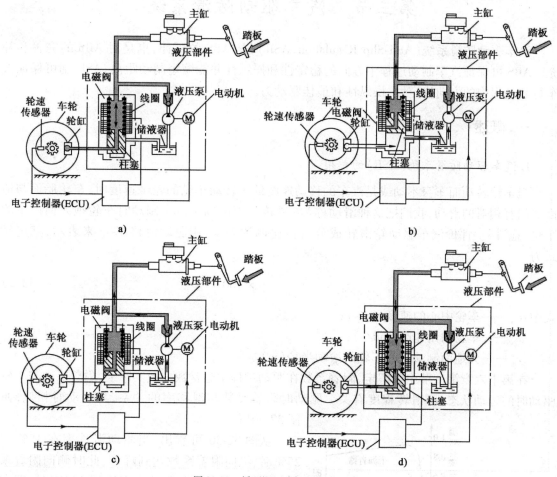

图 32-29 循环调压式 ABS 工作过程
a)轮缸常规工作状态;b)轮缸减压过程;c)轮缸保压过程;d)轮缸增压过程

3) 保压过程

当轮速传感器发出的抱死信号较弱时,ECU 向电磁阀线圈通入一个较小的保持电流(约为最大电流的 1/2)时,柱塞移到图 32-29c)所示的位置。此时主缸、轮缸和回油孔相互隔离密封,轮缸中的制动压力保持一定。

4) 增压过程

当压力下降后车轮加速太快时,柱塞又回到初始位置,如图 32-29d)所示。此时,ECU 便切断通往电磁阀的电流,主缸和轮缸再次相通,主缸中的高压制动液再次进入轮缸,使制动压力增加,车轮又趋于接近抱死状态。

在汽车制动过程中,ABS 只在车速超过一定值时才起作用,而且只有当被控制车轮趋于抱死时,ABS 才会对趋于抱死车轮的制动压力进行防抱死调节;在被控制车轮还没有趋于抱死时,制动过程与常规制动系统的制动过程完全相同。ABS 具有自诊断功能,并能确保当 ABS 出现故障时,常规制动系统仍能正常工作。

第三节 汽车驱动防滑系统

汽车驱动防滑系统(Anti-Slip Regulation, ASR),是 ABS 的延伸,也是对 ABS 的完善和补充。ABS 可保证汽车制动过程中方向的稳定性和操纵性并能缩短制动距离;ASR 则可保证汽车行驶过程中的方向稳定性、操纵性和最佳驱动力。

一、概述

1. 汽车驱动防滑系统(ASR)的作用

当车轮转动而车身不动或是汽车的移动速度低于转动车轮的轮缘速度时,车轮胎面与地面之间有相对的滑动,我们把这种滑动称为"滑转",以区别于汽车制动时车轮抱死而产生的车轮"拖滑"。评价汽车驱动轮滑转成分所占比例的多少,用驱动滑移率 s_d 来表示,其定义式为

$$s_d = \frac{r_{r0}\omega_w - u_w}{r_{r0}\omega_w} \times 100\% \qquad (32\text{-}2)$$

式中:u_w——车轮中心的速度(m/s);

ω_w——车轮的角速度(rad/s);

r_{r0}——无地面制动力时车轮的滚动半径(m)。

在第十六章第三节中曾假定,附着系数在驱动过程中是常数。但实际上,附着系数与车轮驱动时的运动状态,即滑转程度有关。驱动时附着系数与滑移率的关系,与制动时相似,如图 32-30 所示。

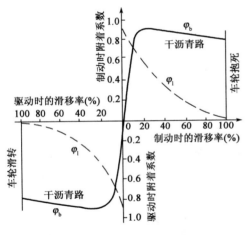

图 32-30 附着系数与滑移率的关系

从图 32-30 可看出,当驱动滑移率在 15%~25%时,纵向附着系数达到峰值,此时侧向附着系数也比较大;而当驱动滑移率达到 100%时,即车轮完全滑转时,纵向附着系数变小,且侧向附着系数几乎为零。当驱动车轮处于完全滑转时,不仅会降低驱动力,导致汽车的起步性能、加速性能和滑溜路面的通过性能下降,而且还会对后轮驱动的汽车带来方向失稳,对前轮驱动的汽车带来转向失控。为了最大限度地利用附着系数,获得最大的驱动力,得到较好的方向稳定性和转向控制能力,可利用 ASR 防止驱动时车轮滑转并将驱动滑移率控制在 15%~25%的目标值范围内。

汽车驱动防滑系统(ASR)可使车轮保持最大的附着力,与不装备 ASR 的汽车相比,具有如下优点:

(1)汽车在起步、行驶过程中可获得最佳的驱动力,提高了汽车的动力性。尤其在附着系数小的路面,汽车起步、加速及爬坡能力的提高就更加显著。

(2) 汽车的行驶稳定性得以提高,前轮驱动汽车的方向控制能力也能改善。路面的附着系数越低,其行驶稳定性能提高就越是明显。因此,ASR 与 ABS 一样,也是汽车主动安全控制装置。

(3) 减少了轮胎的磨损,降低了汽车的燃油消耗。

2. 防车轮滑转的常见控制方式

1) 发动机输出功率控制

当汽车起步、加速时加速踏板踩得过猛时、会因为驱动力过大而出现两边的驱动车轮都滑转的情况。这时,ASR 控制器输出控制信号,控制发动机的功率输出,以抑制驱动车轮的滑转。发动机功率控制可以通过改变节气门的开度、调节喷油器的喷油量和改变点火时间等方法实现。

2) 驱动轮制动控制

当驱动车轮单边滑转时,控制器输出控制信号,对滑转车轮施以制动力,使车轮的驱动滑移率控制在目标范围之内。这时,非滑转车轮仍有正常的驱动力,从而提高了汽车在滑溜路面的起步和加速能力、行驶稳定性及转向操纵能力。这种控制方式的作用类似于差速锁,在一边驱动车轮陷于泥坑部分或完全失去驱动能力时,对其制动后,另一边的驱动车轮仍能发挥其驱动力,使汽车驶离泥坑。当两边的驱动车轮都滑转,但驱动滑移率不同的情况下,则对两边驱动车轮施以不同的制动力。

3) 发动机输出功率与驱动轮制动综合控制

为了达到最理想的控制效果,采用发动机输出功率控制与驱动轮制动控制相结合的控制系统。汽车在行驶过程中,路面滑溜的情况千差万别,驱动力的状态也不断变化,综合控制系统将根据发动机的状况和车轮滑转的实际情况采取相应的控制。比如,在发动机驱动力较小的状态下出现车轮滑转的主要原因可能是由于路面滑溜,这时采用对滑转车轮施以制动的方法就比较有效。而在发动机输出功率大(节气门开度大、转速高)时出现车轮滑转,则主要通过减小发动机输出功率的方法来控制车轮的滑转。有时候,车轮滑转的情况更为复杂,需要通过对车轮制动和减小发动机驱动力的共同作用来控制车轮的滑转。

二、驱动防滑系统的组成与工作过程

汽车驱动防滑系统主要由传感器、控制器、制动压力调节器、辅助节气门驱动装置等组成。目前,在汽车上广泛使用的驱动防滑系统通常和防抱死制动系统、发动机输出功率调节控制等接合在一起应用,称为 ABS/ASR。典型的 ABS/ASR 组成如图 32-31 所示。

1. ASR 传感器

ASR 传感器主要是车轮转速传感器、节气门开度传感器和 ASR 开关。车轮转速传感器与 ABS 共用,而节气门开度传感器则与发动机电子控制系统共用。

ASR 开关是 ASR 专用的信号输入装置。当 ASR 开关打开时,ASR 工作;当关断 ASR 开关时,ASR 停止工作。

2. ASR 控制器

ASR 控制器(ECU)以微处理器为核心,配以输入电路、输出电路及电源等组成。ECU 根据前后轮速传感器传递的信号及发动机和自动变速器的电子控制单元中节气门开度信号来判断汽车的行驶条件,经过分析判断,对副节气门执行器、ASR 制动执行器发出指令,执行器完成对发动机供油系统或点火时刻的控制,或对制动压力进行调整。

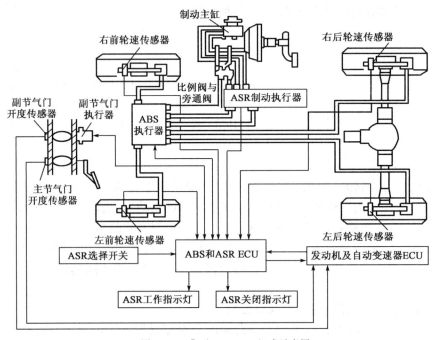

图 32-31　典型 ABS/ASR 组成示意图

ASR 的信号输入和处理与 ABS 相同,为减少电子器件的数量,使结构紧凑,ASR 与 ABS 通常组合成一个 ABS/ASR 电控单元。

3. ASR 制动压力调节器

ASR 制动压力调节器执行 ASR 控制器的指令,对滑转车轮施加制动力及控制制动力的大小,以使滑转车轮的驱动滑移率在目标范围之内。ASR 制动压力源是蓄压器,通过电磁阀来调节驱动车轮制动压力的大小。

ASR 制动压力调节器的结构形式有独立式和组合式两种。组合式是指 ASR 制动压力调节器和 ABS 制动压力调节器在结构上组合成一个整体。图 32-32 所示为采用三位三通电磁阀和循环式的 ABS/ASR 制动压力调节器。ASR 不起作用时,电磁阀 1 不通电,油路开通。汽车在制动过程中如果车轮出现抱死,ABS 起作用,通过电磁阀 2 和电磁阀 3 来调节制动压力。

当驱动车轮出现滑转时,ASR 使电磁阀 1 通电,阀移至右位,油路关断,电磁阀 2 和电磁阀 3 不通电,阀仍在左位,于是蓄压器的压力油通入驱动车轮制动轮缸,制动压力增大。

当需要保持驱动车轮的制动压力时,ASR 电控单元使电磁阀 1 半通电,阀移至中位,隔断了蓄压器与制动主缸的油路,驱动车轮制动轮缸的制动压力保持不变。

当需要减小驱动车轮的制动压力时,ASR 电控单元使电磁阀 2 和电磁阀 3 通电,电磁阀 2 和电磁阀 3 移至右位,将驱动车轮制动轮缸与储液器接通,于是制动压力下降。

ASR 电控单元分别对电磁阀 2 和电磁阀 3 实行独立控制,即可实现对左右驱动车轮的制动压力分别控制。

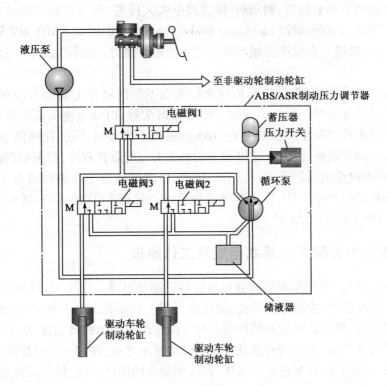

图 32-32　ABS/ASR 制动压力调节器

4. 辅助节气门驱动装置

辅助节气门驱动装置一般由步进电动机和传动机构组成。在 ASR 不起作用时,辅助节气门处于全开的位置。当驱动轮滑转,需要减小发动机输出功率时,步进电动机根据 ASR 电控单元输出的控制脉冲转动规定的转角,通过传动机构带动辅助节气门转动,改变辅助节气门的开度,从而达到控制发动机的输出功率并抑制驱动车轮滑转的目的。

ASR 除具备以上基本功能外,还有另外两种功能:一是 ASR 只有在车轮发生滑转时才能工作,在其余的时间内,ASR 只是处于准备工作状态,不干预常规驾驶;另一种功能是,如果 ASR 出现故障,则系统自动切断所有相关信号,发动机和制动系统恢复到没有装备 ASR 的模式下工作,并在仪表板上通过 ASR 故障指示灯提醒驾驶人 ASR 出现了故障。

第四节　汽车电子制动力分配系统

一、概述

在第二十七章第五节中知,对于前后轮制动器制动力具有固定比值的制动系统,其实际制动力分配曲线与理想的制动力分配曲线(I 曲线)相差很大,制动效能较低,前轮可能因抱死而丧失转向能力,后轮也可能因抱死而使汽车有发生侧滑的危险。虽然,目前有的汽车在前后轮上采用了机械式制动力调节装置,制动时,附着效率大大提高,但与理想的制动力分配曲线仍存在差距。电子制动力分配系统(Electronic Brake-Force Distribution,EBD)用来辅助前述防抱死制动系统(ABS),能进一步发挥轮胎与地面之间的附着能力,全面满足制动过程中汽车对制动的要求。

EBD 的作用有两个:一是保证汽车的四个轮胎在不同的路面上制动力均衡;二是保证汽车在高速行驶中紧急制动时车后部不甩尾。即使 ABS 失效,EBD 也能保证车辆不出现因甩尾而导致翻车等恶性事件的发生。EBD 是在 ABS 的基础上添加限压阀、比例阀、感载比例阀或减速度传感器比例阀等硬件装置,并编制相应的制动力分配软件程序,根据制动减速度和车轮载荷的变化,来自动改变前后制动器制动力的比值,使之更接近于理想制动力分配曲线,从而缩短制动距离和提高行驶稳定性,满足制动法规要求。带有 EBD 的 ABS,通常会用"ABS +"来表示,相当于 ABS 的软件升级版。

二、电子制动力分配系统基本组成及工作原理

EBD 由转速传感器、电子控制器和液压执行器三部分组成。如图 32-33 所示,电磁感应式传感器安装在 4 个车轮上,检测车轮转速;液压执行器主要由控制前后轮压力的常开阀、常闭阀和低压蓄能器组成,其低压蓄能器的作用是暂存降压时所排出的制动液;电子控制器根据轮速信号计算汽车参考车速、车轮的转速及前后轮的滑移率之差,并按一定的控制规律向液压执行器中的电磁阀发出信号,对车轮实行保压、减压和加压的循环控制,使前后轮趋于同步抱死。在制动结束后,制动踏板松开,制动主缸内的制动压力为零,此时再次打开常闭阀,低压蓄能器中的制动液经常闭阀、常开阀返回制动主缸,低压蓄能器排空,为下次电子制动力分配调节做好准备。

EBD 的前、后轮制动力分配关系如图 32-34 所示。当汽车载荷发生变化时,理想的前后轮制动力分配关系会随之发生改变。如果制动系统安装了机械式制动压力调节阀,虽然可以避免出现后轮先抱死,但制动力调节曲线与理想的制动力分配曲线仍然相差较大,导致制动效率不高。如果制动系统安装了电子制动力分配系统,其制动力调节曲线在各种载荷下均能与理想的制动力分配曲线靠近,获得较高的制动效率。

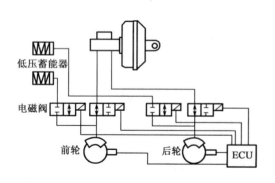

图 32-33 电子制动力分配系统组成示意图

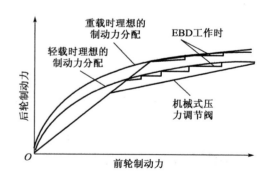

图 32-34 前后轮制动力分配关系

除此之外,当汽车在弯道行驶时,EBD 的 ECU 还可根据转向盘转角传感器信号,对左右车轮制动力的分配进行调节,如图 32-35 所示,图中箭头长短表示制动力的大小。为了保证汽车

在弯道行驶时制动的稳定性,EBD 的 ECU 分配给外侧车轮的制动力明显大于内侧车轮的制动力,从而保证汽车沿弯道行驶的稳定性。

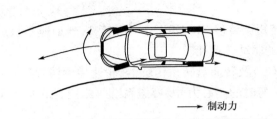

图 32-35　左右轮制动力大小示意图

第五节　汽车电子循迹系统

一、概述

在汽车行驶过程中,汽车不断受到侧向和纵向的作用力,当侧向力超过车轮的侧向附着力时,汽车的操纵能力将大大降低,甚至失控,从而影响行车安全。德国博世(BOSCH)公司将直接横摆力偶矩控制(Direct Yaw Control,DYC)跟 ABS 及 ASR 接合起来,开发出了基于制动力侧向分配的电子稳定性控制系统(Electronic Stability Program,ESP),形成了同时控制车轮滑移率和整车横摆运动的综合系统,该技术通过合理分配纵向和侧向轮胎力,精确控制极限附着情况下的汽车动力学行为,使汽车在物理极限内最大限度按照驾驶人的意愿行驶,被公认为汽车安全技术中继安全带、安全气囊、ABS 之后的又一项里程碑式的突破。

ESP 是 ABS 和 ASR 两种系统功能的延伸,它们之间的差别在于 ABS 或 ASR 只能被动地做出反应,而 ESP 则能够探测和分析车况并纠正驾驶的错误,防患于未然。在汽车行驶过程中,ESP 通过不同传感器实时监控驾驶人转弯方向、车速、节气门开度、制动力以及车身倾斜度和侧倾速度,并以此判断汽车正常安全行驶和驾驶人操纵汽车意图的差距,然后通过调整发动机的转速和车轮上的制动力分布,修正过度转向或转向不足。

二、ESP 的组成与工作原理

1. ESP 的组成

ESP 是一项综合控制技术,整合了防抱死制动系统(ABS)、驱动防滑控制(ASR)、电子制动力分配(EBD)、电子差速锁(EDS/EDL)、发动机牵引力转矩调整(MSR/EBC)等多项电子控制技术,通过对制动系统、发动机管理系统和自动变速器施加控制,防止车辆滑移。

(1)防抱死制动系统(ABS)。防止制动时车轮抱死,并保持良好行驶稳定性和转向性能,缩短制动距离。

(2)驱动防滑控制(ASR)。通过对驱动轮制动并降低发动机转矩来阻止驱动轮空转打滑,例如在砂石及冰面上。

(3)电子制动力分配(EBD)。在 ABS 起作用前,或者 ABS 失效后,防止后轴出现过度制动导致甩尾。

（4）电子差速锁（EDS/EDL）。驱动轮在附着系数低的路面出现打滑空转时，对其采取制动，使车辆能起步行驶。

（5）发动机牵引力转矩调整（MSR/EBC）。当突然松开加速踏板或挂入低挡时，阻止可能由发动机制动过大产生的驱动轮抱死。

ESP 由控制单元（ECU）及转向盘转角传感器、轮速传感器、侧向偏摆率传感器、侧/纵向加速度传感器（监测汽车转弯时的离心力）及液压系统等组成，如图 32-36 所示。

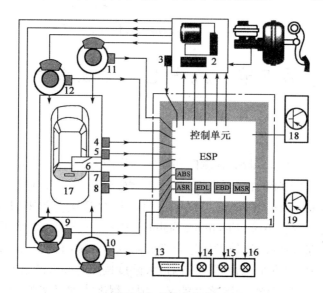

图 32-36　ESP 的组成

1-ESP 控制单元；2-液压控制单元；3-制动压力传感器；4-侧向加速度传感器；5-侧向偏摆率传感器；6-ASR/ESP 按钮；7-转向盘转角传感器；8-制动灯开关；9～12-轮速传感器；13-自诊断接口；14-制动系统报警灯；15-ABS 报警灯；16-ASR/ESP 报警灯；17-车辆驾驶状态；18-发动机控制调整；19-变速器控制调整

（1）ESP 控制单元 1 是控制核心，为确保高可靠性，采用冗余控制，用两个相同的处理器同时处理信号，并相互比较监控。接通点火开关后，系统进入自检，连续监控所有电气连接，并周期性检查电磁阀功能。若 ECU 出故障，仍可按常规制动，但 ABS/ASR/ESP 功能失效。

（2）转向盘转角传感器 7 依据光栅原理测量转向盘转角，ECU 以此获得预定的行驶方向。若无此信号则无法确定行驶方向，ESP 失效。

（3）制动压力传感器 3 检测实际制动管路压力大小，ECU 由此算出车轮上的制动力和整车的纵向力大小。如果 ESP 正在对不稳定状态进行调整，ECU 将该数值包含在侧向力计算范围内。若无此信号则无法准确算出侧向力，ESP 失效。

（4）侧向偏摆率传感器 5 检测车辆绕其纵轴旋转角度和转动速率，ECU 以此来获得车辆的实际行驶方向，使用音叉形振荡式陀螺仪原理工作。若无此信号则 ECU 无法确定车辆是否发生侧向偏摆，ESP 失效。

（5）纵向加速度传感器一般只安装在四驱车上。对于单轴驱动车辆，通过计算制动压力、车轮转速信号以及发动机管理系统信息，得出纵向加速度。

（6）侧向加速度传感器 4 检测车辆侧向力大小。若无该信号则 ECU 无法算出车辆的实际行驶状态,ESP 失效。

(7) ASR/ESP 按钮 6 用于在积雪路面或松软路面上起步时、安装了防滑链的车辆、在测功机上检测时,关闭 ESP。

2. ESP 工作原理

ESP 控制框图如图 32-37 所示。通过传感器收集转向盘转角、横摆角速度、侧向加速度等信息,输入电控单元,检测转向盘转角输入和实际行驶状态,一旦识别出车辆不稳定状态,立刻对制动系统、发动机管理系统和变速器管理系统等综合协调控制,来降低车辆侧向滑移,防止在制动时车轮抱死、起步时打滑和车辆侧滑。一般情况下,如果单独制动某个或某几个车轮不足以稳定车辆,ESP 将通过降低发动机转矩输出或其他方式来进一步控制。在不踩制动踏板时,制动预压力一般来源于 ABS 液压控制单元。

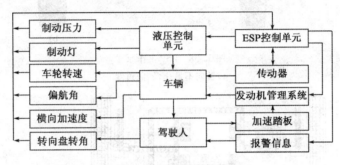

图 32-37　ESP 控制框图

ESP 工作原理如下:

(1)通过转向盘转角传感器及各车轮转速传感器识别驾驶人转弯方向(驾驶人意愿)→A。

(2)由横摆角速度传感器识别车辆绕重心的旋转角度,侧向加速度传感器识别车辆实际运动方向→B。

(3)若 $A>B$,ESP 判定为出现转向不足,此时前轮偏向轨迹外侧,ESP 通过对轨迹内侧的后轮制动来产生一个补偿力矩,使车辆进一步增大转向,将车轮带回期望的行驶轨迹,如图 32-38a)所示。

(4)若 $A<B$,ESP 判定为出现转向过度,此时汽车后部侧向摆动,ESP 则通过对轨迹外侧的前轮制动产生一个补偿力矩将车轮带回期望的行驶轨迹,防止出现甩尾并减弱过度转向趋势,如图 32-38b)所示。

(5)若单独制动某个车轮不足以稳定车辆,ESP 则进一步降低发动机转矩输出或制动其他车轮以达到要求。

3. ESP 控制措施

ESP 液压系统控制示意图如图 32-39 所示。

1)转向不足

ESP 的 ECU 监测并比较来自侧向偏摆率传感器、转向盘转角传感器和每个车轮速度传感器等信号,以确定车轮是否滑移。当 ECU 检测到车辆转向不足时,控制液压调节器过程为:关闭前/后隔离阀→打开前/后起动阀→关闭右前/右后进口阀→运行液压泵。

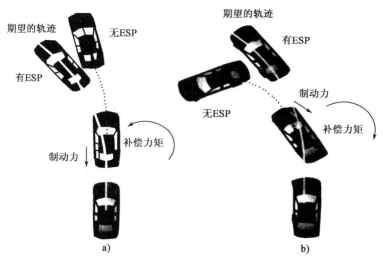

图 32-38 ESP 工作原理
a) 转向不足; b) 转向过度

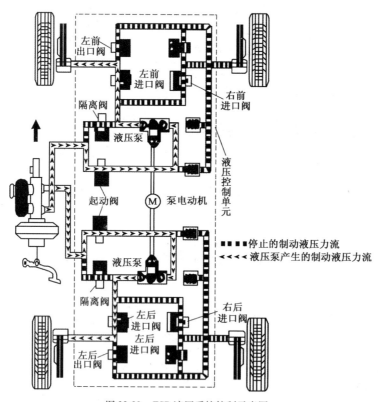

图 32-39 ESP 液压系统控制示意图

这将促使以下操作:

(1) 当液压泵积累了液压力时,关闭后隔离阀,后轮制动回路与主缸隔开,防止制动液返回主缸。

(2) 右前和右后进口阀关闭,以隔离右轮液压回路,液压调节器只向左轮提供制动液压力。

(3) 后起动阀打开,制动液从主缸进入液压泵中。

(4) 液压泵将合适的制动液压力施加到左轮制动钳上,使车辆朝驾驶人想要的方向偏转。

(5) 液压控制单元像在 ASR 模式下那样调节左前和左后进口阀及出口阀,以便获得最大的路面牵引力。

2) 转向过度

出现转向过度时,液压系统控制过程与转向不足相似。

复习思考题

1. 自动变速器的类型有哪些?
2. 简述液力变矩器的结构及工作原理。
3. 辛普森式行星齿轮机构的结构特点是什么?
4. 简述金属带式无级变速器的组成及工作原理。
5. 简述电控机械式自动变速器的组成及工作原理。
6. 双离合自动变速器是如何工作的?
7. 汽车防抱死制动系统(ABS)有何作用?它是如何工作的?
8. 简述汽车驱动防滑系统(ASR)的作用及工作过程。
9. 简述电子制动力分配系统(EBD)的作用及工作原理。
10. 简述汽车电子稳定性控制系统的作用及工作原理。

参 考 文 献

[1] 臧杰,阎岩编.汽车构造[M].北京:机械工业出版社,2005.
[2] 李育锡.现代汽车概论[M].北京:高等教育出版社,2008.
[3] 卢剑伟.汽车构造[M].合肥:合肥工业大学出版社,2011.
[4] 陈家瑞.汽车构造[M].5版.北京:人民交通出版社,2006.
[5] 肖生发,赵树朋.汽车构造[M].2版.北京:北京大学出版社,2012.
[6] 王正键.现代汽车构造[M].广州:华南理工大学出版社,2006.
[7] 司景萍,高志鹰.汽车电器及电子控制技术[M].北京:北京大学出版社,2012.
[8] 刘建民,刘扬.怎样读懂汽车电路图[M].北京:机械工业出版社,2011.
[9] 曲金玉,崔振民.汽车电器与电子控制技术[M].2版.北京:北京大学出版社,2012.
[10] 麻友良.汽车电路构成与阅读理解[M].北京:人民交通出版社,2005.
[11] 田晋跃.现代汽车新技术概论[M].北京:北京大学出版社,2010.
[12] 姜立标.现代汽车新技术[M].北京:北京大学出版社,2012.
[13] 鲁植雄.汽车运用工程[M].北京:机械工业出版社,2015.
[14] 赵英勋.汽车运用工程[M].北京:国防工业出版社,2013.
[15] 赵英勋,宋新德.汽车运用工程基础[M].北京:北京大学出版社,2014.
[16] 邵毅明.汽车新能源与节能技术[M].2版.北京:人民交通出版社股份有限公司,2016.
[17] 陈家瑞.汽车构造(上下册)[M].3版.北京:机械工业出版社,2009.
[18] 陈家瑞.汽车构造(上下册)[M].4版.北京:人民交通出版社,2003.
[19] 关文达.汽车构造[M].3版.北京:机械工业出版社,2013.
[20] 蔡兴旺.汽车构造与原理(上册发动机)[M].北京:机械工业出版社,2009.
[21] 吴际璋.汽车构造(上下册)[M].北京:人民交通出版社,1999.
[22] 杨万福.发动机原理与汽车理论[M].北京:高等教育出版社,2004.
[23] 颜伏伍.汽车发动机原理[M].北京:人民交通出版社,2007.
[24] 冯晋祥.专用汽车[M].北京:机械工业出版社,2008.
[25] 李春明,王景晟,冯伟.汽车构造[M].北京:机械工业出版社,2012.
[26] 许兆棠,刘永臣.汽车构造[M].北京:国防工业出版社,2012.
[27] 陈焕江.汽车运用工程[M].北京:机械工业出版社,2013.
[28] 侯占峰.汽车构造[M].北京:中国水利水电出版社,2015.
[29] 常明.汽车底盘构造[M].北京:北京理工大学出版社,2012.
[30] 史文库,姚为民.汽车构造[M].北京:人民交通出版社,2013.
[31] 余志生.汽车理论[M].北京:机械工业出版社,2009.
[32] 董宏国,孙开元.大中型货车电气维修图解[M].北京:化学工业出版社,2011.